Colin Goldner

Dalai Lama- Fall eines Gottkönigs

D1725152

Colin Goldner

Dalai Lama -
Fall eines Gottkönigs

Alibri Verlag, Aschaffenburg

1999

Deutsche Bibliothek - CIP-Einheitsaufnahme

Goldner, Colin:
Dalai Lama - Fall eines Gottkönigs / Colin Goldner. -
1. Aufl. - Aschaffenburg : Alibri-Verl., 1999
ISBN 3-932710-21-5

Photos/Abbildungen: Aum Shinri-Kyo (19); FCC McLeodGanj H.P. (2, 12, 20, 24, 25, 28, 30, 39); Privatarchiv Goldner (6, 8, 15, 16, 31, 32, 33, 34, 35, 37, 38), Gu-Chu-Sum (22). Bei den restlichen Photos konnte die Urheberschaft nicht geklärt werden; sollte insofern jemand an Aufnahmen/Abbildungen dieser Studie Urheberrechte besitzen, möge er/sie sich mit dem entsprechenden Nachweis an den Verlag wenden.

Hinweis: Aufgrund unüberbrückbarer Differenzen über Fragen von Zuverlässigkeit und partnerschaftlicher Zusammenarbeit konnte das ursprünglich als Gemeinschaftsprojekt von Colin Goldner und Jutta Ditfurth konzipierte Buch (angekündigt im *Konkret Literatur*-Verlag, Hamburg) nicht als solches realisiert werden. An der vorliegenden Arbeit hat Jutta Ditfurth nicht mitgewirkt.

Alibri Verlag, Aschaffenburg
Mitglied in der Assoziation Linker Verlage (*aLiVe*)

1. Auflage 1999

Copyright 1999 by Alibri Verlag, Postfach 167, 63739 Aschaffenburg

Umschlaggestaltung: KomistA, Sternstr. 35, 63450 Hanau
Druck und Verarbeitung: GuS Druck, Stuttgart

ISBN 3-932710-21-5

Inhaltsverzeichnis

Einleitung

Schon 1962, als 27jähriger, hatte der Dalai Lama eine erste Autobiographie vorgelegt, die im Westen allerdings nur auf mäßiges Interesse stieß. Unter dem Titel *Mein Leben und mein Volk: Die Tragödie Tibets* beschreibt er neben seiner Kindheit und Jugend vor allem seinen heroischen Kampf als Staatsoberhaupt gegen eine Übermacht chinesischer Besatzungsbarbaren, die ihn und damit die lamaistische Hochkultur zu vernichten trachteten. 1990, im Windschatten der Friedensnobelpreises, der ihm ein Jahr zuvor verliehen worden war, veröffentlichte er unter dem (gleichermaßen hybriden) Titel *Das Buch der Freiheit* ein *update* seiner Memoiren und landete damit einen internationalen Verkaufshit: alle Welt interessierte sich plötzlich für die Lebensgeschichte des tibetischen „Gottkönigs". 1998 wurde diese sogar verfilmt: unter dem Titel *Kundun* (tibetisch: Gegenwart Buddhas) – es ist dies die Bezeichnung, mit der der Dalai Lama von seinen Untergebenen angesprochen wird – zeichnete Regisseur Martin Scorsese das Leben des „Gottkönigs" bis zu dessen Exilierung 1959 nach. Das Drehbuch, im wesentlichen eine Adaption von *Mein Leben und mein Volk*, wurde von „Seiner Heiligkeit" höchstpersönlich überarbeitet und autorisiert.

Die vorliegende Studie nimmt die unzählige Male kolportierte und insofern zur unerschütterlichen Grundlage westlicher Sicht auf Tibet gewordene *life story* des Dalai Lama etwas genauer unter die Lupe und füllt die Erinnerungs- und Erkenntnislücken, die die selbstbezogene Subjektivität einer Autobiographie zwangsläufig mit sich bringt; absichtliche Klitterung seiner Lebensgeschichte sei dem „Gottkönig" (zunächst) noch nicht einmal unterstellt.

Interessant sind vor allem die teils eklatanten Widersprüche, die in den verschiedenen Autobiographien und autorisierten Biographien sowie den zahlreichen daraus abgeleiteten Kompilaten, Kolportagen und wiederum deren Ablegern und Folgeablegern zu entdecken sind. Ob nun von höchster Stelle autorisiert oder nicht: das Gewirr unterschiedlichster Angaben über die Vita „Seiner Heiligkeit" trägt wenig dazu bei, dieser – und damit vielleicht auch den historischen, sozialen und kulturellen Verhältnissen in Tibet, die sich darin (zumindest ausschnittweise) zeigen – tatsächlich etwas näherzukommen; es fördert lediglich das Mythenaggregat „Tibet" und die daraus sich herleitende Projektionsfläche für die Bedürfnisse westlicher Konsumenten. Es dürfte ebendies der Grund dafür sein, daß die Darstellung der Lebensgeschichte des tibetischen „Gottkönigs" als

Garant dafür gilt, Bestsellererfolge einzufahren, ob nun als Memoiren von diesem selbst vorgelegt oder nachgezeichnet von einer literarischen Kamarilla, der es nicht um historische Korrektheit oder einen wie auch immer gearteten Anspruch auf kritische Reflexion geht – von Heinrich Harrer und Franz Alt hin zu Mary Craig, Gill Farrer-Halls oder Claude Levenson –, sondern ausschließlich darum, dessen Heiligenschein zu polieren.

Das vorliegende Buch ist eher dazu angetan, den Heiligenschein des Dalai Lama abzumontieren. Es stellt die Frage, ob das weltweit hohe Ansehen, das „Seine Heiligkeit" quer durch sämtliche politischen und weltanschaulichen Lager genießt, in der Tat gerechtfertigt ist; oder ob sein Image als Symbolfigur für Friedfertigkeit, Weisheit und unendliche Gelassenheit möglicherweise nichts anderes ist als schwärmerische Projektion, basierend auf grober Unkenntnis der tatsächlichen Zusammenhänge. Ist es denn wahr, wenn über ihn gesagt wird, er rage über alle anderen Menschen hinaus „wie der Himalaya über alle anderen Gipfel unseres Planeten: Zeitlos, gigantisch, respektvoll, tolerant, geduldig, bescheiden, schlicht, humorvoll, herzlich, sanft, gütig, geschmeidig, erdhaft, harmonisch, transparent, rein und immer wieder lachend und lächelnd"[1]? Was ist dran an der Verehrung, die dem tibetischen „Gottkönig" allenthalben zuteil wird und die ihn für viele zur „respektabelsten lebenden Persönlichkeit unserer Epoche" werden läßt? Ist es mehr als nur Projektion, wenn es über ihn heißt, er repräsentiere „in einer Welt der Böswilligkeit, des Materialismus und der Korruption den guten Willen, die Sphäre des Geistes und die Lotosblume der Reinheit; im Wirbel der Nichtigkeiten und der Hektik steht er für Sinn, Ruhe und Festigkeit; im Konkurrenzkampf des modernen Kapitalismus und im Zeitalter der Katastrophenmeldungen ist er Garant der Gerechtigkeit und des klaren und unerschütterlichen Willens; im Kampf der Kulturen und der Völker erscheint er als der Friedensapostel; im weltweit aufbrechenden religiösen Fanatismus predigt er Toleranz und Gewaltlosigkeit"[2]? Und, ganz unabhängig davon, ob derlei hymnisch-verklärender Schwulst angemessen ist oder nicht: wer zieht Profit aus solch kultischer Verehrung des Dalai Lama?

Das Buch *Dalai Lama – Fall eines Gottkönigs* sucht Antworten zu geben, die hinter die Fassade blicken. Es zeichnet das Leben des Dalai Lama chronologisch nach, von seiner Geburt und „Entdeckung" als Zweieinhalbjähriger über die klösterliche Erziehung, der er unterzogen wurde, hin zu seiner Inthronisierung im Alter von fünfzehn Jahren; es beschreibt die

Zeit nach dem Einmarsch der Chinesen, seine Flucht nach Indien, den Aufbau einer „Exilregierung" in Dharamsala; und es beleuchtet seinen Aufstieg zum Medienstar und zur Kultfigur der Esoterikszene. Achtzehn Exkurse zu bestimmten Aspekten der tibetischen Geschichte, der buddhistischen Lehre oder zu Einzelheiten der Biographie des Dalai Lama geben Hintergrundinformationen. Nach der Lektüre des Buches werden viele Menschen ihr Bild des tibetischen „Gottkönigs" sowie des von diesem repräsentierten Buddhismus gründlich revidieren müssen.

Um allfälliger Kritik zuvorzukommen: Das Interesse des Autors gilt den Menschen in Tibet, ihrer sozialen Befreiung und individuellen Selbstbestimmung – frei vom gewalttätigen religiösen Feudalismus der tibetischen Lamas und frei von der chinesischen Militärdiktatur.

Lesehinweis: Durch die in den chronologischen Aufbau der Studie eingefügten Exkurse kommt es vereinzelt zu Wiederholungen bei Begriffs- und Worterklärungen; um die Exkurse separat lesbar zu machen, wurden diese Wiederholungen bewußt beibehalten. Querverweispfeile deuten darauf hin, daß der jeweilige Begriff auch an anderer Stelle des Buches – nachzuschlagen über das Register – zu finden ist.

1935

Der spätere Dalai Lama kam am 6. Juli 1935 in dem ansonsten gänzlich unbedeutenden Dorf Takster weit im Nordosten Tibets zur Welt. Takster gehörte zur damaligen Provinz Amdo, die im Norden an die Innere Mongolei und im Osten an China angrenzte; große Teile Amdos, einschließlich des Gebietes um Takster, standen seinerzeit unter der Administration der nationalchinesischen Kuomintang-Regierung; Umgangssprache – auch in der Familie des späteren Dalai Lama – war ein chinesischer Regionaldialekt.

Seine Mutter hatte bereits acht Kinder zur Welt gebracht, von denen aber nur noch vier am Leben waren. Er war insofern das fünfte Kind der Familie. Insgesamt gebar seine Mutter sechzehn Kinder, es wurden allerdings nur sieben davon groß. Die älteste Schwester – er hatte letztlich zwei Schwestern und vier Brüder – war 18 Jahre älter als er; bei seiner Geburt, wie er zu berichteten weiß, habe sie als Hebamme geholfen. Zu seinen drei älteren Brüdern hatte er praktisch keinen Kontakt: der älteste war Jahre zuvor schon als Wiedergeburt eines verstorbenen hohen Lamas entdeckt worden (⇨ *Exkurs 2*) und lebte in dem nahegelegenen Kloster Kumbum. Der zweitälteste besuchte eine (chinesische) Schule in einem Nachbardorf, nur sein um drei Jahre älterer Bruder Lobsang Samten lebte noch in der Familie. Allerdings verließ auch dieser Bruder nach kurzer Zeit das Elternhaus: er wurde als Mönchsnovize ins Kloster Kumbum geschickt, das über feudalen Großgrundbesitz samt daraus abgeleiteter nahezu unumschränkter Macht über die Menschen der Region verfügte.

Seine Eltern beschreibt er als einfache und tiefreligiöse Menschen. Seine Mutter habe, zusammen mit seiner älteren Schwester, den Haushalt versorgt und regelmäßig Nachwuchs geboren, sein Vater sei unabhängiger Bauer mit eigenem Landbesitz gewesen, bekannt in der Gegend auch als Pferdeheiler. Ausdrücklich betont er, seine Familie habe nicht der Adelsschicht zugehört. Dennoch verfügte sie, im Gegensatz zu den miserablen Verhältnissen, unter denen die große Mehrzahl der Menschen in Tibet lebte (und vielfach heute noch lebt), über ganz beträchtlichen Wohlstand: Man besaß eine Herde von rund achtzig Schafen und Ziegen, mehrere Kühe, ein paar Yaks sowie einige Pferde. Auch das Wohnhaus der Familie war relativ groß: es gab „eine Küche, in der wir uns normalerweise aufhielten, wenn wir zuhause waren, einen Gebetsraum, in dem wir am Morgen alle gemeinsam Opfergaben darbrachten, das Elternzimmer sowie eine Kammer für Gäste, einen Vorratsraum und den Viehstall"[3]. Im

Innenhof des Hauses, so die Erinnerung des späteren Dalai Lama, habe sich ein hoher Flaggenmast mit daran befestigter Gebetsfahne befunden.

Er erhielt, höchst ungewöhnlich für den männlichen Sproß einer tibetischen Bauernfamilie, einen ausdrücklich *weiblichen* Namen: Lhamo Dhöndup, was wörtlich übersetzt soviel heißt wie „wunscherfüllende Göttin". Über den Grund hierfür läßt sich nur spekulieren: allemal dürfte die Namensgebung, wie dies bei den meisten Entscheidungen innerhalb seiner Familie der Fall war, irgendeiner obskur-religiösen Überzeugung entsprungen sein.

Seine Mutter beschreibt er als liebevolle und gütige Frau, seinen Vater hingegen als jähzornigen Familiendespoten, der auch ihn mitunter heftig geschlagen habe. Ansonsten ist in der Autobiographie des Dalai Lama über die ersten zweieinhalb Lebensjahre des Lhamo Dhöndup nichts Außergewöhnliches festgehalten. Sämtliche Vorahnungen und Omen, die angeblich schon bei seiner Geburt und in seinen ersten Lebensmonaten darauf hingedeutet hätten, daß er zu Höherem bestimmt sei, wurden offenkundig erst sehr viel später fabriziert. Insbesondere seine Mutter wußte nach seiner Inthronisierung von einer ganzen Reihe einschlägiger Vorzeichen zu berichten: so seien ihr in der Nacht vor der Geburt im Traume zwei blaue Drachen erschienen und kurze Zeit danach sei der Vater des Neugeborenen urplötzlich von einer Krankheit genesen, an der er seit längerem gelitten hatte. Lhamo Dhöndup selbst habe von Anfang an nur am oberen Tischende sitzen wollen und habe nur ihr gestattet, seine Eßschale zu berühren.[4]

Vorsätzliche Geschichtsfälschung
Lebensbedingungen unter den Lamas

Das Bild des „alten Tibet" (bis 1950), wie es, verbreitet über unzählige Bücher und Schriften, heute im Westen geläufig ist, zeigt das eines Paradieses auf Erden – des mythischen Shangri-La –, das, bewohnt von einem Volke friedliebender Menschen, diesen ein glückliches und zufriedenes Leben in Einklang mit sich selbst, mit der Natur und den Göttern zu führen erlaubt habe.[5] In einer der (autorisierten) Biographien des Dalai Lama wird eben dieses Bild ausdrücklich unterstrichen: „Die Einwohner von Lhasa, ob arm oder reich, sind alle sehr friedlich. Am Abend geht man auf dem Barkhor [Pilgerweg, d. A.] spazieren, viele singen dabei oder spielen ein Instrument. Selbst die Bettler von Lhasa brauchen ihrem Gewerbe nur morgens ein paar Stunden nachzugehen, um sich ihr tägliches Brot zu beschaffen. Am Abend sind sie alle selig betrunken. Die Leute von Lhasa sind ungezwungen, zufrieden und glücklich. Die ortsüblichen Nahrungsmittel sind sehr nahrhaft. Niemand muß sich allzusehr ins Zeug legen, um seinen Lebensunterhalt zu verdienen. Das Dasein ergibt sich zwanglos wie von selbst, und alles läuft wunderbar."[6]

Auch der Dalai Lama selbst beschreibt wortreich das heitere und unbeschwerte Leben der Menschen: „Vor dem Einmarsch der Chinesen wurden in Tibet das ganze Jahr hindurch viele traditionelle Feste gefeiert. Diese hatten meist religiösen Charakter, galten aber nicht nur für die Mönche, sondern wurden von der ganzen Bevölkerung mitgefeiert. Die Bevölkerung verbrachte diese Feste, indem sie aß, trank, sang, tanzte, Spiele spielte und zwischendurch betete."[7] Bei den alljährlich veranstalteten Opernfestspielen etwa, zu denen Menschen aus allen Teilen des Landes nach Lhasa geströmt seien, habe man sich besonders gut amüsiert – „etwas, was die Tibeter von Natur aus gut können. (...) Was für eine glückliche Zeit das war! Die Leute schwatzten während der Aufführungen und waren mit den Liedern und Tänzen so vertraut, daß sie jede Szene schon auswendig kannten. Fast jeder hatte etwas zum Essen dabei und natürlich Tee und Chang [eine Art Bier, d. A.], und alle gingen umher, wie es ihnen gerade paßte. Junge Frauen stillten ihre Babies, und kleine Kinder liefen kreischend und lachend herum."[8] Es sei der „fortwährende Einfluß des Buddhismus" gewesen, der eine „Gesellschaft des Friedens und der Harmonie" hervorgebracht habe: „Wir waren schlicht und einfach glücklich."[9]

Der Österreicher ⇨ Heinrich Harrer (der als Teilnehmer einer Nazi-Expedition zum Nanga Parbat in Nordindien [heute Pakistan] im Herbst 1939 in britische Kriegsgefangenschaft geraten und aus dieser Anfang 1944 nach Tibet entkommen war) weiß solches Bild im Wesentlichen zu bestätigen. In seinen Anfang der 1950er veröffentlichten Tagebuchaufzeichnungen stellt er fortwährend das „heitere Gemüt" der Tibeter heraus; er erweckt den Eindruck, das Leben, zumindest in Lhasa, sei von nichts anderem bestimmt gewesen, als von Picknicks, Pferderennen und Drachensteigenlassen, unterbrochen gelegentlich von religiösen Feiern und Zeremonien, bei denen man allerdings auch in erster Linie gegessen, getrunken und getanzt habe: „Ein glückliches Völkchen mit seinem kindlichen Humor! Die Tibeter sind dankbar, wenn sie eine Gelegenheit zum Lachen finden. Wenn jemand stolpert oder ausrutscht, ergötzen sie sich stundenlang daran."[10] Harrers Bericht über seine *Sieben Jahre in Tibet*, ein inzwischen in über vierzig Sprachen und Millionenauflagen erschienener Weltbestseller, hat die Vorstellung des Westens über das „alte Tibet" entscheidend geprägt. Der amerikanische Teenie-Star Brad Pitt, der in einer Verfilmung der Geschichte Harrers (von 1996) diesen spielen durfte (⇨ *Exkurs 17*), kommt zu der Erkenntnis: „Gucken Sie sich die Tibeter an, wie arm sie sind, materiell gesehen. Und dann gucken Sie sich an, wie glücklich und wie friedlich sie sind. Und ihre Lebenseinstellung, mit der sie ihren Weg gehen – das ist einfach phantastisch, es geht unter die Haut. Es sind die Herzen der Menschen, die Tibet zum Shangri-La machen, zum Paradies."[11]

Wie Harrers Bestseller (und die Verfilmung davon) sind die meisten der nachfolgenden (das heißt: nach 1952 erschienenen) Publikationen über das „alte Tibet" von *keinerlei* Reflexion oder gar Kritik der Feudalverhältnisse angeflogen. Einspruch gegen die durchwegs apologetische Darstellung des lamaistischen Gottesstaates wird zurückgewiesen als „Beleidigung des tibetischen Volkes" und/oder als „kommunistisch gesteuerte Propaganda".[12] Die Mehrzahl der frühen Tibetreisenden jedoch – selbst wenn es sich um ausgesprochene Bewunderer der tibetischen Kultur handelte – zeichnet ein ganz anderes Bild der Lebensverhältnisse unter den Lamas: „Diktatorische Entscheidungen, Beamtenwillkür, Gehirnwäsche und paranoider Dämonenglaube, spirituelle Kontrolle und kriecherische Servilität, bitterste Armut und orientalischer Reichtum, Sklaverei, Leibeigenschaft, Hunger, Krankheiten, Mangel an jeglicher Hygiene,

Trunksucht, grausame Strafen, Folter, politischer und privater Mord, Angst und Gewalt, Diebstahl, Räuberei und gegenseitiges Mißtrauen"[13], so die Berichte von Missionaren, Forschern und Entdeckungsreisenden (in heutige Sprache übersetzt), durchherrschten den Alltag der Menschen in Tibet.[14]

Drehen sich die frühesten Berichte, wie etwa der des portugiesischen Jesuiten António de Andrade von 1626, des ersten Europäers, der Tibet betreten hatte, oder die Aufzeichnungen und Traktate des italienischen Jesuiten-Missionars Ippolito Desideri, der hundert Jahre nach de Andrade nach Tibet gekommen war, nahezu ausschließlich um theologische Belange, so breitet das 1763 in Rom erschienene *Alphabetum Tibetanum* des Augustinermönches Antonius Georgius ein wahres Sammelsurium an Fakten, Mythen und Spekulationen über Tibet aus. Bei Georgius und mehr noch in den Schriften der Tibet-Reisenden des frühen 19. Jahrhunderts, namentlich des Ungarn Csoma de Körösi, aber auch der westlichen Missionare, die ab 1845 versuchten, ein Standbein in Tibet zu etablieren, finden sich erste Anklänge einer (kritischen) Betrachtung der sozialen Lage der Menschen unter der Knute der Lamas.[15]

Zwar waren einzelne Jesuiten und Kapuziner schon im 17. und 18. Jahrhundert in Westtibet und sogar in Lhasa tätig gewesen, die Einrichtung eigener Missionsstationen in Zentraltibet war indes (spätestens seit dem 19. Jahrhundert) verboten. 1846 hatten sich zwei französische Lazaristenpriester, Règis-Evariste Huc und Joseph Gabet, von Nordosten kommend quer durch Zentraltibet bis nach Lhasa durchgeschlagen, sie erhielten aber keine längere Aufenthaltserlaubnis. Ihr Reisebericht, erschienen 1850 in Paris, wurde zu einem der meistgefeierten Tibet-Bücher des 19. Jahrhunderts. Weitere Berichte gelangten über die Pariser Missionsgesellschaft *Société des Missions Étrangères (SME)* nach Europa, der vom Vatikan die Aufgabe der Missionierung Tibets 1846 offiziell übertragen worden war. Der SME gelang es indes nicht, nach Zentraltibet vorzustoßen, sie wirkte in erster Linie (bis 1952!) an der Südostgrenze Tibets mit Kham (Yunnan). 1855 versuchten Herrnhuter Missionare aus Deutschland ihr Glück auf dem Wege über Ladakh und Spiti, wurden aber gleichfalls abgewiesen. Sie errichteten im westlichen Grenzgebiet von Tibet und Ladakh mehrere Missionsstationen, in denen sie die Bibel ins Tibetische übersetzten und unter den Grenzlandbewohnern verteilten. Im späten 19. Jahrhundert unternahmen verschiedene andere Missionsgesellschaften erneute Versuche, von Osten oder Süden aus Zugang nach Zentraltibet zu gewinnen. Die protestantische *Church of Scotland* etwa richtete ab 1870 Missionsstationen in der Region um Darjeeling und Kalimpong ein, während die römisch-katholische *Mill Hill Mission*, eine britische Gesellschaft, ab 1888 (allerdings nur für zehn Jahre) eine Station in Ladakh betrieb. Hinzu kamen Stützpunkte beispielsweise der *China Inland Mission (CIM)* des Norwegers Theodor Sörensen im nordosttibetischen Grenzgebiet (ab 1885), der britischen *Tibetan Pioneer Band* in Darjeeling (1893) oder der amerikanischen *Christian & Missionary Alliance (C&MA)* in Amdo (ab 1895). Gleichwohl es keiner dieser Gesellschaften gelang, sich dauerhaft im zentralen Machtbereich der Lamas festzusetzen, gewannen sie doch tiefen Einblick in die dortigen Verhältnisse. Ihre Aufzeichnungen und Berichte, auch wenn sie einer ganz spezifischen Sichtweise und Interessenlage entsprachen, liefern wertvolle Anhaltspunkte zu den Lebensbedingungen der Menschen im „alten Tibet."[16] Erwähnenswert ist in diesem Zusammenhang der abenteuerliche Versuch zweier unabhängiger niederländisch-kanadischer Missionare, Petrus und Susie Rijnhart, im Jahre 1898 von Kumbum (Amdo) aus nach Lhasa vorzudringen. Das Unternehmen endete tragisch: Petrus Rijnhart wurde getötet, das kleine Kind des Paares kam um, und Susie Rijnhart wurde gewaltsam des Landes verwiesen. Es überrascht insofern nicht, daß in dem ein paar Jahre später von Susie Rijnhart vorgelegten Buch *With the Tibetans in Tent and Temple* (1902) die Tibeter als besonders grausam und verlogen dargestellt werden.[17]

Die Missionare hielten die Sorge der Klöster um Verlust von Macht und Einfluß für das Haupthindernis bei ihren Unterfangen, nach Zentraltibet vorzustoßen. Ein Angehöriger der *Société des Missions Étrangères* schrieb 1880: „Aus den Lamaklöstern kommt derzeit die stärkste Opposition gegen die Aufnahme von diplomatischen oder Handelsbeziehungen mit Ausländern – insbesondere mit Europäern. Dem liegt die berechtigte Furcht zugrunde, das tibetische Volk könne sich ihrer Habgier und Macht entledigen."[18] Die unersättliche Raffgier der Klöster war weitverbreitetes Thema: 1910 etwa veröffentlichte der norwegische Missionar Edward Amundsen einen Roman mit dem Titel *In the Land of the Lamas*, in dem es mithin um einen Jungen geht, der als Novize ins Kloster geschickt worden war: „Was praktischen Nutzen betrifft, war er wie so viele Hunderttausende von den besten des tibetischen Volkes für die Welt verlorengegangen. Schlimmer noch, von jenem Tage an wurde er zu einer Last für sein Land, und schrittweise zu einem Fluch für die Gemeinschaft."[19] In dem Roman Amundsens ist auch die Rede vom Scheitern einer von Mönchen angeführten Rebellion gegen die Chinesen in Kham (die es 1910 tatsächlich gegeben hatte): „Als Ergebnis der gebrochenen Macht der Lamas können nun die fruchtbaren Ebenen von Batang und anderen Orten von den erleichterten Bewohnern in Frieden genutzt werden – eine wunderbare Veränderung gegenüber den Zeiten der Unterdrückung, als der größte Teil der Ernte in den klösterlichen Getreidespeichern verschwand."[20]

Vom Buddhismus und seinen monastischen Vertretern zeichnen die frühen Missionare ein fast durchgängig negatives Bild. Sie sehen die Klöster als Zitadellen böswilliger Mächte, die ihre eigenen Anstrengungen christlicher Missionsarbeit zunichte zu machen suchten. Die gnadenlose Unterdrückung und Ausbeutung der Menschen durch die Klöster wird in teils äußerst kritischem Tone angesprochen. Robert Ekvall etwa, Pionier der *Christian & Missionary Alliance (C&MA)*, beschreibt ein Großkloster in Amdo als weit mehr, denn nur „das größte sichtbare Symbol der Machtstruktur und der Organisation des Lamaismus in Nordosttibet. Es steht für eine effektive und despotische Macht, die nicht nur die religiöse Praxis sondern auch die Taten und Lebensweise tausender Menschen kontrolliert ... in allen Dingen hat es nahezu absolute Macht über die Bewohner der Region." Seine Betrachtungen enden mit der Anmerkung, Tibet sei „die Festung des Bösen, das Land des falschen Gebets".[21]

Aus missionarischer Sicht war Tibet keineswegs das romantische Paradies Shangri-La, ein spiritueller Hort, an dem die zeitlose Weisheit der menschlichen Zivilisation gehütet würde, sehr wohl allerdings ein Ort, an den zu gelangen es heroischer Qualitäten mit durchaus eigener romantischer Motivation bedurfte. 1902 erschien ein Buch mit dem Titel *Travel and Adventure in Tibet* (herausgegeben von William Carey), in dem es um die heldenhaften Anstrengungen der britischen Missionarin Annie Taylor ging, der verboteten Stadt Lhasa näherzukommen. Kurze Zeit darauf kam in London unter dem Titel *The Romance of Missionary Heroism* (herausgegeben von John Labert, 1907) eine ganze Sammlung mit Abenteuergeschichten westlicher Tibet-Missionare heraus, gefolgt von einem Buch Isabel Stuart Robsons mit dem Titel *Two Lady Missionaries in Tibet* (1910), das sich um den Heldenmut Rijnharts und Taylors drehte.

Die Missionarsberichte und -romane aus dem 19. und frühen 20. Jahrhundert betonen meist die dem westlichen Verständnis fremdartigen Aspekte der tibetischen Kultur: den Mangel an Hygiene, die sonderbaren sexuellen Gepflogenheiten und die scheinbar grundsätzliche Feindseligkeit der Menschen. Spätere Berichte, etwa die Frank Doggart Learners von der *China Inland Mission* in Amdo aus den späten 1920ern, bemühen sich um ein „wohlwollenderes" Bild: „Die Tibeter sind ein robustes, gradliniges und furchtloses Volk. Im ganzen gesehen verfügen sie über viele angenehme Merkmale. Sie sind gutmütig und haben ein fröhliches, heiteres Wesen." Um indes keinen Zweifel an der Missionierungsnotwendigkeit aufkommen zu lassen, fährt er fort: „Sie sind vergleichsweise ehrlich, wenn auch besserwisserisch. Wenn sie sich untereinander streiten, und selbst über Kleinigkeiten kommt es zu Streit, verwenden sie oftmals äußerst unflätige Ausdrücke. Sie leben ein ungezügeltes Leben und fast jeder könnte der unmoralischen Lebensführung, der Trunkenheit, der Obszönität und der Grausamkeit bezichtigt werden."[22]

In Anbetracht des Umstandes, daß Tibet über Jahrhunderte hinweg ein für Fremde quasi unzugängliches Land war, ist die Quellenlage zur Beurteilung des tibetischen Alltagslebens, zumindest ab Mitte des 19. Jahrhunderts, ausgezeichnet. Zu den Berichten und Tagebuchaufzeichnungen einfacher Missionare kommen zahlreiche wissenschaftliche Beiträge, die im Zuge der Missionierungsarbeiten erstellt wurden. Einige der Prediger, wie beispielsweise der Herrnhuter August Hermann Francke, waren zugleich akademisch hochqualifizierte Sprach- und Kulturforscher, die (ihrer Zeit entsprechend) methodisch einwandfreie Untersuchungen vorlegten. Der bereits genannte Robert Ekvall von der *Christian & Missionary Alliance* veröffentlichte eine ganze Reihe religions- und kulturwissenschaftlicher Arbeiten und der deutsche Missionar Mathias Hermanns, der neben seiner Predigertätigkeit in Diensten der *Societas Verbi Divini (SVD)* auch als ethnologischer Forschungsreisender (der sogenannten Wiener Schule) unterwegs war, publizierte u.a. über seine kulturanthropologischen Studien bei tibetischen Nomaden.

Hinzu kommen die Aufzeichnungen zahlreicher nicht-missionarischer Forscher und Entdeckungsreisender des ausgehenden 19. und frühen 20. Jahrhunderts, die in ihrer Beschreibung der buddhistisch-monastischen Kultur zwangsläufig auch die untrennbar mit dieser verwobene Alltagskultur Tibets beleuchteten. Erstaunlicherweise findet sich auch in dieser Literatur kaum ein positives Wort über das Klosterwesen oder über den tibetischen Buddhismus an sich. In distanzierter, gelegentlich auch amüsiert-herablassender Manier wird der sämtliche Bevölkerungsschichten durchziehende „blinde Aberglaube" samt dem dazugehörigen Ritualwesen beschrieben. Ein bezeichnendes Beispiel hierfür liefert der französische Privatgelehrte Fernand Grenard, der Tibet um die Jahrhundertwende bereist hatte: Die Tibeter, wie er in seinem 1904 in London erschienenen Buch *Tibet: The Country and its Inhabitants* schreibt,

„bauen Tausende von Tempeln, produzieren Zehntausende von Statuen, werfen sich nieder, murmeln endlose Gebete, bringen noch viel mehr Gebete mit Wasserkraft oder per Hand hervor, beten Rosenkränze, halten feierliche Gottesdienste ab, tragen Amulette und Reliquien, schreiben Talismane, schwingen Wimpel mit Gebeten und Glückssymbolen, die der Wind durch den Raum treibt, häufen zahllose Haufen mit Steinen voller frommer Inschriften auf, ... trinken ohne Bedenken den aus den zehn Unreinheiten wie Menschenfleisch und Schlimmerem bestehenden göttlichen Nektar (dudchi), praktizieren Exorzismus, Hexerei und Magie, ... tanzen absonderliche und wilde Sarabanden, um den Teufel auszutreiben oder zu zerstören. So kreist Tibet ohne Unterlaß qualvoll im wahnsinnigen Getriebe der Religion."[23] Interessant sind auch die Notizen eines gewissen William Henry Knight, Offizier der britischen Armee, auch wenn dieser in prototypischer Kolonialattitüde überhaupt keine Mühe darauf verwendet, seine Verachtung gegenüber den in seinen Augen lächerlichen Praktiken des tibetischen Klerus zu verbergen: „Tagsüber hatten wir Gelegenheit, den Lamas bei der Durchführung ihrer privaten Andacht zuzuschauen. Dies war eine sehr einfache Sache: nach Betreten des Hofes, beim Passieren der Reihen von Rädern [gemeint sind „Gebetsmühlen", d. A.], setzten sie durch einfaches Ausstrecken des Armes die ganze Reihe in Bewegung, während sie gleichzeitig mit leidvoller Stimme 'Um mani panee' vor sich hin murmelten. Wenn sie das große Rad mit den aufgemalten Buchstaben erreichten, gaben sie ihm einen besonders kräftigen Schwung (...) und als sie so ihre Energie erschöpft hatten, verschwanden sie wieder genau so, wie sie gekommen waren."[24]

Selbst Forscher und Reisende, die dem tibetischen Buddhismus und der klösterlichen Kultur des Landes mit grundsätzlichem Interesse, vielleicht sogar mit Hochachtung oder Sympathie begegneten, konnten die in Tibet vorgefundenen sozialen Verhältnisse nicht befürworten. Die Theosophin und glühende Verehrerin der tibetisch-buddhistischen Kultur, Alexandra David-Néel (die auf abenteuerlichem Wege 1924 bis nach Lhasa vorgedrungen war), war abgestoßen von der Machtbesessenheit und Korruptheit der Mönchskaste; desgleichen vom Elend, in dem die Masse der Tibeter lebte.[25] Und selbst bei Heinrich Harrer finden sich Töne, die als Kritik gewertet werden könnten (auch wenn sie vermutlich nicht als solche gemeint waren): „Die Herrschaft der Mönche in Tibet ist einmalig und läßt sich nur mit einer strengen Diktatur vergleichen. Mißtrauisch wachen sie über jeden Einfluß von außen, der ihre Macht gefährden könnte."[26]

Die ab Anfang der 1920er im Westen aufkommende „Bergsteigerliteratur", die sich mit dem „Sturm auf die Throne der Götter"[27] befaßte, mit den verschiedenen Expeditionen deutscher, englischer und amerikanischer Alpinisten zum Mount Everest, zum Kangchendzönga und zum Nanga Parbat, richtete das Augenmerk kaum auf kulturelle und/oder soziale Aspekte der bereisten Länder. Es ging dieser Literatur ausschließlich um die Darstellung irgendwelcher bergsteigerischen Leistungen. Anders verhielt es sich, zunächst wenigstens, mit den Filmaufnahmen, die die jeweiligen Expeditionen dokumentierten. In die ersten Streifen, gedreht anläßlich der britischen Erkundungsfahrt zum Mount Everest von 1921 sowie dem Versuch einer Gipfelbesteigung von 1922, hatte man, als Kolorit sozusagen, Bilder der Menschen, denen man auf der Anmarschroute begegnet war, mit eingebaut. Die tibetische Regierung zeigte sich düpiert ob des Umstandes, daß die miserablen Lebensverhältnisse ihrer Untertanen auf diese Weise im Ausland zu sehen sein würden und untersagte für mehrere Jahre jede weitere Expedition ins Everest-Gebiet. Die später gedrehten Dokumentarfilme klammern das tibetische Alltagsleben denn auch weitgehend aus. Sie zeigen ausschließlich klösterliche Rituale und/oder erhebende Naturmysterien (Berge, Seen etc.), was ebensosehr den Vorgaben der tibetischen Regierung entsprach, wie dem Ende der 1920er – Stichwort: Shangri-La – im Westen (erneut) aufkeimenden Bedürfnis nach „höherer Weisheit, Führung und Ordnung".[28] (Der Begriff Shangri-La [= Shambala] entstammt im übrigen dem Roman *Der verlorene Horizont* von James Hilton [1933], in dem eine spirituell hochentwickelte Gemeinschaft an einem geheimgehaltenen Ort im Himalaya das alte Wissen der Zivilisation für ein prophezeites „Neues Zeitalter" bewahrt[29] [⇨ *Exkurs 13*]. Wie so viele Schwärmer für tibetische Mystik war Hilton nie in Tibet gewesen.)

Die moderne Geschichtsschreibung weiß aus der Auswertung der (hier nur exemplarisch) angeführten Quellen längst, daß Tibet bis zum Einmarsch der Chinesen keineswegs die „friedvolle und harmonische Gesellschaft" war, die der Dalai Lama ständig beschwört. Für die große Masse der Bevölkerung war das „alte Tibet" tatsächlich die „Hölle auf Erden", von der in der chinesischen Propaganda immer die Rede ist, und aus der das tibetische Volk zu befreien als Legitimation und revolutionäre Verpflichtung angesehen wurde für den Einmarsch von 1950.[30] Tibet war überzogen von einem engmaschigen Netz an Klöstern und monastischen

Zwingburgen, von denen aus das Land und die Menschen beherrscht und gnadenlos ausgebeutet wurden. Gesetzgebung, Gerichtsbarkeit, Polizei und Militär lagen ebenso in den Händen von Mönchsbeamten wie Bildungs- und Gesundheitswesen, Grundbesitz sowie jedwede sonstige Verwaltung. Neben und zusammen mit dem allgegenwärtigen Klerus hatten zudem einige alte Aristokratenfamilien Macht und Einfluß bewahrt. Der relativ kleinen Blutsaugerschicht in den Klöstern und Palästen (zusammen zwei bis drei Prozent) stand die große Masse der Bevölkerung als „Leibeigene" beziehungsweise „unfreie Bauern" gegenüber. Die Steuer- und Abgabenlasten, die diesen Menschen aufgebürdet wurden, drückten sie unter die Möglichkeit menschenwürdiger Existenz. Bis in das 20. Jahrhundert hinein gab es sogar Formen der Sklaverei. Die überwiegende Mehrzahl der Menschen des „alten Tibet" lebte unter indiskutablen Bedingungen, ihre Behausungen und ihre Ernährung waren katastrophal; Bildung oder Gesundheitsversorgung existierten nicht. Wie in der Hindu-Gesellschaft Indiens gab es auch in Tibet eine strenge Hierarchie an Kasten, einschließlich einer Kaste von „Unberührbaren", zu der Bettler, Prostituierte, Musiker, Fischer und Schmiede zählten. Privilegien beziehungsweise benachteiligte Lebensumstände wurden erklärt und gerechtfertigt durch die buddhistische Karmalehre, derzufolge das gegenwärtige Leben sich allemal als Ergebnis angesammelten Verdienstes respektive aufgehäufter Schuld früherer Leben darstellt (⇨ Exkurs 2). „Infolge des feudalistischen Leibeigenschaftssystems", so die chinesische Sichtweise, „bot Tibet vor der Befreiung ein jämmerliches Bild von politischer Korruption, wirtschaftlicher Stagnation und kultureller Rückständigkeit. (...) Die drei großen Feudalherren – die reaktionäre örtliche Regierung von Tibet, die Klöster und der Adel ... beuteten die breiten Volksmassen ... bis aufs Mark aus"[31] (es wird diese Beurteilung nicht unwahr durch die Barbarei, die Verbrechen und die politischen Fehler, die von den kulturrevolutionären „Befreiern" selbst begangen wurden). Innerhalb der tibetischen Bevölkerung konnten sich lediglich die Nomaden eine weitgehende Unabhängigkeit erhalten: sie waren in der Mehrzahl weder den tibetischen noch den verschiedenen mongolischen oder chinesischen Machthabern gegenüber abgabenpflichtig.

Das tibetische Rechtssystem beruhte bis ins 20. Jahrhundert hinein im wesentlichen auf einem Kodex des ⇨ Fünften Dalai Lama aus der zweiten Hälfte des 17. Jahrhunderts. Der Rechtsapparat war seit jeher durchzogen von Willkür und Korruption, über entsprechende Bestechungsgelder war alles, ohne gar nichts zu erreichen. Bei Mord bzw. Totschlag

konnte man sich über Zahlung eines bestimmten Betrages an die Angehörigen des Opfers von Strafverfolgung freikaufen – eine Praxis, die noch
bis Mitte des 20. Jahrhunderts gepflogen wurde. Der Preis für das Leben
eines hochrangigen Mönchs (zu zahlen an das jeweilige Kloster) lag in
den 1950er Jahren bei 8.000 bis 10.000 US-Dollar; für die Ermordung
einer niedrigkastigen Frau mußten hingegen nur ein paar Unzen Silber
entrichtet werden. Heinrich Harrer beschreibt die Willkür der tibetischen
Rechtsprechung mit durchaus wohlwollendem Unterton: es gälten „Be-
stechungssummen ganz offen als gute Einnahmequelle des Feudalsystems, und es kommt vor, daß Streitfälle wie Pfründen vergeben werden. Fühlt sich jemand zu Unrecht verurteilt, so hat er eine große Chance:
Er kann bei einer der Prozessionen dem Dalai Lama persönlich einen
Brief in die Sänfte reichen. Er wird zwar für diesen Verstoß gegen das
Zeremoniell auf jeden Fall bestraft, aber wenn der Dalai Lama findet, daß
er im Recht ist, wird er sofort wieder begnadigt. Falls sich sein Unrecht
herausstellt, muß er freilich doppelt für seine Frechheit büßen."[32]

Das tibetische Strafrecht leitete sich aus einem Gesetzeswerk Dschingis Chans des frühen 13. Jahrhundert ab und zeichnete sich durch extreme
Grausamkeit aus. Zu den bis weit in das 20. Jahrhundert hinein üblichen
Strafmaßnahmen zählten öffentliche Auspeitschung, das Abschneiden
von Gliedmaßen, Herausreißen der Zungen, Ausstechen der Augen, das
Abziehen der Haut bei lebendigem Leibe und dergleichen. Obgleich der
⇨ Dreizehnte Dalai Lama 1913 das Abhacken von Gliedern unter Verbot
gestellt hatte, wurden derlei Strafen noch bis in die 1950er Jahre hinein
vorgenommen.[33] Wie Dokumente der amerikanischen Illustrierten *Life*
belegen, fanden noch bis zum Einmarsch der Chinesen körperliche Ver-
stümmelungen statt: einer Gruppe an Gefangenen sollten öffentlich Nasen
und Ohren abgeschnitten werden; auf den Protest der amerikanischen
Journalisten hin wurde die Strafe in je 250 Peitschenhiebe umgewandelt.[34]
Da Buddhisten die Tötung eines Lebewesens prinzipiell untersagt ist,
wurden die Delinquenten oftmals bis nahe an den Tod heran gefoltert und
dann ihrem Schicksal überlassen; starben sie nun an den Folgen der Tortur, war dies durch ihr eigenes Karma bedingt.

Entgegen romantischer (West-)Verklärung des „alten Tibet" als Hort
prinzipieller Gleichberechtigung zwischen Mann und Frau herrschte in
der streng patriarchalen Kultur der Lamas eine eklatante Benachteiligung
der Frau. Die Behauptung des Dalai Lama, es habe „in der tibetischen
Gesellschaft keine besonderen Unterschiede im Status oder in der Position zwischen Frauen und Männern" gegeben, man habe nicht einmal

gewußt, „daß es diese Art von Diskriminierung gibt, bis wir sie später in Indien und China sahen"[35], ist schlichtweg gelogen: Er weiß selbst am besten um die abgrundtief frauenfeindliche Haltung des Vajrayana-Buddhismus, von der die tibetische Gesellschaft seit jeher durchzogen ist und die er selbst nach Kräften mit fortschreibt (⇨ *Exkurse 4* und *8*): Es ist mithin seiner Halsstarrigkeit und Ignoranz zuzuschreiben, daß innerhalb der von ihm vertretenenen Sekte der Gelbmützen Nonnen (immer noch) keine volle Ordination erhalten können und auch ansonsten ihren männlichen Kollegen in sämtlichen Belangen untergeordnet sind. Selbst die ansonsten gänzlich unkritische Autorin Indra Majupuria weist in ihrem Buch *Tibetan Women* auf historische Belege hin dafür, daß im „alten Tibet" eine Frau bei Ehebruch völlig legal von ihrem Ehemann getötet werden konnte.[36]

Allein die tibetische Sprache gibt hinreichenden Aufschluß über die unterschiedliche Bewertung von Männern und Frauen: Bedeutet das Wort für „Mann" (tibetisch: *Mi*) zugleich auch „Mensch" oder „Person", enthalten die zahlreichen Begriffe und Synonyme für „Frau" meist Implikationen über deren nachrangigen sozialen Status und/oder setzen sie zu Männern in Beziehung. Das im Alltag mithin am häufigsten verwendete Wort für „Frau" bedeutet „mindere Geburt" (tibetisch: *Kyemen*), andere Begriffe bedeuten „die ohne Samen" (tibetisch: *Tobmema*) oder „die mit Beschränkungen Behaftete" (tibetisch: *Tsandenma*).[37]

Der Dalai Lama konzidiert neuerdings, das feudale Tibet sei „sicherlich nicht vollkommen" gewesen.[38] Damit hat sich's aber auch schon an Selbstkritik. Die elenden Lebensbedingungen der Masse des Volkes unter dem Joch des Gelbmützen-Regimes blendet er komplett aus. „Noch immer", wie das Politmagazin *Panorama* (11/1997) feststellte, „beschönigt er diese Zustände und nährt damit die romantische Verklärung des alten Tibet".[39]

Nicht unerwähnt bleiben dürfen an dieser Stelle die Beobachtungen des Biologen Ernst Schäfer, der 1931/32 an einer großangelegten deutsch-amerikanischen Expedition nach Osttibet teilnahm (Brooke-/Dolan-Expedition). Auf zwei weiteren Forschungsreisen – 1934/36 quer durch Hochtibet (2. Brooke-/Dolan-Expedition) und 1938/39 von Sikkim durch Südtibet nach Lhasa (unter seiner wissenschaftlichen Leitung) – stellte er eine Vielzahl geologischer, botanischer und zoologischer, daneben aber auch kultur- und sozialanthropologischer Beobachtungen an. Zusammengepackt mit seinen ganz persönlichen Tagebuchaufzeichnungen veröffentlichte er seine Forschungsergebnisse ab 1950 in drei als Abenteuererzählungen aufgemachten Büchern (von denen, so scheint es, Heinrich Harrer sich ganz erheblich inspirieren ließ).

Schäfers Arbeiten sind nicht *per se* diskreditiert dadurch, daß die von ihm geleitete Expedition von 1938/39 unter persönlicher Schirmherrschaft von SS-Reichsführer Heinrich Himmler stand; auch nicht dadurch, daß er selbst seit 1933 Mitglied der SS war. Vielmehr gelten seine anthropologischen Aufzeichnungen *gerade* ihrer klar sympathetischen Grundpositionen wegen – er hielt die Tibeter für die „reinsten Vertreter der gelben Hauptrasse"[40] – als wichtige Quelle in der Bewertung der Lebensverhältnisse des „alten Tibet": „Es leuchtet", wie Schäfer voller Begeisterung schreibt, „viel Wesensverwandtes auf, so daß man meinen möchte, die Kulturkreise müßten zu einer früheren Zeit in inniger Verbindung gestanden haben."[41] Seine kritische Haltung den vorgefundenen Verhältnissen gegenüber ist insofern nicht die prinzipiell abwertende Kolonial- oder Herrenrassenattitüde, die die Nazis etwa slawischen Völkern gegenüber an den Tag legten; vielmehr ist sie Ausdruck seiner Suche nach Überresten eines ursprünglichen „nordisch-geistigen Adels", die er in Tibet zu finden hoffte. Seine Kritik richtet sich dezidiert gegen den herrschenden Lamaismus, den er für die miserablen Lebensbedingungen im Lande für verantwortlich hält. Im Kern dieser Kritik steht allerdings nicht die gnadenlose Unterdrückung und Ausbeutung der Menschen durch dessen monastische Vertreter, als vielmehr die lamaistische Religion an sich, die mit ihrem „rätselhaften Mystizismus", mit ihren „seltsamen Riten" und „schaurig-erregenden Formen des Totenkults" die Menschen Tibets ihres ursprünglichen „Rassegeistes" beraubt habe.[42]

Die „tibetische Rasse", wie Schäfer schreibt, sei „tapfer, widerstandsfähig und leistungsfähig"; „schwache Elemente" würden durch das harte Klima frühzeitig „ausgemerzt", so daß der „tibetische Volksschlag kernig und durchaus gesund" sei. Im Grunde seien die Tibeter ein „kriegsliebendes und eroberungsfreudiges Volk"[43], mittlerweile indes seien sie durch die „lähmenden Bande" der Religion ihrer selbst völlig entfremdet und führten „krummrückig, speichelschlürfend und in speckige Lumpen gehüllt" ein elendiges Untermenschendasein. In einer Mischung aus Bedauern und Abscheu beschreibt er die Menschen, die ihm auf dem Wege nach Lhasa begegnen: „Die Gesichter dieser Männer [gemeint sind die Bewohner der Stadt Phari, einer Ansiedlung im Süden Tibets an der Grenze zu Bhutan, d. A.] sind zersprungen von Frost und Kälte. Über und über mit einer schwarzen Patina von Ruß und Dreck bedeckt, strecken sie mir in devotem Gruß die Zunge heraus und grinsen mich hohläugig an.

(...) Und erst die schwarzen, tierischen, unglaublich verwahrlosten Frauen! Abstoßenden Zwerginnen ähnlicher, als menschlichen Wesen, sind sie das ekelerregendste an Weiblichkeit, was ich je zu Gesicht bekommen habe: entweihte Weiber ohne Scham und Charme, ein wahrer Abschaum der Menschheit! Es graust einem bei jeder Begegnung mit diesen personifizierten Hexen, die unsere Unterkunft zu Dutzenden umlagern."[44]

Interessant in vorstehendem Zusammenhang ist Schäfers Beschreibung der (für Südtibet durchaus bezeichnenden) Ansiedlung an sich, die, ehedem Sitz einer (klösterlichen?) Zwingburg, seit dem 18. Jahrhundert als wichtiger Handels- und Karawanenstützpunkt sowie als regionaler Verwaltungssitz der Regierung in Lhasa diente: „Es ist eine Siedlung, deren Fundamente, einem riesigen Misthaufen vergleichbar, aus Kot bestehen und trotz der Winterkälte geradezu unbeschreibliche Gerüche verbreiten. Die Ausdünstungen sind so pestilenzartig, daß man auf den Straßen dauernd ausspucken oder sich das Taschentuch vor die Nase halten muß, um nicht Gefahr zu laufen, in Ohnmacht zu fallen. Phari besteht aus etwa zweihundertfünfzig bis dreihundert eng aneinandergepferchten, nur durch schmale Gäßchen verbundenen niedrigen, meist fensterlosen, denkbar verwahrlosten Häusern, die größtenteils aus lose aneinandergeschichteten Grassoden erbaut, mit Yakdung beworfen und mit Exkrementen verklebt sind. Viele Behausungen sind so stark von Ruß geschwärzt, daß man glauben möchte, glasierte Ziegelsteine vor sich zu haben. (...) Seit Generationen werfen die Bewohner von Phari ihren Abfall auf die Straßen. Und sie benutzen diesen Unrathaufen auch weiterhin. Ungestört sieht man Männer, Frauen und Kinder überall ihre Notdurft verrichten. So haben sich die Gassen und Wege zwischen den Häusern immer mehr erhoben. Die Unbeschreiblichkeiten sind teilweise so hoch aufgetürmt, daß sie die Dächer erreicht haben und man daher eigentlich über den eigentlichen Portalen dahinwandelt. (...) So erstickt Phari förmlich im eigenen Auswurf, und nur die Härte des Klimas scheint seine Bewohner notdürftig gegen Pocken, Pest und Cholera zu schützen. In Unrat geschlagene Treppen führen zu den Eingangstüren der stallähnlichen Behausungen hinab, wo sich Menschen und Tiere in trauriger Gemeinschaft gegen die Unbilden der Witterung zu schützen suchen. Ich habe lange genug in Asien gelebt, um gegen Schmutz recht unempfindlich geworden zu sein. In Phari aber kostet es mich doch einige Überwindung, in eine der lichtlosen, entsetzlich riechenden Behausungen hinabzukriechen, die gleichzeitig als Wohnraum, Schlafraum, Küche und Stall

dient. Fenster existieren nicht, der Boden besteht aus festgetretenen Kuh-
fladen, und die Wände glitzern von Ruß und Reif. (...) Mitten durch die
Ortschaft fließt in traurigen Windungen nur ein abscheuliches Rinnsal,
dessen stickiges und verschlammtes, von Kadaverüberresten und Yakdung durchsetztes Wasser mit bräunlich-kotigem Eise bedeckt ist. Trotz
allem aber stellt die aus dem Nichts entstandene Umschlags- und Kara-
wanensiedlung mit ihren schreienden Bettlern und betenden Lamas eine
Art Zoll- und Börsenmetropole dar. Zu jeder Stunde pfeift aus allen Gassen und Winkeln der kotbeladene Eiswind und läßt Staubhosen durch die
holprigen Winkelgäßchen tanzen, wo neben Mehl und Tsamba [Gersten-
mehl, d. A.] selbst Apfelsinen mit schmierigen Händen feilgeboten
werden und sich speckige Menschenhaufen um die Schmuckhändler mit
ihrer billigen Trödelware scharen. Auch werden indische Rupien der tibetischen Währung angeglichen, in stinkenden Hütten große Geschäfte
abgeschlossen, Basare abgehalten, verschimmelte Teeklumpen gegen getrocknetes Fleisch und Textilien eingetauscht und Haushaltungsgegen-
stände aller Art verhökert (...) und alles flucht und feilscht und handelt.
Auf der sogenannten Basarstraße liegt das graue Kleid des Winters. Fast
den ganzen Tag über weht der schneidende Wind und treibt immer neue
Wolken von Pulverkot empor, so daß man schier ersticken möchte.
Schäbige, zerlumpte, von Staubkrusten überzogene Menschen wimmeln
durcheinander"[45].

Anklänge seines gesuchten „nordisch-geistigen Adels" fand Schäfer
beispielsweise im Lager eines nomadischen Stammesfürsten in Osttibet:
„Es sind kühne, heldenhafte Gestalten, ganz in Pelz gekleidet, mit dunklen, stechenden Augen, schmalen Gesichtern und langen, gebogenen
Adlernasen. (...) Der Fürst selbst ist etwa dreißig Jahre alt, ein Riese von
Gestalt, schlank, energisch, männlich, eine wahrhaft imponierende Erscheinung. Er trägt einen seidenen, mit Leopardenfell verbrämten Um-
hang und hat einen langen Zopf um den Kopf gelegt." Selbst an den
Frauen konnte er Adeliges entdecken.[46] Unter dem Einfluß des Lamaismus, so die These Schäfers, seien die nomadischen Steppenvölker Schritt
für Schritt degeneriert und zu den überall in Tibet anzutreffenden „Unter-
menschen" verkommen. Als Beispiel beschreibt er die osttibetische Stadt
Litang, in der Nomaden im Schatten der dortigen Klosterzwingburg seß-
haft geworden seien: „Von den nahen Berghängen leuchten die goldenen
Zinnen des mächtigen und weit im Land berühmten Litang-Klosters, um
dessen trutzige Mauern sich Hunderte von schmutzstarrenden Nomaden-
zelten scharen. Ansonsten macht die Siedlung mit ihren in Armseligkeit

erstickenden Häuserreihen, den tibetischen Ruinen, den alten Wällen und verfallenen Palästen ein denkbar trübseliges Bild grausamen Zerfalls. (...) Die wilde Freiheit des Steppentibeters hat sich hier dem Scheinleben einer festen Siedlung selbst zum Opfer gebracht, aber all die vielen Unbeschreiblichkeiten sind ihn diesem Pfuhl von Schmutz und Kot noch so packend, daß wir wie Traumwandler durch die von räudigen Hunden wimmelnden Straßen wandeln." Der Ort sei „mit Gewißheit die schmutzigste Siedlung dieses Erdballes", eine „abscheuliche Kloake", in der allenthalben das geronnene Blut von Schlachttieren vor sich hinfaule.[47]

Im Gegensatz zu derlei menschenunwürdigen Lebensumständen erwartete Schäfer zivilisiertere Verhältnisse in der Hauptstadt Lhasa, dem Regierungssitz des tibetischen Gottkönigs. In der Tat fand er in der „Heiligen Stadt" – zusammen mit seinen Reisegefährten war er persönlicher Gast des seinerzeitigen Regenten ⇨ Reting Rinpoche – mit nachgerade obszöner Pracht ausgestattete Klöster, Tempel, Paläste und Gärten vor (allein der Potala, Winterresidenz des Dalai Lama, verfügte über mehr als 1000 Prunkräume, die etwas außerhalb Lhasas gelegene Sommerresidenz von Nobulingka über 500 Räume samt einer mehr als vierzig Hektar großen Parkanlage); jenseits der Tempel- und Palastbezirke zeigten sich ihm indes die gleichen elenden Lebensbedingungen, wie er sie überall in Tibet gesehen hatte: Die „Heilige Stadt", wie er schreibt, sei nichts als ein „häßliches Gewirr kleiner und winkliger Gassen und Gäßchen", in dem die „Unhygiene keine Grenzen" finde: „Was sich über Nacht an Unaussprechlichem angesammelt hat [gemeint ist die nachts auf der Straße verrichtete Notdurft, d. A.], wird tagsüber von den Hufen der Pferde zertrampelt, bis am Nachmittage der Staubsturm kommt und die Luft mit wirbelndem Unrat verpestet. So geht es Tag um Tag. (...) Überall liegen Schädel, Knochen und halbvertrocknete Pferdeleichen herum, an denen sich grindige und bis zum Skelett abgemagerte Hunde gütlich tun. Die wenigen offenen Plätze sind mit verpesteten Pfuhlen und Unrathaufen übersät. Dazwischen tummeln sich schwarze Kolkraben, fettgefressene Schweine und kleine struppige Kühe, die von Fäkalien leben."[48] Rund um den Jokhang-Tempel im Zentrum der Stadt säßen Frauen in unratstarrenden Ecken und Nischen und seien damit beschäftigt, kleine Buddhas aus Lehm zu formen. Völlig von Kräften seien viele von ihnen „nur noch imstande, ihre Gebetsmühlen in eintönigem Rhythmus zu drehen, während andere mit blutig verklebten Augenschlitzen über den Weg kriechen und ihre durch Krankheit und Unfall zerstümmelten Glieder zeigen. Sie kotauen vor jedem Fremden, strecken die Zungen heraus und weisen, um

Almosen flehend, mit dem Daumen gen Himmel. (...) Sie bieten ein hoff-
nungslos abstoßendes, zugleich aber Mitleid erregendes Bild, das man
nicht leicht vergessen kann."[49] (In den Berichten Harrers, der 1946 nach
Lhasa kam und viereinhalb Jahre lang – nicht sieben Jahre, wie ständig
behauptet wird – dort lebte, erfährt man von den miserablen Zuständen in
der „Heiligen Stadt" nichts. Auch in seinen später veröffentlichten Bild-
bänden ist vom Elend der Menschen im „alten Tibet" nichts zu sehen.[50])

Von besonderem Interesse sind Ernst Schäfers Beobachtungen zur
Substanz tibetischer Bauwerke: deren Verfall, wie er schreibt, gehe
„verhältnismäßig rasch vor sich, da bei der Aufführung in der Regel kein
festigendes Bindemittel wie Zement oder dergleichen Verwendung gefunden hat. Bedingt durch die extremen Umweltverhältnisse und die großen Temperaturunterschiede im Tagesverlauf wie auch im Zyklus des
ganzen Jahres, bilden sich bald klaffende Risse, bis sich die Wälle nach
außen neigen und schließlich in sich zusammenfallen. Die eigenartig
konische Bauweise fast aller tibetischen Burgen und Paläste [desgleichen
der Wohnhäuser, d. A.], deren Wälle und Wände an den Firsten enger
zusammenstehen als an den Sockeln, mag ursprünglich als architektoni-
sches Vorbeugungsmittel gedacht sein, um dem Nachaußenbiegen der
Wände und damit dem vorzeitigen Verfall der Gebäude Einhalt zu gebieten."[51]

Schäfers Ausführungen lassen die heute von Tibet-Support-Gruppen
in aller Welt geführte Klage über die „Zerstörung des historischen Lhasa"
durch die Chinesen in gänzlich anderem Lichte erscheinen. In einer 1995
von Heinrich Harrer zusammen mit der Tibet-Initiative München gegründeten Kampagne wurde medienwirksam verbreitet, im Zuge eines vor-
geblichen Sanierungskonzepts sei geplant, die Altstadt Lhasas in den
kommenden fünf Jahren völlig zu vernichten. In einem entsprechend
lancierten Beitrag der *Süddeutschen Zeitung* hieß es: „Die Tibeter trauern:
Nach ihrer Unabhängigkeit, ihrer religiösen und kulturellen Selbstbestimmung, nimmt man ihnen nun auch das Herz ihres Landes: Das alte
Lhasa, die heilige Stadt stirbt. Bulldozer, Hacken und Schaufeln der chinesischen Herren reißen 1300 Jahre tibetischer Geschichte und Architektur nieder". Zwei Drittel des historischen Stadtkerns seien bereits unwie-
derbringlich zerstört, Ziel der Chinesen sei es, bis zum Jahr 2000 „alles
Tibetische vom Erdboden verschwinden" zu lassen. Letztlich sollen nur
der Potala, der Jokhang-Tempel und eine Handvoll anderer Gebäude als
Touristenattraktionen stehenbleiben, als „Museumsinseln in einer grauen,
chinesischen Stadt".[52]

Ob der in der Tat großflächige Abriß alter Bausubstanz in der Lhasaer Altstadt Teil des vom Dalai Lama so apostrophierten „kulturellen Völkermordes der Chinesen an den Tibetern" ist, sei dahingestellt. Der Umstand, daß bei den in Ersatz der abgerissenen Gebäude errichteten Neubauten (zumindest seit Beginn der 1990er) mit großer Sensibilität darauf geachtet wird, das historische Stadtbild nicht zu beeinträchtigen – es werden die Häuser durchwegs in ihrer originalen Form, allerdings unter Verwendung moderner Baumaterialien und mit zeitgemäßer Innenausstattung, wieder aufgebaut, – deutet eher in eine andere Richtung. Die Behauptung, man verpasse diesen Neubauten allenfalls eine „Instant-Fassade", bei der „die Mauern weiß getüncht und die Betonrahmen zur Holzimitation umgepinselt" würden – und dies auch nur mit Blick auf die devisenträchtigen Touristen, die ausblieben, wenn es nichts „Tibetisches" mehr zu sehen gäbe , ist böswillige Propaganda. Auch die Behauptung, es fehle „dieser tibetischen Disneyworld" das wichtigste Erkennungsmerkmal der alten Architektur, nämlich die sich nach oben verjüngenden Mauern, ist schlicht unzutreffend. Um die angeblich blindwütige Zerstörung des historischen Stadtkerns zu unterstreichen, wird der Eindruck erweckt, als würden anstelle der abgerissenen Gebäude sozialistische Plattenbauten hochgezogen: „Natürlich bauen die Chinesen neue Häuser anstelle der abgerissenen: meist vierstöckige, dünnwandige Blöcke mit Betonböden", die die „Bewohner in dem harten tibetischen Klima oft erbärmlich frieren" ließen.[53] Daß es sich bei diesen Bauten (ungeachtet der Frage, ob ihre Ausführung tatsächlich so „minderwertig" ist, wie das *Tibet Information Network* in London behauptet[54]) um Neubaugebiete *außerhalb* des Stadtzentrums handelt, wird ebenso verschwiegen wie der Umstand, daß derlei in der Tat wenig attraktive Areale (vor allem für Touristen in Erwartung eines pittoresken Postkartenanblicks) sich in der Peripherie nahezu jeder größeren Stadt auf der ganzen Welt finden und daher schwerlich als besondere Aggressivität der Chinesen gegen die Tibeter gewertet werden können. Die Behauptung Franz Alts, es solle „bis zum Jahr 2000 der wichtigste religiöse Ort Tibets [gemeint ist der Tempelbezirk um den Jokhang, d. A.] in ein chinesisches Einkaufszentrum umgewandelt werden"[55], ist barer Unsinn. Die tatsächlich kulturhistorisch wertvollen Bauwerke und -ensembles stehen längst unter Denkmalschutz, Jokhang und Potala sogar unter dem besonderen Schutz der UNESCO.

Die vor dem Hintergrund der maroden Bausubstanz des „historischen Lhasa" dringend notwendige Sanierung ganzer Straßenzüge wird diffamiert als besonders perfider Versuch – O-Ton Dalai Lama –: „buchstäblich jeden Aspekt der tibetischen Kultur und Identität auszulöschen".[56] Jeder Ansatz eines schonenden und respektvollen Umganges mit historischer Bausubstanz (die ihn der Regel so „altehrwürdig" gar nicht ist, da die Häuser der Altstadt ihrer Anfälligkeit wegen auch vor dem Einmarsch der Chinesen *laufend* erneuert werden mußten: die Mehrzahl der vermeintlich historischen Gebäude rund um den Jokhang – wie Harrers Kampagne suggeriert: 1300 Jahre alte Bausubstanz – stammt tatsächlich aus der zweiten Hälfte des 19. Jahrhunderts) wird verleumdet, desgleichen jeder Ansatz zur originalgetreuen Wiederherstellung nicht zu erhaltender Bauten (entgegen anderslautender Behauptungen waren *sämtliche* der 1995 zum Abriß vorgesehenen Bauten um den Jokhang in nicht restaurierbarem Zustand, die meisten aufgrund fortgeschrittener Baufälligkeit und/oder Beschädigung [auch durch Erdbeben] nicht mehr bewohnbar[57]). Wenn Harrer meint, es sei die chinesische Kulturpolitik der 1990er allemal „Dzüma, wie die Tibeter sagen: Fälschung, Augenwischerei", so fällt dieses Verdikt auf ihn selbst und seine (zumindest in Hinblick auf die Altstadtsanierung Lhasas) an den Haaren herbeigezogene Propaganda zurück.

Die exiltibetische Gemeinde hat sich bis heute gegen jede kritische Beleuchtung der Geschichte des „alten Tibet" mit aggressiver Vehemenz verwahrt. Selbst und gerade vorzüglich recherchierte Arbeiten wie die Melvin Goldsteins oder Tom Grunfelds[58], gegen die methodisch nichts eingewandt werden konnte, führten zu keinerlei Zugeständnis: in unüberbietbar ignoranter Manier wurden sie durchwegs als kommunistische Propaganda diffamiert und damit vom Tisch gefegt. Wie Goldstein schreibt, scheine man zu glauben, „daß alles was die tibetisch-nationalistische Rhetorik, die aus Dharamsala oder von Tibetischen Support-Gruppen stammt, kritisiert oder ihr widerspricht, pro-chinesisch sein muß".[59] Sogar der in erster Linie religionswissenschaftlichen (und damit politisch völlig uninteressanten) Arbeit von ⇨ Herbert und Mariana Röttgen (Trimondo/Trimondi) wurde unterstellt, sie diene ausschließlich den Interessen Beijings; wenn sie nicht gar von den Chinesen finanziert worden sei. Es steht anzunehmen, daß man auch die vorliegende Arbeit zu diskreditieren sucht mit Hilfe des idiotischen Arguments, jede Kritik am Dalai Lama affirmiere *per se* die chinesische Militärdiktatur.

1937

Im Winter 1937/38, so die autobiographische Notiz „Seiner Heiligkeit",
sei ein von der Regierung in Lhasa ausgesandter Suchtrupp zum Kloster
Kumbum gekommen, auf der Suche nach der Reinkarnation des fünf
Jahre zuvor verstorbenen 13. Dalai Lama. Eine ganze Reihe okkulter
Anzeichen hatte den Trupp in die (chinesisch verwaltete) Provinz Amdo
geführt: der Umstand vor allem, daß der Kopf der einbalsamierten und
auf einen Thron gesetzten Leiche des Verstorbenen zur Seite gekippt war,
so daß sein Gesicht nach Nordosten zeigte; es war dies als unzweifelhaf-
ter Hinweis gedeutet worden, daß in eben dieser Richtung seine Wiedergeburt aufzufinden sei, was schließlich auch durch das ⇨ Staatsorakel
bestätigt wurde. Zudem war einem hochrangigen Lama eine „Vision"
zuteil geworden: auf der Wasseroberfläche des heiligen Sees Lhamoi
Latso im Süden Tibets seien ihm drei Buchstaben erschienen, a, k und m,
gefolgt vom Bild eines dreistöckigen Klosters mit türkis- und goldfarbe-
nem Dach; auch ein Haus mit eigenartiger Dachrinne habe er auf dem
Wasser gesehen. In der Überzeugung, der Buchstabe a könne sich tatsächlich nur auf die nordöstliche Provinz Amdo beziehen, wurde sofort
ein Trupp Mönche dorthin entsandt. Der visionär geschaute Buchstabe k,
so die Erkenntnis nach Ankunft im Kloster Kumbum, könne untrüglich
nur auf ebendieses hindeuten, zumal das Hauptgebäude drei Stockwerke
und ein türkis-goldenes Dach aufwies. Auch ein Haus mit einer ungewöhnlichen, aus ausgehöhlten Wacholderästen gefertigten Dachrinne war
schnell gefunden: just und zufällig das nahegelegene Elternhaus zweier
Kumbum-Mönche, die just und zufällig einen kleinen Bruder dort wohnen hatten.

Der Suchtrupp, so der Dalai Lama in seiner Autobiographie, habe im
Hause seiner Eltern um Unterkunft gebeten, angeblich ohne den wahren
Zweck der Unternehmung bekanntzugeben. Der Anführer des Trupps,
Kewtsang Rinpoche, habe sich als Diener ausgegeben und den Abend
damit zugebracht, den Kleinsten im Hause zu beobachten und mit ihm zu
spielen. Das Kind habe ihn eindeutig erkannt und mit dem Namen seines
Klosters als „Sera Lama" angesprochen. Am nächsten Tag sei die Gruppe
abgereist, um ein paar Tage später als offizielle Delegation zurückzu-
kommen. Diesmal habe sie ein paar Gegenstände mitgebracht, die dem
Dreizehnten Dalai Lama gehört hatten, zusammen mit anderen, ähnlichen,
die nicht von ihm stammten. Der Kleine habe sie alle richtig identifizieren
können, indem er bei den entsprechenden Gegenständen gerufen habe:

„Das gehört mir, das gehört mir!" Der Suchtrupp sei nun weitgehend
davon überzeugt gewesen, die neue Inkarnation des Dalai Lama gefunden
zu haben. Bevor man aber eine endgültige Entscheidung habe treffen

Abb. 1:   Kurz vor der Abreise nach Lhasa: der designierte Dalai Lama mit hohen
          Würdenträgern

können, seien noch andere Kandidaten überprüft worden. „Man brauchte
aber nicht lange, bis der kleine Junge von Takster als der neue Dalai
Lama anerkannt wurde. Dieser Junge war ich."[60] Was es mit dem visionär
geschauten Buchstaben *m* auf sich hatte, blieb im Dunklen; späteren
Auslegungen zufolge habe er sich ebenfalls auf das Kloster Kumbum
bezogen, in dem er schließlich zweimal vorkomme.

1938

Nach Eingang der offiziellen Bestätigung durch den Regenten in Lhasa
ein paar Monate später wurde der inzwischen dreijährige Lhamo Dhöndup im Kloster Kumbum feierlich für sein künftiges Amt designiert. Er
lebte hinfort im Kloster, wo ihn der Lehrer seines drei Jahre älterer Bru-
ders Lobsang Samten, der bereits seit geraumer Zeit Novize in Kumbum
war, betreute. Hier lernte er auch seine ersten Worte tibetisch (in seiner

Familie war bekanntlich chinesisch gesprochen worden). Seine Eltern sah er zunächst nicht mehr; er erinnert sich in seiner Autobiographie, in dieser Zeit „ziemlich unglücklich" gewesen zu sein, denn: „für ein kleines Kind ist die Trennung von den Eltern wohl immer schwer."[61] An der bis heute gängigen Praxis, Kinder schon in frühestem Alter ihren Eltern wegzunehmen und sie zu willfährigen Handlangern der jeweiligen Klöster abzurichten – in der Regel bedeutet das Noviziat nichts anderes als über Jahre hinweg zu leistende Knechtsarbeit für höherrangige Mönche – änderte er freilich nichts (⇨ Exkurs 4). Sein bis heute vielzitierter Spruch, er habe es sich selbst ausgesucht, buddhistischer Mönch zu werden[62], ist insofern Nonsens: tibetisch-buddhistische Mönche und Nonnen hatten und haben in der Regel nicht die geringste Chance, sich eigenständig für oder gegen ein monastisches Leben zu entscheiden: sie wurden und werden im Alter von drei oder vier Jahren – sobald sie fähig sind, irgendwelche Dienste zu verrichten – von der jeweiligen Klostergemeinschaft zwangsrekrutiert; auch die Eltern haben keinerlei Möglichkeit des Einspruchs: sie sind darauf konditioniert, die Wegnahme ihrer Kinder als besondere Ehre zu verstehen, als einmalige Chance, großen spirituellen Verdienst zu erwerben. Vielfach gaben und geben Eltern ihre Kinder daher auch „freiwillig" an die Klöster ab.

Religiöser Wahnwitz
Karma und Reinkarnation

Laut Dalai Lama sei grundlegend für den Buddhismus das „Gesetz von Ursache und Wirkung", zusammengefaßt unter dem Begriff „Karma" (sanskrit: Handlung): „Da eine Ursache eine Wirkung hervorruft, die ihrerseits wiederum die Ursache einer weiteren Wirkung ist, spricht man von der Kontinuität des Bewußtseins. Das Bewußtsein befindet sich in einem ständigen Fluß und sammelt von einem Augenblick zum anderen Erfahrungen und Eindrücke". Hieraus folge, daß „zum Zeitpunkt des physischen Todes im Bewußtsein eines Wesens ein Abdruck aller vergangenen Erfahrungen und Eindrücke sowie der ihnen vorausgegangenen Handlungen ist". Das dergestalt geformte Bewußtsein eines Verstorbenen werde in einem karmisch entsprechenden neuen Körper wiedergeboren, wie der Dalai Lama erläutert, „in dem eines Tieres, Menschen oder göttlichen Wesens. Um ein Beispiel zu nennen: Eine Person, die in ihrem Leben vielfach Tiere gequält hat, könnte in ihrem nächsten Leben sehr wohl als Hund wiedergeboren werden, der einem herzlosen Besitzer gehört und schlecht behandelt wird."[63] Die reaktionäre Folgerung, Menschen in sozialem Elend oder sonstig desolaten Lebensverhältnissen seien letztlich selbst an ihrem Schicksal schuld – sie haben lediglich ihr Karma abzutragen, sprich: Vergehen aus früheren Leben zu büßen –, stellt in der Tat den Kern buddhistischer Lehre dar: „Die unerträglichen Leiden sind die Früchte der von mir allein begangenen Handlungen."[64] Umgekehrt, so der Dalai Lama, „führen verdienstvolle Handlungen in diesem Leben zu einer günstigen Wiedergeburt im nächsten."[65]

In seinen Vorträgen im Westen stellt der Dalai Lama gerne die „höhere Gerechtigkeit" der buddhistischen Karma- und Wiedergeburtslehre heraus; den blanken Horror, der diese Lehre (vor allem in ihrer tibetischen Variante) ausmacht, unterschlägt er in der Regel. Bei überwiegend positivem Karma werde man als Mensch, als Halbgott oder als himmlisches Wesen wiedergeboren, bei überwiegend negativem Karma hingegen finde man sich in einem der drei niederen Bereiche wieder: je nach Schwere der karmischen Schuld ist eine Wiedergeburt als Tier, als hungriger Geist oder als Gepeinigter in einer der zahlreichen Höllen angesagt.[66]

Zu einer niederen Wiedergeburt führe allemal der Mangel an rechtem Glauben an die Lehre der Lamas. Derart „Verblendete" würden als Tiere wiedergeboren, die „ihrer Haut, ihres Fleisches und anderer Dinge wegen auf vielfältige Weise geschlachtet [werden]. Sie werden als Reittiere ausgenutzt und geschlagen (...) Teile der Organe werden ihnen abgeschnitten. Sie werden zum Pflügen und Melken und anderem benutzt. Sie werden von vielen unerträglichen Leiden Tag und Nacht ohne Unterlaß gepeinigt."[67] Wer durch etwaiges Zögern, den Lamas und ihren Klöstern bedingungslos „Körper, Leben und Besitztümer" hinzugeben, schlechtes Karma auf sich geladen habe, werde als „hungriger Geist" in einer „weiten, wüsten Ebene ohne jegliche Annehmlichkeiten" wiedergeboren. Die Körper der „hungrigen Geister" glichen „verkohlten Baumstümpfen. Ihre Münder sind ausgetrocknet und sie besitzen große Bäuche und dünne Gliedmaßen. (...) Ihre Münder sind so klein wie ein Nadelöhr", so daß keine Nahrung hineinpasse: es bleibe ihnen nichts anderes übrig, als „Kot, Urin, Speichel, Rotz, Auswurf, Eiter, Blut und ähnliches" zu sich zu nehmen. Sie könnten „während fünfhundert, fünftausend, und einige sogar nach zehntausend 'Jahren' nicht sterben; wobei einer ihrer Tage einem menschlichen Monat entspricht."[68]

Als schlimmste aller Sünden, die unmittelbar in eine der Höllen führe, gilt Verachtung oder gar Zorn gegenüber den Lamas: „Soviele Augenblicke des Zorns gegenüber dem spirituellen Meister in mir entstehen, für soviele Zeitalter werde ich in den Höllen geboren, und ebenso wird das angesammelte Verdienst der gleichen Anzahl von Zeitaltern zerstört."[69] Die Höllen, sechzehn an der Zahl, lägen „viele Meilen unter der Erde"; acht davon seien sogenannte „Heiße Höllen", die anderen acht seien „Kalte Höllen". In den „Heißen Höllen" bestehe der Boden aus „rotglühendem, sengendem Eisen; an den Seiten ist er von versengenden, eisernen Zäunen umgeben (...) und mit vier Toren abgesichert". Ohne Pause werde man dort den schrecklichsten Qualen ausgesetzt: „In der Heißen Hölle wird man wie ein Fisch in riesigen, rotglühenden Eisenkesseln gebraten. Mit einem brennenden, spitzen Pfahl wird man vom Anus her durchstoßen, bis dieser wieder am Scheitel austritt"; auch werde man „auf den rotglühenden Boden gelegt und dann mit eisernen Hämmern geschlagen". In einer anderen der Heißen Höllen werde man „in einem großen Eisenkessel in geschmolzenem und brodelndem Kupfer gekocht", in wieder einer anderen müsse man „von einem hohen, rotglühenden Eisenberg hinabsteigen und wieder hinaufklettern. Die Zunge wird einem aus dem Mund gezogen, weit herausgezerrt und mit eisernen Dolchen durchstoßen"; darüberhinaus werde einem „geschmolzene, brodelnde Bronze" die Kehle hinabgegossen. In einer der zahllosen heißen „Nebenhöllen" falle man in einen „wie ein Leichnam stinkenden Sumpf" aus Exkrementen, um bis zum Hals darin zu versinken; zugleich werde man „von den scharfen Schnäbeln der in diesem Sumpf lebenden Insekten bis aufs Mark zerfressen und zerpickt". Die Qualen seien indes keineswegs beendet, wenn Haut und Fleisch verbrannt, zerschlagen, zerschnitten oder von Insekten aufgefressen seien, vielmehr wachse alles wieder nach, und die Tortur vollziehe sich aufs neue. Ein Leben in einer der Höllen währe das Zwanzigfache der Zeit, die man „benötigt, um einen großen Speicher voll mit achtzig Viertelzentnern Sesam zu leeren, indem man alle hundert Jahre ein Sesamkorn daraus entnimmt". Die „Kalten Höllen" sind entsprechend: „Ihre Böden sind voller Eisblöcke und alle Seiten sind von Schneebergen völlig umschlossen (...) alles ist in pechschwarze Finsternis gehüllt. Kalte Winde setzen den nackten und unbekleideten Körpern sehr stark zu, so daß sie zittern, sich zusammenkrümmen und dann äußerst stark zusammenziehen. Der Wind läßt viele Hunderte oder Tausende von Frostbeulen entstehen, welche aufplatzen und Eiter austreten lassen."[70]

Was derlei pathologischer Karma- und Wiedergeburtswahn in den Köpfen einfach strukturierter, ungebildeter Menschen anrichtet − ganz zu schweigen von den Köpfen drei- oder vierjähriger Kinder, die man damit vollstopft −, läßt sich nur ansatzweise und mit Schaudern erahnen (⇨ *Exkurs 4*).

Buddhistischer Vorstellung zufolge sei es möglich − und dies sei Ziel aller Mühe des Daseins −, aus dem ewig-leidvollen Kreislauf (sanskrit: *Samsara*) von Geburt, Tod und Wiedergeburt auszubrechen. Dann nämlich, wenn alles negative Karma aus früheren Leben abgebüßt und gelöscht und im jetzigen Leben kein neues mehr angehäuft worden sei, finde man zur Befreiung (sanskrit: *Moksha*): man werde zum Buddha, als welcher man sich ins wohlverdiente Nichts (sanskrit: *Nirvana*) auflöse. Laut tibetischer Tradition des Buddhismus kehren indes zur Buddhaschaft gelangte Wesen, anstatt nun endgültig abzutreten, voll Erbarmen und immer wieder zu den Lebenden zurück und setzen sich „solange für das Wohl aller fühlenden Wesen ein, bis alle befreit sind".[71] Ein dergestalt von der Schwelle des Nirvana wiederkehrender Buddha wird Bodhisattva genannt, wörtlich: „einer, dessen Natur vollkommenes Wissen ist".[72] Als ebensolcher versteht sich der Dalai Lama, auch wenn er in seiner penetrant-koketten Art („Ich bin nur ein einfacher Mönch") so tut, als sähen ihn nur andere so: „Mich sieht man als die Reinkarnation eines jeden der vorangegangenen dreizehn Dalai Lamas von Tibet, eine Linie, die im Jahre 1351 begann. Diese wiederum sind Verkörperungen von Avalokiteshvara [eine Mythenfigur mit elf, gelegentlich auch mit sechzehn Köpfen und tausend Armen, d. A.], auf tibetisch Chenrezig, dem Bodhisattva des Mitgefühls, des liebevollen Sich-Hinwendens, und Träger der weißen Lotosblüte. So glaubt man auch von mir, daß ich eine Inkarnation von Chenrezig bin, und zwar die vierundsiebzigste in einer Linie."[73] An anderer Stelle gibt er sich weit weniger zurückhaltend: „Natürlich glaube ich an die Lehre von der Wiedergeburt. (...) Wenn Sie mich also fragen, ob ich eine Reinkarnation bin, dann sage ich: Ja, das ist mein Glaube, meine Überzeugung."[74] Laut einer seiner *autorisierten* Biographien sei im übrigen der Umstand, daß man bei ihm zwei Warzen unterhalb der Schulterblätter entdeckt habe, weiterer Beleg gewesen dafür, daß man in ihm tatsächlich die Inkarnation Chenrezig (und damit die Reinkarnation seiner Amtsvorgänger) gefunden habe: die Warzen („two small bumps of flesh") stellten unzweifelhaft eine Art rudimentärer Überbleibsel dessen zusätzlicher neunhundertachtundneunzig Arme dar. Außerdem habe er ein Muttermal in Form einer Muschel (Symbol des „gesprochenen Wortes Buddhas"), sowie bezeichnend große Ohren (wie alle Buddhas sie haben) aufgewiesen[75].

Ausführlich beschreibt der Dalai Lama die traditionelle Vorgehensweise – eingeführt wurde dieses Verfahren Mitte des 15. Jahrhunderts –, die Reinkarnation verstorbener Lamas ausfindig zu machen: Die Identifikation der Tülkus (tibetisch: Körper der Verwandlung) sei im Grunde genommen „viel logischer, als man auf den ersten Blick vermutet. Wenn man von der buddhistischen Ansicht ausgeht, daß Wiedergeburt eine Tatsache ist, und man sich zudem vor Augen hält, daß der Sinn einer Reinkarnation der ist, es dem jeweiligen Wesen zu ermöglichen, seine Bemühungen um die Erlösung aller Lebewesen fortzuführen, dann ist es doch naheliegend, daß man die verschiedenen Einzelfälle auch identifizieren kann". Dadurch könne man ihnen die Möglichkeit geben, „die richtige Ausbildung und Stellung im Leben zu erlangen, damit sie ihre Tätigkeit recht bald fortführen können".[76] Weshalb bei derartigen Tülkus, in denen laut Dalai Lama „das Bewußtsein" eines verstorbenen Meisters sich lediglich einen anderen Körper gesucht habe, überhaupt eine neue Ausbildung erforderlich ist, wird nicht erklärt. In der Tat können die als „Reinkarnationen" ausfindig gemachten zwei- bis dreijährigen Jungen weder lesen noch schreiben, geschweige denn, daß sie irgendwelche Ahnung von buddhistischen Glaubensinhalten hätten. Sie werden ihren Eltern in frühestem Alter weggenommen und einer bis zu zwanzigjährigen (!) monastischen „Ausbildung" unterzogen, vielfach durch dieselben Lehrer und Berater, die schon dem Verstorbenen zu dessen Lebzeiten zur Seite gestanden waren. Kein Wunder, daß derart indoktrinierte junge Menschen sich früher oder später als leibhaftige Wiedergeburt ihrer jeweiligen Amtsvorgänger vorkommen.

Laut Dalai Lama beginnt der Identifikationsprozeß eines Tülku mit einem einfachen Ausschlußverfahren: Auf der Suche nach der Reinkarnation eines bestimmten Mönchs müsse zuerst festgestellt werden, wann und wo dieser Mönch gestorben sei. Unter Berücksichtigung des Umstandes, daß die neue Inkarnation normalerweise ungefähr ein Jahr nach dem Tod des Vorgängers gezeugt werde – dies wisse man man aus Erfahrung –, könne man einen Zeitplan aufstellen: „Wenn Lama X im Jahr Y gestorben ist, wird seine Reinkarnation wahrscheinlich achtzehn bis vierundzwanzig Monate später geboren werden. Fünf Jahre nach dem Jahr Y wird das Kind also ungefähr drei bis vier Jahre alt sein."[77] Die Frage, wo eine Inkarnation zu suchen sei, beantworte sich entweder durch Hinweise, die der jeweils Verblichene vor seinem Ableben hinterlassen habe, oder durch Träume und Visionen, die dessen hinterbliebenen Anhängern zuteil würden. Sind auf diese Weise die Eckdaten festgelegt, wird ein Suchtrupp zusammengestellt, der unter den Kleinkindern einer bestimmten Region nach einem möglichen Kandidaten Ausschau hält. Vielfach bezieht man sich auf Hinweise aus der Bevölkerung, die vielleicht von einem besonderen Ereignis zum Zeitpunkt der Geburt eines Kindes zu berichten weiß: so wird beispielsweise Sternschnuppen große Bedeutung beigemessen, auch Regenbögen, der Blüte seltener Pflanzen oder auffälligem Verhalten von Tieren. Selbstredend werden Astrologen und Hellseher zu Rate gezogen, dazu jedes nur verfügbare Orakel. Hat man schließlich ein in Frage kommendes Kind ausfindig gemacht, werden diesem mit großem Brimborium verschiedene Gegenstände – eine Auswahl an Eßschalen, Rosenkränzen, Gebetsmühlen etc. – vorgelegt, die teils aus dem Besitz des Verstorbenen stammen; kann das Kind diese richtig bestimmen, das heißt, nimmt es die in die Hand, die dem Verstorbenen gehört hatten, wird das als untrüglischer Beleg gesehen dafür, daß es sich um dessen Wiedergeburt handeln muß.

Vom Begriff suggestiver Befragung haben die Gelbmützen offenbar noch nie etwas gehört; auch scheint ihnen die Möglichkeit undenkbar, daß Eltern, die das „Erkennen" eines ihrer Kinder als Tülku als einmalige Chance auf den Erwerb großen spirituellen Verdienstes sehen, dieses entsprechend präparieren, so daß es seinerseits eine Person aus dem Suchtrupp „erkennt". Der Dalai Lama jedenfalls weiß hinsichtlich solchen

„Identifikationsprozesses" nur mit dem (zirkelschlüssigen) Argument aufzuwarten, das Leben der Tülkus selbst sei „Beweis genug, daß er auf

Abb. 2:   Der „reinkarnierte" Knabje Trijang Rinpoche; im Hintergrund ein Photo aus seiner vorhergehenden Existenz, in der er als Lehrer des Dalai Lama fungiert hatte

Wahrheit beruht".[78] Tatsächlich, wie der Ostasienkundler Thomas Hoppe schreibt, erfahre ein wiedergeborener Lama seine „Legitimität kraft Proklamation und Inthronisation durch die bestehende religiös-politische Macht, die qua Akklamation durch den Klerus, dann auch durch die Masse bekräftigt wird und sich in der Zeit als legitime innerhalb eines komplexen kontinuierlichen Macht- und Glaubenssystems bewährt und bewahrheitet."[79]

Umfänglich berichtet „Seine Heiligkeit" von der Reinkarnation seines Ersten Tutors, Ling Rinpoche, der im Dezember 1983 verstorben war. Bereits achtzehn Monate darauf, im Sommer 1985, habe man seine Wiedergeburt entdeckt (schnellstenfalls, wie im ⇨ Tibetanischen Totenbuch dargestellt, könne eine neue Inkarnation neun Monate plus sieben Tage nach dem Ableben der bisherigen geboren werden): der ausfindig gemachte gut eineinhalbjährige Junge habe eine Person des Suchtrupps klar erkannt und sie sogar beim Namen gerufen. „Als ich", wie der Dalai Lama schreibt, „den Jungen zum erstenmal sah [nachdem dieser bereits über einen längeren Zeitraum in klösterlicher Obhut gewesen war, d. A.], hatte ich keine Zweifel über seine Identität. So wie er sich benahm, war es ganz offensichtlich, daß er mich kannte, obwohl er mir den größten Respekt entgegenbrachte." Bei jener ersten Begegnung habe er dem Kleinen eine Tafel Schokolade geschenkt: „Die ganze Zeit, die er bei mir war, hielt er sie regungslos mit ausgestrecktem Arm und gebeugtem Kopf in der Hand. Ich bezweifle, daß ein anderes Kleinkind etwas Süßes, ohne es anzurühren, in der Hand gehalten und zugleich noch so förmlich dagestanden hätte." Als er den kleinen Jungen später in seiner Residenz empfangen habe, habe dieser sich genauso verhalten wie sein Vorgänger: „Es war offensichtlich, daß er sich auskannte. Als er in mein Arbeitszimmer kam, erkannte er meinen Diener Lobsang Gawa wieder".[80]

Er selbst, wie der Dalai Lama Mitte 1997 in New York verkündete, werde für den Fall, daß das Tibetproblem bis zu seinem Tode (in diesem Leben) nicht gelöst sei, unter keinen Umständen in Tibet, sondern „mit absoluter Gewißheit (...) in der freien Welt" Wiedergeburt annehmen[81]. Den vielfältigen Gerüchten, mit dem vierzehnten Dalai Lama werde die Kette der Inkarnationen Chenrezigs womöglich abreißen, er selbst damit der letzte seiner Art sein, tritt „Seine Heiligkeit" entschieden entgegen: „Solange es Wesen gibt, die leiden, werde ich wiederkehren."[82]

Der Familie eines Tülku brachte dessen Einsetzung in das Amt seines „Vorgängers" neben spirituellem Verdienst auch enormen materiellen Vorteil. In der Regel wurden die Eltern und Geschwister durch das jeweilige Kloster, dem dieser später vorstehen sollte, mit großzügigen Geschenken sowie Landbesitz „entschädigt". Im Falle des Dalai Lama wurde die gesamte Familie in den höchsten Adelsstand samt dazugehörigem Gutsbesitz erhoben. Vor der Geburt des späteren Dalai Lama war sein ältester Bruder bereits als Tülku des örtlichen Klosters eingesetzt worden, später wurde auch sein jüngster Bruder (den man ursprünglich als Reinkarnation eines seiner verstorbenen Brüder angesehen hatte) als solcher „erkannt". Die Mutter des Dalai Lama hatte also, einschließlich seiner selbst, drei „wiedergeborene Meister" zur Welt gebracht, was ihr in Lhasa eine Verehrung als Emanation der Göttin Tara einbrachte (es ist dies besonders erwähnenswert, da innerhalb der theokratisch-patriarchalen Struktur der tibetischen Gesellschaft Frauen prinzipiell keine nennenswerte Bedeutung zukam).

1939

Im Sommer 1939, Lhamo Dhöndup war eben vier Jahre alt geworden, wurde die Überstellung des designierten Dalai Lama in die Hauptstadt Lhasa organisiert. Nach Bezahlung eines „Lösegelds" in Höhe von 450.000 chinesischen Dollar (in Form von zwanzig Tonnen Silber) an Gouverneur Ma Bufeng – die Region um Takster stand, wie erwähnt, unter der Verwaltungshoheit der Kuomintang (der spätere Dalai Lama war sozusagen gebürtiger Nationalchinese) –, brach man Mitte Juli 1939 auf: „Unsere Reisegesellschaft war sehr groß, weil sich außer meinen Eltern und Geschwistern auch eine Menge Pilger angeschlossen hatten. Meine Familie begleitete mich, weil es üblich war, daß die nächsten Verwandten des Dalai Lama in den Adelsstand erhoben wurden und ein schönes Haus in Lhasa bekamen. Wir wurden außerdem von verschiedenen Regierungsmitgliedern begleitet."[83]

Nach mehr als dreimonatiger Reise näherte sich die Karawane Anfang Oktober der Hauptstadt. Ein paar Kilometer vor der Stadt war ein riesiges Zeltlager errichtet worden, in dessen Mitte das sogenannte „Große Pfauenzelt" aufgebaut war. In diesem baldachinartigen Zelt stand ein Thron, der, wie es in der Autobiographie heißt, „nur zu dem einen Zweck verwendet wird, den neuentdeckten Dalai Lama zu Hause zu begrüßen und willkommen zu heißen. Die darauffolgende Zeremonie, während der mir die geistliche Herrschaft über mein Volk verliehen wurde, dauerte den ganzen Tag. Ich kann mich nicht mehr gut daran erinnern, außer daß ich das starke Gefühl verspürte, wieder zu Hause zu sein." „Alle Teilnehmer und Beobachter", wie Biographin Levenson in schwülstiger Wortwahl (und ganz so, als sei sie dabeigewesen) berichtet, „sind verblüfft ob der erstaunlichen Gewandtheit des Kindes, seiner kontrollierten Vitalität und seiner angeborenen Kenntnis des Benehmens und der Rituale. Bereits jetzt überrascht der tiefe, mit Schalk durchmischte Blick, mit dem er die Welt betrachtet, während sich die Hinwendung zum Mitmenschen in einer wohlwollenden, allen Bitten offenen Neugier kundtut. Trotz eines äußerst strikten Protokolls entzückt und bezaubert das Mönchlein und legt gleichzeitig eine unendliche Geduld an den Tag: ein ausgewogener Charakter, den die schicksalshaften Jahre noch festigen und dessen Kanten sie zugleich abschleifen werden. Noch ungezähmt ist die Entschlossenheit bereits im Keim vorhanden, sie wird im Laufe der Zeit kultiviert und schließlich exemplarisch werden."[84] Auf die Idee, daß die Kenntnis des Benehmens und der Rituale vielleicht nicht angeboren, sondern das Ergebnis eineinhalbjährigen klösterlichen Drills in Kumbum gewesen sein könnte, kommt Levenson nicht. Nach den Begrüßungsfeierlichkeiten brachte man den (provisorisch) eingesetzten Dalai Lama in den Sommerpalast Norbulingka; dort verbrachte er, zusammen mit seinen inzwischen in den höchsten Adelsstand Tibets erhobenen Eltern sowie seinem Bruder Lobsang Samten das darauffolgende Jahr.

Von der ⇨ Nazi-Expedition um Ernst Schäfer, die kurze Zeit vorher Lhasa nach mehrmonatigem Aufenthalt verlassen hatte, erfährt man in den offiziellen Biographien des Dalai Lama nichts.

1940

Am 22. Februar 1940 wurde der mittlerweile Viereinhalbjährige offiziell als geistliches Oberhaupt Tibets eingesetzt: er bestieg als 14. Dalai Lama den sogenannten Löwenthron. Die tagelang sich hinziehende Zeremonie fand im sogenannten Si Shi Phüntsog, dem größten Prunksaal des Potala-Palastes statt. Wie Biographin Claude Levenson zu berichten weiß, habe „die Magie des Orients [?] all ihre unerschöpflichen Möglichkeiten einer feierlichen Einsetzung [entfaltet], deren Pracht auf ewig im Gedächtnis der Teilnehmer eingegraben bleibt. Auch diesmal fallen der natürliche Adel [sic!] und das tadellose Benehmen des Kindgottes während der langen Feierlichkeiten auf.“[85] Erst im Anschluß an die Inthronisation (laut Levenson freilich schon davor) wurde er offiziell zum Mönch geweiht: man brachte ihn hierzu in das zentrale Heiligtum des tibetischen Buddhismus, den Jokhang-Tempel in der Altstadt Lhasas, wo Reting Rinpoche, seines Zeichens Regent Tibets, höchstpersönlich die rituelle Haarschneidezeremonie an ihm vornahm; hinfort war er verpflichtet, eine rote Robe zu tragen und sich regelmäßig den Kopf zu rasieren. Er legte seinen bisherigen Namen Lhamo Dhöndup ab und nahm stattdessen den Mönchsnamen Jamphel Yeshe Ngawang Lobsang Yeshe Tenzin Gyatso an (die Namen bedeuten soviel wie: der Heilige, der sanfte Ruhm, der Sprachgewaltige, der Mitleidvolle, der gelehrte Verteidiger des Glaubens, der Ozean der Weisheit); praktikablerweise wurden und werden jedoch nur die beiden letzten Namen gebraucht: Tenzin Gyatso[86]. Mit seiner Weihe zum Mönch wurden ihm zwei offizielle Tutoren, einer davon Reting Rinpoche, sowie ein weiterer inoffizieller Tutor zugeteilt, die seine Ausbildung zu gewährleisten hatten; daneben erhielt er drei Mönche als persönliche Diener zugewiesen.

Tenzin Gyatso, von seinen Lehrern und Dienern mit Kundun (tibetisch: Gegenwart Buddhas) angesprochen, wurde zunächst gemeinsam mit seinem Bruder Lobsang Samten unterrichtet. In den Klassenzimmern, so berichtet er in seiner Autobiographie, habe es zwei Peitschen gegeben, eine aus gelber Seide und eine aus Leder: „Die erste, so hieß es, war für den Dalai Lama bestimmt, die andere für seinen Bruder". Er selbst sei nie geschlagen worden, sein Bruder hingegen häufig, wobei ihm später der Verdacht gekommen sei, „daß sich unsere Lehrer an den alten tibetischen Spruch hielten: 'Schlag die Ziege, um dem Schaf einen Schrecken einzujagen'."[87] Schläge und sonstige körperliche Strafen, wie er denn später auch kundtut, seien allemal hilfreich, einem Kinde „ein Fehlverhalten abzugewöhnen"[88]. Der Unterricht, beginnend mit einer frühmorgendlichen Andacht, bestand neben allerlei Lese- und Schreibübungen vor allem aus dem Auswendiglernen spiritueller Texte. Außer zu seinem Bruder Lobsang Samten hatte der junge Dalai Lama keinerlei Kontakt zu anderen Kindern. Drei Jahre später verlor er auch diesen Kontakt, als sein Bruder auf eine weiterführende Schule geschickt wurde; er sah ihn nur noch selten (Auslöser dafür, die beiden zu trennen, war ein Streit gewesen, bei dem der junge Kundun seinen Bruder Lobsang Samten mit einem Elfenbeinstock niedergeschlagen und schwer verletzt hatte).

Protokollgemäß nahm der junge Dalai Lama allvormittäglich an den Sitzungen der Regierung teil, die aus dem ihn offiziell vertretenden Regenten sowie vier Ratsmitgliedern bestand. Die Teilnahme an diesen Sitzungen war ein rein formaler Akt, in politische oder sonstige Entscheidungen wurde er nicht einbezogen. Anschließend durfte er eine Stunde spielen: er besaß eine umfängliche Sammlung an Spielzeug, das er von verschiedenen ausländischen Gesandtschaften erhalten hatte, einschließlich einer elektrischen Eisenbahn sowie einer Armee Zinnsoldaten. Am Nachmittag wurde der Unterricht fortgesetzt, der Lehrplan umfaßte ab etwa seinem siebten Lebensjahr die fünf Hauptfächer Dialektik, tibetische Kunst und Kultur, Grammatik und Sprachwissenschaften, Medizin sowie buddhistische Philosophie; dazu die fünf Nebenfächer Poesie, Musik und Drama, Astrologie, Metrik und Ausdruck sowie Wortschatz. In stundenlangen Debattierübungen mit seinen Tutoren wurde er in die Kunst der Disputation eingewiesen, die im klösterlichen Leben Tibets wesentlich darin besteht, in ritualisierter Form auswendig gelernte Textpassagen zu rezitieren.

Diktatur der Gelbmützen
Geschichte des Tibetischen Buddhismus

Die Entwicklungsgeschichte des Buddhismus stellt sich üblicherweise unterteilt in vier Phasen vor: die erste Phase dreht sich um das Leben und die Lehrreden des „historischen Buddha", des Königssohnes Siddharta Gautama, der von der zweiten Hälfte des 6. bis Mitte des 5. Jahrhunderts v.u.Z. in Nordindien gelebt haben soll. Die zweite Phase, die unmittelbar nach dem Tod Buddhas eingesetzt habe, ist als Theravada-Buddhismus geläufig, von späteren Schulen abschätzig als Hinayana oder „Kleines Gefährt" bezeichnet. Ab Ende des 1. Jahrhunderts u.z. entwickelte sich die dritte Phase, bekannt als Mahayana oder „Großes Gefährt". Aus diesem entstand ab etwa dem 4. Jahrhundert u.z. der sogenannte Tantrayana, das „Gefährt des Tantra", bekannt auch als Vajrayana oder „Diamantgefährt" (⇨ *Exkurs 8*).

Der tantrische Buddhismus versteht sich als höchstentwickelte Schule der buddhistischen Lehre, die alle anderen Schulen übertreffe beziehungsweise in sich vereine. Angeblich sei die Lehre des Tantrayana von Buddha selbst zusammengestellt worden, erst tausend Jahre später indes sei die Menschheit reif genug gewesen, sie zu erfahren. Mitte des 7. Jahrhunderts u.Z. jedenfalls wurde sie von indischen Mönchen in Tibet eingeführt und bestimmt seither maßgebend die Kultur des zentralen Himalayaraumes. Tantrismus stellt auch im Westen die weitestverbreitete Form des Buddhismus dar.

Der Ursprung des Buddhismus ist in Dunkel gehüllt. Schriftliche Quellen aus der Entstehungszeit gibt es nicht, vermutlich hat es sie nie gegeben. Die ersten greifbaren Zeugnisse, Säulenedikte des nordindischen Maurya-Kaisers Ashoka (272-237 v.u.Z.), stammen aus einer Zeit, als der Buddhismus bereits eine etablierte Religion mit fester kirchlicher Organisation, Dogmatik und Tradition darstellte. Die ältesten Schriften, die Auskunft über die Frühgeschichte des Buddhismus geben – der sogenannte Pali-Kanon –, datieren aus dem zweiten und ersten Jahrhundert v.u.Z. Es handelt sich bei diesen Schriften um eine später formatierte und dreigeteilte Textsammlung, deren einer Teil sich mit den buddhistischen Ordens- und Gemeinderegeln (Vinaya-Pitaka) befaßt und deren beide anderen Teile sich um die bis dahin mündlich überlieferten Lehrreden

Buddhas (Sutta-Pitaka) beziehungsweise deren metaphysischen Überbau (Abhidhamma-Pitaka) drehen. Ausgehend von den in sich schon sehr legendenhaften Schriften des Sutta-Pitaka – diese gaben eine über zumindest zehn Generationen sich hinziehende und damit zahllosen Fremdeinwirkungen unterworfene orale Tradition wieder, die keinerlei historisch faßbaren Kern (mehr) aufwies – entwickelte sich in den folgenden Jahrhunderten eine umfängliche und von Text zu Text immer noch phantastischer ausgestaltete Literatur zur Entstehungsgeschichte des Buddhismus.

Laut Pali-Kanon habe der Gründer des Buddhismus im 6. oder 5. Jahrhundert v.u.Z. im nördlichen Indien gelebt und gewirkt; sein eigentlicher Name sei Siddharta gewesen, bekannt geworden sei er aber unter dem Namen Gautama. Als Sohn eines lokalen Fürsten sei er von seinem Vater mit größtem Luxus umgeben worden, er habe im Vorlaufe seiner Jugend nichts Dunkles, Bedrückendes oder Häßliches kennengelernt. Er habe geheiratet und zusammen mit seiner Frau einen Sohn gehabt. Einer späteren Legende zufolge habe er auf einer Vergnügungsfahrt zufällig einen Greis, einen Kranken und einen Toten gesehen und so erstmalig vom menschlichen Lose des Altwerdens und Dahinsiechens erfahren sowie der Unvermeidbarkeit des Todes. Eine Begegnung mit einem Bettelmönch habe ihn dessen Beispiel folgen lassen: heimlich habe er seine Familie und den Palast seines Vaters verlassen und sieben Jahre lang unter strengster Askese und Selbstkasteiung in einem Walde zugebracht. Nach endlos langem und quälendem Grübeln sei ihm plötzlich die „Erleuchtung" zuteil geworden, die Erkenntnis nämlich, daß beide Extreme – ein Leben voller Freuden und Lustbarkeiten und ein Leben des Verzichtes und des freiwilligen Leidens – vom richtigen Wege gleichweit entfernt seien: der richtige Weg liege in der Mitte. Die Legende weiß genau zu berichten, wann und wo dieses umwälzende Ereignis stattgefunden habe: es sei in der Nacht des Vollmondes im Mai des Jahres 509 v.u.Z. gewesen, als Siddharta Gautama, unter einem Feigenbaume im nordindischen BodhGaya sitzend, zum „Buddha" geworden sei[89] (um es zu wiederholen: durch die eminente Erkenntnis, man solle sich von Extremen fernhalten und stets den „goldenen Mittelweg" anstreben). Nach seiner „Erleuchtung" habe Buddha eine Tätigkeit als Wanderprediger aufgenommen, um seine neuerworbene Erkenntnis unters Volk zu bringen. Eine wachsende Anzahl an Schülern und Anhängern sei ihm zugeströmt, gegen Ende seines Lebens – er sei, 80jährig, im Jahre 464 v.u.Z.

gestorben – habe es in Nordostindien bereits zahlreiche buddhistische Gemeinden gegeben.

Im Gegensatz zu späteren Legenden, in denen es von wundersamen Geschehnissen nur so wimmelt, die sich um Geburt und Erdenleben Buddhas herumranken, enthalten die Schriften des Pali-Kanon nichts Übernatürliches. Sie entsprechen durchaus den Verhältnissen in den nordindischen Fürstentümern des 6. und 5. Jahrhunderts v.u.Z. und *könnten* damit auf historischen Gegebenheiten beruhen. Die vieldebattierte Frage, ob es sich bei Siddharta Gautama, dem späteren Buddha, um ein mythologisches Konstrukt oder um eine geschichtlich faßbare Figur handelt, ist insofern relativ unbedeutend. Tatsache bleibt allerdings, daß es Belege für die tatsächliche Existenz einer Person dieses Namens nicht gibt.[90] Völlig ungeklärt ist auch die Frage nach der Lebenszeit Buddhas (sofern es ihn denn gegeben haben sollte). Während diese in den Pali-Schriften der südlichen Buddhisten im 6. und 5. Jahrhundert v.u.Z. angesetzt wird, versteigen spätere Schriften der nördlichen Buddhisten sich zu der Behauptung, er habe um 2.400 v.u.Z gelebt. Die vergleichsweise zuverlässigere Tradition des Pali-Kanon ermöglicht eine Annäherung an die geschichtlichen Fakten: nach buddhistischer Zeitrechnung bestieg Kaiser Ashoka den Thron 118 Jahre nach dem zweiten buddhistischen Konzil, das hundert Jahre nach dem Tod Buddhas stattgefunden habe. Der Regierungsantritt Ashokas läßt sich aus griechischen Quellen ziemlich genau auf das Jahr 250 v.u.Z. datieren, woraus sich das Todesjahr Buddhas mit 468 v.u.Z. errechnet. Sollte er, wie überliefert wird, tatsächlich achtzig Jahre alt geworden sein, ergäbe sich als Geburtsjahr 548 v.u.Z.[91] Vielfach wird die Lebensspanne Buddhas mit 560 bis 480 v.u.Z. angegeben (gelegentlich wird sie auch zwei bis fünf Generationen später angesetzt[92]), offiziell scheint man sich aber auf 543 bis 463 v.u.Z. geeinigt zu haben: jedenfalls wurde im Jahre 1957 mit großem Pomp der 2.500ste Geburtstag Buddhas gefeiert; an den Festivitäten, die mithin an den (angeblichen) Wirkungsstätten Gautamas in Nordindien veranstaltet wurden, nahm selbstverständlich auch der Dalai Lama teil. (Die in der Literatur zu findenden Jahreszahlen, vor allem auch die angegebenen Lebensspannen der „Großen Meister", sind durchwegs äußerst unzuverlässig: vielfach wurden die jeweiligen Lebenszeiten posthoc um mehrere Jahrzehnte verlängert, um bedeutsamen Figuren in der Überlieferung ein noch bedeutsameres Erscheinen zu verleihen.[93])

Unabhängig von der Frage nach historischer Nachweisbarkeit der Person Buddhas: Die Lehre des Buddhismus entstand zu einer Zeit (im Laufe des 6. und 5. Jahrhunderts v.u.Z.), als in den nordindischen Fürstentümern erbitterte Klassenkämpfe tobten. Nicht nur der Widerspruch zwischen dem luxuriösen Leben der Fürsten, Großgrundbesitzer und Sklavenhalter, allesamt Angehörige der oberen Brahmanen- und Kshatrija-Kasten, und der Armut und Not der Sklaven, der leibeigenen Bauern und sonstigen Angehörigen niederer Kasten, sondern vor allem die blutigen Machtkämpfe zwischen der angestammten Priester-Aristokratie der Brahmanen und den aufkommenden Militärdynastien der Kshatrijas führten zu einer Krise der überlieferten Weltanschauung. Der Glaube an die Unerschütterlichkeit der angeblich von Weltenschöpfer Brahman selbst gestifteten Kastenordnung geriet mehr und mehr ins Wanken. Die Zahl der Einsiedler, Asketen und Wandermönche – auch und gerade aus den oberen Kasten – nahm Anfang des 5. Jahrhunderts v.u.Z. sprunghaft zu; es entwickelten sich zahlreiche ketzerische Lehren, Sekten und sogar atheistische Glaubenssysteme. Eine der neuen Lehren, in der die allgemeine Krisenlage, die tiefreichende Unzufriedenheit und Verunsicherung der Menschen, ihren Ausdruck fand, war der Buddhismus.

Durch die Überlagerungen aus späterer Zeit läßt sich der ursprüngliche Inhalt der frühbuddhistischen Weltanschauung nur schwer rekonstruieren. Deren vielkolportierte Grundlage bilden jedenfalls die sogenannten „Vier erhabenen Wahrheiten", die Buddha in seinen zahllosen Lehrpredigten verkündet habe. Diese vier Wahrheiten umfassen die Lehre vom Leiden, von der Ursache des Leidens, von der Beendigung des Leidens und von dem Pfade dorthin. Nach Buddhas Lehre ist das ganze Leben nichts als Leid: „Geburt ist Leiden, Alter ist Leiden, Krankheit ist Leiden, Vereinigung mit dem Ungeliebten ist Leiden, Trennung von dem Geliebten ist Leiden, vergebliches Streben ist Leiden." Ursache des Leidens sei die Begierde, die „von Wiedergeburt zu Wiedergeburt" führe. Die Beendigung des Leidens bestehe in der „Beseitigung dieser Gier durch völlige Abtötung des Begehrens". Der Mensch müsse alle Leidenschaft, alle Liebe und Anhänglichkeit in sich unterdrücken. Die vierte der erhabenen Wahrheiten, der sogenannte „Edle Achtfache Pfad" schreibt die Methoden zur Abtötung des Begehrens und damit zur Beendigung allen Leidens vor: wer dem rechten Glauben, der rechten Entschlossenheit, den rechten Worten, den rechten Taten, der rechten Lebensführung, dem rechten Streben, den rechten Gedanken und der rechten Betrachtung folge – was das im Einzelnen sein soll, ist exakt definiert –, gelange schließlich zur Vollkommenheit und löse sich auf ins Nichts (sanskrit: *Nirvana*). Solche

Selbstauflösung, der Ausstieg aus dem Kreislauf leidvoller Wiedergeburten (sanskrit: *Samsara*), ist letztes Ziel buddhistischen Strebens.[94]

Die Glaubenslehre des frühen Buddhismus wird gelegentlich als „Religion ohne Gott" oder als „atheistische Religion" bezeichnet. Tatsache ist, daß die frühen buddhistischen Schriften die Existenz der brahmanischen Götter nicht bestreiten, daß sie ihnen allerdings die Macht absprechen, direkt in die Geschicke des Menschen einzugreifen: von seinen Leiden erlösen könne der Mensch sich nur aus eigener Kraft. Auf den ersten Blick erscheint diese Lehre als emanzipatorischer Aufruf zu selbständigem Handeln, bei Lichte besehen erweist sie sich indes als das pure Gegenteil, als Aufruf zu Defätismus und Lebensabkehr: nur wer sich vom Leben lossage, könne vom Leiden des Lebens erlöst werden.

Die neue Religion fand rasche Verbreitung. Vor allem die unterdrückten und rechtlosen Massen fühlten sich von ihr angezogen, da sie dem Einzelnen die Idee eröffnete, *sich selbst* – ohne Zutun von Göttern und Priestern – vom Elend des Daseins befreien zu können. Größten Zulauf aber brachte der Umstand, daß die buddhistischen Wanderprediger ihre Lehre über alle Kastenschranken hinweg verkündeten und dies auch noch in einer Sprache, die dem einfachen Volke verständlich war. Im 3. Jahrhundert v.u.Z. entwickelte sich der Buddhismus im Großreich Magadha, das wesentliche Teile Nordindiens umfaßte, zur dominanten Glaubenslehre. Magadha wurde seit Beginn des 4. Jahrhunderts v.u.Z. von Dynasten des (ursprünglich niedrigkastigen) Maurya-Clans beherrscht, die nach der Vertreibung der griechisch-makedonischen Eroberer im Jahre 324 v.u.Z. an die Macht gelangt waren. Die Maurya-Kaiser begünstigten den Buddhismus gegenüber dem Brahmanismus, da er unabhängig von allen Lokal- und Stammeskulturen über größten Masseneinfluß verfügte und daher ihrem zentralisierten Großstaat vorzügliche Konsolidierungsdienste leisten konnte. Zudem predigten die buddhistischen Lehrer Disziplin und Entsagung, was den Interessen des herrschenden Clans weiter entgegenkam; unter deren drittem Kaiser, besagtem Ashoka, wurde Buddhismus zur Staatsreligion erklärt. Eine nicht unerhebliche Rolle spielte hierbei der Umstand, daß die buddhistische Lehre, die sich wohl über das herkömmliche Kastenwesen hinwegsetzte, an Sklavenhaltung nichts zu bemängeln wußte.

Gegen Ende des 3. Jahrhundert v.u.Z. faßte der Buddhismus auch außerhalb Indiens Fuß; über indische Handelswege gelangte er nach Ceylon und von dort aus nach Burma und Siam. Weiteren enormen Aufschwung erlebte er im 2. und 1. Jahrhundert v.u.Z., als er sich über große

1 Idolatrie Bilderverehrung, - austellung
Götzendienst
2 halbkugeliger Gablinpel mit Zaun,
buddh. indisher Kultbau

Dalai Lama – Fall eines Gottkönigs: Geschichte des Tibetischen Buddhismus 53

Teile Zentralasiens bis hinein nach China verbreitete. Im Zuge seiner nachgerade pandemischen Ausbreitung wandelte sich sein jeweiliges Erscheinungsbild ganz erheblich. Der Wandel vollzog sich teils durch kulturelle Adaptions- und Assimilationsprozesse, teils durch eigens gefaßte Konzilsbeschlüsse. Schon auf dem zweiten buddhistischen Konzil – es soll hundert Jahre nach Buddhas Tod stattgefunden haben – soll es zu einem erbitterten Streit in der Frage der Gemeindestatuten gekommen sein. Auch um metaphysische Fragen wurde heftig gestritten, was letztlich zu einer Aufsplitterung des Buddhismus in mehr als dreißig einander meist wenig gesonnene Sekten führte. Die tiefste Spaltung erfolgte im 1. Jahrhundert u.Z., als die Lehre in zwei Hauptrichtungen zerfiel: des Hinayana (sanskrit: Kleines Gefährt) und des Mahayana (sanskrit: Großes Gefährt). Die Anhänger des Hinayana traten für eine strenge Beachtung der Statuten ein und hielten an der „unverfälschten" Doktrin des ursprünglichen Buddhismus, das heißt: an den Schriften des Pali-Kanon, fest. Die Anhänger des Mahayana hingegen – als Vordenker trat der südindische Brahmane Nagarjuna auf – wichen weit von diesem ab: die Lehre des „Großen Gefährts" bedeutete eine weitgehende Konzession an das in Indien parallel zum Buddhismus immer noch vorherrschende Brahmanentum; sie spiegelte den Einfluß der alten Kastenpriester auf die neue Religion wider, die diese zwar (notgedrungen) akzeptierten, mit sämtlichen Mitteln aber um den Erhalt ihres Einflusses und ihrer Privilegien kämpften. Nagarjuna verfiel auf die Argumentation, die buddhistische Glaubenslehre, derzufolge jeder Mensch aus eigener Anstrengung und ohne Zutun der Götter Nirvana erreichen könne, stelle zu hohe Anforderungen an die ungebildeten Massen; nur wenige könnten auf diesem „Kleinen Gefährt" zur Erlösung gelangen. Die große Mehrheit hingegen bedürfe eines „Großen Gefährts", sprich: einer theistischen und vor allem *idolatrischen* Religion mit darstellbaren und zu verehrenden Gottheiten (samt dazugehöriger Priesterschaft). Mittels eines eigenen Konzilsbeschlusses wurde Gautama Buddha, der in den Schriften des Pali-Kanon noch in durchaus profanen Worten beschrieben ist, in den Status eines Gottes erhoben. In der Folge entwickelte sich ein ungeheurer Buddha-Kult, man errichtete eine Unzahl an Stupas, Tempeln und Standbildern. Der Mahayana-Buddhismus, der auch das pomphafte Ritualwesen des Brahmanismus übernommen hatte, wurde in seinem Verbreitungsgebiet zur beherrschenden gesellschaftlichen Kraft. Letztlich wurde die Idee etabliert, Siddharta Gautama sei als „historischer Buddha" nur einer von vielen Buddhas gewesen, zu denen nun auch die zahllosen brahmanischen

Götter gerechnet wurden (Gautama selbst wurde zu einer Inkarnation des Brahmanen-Gottes Vishnu erklärt). Darüberhinaus wurden die unzähligen Götter all jener Kulturkreise, in denen der Buddhismus Verbreitung fand, zu Buddhas umdefiniert und dem buddhistischen Pantheon eingegliedert. Allmählich wuchs die Menge an Buddhas – zu denen eine Unzahl buddhistischer Heiliger hinzukam – ins Aberwitzige: zigtausende von Buddhas unterschiedlichster Funktionen bevölkern (bis heute) die buddhistische Vorstellungswelt. Zu den bekanntesten zählen neben dem „historischen" Gautama, verehrt als Buddha Sakyamuni oder Buddha Tathagata, der irgendwann wiederkehrende Buddha Maitreya, der Buddha der Weisheit Mansushiri, der Weltenschöpfer Adibuddha, der Herr des Paradieses Buddha Amithaba, oder der letzte aller Buddhas, Vajrapani.

Als weitere Neuerung führten die Mahayana-Strategen die Idee des Bodhisattva ein. Ein Bodhisattva ist ein zur Vollendung gelangtes Wesen, das sich eigentlich ins wohlverdiente Nirvana auflösen, sprich: zum Buddha werden könnte, aus grenzenlosem Mitleid mit allen Wesen, die noch nicht so weit seien, aber noch einmal ins irdische Jammertal herabsteige, um diesen helfend zur Seite zu stehen (⇨ *Exkurs 2*). Unter den unzähligen Bodhisattvas, die freiwillig solange auf Erden wandeln, bis auch der letzte Mensch zur Erlösung geführt sei, genießt ein gewisser Avalokiteshvara höchste Verehrung (die tibetischen Dalai Lamas kommen sich traditionell als Inkarnation Avalokiteshvaras [tibetisch: Chenrezig] vor, der aktuelle 14. Dalai Lama als dessen vierundsiebzigste in ununterbrochener Linie). Desweiteren wurde im Mahayana eine Paradies-Lehre entwickelt, die im ursprünglichen Buddhismus völlig fehlt. Dieses Paradies, *Sukawati* genannt, bestehe aus prächtigen Gärten, in denen keinerlei Mangel herrsche und in denen die Gerechten lustwandeln dürften. In Beantwortung der Frage, wie diese Vorstellung mit dem ultimativen Ziel des Buddhismus, der Selbstauflösung ins *Nirvana*, zu vereinbaren sei, wurde dekretiert, das Paradies stelle eine Art Aufenthaltsraum für hochentwickelte Wesen dar, denen nur noch *eine* abschließende Wiedergeburt auf Erden bevorstehe, ehe sie sich dann ganz auflösen dürften. Den Massen hingegen, denen ein tieferes Verständnis der Nirvana-Lehre abgesprochen wurde, verkaufte man das Paradies als anzustrebenden Endzustand schlechthin. Hand in Hand mit der Paradies-Lehre wurde eine ausgeklügelte Höllen-Lehre entworfen: um die Gläubigen einzuschüchtern, erfand man die furchtbarsten Qualen und Strafen, die jenen zuteil würden, die sich gegen die „Gesetze Buddhas", sprich: gegen die Doktrin des Mahayana, versündigt hätten.

Im Mahayana-Buddhismus, der sich vom 4. Jahrhundert u.Z. an über ganz Südostasien verbreitet hatte, blieb von der ursprünglichen buddhistischen Lehre (soweit sie über die Schriften des Pali-Kanon rekonstruierbar ist) nur wenig erhalten. Durch seine mimetische Assimilationsfähigkeit, verbunden mit geschickten politischen Schachzügen seiner Missionsstrategen, konnte der Mahayana eine für ihn selbst sehr vorteilhafte Wechselbeziehung mit den in China und Korea vorherrschenden Denksystemen des Konfuzianismus und des Taoismus eingehen, die ihm zu hoher Blüte und Machtfülle verhalfen. Zu üppigster Blüte allerdings gelangte der Mahayana-Buddhismus in Tibet, wohin er Ende des 10. Jahrhunderts u.Z. gelangte.

Tibet war allerdings nicht Neuland für den Buddhismus. Schon in der ersten Hälfte des 7. Jahrhunderts u.Z. war das „Land des Schnees" erstmalig mit buddhistischem Gedankengut in Kontakt gekommen. Diese „Erste Verbreitung der Lehre" fiel mit dem Aufstieg Tibets zu überregionaler politischer Macht und dem damit einhergehenden Übergang zu einer Klassengesellschaft zusammen. König Songtsen Gampo (Regierungszeit 620-649 u.Z.) hatte Tibet geeint und durch die Eroberung des nördlichen Birma und Nepals zur regionalen Großmacht erhoben. Zur ideologischen Untermauerung seines Einigungswerkes übernahm er Teile des in Nepal vorherrschenden Hinayana-Buddhismus, dessen Durchsetzungskraft allerdings bescheiden blieb. Die Priesterschaft der in Tibet bis dahin herrschenden Bön-Religion, einem archaischen Geister- und Dämonenglauben, widersetzte sich, unterstützt von Teilen des Adels, mit Vehemenz einer Entmachtung durch den buddhistischen Klerus; auch dem Volk, das an den schamanistischen Riten des Bön festhielt, blieb der Buddhismus fremd (selbst vereinzelt durch Tibet reisende Mahayana-Missionare wie Padmasambhava [ca. 700-780 u.Z.] hatten wenig Erfolg). Unter König Lang Darma (Regierungszeit 838-842 u.Z.) wurde die buddhistische Lehre verboten, man kehrte offiziell zum Bön-Glauben zurück. Mit der Ermordung Lang Darmas durch einen buddhistischen Mönch im Jahre 842 endete der erste Anlauf des Buddhismus, sich in Tibet zu etablieren. Lang Darmas Tod bedeutete auch das Ende des tibetischen Großreiches, das unter dessen Nachfolgern in zahllose einander teils heftig befehdende Kleinfürstentümer zerfiel.[95]

Ende des 10. Jahrhunderts u.Z. setzte von Westtibet aus eine Renaissance des Buddhismus ein, diesmal allerdings in Gestalt des Mahayana beziehungsweise des aus diesem sich herleitenden Tantrayana (⇨ Exkurs 8). Die „Zweite Verbreitung der Lehre" wurde wesentlich durch den bengalischen Prediger Tshu Atisha (982-1054), einen Vertreter der Lehre Padmasambhavas, vorangetrieben. Wie dieser verkündete Atisha die ausgefeilten Paradies-, Höllen- und Teufelsdogmen des Mahayana, die er geschickt in Verbindung setzte mit den animistischen Traditionen des Bön. Vor allem seine großangelegten Geister- und Dämonenbeschwörungen verhalfen ihm zu rascher Akzeptanz.

Die Lehren Atishas und seines Mitstreiters Rinchen Sangpo (958-1055) stellten ein völlig ungeordnetes Konglomerat mystisch-okkulter Hirngespinste und tantrischer Beschwörungsrituale dar, das mit der ursprünglichen Lehre des Buddhismus (nach dem Pali-Kanon) schlechterdings *nichts* mehr gemein hatte. (Der tibetische Buddhismus, wie er heute bekannt ist, basiert ganz wesentlich auf Atishas Übersetzungen und Lehrtexten; das Ritual des ⇨ Kalachakra-Tantra beispielsweise, das zur zentralen Kulthandlung der späteren Dalai Lamas werden sollte, wurde von ihm entworfen. Heutige Vertreter des tibetischen Buddhismus stellen Atishas Rolle auf den Kopf, wenn sie behaupten, dieser habe „inakzeptable Praktiken, die im tibetischen Buddhismus aufgekommen waren" [gemeint ist vor allem das Ritualwesen des Bön], beseitigt[96]; oder gar, wie es an anderer Stelle heißt, durch deren Abschaffung eine „grundlegende Reformierung des Buddhismus" bewirkt[97]. Tatsächlich hatte Atisha diese Praktiken − mithin das Kalachakra-Tantra − erst eingeführt beziehungsweise wiederbelebt. Der Dalai Lama selbst gibt unumwunden zu: „Die Bönreligion und der Buddhismus sind heute so etwas wie Zwillingsbrüder oder Zwillingsschwestern geworden, obwohl sie früher zwei getrennte Richtungen darstellten."[98]) Im 11. und 12. Jahrhundert u.Z. wurde Tibet mit einem Netz an buddhistischen Klöstern überzogen, die unzählige Mönche − die Rede ist von bis zu einem Drittel der männlichen Bevölkerung des Landes − in ihren Mauern versammelten. Es bildeten sich zahlreiche Schulrichtungen und Sekten heraus, von denen vier zu letztlich nachhaltigerer Bedeutung gelangten und bis heute existieren. Die inhaltlichen Unterschiede der jeweiligen Lehren waren und sind relativ unbedeutend, es ging den einzelnen Schulen ausschließlich um politische und wirtschaftliche Hegemonialansprüche.

Die Mitte des 11. Jahrhunderts begründete Schule der Nyingmapa (tibetisch: die Alten) berief sich auf Padmasambhava, der in der „Ersten Verbreitung der Lehre" eine bedeutende Rolle gespielt hatte. Angeblich hatte dieser über ganz Tibet verteilt exakt 238 Geheimschriften und Bildrollen versteckt, die man später zufällig wiedergefunden habe. Die Nyingmapa-Anhänger praktizierten in erster Linie Geisterbeschwörungen sowie tantrische Blut- und Sexrituale. Die Schule der Kadampa (tibetisch: die am Worte Festhaltenden) ging auf die „Reform"-Lehren Tshu Atishas und Rinchen Sangpos zurück: sie wurde ebenfalls um das Jahr 1050 begründet, Vordenker war der indische Schriftgelehrte und Übersetzer Drogmi (992-1072). Auch bei den Kadampas stand Geister- und Dämonenbeschwörung im Vordergrund; später ging ihre Schule in jener der Gelugpa auf. Mehr auf die Tradition tantrischer Sexualpraktiken stellte die im Jahre 1080 von den indischen Mystikern Marpa (1012-1098) und Milarepa (1040-1123) begründete Schule der Kagyüpa (tibetisch: die den Vorschriften Folgenden) ab; darüberhinaus interessierte sich die Kagyüpa besonders für den ⇨ Bardo-Zustand zwischen Tod und Wiedergeburt.

Als Ableger der Kadampa-Schule etablierte sich im Jahre 1073 die Sakyapa-Schule, benannt nach dem Ort Sakya (tibetisch: Graue Erde), an dem sie ihr erstes Kloster errichtete. Als Begründer gilt Khön Könchok Gyalpo (1034-1102), ein Schüler des Kadampa-Meisters Drogmi. Die Sakyapa-Sekte stieg innerhalb weniger Jahrzehnte zur beherrschenden politischen Macht auf, unter ihr mutierte Tibet zum Priesterstaat. Die Äbte der Ende des 11. und Anfang des 12. Jahrhunderts zahlreich errichteten Klöster betrieben eine Politik raffinierter Vereinnahmung der adeligen Großgrundbesitzer, die diese zunehmend in deren Abhängigkeit trieb. Darüberhinaus verfügten sie eine „natürliche Erbfolge" ihrer Pfründe: sie setzten ihre jeweiligen Söhne – das Halten von Konkubinen war durchaus statthaft – oder sonstige Verwandte als Nachfolger im Amte ein. Zu größter Machtfülle gelangte die Sakyapa allerdings ab Mitte des 13. Jahrhunderts mit Hilfe des Mongolenfürsten Godan Chan, einem ansonsten gänzlich unbedeutenden Enkel Dschingis Chans.

Um eine Invasion der Mongolen unter Dschingis Chan abzuwenden, war Tibet im Jahre 1207 diesen gegenüber tributpflichtig geworden. Nach dem Tod des Mongolenkaisers im Jahre 1227 hatte man die Zahlungen eingestellt, was eine erneute militärische Bedrohung, diesmal durch besagten Godan Chan, hervorrief. Im Jahre 1244 beorderte Godan den Großlama der Sakyapa-Schule, Kunga Gyältsen (1182-1251), an seinen Hof. Es gelang diesem innerhalb kürzester Zeit, als „spiritueller Lehrmeister" des Mongolen-Chan zu reüssieren und sich beziehungsweise der Sakyapa-Sekte von diesem die politische Vorherrschaft über Tibet zusprechen zu lassen; unter der militärischen Schutzherrschaft der Mongolen konnte Kunga Gyältsen im Jahre 1249 den Lamaismus (in Form der Lehre der „Grauen Erde") zur Staatsreligion erklären. Sein Neffe und Nachfolger im Amte, ein gewisser Phagpa (1235-1280), konsolidierte die

Macht der Sakyapa und weitete diese noch aus: 1270 wurde er von Kubi-
lai Chan, einem weiteren Enkel Dschingis Chans und ab 1255 Groß-
Chan, zum „kaiserlichen Lehrmeister" ernannt und bekam weite Teile der
von den Mongolen eroberten Territorien im Norden und Nordosten Tibets
unterstellt.

Mit dem Niedergang der mongolischen Il-Chanat-Herrschaft und dem
damit verbundenen Ende des Protektorats der Sakyapa brachen (ab etwa
1335) erbitterte Machtkämpfe zwischen den einzelnen Schulen und Klöstern Tibets aus, die sich über mehrere Generationen hinzogen. Aus den
teilweise mit brutalster Gewalt ausgefochtenen Rivalitäten, in die sich
auch die vom Sakyapa-Klerus entmachteten Fürsten einmischten, ging
letztlich eine neuformierte Sekte hervor, die als Gelugpa (tibetisch: die
Tugendhaften), weit mehr aber nach der Farbe ihrer Kopfbedeckungen als
„Sekte der Gelbmützen", bekannt wurde (im Gegensatz zu den „Rotmützen" der Sakyapa oder der Kagyüpa). Die nach der Vertreibung des
letzten Mongolen-Chans aus China im Jahre 1368 nominell in der Hand
der chinesischen Ming-Kaiser liegende Macht in Tibet wurde von diesen
praktisch nicht ausgeübt.

Die Schule der Gelugpa wurde zu Beginn des 15. Jahrhunderts von
dem tibetischen Wanderprediger Tsong Khapa (1357-1419) gegründet,
der mit einem Rückbezug auf die Lehren der Kadampa und der Einführung eines neuen monastischen Selbstverständnisses eine gigantische
Anhängerschaft um sich geschart hatte. 1409 legte Tsong Khapa den
Grundstein für das spätere Großkloster Ganden, zu dessen erstem Abt er
sich gleichzeitig berief; ein paar Jahre darauf wurden die beiden anderen
Gelbmützen-Großklöster Drepung (1416) und Sera (1419) begründet. Die
Nachfolge Tsong Khapas trat sein Neffe Gendün Drub (1391-1475) an,
der in Hinblick auf seinen eigenen Nachfolger das sogenannte Inkarnati-
onsprinzip verfügte: er selbst werde in Gestalt eines kleinen Jungen wiederkehren. (Eingeführt hatte dieses Prinzip eine Splittergruppe der
Kagyüpa-Sekte, die Ende des 13. Jahrhunderts einen verstorbenen Lama,
der seiner magischen Fähigkeiten wegen berühmt gewesen war, in einem
neugeborenen Kind wiederentdeckt zu haben glaubte; die streng vorgegebenen Zufallsbedingungen, nach denen die Kagyüpa ihre Wiedergeburten
ausfindig machte, blieben, auch in den anderen Schulen, die die Idee
kopierten, bis heute praktisch unverändert [⇨ *Exkurs 2*]). Der „wiedergeborene" Gendün Drub, ein gewisser Gendün Gyatso (1475-1542), baute
die „reformierten" Kultformen und Rituale der Gelugpa aus und erfand
stetig weitere hinzu: prunkvolle Spektakel, die in phantasievollen Kostü-

men und unter Verwendung von Trompeten, Trommeln und Glocken, mit Fahnen, Bannern und jedem sonstigen Aufwand, inszeniert wurden. (Es besteht aller Grund zur Annahme, daß die Gelugpa ihr bis heute sehr üppiges Ritualwesen später auch mit Elementen barock-katholischer Prägung anreicherte, wie sie ab dem 17. Jahrhundert über portugiesische und italienische Missionare nach Tibet gelangt waren.) Im Jahre 1578 stattete Sonam Gyatso (1543-1588), Nachfolger Gendün Gyatsos, dem Mongolenherrscher Altan Khan einen Höflichkeitsbesuch ab, bei dem er von diesem den Ehrentitel „Dalai Lama" (mongolisch-tibetisch: „Ozean der Weisheit") erhielt. Er sprach seinen beiden Amtsvorgängern (als deren Reinkarnation er sich vorkam) posthum denselben Titel zu, so daß er selbst als „Dritter Dalai Lama" firmierte. Der Vierte Dalai Lama, Yontsen Gyatso (1589-1617), wurde passenderweise in der Familie Altan Khans ausfindig gemacht.

Mit Hilfe des Mongolenfürsten Gushri Khan entledigte sich die Gelugpa zwischen 1639 und 1642 sämtlicher innenpolitischer Widersacher, selbst der in Lhasa sitzende völlig bedeutungslose Vertreter der chinesischen Ming-Herrscher wurde umgebracht. Insbesondere aber die wiedererstarkten Rotmützen wurden mit unerbittlicher Gewalt verfolgt und letztlich nahezu ausgerottet: die Mönche der Sakyapa wurden zu tausenden erschlagen, eingekerkert oder vertrieben, man eignete sich ihre Klöster und ihren Besitz an, verbot ihre Lehre, verbrannte ihre Schriften; auch die anderen buddhistischen Schulen wurden zu völliger Bedeutungslosigkeit reduziert. Gushri Chan ernannte Lobsang Gyatso (1617-1682), der bereits als Fünfter Dalai Lama inthronisiert war, zur höchsten geistlichen und weltlichen Autorität des Landes; er selbst behielt die militärische Suzeränität. Nach Ausschaltung aller inneren Gegner war Tibet, erstmalig seit der Staatsgründung unter König Songtsen Gampo, wieder unter einer Zentralregierung „geeint". Lobsang Gyatso entwickelte jene absolutistische Hierokratie, wie sie bis zum Einmarsch der Chinesen im Jahre 1950 Bestand hatte. Er etablierte die Institutionen des ⇨ Staatsorakels sowie des ⇨ Panchen Lama, der zweithöchsten Figur innerhalb des Gelbmützen-Regimes. Unter seiner Herrschaft wurde auch das größenwahnsinnige Bauvorhaben des Potala-Palastes in Lhasa begonnen. Die von Lobsang Gyatso konsolidierte Dikatur der Gelbmützen, die auf einer feudalen Leibeigenschaftsordnung mit gnadenloser Ausbeutung der Massen basierte, wird von den heutigen Vertretern des tibetischen Buddhismus hymnisch verklärt: „Die finanziellen Einkünfte des Staates wurden durch Erweiterung der Einnahmequellen erhöht. Eine neue Volkszählung wurde durchgeführt, ein neues Strafrecht erlassen. (...) Durch die Herrschaft des fünften und der nachfolgenden Dalai Lamas erhielt die tibetische Gesellschaft eine Struktur, die sowohl das materielle wie geistige Wohlergehen des tibetischen Volkes sicherstellte."[99] Angesichts der tatsächlichen Lebensverhältnisse der Menschen unter den Lamas ist solche Beschreibung (von Bhikshu Dschampa Dönsang, alias: Jürgen Maushardt) schreiender Zynismus (⇨ *Exkurs 1*).

1644 war die Ming-Dynastie gestürzt worden, Mandschu-Fürst Aisin Gioro Fulin (Begründer der Qing-Dynastie) hatte den chinesischen Kaiserthron bestiegen. Mit einem Besuch in Beijing im Jahre 1653 bahnte Lobsang Gyatso Kontakte zu den Mandschus an mit dem Ziel, mit deren Hilfe die inzwischen erübrigbare Schutzherrschaft der Mongolen zurückzudrängen. Dieses Vorhaben scheiterte jedoch, da die Mandschu mit den Mongolen in einem militärischen Paktverhältnis standen. Diese wurden erst 1717 von den (westmongolischen) Dsungaren vertrieben, die auf Veranlassung der Gelugpa mit einem riesigen Truppenkontingent in Tibet einmarschiert waren. Die Hintergründe hierfür reichen allerdings ebenfalls auf den Fünften Dalai Lama zurück: Nach dessen Tod im Jahre 1682 hatte sein Sohn Sangye Gyatso die Amtsgeschäfte geführt, bis der designierte Sechste Dalai Lama, Tsangyang Gyatso (1683-1706), alt genug war, diese selbst zu übernehmen. Der 1697 inthronisierte Tsangyang, der sich mehr für die Freuden des Lebens als für Politik interessierte, wurde 1706 im Auftrag des Mongolen-Fürsten Lajang Chan umgebracht. In der Folge erklärte Lajang sich selbst zum Regenten Tibets und einen seiner Söhne zum rechtmäßigen und „echten" Sechsten Dalai Lama.

Im Verein mit Dsungaren-Führer Tsewang Rabtan suchte die Gelugpa sich von der Willkürherrschaft des Mongolen-Khans zu befreien und nach dem Mord an Tsangyang Gyatso einen „authentischen" Siebte Dalai Lama zu installieren. Nachdem Lajang tatsächlich vernichtend geschlagen werden konnte, errichtete der siegreiche Tsewang Rabtan seinerseits ein blutiges Terrorregime: seine Truppen zogen mordend und brandschatzend durch die Gegend und überfielen sogar die Klöster der Gelbmützen, von denen sie ursprünglich ins Land geholt worden waren. Selbst der Potala wurde geplündert.

Um der marodierenden Dsungaren Herr zu werden, wandte die Gelugpa sich erneut an Beijing. Mandschu-Kaiser Xuanye setzte im Jahre 1720 zwei Armeen in Bewegung, die den Dsungarenterror in Tibet zerschlugen. Xuanye proklamierte daraufhin den Kandidaten der Gelbmützen, den 12-jährigen Kalsang Gyatso (1708-1757), offiziell zum Siebten

Dalai Lama. Die eigentliche Regierung aber übernahmen die Mandschu selbst. Sie ließen die Mauern Lhasas schleifen und stationierten eine Garnison von 3.000 Mann in der Stadt. Der Regierung des Dalai Lama wurden zwei chinesische Hochkommissare, sogenannte Ambane, beigestellt. Tibet stand hinfort unter dem militärischen Protektorat Chinas (das erst mit dem Niedergang des Mandschu-Regimes im Jahre 1912 endete).

Im Zuge innenpolitischer Querelen wurden im Jahre 1750 die beiden Ambane und hunderte chinesischer Garnisonssoldaten und Zivilisten umgebracht, woraufhin Beijing die militärische Präsenz in Lhasa erhöhte. Kalsang Gyatso, der sich auf die Seite der Kaisertreuen geschlagen hatte, wurde 1751 formal in seiner Position als geistlicher und weltlicher Herrscher Tibets bestätigt, der Einfluß der chinesischen Ambane, insbesondere auf den neu eingeführten vierköpfigen Ministerrat (Kashag), wurde indes massiv verstärkt; diese konnten nunmehr direkt in die tibetische Politik eingreifen. Kalsang Gyatso starb im Jahre 1757. Fünf Jahre darauf wurde der Achte Dalai Lama, Jampel Gyatso (1758-1804), inthronisiert. Bis zu seiner tatsächlichen Machtübernahme Jahre 1781 übte ein Beijing-treuer Regent die Regierungsgeschäfte aus. Jampel Gyatso tat sich während seiner Amtszeit lediglich als Bauherr des feudalen Norbulingka-Sommerpalastes in Lhasa hervor.

1788 fiel eine Armee der seit 1768 in Nepal herrschenden Gurkhas in Tibet ein. Die tibetische Armee und die chinesischen Garnisonen wurden überrannt oder aufgerieben, zumal eine Gruppe im Untergrunde operierender Kagyüpa-Rotmützen mit den Gurkhas konspirierte: mit deren Hilfe plante die Kagyüpa, die Herrschaft der Gelugpa zurückzudrängen und anstelle des Panchen Lama ihren eigenen Großlama, Zhamar Karmapa (1742-1792), zu inthronisieren. Die auf Lhasa marschierenden Truppen der Gurkhas wurden 1792 von einer kaiserlich-chinesischen Armee vernichtend geschlagen; Nepal wurde chinesischer Tributärstaat. Der glücklose Karmapa beging Selbstmord, eine Wiedergeburt wurde ihm per Gesetz untersagt.

Die Zeit vom Achten bis zum Zwölften Dalai Lama war durch das Auftreten europäischer Staaten in Asien gekennzeichnet. Schon seit Mitte des 18. Jahrhunderts beherrschte die britische *East India Company*, die, ursprünglich eine reine Handelsgesellschaft, sukzessive zu einer militärischen Kolonialmacht mutiert war, weite Teile des indischen Subkontinents. Gegen die Gurkhas hatte der Dalai Lama den britischen Generalgouverneur Indiens um Hilfe gebeten, eine Eigenmächtigkeit, die Beijing mit massiver Truppenverstärkung in Lhasa beantwortete. Jede Korrespondenz der tibetischen Regierung mit fremden Mächten wurde verboten. Die Macht des Dalai Lama wurde erheblich beschnitten, die beiden Mandschu-Ambane wurden ihm samt Ministerrat völlig gleichgestellt. Mit dem sogenannten „29-Punkte-Abkommen über die Verwaltung Tibets" von 1793 wurde Tibet vollends zum Vasallenstaat Chinas.

Als Nachfolger des 1804 verstorbenen Kalsang Gyatso wurde Lungtog Gyatso auserkoren, der 1808, im Alter von zweieinhalb Jahren, als Neunter Dalai Lama den Thron bestieg. Lungtog Gyatso starb 1815 unter nicht geklärten Umständen. Er war gerade einmal neun Jahre alt geworden.

Die Wahl des Zehnten Dalai Lama erfolgte durch Losentscheid. Beijing hatte dieses Verfahren durchgesetzt, um eine bessere Kontrolle über die tibetische Führungselite zu gewinnen, die regelmäßig ihr genehme Kandidaten als Wiedergeburten hochrangiger Lamas ausrief.

Tatsächlich war es Übung etlicher Lama-Sippen geworden, Wiederverkörperungen verstorbener Lamas bevorzugt im eigenen Clan aufzufinden, was eine quasi-dynastische Nachfolgeregelung bedeutete. Die Wahl fiel auf Tsultrim Gyatso (1816-1837), der 1822, als Sechsjähriger, inthronisiert wurde. Schon 1819 hatten die chinesischen Ambane den hochrangigen Lama Jampel Tshultrim (1792-1845) als Regenten eingesetzt, der die Amtsgeschäfte bis zur Volljährigkeit Tsultrim Gyatsos führen sollte. Jampel Tshultrim stand in dringendem und nie ausgeräumtem Verdacht, den Neunten Dalai Lama vergiftet zu haben, um als Regent selbst an die Macht zu kommen. Auch der Zehnte Dalai Lama kam in jungen Jahren und auf sehr mysteriöse Weise ums Leben. Jampel Tshultrim blieb Regent und baute seine Macht systematisch aus: Ein Sittenbild der Zeit skizziert die herrschenden Zustände: „Während der Regentschaft von Jampel Tshultrim wurde das Steuersystem reformiert, aber mit dem alleinigen Zweck, noch höhere Abgaben aus der Bevölkerung herauszupressen. (...) Die herrschenden Sippen bereicherten sich immer schamloser und mißbrauchten die Institution des Dalai Lama immer unverhohlener als bloße Fassade für ein korruptes und intrigantes System"[100]. Nach dem Tod des Dalai Lama machte der Regent keinerlei Anstalten, dessen Reinkarnation zu suchen: „Dreister als je zuvor plünderte er das Land aus und beschlagnahmte Gelder, Häuser, Ländereien nach Gutdünken. (...) Seine Herrschaft basierte auf einem Morast aus Korruption und erschlichenen Privilegien, an dem längst auch die Geistlichen zu Tausenden teilhatten. (...) Und die beiden Ambane, die in

Schmiergeldern förmlich badeten, deckten den dreisten Machtmißbrauch durch phantasievolle Berichte an den Kaiserhof."[101]

Letztlich wurde 1841 der knapp dreijährige Khedrup Gyatso (1838-1856) als Elfter Dalai Lama ausgelost, als dessen Regent Jampel Tshultrim im Amte verblieb. In Beijing häuften sich die Beschwerden, doch dort hatte man andere Probleme, als sich um einen korrupten tibetischen Regenten zu kümmern: Seit geraumer Zeit überschwemmten die Briten den chinesischen Markt mit Opium aus Britisch-Indien. Als die Mandschu die Einfuhr des Rauschgiftes verboten, setzte England Truppen in Marsch, die, militärisch weit überlegen, den sogenannten „Opiumkrieg" (1839-1842) für sich entschieden und China zu einem demütigenden Friedensschluß zwangen. Beijing mußte die Einfuhr von Opium wieder gestatten; zudem annektierten die Briten Hongkong.

1844 allerdings wurde Regent Jampel Tshultrim auf Befehl des Kaisers verhaftet und deportiert. Als neuer Regent wurde der seinerzeit 18-jährige Panchen Lama, die zweithöchste Figur in der Hierarchie der Gelbmützen, bestimmt. Die tatsächliche Macht lag in den Händen einer Clique hochrangiger Lamas in Lhasa. Khedrup Gyatso, der Elfte Dalai Lama, starb, 17-jährig, im Jahre 1856. Der dritte „Gottkönig" in Folge hatte die Volljährigkeit nicht erreicht. Auch Nachfolger Trinley Gyatso (1856-1875), der Zwölfte Dalai Lama, starb mysteriöserweise kurz vor Erreichen seiner Volljährigkeit und der damit verbundenen Übernahme der Macht; diese wurde wie seit je von einer korrupten Regenten-Sippschaft ausgeübt. Die chinesischen Ambane spielten vor dem Hintergrund des mit der Niederlage gegen die Briten eingeleiteten Niederganges der Mandschu-Dynastie eine immer weniger bedeutsame Rolle.

Während der Regierungszeit des Dreizehnten Dalai Lama gelangte die Macht, tatsächlich und weitgehend uneingeschränkt, zurück in die Hände des „Gottkönigs". Unvorhersehbare Entwicklungen und Zufälligkeiten in Verbindung mit der unnachgiebigen Machtbessenheit des herrschenden Gelbmützen-Clans und seines Oberhauptes trugen dazu bei, daß dem „Land der Lamas" letztlich gar eine Art politischer „De-facto-Unabhängigkeit" beschieden war (⇨ Exkurs 6).

Solange der chinesische Kaiserhof über die erforderliche Stärke verfügt hatte, war das „Reich der Mitte" – einschließlich seines tibetischen Protektorats – vom Rest der Welt fast vollständig abgeschottet geblieben. Ab Mitte des 19. Jahrhunderts drängten indes mit England und Frankreich militärisch hochgerüstete Westmächte in den ostasiatischen Raum, deren aggressivem Zangengriff das alte China wenig entgegenzusetzen hatte;

das Mandschu-Reich zerbröckelte rapide. Hinzu kamen innenpolitische Erschütterungen wie die verheerende Taiping-Rebellion (1850-64) oder der Muslimen-Aufstand in Turkestan (1864-78), die den Niedergang weiter beschleunigten. Da das zaristische Rußland keineswegs geneigt war, das zerfallende Riesenreich dem imperialistischen Zugriff der Briten und Franzosen zu überlassen, wurde Hochasien – und damit auch Tibet – zum geostrategisch begehrten Streitobjekt dreier europäischer Groß-mächte.

In den Jahren 1888/89 brachten britisch-indische Gurkha-Truppen der tibetischen Armee erhebliche Verluste bei. Den Anfang 1890 in Darjee-ling beschlossenen Frieden handelten die Briten alleine mit chinesischen Diplomaten aus, gleichwohl das Protektorat Chinas über Tibet nur noch auf dem Papier Bestand hatte. Der tibetische Regent Lobzang Trinle Rab-gyas, der für den erst 14jährigen Dalai Lama die Regierungsgeschäfte leitete, wurde nicht einmal konsultiert. Das Wettrennen der europäischen Mächte um wirtschaftliche und territoriale Vorrechte in Asien nahm im-mer schärfere Formen an, als Vorspiel zu einer völligen Annexion Chinas wurde das Land in „Interessensphären" aufgeteilt; zugleich wurden mili-tärische Planspiele in den unterschiedlichsten Konstellationen entworfen.

Durch die Niederlage Beijings im chinesisch-japanischen Krieg von 1894/95 wurde der Zerfall des Mandschu-Reiches weiter vorangetrieben. Taiwan mußte an Japan abgetreten werden, in Korea, das als „unab-hängig" erklärt wurde, erhielt der japanische Kaiser freie Hand. Neben England, Frankreich und Rußland, die sich bereits nicht unerhebliche Teilgebiete Chinas, vor allem Hafenstädte, einverleibt hatten, griff nun auch Nippon als neuerstarkte imperialistische Großmacht nach China und Hochasien. Nachdem letztlich im Jahre 1898 sogar das Deutsche Reich „Pachtgebiete" auf chinesischem Territorium annektiert hatte, gewannen am Kaiserhof in Beijing die Vertreter einer „Reformbewegung" an Ein-fluß, die für eine grundlegende Veränderung des chinesischen Staats-wesens eintraten; Kaiserinwitwe Tzu-Hsi ließ indes sämtliche Reformer beseitigen. Der vom Hof gesteuerte „Boxerkrieg" von 1900 – Angehörige einer militanten Untergrundbewegung hatten in Beijing sämtliche „Fremden" massakriert, derer sie habhaft werden konnten – wurde von einer Truppenallianz der europäischen Großmächte in Verbindung mit japanischen und amerikanischen Einheiten niedergeschlagen. Beijing mußte enorme Kriegsentschädigungsleistungen an die Sieger bezahlen.

Die Groß-Lamas in Lhasa nutzten die Gunst der Stunde. Schon im Jahre 1895 hatten sie den Beijing-freundlichen Regenten Rabgyas abgesetzt und dem bereits als neuen Dalai Lama inaugurierten Thubten Gyatso (1876-1933) die weltliche Macht übertragen. Dieser beeilte sich, Verbindungen zum russischen Zarenhaus anzubahnen. Im Gerangel der imperialistischen Großmächte um Tibet setzte er zum Erhalt zumindest der inneren Machtstrukturen auf den vermeintlich potentesten Bündnispartner, den er in Zar Nikolaj II. gefunden zu haben glaubte. Die entscheidende Rolle spielte hierbei die Überzeugung des Dalai Lama (die ihm ein russischer Agent eingeredet hatte), Nikolaj sei die Reinkarnation eines hohen tibetischen Würdenträgers. Auf britische Bündnisangebote ging er ostentativ nicht ein.

1902 besetzten britisch-indische Truppen unter Führung von Colonel Francis Younghusband eine handelsstrategisch wichtige Grenzregion Tibets. Der Zeitpunkt war gut gewählt: da ein seit längerem schwelender Konflikt zwischen Rußland und Japan sich massiv zuspitzte, war eine Einmischung des Zarenreiches in Tibet mit offener Konfrontation der Briten nicht wahrscheinlich, zumal diese seit Beginn des Jahres durch einen Beistandsvertrag mit Japan verbündet waren. Vereinbarte Unterhändlertreffen zwischen den Briten und den Tibetern wurden von letzteren nicht eingehalten, so daß die Truppen Younghusbands weiter ins Landesinnere vorrückten. Nach einigen Scharmützeln mit tibetischen Einheiten marschierten sie im Juli 1904 auf Lhasa, was den Dalai Lama veranlaßte, sich bei Nacht und Nebel in die Mongolei abzusetzen; mit ihm floh die gesamte Führungsclique der Gelbmützen.

Abb. 3:   Nach der Unterzeichnung des Vertrages: Younghusband (Mitte), umgeben von Würdenträgern mittleren Ranges

Ein im September 1904 geschlossener Vertrag zwischen Younghusband und dem von der Gelugpa als Regenten hinterlassenen Abt des Klosters Ganden legte bestimmte britische Handelsprivilegien fest und verpflichtete Lhasa zur Zahlung einer Kriegsentschädigung von einer halben Million Pfund Sterling. Beijing wies die in Lhasa stationierten Ambane an, den Vertrag nicht zu unterzeichnen. Im übrigen erklärte das Hochkommissariat auf Anordnung des Kaiserhofes Thubten Gyatso für abgesetzt, das Amt des Dalai Lama für abgeschafft. Die geistliche Oberhoheit wurde dem ⇨ Panchen Lama, der bis dahin zweithöchsten Figur innerhalb der Gelbmützen-Hierarchie, übertragen.

Das kaiserliche Dekret blieb weitgehend wirkungslos, Thubten Gyatso hielt im mongolischen Exil unangefochten Hof als Dalai Lama. Nach der vernichtenden Niederlage Rußlands im Krieg gegen die Japaner von 1904/05 und dem inneren Verfall des Zarenreiches wandte er sich plötzlich wieder China zu, das politisch von der Schwächung Rußlands profitiert hatte. 1906 erkannte Beijing den von Younghusband ausgehandelten Vertrag an und kam für die Zahlung der Kriegsentschädigung an die Briten auf. Diese indes sahen das Wiedererstarken Chinas mit Argwohn und vereinbarten mit Rußland eine Art Aufteilung Hochasiens: die Mongolei und Turkestan sollten hinfort dem zaristischen Einflußbereich zugehören, Tibet dem britischen. Der Dalai Lama reiste derweilen, 1908, nach Beijing, wo er in allen Ehren empfangen wurde. Kurze Zeit nach seiner Ankunft starb die Kaiserinwitwe, die jahrzehntelang die chinesische Politik bestimmt hatte; wenige Tage vor ihrem Tod hatte sie dem Dalai Lama noch den bezeichnenden Ehrentitel „Aufrichtig gehorsamer, durch Wiederverkörperung hilfreicher, hervorragender, aus sich selbst existierender Buddha des Westens" verliehen. Anfang Dezember 1908 wurde der knapp dreijährige Aisin Gioro Pu-Yi als neuer (und letzter) chinesischer Kaiser inthronisiert.

Ende 1909 traf Thubten Gyatso, nach insgesamt fünfeinhalbjähriger Abwesenheit, wieder in Lhasa ein. Bei seiner Rückkunft mußte er feststellen, daß die Chinesen seit 1905 ihre militärische Präsenz in Tibet wieder erheblich verstärkt hatten; große Teile Nordosttibets waren besetzt, ein Garnisonsheer schickte sich an, in Zentraltibet einzumarschieren. Als die Chinesen Anfang 1910 auf Lhasa vorrückten, machte sich der Dalai Lama, wenige Wochen nach seiner Rückkehr, erneut aus dem Staub. Diesmal floh er nach Sikkim, wo er nunmehr die Briten, die ihn wenige Jahre zuvor ins mongolische Exil gejagt hatten, um Hilfe gegen die Chinesen bat. Unmittelbar nach seinem erneuten Frontwechsel erklärte die chinesische Regierung den Dreizehnten Dalai Lama zum zweitenmal für abgesetzt.

Abb. 4: Thubten Gyatso, 13. Dalai Lama

Die folgenden zwei Jahre blieb Tibet von kaiserlichen Truppen besetzt und wurde wie eine reguläre Provinz Chinas behandelt. Mitte 1911 aufgenommene Verhandlungen Thubten Gyatsos mit Beijing wurden hinfällig, als im Oktober des Jahres die chinesische Revolution ausbrach. Mit

der formalen Abdankung Pu-Yis im Februar 1912 war das Mandschu-
Reich endgültig zerbrochen.

Nach dem Abzug der letzten chinesischen Truppen aus Tibet kehrte
der Dalai Lama im Juni 1912 nach Lhasa zurück. Parteigänger der Chinesen wurden in einer großangelegten „Säuberungsaktion" verhaftet, vertrieben oder hingerichtet, Klöster (mithin das traditionsreiche Großkloster
Tangyeling), deren Mönche mit den Besatzern kollaboriert hatten, wurden
bis auf die Grundmauern zerstört. Am 14. Februar 1913, so zumindest
wird der Sachverhalt kolportiert, habe Thubten Gyatso die Unabhängigkeit Tibets verkündet: „Ich spreche zu allen Klassen des tibetischen Volkes. Der Buddha aus dem berühmten Land Indien prophezeite, daß die
Reinkarnation des Avalokiteshvara durch die aufeinanderfolgenden Herrscher von den frühen Religionskönigen bis auf den heutigen Tag über das
Wohl Tibets wachen werde. Während der Zeit des Dschingis Chan und
des Altan Chan von den Mongolen, der Ming-Dynastie der Chinesen und
der Qing-Dynastie der Mandschus arbeiteten Tibet und China auf der
Grundlage der Beziehungen von Wohltäter und Priester zusammen. (...)
In der Zwischenzeit ist das Mandschu-Reich zusammengebrochen. Das
ermutigte die Tibeter, die Chinesen aus Zentraltibet zu vertreiben." Das
Edikt listet in der Folge eine Reihe an Anordnungen für Klerus, Beamten-
schaft, Militär, Landbesitzer und Bauern auf, es führt ein neues Besteue-
rungswesen ein und verbietet das Abschneiden von Gliedmaßen als Bestrafung. Die später vielzitierte „Proklamation der Souveränität" findet
nur nebensächliche und äußerst vage formulierte Erwähnung: „Wir sind
eine kleine, religiöse und unabhängige Nation. (...) Zur Sicherung und Bewahrung der Unabhängigkeit unseres Landes sollen alle freiwillig hart
arbeiten. Unsere Untertanen, die in der Nähe der Grenzen leben, sollen
wachsam sein und die Regierung durch besondere Boten über verdächtige
Entwicklungen informieren."[102]

Unbeeindruckt von dieser „Proklamation" beharrte die neue republi-
kanische Regierung Chinas auf ihrem – sozusagen aus dem Kaiserreich
ererbten – Suzeränitätsanspruch. Die völkerrechtliche Frage, ob Tibet
zwischen 1912 und 1951 einen eigenständigen und unabhängigen Staat
darstellte oder nicht – es ist diese Frage in Hinblick auf die Rechtmäßigkeit des chinesischen Einmarsches von 1950 von entscheidender Bedeutung –, wird in einem eigenen Kapitel erörtert (⇨ *Exkurs 6*).

1943

Die Sozialkontakte des jungen Dalai Lama waren extrem beschränkt: neben seinen Lehrern, den Mitgliedern der Regierung und sonstigen Hofschranzen – allesamt ältere bis alte Männer, in der Regel hochrangige Lamas oder Adelige, zu denen persönlicher Kontakt allein aufgrund des restriktiven Hofprotokolls kaum möglich war – traf er nur gelegentlich seine Mutter und seine 18 Jahre ältere Schwester, die beide in der Nähe seines Palastes lebten. Es waren diese beiden Frauen über Jahre hinweg die einzigen Vertreterinnen des weiblichen Geschlechts, die er näher zu Gesicht bekam. Später brachte seine Mutter bei ihren Besuchen Tenzin Chögyäl mit, seinen um zwölf Jahre jüngeren Bruder (der seinerseits im Alter von zwei Jahren als Reinkarnation eines bedeutenden Lama „erkannt" worden war).

Auch der Umgang mit seinen drei Leibdienern war streng reglementiert, eine persönliche Beziehung undenkbar. Lediglich das Verhältnis zu den sonstigen Lakaien und Dienstboten bei Hofe war etwas lockerer. Wie er in seiner Autobiographie schreibt, waren die meisten davon „mittleren Alters mit nur geringer oder überhaupt keiner Schulausbildung. (...) Zu ihren Pflichten gehörte es, die Zimmer sauber zu halten und dafür zu sorgen, daß die Böden glänzten. (...) Es waren diese Männer meine einzigen Spielgefährten."[103]

Auch wenn er offenbar sehr unter dem Mangel an persönlichen Kontakten litt, beschreibt er den feudalen Pomp des Lebens bei Hofe doch in verklärendem Tonfall: „Wohin ich auch immer ging, wurde ich von einem Gefolge von Dienern begleitet. Ich war umgeben von Ministern und Beratern in prächtigen Seidengewändern, erhabenen Männern aus den höchsten Kreisen der tibetischen Aristokratie. Ich war täglich mit hervorragenden Gelehrten und den ehrwürdigsten religiösen Weisen zusammen." Jedesmal, wenn er einen seiner Paläste verlassen habe, sei er von einer Prozession hunderter von Menschen begleitet worden, von Mönchen, Beamten, Soldaten, Fahnenträgern, Musikanten, Dienern und sonstigem Hofstaat; er selbst sei in einer gelben Sänfte getragen worden. „Unsere Gruppe wurde ringsum von einer Eskorte von Zimzag, der Mönchspolizei, abgeschirmt. (...) Jeder hielt eine lange Peitsche in der Hand und machte davon auch ab und zu Gebrauch [eine eher verniedlichende Formulierung, wie Zeitzeugenberichte nahelegen: tatsächlich schlug die Zimzag mit größter Brutalität zu, nicht nur mit Peitschen, sondern auch mit meterlangen Vierkant-Schlaghölzern, d. A.]. Bei jedem meiner Ausflüge erschien fast die gesamte Bevölkerung der Hauptstadt Lhasa, um einen Blick von mir zu erhaschen. Es herrschte eine ehrfurchtsvolle Stimmung, und öfters flossen Tränen, wenn die Menschen bei meinem Vorbeiziehen ihr Haupt senkten oder sich auf den Boden warfen."[104] Während er seitenweise seinen operettenhaften Aufzug beschreibt, weiß er über die Menschen Tibets nicht viel mehr zu berichten, als daß sie sich angesichts seiner auf den Boden warfen (und heute noch werfen).

1944

Im Alter von neun Jahren entdeckte der junge Dalai Lama zufällig ein paar Gegenstände aus dem persönlichen Nachlaß seines Vorgängers, des 13. Dalai Lama, darunter zwei handbetriebene Filmprojektoren samt einiger Filmrollen. Diese Filme, eine britische Wochenschau von 1910 mit der Krönung George V. oder ein Dokumentarstreifen über Montanbau, vermittelten ihm erste Begriffe über ein Leben außerhalb Tibets; besonders beeindruckt scheint er von einem Varieté-Streifen gewesen zu sein, in dem ein paar leichtbekleidete Mädchen aus überdimensionalen Eiern springen. Ansonsten wußte er von der Welt praktisch nichts. Auch über den Zweiten Weltkrieg erfuhr er von seinen Tutoren und Lehrern nichts, er registrierte lediglich, daß man im Sommer 1945 eine Delegation mit Glückwunschgeschenken zur britischen Regierungsvertretung in Indien entsandte.

1947

Die politischen Verhältnisse im Tibet der 40er Jahre waren geprägt von endlosen Machtkämpfen innerhalb des herrschenden Systems. Im Frühjahr 1947 etwa kam es zu gewaltsamen Auseinandersetzungen zwischen dem Kloster Sera bei Lhasa und dem amtierenden Regenten Tadrag Rinpoche. Auslöser war ein Streit um ausstehende Steuergelder, der zu einer offenen Rebellion des Mönchskonvents gegen die Regierung eskalierte. Mit Hilfe der Armee wurde der Aufruhr blutig beendet, der Abt und weitere führende Lamas der Klosteruniversität wurden ihrer Ämter enthoben. (In den Memoiren des Dalai Lama steht zu den Vorfällen in Sera bezeichnenderweise nichts zu lesen.)

    Kurze Zeit später wurde ein „Putschversuch" gegen den Regenten Tadrag Rinpoche unternommen. Wie schon bei den vorhergehenden

Auseinandersetzungen zwischen Sera und Lhasa ging es auch hierbei ausschließlich um Geld, Einfluß und Macht innerhalb des gänzlich korrupten Gelbmützen-Regimes, das sich (spätestens) seit dem Tod des 13. Dalai Lama (1933) in erbittert einander bekämpfende Fraktionen und Vetternklüngel aufgespalten hatte. Anführer der „Putschisten", die sich auf ein weitverzweigtes Netz an Sympathisanten nicht nur in den Klöstern (vor allem in Sera) sondern auch in der Laienbeamtenschaft stützten, war der hochrangige Lama Jamphel Yeshe Gyaltsen, bekannt als Reting Rinpoche, der sechs Jahre zuvor zum Rücktritt von der Regentschaft gezwungen worden war. Reting Rinpoche war zudem der erste Lehrer und Tutor des jungen Dalai Lama gewesen, hatte aber auch von diesem Amt zurücktreten müssen. Die tatsächlichen Gründe hierfür sind nicht bekannt, in der Autobiographie des Dalai Lama ist lediglich die Rede davon, Reting Rinpoche habe sein Keuschheitsgelübde gebrochen. Nachfolger im Amt des Regenten sowie als Tutor des Dalai Lama war jener Tadrag Rinpoche geworden, gegen den sich das Komplott richtete.[105]

Der „Aufstand" wurde unter Einsatz regententreuer Militärs gewaltsam niedergeschlagen. Hunderte Anhänger Reting Rinpoches wurden getötet, viele wurden verhaftet, öffentlich ausgepeitscht und zu lebenslangem Kerker verurteilt; die große Mehrzahl floh nach China (woraus Heinrich Harrer später die Vermutung herleitete, die Revolte sei ohnehin von den Chinesen angezettelt gewesen[106]). Reting Rinpoche selbst wurde gefangengenommen, grausam gefoltert und letzlich umgebracht. Das Kloster Reting, dem er als Abt vorgestanden war und das als „Keimzelle des Aufruhrs" galt, wurde dem Erdboden gleichgemacht. Es war dieses Kloster, so der Dalai Lama später, „eines der ältesten und schönsten in ganz Tibet" gewesen[107] (es war im Jahre 1057 gegründet worden). In den Memoiren „Seiner Heiligkeit" wird die Verschwörung Reting Rinpoches nur am Rande erwähnt. Über die Menschen, die dabei zu Tode kamen, wird kein Wort verloren; ebensowenig über den Umstand, daß ein bedeutendes buddhistisches Kloster *auf Veranlassung des herrschenden Lama-Regimes* völlig zerstört worden war. Auf Anweisung des Regenten wurde aus dem Mönchsnamen des Dalai Lama der Name Jamphel Yeshe, der an Reting Rinpoche erinnerte, gestrichen; Jahre später nahm er ihn auf Anraten des ⇨ Staatsorakels aber wieder an. Im späteren Kommentar eines Zeitzeugen hieß es zutreffend, es sei die Auseinandersetzung „kein Kampf zwischen dem Guten und dem Bösen [gewesen], sondern eine Schlacht zwischen dem Schlechten und dem Häßlichen".[108]

Im Sommer 1947 wurde der Ausbildungsstand des inzwischen 12jährigen Dalai Lama einer ersten Prüfung unterzogen: er mußte sich mehreren Disputationen mit den Äbten und Groß-Lamas der Kloster-universitäten Drepung und Sera (wo wenige Wochen zuvor blutige Kämpfe mit Regierungstruppen stattgefunden hatten) stellen, die jeweils vor Auditorien mehrerer tausend Mönche stattfanden. Den guten Erfolg dieser ersten öffentlichen Auftritte sieht er rückblickend darin begründet, daß ihm die beiden Klöster aus seinen früheren Leben – letztlich war er in jeder seiner vorhergehenden Inkarnationen als Dalai Lama dort ein und aus gegangen – sehr vertraut waren.[109] Als einzige Frau unter den Zu-hörern war im übrigen – ausnahmsweise – seine Mutter zugelassen, die in Lhasa den Status einer Göttin innehatte.

Abb. 5:   Erste Prüfung

Den Memoiren des Dalai Lama ist zu entnehmen, daß er zu dieser Zeit großes Interesse an Waffen und sonstigen Militaria entwickelte: die Waffenkammer des Potala mit ihrer Ansammlung an Säbeln, Rüstungen und Gewehren übte ungeheuere Anziehungskraft auf ihn aus. Aber, wie er sich voller Begeisterung erinnert, „das war noch nichts im Vergleich zu den unvorstellbaren Schätzen in den Speichern meines unmittelbaren Vorgängers. Unter den Gegenständen, die ihm gehört hatten, fand ich (...) stapelweise englische Bildbände mit Aufnahmen vom Ersten Weltkrieg. Diese faszinierten mich ganz besonders und lieferten mir die Vorlagen für Schiffe, Panzer und Flugzeuge, die ich nachbaute. Als ich älter war, ließ ich Teile daraus ins Tibetische übersetzen."[110] Im Jahre 1947 starb auch der Vater des Dalai Lama, was in dessen Memoiren allerdings nur in einem halben Nebensatz erwähnt wird. (Der Vater, der in den höchsten Adelsrang mit dazugehörigem Großgrundbesitz erhoben worden war, hatte in feudaler Selbstanmaßung und unersättlicher Raffgier immer wieder Konflikte mit Vertretern der herrschenden Schicht heraufbeschworen. Nach seinem Tod kursierte über Jahre hinweg das nie ausgeräumte Gerücht, er sei im Auftrage des Regenten Tadrag Rinpoche vergiftet worden. Zu seinem Sohn hatte er in den letzten Jahren seines Lebens kaum mehr Kontakt gehabt.)

Große Teile der Memoiren des Dalai Lama an seine Jugendzeit bestehen aus gänzlich unerheblichen, aber breit ausgewalzten Anekdoten, die offenbar dokumentieren sollen, welch völlig „normaler" Junge er gewesen sei: „Ich verbrachte viele glückliche Stunden, indem ich im Park [gemeint ist die über 40 Hektar umfassende Parkanlage des Norbulingka-Palastes, d. A.] mit seinen Gärten herumspazierte und die vielen Vögel und Tiere beobachtete." Es habe in dem Park eine Vielzahl zahmer Tiere gegeben, neben mehreren Bulldoggen und einem Pekinesen ein paar Kamele, eine Herde an Moschustieren, zwei Leoparden, einen Tiger und einen Affen; darüberhinaus jede Menge Papageien, Pfauen, Kraniche und Wildgänse. (Daß es sich dabei ausschließlich um männliche Tiere gehandelt hatte – weibliche hätten das „Heilige Gelände" energetisch verunreinigt – wird tunlichst verschwiegen.) Einer der Papageien, wie es in den Memoiren heißt, habe eine besondere Zuneigung zu einem der Palastdiener entwickelt, der ihn stets mit Nüssen gefüttert habe. Auch er, so der Dalai Lama, habe solch ein Freundschaftsverhältnis zu dem Papagei haben wollen, es sei ihm aber trotz aller Mühe nicht gelungen: „Da nahm ich ein Zweiglein und bestrafte ihn [den Papagei, d. A.]. Daraufhin floh er natürlich jedesmal, wenn er mich erblickte. Das war mir eine gute Lehre, wie man Freunde gewinnt: durch Mitgefühl und nicht durch Gewalt."[111]

Obwohl er als Dalai Lama gottgleichen Status innegehabt habe, sei er von der Dienerschaft des Palastes nicht anders behandelt worden, als jeder andere kleine Junge auch: „Die Leute verhielten sich mir gegenüber ganz natürlich und hatten auch keine Angst, ihre Meinung offen zu äußern. (...) Sie versorgten mich auch mit dem täglichen Klatsch, manchmal in Form von Liedern oder Balladen, welche die Leute bei der Arbeit sangen. Obwohl meine Kindheit also manchmal recht einsam war, (...) war ich keineswegs so isoliert wie Prinz Siddharta oder Pu Yi, der letzte Kaiser von China, es gewesen waren."[112]

Verbrechen an Kindern
Klösterliche Erziehung

Die Macht des buddhistischen Klerus über Tibet kannte bis zum Einmarsch der Chinesen im Jahre 1950 praktisch keine Einschränkung. Mittels eines enggespannten Netzes an Klöstern – laut Propaganda der exiltibetischen Regierung habe es mehr als 6.000 davon gegeben –, wurde das tibetische Volk gnadenlos unterdrückt und ausgebeutet. Ein Riesenheer ordinierter Mönche (die Zahlen für die Zeit vor 1959 schwanken zwischen 114.000 und 500.000) machten Tibet zu einer absolutistischen Theokratie, die sämtliche Belange des Lebens durchherrschte: praktisch jede Familie stellte zumindest ein männliches Mitglied an den Klerus ab (in der streng patriarchalen Kultur des tibetischen Buddhismus spielten und spielen Frauen bzw. Nonnen nur eine untergeordnete Rolle).

Um monastischen Nachwuchs heranzuziehen, wurden und werden kleine Jungen, oft schon im Alter von zwei bis drei Jahren, ihren Müttern weggenommen (bzw. von diesen weggegeben, um für sich selbst „spirituelles Verdienst" zu erlangen); getrennt von ihrer Familie leben die Jungen hinfort in einer ausschließlich von Männern geprägten, äußerst repressiven Klosterwelt, in der sie, ohne jeden Kontakt zu realen Frauen, einer überdies extrem frauenfeindlichen Erziehung unterworfen sind. Einer der meistzitierten tibetischen Lehrer, mit dem die Mönchsschüler konfrontiert werden, ist der Mystiker Milarepa (1040-1123 u.Z.), dessen gesammelte Erkenntnis auch außerhalb der Klöster weit verbreitet ist. Laut Milarepa ist „die Frau immer eine Unruhestifterin (...) die primäre Ursache des Leidens (...) im besten Fall kann sie anderen dienen, im schlimmsten Fall bringt sie Mißgeschick und Unglück".[113] Sie sei, karmisch bedingt, ein prinzipiell übles und minderwertiges Wesen, aufgrund ihrer „Neigung zu schlechten Gewohnheiten, die in der Vergangenheit entstanden ist, (...) in der niederen Form einer Frau geboren".[114] Der Abscheu Frauen gegenüber wird systematisch gesteigert durch Meditationstexte, die die Mönchsschüler auswendig zu lernen haben: So sei etwa die „Gebärmutter [gemeint ist vermutlich die Vagina, d. A.] äußerst unrein und übelriechend. Denn diese ist mit Eiter, Blut, Getier und anderem völlig angefüllt. Diese sehr beengende dunkle Höhlung ist ein Sammelpunkt größter Schrecken."[115]

Allein schon der Mythos um die Geburt Buddhas weist auf die prinzipiell abwertende Attitüde des Buddhismus dem Weiblichen gegenüber
hin: Buddha wird weder auf natürlichem Wege empfangen noch geboren;
vielmehr wird seine Mutter im Traume vom Rüssel eines weißen Elephanten berührt, er selbst entsteigt ihrem Leibe auf wundersame Art
durch die Hüfte. Kurz nach der Geburt Buddhas stirbt seine Mutter, sie
hat ihre dienende Funktion erfüllt; im übrigen, wie ihr Name „Maya"
(sanskrit: Illusion) andeutet, war sie ohnehin nicht von realer Bedeutung
(⇨ *Exkurs 3*).

Alles spezifisch Weibliche war dem Buddhismus von Anbeginn ver-
dächtig – Menstruation, weibliche Sexualität, Empfängnis, Schwangerschaft, Gebärakt –, selbst das Lächeln einer Frau wußte die buddhistische
Lehre zu dämonisieren. Buddha selbst werden abgründig frauenverach-
tende Sentenzen zugeschrieben: Der Legende nach soll er einer Gruppe
junger Frauen, allesamt „Töchter des Teufels", die ihn mit ihren Reizen
zu betören suchten, entgegengeschleudert haben, ihr Körper [gemeint ist
vermutlich wieder einmal die Vagina, d. A.] sei ein „Sumpf aus Unrat, ein
krankmachender Haufen von (Scheiß-)Dreck. Wie soll man sich an solchen wandelnden Latrinen erfreuen?"[116] Seine Schüler habe er eindring-
lich gewarnt: „Die Gefahr des Haies aber ihr Mönche, ist eine Bezeichnung des Weibes"[117]; und in ähnlicher Metaphorik: „Man plaudere eher
mit Dämonen und Mördern mit gezücktem Schwert, berühre eher giftige
Schlangen, selbst wenn ihr Biß den Tod bewirkt, als daß man plaudere
mit einem Weibe ganz allein."[118] Noch deutlicher wird er, wenn es um
körperlichen Kontakt geht: „Besser wäre es, Dummkopf, wenn dein Ge-
schlechtsteil in den Rachen einer giftigen und schrecklichen Schlange
eindränge, als in eine Frau. Besser wäre es, Dummkopf, wenn dein Ge-
schlechtsteil in einen Backofen eindränge, als in eine Frau"[119]; denn, so
der Buddha: „Wie Tiere handeln jene, die nicht einsichtig sind. Wie
Schweine dem Schlamm jagen sie weiblichen Formen hinterher."[120]

In besonderen Meditationsübungen werden die Jungmönche angehalten, sich die Gestalt einer schönen, nackten Frau vorzustellen, deren Körper nun Schritt für Schritt altert, krank wird und stirbt, um letztlich als
stinkender Leichnam zu verfaulen. Auch das kontemplative Betrachten
und/oder Zerstückeln realer Frauenleichen ist traditioneller Bestandteil
der monastischen Ausbildung. In früheren Tagen war es üblich, den Leichen die Ohren, Nasen, Hände, Füße und Brüste abzuschneiden und die
verstümmelten Körper zum Gegenstand der Meditation zu machen. Dennoch sei, wie Milarepa und seine Nachfolger betonen, eine sexuelle Be-

ziehung zu einer Frau für den männlichen Übenden – und nur um den geht es – absolut unverzichtbar. Zugleich mit der radikalen Abwertung des Weiblichen wird dieses in idealisierter und überhöhter Form vorgestellt, so daß es für die religiöse Praxis der Männer nutzbar gemacht werden kann. Der tibetische Mönchsnachwuchs entwickelt notwendigerweise ein heillos verzerrtes Frauenbild. Ohne je mit einer realen Frau Kontakt zu haben, erfahren die Jungmönche in den auswendig zu lernenden Lehrtexten und in den Unterweisungen ihrer Lamas diese zugleich als größtes und abstoßendstes Hindernis wie auch als unabdingbare Notwendigkeit auf dem Wege zur Erleuchtung (⇨ *Exkurs 8*).

Wesentlicher Bestandteil der Ausbildung in den Klöstern war und ist die Beschwörung von Dämonen und Totengeistern. Um die Dämonen herbeizurufen und unter den Willen des Ritualmeisters zu zwingen, wurden und werden ihnen bestimmte Opfergaben dargebracht. Diese bestehen aus einem rituell zubereiteten Gemisch aus Galle, Hirn und Eingeweiden eines Toten, einem mit Blut und Senfkörnern gefüllten Schädel eines inzestuös gezeugten Kindes, einem aus Mehl und Blut gebackenen Kuchen und dergleichen mehr. Nähmen die Geister das Opfer an, sei ihre böse Macht nicht nur gebannt, vielmehr ließen sie sich nun gezielt gegen jede Art von Feind einsetzen.[121] Von der Indoktrination mit horrenden Höllen- und Teufelsvorstellungen, mit gezielt geschürten, an den schieren Wahnsinn heranführenden Ängsten vor blutrünstigen Monstern, Vampiren und Folterknechten, wie sie der nicht hinreichend Gläubige nach seinem Tode beziehungsweise in künftigem Dasein zu gewärtigen habe, ist an anderer Stelle dieses Buches ausführlich die Rede (⇨ *Exkurs 2*).

Systematisch werden in den Klöstern geistes- und seelenverkrüppelte Menschen herangezüchtet. Zu den zentralen Instrumenten monastischer Persönlichkeitsdeformation zählt der Kult der Hingabe an den Lama (der tibetische Begriff „Lama" entspricht im wesentlichen dem Sanskrit-Begriff „Guru"): Die initiale Konditionierung des angehenden Schülers besteht in den sogenannten „Vier Grundlagen-Übungen": Der Neuling wird angewiesen, seine Unterwerfung unter die „Drei Juwelen" – gemeint sind *Buddha* (in Gestalt des jeweiligen Lama), *Dharma* (die Lehre) und *Sangha* (die Glaubensgemeinschaft) – durch hunderttausendmaliges Sich-Niederwerfen und Rezitieren eines bestimmten Gebets zum Ausdruck zu bringen (bei 300maliger Niederwerfung pro Tag [Dauer: ca. 3-4 Stunden] zieht sich allein diese Übung über fast ein Jahr hin). Auf der zweiten Stufe sind zur „Reinigung des Karma" hunderttausendmal bestimmte

Abb. 6:   Tausendarmiges Monster

Visualisierungsübungen sowie eine weitere Gebetsformel zu wiederholen, und auf der dritten Stufe müssen in hunderttausendfacher Wiederholung eines genau vorgeschriebenen Rituals „Körper, Rede und Geist" symbolisch aufgeopfert werden. Letztlich ist der jeweilige Lama-Lehrer durch hunderttausendmaliges Rezitieren eines eigenen Unterwerfungsgebetes zu ehren. Auf diese letzte Stufe, die bedingungslose Unterwerfung unter den Lama, wird besonderer Wert gelegt: In einem Lehrtext Beru Kyhentze Rinpoches (von 1978!) heißt es etwa: „Die Hingabe an den Lama umfaßt sowohl die Gedanken als auch die Handlungen. Am wichtigsten ist es, völlig davon überzeugt zu sein, daß der Lama ein Buddha ist. (...) Wenn du an der Befähigung deines Lama zweifelst, wird deine Übung äußerst instabil, und du wirst keine nennenswerten Fortschritte erzielen"[122]; eine der schwersten Sünden überhaupt begehe, wer „seinem Lehrer gegenüber eine Antipathie entwickelt, schlecht von ihm spricht, ihm Mißvergnügen bereitet oder auch nur tatsächliche negative Züge [!] an ihm beachtet".[123] Solche Sünde ziehe allemal „intensives Leiden" für den Schüler nach sich; verachte dieser gar seinen Lama, so werde er, wie es bei dem zeitgenössischen (Kagyüpa-)Lehrer Chögyam Trungpa Tulku heißt, „in seinem derzeitigen Leben viele Probleme bekommen und schließlich eines gewaltsamen Todes sterben."[124]

Um dies zu vermeiden, konditionieren sich die Mönchsschüler in täglich stundenlanger Rezitation vorgegebener Meditationstexte sozusagen selbst darauf, ihre Lama-Lehrer als höchste und völlig unhinterfragbare Autoritäten zu sehen: „Meine Geistigen Lehrer (sind) wie Beschützer, die mich vor den niederen Bereichen schützen; sie sind wie Führer, die mich aus dem Ozean des Samsâra erretten; Wegkundige, die mich in hohe Daseinsformen und zur Befreiung leiten; Ärzte, welche die langwährende Krankheit der Geistesplagen heilen; Ströme von Wassern, die das große Feuer der Leiden löschen; Leuchten, welche das Dunkel der Unwissenheit erhellen; Sonnen, die den Weg zur Befreiung klar aufzeigen (...) Freunde und Verwandte, die Schaden abwenden und Nutzen herbeiführen; Väter und Mütter, die mich beständig mit ihrer Liebe umsorgen."[125]

Kritik wird radikal verunmöglicht. Wie es in einem Lehrtext über den „Stufenweg zur Erleuchtung" heißt, habe der Lama prinzipiell „alle Fehler getilgt und alle Vorzüge vollendet"; an Fehlern, gleich welcher Art, trage folglich ebenso prinzipiell der Schüler die Schuld. „Alle scheinbar fehlerhaften Aspekte der Taten meiner geistigen Beschützer", so die Prämisse des Schülers, „müssen entweder die (mich) täuschenden Erscheinungen meines schlechten Karmas sein, oder sie sind absichtlich gezeigt worden". Nichts bringe „schlimmere karmische Frucht", als die Makellosigkeit des Lamas anzuzweifeln: Mangle es an „Verehrung dem erhabenen spirituellen Meister gegenüber, entstehen keine Tugenden und die bereits erzeugten gehen wieder zugrunde; in diesem Leben werden Krankheit, Dämonen, vorzeitiger Tod und mehr auftreten"; in späteren Leben werde man „durch die niederen Bereiche irren", womöglich gar in einer der „Höllen" wiedergeboren (⇨ *Exkurs 2*). Nur „wenn die Schüler sich in rechter Weise dem spirituellen Meister anvertrauen (...) werden durch die Macht des Segens aller Buddhas, der durch die Öffnung des vertrauensvollen Geistes einströmt, alle Scharen von Dämonen und Geistesplagen nicht mehr schaden können, und die Erkenntnisse auf den Pfaden und Stufen werden spontan entstehen und weiter anwachsen"; nur auf diesem Wege erlange der Schüler „in diesem und späteren Leben das große und umfassende Glück".[126] Auch die edlen Meister früherer Tage hätten sich ihre Vorzüge erworben, indem sie „ohne Zaudern Körper, Leben und ihre Besitztümer für den spirituellen Meister hingegeben haben". Diesen gleich solle der Schüler sich daher „mit Körper und Geist in ebensolchen Formen des Dienens und Wertschätzens üben" und den Meistern „ehrfurchtsvoll all [seine] gehegten Schätze darbringen, sich verneigen und erheben, ihnen Massagen und Waschungen anbieten, respektvoll sprechen und sie preisen".[127]

Mangelt es an Ehrfurcht und Disziplin, droht dem Schüler nicht nur karmisches Unheil. Drakonische Strafen, vor allem Schläge mit Stock oder Peitsche, sind integraler Bestandteil der klösterlichen Erziehung. Auch der Dalai Lama hält Prügel und sonstige körperliche Strafen für sehr hilfreich; wichtig sei allerdings, daß der Schüler „aus Liebe" geschlagen werde.[128] Tenga Rinpoche, Abt eines exiltibetischen Klosters in Nepal, betont, gerade bei Kindern, die „negatives Karma aus dem früheren Leben" mitbrächten, sei Strenge unabdingbar: „Da muß man vielleicht hart sein, schimpfen, und manchmal muß man sie sogar verhauen. Da geht es nicht anderes, als Zorn zu zeigen."[129]

Die Gelbmützenmöche, wie der Ostasienkundler Thomas Hoppe schreibt, legen prinzipiell weniger Wert auf meditative Praxis, vielmehr werden sie geschult in religiöser Debatte und Logik. Man dürfe sich hierunter jedoch keine echte „Diskussion" oder ein „Streitgespräch" im Sinne westlicher, dialogischer Kultur vorstellen, vielmehr handle es sich um rein scholastische Debatten, bei denen jeder Mönch zeige, daß er ihm entgegengeworfene, auswendig gelernte Textstellen mit einer entsprechenden oder entgegengesetzten Textstelle beantworten könne: „Das was wir als Außenstehende als das 'Lesen von Texten/Sutren' empfinden, ist in den meisten Fällen nur ein pedantisches, absolut korrektes Rezitieren und Intonieren von grundsätzlich nicht verstandenen Texten [das kanonisierte Tibetisch der Texte hat mit heutiger Umgangssprache kaum etwas gemein, d. A.]. Ein 'Meister' überwacht bei Novizen und jüngeren Mönchen die Rezitierdisziplin. Das Intonieren der heiligen Texte durch Gruppen von Mönchen, auch und obwohl es nicht verstanden wird, ist der Anhäufung von religiösem, karmischem Verdienst zuträglich. Erst ein geshe, d.h. ein Mönch, der über Jahrzehnte (nach 20 Jahren) diese heiligen Texte – quasi besinnungs- und bewußtlos in unserem Verständnis – intoniert hat, kann (muß es aber nicht) sich einem khempo, einem hochgebildeten Lehrer, mit der Bitte um inhaltliche Belehrung zuwenden. Und er wird dann möglicherweise als erste Anweisung den Auftrag erhalten, eine bestimmte Schrift vollständig auswendig zu lernen, erst dann beginnt sein Lehrer, mit ihm – in unserem Sinne – über die religiös-philosophischen Inhalte des Textes zu sprechen."[130]

Wie Ulli Olvedi, Esoterikjournalistin und Vorsitzende des Spendensammelvereins *Tashi Delek e.V.*, in ihrem vielgerühmten Buch über *Buddhas Kinder* darlegt, sei derlei Ausbildung in Logik und Debatte grundlegender Bestandteil monastischen Lebens: „Klares, ordentliches, eigenständiges Denken ist unbedingt notwendig für das Studium der buddhistischen Lehren"[131]; die spezifische Form religiösen Disputs, wie sie in den tibetisch-buddhistischen Klöstern betrieben werde, fördere gar die „fröhliche Lust am Intellekt" (!)[132]. Zur Bestätigung läßt Olvedi einen 17-jährigen Jungmönch, der bereits seit früher Kindheit in einem Kloster in Kathmandu lebt, zu Wort kommen: „Vielleicht sieht es für einen Außenstehenden so aus, als gäbe es in einem Kloster mit seinen vielen Regeln überhaupt keine Freiheit. Aber ich finde, daß diese Regeln sehr sinnvoll sind – und daß sie gut für uns sind. Ich fühle mich nicht unter Zwang. (...) Ich habe auch gehört, daß manche Menschen aus dem Westen meinen, wir würden einfach so konditioniert, weil wir schon als kleine Kinder ins Kloster kommen, daß wir einer Art Gehirnwäsche unterzogen würden und dann eben angepaßt seien. Das mag von außen so aussehen. Aber in Wirklichkeit kann man den Geist der Menschen nur schwer ändern. Meiner Erfahrung nach sind es die Lehren des Buddha, die wir auf uns selbst anwenden lernen und die uns helfen, die Einsicht zu entwickeln, daß die Regeln gut für uns sind."[133]

1948

Die Begegnung mit dem Österreicher Heinrich Harrer (*1912) erwähnt der Dalai Lama in seiner ersten Autobiographie nur höchst beiläufig: „Das erste Mal traf ich ihn, wie ich glaube, im Jahre 1948 [Harrer lebte bereits seit Anfang 1946 in Lhasa, d. A.]. Von da an sahen wir uns die anderthalb Jahre bis zu seiner Abreise regelmäßig, normalerweise einmal wöchentlich. Durch ihn erfuhr ich viel über die Welt außerhalb Tibets, besonders über Europa und den Zweiten Weltkrieg. Er war mir auch beim Erlernen des Englischen behilflich, mit dem ich kurz zuvor begonnen hatte."[134] Von den politischen Hintergründen, die zur Internierung Harrers in Indien geführt hatten, erfährt man kein Wort und zur Person Harrers – dieser war als SA-Mann (seit 1933!) und späterer SS-Oberscharführer überzeugter Nazi gewesen (auch wenn er das heute abstreitet)[135] – erinnert der Dalai Lama sich nur an dessen „herrlichen Humor" und daran, daß er sich „sehr höflich und respektvoll" benommen habe.

Der in Harrers Bestseller-Titel *Sieben Jahre in Tibet* suggerierte Eindruck, er habe über Jahre hinweg „am tibetanischen Königshof" gelebt, wo er „sehr bald zum Lehrer und vertrauten Freund des Dalai Lama" aufgestiegen sei,[136] relativiert sich in dessen Lebensrückschau ganz erheblich. Überdies bringt „Seine Heiligkeit", wie so oft in seinen Memoiren, die zeitlichen Abläufe durcheinander: es ist wohl zutreffend, daß er Harrer 1948 das erste Mal sah, allerdings im Rahmen einer öffentlichen Veranstaltung, bei der es keine Gelegenheit zu persönlichem Kontakt gab. Erst im Frühjahr 1950 lud er ihn zu einem ersten Treffen in den Sommerpalast von Norbulingka ein. Aus dem Besuch Harrers entwickelte sich ein mehr oder minder regelmäßiger Englisch- und Geographieunterricht – eine Lektion pro Woche –, den der seinerzeit 38jährige Österreicher dem knapp 15jährigen Dalai Lama erteilte. (Im November 1950 verließ Harrer Lhasa, seine vielgerühmte Tätigkeit als „Lehrer und Vertrauter des Gottkönigs" hatte etwas mehr als ein halbes Jahr gedauert.)

In der Beschreibung des jungen Dalai Lama kann Harrer sich unverhohlen rassistischer Begriffe nicht enthalten: „Seine Haut war viel heller als die des Durchschnittstibeters und noch um einige Schattierungen lichter als die der Lhasa-Aristokratie. Seine sprechenden, kaum geschlitzten Augen zogen mich gleich in ihren Bann; sie sprühten vor Leben und hatten nichts von dem lauernden Blick vieler Mongolen."[137] Harrers Tagebuchaufzeichnungen (später veröffentlicht unter dem Titel *Sieben Jahre in Tibet*) sind durchzogen von derartigen Rassismen: Über eine Nomadenfamilie, bei der er auf seinem abenteuerlichen Weg nach Lhasa Aufnahme fand – zusammen mit seinem Bergkameraden Aufschnaiter war er 1944 aus britischer Kriegsgefangenschaft in Nordindien nach Tibet geflohen –, schreibt er etwa: „Kaum saßen wir beim Feuer, als das Zelt sich zu füllen begann. Aus den Nachbarzelten kam alles herbei, um die Fremden [Harrer und Aufschnaiter, d. A.] zu sehen, Männer, Frauen, Kinder und Hunde. Wir hatten alle Hände voll zu tun, um unser Gepäck beisammenzuhalten. Die Leute waren zudringlich und neugierig wie die Zigeuner."[138] An anderer Stelle schreibt er über eine Gruppe von Karawanenhändlern: „Sie waren schmutzig und dunkelhäutig, ihre Schlitzaugen wanderten unstet umher."[139] Zur Kontrolle solchen Menschenschlages habe es natürlich eherner Gesetze bedurft: „Es gibt keine Polizei in unserem Sinn, doch werden Übeltäter immer öffentlich abgeurteilt. Die Strafen sind ziemlich drastisch, aber in ihrer Art das einzig Richtige bei der Mentalität der Bevölkerung." Einem Mann, der eine Butterlampe aus einem Tempel gestohlen hatte, wurden „öffentlich die Hände abgehackt und sein verstümmelter Körper in eine nasse Jakhaut eingenäht. Dann ließ man die Haut trocknen und warf ihn in die tiefste Schlucht."[140] (Wie angeführt, war das Abschneiden von Gliedmaßen per Edikt des 13. Dalai Lama von 1913 offiziell verboten worden; es war derlei Bestrafung indes zumindest bis in die 1940er Jahre hinein durchaus üblich).

Nachdem Harrer über seine Buchveröffentlichungen (vor allem über besagten Titel *Sieben Jahre in Tibet*) im Westen zu einer publicitywirksamen Figur geworden war, erinnerte sich auch der Dalai Lama daran, daß er und der SS-Mann eigentlich von Anfang an „sehr gute Freunde" gewesen waren. In späteren Jahren traten die beiden vielfach gemeinsam auf. Auf die Frage (in einem Interview von 1997!), ob er von der Verstrickung seines Freundes in das verbrecherische Nazi-Regime gewußt habe, gab der Dalai Lama tiefen Einblick in seine Art von Geschichtsverständnis: „Natürlich wußte ich, daß Heinrich Harrer deutscher Abstammung war – und zwar zu einer Zeit, als die Deutschen wegen des Zweiten Weltkrieges weltweit als Buhmänner dastanden. Aber wir Tibeter haben traditionsgemäß schon immer für Underdogs Partei ergriffen und meinten deshalb auch, daß die Deutschen gegen Ende der vierziger Jahre von den Alliierten genügend bestraft und gedemütigt worden waren. Wir fanden, man sollte sie in Ruhe lassen und ihnen helfen."[141]

Ob solche Position als Ausdruck einer gewissen Affinität zu Nazi-Deutschland gewertet werden muß oder einfach nur als weiterer Beleg der abgrundtiefen Ignoranz des tibetischen „Gottkönigs", läßt sich nicht entscheiden. Die Behauptung chinesischer Propagandaorgane, Harrers braune Gesinnung habe wohl irgendwie auf diesen „abgefärbt"[142], ist jedenfalls Unsinn und verstellt den Blick auf den strukturellen Totalitarismus und die insofern *per se* menschenverachtende Politik des Gelbmützenregimes.

Exkurs 5

Braune Aura
Nazi-Okkultismus und Tibet

Über die Beziehungen zwischen den Nationalsozialisten und dem Gelbmützen-Regime in Tibet während des Dritten Reiches gibt es nur wenig
handfeste Informationen. Der Dalai Lama, dessen Regent und persönlicher Tutor Jamphel Yeshe Gyaltsen, bekannt als Reting Rinpoche, im
Jahre 1939 eine SS-Delegation offiziell im Potala empfangen hatte, wei-
gert sich bis heute, irgendwelche Auskunft zu den damaligen Unterredungen zu geben; auch aus den Aufzeichnungen des Delegationsleiters Ernst
Schäfer, der mehrfach mit dem Regenten sowie hochrangigen Regierungsmitgliedern zusammengetroffen war, geht kaum etwas über deren
Inhalt hervor.

Fest steht, daß die Nationalsozialisten ein auffällig großes Interesse an
Tibet hegten. Dieses speiste sich zunächst aus rein esoterisch-okkulten
Hirngespinsten, später kamen politische Faktoren hinzu. Schon kurze Zeit
nach der Machtergreifung der Nazis (1933) hatte Reichsführer SS Heinrich Himmler die sogenannte „Foschungsstätte Ahnenerbe" ins Leben
gerufen. Aufgabe dieser Einrichtung war es, die Weltanschauung der SS
natur- und geisteswissenschaftlich zu unterfüttern. Neben einigen durchaus renommierten Hochschulprofessoren und Privatgelehrten, die sich
von Himmler einspannen ließen, besetzte dieser sein „Forschungsprojekt"
bevorzugt mit Pseudowissenschaftlern und Obskuranten, so etwa mit dem
Wiener Ingenieur Hans Hörbiger samt seiner Glazial-Kosmogonie
(„Welteislehre") oder dem österreichischen Ex-Offizier und Runen-
forscher Karl-Maria Willigut. Himmler, fasziniert von mittelalterlicher
Alchimie (ohne sich jemals tiefer damit befaßt zu haben), von Astrologie,
Geomantie, Wünschelrutengehen und was es sonst noch an „Geheim-
wissenschaften" gab, zeigte besonderes Interesse auch an der (mithin von
Willigut zurechtgesponnenen) Vorstellung, es hätten Überlebende des
untergegangenen Kontinents Atlantis in Tibet sagenhafte unterirdische
Reiche geschaffen, in denen ihr uraltes Wissen bewahrt würde.[143]

Es bezogen sich diese Vorstellungen wesentlich auf die theosophischen Wahnideen der russischen Spiritistin Helena Petrovna Blavatsky
(1831-1891). Im Jahre 1852 hatte diese, 21jährig, erstmalig versucht, über
den Himalaya nach Tibet zu reisen, was ihr aber ebenso wie ein zweiter

Versuch ein paar Jahre später (diesmal verkleidet als Mann) mißlang. (Entgegen ihrer Behauptung, sie habe insgesamt sieben Jahre in Tibet gelebt, sich in „lamaistischen Klöstern aufgehalten" und sei „an Orten [gewesen], die nie von anderen Europäern gesehen worden sind"[144], gibt es keinerlei Hinweis darauf, daß sie Tibet je betreten hat). Nach ersten Kontakten mit spiritistischen Kreisen – um 1856 soll sie in Frankreich den berühmten Okkultisten Eliphas Lévi getroffen haben – gründete sie in Kairo eine *Sociéte Spirité*, die aber aufgrund aufgeflogener Betrügereien bald wieder aufgelöst werden mußte. 1873 kam sie in die USA, wo sie zusammen mit dem Okkultisten und Freimaurer Henry Steele Olcott den *Miracle Club* ins Leben rief, einen relativ unbedeutenden Séance-Zirkel, der 1875 in *Theosophical Society* umbenannt wurde. 1879 reiste sie mit Olcott nach Indien, wo sie am 25.5.1880 in einer offiziellen Zeremonie zum Buddhismus konvertierte. Auf mystische Weise habe sie kurze Zeit darauf die Doktrin der sogenannten „Großen Weißen Bruderschaft" empfangen, einer Riege geheimnisvoller Meister – neben Krishna, Jesus und Buddha sollen ihr auch Leonardo da Vinci oder Geheimrath von Goethe zugehören –, die aus höheren Sphären das Schicksal der Menschheit überwache und nun beschlossen habe, diese in ein „Neues Zeitalter" zu führen. Von einigen Mitgliedern dieser Bruderschaft, weisen Mahatmas aus Tibet, sei ihr das im Jahre 1888 veröffentlichte Grundlagenwerk der Theosophie, die sogenannte *Geheimlehre*, übermittelt worden.[145]

Besagte Mahatmas, wie der Theosoph Charles Leadbeater erläutert, seien erleuchtete Meister, die „zur Sekte der Gelugpas" (Gelbmützenorden) gehören: „Die Mitglieder dieser Sekte tragen bei wichtigen Anlässen gelbe Roben und seltsame, helmartige Kappen."[146] (Die später von Blavatsky herausgegebene Schrift *Die Stimme der Stille* – Originalquelle sollen die „Goldenen Regeln" der Gelugpa gewesen sein, die sie in einem geheimnisvollen Kloster auswendig gelernt haben wollte – wurde vom seinerzeitigen Panchen Lama ausdrücklich gebilligt.[147] Eine unlängst vorgenommene Neuherausgabe dieser Schrift erhielt sogar ein eigenes Gruß- und Vorwort durch den Dalai Lama, der engen Kontakt zur internationalen Theosophenszene pflegt. Wie auch Samdhong Rinpoche, Präsident der Abgeordnetenkammer der tibetischen Exilregierung, in einem offiziellen Schreiben vom 24.4.1994 bestätigt, gebe es „seit langem einen fruchtbaren Austausch von Ideen unter Mitgliedern der Theosophischen Gesellschaft und Buddhisten; diese Ideen entspringen in der Tat den 'Ähnlichkeiten bis hin zur Identität' der Glaubensgrundsätze".[148]) Woher Blavatsky die Fragmente tibetisch-buddhistischer Lehre, die sie in ihr theosophisches Konstrukt einbaute, tatsächlich bezogen hatte, ist nicht mehr zu klären. Da erste Berichte von Missionaren und Reisenden längst vorlagen, dürften „übernatürliche" Kräfte nicht im Spiel gewesen sein. Wesentlicher Bestandteil der theosophischen *Geheimlehre*, eines wirren Konglomerats östlicher und westlicher Esoteriktraditionen, vermischt mit anthropologisch-evolutionistischen und aristokratischen Abstammungstheorien sowie rein obskurantistischem Schwachsinn, ist die sogenannte „Wurzelrassenlehre". Dieserzufolge sei der Mensch nicht als solcher erschaffen worden, seine spezifisch menschlichen Eigenschaften hätten sich vielmehr im Laufe der Evolution erst herausbilden müssen. Erst mit der dritten Wurzelrasse, der „lemurischen", habe die Entwicklung zum Menschen eingesetzt. Laut Blavatsky seien die Lemurier „Ungeheuer [gewesen], aus denen die niederen Menschenrassen entsprangen, die jetzt auf Erden durch ein paar elende aussterbende Stämme und die großen menschenähnlichen Affen repräsentiert sind".[149] Ein letzter Rest dieser „halbtierischen" Geschöpfe seien die Tasmanier, Teile der Australier, Buschmänner, Negritos und andere.[150] Den Lemuriern sei als vierte Wurzelrasse die der Atlantier gefolgt, aus der sich dann vor etwa 18.000 Jahren die fünfte Wurzelrasse herausgebildet habe, die der Arier. Diese hätten ihrerseits fünf Unterrassen hervorgebracht: die „ur-indische", die „ägyptisch-chaldäische", die „ur-persische", die „griechisch-lateinische" und als fortgeschrittenste die „germanisch-nordische" oder „teutonische".[151] Die Juden bezeichnete Blavatsky in diesem Zusammenhang als „abnormes und unnatürliches Bindeglied zwischen der vierten und der fünften Wurzelrasse".[152] Da die Höherentwicklung der Menschheit weitergehen müsse, würden nicht nur die Juden aussterben, sondern, wie Blavatsky schreibt: „Ein Decimierungsvorgang findet über die ganze Erde statt unter jenen Rassen, deren 'Zeit um ist'. (...) Rothäute, Eskimos, Papuas, Australier, Polynesier u.s.w. sterben alle aus. (...) Die Flutwelle der inkarnierten Egos ist über sie hinausgerollt, um in entwickelteren und weniger greisenhaften Stämmen Erfahrung zu ernten; und ihr Verlöschen ist daher eine karmische Notwendigkeit."[153] Daß derlei Ideologie eine willkommene Rechtfertigung darstellte für den weltweit wütenden Imperialismus, versteht sich von selbst: Um die Jahrhundertwende verfügte die *Theosophische Gesellschaft*, die sich mittlerweile *Adyar TG* nannte (nach der indischen Stadt Adyar bei Madras, wo sie ihr Hauptquartier hatte), über 100.000 Mitglieder und politisch höchst einflußreiche Logen in mehr als fünfzig Ländern. (Der deutsche Zweig der *Theosophischen Gesellschaft* wurde ab 1902 von ⇨ Rudolf Steiner geleitet).

Auch Teile der Nationalsozialisten interessierten sich für die theoso-phisch-elitäre Rassenlehre Blavatskys, neben Himmler wußte auch Adolf Hitler die „Geheimlehre" zu schätzen.[154] (Eine der Nachfolgerinnen Bla-vatskys, die Amerikanerin Alice Ann Bailey [1880-1949], seit 1915 Mitglied der kalifornischen Loge der *Aydar TG*, war ihrerseits glühende Verehrerin Hitlers und des Dritten Reiches. Ähnlich wie Blavatsky be-hauptete Bailey, spiritistische Weisungen der „Großen Weißen Bruder-schaft" zu empfangen: ihre jenseitige Kontaktperson war ein gewisser Djawahl Kuhl, vertraulich „der Tibeter" genannt. Unter Anleitung dieses „Tibeters" erweiterte sie die Mitgliederliste der „Großen Weißen Bruder-schaft" um ein paar weitere „Erleuchtete", darunter Napoleon, Mussolini, Hitler und Franco. Blavatsky und Bailey gelten als Vordenkerinnen der heutigen New-Age- und Esoterikszene, ihre Werke zählen in einschlägi-gen Kreisen nach wie vor zur Grundlagenliteratur [⇨ *Exkurs 13*].)

Himmler ergänzte seine theosophischen Kenntnisse durch Informatio-nen, die er aus den Berichten Sven Hedins, Alexandra David-Néels und anderer Tibet-Reisender entnahm, sowie durch Kontakte zu dem Biologen und Tibetforscher Ernst Schäfer, den er als festen Mitarbeiter des „Ahnenerbe" zu gewinnen suchte. Schäfer, seit 1933 SS-Mitglied, hatte bereits 1931/32 an einer deutsch-amerikanischen Expedition nach Osttibet und 1934/36 an einer weiteren Expedition unter derselben Leitung (diesmal von der SS mitfinanziert) nach Zentraltibet teilgenommen. 1938 stellte Schäfer eine eigene Expedition zusammen, für die Himmler per-sönlich die „Schirmherrschaft" übernahm. Schäfer hielt die obskuren Interessen Himmlers an Tibet für abwegig, war aber auf die Finanzhilfe durch die SS angewiesen; er weigerte sich allerdings standhaft, einen der „Ahnenerbe"-Okkultisten in seinem Forschungsteam mitzunehmen. Das Interesse Schäfers lag, ganz im Geiste seines großen Vorbildes Sven Hedin, in der „gesamtbiologischen Erfassung" des tibetischen Hoch-landes, das er als die „Wiege der Menschheit" ansah.

Unter den fünf SS-Expeditionsteilnehmern befand sich auch der Ras-sekundler Bruno Berger, der die Theorie einer Wanderung der „nordi-schen Rasse" von Nordeuropa nach Zentralasien und weiter bis nach Japan vertrat. Seiner Auffassung nach mußten sich Elemente einer „nordi-schen Rassenseele" – Tatkraft, Leistungsfähigkeit, geistiger Adel und Ritterlichkeit – in den Völkern Zentralasiens erhalten haben. Die Suche nach „nordischen" Spuren in Tibet sah er als Hauptaufgabe der Expedi-tion, während der er an hunderten von Tibetern „rassekundliche" Vermes-sungen vornahm. In einem später vorgelegten Manuskript „Warum heute

Tibetforschung?" führte er aus, die „Neuordnung der Welt" durch den Krieg erfordere die Festlegung neuer „Rassengrenzen". Neben den europäischen Rassen müßten insbesondere auch die vorder- und innerasiatischen Rassen kategorisiert und bewertet werden, um die nordische Rasse vor Fremdeinflüssen zu bewahren. Eine Gefahr wähnte Berger in erster Linie im vorderasiatischen Judentum, aber auch aus „Innerasien mit dem geistigen Zentrum Tibet" sah er Unheil heraufdämmern: Der Lamaismus, so seine These, bedrohe mit seinen Verbündeten, den jüdischen Freimaurern und dem römischen Papsttum, die Völker Europas. Um die ins Auge springenden Widerspüche in seinen Aussagen (ganz abgesehen von deren Wirrsinn an sich) kümmerte sich Berger nicht. (Er führte sein Konzept der „rassischen Erfassung innerasiatischer Völker" bis 1945 an sowjetischen Kriegsgefangenen fort).

Nach Rückkehr der Tibet-Expedition im Frühsommer 1939 wurde Schäfer von der SS mit einem „Geheimauftrag Tibet" betraut: Als Leiter einer Militärexpedition sollte er ein umfängliches Kontingent an Waffen und Kriegsgerät nach Tibet schaffen, um dort den Einfluß der Briten zurückzudrängen. Das Projekt – die Rolle Lhasas bei diesem Vorhaben ist völlig unklar – kam über die Planungsphase allerdings nicht hinaus. Als inzwischen fester Mitarbeiter des „Ahnenerbe" konnte Schäfer die von ihm geleitete Unterabteilung „Forschungsstätte für Innerasien" in großen Schritten ausbauen, zumal im Zuge des raschen Vorrückens deutscher Truppen in der Sowjetunion der Bereich „Innerasien" zunehmend in den Blickpunkt nationalsozialistischen Interesses gelangte. Es wurden in den Kinos sämtliche verfügbaren Tibet-Filme gezeigt (vor allem und immer wieder die Bergsteigerfilme), es gab zahllose Ausstellungen und Veröffentlichungen zum „Dach der Welt", die Tagespresse war voller Berichte und Photos – alles mit dem Ziel, das politische Anliegen Deutschlands in Zentralasien zu dokumentieren. Zugleich diente eine bewußte Mystifizierung der tibetischen Kultur dazu, die Menschen in Deutschland, die man dafür zu begeistern suchte, vom Kriegsalltag abzulenken.[155] Das heutige große Interesse an Tibet hat (wenn auch mit anderen Vorzeichen) seine Wurzeln mithin in der flächendeckenden Tibet-Propaganda der Nazis.

Nach dem Krieg erhielten die „Ahnenerbe"-Mitarbeiter Johannes Schubert und Helmut Hoffmann Lehrstühle für Tibetologie in Leipzig beziehungsweise München. Ernst Schäfer setzte sich nach Venezuela ab, wo er langjährig als Leiter eines biologischen Instituts tätig war. In den 1960er Jahren kam er nach Deutschland zurück.

1949

Der inzwischen 14jährige Dalai Lama führte den Vorsitz über zahllose religiöse Veranstaltungen und Zeremonien. Am politischen Geschehen nahm er nach wie vor nur als passiver Zuhörer bei den Ratsversammlungen teil.

Spätestens ab Mitte des Jahres wurde bei diesen Versammlungen die Bedrohung Tibets durch die chinesischen Kommunisten erörtert, die in den zurückliegenden Monaten die nationalchinesischen Truppen der Kuomintang vernichtend geschlagen hatten und deren völlige Machtübernahme in ganz China nur noch eine Frage der Zeit war. Schon Jahre zuvor hatte Mao Tsedong angekündigt, im Falle eines Sieges der Kommunisten samtliche „Außenländer", also auch Tibet, ins Mutterland China heimzuholen (⇨ *Exkurs 6*). Nachdem im Spätsommer 1949 „böse Vorzeichen" gesichtet wurden – ein Komet erschien am Himmel und am Fuße des Potala brach ohne Grund ein Säulenkapitell zusammen –, verfiel die tibetische Regierung zunehmend in Panik: Die nationalchinesische Garnison und sämtliche sonstigen Chinesen, die sich in Lhasa aufhielten, wurden des Landes verwiesen, gleichzeitig wurde das eigene Militär personell verstärkt und nach Kräften aufgerüstet. Ansonsten führte man zahlreiche Opferzeremonien durch.

Der Dalai Lama wurde von diesen düsteren Aussichten weiter nicht angefochten, wie gewohnt widmete er sich seinen philosophischen Studien. Im Winter 1949/50 ließ er sich von Heinrich Harrer, der in Lhasa einiges Renommee als Ingenieur gewonnen hatte, ein eigenes Kino im Norbulingka-Palast einrichten, in dem aus England und Indien importierte Filme vorgeführt werden sollten. (Anläßlich der feierlichen Eröffnung dieses Privatkinos im Frühjahr 1950 trafen Harrer und sein Auftraggeber erstmalig persönlich aufeinander.)

1950

Im Sommer 1950 erschütterte ein gewaltiges Erdbeben Tibet. Auch wenn Heinrich Harrer, der immerhin Geographie studiert hatte, dem Dalai Lama die seismologischen Zusammenhänge zu erklären suchte – das Hochland von Tibet wird häufig von derartigen Beben heimgesucht –, war dieser, vor allem im späteren Rückblick auf die noch bevorstehenden Ereignisse, unbeirrbar davon überzeugt, es müsse sich um ein „Omen der

Götter, ein Zeichen, das auf Schreckliches hindeutete" gehandelt haben. Von da an jedenfalls habe sich die Lage in Tibet rapide verschlechtert[156].

Abb. 7:   Oberhaupt der Gelbmützen

Zwei Tage nach dem Beben erreichte eine Nachricht den Palast, bei einem „Überfall chinesischer Soldaten" auf einen Grenzposten sei ein tibetischer Offizier getötet worden. Es wurde dies als äußerste Bedrohung Tibets gewertet, zumal es bereits seit Ende 1949 immer wieder Probleme entlang der tibetisch-chinesischen Genze gegeben hatte. Die relativ kleine Armee Tibets (daß es überhaupt stehendes Militär im Gottesstaat der Lamas gab, wird heute gerne verschwiegen), so wußte man nur zu gut, konnte sich keinesfalls mit der Volksbefreiungsarmee messen; dennoch wurde sie in höchste Alarmbereitschaft vesetzt. Im übrigen ließ die Regierung in Lhasa im ganzen Land neue Gebetsfahnen aufhängen und die Opfer für die Schutzgötter verdoppeln.

Zwei Monate später, im Oktober 1950, trafen, laut Dalai Lama, „unsere schlimmsten Befürchtungen ein. Lhasa erreichte die Nachricht, daß eine achtzigtausend Mann starke Streitmacht der Volksbefreiungsarmee den Yantze (Drichu) östlich von Chamdo überschritten hatte. Berichten im chinesischen Rundfunk war zu entnehmen, daß am ersten Jahrestag der kommunistischen Machtübernahme (die Volksrepublik war am 1. Oktober 1949 ausgerufen worden) die 'friedliche Befreiung' Tibets begonnen hatte."[157]

Obgleich eiligst weitere Truppen zusammengezogen wurden und man den Chinesen (angeblich) erhebliche Verluste beibrachte (der Dalai Lama betont dies ausdrücklich und mit spürbarem Stolz[158]), dehnten diese ihre Besatzung der Region Chamdo unbeirrt aus. Ein von den Briten unterstützter Protest Indiens in Beijing fruchtete nichts, auch ein Appell an die Vereinten Nationen verlief im Sande. Während die Chinesen weiter vorrückten, machte man sich im Potala Gedanken um eine vorzeitige Übergabe der politischen Verantwortung an den Dalai Lama (der bis dahin lediglich geistliches Oberhaupt Tibets war). Von der Einsetzung des „Gottkönigs" in seine weltliche Macht versprach man sich entscheidenden Vorteil in der Konfrontation mit den Chinesen, zumal auch das ⇨ Staatsorakel, das man eigens konsultierte, sich für eine sofortige Inthronisation aussprach (geplant war diese eigentlich erst für einen sehr viel späteren Zeitpunkt). Die Hofastrologen berechneten als günstigsten Termin den 17. November 1950, und so begann man eifrig mit den Vorbereitungen.

Abb. 8:   Thronsaal des Potala

94

Zwei Wochen vor der Thronfeier kam der älteste Bruder des Dalai Lama, Thupten Jigme Norbu, der inzwischen Abt des Klosters Kumbum geworden war, nach Lhasa. Kumbum, das Kloster in der Provinz Amdo, in dem der Dalai Lama die ersten eineinhalb Jahre nach seiner „Entdeckung" verbracht hatte, war bereits von der Volksbefreiungsarmee besetzt. Wie Thupten Jigme Norbu berichtete, habe man ihm nur unter der Bedingung erlaubt, nach Lhasa zu reisen, daß er seinen Bruder überrede, die Herrschaft der Chinesen anzuerkennen. Sollte dieser sich weigern, habe er den Auftrag erhalten, ihn umzubringen.

Thupten Jigme Norbus Überzeugung zufolge lag die einzige Chance nationalen Überlebens in bewaffnetem Kampf gegen die Chinesen; er kündigte an, in die USA gehen zu wollen, um bei der dortigen Regierung um militärische Unterstützung nachzusuchen. Seinem Bruder riet er dringendst, Lhasa sofort zu verlassen. Dieser freilich machte sich hierüber wenig Gedanken, er war nur noch mit seiner unmittelbar bevorstehenden Inthronisation beschäftigt. In seinen Memoiren ist diese allerdings nur in ein paar dürren Worten beschrieben: „Es wurde ein besonders feierliches Ereignis, an dem die gesamte Regierung teilnahm, jeder in seinem besten und farbenprächtigsten Gewand, sowie die verschiedenen ausländischen Vertreter, die in Lhasa wohnten."[159] Sehr viel wichtiger ist ihm die Erinnerung, daß ihn während der Feier ständig die Blase gedrückt habe. Eine der ersten Amtshandlungen des neuen Staatsoberhauptes bestand darin, Gesandtschaften in die USA, nach Großbritannien und nach Nepal zu schicken mit der Bitte um Unterstützung gegen die Chinesen; eine weitere Delegation entsandte man nach Beijing, um über einen Rückzug der Truppen zu verhandeln. Zugleich wurden Vorbereitungen getroffen, den Dalai Lama sowie die ranghöchsten Regierungsmitglieder in den Süden des Landes in Sicherheit zu bringen: bei Verschlechterung der Lage, so die Überlegung, sei es von dort aus ein Leichtes, über die Grenze nach Indien zu gelangen und dort um Asyl nachzusuchen.

1951

Kurze Zeit darauf, Anfang Januar 1951, wurden mehrere Karawanen mit Gepäck und Teilen des Staatsschatzes – laut Dalai Lama „fünfzig oder sechzig robuste Kisten, die mit Goldstaub und Silberbarren aus den Schatzkammern des Potala gefüllt waren"[160] sowie hunderte von Säcken voller Münzen[161] – an den beabsichtigten Zufluchtsort etwa fünfhundert Kilometer südlich von Lhasa vorausgeschickt; insgesamt hatte man nicht weniger als eineinhalbtausend Lasttiere bepackt. Der Dalai Lama sowie eine Entourage von mehr als zweihundert Beamten, Würdenträgern und Bediensteten samt einer entsprechenden Karawane an Reit- und Lasttieren, folgten wenige Tage später. „Seine Heiligkeit" reiste „inkognito"; er ritt „als gewöhnlicher Bürger verkleidet" voran und nutzte, wie er schreibt, „die Gelegenheit, unerkannt mit den Leuten zu sprechen. Ich hatte nun die einzigartige Möglichkeit herauszufinden, wie meine Landsleute wirklich lebten, und konnte eine Reihe von Gesprächen führen, in denen ich meine Identität nicht preisgab. Dadurch erfuhr ich etwas über die kleineren Ungerechtigkeiten [sic!] im Leben meines Volkes und faßte den Entschluß, so bald wie möglich Reformen durchzuführen."[162] Nach zweiwöchiger Reise erreichte man den Ort Dromo an der Grenze zu Sikkim, wo man sich in dem nahegelegenen Kloster Dungkhar niederließ. Mit geradewegs pathetischem Eifer widmete sich der Dalai Lama in der folgenden Zeit seinen Meditationen, Klausuren und religiösen Studien: „Ich war auf dieser Reise zu der Einsicht gekommen, daß ich mich intensiver mit meinem Studium beschäftigen und so viel wie möglich lernen mußte. Ich schuldete es dem Vertrauen meiner Landsleute, der beste Mensch zu sein, der ich sein konnte."[163]

Die Ende des Vorjahres nach Indien, Nepal und in die USA entsandten Delegationen kehrten ohne Ergebnis zurück. Zugleich erfuhr man über einen Geheimbericht von der Absicht der Chinesen, auf Lhasa vorzurücken. Eine weitere Gesandtschaft unter Leitung des Gouverneurs der besetzten Region Chamdo, Ngapö Ngawang Jigme, wurde nach Beijing geschickt, um Verhandlungen zu führen. Diese führten letztlich zur Unterzeichnung des bis heute umstrittenen sogenannten „Siebzehn-Punkte-Abkommens" (⇨ *Exkurs 6*).

Die Einzelheiten des Abkommens werden in den Memoiren des Dalai Lama nur angerissen, hingegen läßt er sich in aller Breite über die Umstände aus, unter denen er selbst davon Kenntnis erhielt: Er habe, wie jeden Abend, über einen batteriebetriebenen Rundfunkempfänger Radio Beijing gehört, als „eine grelle, kratzende Stimme verkündete, daß an diesem Tag zwischen Vertretern der Regierung der Volksrepublik China und Vertretern der, wie sie es nannten, örtlichen Regierung Tibets ein 'Siebzehn-Punkte-Abkommens zur friedlichen Befreiung Tibets' unterzeichnet worden sei. Ich traute meinen Ohren nicht! Ich wollte hinauslaufen und alle herbeirufen, war aber wie gelähmt." Der Sprecher habe wortreich beschrieben, wie durch „aggressive imperialistische Kräfte" die tibetische Nation „in die Tiefen der Sklaverei und des Leids gestürzt wurde". Ihm sei übel geworden, als er „dieses unglaubliche Gemisch von Lügen und bizarren Klischees hörte".[164] Auf die Idee, daß mit den „aggressiven imperialistischen Kräften" (sofern diese Begriffe in der Tat gebraucht wurden) das Regime der Gelbmützen-Lamas gemeint gewesen sein könnte, kommt er nicht. Vehement bestreitet er die Rechtmäßigkeit des Abkommens, Delegationsleiter Ngapö Ngawang Jigme sei nicht befugt gewesen, „irgend etwas in meinem Namen zu unterzeichnen; er durfte lediglich verhandeln. Ich hatte, um sicherzugehen, sogar die Staatssiegel bei mir in Dromo behalten. Er mußte also dazu gezwungen worden sein."[165] Jahre später hätten ihm Mitglieder der Delegation denn auch geschildert, „wie sie damals gezwungen wurden, dieses 'Abkommen' zu unterzeichnen und gefälschte Siegel des tibetischen Staates zu benutzen".[166]

Ein Teil seiner Berater drängte ihn, nach Lhasa zurückzukehren, ein anderer, sofort nach Indien aufzubrechen und von dort aus Verbündete im Kampf gegen China zu suchen. Er selbst entschied sich dafür, in Dromo zu bleiben und dort auf eine telegraphisch avisierte chinesische Regierungsdelegation zu warten. Am 16. Juni 1951 traf diese unter Leitung des neuen Generalgouverneurs von Tibet, Zhang Jingwu, in Dromo ein. Zhang erläuterte dem Dalai Lama die einzelnen Punkte des Abkommens und versicherte ihn jeder Freiheit der Religionsausübung in Tibet; auch sein Status als Oberhaupt des tibetischen Volkes solle nicht angetastet werden. Wenige Tage darauf trat man die Rückreise nach Lhasa an: „Diesmal wurde nichts unternommen, um meine Identität zu verbergen, und ich reiste mit viel mehr Pomp als auf der Hinreise. Wir hielten in praktisch jedem größeren Ort auf dem Weg, ich gewährte Audienzen und erteilte den Menschen dort religiöse Unterweisungen. Das gab mir Gelegenheit, den Menschen persönlich zu erzählen, was in Tibet geschehen war."[167]

Nach mehr als siebenmonatiger Abwesenheit traf der Dalai Lama Mitte August 1951 wieder in Lhasa ein, wo ihm ein großer Empfang bereitet wurde. In der Beschreibung des erneuten Aufeinandertreffens mit Generalgouverneur Zhang Jingwu findet er für diesen nur schmähende Worte: „Zuerst verblüffte mich der Anblick seiner hervorquellenden Augen und purpurroten Wangen und die Art, wie er stammelte und stotterte und mit den Fäusten auf den Tisch hämmerte", wie dies überhaupt „bei Chinesen häufig vorkommt".[168]

Wenige Wochen nach der Rückkehr des Dalai Lama aus Dromo marschierten am 9. September 1951 erste Truppen des 18. chinesischen Infanterieregiments in Lhasa ein, denen innerhalb kurzer Zeit weitere Verbände folgten. Die Stationierung der chinesischen Soldaten in Lhasa bedeutete enorme Nahrungsmittelengpässe für die tibetische Bevölkerung, zumal die Militärführung sich (angeblich) nicht an die Vereinbarung des „Siebzehn-Punkte-Abkommens" hielt, angemessene Entschädigungszahlungen für die Versorgung der Truppe zu entrichten. Immer wieder kam es zu Reibereien und kleineren Scharmützeln, die Soldaten wurden beschimpft, bespuckt oder mit Steinen beworfen und, wie der Dalai Lama nicht ohne Stolz berichtet, „selbst die Mönche banden die losen Enden ihrer Roben zu einem Knoten, um damit jeden Soldaten zu schlagen, der ihnen zu nahe kam".[169] Es formierte sich eine tibetische Widerstandsbewegung, die in einer eigens verfaßten Sechs-Punkte-Resolution den sofortigen Abzug der Garnisonen verlangte. General Zhang Jingwu habe mit einem Wutanfall reagiert, an der Situation änderte sich jedoch nichts.

Indessen gab sich der Dalai Lama, wie gewohnt, seinen religiösen Betrachtungen hin: „Den ganzen Winter 1951/52 hindurch setzte ich so wie früher meine Studien fort, nur war ich jetzt noch eifriger. (...) Im Laufe der Monate konnte ich die ersten Fortschritte feststellen, da ich nun begann, das Fundament für meine spirituelle Entwicklung zu legen."[170] Zusätzlich zu seinen regelmäßigen Unterweisungen erhielt er hierzu Einweihung in allerlei tantrische und sonstige okkulte Lehren des tibetischen Buddhismus. Anfang 1952, als er den Reliquienschrein seines inzwischen verstorbenen Tutors Tadrag Rinpoche einweihte, konnte er folgerichtig auf einem Stück Schädel, das bei der Verbrennung Tadrags den Flammen widerstanden hatte, „ganz deutlich den tibetischen Buchstaben erkennen, der seiner Schutzgottheit entspricht. Diese geheimnisvolle Erscheinung kommt bei hohen Lamas ziemlich häufig vor. Die Knochen verändern sich auf eine Weise, daß Buchstaben oder Bilder sichtbar werden."[171] Über die Weiterentwicklung der politischen Verhältnisse weiß er hingegen nur wenig zu berichten. Anstatt die Hintergründe der chinesischen Besatzung auszuleuchten oder deren Auswirkungen auf die Menschen in Tibet, läßt er sich in üblich anekdotischer Manier etwa über General Zhangs Unbeherrschtheiten aus: „Als Lobsang Tashi [einer der beiden tibetischen Premierminister, d. A.] einmal eine Äußerung machte, die ihn besonders erzürnte, machte Zhang eine Bewegung, als ob er ihn schlagen wolle. Ohne nachzudenken, rannte ich zwischen die beiden und schrie, sie sollten sofort aufhören. Ich war zu Tode erschrocken. Ich hatte Erwachsene sich noch nie so aufführen sehen."[172]

1952

Zu Beginn des Frühjahres 1952, wie der Dalai Lama schreibt, „folgte eine eher beklemmende Waffenruhe mit den chinesischen Behörden, die ich jedoch dazu benutzte, das Reformkomitee zusammenzustellen, das mir schon seit meiner Reise nach Dromo vorgeschwebt war". Wortreich beschreibt er seinen (angeblichen) Plan, die Verhältnisse in Tibet einer grundlegenden Neuordnung zuzuführen: „Eines meiner wichtigsten Ziele war es, eine unabhängige Justiz aufzubauen"[173] (die es, wie er damit zugibt, bis dahin nicht gegeben hatte). Desweiteren sei seine Absicht gewesen, die Schuldknechtschaft abzuschaffen, klosterunabhängige (!) Schulen einzurichten und ein funktionierendes Straßen- und Verkehrsnetz zu entwickeln. Ob hinter diesen Absichtserklärungen ernsthaftes politisches Engagement stand oder ob es nur darum ging, den chinesischen Reformvorhaben eigene Pläne entgegenzusetzen, die diese als nicht mehr erforderlich erscheinen ließen, steht dahin. Die Realisierung der Pläne sei jedenfalls von den Chinesen zunichte gemacht worden. Deren eigene Umgestaltungsversuche freilich, so etwa die Kollektivierung der Landwirtschaft, hätten in unmittelbarer Folge „eine weitverbreitete Hungersnot und den Tod von Hunderttausenden von Tibetern" nach sich gezogen.[174] Belege für die Behauptungen des Dalai Lama fehlen, wie üblich, auch hier.

1953

In den Ausführungen „Seiner Heiligkeit" für das Jahr 1953 wird der weitere politische Fortgang mit keinem Wort erwähnt. Das gesamte (im folgenden ungekürzt und unverändert dargestellte) Kapitel dreht sich nur und ausschließlich um persönlichste Trivia: „Wenn ich mich recht erinnere, war es im Sommer 1953, daß ich von Ling Rinpoche [einer der Tutoren, d. A.] die Kalacakra-Einweihung erhielt, eine der wichtigsten Weihen in der tantrischen Tradition, die eine besondere Bedeutung für den Weltfrieden hat. Im Gegensatz zu anderen tantrischen Ritualen wird diese Initiation vor einem großen Publikum durchgeführt. Sie ist äußerst kompliziert, und alleine die Vorbereitungen dauern sieben bis zehn Tage. Die eigentliche Initiation dauert drei Tage. Zu ihren Besonderheiten gehört die Anfertigung eines großen Mandalas, der zweidimensionalen Darstellung eines dreidimensionalen Symbols, aus gefärbtem Sand. Als ich zum erstenmal eines dieser Mandalas sah, erschien es mir so schön, daß mir durch das bloße Hinsehen ganz schwindlig wurde. Nach der Initiation verbrachte ich einen Monat in Klausur. Diese Zeit ist mir als eine eingreifende Erfahrung für Ling Rinpoche und mich in Erinnerung geblieben. Ich empfand es als ungeheures Privileg, in eine Tradition eingeführt zu werden, die im Laufe von zahllosen Generationen von auserwählten spirituellen Meistern zur Perfektion entwickelt worden war. Als ich den letzten Vers des Widmungsgebets rezitierte, war ich so gerührt, daß mir die Worte im Hals steckenblieben. Im nachhinein begreife ich diesen Umstand als glücksverheißend, als ein Vorzeichen dafür, daß ich die Kalacakra-Initiation viel öfter durchführen würde als irgendeiner meiner Vorgänger."[175] „Kaum jemals", wie *Die Zeit* ergriffen schreibt, „dürfte sich ein Mensch, der von seinem Volk als Gott verehrt wird, so offen über seine persönlichen geistigen Erfahrungen und Anschauungen geäußert haben."[176]

1954

Anfang 1954 erhielt der Dalai Lama im Jokhang-Tempel von Lhasa seine volle Ordination als Mönch. In der Folgezeit begann er, selbst regelmäßige Unterweisung zu erteilen. Die politische Situation beschreibt er als eine „Zeit der tastenden Koexistenz mit den chinesischen Machthabern", die er dazu genutzt habe, sich weiter auf seine religiösen Verpflichtungen zu konzentrieren.[177]

Bereits Mitte des Vorjahres war auf Einladung der Chinesen eine Gruppe tibetischer Beamter zu einer fast ein halbes Jahr dauernden Rundreise quer durch China aufgebrochen. Als sie, wie der Dalai Lama schreibt, „nach vielen Monaten zurückkamen, lieferten sie einen Bericht ab, der voll des Lobs, der Bewunderung und der Lügen war. Mir war sofort klar, daß dieses Dokument unter chinesischer Aufsicht angefertigt worden war."[178] Wie er zu dieser Erkenntnis gelangt war, teilt er nicht mit. Jedenfalls hielt er es für eine „ausgezeichnete Idee", selbst nach China zu reisen, wie ihm dies nach Rückkehr der Besuchsgruppe und seiner betont abweisenden und beleidigenden Reaktion auf deren Bericht von den Chinesen vorgeschlagen worden war: „Erstens konnte ich dadurch mit dem Vorsitzenden Mao persönlich zusammentreffen, und zweitens hatte ich die Möglichkeit, ein bißchen von der Außenwelt kennenzulernen."[179] Im Sommer 1954 brach er zusammen mit seiner Familie und einer Gefolgschaft von rund fünfhundert Beamten und Würdenträgern unter großem Pomp nach Beijing auf; in seiner Begleitung befand sich

auch der seinerzeit 16jährige Panchen Lama, die zweithöchste Figur innerhalb der tibetischen Lama-Hierarchie, den er erst kurze Zeit zuvor
kennengelernt hatte. Die mehrwöchige Reise bis an die Grenze Tibets
wurde je nach Straßen- und Wegeverhältnissen mit dem Auto oder Jeep,
auf Mauleseln oder auch zu Fuß zurückgelegt; auf chinesischem Staatsgebiet benutzte man ein Flugzeug und für die letzte Wegstrecke einen
eigens reservierten Eisenbahnzug.

Abb. 9:   Großer Bahnhof in Beijing: Panchen Lama, Dalai Lama, Zhou Enlai
          (von links)

Am Bahnhof von Beijing wurde den Besuchern ein großer Empfang bereitet, es war, wie der Dalai Lama berichtet, eine „Riesenmenge junger
Menschen versammelt, um uns zu begrüßen". Er habe indes sofort be-
merkt, „daß ihre Zurufe und ihr Lächeln bloß Heuchelei waren und daß
sie auf Befehl dort standen".[180] Auch Premierminister Zhou Enlai und
andere hohe Politiker waren anwesend, den Dalai Lama willkommen zu
heißen, dieser jedoch – so jedenfalls stellt er es in seinen Memoiren dar –

fiel nicht auf die zur Schau gestellte Freundlichkeit der Chinesen herein. Zhou, wie er später schrieb, habe „ständig ein Lächeln im Gesicht" gehabt, was allerdings nur Ausdruck seiner besonderen Verschlagenheit gewesen sei: „Eigentlich war er übertrieben freundlich, was immer ein Zeichen dafür ist, daß man jemandem nicht trauen kann."[181] Sein erstes Aufeinandertreffen mit Mao Tsedong anläßlich eines Festbanketts beschreibt er wie folgt: „Als wir die Halle betraten, bemerkte ich als erstes eine Reihe von Scheinwerfern, die für ein ganzes Heer von offiziellen Fotografen angebracht worden waren. Im Scheinwerferlicht stand Mao, der einen ruhigen und gelassenen Eindruck machte. Er hatte nicht die Aura eines besonders intelligenten Menschen. Beim Händeschütteln aber fühlte ich die Kraft einer starken Ausstrahlung. Trotz all der Formalitäten um uns herum wirkte er freundlich und ungezwungen. Es sah fast so aus, als ob meine Befürchtungen unbegründet gewesen wären."[182] Noch am selben Abend schrieb er ein eigenes Ehrerbietungsgedicht für den Großen Vorsitzenden.

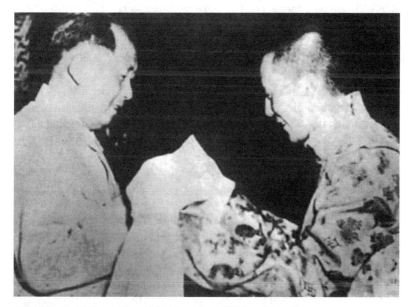

Abb. 10: Dalai Lama überreicht Mao eine „Glücksschärpe"

Insgesamt traf der Dalai Lama etwa zehnmal mit Mao zusammen. Vom politischen Inhalt der Unterredungen steht in den Memoiren „Seiner

Heiligkeit" nichts zu lesen, lediglich Maos Vorschlag, das Tempo der geplanten Reformen von den Wünschen des tibetischen Volkes selbst bestimmen zu lassen und zur Gewährleistung dieser Selbstbestimmung ein eigenes Komitee aufzustellen, findet kurze Erwähnung. Breit ausgewalzt ist stattdessen von Maos dunkler Gesichtsfarbe, seiner speckigen Haut und seinen zerschlissenen Hemdsärmeln die Rede: „Das einzige an seiner Kleidung, das gepflegt aussah, waren seine Schuhe, die immer blank geputzt waren."[183] Trotz seines heruntergekommenen Äußeren habe sein Auftreten allerdings auch etwas Gebieterisches und Überzeugendes an sich gehabt. Jedenfalls verfügte Mao über genügend Argumentationskraft, dem Dalai Lama die Vorteile eines Zusammenschlusses plausibel zu machen: „Ich entwickelte eine richtige Begeisterung für die Möglichkeit einer Vereinigung Tibets mit der Volksrepublik China. Je mehr ich mich mit dem Marxismus beschäftigte, desto besser gefiel er mir [seine bisherige Kenntnis stammte im wesentlichen von SA-Mann Heinrich Harrer, d. A.]. Hier war ein Gesellschaftssystem, das auf Gleichheit und Gerechtigkeit für alle beruhte und das ein Allheilmittel gegen die Übel der Welt zu sein versprach. Der einzige theoretische Nachteil des Marxismus war, soweit ich das beurteilen konnte, daß er auf einer rein materialistischen Sichtweise der menschlichen Existenz beharrte. Damit konnte ich nicht einverstanden sein. (...) Trotzdem äußerte ich den Wunsch, Parteimitglied zu werden."[184]

Ob der Dalai Lama tatsächlich in die Partei eintrat oder nicht, geht aus seinen Memoiren nicht hervor. Jedenfalls wurde er zum Stellvertretenden Vorsitzenden des Ständigen Ausschusses der Politischen Konsultativkonferenz ernannt, einem wesentlichen Beratungsgremium des Politbüros. Er nahm an einer Vielzahl von Sitzungen dieses Ausschusses teil und begegnete den führenden Funktionären des Politbüros: „So langsam wurde mir klar, daß das politische Leben in China voller Widersprüche war, auch wenn ich nicht genau sagen konnte, woran das lag. Jedesmal wenn ich Mao sah, empfand ich das als neue Inspiration. Ich erinnere mich, wie er einmal (...) anfing, Gutes über Buddha zu sagen. Er lobte, daß er gegen das Kastenwesen, gegen die Korruption und gegen die Ausbeutung war."[185] Auch international führenden Politikern wie Chruschtschow oder Bulganin, die zum fünften Jahrestag der Gründung der Volksrepublik China nach Beijing kamen, wurde er vorgestellt. Die Begegnung mit Jawaharlal Nehru anläßlich eines Festessens, bei dem dieser Ehrengast des Politbüros war, beschreibt er in ungewollt selbstparodierenden Worten: „Aus der Entfernung schien er sehr umgänglich, und er hatte keine Schwierigkeiten, ein paar Worte für jeden zu finden, der zu ihm kam. Als ich aber an der Reihe war und seine Hand schüttelte, wurde er verlegen. Er blickte starr geradeaus und war völlig sprachlos. Mir war das sehr peinlich, und so brach ich das Eis, indem ich sagte, wie sehr es mich freute, ihn kennenzulernen, und daß ich schon viel von ihm gehört hätte, obwohl Tibet ja ein so entlegenes Land sei. Schließlich sprach auch er, aber bloß ein paar nichtssagende Worte." [!][186]

Im Winter 1954/55 unternahm der Dalai Lama samt seiner Gefolgschaft eine ausgedehnte China-Rundreise. Obwohl, wie er schreibt, „nicht viele meiner Beamten mein Interesse für den materiellen Fortschritt in China teilten, muß ich sagen, daß ich sehr davon beeindruckt war, was die Chinesen auf dem Gebiet der Schwerindustrie geleistet hatten". Den faszinierenden Höhepunkt der Reise, so „Seine Heiligkeit" später und vollen Ernstes, habe der Besuch an Bord eines Kriegsschiffes (!) in der Mandschurei dargestellt[187] (bekanntlich hatte er schon als kleiner Junge besonderes Interesse an Waffentechnik gezeigt). Ende Januar 1955 kehrte man nach Beijing zurück.

1955

Auf einem großen Festbankett, das der Dalai Lama anläßlich des tibetischen Neujahrsfestes kurz nach Rückkehr von seiner Rundreise veranstaltete und an dem die gesamte Führungselite der Kommunistischen Partei teilnahm, herrschte eine ausgesprochen gelöste Atmosphäre. Wie der Dalai Lama schreibt: „Mao war während des ganzen Abends sehr freundlich. Einmal lehnte er sich zu mir herüber und erkundigte sich, warum ich eine Prise Tsampa [Gerstenmehl, d. A.] in die Luft warf. Ich erklärte ihm, daß dies eine symbolische Opfergabe war, woraufhin er sich auch eine Prise nahm und mich nachahmte. Dann nahm er abermals eine Prise und warf die zweite Opfergabe mit einem spitzbübischen Ausdruck im Gesicht auf den Boden. Diese respektlose Geste warf einen Schatten auf diesen sonst in jeder Hinsicht gelungenen Abend, der auf die Möglichkeit einer echten Brüderlichkeit zwischen unseren beiden Ländern hinzudeuten schien."[188]

Am Abend vor der geplanten Rückreise nach Lhasa im Frühjahr 1955 ließ Mao den Dalai Lama in sein Büro rufen: „Es war unsere letzte Zusammenkunft. Er sagte, daß er mir ein paar Ratschläge geben wolle, bevor ich nach Tibet zurückkehre, und erklärte, wie man Sitzungen veranstaltet, wie man die Meinungen der anderen sondiert und schließlich über die wesentlichsten Punkte entscheidet. Was er mir vermittelte, waren äußerst brauchbare Informationen, und ich schrieb, wie immer bei unseren Begegnungen, alles eifrig mit. (...) Schließlich rückte er näher und sagte: 'Wissen Sie, Sie haben eine gute Einstellung. Aber die Religion ist Gift.' (...) Als er dies sagte, spürte ich ein starkes Brennen auf meinem ganzen Gesicht und hatte plötzlich große Angst. 'Ja', dachte ich, 'er ist also doch der Zerstörer des Dharma, der Lehren des Buddhismus'."[189] Es habe sich in dieser letzten Unterredung mit Mao jenes Omen bestätigt, unter dem die ganze Reise von Anbeginn gestanden habe: Kurz nach dem seinerzeitigen Aufbruch von Lhasa, so der Dalai Lama, habe er in einem Kloster, an dem man vorbeigekommen sei, etwas „sehr Seltsames" erlebt: „Eine Statue, die eine der Schutzgottheiten Tibets mit einem Büffelhaupt als Kopf darstellt, hatte sich deutlich bewegt. Als ich sie zum erstenmal sah, schaute sie mit einem etwas unterwürfigen Blick nach unten. Diesmal aber blickte sie mit einem grimmigen Ausdruck im Gesicht nach Osten" (also gen China).[190] Trotz der Tatsache, daß seine glühende Verehrung Mao Tsedongs sich etwas relativierte, fand er noch immer, daß dieser „ein großartiger Führer und vor allem auch ein aufrichtiger Mensch war. Er war nicht hinterlistig. Ich war deshalb davon überzeugt, daß, solange seine Beamten in Tibet seine Anweisungen ausführten, und vorausgesetzt, daß er sie fest in der Hand hatte, es gute Gründe gab, optimistisch zu sein."[191]

Auf der Rückreise nach Lhasa machte der Dalai Lama an vielen Orten Zwischenstation, um den Menschen von seinen Erfahrungen in China zu berichten. Interessant seine anthropologischen Vergleichsstudien: „Als ich nach so vielen Monaten wieder die Landbevölkerung in Tibet sah, konnte ich einen neuen Vergleich zwischen ihnen und der chinesischen Landbevölkerung anstellen. Um es gleich zu sagen, man erkannte allein schon an ihrem Gesichtsausdruck, daß die Tibeter viel glücklicher waren. Ich glaube, da spielte eine Reihe von Faktoren eine Rolle. Zum einen war die Beziehung zwischen Leibeigenen und Gutsherren in Tibet viel menschlicher [sic!] als in China, und die Lebensbedingungen für die Armen waren weniger hart. Dann gab es in Tibet niemals die Barbarei des Fußabbindens und der Kastration, die in China bis vor kurzem weitverbreitet war. Ich glaube, daß diese Unterschiede den Chinesen entgangen sind und daß sie deshalb unser Feudalsystem als ein Ebenbild ihres eigenen betrachteten."[192] Der Versuch des Dalai Lama, durch Bezugnahme auf die Greuel des chinesischen Feudalismus die des tibetischen Feudalismus zu relativieren – an sich ein höchst zynisches Unterfangen –, schlägt doppelt fehl: zum einen ist bei bestem Willen kein Unterschied zwischen den Unterdrückungs-, Straf- und Disziplinarmaßnahmen des feudalen China und jenen des feudalen Tibet – Abschneiden verschiedener Körperteile, Hautabziehen, Augenausstechen etc. – zu entdecken; und zum anderen bestätigt er durch das Eingeständnis eines feudalistischen Leibeigenschaftssystems in Tibet die sogenannte „Befreiungslegitimation" für den chinesischen Einmarsch, derzufolge es galt, die Menschen in Tibet aus eben jenem System zu erlösen.[193]

Im Juni 1955 traf der Dalai Lama nach fast einjähriger Abwesenheit wieder in Lhasa ein. Die Versorgungsbedingungen in der Hauptstadt hatten sich mittlerweile erheblich gebessert und, wie „Seine Heiligkeit" konstatierte, „jetzt, wo ich wieder im Lande war, war sogar ein neuer Optimismus zu spüren".[194] Die relativ entspannte Situation in Lhasa habe sich allerdings grundlegend von der in anderen Landesteilen unterschieden. In den (seit dem Niedergang der Mandschus von den Nationalchinesen verwalteten) Provinzen Kham und Amdo hatten die Reformvorhaben bereits begonnen: man hatte die Großgrundbesitzer enteignet und das Land an die bisher überwiegend leibeigenen Bauern umverteilt. Die Gutsherren hatte man vor Gericht gestellt und als „Verbrecher gegen das Volk" verurteilt und bestraft; mehrfach war hierbei die Todesstrafe verhängt worden. Die besondere Sorge des Dalai Lama galt allerdings dem Umstand, daß sich die Chinesen, entgegen den Vereinbarungen des „Siebzehn-Punkte-Abkommens", zunehmend „in die Tätigkeit der Klöster einmischten und die Bevölkerung gegen die Religion aufhetzten".[195] Mönche und Nonnen seien brutal schikaniert und öffentlich gedemütigt worden: so habe man sie etwa gezwungen, an Vertilgungsprogrammen von Ungeziefer teilzunehmen; und dies, obwohl bekanntermaßen das Töten von Lebewesen – auch das von Kakerlaken – im Buddhismus grundsätzlich verboten sei. Desweiteren, Gipfel der Ungeheuerlichkeit, hatten die Chinesen begonnen, die „Innenausstattung von Klöstern auf ihren Steuerwert" hin zu schätzen.[196]

Gegen Ende des Jahres drangen vor allem aus der östlichen Provinz Kham vermehrt Nachrichten gewalttätiger Auseinandersetzungen nach Lhasa. „Die Khampas", so der Dalai Lama, „die es nicht gewöhnt waren, daß man sich in ihre Angelegenheiten einmischte, reagierten alles andere als freundlich auf die chinesischen Methoden. Der kostbarste Besitz eines Khampa ist nämlich seine Waffe, und als die chinesischen Kader die Waffen zu konfiszieren begannen, reagierten die Khampas mit Gewalt. Im Laufe der Wintermonate verschlechterte sich die Lage zusehends.

Infolgedessen kamen immer mehr Flüchtlinge nach Lhasa, die der chinesischen Unterdrückung zu entkommen versuchten."[197] Diese „Flüchtlinge" brachten Horrorgeschichten über die (angebliche) Brutalität der Chinesen mit. So hätten diese den Widerstand der Khampas durch öffentliche Auspeitschungen und Hinrichtungen zu brechen versucht, oftmals hätten sie gar die Kinder der Opfer gezwungen, die jeweiligen Strafaktionen durchzuführen. Der Dalai Lama: „Eine weitere chinesische Neuerung waren öffentliche Verhöre (Thamzing), welche die chinesischen Kommunisten mit großer Vorliebe durchführten. Der 'Verbrecher' wird so an einem Seil aufgehängt, daß die Schultergelenke ausgerenkt werden. Wenn das Opfer schließlich gänzlich hilflos ist und vor Schmerzen schreit, wird das Publikum – einschließlich der Frauen und Kinder – eingeladen, ihm weitere Verletzungen zuzufügen. Die Chinesen dachten offenbar, daß dies genügen würde, um jemanden umzustimmen, und benutzten dieses Verfahren deshalb als Hilfsmittel für die politische Umerziehung."[198] Belege für diese Greuelgeschichten gibt es nicht.

Exkurs 6

Verdrehung von Fakten I
Völkerrechtliche Aspekte des chinesischen
Einmarsches von 1950

Im Gefolge der von China ignorierten tibetischen „Unabhängigkeitserklärung" vom 14. Februar 1913 (⇨ *Exkurs 3*) fand auf Initiative der
Briten ab Spätherbst des Jahres im nordindischen Simla eine Dreier-
konferenz statt. Die zähen Verhandlungen zwischen den britischen,
tibetischen und chinesischen Delegationen endeten am 27. April 1914 mit
einem Kompromiß: Das Suzeränitätsrecht Chinas wurde anerkannt, im
Gegenzuge akzeptierte China die innere Autonomie Tibets. Zudem wurde
vereinbart, ein Äußeres von einem Inneren Tibet zu trennen (von Beijing
aus gesehen), wobei letzteres, seit mehreren Jahren von chinesischen
Kriegsherren besetzt, zentraler chinesischer Kontrolle unterworfen sein
sollte; der Grenzverlauf der beiden Tibets blieb strittig. Tibet mußte
überdies die Stationierung einer chinesischen Garnison in Lhasa gestatten.
Nachdem der Kompromiß ausgehandelt war, weigerte sich die chinesische Regierung, den Vertrag zu ratifizieren. Er wurde nur von den Briten
und den Tibetern selbst unterzeichnet.

Unter britischem Einfluß versuchte die tibetische Regierung in den
Folgejahren, das rückständige und isolierte Land zu modernisieren: Es
wurde eine Staatsbank gegründet, die eine eigene Währung mit Papier-
geld in Umlauf brachte; daneben wurde ein reguläres Postsystem etabliert
sowie eine Telegraphenverbindung von Lhasa nach Kalkutta eingerichtet.
Zu den großen Modernisierungsprojekten zählte auch die Errichtung eines
Wasserkraftwerkes nahe der Hauptstadt, das deren ansatzweise Elektrifi-
zierung erlaubte. Die wesentlichsten „Erneuerungsmaßnahmen" des 13.
Dalai Lama bestanden indes in einem Ausbau der Streitkräfte; mit Hilfe
russischer, japanischer und britischer Militärinstrukteure wurde die tibetische Armee den Erfordernissen moderner Kriegführung angepaßt.

Eine tatsächlich durchgreifende Modernisierung des Landes wurde
von der orthodoxen Mönchselite sabotiert. Vor allem die Konvente der
drei großen Gelbmützenklöster Sera, Ganden und Drepung widersetzten
sich jeder Reform. Selbst der Postdienst wurde nach kurzer Zeit wieder
eingestellt. Die Beziehungen zu Großbritannien kühlten in den 1920er
Jahren zusehends ab, zumal es den Briten nicht gelungen war, China zur

Anerkennung der „Souveränität" Tibets zu bewegen. Nach militärischen Scharmützeln zwischen tibetischen und nationalchinesischen Einheiten in Osttibet proklamierte die Kuomintang-Regierung den ⇨ Panchen Lama, der sich aufgrund eines politischen Zerwürfnisses mit Lhasa seit 1923 in Nanjing, der seinerzeitigen Hauptstadt Chinas, aufhielt, zum weltlichen Herrscher Tibets. 1932 soll der Panchen Lama, zweithöchster Funktionär der Gelbmützen, mit einem chinesischen Heer eine Invasion Tibets geplant haben, zu der es allerdings nicht kam.

Am 17.12.1933 verstarb der Dreizehnte Dalai Lama im Alter von nur 57 Jahren. Engste Mitarbeiter seiner Regierung gerieten in Verdacht, ihn vergiftet zu haben, um nach seinem Tod den stockenden Modernisierungsprozeß Tibets wieder in Gang setzen zu können. Der ehemalige Kriegsminister Thubten Gyatsos, ein gewisser Lungshar, wurde des Hochverrates angeklagt, abwechselnd wurde ihm vorgeworfen, er habe eine kommunistische Revolution anzetteln oder aber sich selbst zum Alleinherrscher aufschwingen wollen. Jedenfalls wurde Lungshar zu lebenslanger Haft verurteilt, nach einem Schauprozeß wurden ihm zudem die Augen ausgestochen (und das, obgleich in der „Unabhängigkeitserklärung" von 1913 derlei Strafen offiziell abgeschafft worden waren). Tatsächlich war der Dreizehnte Dalai Lama den Pocken zum Opfer gefallen war.

1934 wurde ein neuer Regent ernannt, der bis zur Auffindung eines neuen Dalai Lama, beziehungsweise bis zu dessen Volljährigkeit, die Amtsgeschäfte führen sollte. Die Wahl fiel auf den 23-jährigen Abt des Klosters Reting, Jamphel Yeshe Gyaltsen, den sogenannten ⇨ Reting Rinpoche (der allerdings nur kurze Zeit im Amte verblieb: 1941 wurde er von einer der zahllosen Konkurrenzfraktionen innerhalb der Gelugpa zum Rücktritt gezwungen, ein paar Jahre darauf im Zuge eines Putsches, mit dem er wieder an die Macht zu kommen suchte, verhaftet, grausam gefoltert und umgebracht). Kurz nach Übernahme der Regentschaft durch Jamphel Yeshe Gyaltsen traf eine Verhandlungsdelegation der Chinesen in Lhasa ein; der Regent erklärte sich bereit, die Suzeränität der Chinesen anzuerkennen, wenn diese das Abkommen von Simla ratifizierten, sprich: die innere Autonomie Tibets gewährleisteten. Erneut kam es zu keiner Übereinkunft. Beijing etablierte eine Handelsmission in Lhasa, die über einigen wirtschaftlichen, jedoch kaum über politischen Einfluß verfügte.

Der sich abzeichnende Sieg der Kommunisten im chinesischen Bürgerkrieg wurde von den tibetischen Gelbmützen als existentielle Bedrohung ihres Gottesstaates aufgefaßt. Als erstes wurden alle Chinesen des

Landes verwiesen; zugleich suchte man (in Abkehr von der bisher verfolgten Politik eines weitgehenden Isolationismus) in immer hektischer werdender Manier und nach allen Richtungen (insbesondere nach Nepal, Indien, Großbritannien und in die USA) außenpolitische Kontakte herzustellen. In großer Eile wurde die Armee des Landes personell aufgestockt und technisch weiter modernisiert. Die Mönche wurden angewiesen, bestimmte Rituale zur Freisetzung okkulter Kräfte durchzuführen.[199]

Ziemlich genau ein Jahr nach der Proklamation der Volksrepublik China am 1. Oktober 1949 durch Mao Tsedong begann am 7. Oktober 1950 der Einmarsch von Truppen der Volksbefreiungsarmee (VBA) in Tibet. Die schon seit den 80er Jahren des 19. Jahrhunderts in China bestehenden Bestrebungen einer „Vereinigung des Reiches" waren Anfang der 1920er Jahre im Manifest des 2. Nationalkongresses zur offiziellen politischen Leitlinie erklärt worden. Auch Mao bekräftigte diese Politik: „Wenn die Volksrevolution in China den Sieg errungen hat, wird die Republik Äußere Mongolei automatisch aufgrund ihres eigenen Willens ein Teil des chinesischen Staatsverbandes werden. Die mohammedanischen und tibetischen Völker werden gleichermaßen autonome Republiken im Rahmen des chinesischen Staatsverbandes bilden. Die ungleiche Behandlung nationaler Minderheiten, wie sie die Kuomintang [Nationalchina, d.A.] praktiziert, kann im Programm Chinas und im politischen Programm einer demokratischen Republik keine Rolle mehr spielen."[200] Die als besondere Weit- oder gar Hellsicht des 13. Dalai Lama gepriesene Warnung in seinem „politischen Testament" von 1933, es würden, sofern es nicht gelinge, das Land gegen Angriffe von außen und von innen zu sichern, „der Dalai und der Panchen Lama, Vater und Sohn, die Bewahrer des Glaubens, die ruhmreichen Wiedergeburten, zerbrochen und namenlos zurückgelassen werden", bezieht sich lediglich auf die längst *angekündigte* und nunmehr in den Bereich der Möglichkeit rückende „Befreiung" Tibets. Daß es dabei auch und insbesondere um die Befreiung vom Ausbeuterjoch der Gelbmützen gehen werde, also die Abschaffung der Theokratie, ist ihm klar, auch wenn er glaubt, daß ebendadurch „alle Wesen in großes Leid und überwältigende Angst gestürzt" würden: „Die Klöster und die Mönche und die Nonnen, ihr Land und ihre anderen Besitztümer werden vernichtet werden (...) die Beamten des Staates, kirchlich oder weltlich, werden ihr Land beschlagnahmt vorfinden und ihren sonstigen Besitz konfisziert, und sie selbst werden ihren Feinden dienen müssen [ob damit die Chinesen gemeint sind oder die tibetischen Leibeigenen und Bauern bleibt unklar, d. A.] oder durch das Land ziehen wie Bettler."[201]

Die militärische Gegenwehr Tibets gegen die am 7.10.1950 einrük-
kenden Truppen der VBA endete knapp zwei Wochen später mit der
Unterzeichnung der Kapitulation durch den Gouverneur von Chamdo,
Ngapö Ngawang Jigme. Internationalen Protest gegen den Einmarsch gab
es bis auf eine von den Briten unterstützte diplomatische Note der indischen Regierung nicht; einen Appell Tibets vor die Vereinten Nationen zu
bringen, lehnte New Delhi ab. Nunmehr richteten die tibetischen Verant-
wortlichen Anfang November 1950 einen eigenen Appell an die UNO,
dessen Behandlung auf Antrag der Vertreter Indiens, Großbritanniens und
der USA vertagt, d.h. nicht auf die Tagesordnung der Vollversammlung
gesetzt wurde. Unterstützung hatte der Appell Tibets lediglich durch den
Vertreter El Salvadors erfahren.

Vor dem Hintergrund der politischen Entwicklung wurden dem seinerzeit 15-jährigen Dalai Lama am 17. November 1950 sämtliche Voll-
machten als „geistliches und weltliches Oberhaupt" Tibets übertragen.
Nachdem im Dezember auch eine zweite Initiative gegenüber der UNO
gescheitert war, sah die tibetische Führung sich gezwungen, mit den
Chinesen in Verhandlungen zu treten. Gleichzeitig verlegte der Dalai
Lama samt seinen ranghöchsten Regierungsmitgliedern und großen Teilen des Staatsschatzes (getragen von nicht weniger als eineinhalbtausend
Lasttieren) seinen Sitz in den Süden des Landes, unmittelbar an die
Grenze zu Indien, um sich gegebenenfalls sofort ins Exil begeben zu
können. Zwei Abgesandte der tibetischen Regierung nahmen Kontakt mit
dem chinesischen Botschafter in Delhi auf, der versicherte, Beijing beabsichtige keinerlei Veränderung der innenpolitischen und religiösen Verhältnisse in Tibet, sofern die Oberhoheit der Volksrepublik China anerkannt werde. Es wurden weitere Gespräche in Beijing vereinbart, bis zu
deren Zustandekommen das weitere Vorrücken der chinesischen Truppen
in Tibet ausgesetzt werden sollte.

Im April 1951 wurde eine hochrangige Delegation unter Leitung von
Ngapö Ngawang Jigme (der die Kapitulation unterzeichnet hatte) nach
Beijing entsandt. Premierminister Zhou Enlai empfing die Tibeter höchst-
persönlich und eröffnete auch die Verhandlungen. Am 23. Mai 1951
wurden mit der beidseitigen Unterzeichnung des sogenannten „Siebzehn-
Punkte-Abkommens" folgende Vereinbarungen getroffen:

Abkommen der Zentralen Regierung des Volkes und der lokalen Regierung Tibets über Maßnahmen zur friedlichen Befreiung Tibets

1. Das tibetische Volk kehrt in die Volksrepublik China zurück.

2. Die lokale Regierung Tibets unterstützt aktiv die Volksbefreiungsarmee und konsolidiert die nationale Verteidigung.

3. Das tibetische Volk hat das Recht zur Ausübung nationaler Autonomie unter der vereinten Führung der zentralen Volksregierung.

4. Die zentralen Behörden lassen das bestehende politische System in Tibet und die Funktionen des Dalai Lama unverändert; die Beamten bleiben in ihren Ämtern wie bisher.

5. Die Funktionen und Befugnisse des Panchen Lama werden aufrechterhalten.

6. Das Verhältnis zwischen Dalai Lama und Panchen Lama orientiert sich an demjenigen zur Zeit des 13. Dalai Lama, als zwischen beiden friedliche und freundschaftliche Beziehungen bestanden.

7. Religion, Sitten und Gebräuche des tibetischen Volkes werden respektiert; Schutz der Klöster wird zugesichert, diese erhalten ihre Einkünfte unverändert.

8. Die tibetische Armee wird schrittweise der Volksbefreiungsarmee eingegliedert.

9. Sprache, Schrift und Bildungswesen werden entwickelt.

10. Landwirtschaft, Viehzucht und Industrie werden entwickelt; der Lebensstandard des Volkes wird verbessert.

11. Die Reformen erfolgen ohne Druck seitens der zentralen Behörden; die lokale Regierung Tibets führt die Reformen selbständig durch.

12. Frühere pro-imperialistische (sowie nationalchinesische) Beamte dürfen ungeachtet ihrer Vergangenheit im Amt bleiben, sofern sie mit dieser brechen und sich nicht in Sabotage oder Widerstand betätigen.

13. Die Volksbefreiungsarmee hält sich an alle oben genannten politischen Richtlinien.

14. China nimmt die Außenpolitik Tibets einheitlich wahr; friedliche Koexistenz mit den Nachbarländern sowie die Entwicklung fairer Handelsbeziehungen werden angestrebt.

15. China errichtet einen Militär- und Verwaltungsausschuß in Tibet; es wird möglichst viel einheimisches tibetisches Personal zur Mitarbeit hinzugezogen.

16. Die Kosten für den Militär- und Verwaltungsausschuß sowie die in Tibet einrückende Volksbefreiungsarmee werden von China getragen;

Tibet ist der Volksbefreiungsarmee bei der Versorgung mit Lebensmitteln behilflich.

17. Das Abkommen tritt unmittelbar nach Unterzeichnung in Kraft.[202]

Auf Weisung des ⇨ Staatsorakels trat der Dalai Lama wenige Wochen nach Unterzeichnung des Abkommens den Rückweg nach Lhasa an, wo er am 17. August 1951 eintraf. Kurze Zeit danach, am 9. September 1951, marschierten die ersten rund 3.000 Soldaten der Volksbefreiungsarmee in der tibetischen Hauptstadt ein. Am 24. Oktober 1951 sandte der Dalai Lama ein Telegramm an Mao Tsedong, in dem er die Annahme des „Siebzehn-Punkte-Abkommens" in seiner Eigenschaft als Staatsoberhaupt offiziell bestätigte.[203]

Seine späteren Behauptungen, Delegationsführer Ngapö Ngawang Jigme sei nicht autorisiert gewesen, das Abkommen zu unterzeichnen, man habe ihn dazu gezwungen und überdies die auf dem Dokument verwendeten tibetischen Siegel gefälscht,[204] sind reine Propaganda; desgleichen sein fortgesetztes Unterschlagen des Umstandes, daß er selbst das Abkommen ausdrücklich bestätigt und damit ratifiziert hatte. Die von der exiltibetischen Regierung verbreitete und allenthalben kolportierte Behauptung, es sei das „'Siebzehn-Punkte-Abkommen' nie rechtsgültig abgeschlossen und von den Tibetern zurückgewiesen" worden,[205] ist nachweislich falsch. Im übrigen wird in den Publikationen der Pro-Tibet-Szene das Abkommen in aller Regel so verkürzt dargestellt – oftmals wird überhaupt nur Punkt 1 zitiert –, daß es den Anschein gnadenloser Repression erweckt.

Seit Oktober 1951 ist Tibet durch vertragliche Vereinbarung Teil der Volksrepublik China, was von der gesamten Staatengemeinschaft (zumindest stillschweigend) anerkannt wird. Die Frage des völkerrechtlichen Status Tibets vor 1950, aus dem sich die Rechtmäßigkeit bzw. Unrechtmäßigkeit des chinesischen Einmarsches samt des in der Folge geschlossenen „Siebzehn-Punkte-Abkommens" ableitet, wurde indes seitens der Vereinten Nationen bis heute nicht geklärt bzw. überhaupt nicht erörtert. Die chinesische Auffassung steht der tibetischen diametral gegenüber: Für China ist Tibet seit jeher Teil des chinesischen Territoriums, was historisch hergeleitet wird aus der Vermählung des tibetischen Königs Songtsen Gampo mit der chinesischen Prinzessin Wen-Cheng im Jahre 641 u.Z. sowie einer auf dieser Verbindung aufbauenden im Jahre 821/822 formell geschlossenen Allianz, die ihrerseits Grundlage gewesen sei für die spätere Gründung eines zusammengehörenden Staatswesens.[206] Im übrigen sei Tibet durch die Unterwerfung unter Dschingis Chan im

Jahre 1207 u.Z. Teil des mongolischen Weltreiches geworden; da die Mongolen-Chans eine der chinesischen Kaiserdynastien darstellten (Yuan-Dynastie, 1279-1368), sei Tibet insofern zugleich Bestandteil Chinas geworden: „Über alle nachfolgenden Dynastien hinweg, durch alle Veränderungen während der folgenden sieben Jahrhunderte hindurch, ist Tibet immer ein unveräußerlicher Teil Chinas geblieben, über welchen die zentralen Behörden ihre Souveränität ausgeübt haben."[207] Spätestens ab 1720, als Mandschu-Kaiser Xuanye der tibetischen Regierung zwei chinesische Hochkommissare beigestellt habe, habe Tibet dem unmittelbaren Militärprotektorat Chinas unterstanden. Die Situation habe sich erst ab Mitte des 19. Jahrhunderts durch die Einflußnahme aggressiver imperialistischer Mächte geändert, denen sowohl China als auch Tibet als dessen „südwestliches Tor" ausgesetzt gewesen seien. Nach dem Zusammenbruch der Mandschu-Dynastie im Jahre 1912 habe China aufgrund der Schwächung durch Bürgerkriege sowie den Krieg gegen Japan seine Oberhoheit über Tibet nicht ausüben können (sowohl die Kuomintang als auch die Volksrepublik verstanden bzw. verstehen sich insofern als Rechtsnachfolger des Kaiserreiches): es habe fast vier Jahrzehnte gedauert, bis durch den Einmarsch der VBA die Pläne der Imperialisten endgültig zunichte gemacht worden seien: man habe das Unrecht der Abspaltung beseitigt und Tibet in den Schoß des Mutterlandes zurückgeführt.[208]

Sämtliche dieser Positionen werden von (exil-)tibetischer Seite bestritten. Bereits nach dem Fall der mongolischen Yuan-Dynastie im Jahre 1368 habe Tibet seine völlige Unabhängigkeit wiedererlangt. Die freundschaftlichen Beziehungen zu China seien zwar fortgesetzt worden, allerdings habe sich China unter der Herrschaft der nachfolgenden Ming-Kaiser in keiner Weise in die inneren Angelegenheiten Tibets eingemischt. Auch die Hochkommissare der Mandschu-Kaiser hätten nur in Fragen außenpolitischer Entscheidungen eingegriffen.[209] Nach dem Sturz der Mandschus im Jahre 1912 und dem Abzug der letzten chinesischen Truppen aus Lhasa habe Thubten Gyatso, der amtierende 13. Dalai Lama, am 14. Februar 1913, die Unabhängigkeit Tibets proklamiert. Es sei Tibet also zumindest ab 1913 und bis 1950 „de jure wie auch de facto absolut unabhängig gewesen".[210]

Eine letztgültige Klärung des völkerrechtlichen Status Tibets vor dem Einmarsch der VBA, die nur die UNO vornehmen könnte, wurde bis heute nicht angegangen (und ist, bedingt durch den Umstand, daß die VR China seit 1971 einen der mit Vetorecht ausgestatteten fünf Sitze des Sicherheitsrates innehat, auch nicht mehr zu erwarten). Die bisherigen

UNO-Resolutionen zu Tibet (1959, 1961 und 1965) behandeln ausschließlich Fragen chinesischer Menschenrechtsverletzungen, die Frage
nach der Souveränität des Landes wurde, entgegen anderslautender Propaganda, nicht gestellt (und folglich auch nicht beantwortet). Bislang hat
kein Staat der Erde die tibetische Unabhängigkeit und/oder die tibetische
Exilregierung anerkannt. Die Position der Bundesregierung spiegelt sich
in einer Antwort auf eine schriftliche Anfrage der seinerzeitigen Bundestagsabgeordneten ⇨ Petra Kelly (Die Grünen) von 1987 wider: „Für die
Bundesregierung wie für die gesamte Staatengemeinschaft ist geklärt, daß
Tibet völkerrechtlich Teil des chinesischen Staatenverbandes ist."[211] Die
völkerrechtlich relevante Frage des Status Tibets vor 1950 wird auch von
der Bundesregierung nicht gestellt.

Verschiedene Nicht-Regierungs-Organisationen (NGOs) hingegen
stellen diese Frage nicht nur, sie beantworten sie auch: Die *Internationale
Juristenkommission* (ICJ) beispielsweise, eine NGO mit konsultativem
Status beim *United Nations Economic and Social Council*, kam in zwei
Untersuchungen (1959 und 1960) zu dem Ergebnis, Tibet habe für den
Zeitraum zwischen 1913 und dem Einmarsch der Chinesen allemal die
Bedingungen eines Staatswesens (conditions of statehood), wie sie nach
internationalem Recht erforderlich seien, erfüllt und sei insofern „zumindest de facto ein unabhängiger Staat" gewesen.[212] Diese Bedingungen
seien a) eine ständige Bevölkerung, b) ein definiertes Staatsgebiet, c) eine
Regierung und d) die Fähigkeit, in Beziehungen zu anderen Staaten zu
treten.[213] Daß Pro-Tibet-Aktivisten durch die Bank von einer faktischen
Unabhängigkeit Tibets zwischen 1913 und 1950 ausgehen (bestätigt
durch eine Neuauflage des ICJ-Untersuchungsberichtes Ende 1997[214]),
was den Einmarsch der VBA ohne weitere Diskussion zum völkerrechtswidrigen Überfall macht, bedarf keiner weiteren Erörterung.

Ende März 1959, nahezu acht Jahre nach Unterzeichnung des „Siebzehn-Punkte-Abkommens", kündigte der Dalai Lama dieses offiziell auf.
Er befand sich zu diesem Zeitpunkt bereits auf dem Weg ins indische
Exil. (Die Frage, weshalb er ein Abkommen aufkündigen mußte – im Juni
wiederholte er die Kündigung vor internationaler Presse in Mussoori –,
das angeblich auf widerrechtliche Weise zustandegekommen war und
dem er angeblich nie zugestimmt hatte, fand bis heute keine zufriedenstel-
lende Antwort). Ob die einseitig vorgenommene Vertragsauflösung völkerrechtlich gültig war oder nicht, wurde bislang nicht abschließend geklärt (auch hier wäre eine Klärung der UNO vonnöten). Die o.a. Internationale Juristenkommission befand jedenfalls: „Mit der Unterzeichnung

des Abkommens über friedliche Maßnahmen zur Befreiung Tibets im Jahre 1951 gab Tibet seine Unabhängigkeit auf. Unter diesem Abkommen listete die Zentrale Regierung des Volkes der Volksrepublik China eine Reihe an Zusagen auf, darunter: Versprechen, das bestehende politische System Tibets zu erhalten, den Status und die Funktion des Dalai Lama und des Panchen Lama zu erhalten, die Religionsfreiheit und die Klöster zu schützen und sich jeglicher Zwangsreformen in Tibet zu enthalten. Die Kommission befand, daß diese und andere Zusagen durch die Volksrepublik China verletzt wurden und daß die Regierung Tibets insofern befugt war, das Abkommen zu verwerfen, wie sie es am 11. März 1959 tat."[215] (Interessanterweise bezieht sich die Juristenkommission noch nicht einmal auf die Kündigung des Abkommens durch den Dalai Lama, sondern auf eine [rechtlich völlig irrelevante] „Adhoc-Resolution" der Anführer des Volksaufruhrs vor dem Norbulingka-Palast [8.-20.3.1959], in der die chinesische Oberhoheit ab sofort für beendet erklärt worden war; im Verlaufe dieses Aufruhrs hatte der Dalai Lama die „Flucht" ins Exil angetreten). Die Pro-Tibet-Szene zieht ihre Argumentation durchgängig aus den genannten Gutachten der Internationalen Juristenkommission.

Neben dem aus der Geschichte hergeleiteten Selbstverständnis der VR China, demzufolge Tibet seit jeher als untrennbarer Bestandteil des chinesischen Territoriums gilt, wird der Einmarsch von 1950 noch durch weitere Faktoren erklärt und legitimiert; deren entscheidender, wie mithin aus der Bezeichnung des Abkommens von 1951 deutlich wird, war der Anspruch, das tibetische Volk von einem doppelten Joch zu befreien: zum einen aus dem imperialistischer Machtansprüche (vor allem Großbritanniens und der USA), zum anderen aus dem der feudalistischen Leibeigenschaft einer Ausbeuterclique aus Adel und (Gelbmützen-)Klerus.[216] Wie der Historiker Israel Epstein schreibt, sei die „Befreiung" Tibets für die Truppen Maos nicht nur logische Konsequenz sondern revolutionäre Verpflichtung gewesen: „Tibet nicht im Stiche zu lassen, hielten die chinesischen Kommunisten nicht nur für ihre patriotische Pflicht sondern für ihre Klassenpflicht. Mehr als ein Jahrhundert lang hatten die früheren chinesischen Regierungen darin versagt, Tibet und andere Minderheitenregionen gegen imperialistische Übergriffe zu verteidigen. Im Inneren hatten sie sie nationaler Unterdrückung und feudaler Ausbeutung überlassen. Wie konnte irgendjemand erwarten, daß das chinesische Volk in Vollendung seiner Revolution gegen Imperialismus und Feudalismus irgendeine Nationalität des Landes im Stiche lasse und damit ebendiesen Kräften als Beute überantworte?"[217]

Kurz nach ihrer Machtübernahme habe laut chinesischer Geschichtsschreibung die neue kommunistische Regierung der tibetischen Regierung den Vorschlag unterbreitet, die tibetische Frage friedlich zu lösen. Während der seinerzeitige Panchen Lama dieses Angebot begrüßt habe, sei es von der Regierung in Lhasa abgelehnt worden, die zugleich Vorbereitungen für eine militärische Konfrontation getroffen habe. Um die in Not und Elend lebende tibetische Bevölkerung schnellstmöglich zu befreien, sei die VBA in Tibet einmarschiert. Erst nach der abzusehenden Niederlage der tibetischen Truppen sei Lhasa auf das Verhandlungsangebot eingegangen und habe Bevollmächtigte nach Beijing entsandt. Am 23.5.1951 sei das „Siebzehn-Punkte-Abkommen zur friedlichen Befreiung Tibets" rechtsgültig unterzeichnet und anschließend Schritt für Schritt umgesetzt worden. Der Umstand, daß die geplanten sozialen Reformen lange nicht vom Fleck kamen, sei in erster Linie dem Widerstand der reaktionären tibetischen Oberschicht zuzuschreiben gewesen, die letztlich auch den bewaffneten Aufruhr vor dem Norbulingka im März 1959 inszeniert habe.[218]

Das von der Pro-Tibet-Szene vielfach angeführte Gegenargument (mit dem die These des völkerrechtswidrigen Überfalls auf ein unabhängiges Land bekräftigt werden soll), das tibetische Volk habe die Chinesen nicht zu Hilfe gerufen, spricht für sich. In einer (von der *Tibet Initiative Deutschland* hochgelobten) Studie des Duisburger Sozialwissenschaftlers Stephan Haas heißt es zum Stichwort „Contra Befreiungsanspruch": „Zweifelsohne war das alte Tibet alles andere als eine fortschrittliche Gesellschaft, sondern bis zur Mitte unseres Jahrhunderts stark mittelalterlich-feudalistisch geprägt. Auffallend ist jedoch das Fehlen von sozialreformerischen oder revolutionären Bewegungen in Tibet. Es gab keinen einzigen Versuch, das lamaistisch-theokratische Gesellschaftssystem abzuschaffen. Insofern ist es sehr zweifelhaft, von einer Befreiung des tibetischen Volkes vom Joch des Feudalismus zu sprechen, welches die Bevölkerung anscheinend gar nicht so empfunden hat."[219] Auf die Idee, daß gerade die Abwesenheit jeglichen (bekannten) Widerstandes Ausdruck einer über Generationen hinweg perfektionierten Unterdrückungsmaschinerie samt entsprechender Indoktrination sein könnte, kommt Haas nicht. Auch sein „entscheidendes Argument", es sei „das tibetische Volk nicht gefragt [worden], ob es überhaupt 'befreit' werden wollte"[220], spricht nicht eben von tieferer Kenntnis der tibetischen Verhältnisse in der Mitte dieses Jahrhunderts, unter denen solche Befragung nicht einmal denkbar gewesen wäre; es spricht auch nicht von tieferer Kenntnis psycho- und soziodynamischer Prozesse, die dazu führen, daß unterdrückte, das heißt: systematisch in Angst, Abhängigkeit und Unwissen gehaltene Menschen ihre Unterdrückung gar nicht als solche erleben, schon allein deshalb, weil sie nichts anderes kennen.

Weitere „ideologische" Gründe für den Einmarsch der Chinesen, wie Haas sie diskutiert, etwa das traditionelle Selbstverständnis Chinas als „Zentrum der menschlichen Zivilisation" – daher der Begriff des „Reiches der Mitte" –, dem nachrangige Völker (wie die Tibets, Taiwans oder der Mongolei) sich hierarchisch abgestuft zuzuordnen hätten (oder eben mit Gewalt zugeordnet würden), dürften, wenn überhaupt, eine sehr unwesentliche Rolle gespielt haben.[221] Als Diffamierungsinstrument eignet sich derlei angeblicher „Sinozentrismus" – eine Art „Herrenrassenchauvinismus" – allemal; auch die exiltibetische Regierung stellt in ihrer Propaganda bevorzugt darauf ab: „Obgleich China seinen Zugriff auf Tibet auf historischer Grundlage zu legitimieren sucht, basiert dieser tatsächlich mehr auf einer irrationalen kulturellen und politischen Ideologie chinesischer Überlegenheit."[222]

Ob der Einmarsch der Chinesen in Tibet im Jahre 1950 berechtigt war oder nicht, läßt sich nicht abschließend klären, vermutlich wird es hierüber auch in Zukunft unvereinbare Ansichten geben. Der Ostasienkundler Thomas Heberer bringt das Problem folgendermaßen auf den Begriff: „Die chinesische Regierung hat ihr vermeintliches Recht mit Gewalt durchgesetzt, hat die tibetischen Selbständigkeitsbestrebungen ihrem Rechtsanspruch untergeordnet. (...) Vom westlichen Standpunkt her mag es sich um eine Invasion gehandelt haben, vom chinesischen handelte es sich um eine Wiederherstellung historisch eindeutiger Rechte."[223]

Eine der von der exiltibetischen Regierung bevorzugt vorgetragenen Propagandaphrasen ist im übrigen die, Tibet sei von den Chinesen zerstückelt worden, Beijing habe große Teile des „alten Tibet" im Zuge der Konstitution der sogenannten Autonomen Region Tibet (ART) am 9.9.1965 in chinesische Provinzen eingegliedert: die ART umfasse insofern nur noch etwa die Hälfte des ursprünglichen tibetischen Staatsgebietes. Tatsache ist, daß die ART in ihrer heutigen Größe von 1,23 Millionen Quadratkilometern ziemlich genau dem „politischen Tibet" entspricht, wie es zwischen 1913 und 1951 als „de-facto-unabhängiger Staat" der Kontrolle Lhasas unterstand. Das „ethnographische Tibet", auf das der Dalai Lama in seinen Forderungen nach „Rückgabe" abstellt, umfaßt dagegen ein sehr viel größeres Gebiet mit einer Fläche von etwa 2,25 Millionen Quadratkilometern (nach Angaben der exiltibetischen Regierung sind es sogar 2,5 Millionen Quadratkilometer[224]). Dieses „Groß-Tibet" besteht im wesentlichen aus den zentraltibetischen Regionen Ü, Tsang und Chamdo (die die heutige Autonome Region Tibet bilden) sowie den Regionen Amdo (wo der derzeitige Dalai Lama geboren wurde) und Kham. Selbst zu Zeiten der „Unabhängigkeit" Tibets unter dem 13. Dalai Lama unterstand dieses Gebiet keineswegs der Oberhoheit Lhasas. Vielmehr lag die politische Kontrolle über die östlichen Gebiete des tibetischen Siedlungsraumes (Amdo, Kham) bereits ab 1720 in mandschurischer (und seit 1912 in nationalchinesischer) Hand.[225] Als die Volksbefreiungsarmee 1949 die (mithin) von Tibetern besiedelte, gleichwohl seit über 200 Jahren China zugehörige Region Kham (Sichuan/Yunnan) besetzte, betrachtete die tibetische Regierung dies logischerweise nicht als Invasion ihres Territoriums. Erst im Oktober 1950, als die VBA in das „politische Tibet" östlich von Chamdo einmarschierte, reagierte Lhasa mit militärischen Mitteln und nachgeschobenen Protesten bei der UNO. Wie Thomas Hoppe, wissenschaftlicher Mitarbeiter des Hamburger Instituts für Asienkunde, zusammenfaßt, sei es „nicht korrekt, wenn der Dalai Lama und die exiltibetische Gemeinde das gesamte tibetische Siedlungsgebiet auf chinesischem Boden mit dem international gängigen Namen 'Tibet' belegen, der eigentlich nur Tö Pö, die heutige Autonome Region, bezeichnet und der – im politisch-staatsrechtlichen Sinne – nur für das 'politische Tibet' Geltung hatte".[226] Die exiltibetischen Forderungen nach einem autonomen beziehungsweise unabhängigen „Groß-Tibet", das in seinen Gebietsansprüchen weit über eine Wiederherstellung des Status quo von 1950/51 hinausgeht, stellen eine wesentliche Blockade in den Verhandlungen zwischen Dharamsala und Beijing dar. Für Hoppe wirkt „störend an der exiltibetischen Haltung, insbesondere an der des Dalai Lama, daß sie sich einerseits ein durchgängig friedfertiges Mäntelchen umhängt, unter dem sich machtpolitische und territoriale Forderungen verbergen". Der größte Teil der über Tibet redenden und schreibenden Politiker und Journalisten sitze vermutlich dem vom Dalai Lama und seiner Exil-Regierung bewußt kultivierten Mißverständnis auf, es gehe ihm lediglich um eine Autonomie der bis 1951 unter der Kontrolle Lhasas stehenden Gebiete. Tatsächlich geht es ihm um die Schaffung eines selbständigen Groß-Tibet (ob nun unter chinesischer Suzeränität oder in völliger Unabhängigkeit sei dahingestellt). Mit dieser Forderung verhindert er letztlich die grundlegende Klärung der im internationalen Recht diskutierten Frage nach tibetischer Eigenstaatlichkeit und Selbstbestimmung vor der chinesischen Invasion.[227]

1956

Der öffentliche Unmut in Lhasa wuchs. Während eines religiösen Festes Anfang des Jahres wurden Spendengelder gesammelt, offiziell zur Ausrichtung einer später stattfindenden Zeremonie zu Ehren der zahllosen Schutzgottheiten Tibets. Tatsächlich aber wurden die Gelder zur Gründung einer Art Untergrundorganisation verwendet, die den stetig zunehmenden Widerstand gegen die Chinesen bündelte und zu steuern suchte. Die Organisation wurde unter dem Namen *Chusi Gangdruk* bekannt, was soviel bedeutet wie „Vier Flüsse – Sechs Gebirge", eine seit alters geläufige Bezeichnung für die beiden Provinzen Amdo und Kham. *Chusi Gangdruk* organisierte in den folgenden Jahren einen weitverzweigten Guerillakampf.

Im April 1956 kam der chinesische Außenminister der Volksrepublik China, Zhen Yi, nach Lhasa, um das während des Beijing-Besuches des Dalai Lama vereinbarte „Vorbereitende Komitee zur Errichtung der Autonomen Region Tibet" offiziell einzusetzen. Die Feierlichkeiten zur Einsetzung dieses Komitees, für das die Chinesen eigens ein Rathaus mit riesiger Versammlungshalle aus dem Boden gestampft hatten – genau gegenüber dem Potala, wie der Dalai Lama bemäkelt –, wurde mit großem Pomp zelebriert. Die Satzung des Komitees sah die Einrichtung verschiedener Ministerien vor, so etwa für die Bereiche Finanzen, Bildungswesen, Landwirtschaft, Fernmeldewesen, Gesundheitswesen, Innere Sicherheit; auch für Religionsfragen sollte ein eigenes Ministerium geschaffen werden. Es war vorgesehen, die jeweiligen Ämter überwiegend mit Tibetern zu besetzen. Nur fünf der insgesamt einundfünfzig regionalen Vertreter, aus denen das Komitee sich zusammensetzte, waren Chinesen. Der Dalai Lama, dem, wie er schreibt, sich schon bei seinem Besuch in Beijing der Eindruck aufgedrängt hatte, „als ob das Lügen den chinesischen Behörden im Blut lag"[228], kritisierte das Komitee als reine Augenwischerei: „Obwohl dieses Vorbereitende Komitee dem Papier nach ein wesentlicher Schritt in Richtung auf Autonomie zu sein versprach, war es in Wirklichkeit ganz anders. Als Zhen Yi bekanntgab, wer die einundfünfzig Delegierten sein würden – es war ja keiner von ihnen gewählt worden –, sah man ganz deutlich, daß mit wenigen Ausnahmen alle ihre Stellung den Chinesen zu verdanken hatten. Sie genossen ihre Macht und ihren Besitz nur solange, wie sie sich den Chinesen nicht widersetzten. Mit anderen Worten: Es war alles nur Schein."[229] Unabhängig davon, ob die Einschätzung des Dalai Lama (der ja zuvorderst Einbußen seiner

Macht zu befürchten hatte) richtig war oder nicht: Die Groteske, daß ausgerechnet er den Umstand kritisiert, die Mitglieder des Komitees seien nicht demokratisch legitimiert gewesen, fällt ihm als solche nicht auf. Sein Bruder Lobsang Samten jedenfalls, hochrangiger Gelbmützen-Lama wie er selbst, wurde als Delegierter benannt und in das neugegründete Ministerium für Innere Sicherheit berufen.

Im Frühsommer 1956 unternahmen die Chinesen in der Provinz Kham einen großangelegten Versuch, die Anführer der regionalen Bevölkerungsgruppen für ihre Reformvorhaben zu gewinnen. Bei einer Versammlung von rund dreihundertfünfzig Khampaführern legten sie diesen ihre Pläne zur Umstrukturierung der Landwirtschaft in Produktionsgenossenschaften vor, in denen mehr als einhunderttausend Familien der Region zusammengeschlossen werden sollten. Vierzig der anwesenden Khampaführer erklärten ihre vorbehaltlose Zustimmung, etwa zweihundert weitere äußerten ihr Einverständnis unter der Voraussetzung, daß der Dalai Lama den Reformen zustimme. Die restlichen etwas mehr als hundert Khampas lehnten die Vorschläge der Chinesen kategorisch ab. Wie der Dalai Lama berichtet, seien vier Wochen nach der Versammlung die Reformgegner noch einmal zusammengerufen und sofort nach ihrer Ankunft am Tagungsort von Soldaten der Volksbefreiungsarmee unter Arrest gestellt worden. Es sei den Khampaführern allerdings nach wenigen Tagen gelungen, aus der Klosterfestung Jomdha Dzong, in die man sie eingesperrt hatte, zu entkommen. Sie gingen in den Untergrund und bildeten den Kern einer Guerillabewegung, die, wie der Dalai Lama nicht ohne Genugtuung schreibt, den Chinesen „in den darauffolgenden Jahren viele Schwierigkeiten bereiten sollte".[230]

Unangefochten von den tiefgreifenden Veränderungen in Tibet setzte der Dalai Lama sein gewohntes Leben fort: „Ich betete, meditierte und studierte eifrig unter Anleitung meiner Tutoren und nahm weiterhin an allen religiösen Festen und Zeremonien teil. Außerdem gab ich selbst Unterweisungen. Manchmal reiste ich in Ausübung meines Amtes aus Lhasa fort, um verschiedene Klöster zu besuchen."[231] Im Sommer 1956 jedoch, wie er schreibt, „ereignete sich etwas, das mir mehr Kummer bereitet hat als irgend etwas vorher oder nachher in meinem Leben. Der Bund der Khampa- und Amdowa-Freiheitskämpfer [gemeint ist die o.a. *Chusi Gangdruk*-Organisation, d. A.] verzeichnete seine ersten beachtlichen Erfolge. Bis Anfang Juni waren zahlreiche Teilstrecken der chinesischen Militärstraße sowie eine große Anzahl von Brücken zerstört worden. Infolgedessen forderte die Volksbefreiungsarmee noch weitere vierzigtausend Mann Verstärkung an [insgesamt standen in Tibet acht Divisionen mit etwa 150.000 Mann, d. A.]. Das war genau das, was ich befürchtet hatte. Ganz gleich, wie erfolgreich der Widerstand war, am Ende würden die Chinesen immer die Stärkeren sein, da sie uns einfach zahlen- und waffenmäßig weit überlegen waren." Nicht voraussehen können habe er jedoch die Bombardierung des Klosters Litang in Kham und das anschließende Vorgehend er Chinesen: „Als ich davon erfuhr, weinte ich, da ich nicht glauben mochte, daß Menschen so grausam sein können. Dem Bombenangriff folgten die gnadenlosen Folterungen und Hinrichtungen von Frauen und Kindern, deren Männer und Väter der Widerstandsbewegung beigetreten waren, sowie die unglaublichen Entwürdigungen von Mönchen und Nonnen. Nachdem man sie festgenommen hatte, zwang man diese schlichten, religiösen Menschen, in aller Öffentlichkeit ihr Keuschheitsgelübde miteinander zu brechen und sogar Menschen umzubringen."[232] Drei Protest-Briefe, die er sofort an Mao Tsedong geschickt habe, seien unbeantwortet geblieben.

Abb. 11: Ehrengast zum 2500. Geburtstag Buddhas

Bereits im Frühjahr 1956 hatte der Maharaja von Sikkim, eines im Süden an Tibet angrenzenden Kleinstaates, den Dalai Lama eingeladen, zusammen mit ihm den in Indien veranstalteten Buddha-Jayanti-Feierlichkeiten zum zweitausendfünfhundertsten Geburtstag Buddhas beizuwohnen. Nach einigem Hin und Her mit den chinesischen Behörden um seine Ausreisegenehmigung machte er sich samt engerem Hofstaat Ende November 1956 auf den Weg. Den größten Teil der Wegstrecke bis an die Grenze konnte man per Auto zurücklegen, da die Chinesen inzwischen ein weitläufiges Straßennetz in Tibet errichtet hatten. In Sikkim selbst mußte die Reisegruppe, zu der inzwischen die vier Brüder des Dalai Lama hinzugestoßen waren, auf Ponys überwechseln, nur auf den letzten paar Kilometern vor Gangtok, der Hauptstadt des Landes, konnte wieder mit Jeeps gefahren werden. Mit dem Flugzeug ging es über Allahabad nach New Delhi, wo der Dalai Lama von der indischen Regierungsspitze mit großem Zeremoniell willkommen geheißen wurde. Die Begegnungen mit Staatspräsident Rajendra Pravan und vor allem mit Premierminister Jawaharlal Nehru beschreibt er als von großer Aufrichtigkeit geprägt: „Irgendwie schien Indien viel offener und in Einklang mit sich selbst zu sein. (...) Die Menschen brachten ihre wahren Gefühle zum Ausdruck und sagten nicht nur, was sie glaubten, sagen zu müssen."[233] Wie er das nach ein paar kurzen Gesprächen mit ein paar Politfunktionären festgestellt haben wollte, bleibt sein Geheimnis.

1957

Noch vor Beginn der Festtage Anfang des Jahres unternahm der Dalai Lama einen Abstecher zum Rajghat (sanskrit: Verbrennungsplatz) an den Ufern des Jamuna, wo Mahatma Gandhi, sein großes politisches Vorbild, eingeäschert worden war. Die folgenden Tage wurden von den umfänglichen Buddha-Jayanti-Feierlichkeiten in Anspruch genommen, bei denen auch er eine Ansprache hielt. Seine Überlegungen, in Indien um politisches Asyl nachzusuchen, wurden bei einer entsprechenden Unterredung mit Nehru von diesem harsch zurückgewiesen. Schon im April 1954 hatte Nehru ein Abkommen zwischen Indien und der Volksrepublik China unterzeichnet, in dessen Präambel festgehalten war, daß keines der beiden Länder sich in die internen Angelegenheiten des jeweils anderen einmischen würde; ausdrücklich und von beiden Seiten war in diesem Abkommen Tibet als integraler Teil Chinas verstanden worden. Nehru, wie der Dalai Lama berichtet, habe ihm angeraten, nach Tibet zurückzugehen und mit den Chinesen auf der Grundlage des „Siebzehn-Punkte-Abkommens" zusammenzuarbeiten. Den Einwand, die Lage in Osttibet habe sich inzwischen so zugespitzt, daß mit weiteren massiven Repressalien der Chinesen zu rechnen sei, habe Nehru mit der Zusage beantwortet, dieses Problem bei seinem nächsten Treffen mit Zhou Enlai anzusprechen. Tatsächlich fand kurze Zeit darauf eine Begegnung Nehrus mit Zhou statt, der auf einer Reise nach Europa in Delhi Station machte. Nehru vermittelte hierbei ein Treffen Zhous mit dem Dalai Lama, der diesen als „ganz den alten" beschrieb: „immer lächelnd, überaus charmant und voller Lügen"[234]. Zhou, dem zu Ohren gekommen war, daß der Dalai Lama sich mit dem Gedanken trug, in Indien um Asyl zu bitten, riet diesem dringend an, unverzüglich nach Lhasa zurückzukehren.

Vorerst jedoch unternahm der Dalai Lama eine ausgedehnte Pilgerreise zu den heiligen Stätten Indiens: „Ich versuchte, die Politik meine Gedanken nicht beeinflussen zu lassen, aber leider war es mir beinahe unmöglich, meine Sorgen über die Zukunft meines Landes abzuschütteln. (...) Trotzdem gab es Augenblicke, in denen ich mich ganz den tiefen Gefühlen von Freude und Ehrfurcht hingeben konnte, welche unsere Reise quer durch Indien – von Sanchi nach Ajanta, dann weiter nach BodhGaya und Sarnath – in mir hervorrief. Ich hatte das Gefühl, in meine spirituelle Heimat zurückgekehrt zu sein. Irgendwie kam mir alles bekannt vor."[235]

Er stattete dem Internationalen Hauptquartier der ⇨ *Theosophischen Gesellschaft* in Adyar einen ersten Besuch ab (dem in den folgenden Jahren noch zahlreiche weitere Besuche folgen sollten). In den offiziellen Biographien des Dalai Lama werden die engen Beziehungen zu den Theosophen durchgängig verschwiegen.

Im Februar 1957 führte ihn die Reise nach Kalkutta. Von dort aus begab er sich nach Bagdora in den Ausläufern des Himalaya und dann weiter nach Kalimpong, einer tibetischen Exilgemeinde nahe der Grenzen zu Sikkim und Bhutan, in der bereits sein Vorgänger, der 13. Dalai Lama, die Zeit seines Exils verbracht hatte. Er war weiter unschlüssig, ob er in Indien bleiben oder nach Tibet zurückkehren solle. Das ⇨ Staatsorakel, das sich in seiner Reisegesellschaft befand, riet zu sofortiger Rückkehr. Andere Ratgeber, darunter seine beiden Brüder Thupten Jigme Norbu und Gyalo Thöndup, hielten seinen Verbleib im Ausland für unabdingbar, um von dort aus den Widerstand gegen die Chinesen zu organisieren. Die Brüder des Dalai Lama hatten bereits Kontakte zur CIA aufgenommen. Anscheinend, wie der Dalai Lama schreibt, „waren die Amerikaner bereit, den tibetischen Freiheitskämpfern eine gewisse Unterstützung zu gewähren. Nicht, weil ihnen besonders viel an der tibetischen Unabhängigkeit lag, sondern weil es zu ihrer Strategie gehörte, kommunistische Regierungen auf der ganzen Welt zu schwächen."[236] Wie er sehr viel später erst erfahren haben will, versorgten die USA die tibetische Guerillabewegung (ab 1958) mit militärischer Ausrüstung und Waffen, die sie u.a. mit Fallschirmen abwarfen. Es waren auch Pläne im Gespräch, tibetische Widerstandskämpfer von der CIA in moderner Guerillakriegsführung ausbilden zu lassen (was später mithin im militärischen Sperrgebiet Upper Mustang in Nordnepal auch praktiziert wurde). Der Dalai Lama indes beschloß, es gemäß Orakelspruch „ein letztes Mal mit den Chinesen zu versuchen", und bereitete seine Rückreise nach Lhasa vor. Ende März 1957, nach viermonatiger „Pilgerreise", betrat er wieder tibetischen Boden.

Wahrsagen als Politik
Das Staatsorakel

Als wesentliches Hilfsmittel zur persönlichen wie auch politischen Entscheidungsfindung dient dem Dalai Lama seit jeher das sogenannte Staatsorakel, bei dem er regelmäßig Rat und Auskunft einholt.

Unter dem Staatsorakel ist ein nur für diese Aufgabe bestimmter hochrangiger Lama zu verstehen, der sich sua sponte in eine Art Trance zu versetzen vermag, um als Medium Botschaften aus höherer Sphäre zu empfangen; durch ihn, so die überlieferte Vorstellung, offenbare sich ein gewisser Dorje Drakden, eine der persönlichen Schutzgottheiten des Dalai Lama (genaugenommen fungiert Dorje Drakden lediglich als Satrap einer Gruppe zornvoller Gottheiten, deren unmittelbare Anrufung für das Medium — angeblich — lebensgefährlich wäre; Anführer dieser jenseitigen Horde und damit Hauptorakelgott des Dalai Lama ist ein ursprünglich mongolischer und daher als besonders grausam und blutrünstig vorgestellter Kriegsdämon namens Pehar, der von den Lamas unterworfen worden sei). Das mediale Sprachrohr Dorje Drakdens beziehungsweise Pehars steht einem eigenen Kloster namens Nechung vor. Das Kloster Nechung des „alten Tibet", nahe bei Lhasa, wurde im Exil neu gegründet: das Orakel residiert heute in einem eigenen Konvent in unmittelbarer Nachbarschaft der Residenz des Dalai Lama. Zu bestimmten Anlässen, etwa zu Neujahr, erfolgt eine rituelle Befragung des Nechung-Orakels, der Dalai Lama greift aber auch bei aktuell anstehenden Fragen und Problemen gerne auf dessen Ratschluß zurück. Kritik, auch aus den eigenen Reihen, an derlei abstruser Form der Entscheidungsfindung, wehrt „Seine Heiligkeit" ab mit dem (reichlich unerleuchteten) Hinweis, er habe „im Rückblick auf zahlreiche Befragungen feststellen (können), daß das Orakel noch immer recht hatte".[237]

Vom sogenannten Barnum-Effekt, der bei jederart Weissagung und sonstigem esoterischen Budenzauber die entscheidende Rolle spielt, hat der „Ozean der Weisheit" vermutlich noch nie etwas gehört: Wie sich in einer Vielzahl von Experimenten gezeigt hat, sind Okkultgläubige umso überzeugter von der (vermeintlichen) Genauigkeit einer metaphysischen Prognose oder eines entsprechenden Ratschlusses (Astrologie, Handlesen, Kristallkugelschau etc.), je mehr sie davon überzeugt sind, diese wurden oder würden eigens für sie erstellt (wie dies beim Nechung-Orakel der Fall ist, das sich ausschließlich dem Dalai Lama offenbart). Hinzu kommt, daß derlei Prognosen oder Ratschlüsse stets aus einer Anhäufung von Vagheiten und affirmativen Allgemeinplätzen bestehen, die immer irgendwie zutreffen, verbunden, wenn überhaupt, mit nur ein paar wenigen etwas konkreteren Aussagen; falls (zufällig) eine der konkreteren Angaben zutrifft, wird dies als unwiderlegbare Bestätigung des gesamten Orakels gewertet, wohingegen nicht zutreffenden keine weitere Beachtung zukommt: das altbekannte Prinzip selektiver Wahrnehmung.[238]

Die Institution des Staatsorakels wurde erst Mitte des 17. Jahrhunderts durch den Fünften Dalai Lama eingeführt. Die Nachfolge für ein verstorbenes Medium bestimmt der jeweils regierende Dalai Lama, der sich dazu eines (trance-)geeigneten Mönches aus seiner Umgebung bedient. Das gegenwärtige Medium, der Gelbmützen-Zeremonienmeister Thupten Ngodup, wurde 1987, im Alter von 29 Jahren, als Staatsorakel (und zugleich Abt des Klosters Nechung) eingesetzt. Nach dem Tod seines Vorgängers, so Thupten Ngodup rückblickend, hätten ihn verschiedene Träume und Visionen überkommen, in denen er sich als das neue Sprachrohr Dorje Drakdens erkannt habe: „In einem meiner Träume sah ich Pilze, die rund um das Kloster wuchsen. Dies war ein sicherer Hinweis." Vor allem aber körperliche Mißbefindlichkeiten seien ihm deutlicher Beleg des Auserwähltseins gewesen: „Ich blutete viel aus der Nase und aus dem Mund, und all das Blut, das ich schluckte, mußte ich wieder erbrechen. (...) Ich hatte extreme Kopfschmerzen (...) und plötzlich fühlte ich eine Art Stromschlag. Ich konnte nichts mehr erkennen und mein Körper begann wild zu zucken."[239] Anstatt Thupten Ngodup neurologisch untersuchen zu lassen (die Symptome sprechen eher für einen epileptischen Anfall als für göttliche Inbesitznahme), ernannte der Dalai Lama ihn unter großem Zeremoniell zum neuen Staatsorakel.

Das Nechung-Staatsorakel kleidet sich laut Dalai Lama in ein „kunstvoll gefertigtes Gewand, das aus mehreren verschiedenen Lagen von Untergewändern besteht, über die eine reich verzierte Robe aus goldenem Seidenbrokat gezogen wird. (...) Vorne auf der Brust trägt er einen runden Spiegel, der von einem Kranz aus Türkisen und Amethysten eingerahmt ist und auf dessen blankpoliertem Stahl Dorje Drakdens Mantra auf Sanskrit blitzt. Bevor die Feierlichkeiten beginnen, wird ihm auch eine Art Schild umgebunden, der vier Fahnen und drei Siegesbanner trägt. Insgesamt wiegt diese Ausrüstung fast vierzig Kilogramm, und der Kuten [tibetisch: Orakelmedium, d. A.] kann, wenn er nicht in Trance ist, kaum darin gehen. Die Zeremonie beginnt mit Anrufungen und Gebeten, die von Mönchen rezitiert werden. Dazu erklingen lange, tiefe Töne von Hörnern, Becken und Trommeln. Nach einer kurzen Zeit verfällt der Kuten in einen Trancezustand. (...) Nun setzt man ihm einen schweren Helm auf den Kopf. Dieser wiegt weitere fünfzehn Kilogramm; in vergangenen Zeiten wog er sogar vierzig Kilo. Jetzt beginnt sich das Gesicht des Kuten zu verändern. Es nimmt einen wilden, sonderbaren Ausdruck

Abb. 12: Staatsorakel

an, mit herausquellenden Augen und aufgeblähten Wangen. Sein Atem
wird kurz und flach, und er beginnt, laut zu zischen. Dann hält sein Atem
kurz an. Genau in diesem Augenblick wird der Helm mit einem Knoten
festgebunden, und zwar so fest, daß der Kuten zweifellos erwürgt werden
würde, ginge nicht etwas sehr Außergewöhnliches vor sich. Er ist nun
vollkommen besessen, und die sterbliche Hülle des Mediums dehnt sich
sichtbar aus. Dann springt der Kuten jäh auf. (...) In seiner irdischen Zer-
brechlichkeit kann der Kuten die vulkanische Energie der Gottheit kaum
bändigen."[240] Nach einigen zuckenden Bewegungen und wildem Herum-
gefuchtel mit einem Ritualschwert beantwortet das Orakel die anstehenden Fragen, teils in allgemeiner Formulierung, teils auch durchaus konkret. Meist sind seine Mitteilungen allerdings nichts als gänzlich unver-
ständliches Gewürge und Gestammel, das anschließend vom Dalai Lama
und seinen Beratern zu einer passenden Antwort hininterpretiert wird.
„Sobald Dorje Drakden seine Aussagen beendet hat, reicht der Kuten ein
letztes Mal eine Opfergabe dar, bevor er als lebloser, starrer Körper zu-
sammenbricht, womit die Trance zu Ende ist. Der Knoten, durch den der
Helm festgebunden ist, wird nun schnellstens von den Assistenten gelöst,
die ihn auch aus dem Saal tragen, damit er sich erholen kann."[241]

Ob dem Dalai Lama die psychophysiologischen Gesetzmäßigkeiten
solchen Geschehens bekannt sind, steht dahin; auch ob er um die Risiken
weiß, denen der Mönch, der da als „Orakel" herhalten muß, ausgesetzt
wird: Das Phänomen „medialer Durchgaben" (in New-Age-Terminologie:
Channeling) beruht – sofern es sich nicht um eine bewußt fingierte Inszenierung handelt – auf einer Art Trance, die mehr oder minder willentlich herbeigeführt werden kann. Die Induktion vollzieht sich über
Selbsthypnose (Meditation/Gebet) und/oder über Eingriffe in das Atemgeschehen (Atemanhalten oder Hyperventilation). Dergestalt wird das
Wahrnehmungsfeld verengt und zugleich enorme Phantasietätigkeit freigesetzt. Entsprechend der Intention des Geschehens kann in solcher
Trance alles und jedes daherhalluziniert werden, mithin auch (vermeint-
liche) „Durchsagen höherer Wesenheiten". Bei oberflächlicher Trance
bleibt der Rapport zu einer Verbindungsperson erhalten, das Medium
kann auf gestellte Fragen direkt reagieren. Bei Vertiefung der Trance wird
der Kontakt zur Außenwelt unterbrochen.

Ganz offenbar ist im Falle des Nechung-Orakels wesentlicher Bestandteil der Tranceinduktion beziehungsweise Trancevertiefung die
Manipulation des Atemgeschehens: Wie der Dalai Lama beschreibt, wird
die Atmung des Kuten, die allein aufgrund der extrem angespannten

Halsmuskulatur – er trägt einen immerhin fünfzehn Kilogramm schweren Helm auf dem Kopf – schon sehr flach ist, durch das Festziehen eines Halsriemens weiter restringiert. Es führt dies zu einer erzwungenen Erhöhung der Atemfrequenz mit inspiratorischer Verschiebung der Atemruhephase, wodurch mehr Kohlensäure abgeatmet wird, als im Stoffwechsel entsteht: es kommt zu einem Abfall der CO_2-Spannung im Blut (Hypokapie) und zu einer massiven Störung des Säure-Basen-Haushaltes (respiratorische Alkalose). Einhergehend damit kommt es zu neuromuskulärer Übererregbarkeit mit tetanischen Symptomen (Parästhesien, Verkrampfung der Hände und Gesichtsmuskeln usw.) sowie zu einer Aktivierung des Sympathikus (Pulsanstieg, EKG-Veränderungen mit Extra-Systolen). Überdies treten Veränderungen in der regionalen Durchblutung auf: vor allem die Gehirndurchblutung nimmt ab, was klinisch zu einem Präkollaps (Bewußtseinsstörungen, Schwindelgefühle) oder gar zu einer Ohnmacht („Blackout") führen kann.[242] Eben diese Phänomene werden im Falle des Kuten als Beleg dafür gesehen, daß die Gottheit Dorje Drakden von ihm Besitz ergriffen habe. Tatsächlich handelt es sich um äußerst ernstzunehmende klinische Symptome: das „Orakel" wird bei jeder Befragung einer enormen Gefährdung seiner psychischen und physischen Integrität ausgesetzt. Allein das Gewicht des Helmes kann dem Kuten-Mönch jederzeit das Genick brechen (was vermutlich in der Vergangenheit auch passiert ist: nicht umsonst hat man das Gewicht des Helmes auf – immer noch hochriskante – fünfzehn Kilogramm reduziert).

Die gesamte Orakelbefragerei hat selbstredend nicht das Geringste an „Übersinnlichem" an sich; sie dient lediglich dazu, daß Entscheidungsträger sich der Rechenschaft für zu treffende beziehungsweise getroffene Entscheidungen entziehen und diese als „aus göttlichem Ratschlusse hergeleitet" gegen jede Kritik immunisieren können. Selbst der fatale Rat des seinerzeitigen Nechung-Orakels, das britische Invasionsheer unter Colonel Younghusband anzugreifen – es führte dies im Jahre 1903 zu einer katastrophalen Niederlage der tibetischen Armee –, stellte das Orakelwesen nicht in Frage.

Neben dem offiziellen Nechung-Staatsorakel gibt es eine Vielzahl weiterer Orakelmedien, die zu jederart Vorhersagen, aber auch zu Heilungszwecken, zu Geisterbeschwörung, Dämonenbannung oder zur Beeinflussung des Wetters konsultiert werden. Der Glaube, besonders ausgewählte Menschen könnten in Trance als Sprachrohre beziehungsweise Werkzeuge höherer Mächte fungieren, ist ursprünglich Teil der animistischen ⇨ Bön-Religion, wurde von den Lamas aber nahtlos in das eigene

Bezugssystem eingebaut. Im „alten" Tibet verfügte praktisch jedes Kloster über einen eigenen Kuten. Desweiteren sind zahllose mantische
Techniken für den Hausgebrauch im Umlauf, Würfeln oder Loseziehen
vornedran, mit deren Hilfe künftiges Geschehen vorhergesagt und/oder
eigenes Verhalten determiniert wird. Der Dalai Lama bedient sich, eigener Aussage zufolge, bei seinen politischen Entscheidungen regelmäßig
irgendwelcher Orakel-, Los- oder sonstiger Okkultverfahren (was weiter
nicht verwundert, geht doch, wie Theodor W. Adorno in seinen *Studien
zum autoritären Charakter* herausfand, jede Form von Totalitarismus mit
einer Vorliebe für Aberglauben einher[243]). Hoher Stellenwert kommt auch
der Astrologie zu: das wissenschaftlich aufgeputzte Heruminterpretieren
an irgendwelchen Gestirnskonstellationen stellt innerhalb der (gelb-
mützen-)monastischen Ausbildung eine eigene Disziplin dar; auch „Seine
Heiligkeit" ist kundig in der Pseudowissenschaft des Sternendeutens. Wie
er über seine Hofbiographin Claude Levenson mitteilen läßt, könne „ein
vollkommener Lama – und das ist der Dalai Lama – in den drei Zeit-
dimensionen [Vergangenheit, Gegenwart und Zukunft, d. A.] lesen; sein
Handeln spiegelt dieses Wissen wider, das Fakten Rechnung trägt, deren
unmittelbare Logik dem gewöhnlichen Sterblichen entgehen mag."[244]

Auf dem Weg nach Lhasa hielt der Dalai Lama zahlreiche religiöse
Unterweisungen ab und betonte dabei die Verpflichtung aller Tibeter, sich
den Chinesen gegenüber korrekt zu verhalten: „Ich legte meinem Volk
auch sehr ans Herz, sich an die Klauseln des ‚Siebzehn-Punkte-Abkommens' zu halten."[245] Zudem entsprach er einem Ansuchen des chinesischen Politkommissars Dan Guansan, einen offiziellen Vertreter zu den
Widerstandskämpfern nach Kham zu entsenden und diese zur Nieder-
legung ihrer Waffen aufzufordern; die Mission war allerdings erfolglos:
„Gegen Mitte des Sommers", wie der Dalai Lama berichtet, „herrschte in
Kham und Amdo bereits offener Krieg. Unter dem Kommando eines
Mannes namens Gompo Tashi sammelten sich täglich mehr Freiheitskämpfer, und ihre Angriffe [ausgerüstet u.a. mit Logistik und Material der
CIA, d. A.] wurden immer verwegener." Die Chinesen hätten ihrerseits
zurückgeschlagen. Städte und Dörfer seien von der Luftwaffe bombar-
diert und ganze Gebiete durch Artilleriefeuer verwüstet worden. In der
Folge seien Tausende von Menschen aus Kham und Amdo nach Lhasa
geflohen und hätten in den weiten Ebenen außerhalb der Stadt campiert:
„Einige der Geschichten, die sie mitbrachten, waren so entsetzlich, daß
ich jahrelang nicht daran glauben mochte. Die Methoden, auf die die
Chinesen zurückgriffen, um die Bevölkerung einzuschüchtern, waren so

grauenhaft, daß ich sie mir kaum vorstellen konnte." Es sei üblich gewesen, „die Opfer zu kreuzigen, sie lebendig zu sezieren und zu zerstückeln oder ihnen den Bauch aufzuschlitzen. Ebenso üblich war es, daß Menschen gehängt, geköpft, verbrannt, lebendig begraben oder zu Tode geprügelt wurden, wenn man sie nicht gar durch galoppierende Pferde zu Tode schleifen ließ, sie kopfüber aufhängte oder gefesselt in eiskaltes Wasser warf. Und damit sie auf dem Wege zur Hinrichtung nicht 'Lang lebe der Dalai Lama!' rufen konnten, hatte man ihnen vorher mit Fleischhaken die Zunge herausgerissen."[246]

Ganz unabhängig davon, ob derart bestialische Grausamkeit tatsächlich das übliche Vorgehen der Chinesen darstellte, ganz unabhängig auch davon, wie das entsprechende Vorgehen der tibetischen Guerilla aussah: der Dalai Lama kümmerte sich – wie immer, wenn politisches Handeln erforderlich gewesen wäre ausschließlich um seine ganz persönlichen Belange: „Im Bewußtsein, daß die Tragödie unmittelbar bevorstand, kündigte ich an, daß ich 1959 anläßlich des Mönlam-Festes, also in achtzehn Monaten, zur Abschlußprüfung meines Studiums antreten würde. Ich hatte das Gefühl, mein Examen so bald wie möglich ablegen zu müssen, weil die Zeit knapp zu werden schien."[247] Irgendwelche politischen Schritte zur Eindämmung oder Beendigung des Krieges in Osttibet unternahm er nicht: „Je häufiger ich über die Zukunft nachdachte, desto weniger Hoffnung hatte ich. Es hatte den Anschein, daß – ganz gleich, was ich oder irgend jemand von meinen Leuten tat – Tibet früher oder später in einen Vasallenstaat des neuen chinesischen Reiches umgewandelt werden und alle religiösen und kulturellen Freiheiten verlieren würde – von politischer Meinungsfreiheit gar nicht zu reden." Im Sommerpalast von Norbulingka, wo der Dalai Lama seinen Wohnsitz hatte, sei das Leben hingegen in seinen gewohnten Bahnen weiterverlaufen: „Die vielen vergoldeten Buddhastatuen, die im sanften Lichtschein zahlloser Butterlampen schimmerten, machten mir immer wieder bewußt, daß wir in einer Welt der Vergänglichkeit und der Illusion leben. Mein Tagesablauf hatte sich wenig verändert, obwohl ich nun noch früher – meist vor fünf Uhr – aufstand, um zu beten und in Ruhe Texte zu studieren. Am Vormittag kam einer meiner Tutoren, und wir besprachen den Text, den ich gelesen hatte (...) und ich verbrachte den Rest des Tages vorwiegend mit Disputationen, denn meine Abschlußprüfung würde ja in dieser Form stattfinden. Und an bestimmten Tagen mußte ich Pujas, Zeremonien, in einem der vielen Gebetsräume des Norbulingka vorsitzen."[248]

Die Auseinandersetzungen in Kham und Amdo zogen immer weitere Kreise, auch in Zentraltibet kam es zu offenen Kampfhandlungen. Mit Stolz berichtet der Dalai Lama von einem Guerillaangriff auf eine chinesische Militäreinheit: „Eine kleine Schar von sechs Reitern verübte einen Angriff auf ein mehrere hundert Mann starkes Feldlager der Volksbefreiungsarmee, das ganz in der Nähe einer Flußbiegung errichtet worden war. Das führte zu einem wahren Chaos. Die Chinesen gerieten in Panik und schossen wild in der Gegend herum, wodurch viele ihrer eigenen Soldaten getötet wurden. Die Reiter, die inzwischen den Fluß überquert und das Weite gesucht hatten, kehrten aus einer anderen Richtung zurück und griffen das Lager von der Flanke aus an, bevor sie endgültig in den Bergen verschwanden. Ich war sehr bewegt, als ich von so viel Tapferkeit hörte."[249] Wie er seine Begeisterung für derlei Hurra-Kommandos mit seinem Selbstverständnis als gewaltfreier und friedliebender Bodhisattva in Einklang brachte, bleibt offen.

Interessant ist in diesem Zusammenhang, daß von den landesweit gesammelten Geldern zur Unterstützung des *Chusi Gangdruk*-Widerstandes ein großer Teil in die Anschaffung eines neuen Thrones „Seiner Heiligkeit" floß. Über hundert Goldschmiede und Kunsthandwerker sollen monatelang daran gearbeitet haben. Wie es bei Hofbiographin Levenson heißt: „Während all dieser Zeit wurden heilige Texte gelesen und Gebete gesprochen, Gebetsfahnen wurden gehißt und Weihrauch verbrannt. Einmal gefertigt, wog der Thron 3164 *Tolas* (d.h. mehr als 80 Pfund) reines Gold, mit Edelsteinen eingelegt. Der *Dorje*, der symbolische Donnerkeil [bzw. Phallus, d. A.], der die Vorderseite schmückte, wog allein 133 Tolas (54 Unzen) Gold, mit Diamanten und Türkisen in Form von Löwen durchsetzt."[250] Auch andere Anschaffungen wie neue Lampen, Kannen, Opferschalen etc. aus Silber oder purem Gold wurden getätigt. Am 7. Juli 1957 wurde der im Norbulingka-Palast aufgestellte neue Thron mit einem großen Festakt eingeweiht.

1958

Die von Thupten Jigme Norbu und Gyalo Thöndup, den beiden älteren Brüdern des Dalai Lama bereits Ende 1956 hergestellten Kontakte zur CIA wurden von diesem jahrzehntelang mit Nichtwissen bestritten. Fest steht, daß ab 1958 eine Gruppe von 400 *Chusi Gangdruk*-Kämpfern in Camp Hale, einem Trainingszentrum der CIA in den Rocky Mountains, in Guerilla-Kriegsführung ausgebildet wurde. Geplant war die Ausbildung von weiteren 3.500 Kämpfern in Camp Hale, es blieb aber bei der ersten Gruppe; das Training weiterer Einheiten wurde vor Ort durchgeführt. Als Operationsbasis wählte man das ehemalige Königreich Lo (Upper Mustang), eine gleichwohl auf dem tibetischen Hochplateau gelegene, politisch jedoch dem Staatsgebiet Nepal zugehörige Bergregion im Nordwesten des Landes. Innerhalb kurzer Zeit wurde dort eine mehrere tausend Mann starke Truppe zusammengestellt, der es gelang, wie der Dalai Lama mit Genugtuung vermeldet, „den Chinesen mehrere Male erheblichen Schaden zuzufügen".[251] Auf Veranlassung der USA hatte Nepal das gesamte Gebiet von Upper Mustang – eine Fläche von rund 2.000 Quadratkilometern – zur militärischen Sperrzone erklärt: ungestört konnten von hier aus die Operationen des tibetischen Widerstandes geplant und durchgeführt werden. Die Bewaffnung der Kämpfer stammte teils aus US-Beständen, teils hatte man modernes Gerät in Indien dazugekauft; ein nicht unwesentlicher Teil stammte aus Überfällen auf chinesische Garnisonen beziehungsweise auf ein tibetisches Militärdepot in Shigatse. Die Guerillas – darüber läßt der Dalai Lama freilich nichts verlauten – hatten bei ihren „hit-and-run"-Aktionen oftmals hohe Verluste zu verzeichnen.[252] Ganz im Gegenteil, voll Stolz läßt er seine Hofberichterstatter Hicks und Chogyam daherschwadronieren: „Die Schlachten waren grauenhaft, aber trotz enormer chinesischer Überlegenheit in Anzahl und Ausrüstung verursachte *Chusi Gangdruk* furchtbare Schäden; es war keineswegs unüblich, daß für jeden getöteten Tibeter fünf bis zehn Chinesen getötet wurden, und manchmal war das Verhältnis sogar noch dramatischer. Die Freiheitskämpfer benutzten alles, was sie in die Hände bekamen, von erbeuteter chinesischer Artillerie und Maschinengewehren hin zu Schwertern, und ihre völlige Furchtlosigkeit versetzte die Chinesen in Angst und Schrecken."[253] (Das Hauptquartier der Untergrundkämpfer in Upper Mustang bestand bis Anfang der 1970er Jahre).

Im Herbst 1958 griffen Einheiten der Widerstandsbewegung eine größere Garnison der Volksbefreiungsarmee an, die in Tsethang, nur wenige

Kilometer von Lhasa entfernt, stationiert war: sie töteten mehr als 3.000 chinesische Soldaten und gelangten in den Besitz großer Mengen an Waffen und sonstigem Kriegsmaterial. In der Folge wuchs die Untergrundarmee innerhalb weniger Wochen auf mehr als 12.000 Kämpfer an. Der chinesische Politkommissar Dan Guansan verlangte die sofortige Mobilmachung der tibetischen Armee (die immer noch, allerdings völlig untätig, existierte!) gegen die Guerilla, was der Dalai Lama jedoch ablehnte. Hingegen erkannte er auf Anweisung Dan Guansans seinen beiden Brüdern Thupten Jigme Norbu und Gyalo Thöndup sowie den sonstigen ehemaligen Beamten, die sich bereits nach Indien ins Exil abgesetzt hatten und von den Chinesen als Anstifter des Widerstandes ausgemacht worden waren, die tibetischen Bürgerrechte ab (Gyalo Thöndup war in der Tat über Jahre hinweg Kopf der Guerilla gewesen[254]). Er selbst reiste in die nahegelegenen Klöster Drepung und Sera, um dort den ersten Teil seiner klösterlichen Abschlußprüfung abzulegen. Dem Ratschlag, sich in den relativ sicheren Süden des Landes zurückzuziehen und von dort aus das „Siebzehn-Punkte-Abkommen" förmlich aufzukündigen, mochte er nicht folgen; stattdessen fuhr er nach Lhasa zurück, um sich weiter auf den abschließenden Teil seiner Prüfungen vorzubereiten. Dieser war für Anfang 1959 anberaumt.

1959

Zu Beginn des Jahres zog der Dalai Lama vom etwas außerhalb Lhasas gelegenen Norbulingka-Palast in den zentral gelegenen Jokhang-Tempel um, wo seine Abschlußprüfungen stattfinden sollten: „Als ich beim Jokhang-Tempel ankam, sah ich, daß sich dort mehr Menschen als je zuvor zusammendrängten. Aber das hatte ich erwartet." Neben der Laienbevölkerung, die aus ganz Tibet gekommen war, sollen etwa fünfundzwanzig- bis dreißigtausend Mönche unter dem Publikum gewesen sein: „Jeden Tag wimmelte es auf dem Lingkhor und dem Barkhor [äußerer und innerer Pilgerweg rund um Alt-Lhasa bzw. den Jokhang-Bezirk, d. A.] von Pilgern, die fromm ihre Runden drehten. Mit der Gebetsmühle in der Hand rezitierten einige die heiligen Worte 'Om mani padme hum' ('O du Kleinod im Lotos'), die man fast als das tibetische Nationalmantra bezeichnen könnte. Andere berührten mit gefalteten Händen still Stirn, Hals und Brust, bevor sie sich in voller Länge auf den Boden warfen. Auf dem Marktplatz vor dem Haupteingang drängten sich ebenfalls die Menschen. (...) Dieses Jahr lag eine besondere Erwartung in der Luft. (...) Es war, als ob jeder wußte, daß irgend etwas von großer Wichtigkeit bevorstand."[255]

Nach Ablegen seiner Schlußexamina wurde dem Dalai Lama Ende Februar 1959 der höchste akademische Grad eines sogenannten *Geshe* (eine Art theologischen Doktorentitels) zugesprochen. Die Chinesen, die an den Studienabschlußfeierlichkeiten des Dalai Lama nicht teilgenommen hatten, wiederholten wenige Tage später eine schon mehrfach an diesen gerichtete Einladung zum Besuch einer Tanzvorstellung, die eine chinesische Artistentruppe seit Anfang des Jahres in Lhasa zeigte. Es wurde der 10. März für den Besuch des Tanztheaters vereinbart. Wie der Dalai Lama berichtet, habe zwei Tage vor diesem Termin der chinesische Brigadekommandeur ihm beziehungsweise dem Befehlshaber seiner Leibwache eröffnet, man solle doch auf die üblichen Förmlichkeiten eines offiziellen Besuches diesmal verzichten: „Er bestand darauf, daß mich keine tibetischen Soldaten begleiteten, höchstens, wenn es sein mußte, zwei oder drei unbewaffnete Leibwachen."[256] Was auch immer die tatsächliche Absicht der Chinesen war (immer vorausgesetzt, es hat sich so abgespielt, wie der Dalai Lama es darstellt): quer durch Lhasa verbreitete sich wie ein Lauffeuer das Gerücht, sie wollten den Dalai Lama in ihre Gewalt bringen oder gar ermorden. Das Ergebnis jedenfalls war fatal: noch in derselben Nacht und im Laufe des folgenden Tages versammelten sich an die dreißigtausend Menschen, darunter zahllose Mönche, vor dem Norbulingka-Palast, um ihren Gottkönig vor den Chinesen zu beschützen. Ein hoher tibetischer Beamter, den die Menge der Kollaboration mit den Chinesen verdächtigte, wurde mit Steinen beworfen und schwer verletzt; ein anderer wurde gelyncht, seine Leiche schleifte man später durch die Straßen Lhasas. Der Dalai Lama, wie er schreibt, befürchtete, daß „die Menschenmassen in einem Ausbruch kollektiven Zorns sogar versucht sein könnten, die chinesische Garnison anzugreifen".[257] Anstatt irgendetwas zu unternehmen, zog er sich indes zum Gebete zurück.

Die Chinesen beschuldigten die tibetische Führungsspitze (bzw. die von dieser unterstützte Lhasaer Untergrundorganisation *Mimang Tsongdu*), den Volksaufruhr bewußt provoziert zu haben, zumal die Menschenmassen vor dem Norbulingka nicht den Anschein erweckten, sich auflösen zu wollen. Im Gegenteil: unter Beteiligung einer Gruppe von siebzig Regierungsbeamten und Mitgliedern der Leibgarde des Dalai Lama wurde von den Anführern der Menge eine Resolution verabschiedet, die das „Siebzehn-Punkte-Abkommen" für ungültig und im übrigen die chinesische Oberhoheit für beendet erklärte. Ein Befehl von Politkommissar Dan Guansan an die Menschenmenge, sich sofort zu zerstreuen, wurde demonstrativ ignoriert. Auch die inzwischen errichteten Barrikaden auf den Hauptverkehrsstraßen außerhalb Lhasas wurden nicht abgebaut, sondern, ganz im Gegenteil, noch verstärkt; in Lhasa selbst fanden allenthalben antichinesische Demonstrationen statt. Die Lage wurde immer brisanter, es war jeden Moment mit gewaltsamem Eingreifen chinesischer Truppen zu rechnen. (Wie der Dalai Lama später verbreiten ließ, habe es klare Anzeichen gegeben, daß der Massenaufruhr von den Chinesen selbst herbeigeführt gewesen sei: unter Anwendung einer „altbekannten kommunistischen Technik" hätten sie die Tibeter „in gewaltsame Aktionen hineingenötigt", um so einen günstigen Vorwand zu haben, ihrerseits gewaltsam zuzuschlagen.[258] Im übrigen sucht „Seine Heiligkeit" seit jeher die Fiktion zu nähren, der Widerstand gegen die Chinesen sei prinzipiell – und nur mit geringfügigen Ausnahmen – gewaltlos verlaufen. Wie allerdings der ehemalige Untergrundkämpfer und spätere Direktor des *Tibetan Institute for Performing Arts* in Dharamsala, Jamyang Norbu, betont, sind derlei *stories*, „gleichwohl ohne zu Zögern von den vielen Freunden Tibets übernommen, schlicht unwahr. Es hat nie eine gewaltfreie Kampagne gegen die Chinesen gegeben. Selbst die wenigen öffentlichen Demonstrationen vor dem Aufstand vom 10. März 1959 waren keinerlei Zurschaustellung einer Selbstverpflichtung zu Gewaltlosigkeit; ganz im Gegenteil."[259])

Der Dalai Lama befragte das eiligst herbeigerufene ⇨ Staatsorakel, was er denn tun solle. Dessen höherer Ratschluß bedeutete ihm, auf keinen Fall einen Fluchtversuch zu unternehmen, sondern in Lhasa zu bleiben und den Dialog mit den Chinesen aufrechtzuerhalten. Am 16. März – die Menschenmassen campierten nun seit genau einer Woche vor dem Norbulingka-Palast – erhielt er einen Brief von Dan Guansan, der einen Angriff chinesischen Militärs ankündigte. Bei einer erneuten Befragung des Orakels wurde ihm diesmal der Rat erteilt, Lhasa noch am selben Tag zu verlassen; auch sonstig betriebene Mantik und Hellseherei deutete auf die Notwendigkeit sofortiger Flucht hin. Wie er später erst erfahren habe, sei in jenem Kloster, in dem die büffelköpfige Schutzgottheit Tibets warnend den Kopf verdreht hatte, bevor er im Sommer 1954 nach Beijing aufgebrochen war, an eben diesem „Tag des Schicksals" Blut über die Wände eines Gebetsraumes geflossen.[260]

Abb. 13: Auf dem Weg ins Exil

Laut Darstellung des Dalai Lama verließen seine engsten Mitarbeiter auf Planwagen versteckt Norbulingka. Er selbst habe die hereinbrechende Nacht abgewartet und sei, bekleidet mit einer Hose und einem schwarzen Mantel, quer durch die Menge entkommen, ohne erkannt zu werden;

begleitet hätten ihn nur zwei Bedienstete: „Zum erstenmal in meinem Leben hatte ich wirklich Angst, weniger um mich selbst als um die Millionen von Menschen, die ihren ganzen Glauben in mich gesetzt hatten."[261] Konsequenz dieser angeblichen Sorge um das Wohl seines Volkes: keine. Außerhalb Lhasas traf er mit seinen aus Norbulingka geflohenen Mitarbeitern – auch seine Mutter und zwei seiner Geschwister befanden sich darunter – und einem Trupp Guerillakämpfer zusammen, die bereits die weitere Flucht organisiert hatten. Auf Ponys und Maultieren, die von einem nahegelegenen Kloster bereitgestellt worden waren, zog die Fluchtkarawane des Dalai Lama, immerhin rund achtzig Personen, in die Berge zum Che-La-Paß hoch über Lhasa. Bei Tagesanbruch entdeckte man, „daß es in der Eile zu einer lustigen Verwechslung bei den Reittieren und ihren Zäumen gekommen war. Da das Kloster, das uns die Tiere zur Verfügung gestellt hatte, erst unmittelbar zuvor benachrichtigt worden war, hatte man in der Dunkelheit den besten Tieren die schlechtesten Sättel aufgebunden und sie den falschen Personen zugeteilt, während einige der struppigsten und ältesten Maulesel das feinste Geschirr trugen und von den ranghöchsten Beamten geritten wurden."[262]

Die penetrante Art des Dalai Lama, anstelle einer politischen Lagebewertung mit irgendwelchen Banalstories um Sättel und Zaumzeug aufzuwarten, erscheint vor dem Hintergrund der Bedrohung, in der er die Menschen vor dem Norbulingka-Palast zurückließ, als nachgerade obszön. Nach der Überquerung des Che-La-Passes stieß eine Truppe von rund dreihundertfünfzig Soldaten der tibetischen Armee zu der Karawane, desweiteren etwa fünfzig – teils CIA-trainierte – Guerillakämpfer. Ebenfalls dazu kam ein CIA-Agent, der über Funk in steter Verbindung mit seinem Hauptquartier stand (die „Flucht" war schon Monate vorher in Washington geplant und organisiert worden). In größter Eile bewegte man sich in Richtung indischer Grenze (gleichwohl die Chinesen an einer Verfolgung des annähernd 500 Personen umfassenden Trecks keinerlei Interesse zeigten). Am fünften Tag wurde die Karawane von einer Gruppe an Reitern eingeholt, die Nachricht aus Lhasa überbrachten: „Kaum mehr als achtundvierzig Stunden nach meiner Abreise", so der Dalai Lama, „hatten die Chinesen begonnen, den Norbulingka mit Granatfeuer zu beschießen und mit Maschinengewehren auf die wehrlose Menschenmenge zu feuern, die sich immer noch dort befand. Meine schlimmsten Befürchtungen hatten sich somit bewahrheitet. (...) Das einzige, was wir jetzt tun konnten, war, so schnell wie möglich weiterzukommen."[263]

Nach mehr als einer Woche erreichte man die Klosterfestung Lhüntse Dzong unweit der indischen Grenze. In einer eigenen Kundgebung erklärte der Dalai Lama das „Siebzehn-Punkte-Abkommen" für ungültig und sich samt der von ihm eingesetzten Regierung zur einzig rechtmäßigen Autorität Tibets. Den weiteren Verlauf der Flucht bis zum Überschreiten der Grenze beschreibt er in gewohnt egozentrischer Anekdotik: Sein Zelt sei nicht wasserdicht gewesen und bei den starken Regenfällen, die bereits seit Tagen das Fortkommen erschwerten, habe er sich eine fiebrige Amöbenruhr zugezogen: „Am nächsten Morgen war ich zu krank, um weiterzureisen. So blieben wir, wo wir waren. Meine Reisegefährten brachten mich in ein kleines Haus, das aber auch nicht viel mehr Schutz bot als mein Zelt. Zudem bedrückte mich der Gestank der Kühe, der vom Erdgeschoß in meine Kammer heraufdrang."[264] Tags darauf konnte er weiterziehen und überschritt mit seiner Entourage die indische Grenze; seine Begleittruppen kehrten nach Lhasa zurück.

Eine Delegation indischer Regierungsbeamter nahm den Dalai Lama an der Grenze in Empfang und begleitete ihn samt seinem Tross nach Bomdila, einer größeren Stadt etwa eine Wochenreise entfernt. Dort blieb er für eineinhalb Wochen und kurierte seine Darmerkrankung aus. Mitte April 1959, vier Wochen nachdem er Lhasa verlassen hatte, wurde er über die Pläne der indischen Regierung hinsichtlich der Gewährung von Asyl unterrichtet. Man bot ihm an, sich vorläufig in Mussoorie (im nördlichsten Teil des heutigen Bundesstaates Uttar Pradesh), nur wenige Autostunden nordöstlich der Hauptstadt Delhi, niederzulassen.

An einem der folgenden Tage brachte man ihn zum nächstgelegenen Bahnhof nach Tezpur, an dem bereits ein Sonderzug für ihn bereitgestellt war. Zahllose Vertreter der internationalen Presse waren zugegen, darüberhinaus erwarteten ihn hunderte von Botschaften, Briefen und Telegrammen mit Grüßen und Glückwünschen aus aller Welt. Seine in Indien lebenden Brüder Thupten Jigme Norbu und Gyalo Thöndup hatten propagandistisch ganze Arbeit geleistet. In einer eigenen Presseerklärung gab er eine Zusammenfassung der Ereignisse in Lhasa zu Protokoll, die zu seiner Flucht geführt hatten. Die Eisenbahnreise in das rund zweieinhalbtausend Kilometer westlich gelegene Mussoorie wurde zu einem Triumphzug: „Auf dem Weg (zum Bahnhof) drängten sich Hunderte, wenn nicht Tausende von Menschen um unseren Konvoi, um zu winken und mir ihre Willkommensgrüße entgegenzurufen. Das ging auf der ganzen Reise bis Mussoorie so. An manchen Stellen mußten sogar die Schienen von der jubelnden Menge geräumt werden. Nachrichten verbreiten sich in ländlichen Gegenden wie Lauffeuer, und es hatte den Anschein, daß jeder wußte, wer in jenem Zug fuhr. Tausende und Abertausende von Menschen waren zusammengekommen und riefen mir begeistert zu. (...) Ich war tief gerührt."[265] Nach mehrtägiger Zugreise kam er schließlich in Dehra Dun an, wo erneut eine große Willkommensfeier für ihn veranstaltet wurde. Anschließend wurde er in das nahegelegene Mussoorie chauffiert, ein ehemaliges britischen *hill resort* (eine Art Sommerfrische) in den Ausläufern des Himalaya. Dort bezog er Birla House, die Urlaubsresidenz einer der reichsten Familien Indiens. Birla House wurde für das kommende Jahr seine Heimstatt.

Eine seiner ersten Amtshandlungen im Exil war die Korrektur einer Meldung der Nachrichtenagentur *Neues China* in Zusammenhang mit seiner Presseerklärung von Tezpur. Diese Erklärung sei von den Chinesen als „grobschlächtiges Dokument" bezeichnet worden, „voller Denkfehler, Lügen und Ausflüchte". Der Aufstand des tibetischen Volkes, so die Meldung, sei von einer „reaktionären Clique aus den gehobenen Schichten" organisiert, von der Volksbefreiungsarmee aber vollständig zerschlagen worden. Der Dalai Lama gab umgehend ein weiteres Presse-Kommuniqué heraus, in dem er seine Sicht der Dinge bekräftigte.

Ende April 1959 besuchte der indische Premierminister Jawaharlal Nehru den Dalai Lama in Birla House. Er machte deutlich, daß an eine Anerkennung der in Lhüntse Dzong proklamierten „Regierung" des Dalai Lama durch Indien nicht zu denken sei. Vielmehr sei Indien fest entschlossen, sich an den mit China vereinbarten Pakt gegenseitiger Nicht-Einmischung in innere Angelegenheiten zu halten. Die Gewährung von politischem Asyl für den Dalai Lama sah Nehru hierzu nicht in Widerspruch; ebensowenig die Bereitstellung von Auffanglagern für die zwischenzeitlich in Massen über die Grenze strömenden tibetischen Flüchtlinge.

Die Chinesen, wie der Dalai Lama von den Flüchtlingen erfuhr, hätten nach der Bombardierung des Norbulingka-Palastes auch den Potala und den Jokhang-Tempel beschossen und beiden Gebäuden erheblichen Schaden zugefügt; die medizinische Hochschule gegenüber dem Potala sei vollkommen zerstört worden. Tausende von Menschen seien bei den Kämpfen verletzt oder getötet worden (der Dalai Lama gibt später eine Zahl von siebenundachtzigtausend Toten als Opfer militärischer Aktionen an[266]; eine Differenzierung nach Kampfparteien unterläßt er wohlweislich [ebenso wie das chinesische Propagandapapier, auf das er sich bezieht], was die Suggestion nährt, es habe sich ausschließlich um tibetische Opfer gehandelt: laut Report des *US Joint Publications Research Service* in Washington waren indes *drei von vier* der insgesamt etwa 65.000 Toten Chinesen[267]). Tausende tibetischer Familien versuchten, das Land zu verlassen. Wie der Dalai Lama schreibt, seien hierbei viele Menschen ums Leben gekommen: „Entweder gerieten sie in die Hände der Chinesen und wurden von ihnen umgebracht, oder sie starben an Verletzungen, Unterernährung, Krankheit und Kälte. Diejenigen, denen es gelang zu fliehen, kamen in einem völlig heruntergekommenen Zustand an."[268] Die von der indischen Regierung eiligst bereitgestellten Auffanglager in der Nähe von Tezpur und in Buxa Duar nahe der Grenze zu Bhutan erwiesen sich allein aus klimatischen Gründen als gänzlich ungeeignet für die Flüchtlinge. Im feucht-heißen Klima des indischen Flachlandes grassierten Krankheiten, gegen die die Tibeter keinerlei Immunität aufwiesen. Nehru setzte sich dafür ein, daß für die Flüchtlinge – Mitte Juni war der Strom bereits auf zwanzigtausend Menschen angeschwollen – Auffang- und Durchgangslager in geeigneteren Regionen eingerichtet würden.

Ende Juni 1959 gab der Dalai Lama in Mussoorie eine große Pressekonferenz, an der hundertdreißig Journalisten aus aller Welt teilnahmen. Erneut beschrieb er detailliert die Greueltaten der Chinesen und erklärte in der Folge das „Siebzehn-Punkte-Abkommen" nocheinmal für ungültig; seine Regierung im Exil sei die einzig legitime Vertretung Tibets. Eine Reihe internationaler Hilfsorganisationen nahm sich der Sache der Exil-Tibeter an, auch die UNO-Vollversammlung befaßte sich in einer Resolution mit der Lage in Tibet. Im September 1959 – inzwischen waren rund dreißigtausend Flüchtlinge in indischen Auffanglagern untergebracht – reiste der Dalai Lama nach Delhi zur Diskussion eines Plans, eine tibetische Exilgemeinde in Südindien aufzubauen. Ein Areal von zwölfhundert Hektar unweit der Stadt Mysore (im heutigen Bundesstaat Karnataka) sollte hierfür von der indischen Regierung zur Verfügung gestellt werden. Trotz erheblicher Bedenken hinsichtlich der klimatischen Verhältnisse in Südindien ging der Dalai Lama auf das Angebot ein (er selbst mußte ja nicht dort leben): „Ich war mir sicher, daß sich mein Volk mit der Zeit den Verhältnissen anpassen würde."[269] Im übrigen seien „die Aussichten, bald wieder nach Tibet zurückzukehren, eher gering [gewesen], und so mußten wir uns mit dem Gedanken tragen, uns für eine Zeitlang hier in Indien anzusiedeln. Nur so war es möglich, ein Unterrichtsprogramm zu entwickeln und umzusetzen sowie entsprechende Maßnahmen zu ergreifen, um den Fortbestand der tibetischen Kultur zu sichern."[270] Ein knappes halbes Jahr später begannen die ersten tibetischen Siedler, das Land bei Mysore bewohnbar zu machen.

Im Dezember 1959 unternahm der Dalai Lama mitsamt seinem Hofstaat erneut eine Pilgerreise an jene heiligen Orte, die er Anfang 1957 schon einmal besucht hatte. In ⇨ BodhGaya (im heutigen Bundesstaat Bihar), dem Ort, an dem Buddha der Legende nach seine Erleuchtung erlangt hatte, erteilte er einer Gruppe von einhundertvierzig tibetischen Novizen die Mönchsweihe; anschließend reiste er nach Sarnath (im heutigen Bundesstaat Uttar Pradesh, nahe der Stadt Benares), einer weiteren heiligen Stätte des Buddhismus: hier soll Buddha seine erste Lehrrede gehalten haben. An eben derselben Stelle veranstaltete der Dalai Lama eine einwöchige religiöse Massenunterweisung; unter den Teilnehmern befanden sich mehrere Tausend tibetische Exilanten, die eigens seinetwegen angereist waren.

1960

Kurz nach seiner Rückkehr nach Mussoorie Ende Januar 1960 erhielt der Dalai Lama die Nachricht, die indische Regierung beabsichtige, ihm einen ständigen Wohnsitz in Dharamsala, einer relativ unbedeutenden Kleinstadt im Bundesstaat Himachal Pradesh, nahe an der Grenze zu Kashmir, zuzuweisen. Zunächst wenig angetan von dieser Idee und im Verdacht, „daß die indische Regierung uns an einen schwer zugänglichen Ort abschieben wollte, in der Hoffnung, wir Tibeter würden dadurch aus dem Blickwinkel der Öffentlichkeit verschwinden",[271] schickte der Dalai Lama einen Beamten vor, die Örtlichkeiten zu sondieren. Da dieser Dharamsala – genauer gesagt ging es um einen kleinen Ort namens McLeodGanj, wie Mussoorie ein ehemaliges britisches *hill resort* etwas außerhalb in den Bergen – als vorzüglich geeignet beschrieb, traf man Vorkehrungen, schnellstmöglich dorthin umzuziehen. (Später wurde dann behauptet, der Dalai Lama selbst habe McLeodGanj als Sitz seiner Exilregierung ausgesucht.[272])

Noch vor seinem Umzug besuchte der Dalai Lama jene tibetischen Fluchtlingslager, die die indische Regierung auf seinen besonderen Wunsch hin in klimatisch gemäßigteren Zonen nördlicher Landesteile eingerichtet hatte. Schon im Sommer 1959 hatte er einem Plan zugestimmt, die Flüchtlinge an Straßenbaustellen einzusetzen, da sie auf diese Weise ihren Lebensunterhalt selbst verdienen könnten: „Als ich sie (jetzt) sah, brach es mir fast das Herz. Kinder, Frauen und Männer arbeiteten Seite an Seite in Kolonnen; ehemalige Nonnen, Bauern, Mönche, Beamte – alle waren durcheinandergewürfelt. Tagsüber mußten sie vom frühen Morgen an in der sengenden Hitze härteste Arbeit leisten und nachts schliefen sie zusammengepfercht in winzigen Zelten. Noch hatte sich niemand richtig akklimatisiert, und obwohl es etwas kühler als in den Durchgangslagern war, forderten die Hitze und die Feuchtigkeit doch einen erschreckend hohen Tribut. Die Luft roch schlecht und war voller Moskitos. Krankheiten waren weit verbreitet und oft verhängnisvoll, da die Menschen ohnehin schon geschwächt waren. Hinzu kam, daß die Arbeit sehr riskant war. Meist wurde sie an steilen Berghängen ausgeführt und erforderte den Einsatz von Dynamit, was zusätzlich zu einer nicht unbeträchtlichen Zahl von Opfern führte. (...) Aber trotz ihrer verzweifelten Lage begegneten sie mir immer mit tiefstem Respekt und hörten mir aufmerksam zu, wenn ich ihnen sagte, wie lebensnotwendig es sei, daß sie ihre Ausdauer beibehielten."[273] Mit derlei Berichten über die katastrophalen Lebensbedingungen der tibetischen Exilanten trat der Dalai Lama immer wieder an die Öffentlichkeit. Unabhängig davon, wie heillos übertrieben und klischiert seine Darstellungen in der Regel waren: In vergleichsweise kurzer Zeit wurden mit massiver Unterstützung internationaler Hilfsorganisationen mehrere tibetische Stützpunkte in Indien mit weitgehend autonomer Infrastruktur geschaffen.

Am 30. April 1960 kam der Dalai Lama zusammen mit etwa achtzig seiner engsten Mitarbeiter in ⇨ Dharamsala an. In dem etwas außerhalb der Bezirkshauptstadt gelegenen Ort McLeodGanj bezog er die ehemalige Residenz des britischen Standortkommandanten, die man eigens für ihn renoviert hatte. Für seine Gefolgschaft hatte man drei weitere Gebäude vorbereitet. Innerhalb kürzester Zeit wurden bestehende Anlagen hergerichtet und zahlreiche Neubauten erstellt, so daß Ende des Jahres die gesamte Führungselite des Dalai Lama in McLeodGanj untergebracht werden konnte.

Finanziert wurde der Aufbau des „Exil-Regierungssitzes Seiner Heiligkeit" über großzügige Zuwendungen des indischen Staates sowie internationale Spendenaufkommen. Friedensreich Hundertwasser beispielsweise malte ein Solidaritätsbild. Als „Erweis seiner Dankbarkeit" vor allem der westlichen Unterstützerszene gegenüber (und um möglicher Kritik an der bisherigen Feudalstaatlichkeit des Gelbmützen-Regimes zuvorzukommen) stellte der Dalai Lama die Neustrukturierung der (Exil-) Verwaltung unter ausdrücklich „demokratische" Vorzeichen: „Am 2. September setzte ich die Kommission der Abgeordneten des Tibetischen

Volkes ein. Die Mitgliedschaft in diesem höchsten legislativen Organ der Regierung stand frei gewählten Vertretern der drei tibetischen Provinzen Ü-Tsang, Kham und Amdo offen. Außerdem waren Sitze für die Vertreter der wichtigsten Richtungen innerhalb des tibetischen Buddhismus vorgesehen. Später schloß man noch Anhänger der älteren Bön-Religion ein. Die Kommission, die jetzt offiziell Versammlung der Abgeordneten des Tibetischen Volkes heißt (auf tibetisch: 'Bö Mimang Chitü Lhenkhang'),

Abb. 14: Dalai Lama mit seiner Mutter

gleicht in ihrer Funktionsweise einem Parlament. (...) Die Beschlüsse der Volksabgeordneten sind rechtskräftig und müssen dem Resultat der Abstimmung entsprechend ausgeführt werden."[274] Zu Beginn des folgenden Jahres legte die exiltibetische Regierung überdies einen Verfassungsentwurf für ein „demokratisch geordnetes Tibet" vor, in dem sogar vorgesehen war, daß der Dalai Lama mit einer Zweidrittelmehrheit der Nationalversammlung abwählbar sei (!). Weiteres zentrales Anliegen der ersten Zeit im Exil, so „Seine Heiligkeit", sei „die Erhaltung der Religion (gewesen). Ohne sie, das wußte ich, würde der Urquell unserer Kultur versiegen."[275] Ein Großteil der eingehenden Finanzmittel wurde folglich zum Aufbau klösterlicher Anlagen und zur Ausbildung monastischen Nachwuchses verwendet.

Die Exilanten, die sich in McLeodGanj um den Dalai Lama einfanden, waren durchwegs Angehörige der tibetischen Oberschicht gewesen. Selbstredend hatten sie vor ihrer Flucht alles Verfügbare an Gold, Silber, edlen Steine und sonstigen Wertgegenständen zusammengerafft und mitgenommen, so daß sie auch im Exil unter keinem Mangel litten. Die vielkolportierten Behauptungen des Dalai Lama, die meisten seiner Regierungsbeamten hätten unter erbärmlichen Bedingungen leben müssen, waren nichts als Mythos zur Ankurbelung des Spendenaufkommens: „Viele von ihnen, darunter sogar einige ältere Herren, waren gezwungen, in sehr ärmlichen Verhältnissen zu leben – einige sogar in Kuhställen. Das taten sie aber bereitwillig und ohne sich je zu beklagen. (...) Jeder tat, was er konnte, um die zerschlagene Existenz unserer Landsleute wieder aufzubauen, ohne dabei je auf den eigenen Vorteil bedacht zu sein."[276] Reichlich grotesk nimmt sich da die Beschreibung seiner eigenen Lebensverhältnisse in den ersten Jahren des Exils aus: Seitenweise läßt er sich in seinen Memoiren über seine beiden Hunde aus, über sein neues Freizeitvergnügen Badminton, über Wanderungen ins Dhauladar-Gebirge und Schneeballschlachten mit seiner Familie. Ansonsten habe er viel meditiert und im Herbst 1960 mit den Arbeiten an seiner ersten Autobiographie *Mein Leben und mein Volk* begonnen, die er zusammen mit dem englischen Schriftsteller David Howarth zu Papier brachte.

Im übrigen verfügte auch die Regierungsspitze des Dalai Lama über nicht unerhebliche Mittel, die aus Tibet herausgeschafft worden waren. Die fünfzig bis sechzig mit Goldstaub und Silberbarren gefüllten Kisten aus den Schatzkammern des Potala, die anläßlich seiner ersten Flucht Anfang 1951 nach Dromo an der sikkimischen Grenze transportiert worden waren, hatte man nie nach Lhasa zurückgebracht, sondern voraussehend in Sikkim deponiert. Das Edelmetall wurde nunmehr auf dem Devisenmarkt in Kalkutta verkauft, wo es den für die damalige Zeit (und insbesondere für die Verhältnisse in einem Dritt-Welt-Land) ungeheueren Ertrag von rund acht Millionen US-Dollar erzielte. Der größte Teil dieses Geldes wurde von der exiltibetischen Regierung in dilettantisch aufgezogenen Projekten vergeudet, was der Dalai Lama wie folgt kommentierte: „Im nachhinein ist mir klar, daß dieser Schatz dem ganzen tibetischen Volk gehörte, nicht nur denen, die imstande waren zu fliehen. Wir hatten keinen alleinigen Anspruch, kein karmisches Anrecht darauf."[277] Was nun das „ganze tibetische Volk" davon hatte, daß das Geld von ihm und seiner Führungsclique verschleudert worden war, beantwortet er nicht. In einer Mitte der 1980er veröffentlichten *autorisierten* Biographie heißt es hierzu lapidar, das Geld sei tatsächlich „persönliches Eigentum des Dalai Lama" gewesen, das er karitativerweise der Exilgemeinde zur Verfügung gestellt hatte; im übrigen habe man beim Verkauf des Goldes sehr viel weniger als acht Millionen Dollar erhalten.[278]

1961

Zu Beginn der sechziger Jahre wurden in verschiedenen indischen Bundesstaaten insgesamt mehr als zwanzig exiltibetische Siedlungen errichtet, die der Dalai Lama reihum besuchte: „Oft mußte ich während meiner Besuche in den Lagern die Flüchtlinge in ihrer Verzweiflung trösten. Die Vorstellung, so weit von zu Hause entfernt und ohne jede Hoffnung zu sein, Eis oder Schnee, geschweige denn unsere geliebten Berge zu sehen, war für sie nur schwer zu ertragen. Ich versuchte, ihnen einzureden, nicht so oft an die Vergangenheit zu denken und betonte, wie sehr die Zukunft Tibets von uns Flüchtlingen abhänge. Wenn wir unsere Kultur und unsere Lebensweise erhalten wollten, war es wichtig, starke Exilgemeinden aufzubauen."[279] Jenseits positivdenkerischer Durchhalteparolen hatte er indes nicht viel zu bieten, zahllose Projekte, die mit enormem Finanzaufwand internationaler Hilfsorganisationen konzipiert wurden, setzte seine Verwaltung in den Sand: die jeweiligen Geldmittel versickerten irgendwo beziehungsweise blieben in McLeodGanj hängen.

Zu den wenigen Vorzeigeprojekten der exiltibetischen Regierung zählte seit jeher das Anfang 1961 gegründete *Tibetan Children's Village*, ein Schulheim für tibetische Flüchtlingskinder etwas außerhalb von McLeodGanj; wesentlich finanziert wurde und wird die Einrichtung durch die (ihrer pädagogischen Auffassung wegen umstrittene) österreichische SOS-Kinderdorf-Gesellschaft (heute: Hermann-Gmeiner-Fonds). Welcherart politische Erziehung in dem Kinderdorf von McLeodGanj sowie dessen mittlerweile zahlreichen Zweigstellen in den einzelnen Exilgemeinden betrieben wird, zeigt sich dem Besucher schnell: An den Wänden hängen zahllose Kinderzeichnungen, auf denen brutale Schläger und Folterer in chinesischen Uniformen zu sehen sind.

1964 starb die Leiterin des Kinderdorfes, Tsering Dölma, eine der Schwestern des Dalai Lama, die dort ein Regime des Schreckens geführt hatte. Eine SOS-Helferin aus Irland schrieb über sie: „Zweifellos kompensiert sie den Verlust der Macht, die sie in Tibet über eine ganze Nation hatte, hier in einem Maß, das jede vernünftige Grenze überschreitet."[280] Selbst der Dalai Lama mußte zugeben, daß sie „recht aufbrausend" sein konnte: „Es mag durchaus zutreffen, daß sie sich zuviel darauf einbildete, die Schwester des Dalai Lama zu sein, und daß ihr das zu Kopf gestiegen ist. Man darf nicht vergessen, daß sie ein ungebildetes Bauernmädchen war (...) und nun sollte sie mit Situationen und Aufgaben fertig werden, mit denen sie sonst nie zu tun gehabt hätte."[281] Weshalb er ihr dann die Leitung des Kinderdorfes übertragen hatte, blieb unbeantwortet. Die Nachfolge Tsering Dölmas — Lob der neugewonnenen demokratischen Verhältnisse — trat die andere Schwester „Seiner Heiligkeit", Jetsün Pema, an. Im Frühsommer 1964 starb auch Nehru; sein Nachfolger als Ministerpräsident wurde Lal Bahdur Shrasti, in den der Dalai Lama große Hoffnung in Hinblick auf offizielle Anerkennung seiner Exilregierung setzte.

1962

Im Herbst 1962, der Dalai Lama war gerade einmal siebenundzwanzig Jahre alt, erschien unter dem Titel *My Land, My People* seine erste Autobiographie. Das in London verlegte Werk stieß allerdings außerhalb tibetisch-buddhistischer Kreise auf relativ geringe Resonanz; desgeichen die im selben Jahr in München und Zürich vorgelegte deutschsprachige Fassung *Mein Leben und mein Volk: Die Tragödie Tibets.*

Im November des Jahres rekrutierte der indische Geheimdienst Exil-Tibeter für eine eigene Grenzschutztruppe (Special Frontier Force/SFF), die unter dem Decknamen „Establishment 22" Indiens Himalayagrenze gegen chinesische Angriffe sichern sollte. Neben den Kampfeinheiten in Mustang war damit eine zweite paramilitärische Organisation geschaffen worden, die innerhalb kürzester Zeit eine tibetische Kerntruppe von zehntausendfünfhundert Mann aufwies. Die SFF errichtete — mit Unterstützung der CIA — zwischen Ladakh und Assam ein Netz von Militärbasen und spielte eine entscheidende Rolle in den Indisch-Chinesischen Grenzkonflikten von 1962[282]. In den Memoiren des Dalai Lama wird der Kontakt führender Vertreter der Exilregierung zum indischen Geheimdienst — sein Bruder Gyalo Thöndup hatte solche Kontakte schon Anfang der 50er hergestellt — mit keinem Wort erwähnt.

1965

Im Herbst 1965 brach der Indisch-Pakistanische Krieg aus, dessen Front nur knapp einhundertfünfzig Kilometer Luftlinie von Dharamsala entfernt lag. In Gegensatz zum Grenzkrieg zwischen Indien und China von 1962, der ihn persönlich nicht bedroht hatte, machte er sich diesmal sofort auf den Weg zu einer Inspektionsreise nach Südindien. Hatte er seinerzeit noch pastoral gesalbadert: „Was diese Geschehnisse für uns Tibeter aber besonders schmerzlich machte, war der Umstand, daß wir tatenlos mit zusehen mußten, wie unsere Retter, die Inder, von tibetischem Boden aus von chinesischen Soldaten gedemütigt wurden",[283] so berichtet er diesmal nur, wie traurig er über die herrschenden Zustände ganz allgemein gewesen sei. Eine politische Bewertung der jeweiligen Grenzkonflikte fehlt, wie üblich, komplett.

Die zunächst besuchte Siedlung Bylakuppe unweit von Mysore (im Bundesstaat Karnataka), die mit enormen Anfangsschwierigkeiten zu kämpfen gehabt hatte, zeigte sich ihm als wirtschaftlich und sozial aufstrebende Gemeinschaft von inzwischen mehr als dreitausend Menschen. Mit Hilfe enormer Sach- und Geldspenden vor allem des Internationalen Roten Kreuzes war es gelungen, innerhalb von fünf Jahren eine weitgehend autarke Kommune zu entwickeln. Obwohl weder er persönlich noch seine Exilregierung in Dharamsala irgendeinen Anteil am Aufbau Bylakuppes oder anderer Ansiedlungen in Südindien hatten – ganz im Gegenteil, hält man sich die verschleuderten Gelder, die zu deren Unterstützung vorgesehen waren, vor Augen –, sieht der Dalai Lama diesen als verdienstvolles Resultat seiner Politik: „Ich war sehr glücklich, als ich all die Fortschritte sah. Sie bestätigten meinen Glauben an die Kraft einer positiven Einstellung, wenn diese mit großem Tatendrang verbunden ist."[284] Ende der 1960er Jahre wurden in Karnataka die im früheren Tibet führenden Klöster Ganden, Drepung und Sera neu gegründet.

Nach einem kurzen Aufenthalt in Bylakuppe verbrachte er mehrere Wochen in der Residenz des Gouverneurs von Kerala, dem südlichsten Bundesstaat Indiens. Wortreich beschreibt er in seinen Memoiren, wie er zufällig das Schlachten eines Huhns beobacht habe, woraufhin er, von Mitgefühl übermannt, auf der Stelle zum Vegetarier konvertiert sei. Bis dahin hatte er es mit der üblichen Bigotterie buddhistischer Mönche und Nonnen gehalten, sehr wohl Fleisch zu essen, die dafür notwendigen Tiere jedoch von moralisch tiefstehenden Andersgläubigen – von Moslems also oder von niedrigkastigen Hindus – schlachten zu lassen, um sich selbst weiterhin vorgaukeln zu können, man tue keinem Insekt etwas zuleide. Wenig später gab er – angeblich auf Anraten seiner Ärzte – die vegetarische Ernährung wieder auf. (Auf seinen Vortragsreisen tut er allerdings gerne so, als sei er überzeugter Nicht-Fleischesser: „Ich meine, daß wir Menschen von Natur aus Vegetarier sind und alle nur denkbaren Anstrengungen unternehmen sollten, anderen Lebewesen keinen Schaden zuzufügen."[285])

1966

Am 10. Januar 1966 wurde zwischen Indien und Pakistan ein Waffenstillstandsvertrag geschlossen, der Krieg war zu Ende. Der Dalai Lama reiste nach McLeodGanj zurück. Auf dem Wege dorthin nahm er in Delhi an der Einäscherungsfeier für den indischen Ministerpräsidenten Shrasti teil, der kurz zuvor verstorben war. Dessen Nachfolgerin wurde Indira Gandhi, zu der der Dalai Lama über ihren Vater Nehru bereits seit Jahren guten Kontakt hatte und der, wie er später schrieb, „für ihre warmherzige Unterstützung der tibetischen Flüchtlinge" er stets zu tiefstem Dank verpflichtet gewesen sei[286] (zur diktatorischen Amtsführung Indira Gandhis, die den Entwicklungsprozeß Indiens weit zurückwarf, weiß er selbstredend nichts zu sagen). Sein gutes Verhältnis zur indischen Ministerpräsidentin sei von der chinesischen Propaganda, die ihn regelmäßig als „Wolf im Mönchsgewand" verunglimpft habe, diffamatorisch umgedeutet worden dahingehend, daß er „Frau Gandhi gewisse verblüffende sexuelle Dienste leistete".[287] Ob es sich hierbei um ein böswilliges Gerücht handelte oder nicht, steht dahin. Die tantrischen Kenntnisse des Dalai Lama sind jedenfalls unbestritten.

Phallokratie der Lamas
Sexualität und Tantra

Wie in den Kodices sämtlicher Religionen finden sich auch im tibetischen Buddhismus detaillierte Anweisungen zu „korrektem Sexualverhalten". Für den Dalai Lama ist Sexualität zunächst gleichbedeutend mit Reproduktion: „Ich denke, daß der Hauptsinn sexueller Beziehungen Kinder sind, frische, schöne Babies. Man sollte nicht einfach nur die sexuelle Lust suchen, sondern auch einen Sinn für Verantwortung, einen Sinn für Verpflichtung haben."[288] Offenes „sexuelles Fehlverhalten" liege allemal da vor, wo nicht die richtigen Körperteile benützt würden: „Sogenannte 'unpassende Körperteile' sind der Mund und der Alter. (...) Ein sexueller Akt ist dann korrekt, wenn das Paar die dafür vorgesehenen Organe benutzt und nichts anderes."[289] Bemerkenswert sind seine Auslassungen über Homosexualität, die er als „nicht ansich inkorrekt" bezeichnet. Inkorrekt sei lediglich der „Gebrauch jener Organe, die als für den sexuellen Akt unpassend betrachtet werden". Wie er sich insofern einen homosexuellen Kontakt vorstellt – auch gegenseitige Onanie ist verboten –, teilt er nicht mit. Gegen solitäre Onanie sei prinzipiell nichts einzuwenden, sofern sie nur und ausschließlich „mit der eigenen Hand" vorgenommen werde.[290] Als „nicht inkorrekt" gelten im übrigen auch Beziehungen zu Prostituierten, allerdings nur unter der Voraussetzung, daß man selbst bezahlt. An anderer Stelle – bezeichnenderweise in einem Interview mit der Zeitschrift *Playboy* – zeigt „Seine Heiligkeit" sich weit weniger konziliant hinsichtlich homosexueller Beziehungen: Wie Buddha selbst ganz unmißverständlich ausgedrückt habe, sei Homosexualität allemal als „Fehlverhalten" zu werten (das entsprechend „schlechtes Karma" nach sich ziehe).[291]

Weitaus interessanter sind die Erörterungen des Dalai Lama zum Thema Zölibat, einem der vier grundlegenden Gelübde (gelbmützen-) monastischen Lebens: „Ein Mönch darf nicht töten, stehlen oder lügen. (...) Er muß auch strikte Keuschheit üben."[292] Es gibt, wie „Seine Heiligkeit" ausführt, „im tibetischen Buddhismus eine ausgeprägte sexuelle Symbolik, besonders in der Darstellung der Gottheiten mit ihren Gefährtinnen [selbst die Mythenfigur Chenrezig, als dessen Inkarnation der Dalai Lama gilt, wird gelegentlich *in coitu* dargestellt, d. A.], woraus oftmals ein falscher Eindruck entsteht. Das Sexualorgan wird zwar benutzt, aber der Fluß der Energie wird völlig beherrscht. Die Energie sollte sich niemals entladen. Sie muß kontrolliert und schließlich in andere Teile des Körpers zurückgeführt werden. Tantra-Praktizierende müssen die Fähigkeit entwickeln, ihre Anlagen zur Glückseligkeit und die Glücks-erfahrungen, die durch das Strömen der regenerativen Kräfte in den eige-nen Energiekanälen hervorgerufen werden, zu nutzen. Entscheidend ist die Fähigkeit, sich vor dem Fehler des Samenergusses zu hüten. Da es sich nicht um einen gewöhnlichen Sexualakt handelt, kann man die Ver-bindung zur Enthaltsamkeit herstellen."[293] In anderen Worten: solange Mönch oder Lama nicht ejakulieren, können – und sollen! – sie sich durchaus verschiedenster sexueller Aktivitäten befleißigen, die „Benut-zung des Sexualorgans", sofern korrekt vorgenommen, sei ohne weiteres mit dem Gelübde des Zölibats vereinbar. Derlei sexuelle Praktiken, so der Dalai Lama spitzfindig, „sind in Wahrheit kein Sex, auch wenn es so aus-sieht".[294] Die ständig vorgetragene Behauptung „Seiner Heiligkeit", er habe sein „ganzes Leben lang im Zölibat gelebt"[295], erhält unter diesem Gesichtspunkt eine völlig andere Bedeutung.

Worum es bei den Sex-Praktiken der Lamas, die angeblich nur so aus-sehen, nach Auffassung des Ober-Lamas geht, erschließt sich durch einen genaueren Blick auf das Wesen des tibetischen Buddhismus: Die in Tibet ausgeprägte und bis heute (als „Staatsreligion"!) herrschende buddhisti-sche Lehre ist die des sogenannten Vajrayana (sanskrit: Diamantszepter-, Blitz- oder Phallusgefährt), eine Untergliederung des sogenannten Maha-yana (sanskrit: Großes Gefährt [zur Erleuchtung], ⇨ Exkurs 3). Im Ge-gensatz zu sämtlichen sonstigen Schulen des Buddhismus verspricht das „Phallusgefährt" seinen Anhängern die Möglichkeit, innerhalb eines ein-zigen Lebens Erleuchtung zu erlangen und damit aus dem leidvollen Kreislauf der Wiedergeburten auszusteigen (⇨ Exkurs 2). Vajrayana, auch tantrischer Buddhismus genannt, versteht sich insofern als weitest-entwickelte Schule der buddhistischen Lehre, die alle anderen Schulen übertreffe beziehungsweise in sich integriere. Tantrismus stellt im Westen die verbreitetste Form des Buddhismus dar.

Neben den auch in den sonstigen Schulen üblichen Meditationsprakti-ken bietet Vajrayana eine Vielzahl tantrischer Rituale und Übungen, durch die die Erlangung der Buddhaschaft beschleunigt werde. Das We-sentliche dieser Übungen, wie der Begriff „Phallusgefährt" mehr als nur andeutet, ist (phallischer) Sex; oder etwas moderater ausgedrückt: die „Beherrschung und Kanalisation der sexuellen Energie".[296] Der Dalai Lama, laut seiner Hofbiographin Claude Levenson „als Erbe zahlreicher

Transmissionsketten des esoterischen Wissens (...) auch ein großer tantrischer Meister", erläutert dies in gewohnt profunder Manier: „Der menschliche Körper ist eine Energiekonfiguration, bestehend aus 72.000 Kanälen, Energieströmen und energetischen Kraftkonzentrationen (Tropfen der Lebenskraft) und der inneren Energie, die sich in den Kanälen befinden. Indem wir die Kraftkonzentrationen in den Kanälen mittels Strömen manipulieren, durchqueren wir verschiedene Bewußtseinsebenen oder -zustände", vom „Emanationskörper" über den „Seligkeitskörper" hin zum „Erleuchtungskörper des Buddha". Er vergißt nicht zu erwähnen, daß das Ganze „äußerst gefährlich" sei; es dürfe „nicht ohne einen kompetenten Führer vollzogen werden, denn es kann zu Wahnsinn oder Tod führen".[297]

Abb. 15: Tantrisches Meditationsbild

Was immer die tantrischen Darlegungen des Dalai Lama auch bedeuten mögen: Erleuchtung ist in der Vorstellung des tibetischen Buddhismus nur durch *reale* sexuelle Betätigung zu erlangen; in den höheren Einweihungsgraden nur und ausschließlich durch Sexualkontakt zu *realen* Frauen (es geht, wohlgemerkt, immer nur um die Erleuchtung der *Männer*, der die Frauen zuzuarbeiten haben). Wie der Dalai Lama erklärt, müsse das alles indes „verborgen gehalten [werden], weil es für den Geist vieler nicht geeignet ist. (...) Eine offene Verbreitung ist untersagt, und die Übenden müssen Geheimhaltung gegenüber jenen praktizieren, die keine Gefäße für diesen Pfad [Eingeweihte in die höheren Stufen des Tantra, d. A.] sind.“[298]

Zugang zu den Geheimpraktiken des „Phallusgefährtes“ hatte seit jeher nur eine kleine Elite innerhalb der monastischen Hierarchie, die sich im Verborgenen – es war und ist dies nicht einmal den unteren Chargen bekannt, geschweige denn dem „gemeinen Volk“ – eigens rekrutierter „Sexgefährtinnen“ (tibetisch: *Songyum*) bediente. Während die einfachen Mönche zu sexueller Enthaltsamkeit beziehungsweise zu tantrischen Praktiken lediglich in Gestalt von Visualisierungsübungen, sprich: masturbatorisch und ohne reale Frau, verpflichtet wurden und werden, hatten höhere Lamas schon immer ihre geheimen Konkubinen zur Hand.

Einige der Groß-Lamas, beispielsweise der Sechste Dalai Lama Tsangyang Gyatso (1683-1706), pflegten ihre ausschweifenden sexuellen Kontakte zu Frauen auch ganz offen.[299] Auch sein Vorgänger, der sogenannte „Große Fünfte Dalai Lama“ (1617-1682) lebte keineswegs zölibatär; einer seiner Söhne, Sangye Gyatso (1653-1705), übernahm sogar nach dem Tod des Vaters die Regentschaft. Der Zehnte Panchen Lama (1938-1989), zweithöchster Lama in der Gelbmützen-Hierarchie, kündigte 1978 sein Zölibatsgelübde offiziell auf und heiratete eine seiner Sexgefährtinnen; seiner Rolle und Funktion als Groß-Lama tat dies keinerlei Abbruch.[300]

In der Regel aber wurde und wird die Existenz der Konkubinen streng geheimgehalten, damit, wie die britische Tibetologin und gläubige Buddhistin June Campbell – selbst jahrelang „Sexgefährtin“ eines hohen Lamas – es beschreibt, „die hochgestellten Mönche im klösterlichen Kontext sexuelle Praktiken ausführen können, der Fortbestand des Systems [gemeint ist das tibetische ⇨ Tülku-System, d. A.] dadurch jedoch nie gefährdet wird. In der Öffentlichkeit kann der Lama weiterhin als Mönch auftreten, der an das Gelübde sexueller Enthaltsamkeit gebunden ist, obwohl er tatsächlich unter strikter Geheimhaltung sexuell aktiv ist.“[301]

Die beteiligten Mädchen und Frauen (ebenso wie die engsten Vertrauten des jeweiligen Lamas und die sonstigen Beteiligten – Eltern, Brüder,

Gegengift

auch Ehemänner –, die diesen die Frauen zuführen) wurden und werden durch massive Einschüchterung und Bedrohung, unter anderem mit grausigen Höllenqualen, zu absolutem Stillschweigen verpflichtet. Überdies wurde und wird den Frauen suggeriert, sie könnten durch die sexuelle Beziehung mit einem Lama – im Bezugssystem des Vajrayana: einem „lebenden Buddha" – jede Menge „gutes Karma" für künftige Inkarnationen ansammeln; allerdings nur, wenn sie diese geheimhielten. Vielfach wurden und werden die jeweiligen Frauen auch durch „magische" Rituale „in Bann geschlagen", um sie zu ängstigen und dadurch mundtot zu machen; dem Lama, so die perfide Suggestion, stehe eine Vielzahl an Zaubersprüchen zu Gebot, mittels derer er anderen Menschen namenlose Qualen schicken, sie zu Stein erstarren oder augenblicklich in zwei Hälften zerfallen lassen könne.[302] Im übrigen gewährleistet allein die apriorische Verpflichtung des Gehorsams und der Hingabe dem Lama gegenüber, daß dessen Verschwiegenheitsanordnung befolgt wird. Feldforscher ⇨ Ernst Schäfer, der sich Ende der 1930er auf Einladung der tibetischen Regierung für längere Zeit in Lhasa aufhielt, beobachtete das Sexualverhalten des hohen Klerus mit dem Interesse des Ethnologen: „So geben sich", wie er notiert, „die Meister der Geheimlehren sexuellen Exzessen hin und lehren ihre Schüler, daß es gemäß der Alleinheitslehre ein heilfördernder Akt sei, dem verehrten Guru die Gattin, die Geliebte oder die Tochter anzubieten."[303] Nicht immer, wie er anmerkt, seien die betroffenen Frauen davon angetan: vielfach beschmierten sie sich das Gesicht mit fettigem Ruß „und erblicken in solcher Verunstaltung der Gesichtszüge nicht so sehr ein Antidot gegen den Sonnenbrand, sondern auch ein Abwehrmittel gegen die Lüsternheit der Lamas".[304] Im übrigen habe er beobachten können, wie „höchste priesterliche Würdenträger Orgien mit Straßenmädchen" feierten, bei denen, wie üblich in den Klöstern, auch reichlich Alkohol geflossen sei.[305]

Seitens der Lamas wurden und werden sexuelle Praktiken mit realen Frauen kategorisch abgestritten, selbst dann, wenn sie ihnen unabstreitbar nachgewiesen worden sind. In der Regel wird behauptet, bei den tantrischen Ritualen handle es sich eo ipso und *ausschließlich* um imaginatives Geschehen, um das „meditative Visualisieren der Vereinigung einer männlichen Gottheit mit einer weiblichen Gefährtin" mit dem Ziel, zu tieferen Einsichten in die „Integration polarer Gegensätze" oder das „Wesen der Leere" zu gelangen. Tatsächlich sind derlei Visualisierungsübungen nur *ein* Aspekt der tantrischen Praxis, auf den höheren Stufen der Einweihung bedienten und bedienen sich die Lamas sehr wohl ganz realer Frauen. Die Struktur des tibetischen Buddhismus, so June Campbell, entspreche insofern der einer Geheimgesellschaft: die prinzipielle Geheimhaltung bestimmter Rituale bedeute nicht nur, daß ausschließlich Initiierte Zugang dazu erhielten, sondern daß „selbst vor der Mehrheit der Initiierten bestimmte Vorgänge strikt geheimgehalten werden. Daß es dabei unter anderem um Sexualität geht, kann insofern kaum überraschen, als diese Institution, die nach außen den Anschein aufrechterhält, ihre Mitglieder hielten sich an die für Mönche verbindliche Regel sexueller Enthaltsamkeit, in der uns bekannten Form vermutlich nicht mehr existieren würde, wenn bekannt geworden wäre, welche Bedeutung die Frau tatsächlich *innerhalb des Systems* hatte und hat.“[306]

Der Zweck der Geheimhaltung liegt ganz offenbar nicht in den Ritualen selbst – diese sind aus den tantrischen Texten Indiens, Nepals und selbst Tibets hinlänglich (auch in europäische Sprachen übersetzt) bekannt –, sondern darin, daß der Lama dergestalt die totale Kontrolle über die Frau behalten sowie die Bedingungen diktieren kann, unter denen das sexuelle Verhältnis stattfindet. Wie Campbell schreibt, wurde und wird die Sexgefährtin „wie eine Nicht-Person behandelt; sie unterliegt der Autorität der Traditionslinie und der Lehren, die ihre Rolle als sekundär definieren“.[307] Bei den sexuellen Beziehungen zwischen Lamas und ihren „Gefährtinnen“ handelt es sich *ausnahmslos* um Ausbeutungs- und Mißbrauchsverhältnisse, auch und gerade wenn die Lamas suggerieren, Sex mit ihnen sei *per se* von „höherer Wertigkeit“. Die amerikanische Psychotherapeutin Diane Shainberg, die mit einer Vielzahl westlicher „Sexgefährtinnen“ tibetischer Lamas gearbeitet hat: „In keinem der mir bekannten Fälle war die betroffene Frau in der Lage, dem Geschehen eine positive Bedeutung abzugewinnen (...) all diese Frauen fühlten sich zum Sexualobjekt degradiert. (...) Ich habe bei diesen Frauen nie etwas wahrgenommen, das auch nur im Entferntesten als Gewinn bezeichnet werden könnte. *Nichts.*“[308] Die amerikanische Kulturanthropologin Miranda Shaw bestätigt dies in ihrer Studie über *Frauen im tantrischen Buddhismus*: die Frau werde von den Lamas als „Mittel zum Zweck“ benutzt, als „Ritualobjekt“, das man nach Gebrauch zur Seite stelle; echte Kommunikation sei weder vorgesehen noch möglich.[309] Dem Tantriker, so der Buddhismusforscher Benjamin Walker, ist die Frau nach dem Sexualakt „nicht mehr wert als die Schalen einer Erdnuß“.[310]

Eine der ersten Frauen, die die streng geheimgehaltenen Sexbeziehungen hochrangiger tibetischer Lamas zu Frauen ans Licht brachte, war besagte Tibetologin June Campbell, die 1996 ein Buch darüber vorlegte.[311] Sie war über Jahre hinweg die „geheime sexuelle Gefährtin" ihres „spirituellen Lehrers", des weit über vierzig Jahre älteren Lamas Kalu Rinpoche (1905-1989), gewesen. Obgleich die Autorin den tibetischen Buddhismus als per se extrem frauenfeindlich und ihre sexuelle Beziehung zu Kalu Rinpoche als „einseitig" und „ausbeuterisch" beschreibt, ist sie durch ihre jahrzehntelange Zugehörigkeit zur buddhistischen Glaubenswelt immer noch zu befangen, diese einer *radikalen* Kritik zu unterziehen. Es geht ihr, ebenso wie anderen „feministisch" angehauchten Autorinnen der Szene, eher um eine „Reinigung des Buddhismus von überholten und fragwürdigen Traditionen", so daß dieser seinen Siegeszug rund um den Globus umso gestärkter fortsetzen kann. Es nimmt insofern nicht wunder, daß June Campbells Buch – abgesehen von ein paar Ultraorthodoxen, die die Autorin als „neurotische, hysterische und geisteskranke Lügnerin" beschimpften – in buddhistischen (West-)Kreisen durchaus wohlwollende Rezeption fand. Eine der Ausnahmen hierzu stellte die selbsternannte Buddhismus-Expertin und *Esotera*-Autorin Ulli Olvedi dar, die Campbells Kritik zur rein „subjektiven Geschichte" einer Betroffenen abwertet, die an einem Verhalten herummäkle, das „ihrem Empfinden nach [!] sexueller Mißbrauch war", die ansonsten aber keine Ahnung habe, wovon sie da schreibe.[312] Im übrigen habe Campbell sich „in einer sehr westlichen, sehr feministischen Position festgefahren". Was sie damit meint, läßt sie Dzongsar Khyentse Rinpoche erläutern, einen jungen tibetischen Lama, der jede Kritik an der (sexuellen) Ausbeutung von Frauen durch das Lama-System zurückweist, als „wohltätige(n) Wunsch, östliche Frauen aus den Klauen dessen zu befreien, was als Tyrannei eines frauenfeindlichen Systems verstanden wird, ähnlich den christlichen Missionaren, die Eingeborenen christliche Moral und Werte aufdrängten".[313] An die Adresse Campbells gerichtet führt der Rinpoche (tibetisch: Kostbarer Meister) die ganze Arroganz und den Zynismus der Gelbmützen-Koterie vor: „Wenn westliche Frauen sexuelle Beziehungen zu tibetischen Lamas aufnehmen [!], dann ist bei einigen von ihnen Frustration die Folge, wenn ihre kulturell konditionierten Erwartungen nicht erfüllt werden. (...) Sie [die Lamas, d. A.] werden wahrscheinlich keine Blumen bringen und Sie nicht zum Dinner bei Kerzenlicht einladen."[314] Die einschlägigen Umtriebe Dzongsar Khyentses sind inzwischen hinlänglich bekannt.[315]

Gerüchte und Berichte über sexuell-ausbeuterische Beziehungen tibetischer Lamas zu (West-)Schülerinnen hatten sich seit Jahren derart verdichtet, daß das Thema nicht länger verschwiegen oder als Einzelfall bagatellisiert werden konnte. Campbells Veröffentlichung, die sich trotz aller Kritik innerhalb des buddhistischen Bezugsrahmens bewegte, kam insofern sehr gelegen. Zuvor schon hatte Tenzin Chögyal, jüngerer Bruder des Dalai Lama und Mitglied des tibetischen Exilparlaments, die Flucht nach vorne angetreten und die „spirituelle Korruption" in den buddhistischen Klöstern gegeißelt: „Wenn ein Mönch sagt, er gehe jemanden besuchen, um Belehrungen zu geben und er trifft sich dann mit einem Mädchen, dann finde ich das beschämend."[316] Selbstredend kritisierte Chögyal die Sex-Gepflogenheiten seiner Kuttenbrüder erst, seitdem diese öffentlich bekannt geworden waren und einen Ansehensverfall des gesamten tibetischen Klerus (vor allem im spendenfreudigen Westen) befürchten ließen. Im übrigen tut er nach wie vor so, als seien sexuelle Beziehungen von Mönchen oder Lamas zu Frauen (oder auch untereinander) im Rahmen des tibetisch-buddhistischen Kanons nicht vorgesehen beziehungsweise untersagt und, sofern sie dennoch aufträten, als „persönliches Fehlverhalten" des einzelnen Mönches zu werten; daß praktizierte Sexualität den Wesenskern des Vajrayana-Buddhismus darstellt, wird weiterhin verschleiert.

Selbst der Dalai Lama sah sich genötigt, Position zu beziehen: „Seit etwa drei Jahrzehnten wächst das Verbreitungsgebiet des Buddhismus weltweit. (...) Gleichzeitig sind manchmal etwas ungute Situationen entstanden und Schwierigkeiten aufgetreten, die auf ein Übermaß an blindem Glauben von seiten der Schüler zurückzuführen sind, aber auch auf gewisse Lehrer, die aus der Abhängigkeit ihrer Schüler Vorteil gezogen haben. Das hat gelegentlich zu Skandalen, zu sexuellem oder finanziellem Mißbrauch geführt."[317] Ausdrücklich wälzt der Dalai Lama die Schuld an dem Mißbrauch auf die jeweiligen SchülerInnen ab, die „ihre spirituellen Lehrmeister zu sehr verwöhnen; sie verderben sie".[318]

Noch deutlicher bringt der hochrangige Lama Beru Kyhentze Rinpoche die Perfidie der tibetischen „Würdenträger" auf den Begriff: „Wenn dein Lama sich scheinbar auf unerleuchtete Weise verhält und du das Gefühl hast, es wäre heuchlerisch, ihn als einen Buddha anzusehen, dann solltest du bedenken, daß deine eigenen Ansichten unzuverlässig sind und die Mängel, die zu sehen glaubst, möglicherweise nur die Spiegelung deines eigenen verblendeten Geistes sind. Bedenke außerdem, daß dein Lama, wenn er sich vollkommen verhalten würde, für dich unerreichbar wäre und du nicht zu ihm in Beziehung treten könntest. Deshalb ist es ein Ausdruck seines großen Mitgefühls, daß er den Eindruck erweckt, mit

Mängeln behaftet zu sein. Dies ist im Zusammenhang der Anwendung hilfreicher Methoden zu sehen, die er benutzt, um dich zu unterweisen."[319]

Nicht alle Frauen, die von tibetischen Lamas als „Sexgefährtinnen" mißbraucht wurden, lassen sich dergestalt abspeisen. Viele suchen ihre Integrität über Psychotherapie zurückzugewinnen, einige gehen, wie June Campbell, auch an die Öffentlichkeit. Anfang der 1990er Jahre schon hatte eine (West-)Schülerin des hochrangigen Lamas und Bestsellerautors Sogyal Rinpoche diesen vor dem Obersten Gerichtshof von Santa Cruz (USA) beklagt, er habe seine Position dazu ausgenutzt, sich über Jahre hinweg sexuelle und andere Vorteile zu verschaffen. Sogyal habe sowohl ihr als auch seinen zahlreichen anderen *Songyums* weisgemacht, Sex mit ihm sei besonders heilsam und spirituell äußerst verdienstvoll.[320] Der Prozeß – es ging um eine Schadensersatzforderung in Höhe von zehn Millionen US-Dollar – endete mit einem außergerichtlichen Vergleich, nach Auffassung der Anhänger Sogyals ein Ergebnis, das dieser mittels magischer Kräfte herbeigeführt habe. Die britische Autorin Mary Finnigan berichtet im Internet (1997), selbst exiltibetische Frauen, denen es bislang „Ehre und Pflicht" gewesen sei, mit einem Lama zu schlafen, wenn dieser es gefordert habe, seien mittlerweile mit dem Begriff des „sexuellen Mißbrauchs" vertraut.[321] Weitere Gerichtsverfahren sind nur eine Frage der Zeit.

Zweck der (angeblich nur visualisierten) tantrischen Sexbeziehungen – die Rede ist gerne auch von „sakralem Geschlechtsverkehr"[322] – liege, so zumindest die Lehre des Vajrayana, nicht in der sexuellen Befriedigung an sich. Vielmehr, so der Religionswissenschaftler und Dalai Lama-Freund Michael von Brück, werde die „Seligkeit des sexuellen Erlebens für die Bewußtseinsintensivierung benutzt, damit eben dieses Seligkeits-Bewußtsein viel intensivere Konzentration und intensivere Einsicht in die Leere gewinnen kann, als es dem Normalbewußtsein möglich ist."[323] Oder wie der amerikanische Tibet- und Buddhismus-Experte John Powers es formuliert, bediene sich Tantra „geschickter Mittel, mit deren Hilfe die Kraft der Begierde so gelenkt werden kann, daß sie für den spirituellen Pfad nutzbar wird und Begierde schließlich selbst das Mittel zur Überwindung der Begierde wird. (...) Mit dem Schwelgen in Sinnenfreude hat Tantra nichts zu tun."[324] In einigem Widerspruch hierzu steht ein Sex-Kompendium, das der tibetische Lama Gedün Chöpel (1895-1951) Anfang der 1930er Jahre für seinesgleichen verfaßt hat. Unter ausdrücklicher Bezugnahme auf das indische *Kamasutra* erörtert Chöpel nicht nur allerlei Stellungen des Beischlafs und die dazugehörigen rhythmischen Bewegungen, sondern mithin auch die Kunst, währenddessen anregende Geräusche zu erzeugen; detailliert beschreibt er einzelne Techniken zur Reizung von Penis und Klitoris sowie die Anwendung verschiedener Hilfsgeräte bei Erektionsproblemen.[325]

Die als Sexgefährtinnen in Frage kommenden Frauen müssen bestimmte Kriterien erfüllen: Laut tantrischer Lehre solle die *Songyum* mit „Anmut und Jugend" ausgestattet sein und aus „gutem Hause" stammen.[326] Ihre Haut dürfe nicht zu dunkel und nicht zu hell sein und ihrer Vagina müsse ohne Unterlaß ein „Duft wie von verschiedenen Lotusarten oder süßem Lilienholz" entströmen.[327] In einem Tantratext werden fünf Arten von Sexgefährtinnen – gerne auch „Weisheitsgefährtinnen" genannt – unterschieden: Die Achtjährige, die Zwölfjährige, die Sechzehnjährige, daneben die Zwanzig- und die Fünfundzwanzigjährige; jede Altersstufe diene ganz bestimmten Zwecken. Lama Chöpel rät davon ab, „mit Gewalt in ein junges Mädchen einzudringen", das sich zu sehr wehre; es könne dies ihre Geschlechtsteile verletzen (was sie womöglich für weitere Praktiken unbrauchbar mache). Ratsam sei in solchem Falle, sich lediglich zwischen ihren Schenkeln zu reiben.[328] Allemal empfehle es sich, Kinder vor dem Geschlechtsverkehr mit etwas Honig oder mit Süßigkeiten zu beschenken;[329] ältere Mädchen, so ein Ratschlag an anderer Stelle, ließen sich sehr probat auch mit Wein gefügig machen.[330] Im übrigen sei es durchaus rechtens, ein Mädchen, das die sexuelle Vereinigung verweigere, dazu zu zwingen.[331] Mit Frauen fortgerückteren Alters, so die Lehre des Tantra, solle tunlichst nicht praktiziert werden: ab dreißig gelten Frauen als Manifestationen bösartiger Geister; ab Ende dreißig werden sie nur noch als „Hundeschnauze, Saugfresse, Schakalfratze, Tigerdrachen, Eulengesicht" und dergleichen bezeichnet.[332]

Ob die Rituale des Vajrayana nun besonders sinnenfreudig sind oder nicht, steht dahin. Laut Powers seien nicht nur verschiedenste Sexualpraktiken vorgesehen – je nach Einweihungsstufe mit imaginierten oder realen GefährtInnen –, vielmehr nähmen die Tantra-Adepten regelmäßig auch „Substanzen zu sich, die gemeinhin als unrein gelten".[333] Welcherart „Substanzen" da eingenommen werden, scheint Religionswissenschaftler Powers nur ungern zu offenbaren (seine Sympathie für den tibetischen Buddhismus ist unübersehbar), erst im kleingedruckten Anmerkungsteil seiner Studie über *Religion und Kultur Tibets* erfährt man: „Dazu gehören die fünf Arten von Fleisch (Stierfleisch, Hundefleisch, Elephantenfleisch, Pferdefleisch und Menschenfleisch) und die fünf Arten von Nektar (Kot, Gehirn, Sexualsekret, Blut und Urin)."[334] Als tieferen Grund für den rituellen Verzehr von Exkrementen, Sperma und bevorzugt auch von Menstruationsblut gibt Powers an, dies diene der Einsicht, daß „kein Ding an sich rein oder unrein ist und alle Vorstellungen von solchen Gegenständen lediglich auf falscher Begrifflichkeit beruhen".[335] Folglich könne und müsse auch Menschenfleisch gegessen werden. Das eigentliche Anliegen dieser Praktiken, so Kalu Rinpoche, bestehe darin, das „dualistische Denken zu transzendieren (...) dieses oberflächliche, dualistische Haften an Erscheinungen",[336] das die Welt in „richtig" und „falsch" unterteile, um, wie von Brück fortführt, „im reinen So-Sein der Wirklichkeit" zur „vollendeten Geist-Wesenheit" der Buddhas zu gelangen.[337] Was das konkret heißt, verschweigt von Brück, der sich ansonsten höchst detailkundig – als „Dialogpartner des Dalai Lama seit 20 Jahren"[338] – über die „Welt des tibetischen Buddhismus" verbreitet, ganz ausdrücklich: „Diese Übungen im einzelnen darzustellen, ist hier [in einer Studie mit wissenschaftlichem Anspruch!, d. A.] nicht der Ort, und dies würde auch unsere Kompetenz überschreiten."[339]

Das Hantieren mit sowie der Verzehr von „unreinen Substanzen" – neben Kot, Urin und Blut spielen auch Speichel und Nasenschleim eine bedeutende Rolle – dient insofern als Vorbereitung auf die höchste Stufe des Tantra, die „Praxis mit Geschlechtspartnern". Diese, wie der Dalai Lama betont, dürfe erst ausgeübt werden, „wenn keinerlei sexuelles Verlangen (mehr) vorhanden ist. Die Voraussetzungen sehen ungefähr so aus: Wenn dir jemand ein Glas Wein und ein Glas Urin, eine köstliche Speise und einen Teller Kot anbietet, mußt du in einer Verfassung sein, daß du von allem essen und trinken kannst und es dich überhaupt nicht berührt, was du da gerade zu dir nimmst. Dann, vielleicht, kannst du dich dieser Praxis widmen."[340] Bis dahin, dialektischer Salto rückwärts, müsse man fleißig visualisieren und sich im übrigen der Geschlechtsorgane in solitärer Manier bedienen. Als Visualierungs- sprich: Onaniervorlage erläutert „Seine Heiligkeit" vier Arten von Frauen: „Die Lotos-artige, die Reh-artige, die Muschel-artige und die Elefanten-artige (...) Diese Unterscheidungen haben in erster Linie etwas mit der Form der Genitalien zu tun."[341] Tatsächlich gibt es einen obligaten Initiationsritus, bei dem ein Mandala (sanskrit: Meditationsbild) in Gestalt einer Vagina verwendet wird.[342] Als weitere Vorbereitung auf die höheren Stufen tantrischer Praxis dient die zumindest hunderttausendmalige Wiederholung der Zufluchtsformel zu den „Drei Juwelen" („Ich nehme Zuflucht zu Buddha [bzw. dem jeweiligen Lama, d. A.], Dharma [sanskrit: buddhistische Lehre, d. A.] und Sangha [sanskrit: Gemeinschaft der Gläubigen, d. A.]), zumindest hunderttausendmalige Niederwerfung sowie verschiedene Meditationsübungen zur „Läuterung des Geistes", einschließlich zumindest hunderttausendmaliger Wiederholung eines bestimmten hundertsilbigen Mantras („Om vajrasattva hum..."); im übrigen gilt als Voraussetzung die stufenweise Einweihung durch den jeweiligen Lama sowie das Ablegen unzähliger Gelübde.

Ob all die Lamas und Rinpoches, die sexuelle Beziehungen zu Frauen (oder in deren Ermangelung auch zu nachgeordneten Mönchen oder Mönchsschülern) pflegen, sich solch vorbereitender Läuterungspraxis unterzogen beziehungsweise die „höchste Ebene der Verwirklichung"[343] (was immer das sein mag) erreicht haben, läßt sich nicht überprüfen; es wäre dies allerdings auch von keinerlei Relevanz. Entscheidend ist, daß sie die Macht haben, sich untergebener, ihnen hörig gemachter oder bedingungslos ausgelieferter Menschen nach Willkür zu bedienen – ob nun aus simpler sexueller Begierde oder aus „Streben nach Erleuchtung", ist dabei völlig unerheblich. (Interessant in Zusammenhang mit Homosexualität innerhalb der Klostermauern ist, daß diese auch von Heinrich Harrer beobachtet wurde; in indignierten Worten beschreibt er sie als „häufige Erscheinung", die noch nicht einmal groß verheimlicht werde.[344] Interessant sind insofern auch die neueren Beobachtungen des Ostasienkundlers Thomas Hoppe: „Unsere spontane Vorstellung von einem strikten und rigiden, einzig dem Sakralen gewidmeten Leben und Denken in den klösterlichen Einrichtungen ist zwar nicht völlig falsch, reicht jedoch nicht an die Buntheit des sich in den Klöstern abspielenden Lebens von Menschen heran. [...] Homosexualität unter Mönchen, zwischen Lehrer und Schüler, sexuelle Beziehungen zwischen Mönchen und Nonnen, zwischen Mönchen und Frauen außerhalb des Klosters gehören zum Alltag dieser religiösen Anstalten ebenso wie weltliche Geschäfte, Betrug und Machtkämpfe."[345] Hoppe, wissenschaftlicher Mitarbeiter des Hamburger Instituts für Asienkunde, machte diese Beobachtungen im Jahre 1995).

Obgleich es für die betroffenen Mädchen und Frauen keinerlei Rolle spielt, ob sie der schleimigen Lüsternheit eines Lamas ausgeliefert sind oder irgendwelchen religiös zurechtdrapierten Sexualriten, sei in gebotener Kürze der metaphysische Überbau beleuchtet, unter dem die jeweiligen Tantra-Praktiken daherkommen: Den tantrischen Lehrtexten geht es stets um die Transformation sexueller Energie in Macht, von Macht über einzelne Personen bis hin zur phantasmagorischen Macht, auf das Geschehen des Universums Einfluß zu nehmen. Zur Freisetzung derartiger (All-)Macht, die jede Polarität des Seins transzendiert, bedarf der *männli-*

che Lama spezifisch *weiblicher* Energie. Diese Energie, in den Vorstellungen des Tantrismus ein durchaus materiell zu verstehendes „Elixier", sucht der Lama sich mittels rituellen Sex-Kontaktes zu Frauen anzueignen. In der Absorption der weiblichen Energie – diese wird vor allem in Menstruationsblut oder Vaginalsekret gewähnt – könne der Lama eine Art mystischer „Doppelgeschlechtlichkeit" aufbauen, die die Urkräfte des Kosmos (tibetisch: *Yab/Yum*) in ihm integriere und ebendadurch ins Omnipotente steigere. Ziel ist es, zum *Adibuddha* zu werden, zum Herrn allen weltlichen und überweltlichen Geschehens. Interessant sind insofern die Ritualgegenstände, mit denen die Lamas bei ihren öffentlichen Zeremonien hantieren: in der Rechten führen sie stets das *phallus*symbolische Diamantszepter (sanskrit: *Vajra*), in der Linken die *vagina*symbolische Glocke (sanskrit: *Gantha*): der Lama versteht sich als Herr des männlichen wie auch des weiblichen Prinzips, er ist Mann *und* Frau. Aufschlußreich ist insofern auch die Bedeutung des im buddhistischen Kulturraum allgegenwärtigen Meditationsmantras „Om Mani Padme Hum", was soviel heißt wie: „In der Vereinigung (*Hum*) des Juwels (*Mani*/Phallus) mit dem Lotos (*Padma*/Vulva) bin ich der Weltenbeherrscher (*Om*)."[346] Nur wenige der buddhistischen Gläubigen, die diesen Spruch ununterbrochen vor sich hinmurmeln, dürften sich dessen sexualmagischer Bedeutung bewußt sein. Diese wird denn auch ausdrücklich verschleiert: wie etwa Thubten Ngawang, Leiter des Tibetischen Zentrums Hamburg, erklärt, repräsentiere OM „Körper, Rede und Geist des Buddha", MANI den „Pfad der Methode", PADME dessen „Weisheitsaspekt" und HUM bedeute, daß „etwas ungetrennt ist".[347] Auch wenn diese Erklärung keinerlei Sinn macht, wird sie von den Gläubigen widerspruchslos akzeptiert.

Das Entscheidende des Sexualkontaktes zwischen dem Lama und seiner „Weisheitsgefährtin", wie der Dalai Lama darlegt, sei (zunächst) die kategorische Verhinderung des Samenergusses: das „männliche Elixier" müsse unbedingt im Körper zurückgehalten und dort mit dem anzueignenden „weiblichen Elixier" verbunden werden. Laut tantrischer Lehre beginne bei sexueller Erregung das Sperma, das normalerweise in einer mondsichelförmigen Schale unterhalb der Schädeldecke aufbewahrt werde, tropfenweise aus dieser heraus- und in den Penis hinabzufließen (es geht immer nur um die *männliche* Sichtweise). An der Spitze des erigierten Penis sei der Samen festzuhalten, er dürfe unter keinen Umständen ausgestoßen werden. Die Kontrolle des Spermaausstoßes müsse durch ständiges Üben – zunächst alleine, auf höherer Stufe mit einer Gefährtin – erlernt und verbessert werden. Komme es trotz aller Kontrolle –

neben Atemanhalten gilt als bevorzugte Technik das Ausüben von Druck auf den Samenleiter – zur Ejakulation, so sei das Sperma (sofern man mit realer Frau übe) mit der Zunge oder mit dem Finger aus der Vagina zu entfernen und zu schlucken. Erlaubt sei in solchem Falle auch, das Ejakulat aus der Vagina in einen Totenschädel fließen zu lassen und diesen dann leer zu schlürfen.[348]

Das erstrebte „weibliche Elixier", so die Vorstellung des Tantra, werde (auf magisch-mystische Weise) durch den in die Vagina eingeführten Penis aufgesogen. Das an der Spitze des Penis stehende Sperma vereinige sich mit den absorbierten weiblichen Fluiden und steige als „Medizin ewigen Lebens" zum Schädeldach hinauf. Der Lama trage nun beide Lebenselixiere in sich, er werde, wie Trimondi/Trimondi schreiben, „zu einem 'aus sich selbst Geborenen', [er] hat den Fluch der Wiedergeburt überwunden und sie durch die esoterische Vision der Unsterblichkeit ersetzt".[349] Das Gebot der Spermaretention gilt allerdings nicht auf allen Stufen tantrischer Ritualpraxis. Auf den höchsten Stufen der Einweihung kann und darf der Praktiker nach Belieben ejakulieren. Mittels bestimmter Techniken, *Vajroli* genannt, sei es ihm möglich, den in die Vagina seiner „Weisheitsgefährtin" entlassenen Samen, vermischt mit deren Fluiden – Vaginalsekrete und/oder Menstruationsblut –, durch seinen „Peniskanal" zurückzuziehen. „Nachdem er ausgeströmt hat", so ein tantrischer Text, „saugt er ein und sagt: durch meine Kraft, durch meinen Samen nehme ich deinen Samen – und sie ist ohne Samen"[350] (nach tantrischer Auffassung verfügen auch Frauen über eine Art Samen, der in besagten Fluiden enthalten sei). Ernst Schäfer beschreibt den „allgemein verbreiteten Glauben" (jedenfalls in den 1930ern), ein geübter Lama könne seinen „Zeugungssaft" nach dem Sexualakt wieder in sich aufnehmen, „um der darin enthaltenen geistigen Energien nicht verlustig zu gehen, und um sich gleichzeitig durch die aufgenommenen weiblichen Energien zu vervollkommnen".[351]

Selbstverständlich, so der derzeitige 14. Dalai Lama (wie seine Vorgänger „höchster Lehrmeister des Tantra"), müsse derlei *Vajroli*-Technik mühsam erlernt und regelmäßig trainiert werden. Ausführlich erläutert er entsprechende Übungen: eine davon besteht darin, „einen Strohhalm in das Genital einzuführen. Zuerst zieht (man) Wasser, später dann Milch durch den Strohhalm herauf. Damit wird die Fähigkeit der Umkehr des Flusses während des Geschlechtsverkehrs geübt. Wer eine sehr große Erfahrung hat, kann nicht nur den Fluß an einem sehr weit unten liegenden Punkt umkehren, sondern auch die Flüssigkeit bis zum Scheitel aufsteigen lassen, dem Ort, von dem sie ursprünglich heruntergesunken war.["352] Eine Geschichte über besagten Sechsten Dalai Lama (1683-1706) erzählt, wie dieser in Gegenwart seines Hofstaates in hohem Bogen vom Dach des Potala heruntergepißt und seine Pisse anschließend wieder in den Peniskanal zurückgezogen habe. Mit dieser öffentlichen Vorführung seiner *Vajroli*-Fähigkeiten habe er die tantrische Korrektheit seines Liebeslebens demonstriert.[353]

Im übrigen ist die Mixtur aus „weißer Energie" (Lama-Sperma) und „roter Energie" (vaginale Lubrikationssekrete bzw. Menstruationsblut) von großer Bedeutung für bestimmte Initiationsrituale (z.B. für das von „Seiner Heiligkeit" regelmäßig durchgeführte ⇨ Kalachakra-Tantra): die sogenannte „Heilige Substanz", von Tantrikern als *Sukra* bezeichnet, wird mit dem Finger oder mit einem eigenen Elfenbeinlöffelchen aus der Vagina der jeweiligen Sexgeführtin herausgekratzt und in einem Gefäß gesammelt. Der Initiand bekommt etwas davon auf die Zunge geschmiert und muß daraufhin sagen: „Heute ist meine Geburt mit Erfolg gesegnet. Heute ist mein Leben fruchtbar. Heute werde ich in die Buddhafamilie hineingeboren. jetzt bin ich ein Sohn der Buddhas..."[354] Durch den Genuß des männlichen und des weiblichen Elixiers, so die Vorstellung des Vajrayana, sei er des Mysteriums der „Doppelgeschlechtlichkeit" teilhaftig geworden und damit im Besitze kosmischer Omnipotenz.

Der Überschreitung polarer Selbst- und Weltwahrnehmung dient auch der bereits erwähnte rituelle Umgang mit tabuierten, „unreinen" Substanzen: das Auflösen der Unterscheidung zwischen „rein" und „unrein" integriere die in der Polarität gebundenen Energien und setze sie dadurch in potenzierter Form frei. In einem Lehrtext werden die einzelnen Substanzen aufgelistet, die diesem Zwecke dienlich sind: Kot, Urin, Speichel, Erbrochenes, Waschwasser, das nach der Säuberung des Anus übrigbleibt, und dergleichen mehr[355]; notfalls dürfe es auch fauler Fisch oder Hundescheiße sein.[356] Laut Anweisung in einem anderen Text müsse der Erleuchtungssuchende Menstruationsblut aus einer Schädelschale trinken,[357] wobei genau unterschieden wird zwischen dem Blut einer Jungfrau, einer Prostituierten, einer Ehefrau oder einer Witwe.[358] (Kot und Urin spielen im übrigen auch in der traditionellen ⇨ tibetischen Medizin eine bedeutende Rolle.)

Als besonders geeignete Stätten zur Durchführung tantrischer Rituale gelten Friedhöfe, Grabhügel, Urnenfelder, Verbrennungsplätze, bevorzugt auch Orte, an denen ein Mord stattgefunden hat oder besser noch: eine Schlacht mit vielen Toten. Der holländische Anthropologe und Buddhismusforscher Fokke Sierksma beschreibt die Meditationszelle eines tibetischen Lama, die mit Menschenhäuten ausgespannt sowie mit Menschenhaar und Menschenknochen ausgeschmückt war. Auf einer Leine hingen abgeschnittene und getrocknete Frauenbrüste; auch das Eßgefäß des Lama bestand aus der getrockneten Haut einer Frauenbrust. Die Bestandteile seiner Behausung und seiner Einrichtung, so Sierksma, hatte der Lama vermutlich von Leichenzerstücklern bezogen.[359]

Die Ritualgegenstände der Lamas (vor allem der eremitär lebenden) bestanden und bestehen überwiegend aus menschlichen Organen und Knochen. Das (von den Chinesen eingerichtete) *Tibetan Revolution Museum* in Lhasa zeigt eine Vielzahl solcher Objekte: Trinkgefäße aus menschlichen Hirnschalen, aus Oberschenkelknochen junger Mädchen geschnitzte Trompeten, zu Gebetsketten aufgefädelte Fingerknochen; daneben präparierte Schädel, mumifizierte Hände, ein Paket abgeschnittener und getrockneter männlicher Geschlechtsteile. Desweiteren wird ein Dokument mit dem Siegel des Dalai Lama gezeigt (es ist nicht erkennbar, ob es sich um das Siegel des 13. oder des 14. Dalai Lama handelt), in dem von abgeschlagenen Köpfen, abgehackten Händen sowie der abgezogenen Haut von Kindern die Rede ist, die neben „Menstruationsblut einer Witwe" und „Steinen, mit denen Menschenschädel eingeschlagen wurden", für irgendein Ritual benötigt würden.[360]

Durch derlei Tatsachenbefunde werden die angestrengten Versuche moderner (West-)Autoren, die Ungeheuerlichkeiten des tibetischen Buddhismus zu reiner Metaphorik umzudeuten − angefangen bei Alexandra David-Néel über Nicholas Roerich hin zu Ernst-Lothar Hoffmann (Lama Anagarika Govinda) und heutigen Apologeten −, eindrucksvoll widerlegt. Es gibt sogar ernstzunehmende Hinweise darauf, daß bis in dieses Jahrhundert hinein rituelle Tötungen vorgenommen wurden: aus den 1920er Jahren liegen entsprechende Zeugnisse des britischen Forschers und Diplomaten Charles Bell vor[361]; auch Feldforscher ⇨ Ernst Schäfer, der Tibet in den 1930ern bereist hatte, weiß von ritueller Ermordung gefangengenommener Chinesen zu berichten: man „riß ihnen die schlagenden Herzen aus dem Leib, opferte die Gehirne auf den finsteren Altären der tantrischen Gottheiten und ließ mit dem Blute der Schlachtopfer mystische Siegeszeichen auf Fahnen und Feldzeichen schreiben".[362] Wie der amerikanische Kulturanthropologe Robert Ekvall berichtet, seien bis in die 1950er Jahre hinein Menschen zu tantrisch-rituellen Zwecken geschlachtet worden,[363] ein Befund, den Buddhismusforscher Tom Grunfeld (unter Bezugnahme auf unabhängige chinesische Quellen) bestätigt: derlei Tötungspraktiken seien in der Tat bis Ende der 1950er weit verbreitet gewesen.[364]

Und offenbar besteht die Tradition fort: Am 4. Februar 1997 wurden in Dharamsala drei Mitarbeiter des Dalai Lama von Mitgliedern einer konkurrierenden Gelbmützenfraktion auf bestialische Weise ermordet: man stach den Opfern die Augen aus, schnitt ihnen die Kehlen durch und zog ihnen anschließend in ritueller Manier Teile der Haut ab (⇨ Dorje Shugden).

Abb. 16: Gebetskette aus Menschenknochen

Die Faszination an Mord und Totschlag, die den gesamten Lamaismus durchzieht, zeigt sich auch in dessen Kunst: auf den Bildern und Fresken der sogenannten „zornigen Gottheiten" wird ständig irgendjemand zerhackt oder gevierteilt, überall liegen Leichenteile herum, die entweder verfaulen oder von teuflischem Gewürm aufgefressen werden. Auch die Literatur des tibetischen Buddhismus quillt über von horrenden Darstellungen grausamster Folter- und Tötungsszenen (⇨ *Exkurs 2*). Detailliert werden die Qualen beschrieben, die die zahllosen Höllen des Vajrayana bereithielten: In einer davon werde man mit einem spitzen Pfahl „vom Anus her durchstoßen, bis dieser wieder am Scheitel austritt", in einer anderen falle man in einen „wie ein Leichnam stinkenden Sumpf" aus

Exkrementen, um darin zu versinken. In wieder anderen werde man verbrannt, zerschlagen, zerquetscht, von Felsbrocken zermalmt oder mit riesigen Rasiermessern in tausend Stücke zerschnitten. Und das, über Äonen hinweg, immer wieder aufs Neue.[365]

Auch im ⇨ *Bardo Thödol*, dem berühmten *Tibetanischen Totenbuch*, das den „Zustand zwischen Tod und Wiedergeburt" beschreibt, wimmelt es von blutrünstigen Monstern, Teufeln und „rasenden Gottheiten", die sich hordenweise über den eben Verstorbenen hermachen. Eines dieser Monster trägt einen Dreizack, auf den abgeschlagene Menschenköpfe gespießt sind, ein anderes hat drei Gesichter und sechs Arme, „seine neun Augen starren mit rasendem Ausdruck in die deinen, seine Augenbrauen sind wie zuckende Blitze (...) sein brüllendes Gelächter tönt 'a-la-la!' und 'ha-ha!', und 'schuu-huu!' (...) sein Körper ist umrankt von schwarzen Schlangen und Girlanden von frischen Schädeln"; wieder ein anderes zerrt Eingeweide aus einem menschlichen Körper und frißt sie auf.[366] Über Seiten hinweg werden im *Bardo Thödol* die grauenhaftesten Schreckensfiguren vorgestellt, die auf all jene warteten, die zu Lebzeiten die Lehre des Buddha vernachlässigt hätten. Die Teufelsmonster des tibetischen Buddhismus sind nicht nur mit Folter- und Mordwerkzeugen jedweder Art ausgestattet, als besonderen Horror tragen sie Fahnen und Banner aus abgezogener Kinderhaut; selbst die Baldachine, unter denen sie sitzen, sind aus Menschenhaut gefertigt. Sie lärmen auf Trompeten aus Menschenknochen und mit Tamburinen aus Schädeln, zum Wohlgeruche verbrennen sie „Räucherwerk aus Menschenfleisch".[367] Einige dieser Monster, Gaurî genannt, zapfen sogar den Lebenden das Blut ab; bevorzugt stürzen sie sich auch auf die Monatsblutung junger Frauen oder auf den Samen junger Männer. Sie fliegen durch die Lüfte und bringen den Menschen jede Art von Krankheit, letztlich reißen sie ihren Opfern mit krallenartigen Fingern das Herz aus dem Leib, um es mit Gebrüll zu verschlingen.[368]

Die sado-masochistische Nekrophilie der tibetischen Mönchskultur, wie auch Sierksma herausarbeitet, basiert auf einer pathologischen Aggression gegen alles Lebendige. Diese Aggression ist unvermeidlicher Ausfluß der prinzipiell lebensverneinenden Haltung des Buddhismus, die sich ausschließlich um Krankheit, Siechtum, Leiden im Alter, Sterben und Tod dreht: die Welt als zu überwindendes Jammertal. „Selbst die Götter", wie der Dalai Lama betont, „leiden, (...) ihre Blumengirlanden verwelken und ihre Kleider und Leiber beginnen zu stinken."[369] Psychodynamisch besehen dürfte die Ursache für solche Affinität der Mönche und Lamas zu jeder nur denkbaren Form sado-masochistischer Gewalt in der völlig gefühlskalten und zugleich mit Teufeln, Dämonen und Totengeistern aufs Horrendeste besetzten Erziehung zu suchen sein, der sie ein Leben lang ausgesetzt sind; von der systematischen Vernichtung alles „Weiblichen" (aus dem sich ihrer Auffassung nach die verachtete und gehaßte Welt gebiert) gar nicht zu sprechen (⇨ *Exkurs 4*).

Opfer solch kollektiven Wahngeschehens ist eine ganze Gesellschaft, die seit Jahrhunderten unter dem Joch dieses von Mönchsgeneration zu Mönchsgeneration weitergegebenen Irrsinns steht. Opfer sind letztlich aber auch die Mönche und Lamas selbst, die, abgerichtet seit frühester Kindheit und jeder Chance auf eigenständiges Denken und Handeln beraubt, das psychopathische Wahnsystem, in dem sie sich bewegen, nicht als solches erkennen können; die, ganz im Gegenteil, ihr verbogenes und verkrüppeltes Selbstverständnis, ihr Speichellecken und Scheißefressen für einen Ausdruck höheren Bewußtseins halten, unabdingbar auf dem „Weg zur Erleuchtung". Ein Leben lang konditioniert unter repressivsten Bedingungen – die klösterliche Ausbildung dauert im Regelfall zwanzig bis fünfundzwanzig Jahre (!) – hatten diese Menschen nie auch nur den Hauch einer Chance auf irgendeinen vernünftigen Gedanken oder irgendeine freie Entscheidung: sie sind – die vulgäre Metapher erscheint gerade in Verbindung mit dem Vajrayana-Kult durchaus statthaft – seit jeher immer auch selbst die Gefickten; der Dalai Lama vorneweg.

1967

Im Herbst 1967 unternahm der Dalai Lama seine ersten Auslandsreisen (außerhalb Indiens), die ihn zunächst für knapp vier Wochen nach Japan und dann nach Thailand führten (in Bangkok wurde er offiziell vom thailändischen Premierminister sowie von König Bhumipol Adulyadej empfangen). Außer ein paar idiotischen Klischees und Nebensächlichkeiten über seine Gastländer brachte er schlechterdings *nichts* an Berichtenswertem von seinen Reisen mit: In Japan etwa seien die Straßen außergewöhnlich sauber und die Menschen ausgesprochen förmlich gewesen gewesen; in Thailand hingegen habe er die Menschen als äußerst ungezwungen, dafür aber die Hitze und die Moskitos als enorme Plage erlebt. Seine Berichte über die zahllosen Reisen, die er ab Anfang der 1970er in alle Welt unternahm (einige davon werden im folgenden näher erörtert), sind um kein Haar anders.

1969

In den späten 1960er Jahren kümmerte sich der Dalai Lama vorrangig um den Ausbau seines Regierungssitzes in McLeodGanj. Die Anlagen im Areal seiner Residenz wurden erheblich erweitert, unter anderem ließ er sich an einen noch von den Briten errichteten Bungalow ein Büro, eine Privatkanzlei sowie einen eigenen Audienzsaal anbauen; seine Mutter, die bislang bei ihm gewohnt hatte, erhielt ein eigenes Haus. Desweiteren wurde in einem neuerrichteten Gebäudekomplex in unmittelbarer Nähe der Residenz das Kloster Namgyäl – das Hauskloster sozusagen des Potalapalastes in Lhasa – neu gegründet, dem der Dalai Lama traditionell als Abt vorsteht.

1970

Im Jahre 1970 wurden die Arbeiten an einem neuen Tempel abgeschlossen, der an der Stirnseite eines großen Versammlungsplatzes direkt gegenüber dem Haupteingang der Residenz liegt. Zur Einweihung wurde mit großem Aufwand ein ⇨ Kalachakra-Ritual inszeniert, ein mehrtägiges Massenspektakel, das zu den zentralen Kulthandlungen des tibetischen Buddhismus zählt.

Etwas außerhalb von McLeodGanj, auf halbem Wege nach Dharamsala, wurde ein großangelegter Komplex an Büro- und Verwaltungsbauten für die Exilregierung errichtet; gleich daneben die Tibetische Bibliothek, die, wie der Dalai Lama stolz vermeldet, über einen Bestand von mehr als vierzigtausend Originalbänden in tibetischer Sprache verfügt. Der Bibliothek angeschlossen ist ein Museum mit wertvollen *Thangkas* (tibetisch: religiöse Seidenbilder) und sonstigen Kunstgegenständen.

Die Residenz des Dalai Lama ist von einem weitläufigen Parkareal umgeben, in dem er sich selbst gelegentlich als Gärtner betätigt. Höchst merkwürdig ist sein Umgang mit größeren Vögeln, die ihn aus nicht nachvollziehbarem Grunde stören: „So greife ich gelegentlich zu einem meiner Luftgewehre, die ich mir in Indien zugelegt habe, um diese gierigen Eindringlinge abzuschrecken. Da ich als Kind im Norbulingka viele Stunden damit verbrachte, mit dem alten Luftgewehr des XIII. Dalai Lama zu üben, bin ich ein ziemlich guter Schütze. Natürlich würde ich nie einen Vogel töten, sondern ich will den ungebetenen Gästen nur ein wenig Schmerz zufügen, um ihnen eine Lektion zu erteilen."[370] In einer der *autorisierten* Biographien (von 1984) wird der Dalai Lama als

„Meisterschütze" mit der Pistole gepriesen, der gerne von seinem Frühstückstisch aus auf Hornissen im Garten schieße.[371]

Nicht weniger merkwürdig ist sein Umgang mit Haustieren: „Den Lebewesen, die Mitglieder meines Haushaltes werden, lege ich nur wenige Regeln auf, aber Tsering [eine seiner Katzen, d. A.] hatte eine Schwäche, die ich als Buddhist nicht tolerieren konnte: Sie konnte es nicht lassen, Mäuse zu jagen. Ich mußte sie deswegen oft bestrafen." Als die Katze, wie er selbst berichtet, einer seiner Strafaktionen zu entkommen suchte, fiel sie von der Vorhangstange und verletzte sich schwer; sie verendete nach wenigen Tagen. Einige Zeit darauf habe er im Garten ein ausgesetztes Kätzchen gefunden: „Ich hob es auf und bemerkte, daß seine Hinterbeine verkrüppelt waren, und zwar genau so, wie es Tserings Hinterbeine nach dem Sturz gewesen waren. (...) Das Tier war wie Tsering, ein Weibchen, sehr schön und sogar noch sanftmütiger."[372] Soweit der Dalai Lama zum Thema „Karma und Wiedergeburt" im Tierreich.

Neben derlei Abstrusitäten läßt der Dalai Lama sich in seinen Memoiren seitenweise über sein bevorzugtes Hobby aus, dem er seit Ende der 1960er Jahre mit wachsendem Eifer nachging: das Reparieren kaputter Uhren. In einem Nebenraum seines Wohnhauses ließ er sich gar eine eigene Werkstatt hierfür einrichten. Allen Ernstes hält er sein Faible für Uhren für den schlagkräftigsten aller Belege, tatsächlich die Inkarnation seines Vorgängers, des 13. Dalai Lama, zu sein, der gleichfalls großes Interesse an Zeitmeßtechnik gehabt hatte. Auch seine alte Begeisterung für das Photographieren entdeckte er wieder. Ansonsten begann er – neben seiner täglichen Fünfeinhalb-Stunden-Routine spiritueller Übungen –, sich (hobbymäßig) mit Naturwissenschaften und westlicher Philosophie zu beschäftigen.

Gelegentlich kam auch Prominenz zu Besuch nach McLeodGanj, so etwa der seinerzeit fast 70jährige Jiddu Krishnamurti, der innerhalb der ⇨ Theosophischen Gesellschaft als unbestrittener „Weltenführer" und „neuer Christus" (bzw. Maitreya) galt und – lange schon vor der New-Age-Hinwendung zu indischen Weisheitskündern – weltweit über ein Zigmillionenheer an AnhängerInnen verfügte. Über den Inhalt der Unterredungen erfährt man nichts, der Dalai Lama merkt lediglich und in etwas pikiertem Tone an, Krishnamurti habe, „obwohl er sanftmütig wirkte, klare, festumrissene Ansichten über das Leben und seine Bedeutung" gehabt.[373] Etwas umfänglicher läßt er sich über seine Begegnung mit dem amerikanischen Trappistenmönch Thomas Merton aus, der ihn in die tieferen Geheimnisse des Katholizismus einführte; gemeinsam entdeckte man wesentliche Ähnlichkeiten zwischen buddhistischem und christlichem Glauben. Auch Heinrich Harrer schaute ab und an vorbei.

1971

Der Dalai Lama reiste ein wenig in Indien herum und besuchte verschiedene exiltibetische Ansiedlungen. Im südindischen Bylakuppe und in BodhGaya veranstaltete er jeweils großinszenierte ⇨ Kalachakra-Initiationen.

1973

Über die politischen Vorgänge in Tibet zu Beginn der 70er Jahre erfährt man in den Memoiren und Biographien des Dalai Lama schlechterdings nichts. Herausgestrichen wird lediglich sein Beitrag zur Beendigung der *Chusi Gangdruk*-Guerillakämpfe: Nachdem die USA in der Ära Nixon/ Kissinger ihr Handelsinteresse an China entdeckt hatten, wurde die Unterstützung des tibetischen Widerstandes durch die CIA Anfang der 1970er schlagartig eingestellt. Zugleich übte China massiven Druck auf Nepal aus, die verbliebenen Guerillas in Upper Mustang – viele waren schon vorher abgesprungen oder hatten sich in gegenseitigen Kämpfen, vor allem um die Verteilung der ausländischen Unterstützungsgelder (allein von der CIA hatte die tibetische Guerilla jährlich rund 1,7 Millionen US-Dollar erhalten), aufgerieben – umgehend zu entsorgen. Die nepalische Regierung ließ 10.000 Mann aufmarschieren, es stand ein Blutbad zu befürchten. Um eine weitere Eskalation zu verhindern, forderte der Dalai Lama die Widerstandskämpfer in einer 20-minütigen Tonbandansprache auf, ihre Waffen niederzulegen; ohne Unterstützung von außen, so konnte auch er sich ausrechnen, hätten sie keine Chance gehabt. Widerwillig zogen die alten Kämpen aus Upper Mustang ab, die meisten nach Dharamsala beziehungsweise in eine der sonstigen tibetischen Exilkommunen in Nepal oder Indien; kleinere Gruppen, die nicht aufgeben bereit waren, wurden mit Gewalt entwaffnet und in Internierungslager verbracht: es gab, auch auf Seiten der nepalischen Armee, zahlreiche Verletzte und Tote. Nicht wenige Widerstandskämpfer nahmen sich selbst das Leben.[374] Der Dalai Lama hingegen konnte sich als Friedensstifter feiern lassen. Daß er dem bewaffneten Widerstand der *Chusi Gangdruk* fast fünfzehn Jahre lang höchst wohlwollend zugesehen hatte – in offenem Widerspruch zu seinem ständig vorgetragenen Bekenntnis zur Gewaltlosigkeit –, war schnell vergessen. (Passagen aus seiner Autobiographie von 1962, in denen er den tibetischen Guerillakampf ausdrücklich gutgeheißen hatte, wurden in deren Neufassung von 1990 – inzwischen war er Friedensnobelpreisträger geworden – ersatzlos entfernt).

(Upper Mustang blieb auch nach dem Abzug der tibetischen Guerillakämpfer „verbotene Zone", die rund 5.000 dort lebenden Loba waren für weitere fast zwanzig Jahre völlig von der Außenwelt abgeschnitten. Erst Anfang der 1990er wurde das Land geöffnet, in erster Linie zur Ankurbelung der nepalischen Tourismusindustrie.[375])

Im Herbst 1973 unternahm der Dalai Lama seine erste Reise nach Europa; innerhalb von sechs Wochen besuchte er elf Länder. Erste Station seiner Reise war Rom, wo er Papst Paul VI. traf. Die beiden „Heiligkeiten" tauschten ein paar Belanglosigkeiten aus und gingen in bestem Einvernehmen auseinander.[376] (Auf theologisch interessante Diskurse etwa zur Frage, ob ein zum Buddhismus konvertierter Christ wiedergeboren werde, respektive ein zum Christentum bekehrter Buddhist auf den jüngsten Tag warten müsse, bis er „im Fleische" auferstehe, wartete man vergeblich). Anschließend besuchte er die Schweiz, in die Anfang der 1960er Jahre schon zweihundert tibetische Kinder zur Adoption vermittelt worden waren; er überzeugte sich – auf welche Weise ist nicht überliefert –, daß sie „in einer Atmosphäre von Liebe und Güte aufgewachsen waren"[377] und eilte zum nächsten Auftritt. Von seinen sonstigen Stationen unter anderem in Holland, Belgien, Norwegen, Schweden, Dänemark oder Großbritannien weiß er lediglich zu berichten, er habe überall „dieselbe Gastfreundschaft, dieselbe Herzlichkeit und denselben Wissensdurst gegenüber Tibet" vorgefunden. In Irland wurde er von Staatspräsident Erskine Childers und Ministerpräsident Lien Cosgrade empfangen. Anfang November besuchte er erstmalig auch die Bundesrepublik und Österreich.

Eine wie auch immer geartete Reflexion über Sinn und Zweck dieser oder einer der ungezählten folgenden Auslandsreisen stellt „Seine Heiligkeit" nicht an. Über die Befriedigung seines ganz persönlichen touristischen Interesses hinaus läßt sich ein politischer oder sonstiger „Wert" dieser Stippvisiten auch nicht erkennen. Allenfalls tragen diese dazu bei, den romantisch verklärten Blick auf Tibet, wie er spätestens seit den Millionenbestsellern von Heinrich Harrer und Mary Craig weltweit kultiviert wird, noch weiter zuzunebeln; was sich – und vermutlich geht's in erster Linie darum – wohl unmittelbar auf das Spendenaufkommen auswirkt.

Wirkliche Kenntnis über Tibet zu vermitteln dürfte gerade der Dalai Lama
die denkbar ungeeignetste Person sein.

1974

Im Herbst 1974 besuchte der Dalai Lama erneut die tibetische Exilgemeinde in der Schweiz, die sich, unterstützt durch internationale Spendengelder, zu einer Vorzeigeeinrichtung der „Dankbarkeit und Integrati-
onsbereitschaft des tibetischen Volkes im Exil" entwickelt hatte.

1976

Nachdem das ⇨ Nechung-Staatsorakel sich Anfang 1976 in finsteren
Vorahnungen und Warnungen ergangen hatte, in Tibet werde alles eine
Wende zum Schlechteren nehmen, zog der Dalai Lama sich zu einer
dreimonatigen strengen Klausur zurück. In völliger Abgeschiedenheit, so
Hofbiographin Levenson, vollführte er irgendwelche auf den Fünften
Dalai Lama (1617-1682) zurückgehende Geheimrituale. Zeitgleich „beteten die in Dharamsala und im Süden Indiens lebenden Tibeter unablässig
zur Beschwichtigung des Schicksals und der schlechten Omen, sie organisierten Zeremonien und brachten Opfergaben in die Heiligtümer. Sie,
die normalerweise so fröhlich sind, waren bekümmert, nur damit beschäftigt, die Gebetsschnur durch die Finger gleiten zu lassen, ihre
Gebetsmühlen zu drehen und immer wieder Mantras und heilige Texte zu
psalmodieren." Und siehe da: „In dieser ungewöhnlichen und lastenden
Atmosphäre ereignete sich erst ein schweres Erdbeben, das in China Tausende von Opfern forderte. Dann machte Mao seine letzte Verneigung auf
der Bühne der Menschheit."[378]
Der Dalai Lama erhielt die Nachricht vom Tode des chinesischen Re-
volutionsführers im Verlauf einer religiösen Großveranstaltung, die er
Anfang September des Jahres im nordindischen Bundesstaat Jammu &
Kashmir abhielt. Bei den rund 30.000 Mönchen und Pilgern löste Maos
Tod tagelang anhaltende Euphorie aus. Im Verlaufe der Jubelfeiern, so
der Dalai Lama, „erschien einer der schönsten Regenbogen, die ich je
gesehen habe. Ich war überzeugt davon, daß dies ein gutes Omen war."[379]
Bestätigt in seiner nunmehr positiven Vorahnung fühlte er sich durch die
bald darauf folgende Verhaftung der sogenannten „Viererbande" um
Maos Witwe Jiang Quin, die eine Fortführung der Kulturrevolution ver-

fochten hatte, und die von Maos designiertem Nachfolger Hua Guofeng proklamierte Änderung der chinesischen Tibet-Politik.

1977

Wie der Dalai Lama in seiner Autobiographie schreibt, habe er den Wandel in Chinas Verhältnis zu Tibet wohl zur Kenntnis genommen – so war etwa die ungehinderte Ausübung religiöser Riten und Gebräuche offiziell wieder erlaubt worden –, er habe den Chinesen jedoch keinerlei Vertrauen entgegengebracht. Nicht einmal das Eingehen der chinesischen Behörden auf seinen Vorschlag, ausländischen Beobachtern die Einreise nach Tibet zu erlauben sowie einen Besuchsverkehr von Tibet nach Indien und umgekehrt von Indien nach Tibet zu ermöglichen, konnte ihn von seinem Urteil abbringen, den Chinesen sei prinzipiell nicht trauen: „Nicht nur, daß die Machthaber logen; was noch schlimmer war: Sie zeigten nicht die geringste Spur von Scham, wenn ihre Lügen aufgedeckt wurden. (...) Es gab auch nichts, was darauf hätte schließen lassen, daß diese Leute jemals ihre Versprechen hielten."[380]

1978

Unter dem neuen „starken Mann" in Beijing, Deng Xiaoping, wurden die Beziehungen zwischen China und Tibet weiter normalisiert; eine große Anzahl politischer Gefangener wurde aus der Haft entlassen. Der Dalai Lama weigerte sich zunächst, Kontakt mit Deng aufzunehmen, sandte dann aber im Frühsommer 1979 doch seinen Bruder Gyalo Thöndup in offizieller Mission nach Beijing: „Es konnte ja nicht schaden, sich anzuhören, was die Chinesen zu sagen hatten. (...) Und wenn die Obrigkeiten in Beijing es ehrlich meinten, war es vielleicht sogar möglich, einige Untersuchungsausschüsse nach Tibet zu entsenden, damit wir selbst den wahren Stand der Dinge herausfinden konnten."[381] Er selbst besuchte im Herbst 1978 erneut Japan, anschließend Sri Lanka, wo er offiziell mit Staatspräsident Jayewardene zusammentraf.

1979

Völlig überraschend für den Dalai Lama erklärte Beijing sich tatsächlich bereit, einer Delegation der tibetischen Exilregierung eine Untersuchungsreise durch Tibet zu gestatten. Anfang August 1979 flog diese Delegation, bestehend aus fünf Mitgliedern des Exilparlaments, nach China, um von dort aus nach Tibet weiterzureisen. Die Untersuchung war auf eine Zeitspanne von vier Monaten angelegt, im Verlaufe derer man kreuz und quer durch das Land fahren wollte. Er selbst wies eine ausdrückliche Einladung Dengs zu einem Besuch Tibets zurück.[382]

Noch vor der Abreise der Delegation war der Dalai Lama zu einem Kurztrip in die Sowjetunion und die Mongolei aufgebrochen. „Bei meiner Ankunft [in Moskau, d. A.] hatte ich das Gefühl, in eine wohlbekannte Welt zurückzukehren. Sofort spürte ich die repressive Stimmung, die ich von China her so gut kannte."[383] Beim Besuch eines buddhistischen Klosters in der Burjatischen Autonomen Sozialistischen Sowjetrepublik habe er indes „sofort eine starke Verbundenheit mit diesen Menschen" verspürt, die unter Stalin „schrecklich für ihren Glauben [hatten] leiden müssen, sogar noch länger als wir Tibeter. Trotzdem fand ich überall Beweise, daß ihr religiöses Leben blühte, wo immer sie auch nur die geringste Möglichkeit hatten, es zu verwirklichen."[384]

Auch in der Mongolei habe er eine Atmosphäre geistiger Unterdrükkung wahrgenommen, wovon er sich aber nicht habe beirren lassen. Beim Besuch eines Museums in der Hauptstadt Ulan Bator etwa habe er „ein Gemälde an der Wand erblickt, das einen Mönch mit einem riesengroßen Mund zeigte, in den Nomaden mit ihrem Vieh hineingingen. Es war offensichtlich als antireligiöse Propaganda gedacht." Als er sich dem Bild näherte, um es genauer zu betrachten, habe der Führer versucht, ihn „von diesem peinlichen Beispiel kommunistischer Hetze wegzulotsen. Daraufhin sagte ich ihm, man brauche nichts vor mir zu verstecken. In diesem Bild liege auch etwas Wahres, eine Tatsache, die nicht verdrängt werden solle. Jede Religion könne auch Schaden anrichten und die Menschen ausnutzen, wie dieses Bild andeute. Das sei aber nicht Schuld der Religion selbst, sondern die der Menschen, die sie ausübten."[385]

Auf ähnlichem Niveau bewegt sich die Erkenntnis, die der „Große Allwissende" als Resümee seines Ausflugs in die sozialistischen Nachbarländer kundtut: „Die materialistische und die spirituelle Lebensauffassung ergänzen einander auf so offensichtliche Weise, so daß es traurig ist, daß die Menschen beide als Gegensätze begreifen. Wären der Materialismus und der technische Fortschritt tatsächlich die Lösung aller menschlichen Probleme, müßten die am weitesten entwickelten Länder voller glücklicher Menschen sein. Das ist aber nicht der Fall. Wären die Menschen andererseits nur dazu da, sich mit spirituellen Dingen zu befassen, würde die gesamte Menschheit glücklich nach ihren religiösen Überzeugungen leben. Dann gäbe es jedoch keinen Fortschritt. Also ist sowohl die spirituelle als auch die materielle Entwicklung für den Menschen notwendig. Denn die Menschheit darf in ihrer Entwicklung nicht stehenbleiben – das käme einer Art Tod gleich."[386]

Gleich nach der Rückkehr aus der Mongolei reiste der Dalai Lama in die Schweiz und nach Griechenland, um sich anschließend, Anfang September, einen schon seit Jahren gehegten innigen Wunsch zu erfüllen: endlich die USA zu besuchen. „Was mich bei meiner Ankunft in New York, meinem ersten Reiseziel in den USA, sofort beeindruckte, war die freie Atmosphäre." Die Menschen seien ihm „alle sehr freundlich, offen und locker" vorgekommen. Obwohl ihm durchaus einige schmutzige und heruntergekommene Ecken aufgefallen seien, habe ihm sein erster (insgesamt sechswöchiger) Amerika-Trip doch „großen Spaß" bereitet (was auch sonst): er habe vieles gesehen, was ihn sehr beeindruckt habe.[387] Was genau, teilt er freilich nicht mit.

Auf seinen zahllosen Reisen rund um die Welt hält der Dalai Lama regelmäßig Vorträge und/oder erteilt religiöse Unterweisungen. Seine Veranstaltungen, wie er darlegt, enthielten stets drei Komponenten: „Zunächst einmal spreche ich als Mensch über das, was ich als universale Verantwortung bezeichne. Darunter verstehe ich die Verantwortung, die wir gegenüber unseren Mitmenschen, gegenüber allen denkenden und fühlenden Wesen und schließlich gegenüber der Natur haben. Zweitens versuche ich als buddhistischer Mönch, meinen Beitrag zu einem besseren Verständnis und mehr Harmonie zwischen den Religionen zu leisten. (...) Drittens und letztens spreche ich als Tibeter und besonders als Dalai Lama über mein Land, mein Volk und meine Kultur. (...) Außerdem schätze ich den Meinungsaustausch mit jüngeren Zuhörern sehr. Die Fragen, die sie stellen, reichen von der buddhistischen Theorie der Leerheit über meine Vorstellungen über moderne Physik und den Kosmos bis hin zu Sex, Moral und Ethik. Unerwartete und komplizierte Fragen schätze ich ganz besonders. Sie sind für mich eine große Bereicherung, da sie mich zwingen, mich mit etwas zu beschäftigen, auf das ich sonst vielleicht nicht gekommen wäre."[388] Wie die Veranstaltungen des Dalai Lama tatsächlich aussehen und welcherart „Meinungsaustausch" dort gepflogen wird, verdeutlicht sich beispielhaft anhand seines alljährlichen Galaauftrittes in BodhGaya, einem Pilgerort im nordindischen Bundesstaat Bihar.

Leere der Leere
Die Vorträge in BodhGaya

Anfang der 1980er Jahre initiierte der Dalai Lama ein regelmäßiges Treffen seiner Anhängerschaft aus aller Welt im nordindischen BodhGaya. Seither versammelt man sich jeweils Ende Januar oder Anfang Februar an jenem Ort, an dem laut Legende Buddha seine Erleuchtung erfahren habe. 1989 etwa kamen nicht weniger als dreihunderttausend Pilger, um in der Gegenwart „Seiner Heiligkeit" zu beten und zu meditieren (1957, anläßlich der Feierlichkeiten zum zweitausendfünfhundertsten Geburtstage Buddhas, war in BodhGaya neben zahlreichen neuen Tempeln vor allem eine unfängliche Infrastruktur für religiösen Massentourismus geschaffen worden, derer sich der Dalai Lama gerne bedient).

Neben der Durchführung verschiedener Zeremonien läßt „Seine Heiligkeit" sich in Großaudienzen zu gesonderten Frage-und-Antwort-Stunden herbei. Ernsthafte oder tiefergehende Auseinandersetzung ist dabei weder vorgesehen noch möglich, vielmehr werden in subalterner Manier irgendwelche – mehr oder minder – philosophisch angehauchten Fragen gestellt, die dem Dalai Lama als Stichwort dienen zu meist weitschweifigen Auslassungen. Bevorzugt schwadroniert er über die Doktrin der Leere, gerne aber auch über Quantenphysik, über Politik, Psychologie oder Tantra. In penetranter Weise gefällt er sich darin, mit seiner „Unwissenheit" zu kokettieren, damit, eigentlich nichts zu sagen zu haben und wenn, dann sei das nur seine ganz persönliche Meinung. Tatsächlich aber kommt jeder seiner Verlautbarungen sakrosankte Verbindlichkeit zu, ganz abgesehen davon, daß der gläubigen Anhängerschaft ohnehin jedes Wort des „Gottkönigs" als höchste „Quelle der Inspiration und Verkörperung der lebendigen und aktiven buddhistischen Prinzipien" gilt.[389]

Typischerweise werden Fragen der folgenden Art gestellt: „Wenn man erkannt hat, daß das Selbst und andere Phänomene keine inhärente Existenz besitzen, ist es dann in diesem Zustand möglich, ein lebendiges oder nichtlebendiges Phänomen als Objekt zu wählen und zuzulassen, daß dieses Objekt durch die Kraft der Vorstellung oder der Suggestion eine manifestierende Rolle mit allen Eigenschaften, die wir an Objekten wahrnehmen, erhält?" Die Antwort „Seiner Heiligkeit": „Dies ist ein Beispiel eines nicht ganz richtigen Verständnisses für die Bedeutung des 'Fehlens einer inhärenten Existenz'. Wenn man glaubt, 'Leere' bedeute, daß Dinge keine Funktion haben, so wird man durch ein falsches Verständnis der Leere in einen *Nihilismus* geraten. Diese Einstellung ist falsch, weil man die Idee der Leere nicht mit der Tatsache in Einklang bringen kann, daß Dinge eine bestimmte Funktion besitzen. Deshalb sollte man die Bedeutung der Leere in Zusammenhang mit der bedingten Entstehung begreifen. Da nun die Bedeutung der Leere durch die bedingte Entstehung erklärt werden soll, kann man annehmen, daß nur etwas bedingt entsteht, wenn eine Grundlage dafür existiert, d.h. wenn es etwas, ein Ding, gibt, das bedingt *ist*. Ein solches Fundament muß also vorhanden sein. Wir geben zu, daß die Dinge eine Funktion besitzen, wenn wir von bedingter Entstehung sprechen. Die bedingte Entstehung beweist, daß die Dinge keine inhärente Existenz besitzen, weil sie in ihrer Funktion voneinander abhängen. Die Tatsache, daß die Dinge eine Funktion besitzen und die Tatsache, daß sie in dieser Funktion voneinander abhängig sind, zeigt, daß die Dinge in ihrer Existenz keineswegs voneinander *unabhängig* sind. Also führt das Verständnis der Leere, des Nichtvorhandenseins einer unabhängigen inhärenten Existenz, zu einem Verständnis der bedingten Entstehung. So wie es uns möglich war, aus der Tatsache der bedingten Entstehung herzuleiten, daß die Dinge leer sind, ist es möglich, die bedingte Entstehung aus der Tatsache heraus zu verstehen, daß die Dinge leer sind. Weil die Dinge leer sind, besitzen sie eine Funktion. Dies impliziert die Existenz des Karma und dessen Wirkung, impliziert, daß wir wissen sollten, was wir zu tun und zu lassen haben. Wenn wir jedoch genau über die Leere nachdenken, darüber, daß es keine inhärente Existenz gibt, so können wir auch kein Selbst entdecken, welches für uns normalerweise zu existieren scheint, wenn wir das benannte Objekt, 'das Selbst', in den einzelnen Aggregaten suchen."[390] In diesem Stile geht es endlos weiter. Wie es in einem Kommentar zu den gesammelten Bodh-Gaya-Gesprächen heißt (verlegt bezeichnenderweise im Okkult-Programm des bayerischen ⇨ *Aquamarin*-Verlages), strahlen die „Antworten und Erläuterungen aus als ein Licht der Liebe und des Mitgefühls, in eine Zeit, die diese Qualitäten so sehr benötigt. Die BodhGaya-Gespräche bringen dem Leser einen großen 'Lehrer der Weisheit' näher, der weit über die Grenzen seiner eigenen Tradition hinaus Gehör findet – und zu den wesentlichen Menschen der Gegenwart gezählt werden darf. Ein Werk von außergewöhnlicher geistiger Tiefe und bewegender Menschlichkeit!"[391]

Selbstredend hält der große „Lehrer der Weisheit" nur und ausschließlich die von ihm vertretene Lehre für seligmachend: wahre Befreiung, in der „alle Verunreinigungen im Bereich der Wirklichkeit zum Verschwinden" gebracht würden, sei nur durch buddhistische Praxis zu erlangen.[392] Abfällig äußert er sich über die Anhänger anderer Religionen, die sich durch ernsthaftes Bemühen in ihren jeweiligen Überzeugungen „sicherlich einige Verdienste erwerben",[393] zu mehr hingegen reiche es nicht: „Im allgemeinen glaube ich, daß jede größere Religion das Potential besitzt, allen Menschen einen guten Rat zu geben; darüber besteht kein Zweifel. Aber wir sollten immer berücksichtigen, daß unterschiedliche Menschen in geistiger Hinsicht unterschiedlich prädestiniert sind."[394] Selbst die anderen Schulen des Buddhismus wertet er radikal ab: „Befreiung (...) kann nicht einmal durch die Svatantrika Madhyamikas, die Cittamatras, Sautantrikas oder Vaibhasikas erreicht werden. Die Anhänger dieser Schulen verstehen nicht die wirkliche Doktrin der Leere, obwohl sie Buddhisten sind. Weil sie die Leere oder die Wirklichkeit nicht erkennen können, können sie nicht die Art von Befreiung erlangen, die ich zuvor definiert habe."[395] Soviel zum Beitrag „Seiner Heiligkeit" zu „besserem Verständnis und mehr Harmonie zwischen den Religionen".

Ausdrücklich redet er auch der Gewalt das Wort. Die buddhistische Doktrin unbedingter Friedfertigkeit weist er zurück, gleichwohl genau diese ihm zu seinem ungeheueren Siegeszug in aller Welt verholfen hat: „Wenn jemand beispielsweise gerade im Begriff ist, etwas sehr Schlimmes zu tun, etwas, das vielen Menschen Schaden zufügt, so sollte man in so einem Fall, von Mitgefühl motiviert, versuchen, dies zu verhindern. Wenn es keine andere Möglichkeit gibt, wenn Gewalt das einzige Mittel ist, wenn nur Gewalt jene böse Tat verhindern kann, so ist in einem solchen Fall Gewalt, eine harte Reaktion, erlaubt und notwendig. Oberflächlich betrachtet mag man den Eindruck haben, daß damit einem bestimmten Menschen Schaden zugefügt wird, aber wegen unseres Motives und des uneigennützigen Grundes für unser Handeln, üben wir in Wirklichkeit eine Art Disziplinarmaßnahme aus. Nicht aus Haß, sondern aus Mitgefühl und dem Wunsch heraus, Böses zu verhindern, müssen wir zu solchen harten Methoden greifen."[396] Selbst Gewalt im Umgang mit Kindern weiß „Seine Heiligkeit" zu rechtfertigen: „Liebevolle Eltern, die ihren Kindern gegenüber eine tiefe Sympathie empfinden, werden vielleicht zu harten Worten oder einer körperlichen Strafe greifen, um ihren Kindern ein Fehlverhalten abzugewöhnen und mögen deshalb vielleicht oberflächlich erscheinen und den Eindruck erwecken, daß sie dem Kind Schaden zufügen, wenn sie es schlagen, aber in Wirklichkeit helfen sie ihm dadurch."[397]

Bevorzugt läßt der „Ozean der Weisheit" sich in BodhGaya allerdings zu Fragen des rechten Meditierens aus: „Wenn man zum Beispiel auf die Leere eines Keims meditiert, so ist der Keim das Subjekt oder das Bezugsobjekt, und die Leere ist der Aspekt oder die Qualität. Ähnlich ist der Körper der Gottheit das Bezugsobjekt und der Aspekt die Leere. Man meditiert auf den Körper und nimmt Bezug auf den Aspekt oder die Qualität der Leere. Was ist nun der Unterschied zwischen diesen zwei Arten von Bewußtsein: Die eine, die die Leere im Keim wahrnimmt und die andere, die die Leere des Körpers der Gottheit während ihrer Visualisierung wahrnimmt? Im ersteren Fall stellt das Objekt, der Keim, etwas dar, das sich abhängig von bestimmten Handlungen und Ursachen entwickelt. Es handelt sich um etwas Äußerliches. Im zweiten Fall dagegen ist der Körper einer Gottheit etwas, das einfach im Bewußtsein erzeugt wird. Der Keim ist etwas Tatsächliches. Die Gottheit stellt nur eine Visualisierung dar. Dies ist der Unterschied. Nun ist die Wirkung in beiden Fällen die gleiche. Es ist die Leere, das Nichtvorhandensein der wahren Existenz; weil aber die Subjekte sich unterscheiden, einerseits der Keim, andererseits der visualisierte Körper der Gottheit, ist es unterschiedlich schwer, die Leere dieser beiden verschiedenen Objekte zu bestimmen. Beispielsweise ist es unterschiedlich schwer, die Leere einer Person und die Leere der Aggregate zu verstehen."[398] Wer den ganzen Nonsens nicht beziehungsweise als ebensolchen versteht, habe eben noch nicht lange genug meditiert: „Um die Wirklichkeit zu verstehen, muß man zuvor zusätzliche Verdienste erworben haben. Wenn man all diese Bedingungen [gemeint sind Meditationen, d. A.] erfüllt, so wird man auch nach und nach die Leere besser verstehen. Aber der zeitliche Faktor spielt hier ebenfalls eine Rolle. Man kann dies alles nicht erzwingen."[399] Ein Menschenleben reiche ohnehin nicht aus zu tieferer Einsicht in das Wesen der Dinge: „Als Buddhisten sollten wir nicht nur an das gegenwärtige Leben denken, sondern an Trillionen und aber Trillionen von Jahren."[400] Wie man sich eine Zeitspanne von einer Trillion Jahre vorstellen soll – das gesamte Universum existiert erst seit 12 bis 17 Milliarden Jahren –, verrät der „Ozean der Weisheit" nicht.

Wie dargestellt gilt BodhGaya, der Ort, an dem den „historischen" Buddha Siddharta Gautama vor gut 2.500 Jahren die „Erleuchtung" überkommen haben soll, Buddhisten aus aller Welt als besonders geheiligte Stätte. Grund genug für den Dalai Lama, der als Oberhaupt der tibeti-

schen Gelbmützen-Sekte lediglich *eine*, den zahllosen anderen buddhistischen Traditionen und Schulen prinzipiell konkurrente Untergruppe repräsentiert, sich gerade hier besonders hervorzutun. Im Januar 1998 legte
er unter großem Presserummel den Grundstein für einen gigantischen
Themenpark mit Hotels, Restaurants und Einkaufsarkaden – eine Art
buddhistisches Disneyland –, in dessen Zentrum eine 152,4 Meter hohe
Buddhastatue stehen soll. Die Kosten allein für diese Statue werden auf
vorläufig 100 Millionen US-Dollar (!) veranschlagt. Finanziert werden
soll das Ganze in erster Linie durch Spenden, als Fertigstellungstermin ist
das Jahr 2003 angepeilt. Den Menschen der Region um BodhGaya, die zu
den ärmsten des indischen Subkontinents zählen, wird der Irrwitz auch
noch als Entwicklungshilfe verkauft: durch den „Buddha-Park" würden
ökonomisch aufblühende Landschaften geschaffen.[401] (Nur den wenigsten
Unterstützern der weltweiten „Free-Tibet"-Kampagnen dürfte bekannt
sein, wo und wie ihre Spendengelder verschleudert werden).

Bald nach der Rückkehr des Dalai Lama von seiner USA-Reise im Spätherbst 1979 traf auch die Mitte des Jahres nach Tibet entsandte Untersuchungskommission wieder in Dharamsala ein. Unter der Leitung von Lobsang Samten, einem der älteren Brüder „Seiner Heiligkeit", hatte diese eine viermonatige Reise quer durch das Land unternommen, um „authentische" Eindrücke von den inzwischen herrschenden Verhältnissen zu sammeln. Der Bericht der Kommission, in der Wiedergabe des Dalai Lama, beschreibt die Zustände in Tibet als katastrophal. Im Versuch, die tibetische Kultur in all ihren Erscheinungsformen zu vernichten, hätten die Chinesen vorsätzlich und systematisch gegen elementarste Menschenrechte verstoßen: „Zu den weniger schlimmen (Menschenrechtsverletzungen) gehörten die Trennung der Kinder von den Eltern, um sie entweder in China zu 'erziehen' oder für die Zwangsarbeit zu verwenden, die Inhaftierung unschuldiger Menschen und der Tod von Tausenden von Mönchen und Nonnen in Konzentrationslagern"[402]; dazu gehörte auch die systematische Zerstörung von Klöstern oder deren Verwendung als Getreidelager, Fabriken oder Schweineställe.

Die große Mehrheit der Tibeter, so der Untersuchungsbericht, lebte „im Zustand tiefsten und erbärmlichsten Elends". Die zugeteilten Lebensmittelrationen seien nicht ausreichend gewesen, Hungersnöte weitverbreitet: „Eine Monatsration Butter zum Beispiel, die in früheren Tagen für eine einzige Portion Tee verwendet worden wäre, reichte gerade als Sonnenschutz für die Lippen. Und überall wo sie hingingen, sahen die Delegierten, daß die Menschen kleinwüchsig und unterentwickelt waren und nur Lumpen als Kleidung hatten"[403]; durch extreme Besteuerung sämtlicher Verbrauchsgüter sei die Misere zusätzlich verschärft worden. Beispielsweise habe man eine Frau getroffen, „die eine Haferschleimsuppe zubereitete, verdickt mit Blut aus ihrem Arm; das war alles, womit sie ihre Kinder ernähren konnte".[404] Zudem hätten „die Chinesen auch Zwangsmaßnahmen ergriffen, um den Bevölkerungszuwachs unter den Tibetern unter ihre Kontrolle zu bringen. Man führte auch in Tibet ein Limit von zwei Kindern je Ehepaar ein. Frauen, die diese Quote überschritten, wurden (...) zur Abtreibung gezwungen und dann zwangssterilisiert. Überhaupt wurden viele Frauen ohne ihr Wissen mit primitiven Kupferspiralen als Verhütungsmittel versehen."[405] Jedweder Versuch des Widerstandes sei von den Chinesen brutal zerschlagen worden, mehrfach seien „ganze Dörfer dem Erdboden gleichgemacht, ihre Bewohner umgebracht und Zehntausende andere Tibeter ins Gefängnis gebracht [worden]. Dort hielt man sie unter den übelsten Bedingungen: Am Tag mußten sie

Zwangsarbeit verrichten und abends bis spät in die Nacht hinein Verhöre (Thamzing) über sich ergehen lassen."[406] In der Region Amdo im Nordosten des Landes an der Grenze zur Mongolei sei ein gigantisches Gefangenenlager für bis zu zehn Millionen (!) Häftlinge errichtet worden[407]; und dies, wie die britische Tibet-Chronistin Gill Farrer-Halls zu ergänzen weiß, bereits im Jahre 1940 (!).[408]

Die Chinesen hätten zwar eine beachtliche Anzahl an Krankenhäusern errichtet, die allerdings der tibetischen Bevölkerung kaum zugute kämen. Desgleichen würden an den neueingerichteten Schulen tibetische Kinder eklatant benachteiligt: „Bei der Erziehung, die die Chinesen den Tibetern zukommen ließen, braucht man nur zu erwähnen, daß fast der gesamte Unterricht auf Chinesisch durchgeführt wurde. Es war sogar angekündigt worden, die tibetische Sprache werde 'innerhalb von fünfzehn Jahren' ausgerottet sein. In Wirklichkeit waren die meisten Schulen nicht viel mehr als Arbeitslager für Kinder."[409]

Unabhängig davon, daß eine ganze Reihe der aufgelisteten Kritikpunkte auf offenkundig heillos übertriebenen Hörensagen-Darstellungen beziehungsweise anekdotischen Einzelfallberichten ohne jede Verifikationsmöglichkeit beruhte und andere sich auf Jahre zurückliegende Fehler während der sogenannten Kulturrevolution bezogen: der Dalai Lama erweckte auf seinen folgenden Auslandsreisen unter ausdrücklicher Bezugnahme auf den Bericht seiner Untersuchungskommission den Eindruck, als handle es sich bei den dargestellten Menschenrechtsverletzungen um ein Abbild der *aktuellen* Verhältnisse in Tibet. Anderslautende Berichte von internationalen Beobachtern und Journalisten (z.B. der *New York Times*), die zeitgleich nach Tibet eingeladen worden waren, blieben unerwähnt.[410]

1980

Im Frühjahr 1980 erhielten drei weitere Delegationen der exiltibetischen Regierung die Erlaubnis, Tibet zu bereisen. Zwei davon wurden allerdings vor Abschluß ihrer Untersuchungen des Landes verwiesen, die chinesischen Behörden, wie der Dalai Lama schreibt, „beschuldigten die Delegierten, die Massen zum Widerstand aufzuwiegeln". Eine dritte Delegation, unter der Leitung der jüngeren Schwester „Seiner Heiligkeit", Jetsün Pema, konnte bleiben und brachte als wichtigstes Resultat die Erkenntnis nach Dharamsala, „daß es zwar eine leichte Verbesserung im allgemeinen Bildungsniveau in Tibet während der letzten zwanzig Jahre gegeben hatte, daß dies aber nicht unbedingt von Vorteil war, da für die Chinesen der eigentliche Sinn des Lesens darin lag, den (tibetischen) Kindern das Studium der Gedanken des Vorsitzenden Mao zu ermöglichen, und der des Schreibens, daß sie nun imstande waren 'Geständnisse' zu verfassen."[411] Im übrigen, so der Beschwerdebericht Jetsün Pemas, habe die Analphabetenquote in Tibet noch immer bei 70% gelegen (den Umstand, daß im „alten Tibet" außerhalb der Mönchs- und Adelsschicht überhaupt niemand lesen und schreiben konnte, erwähnt sie nicht).

Verdrehung von Fakten II
Lebensbedingungen in Tibet unter der chinesischen Militärdiktatur

Nach der Flucht des Dalai Lama im Jahre 1959, wie es in einschlägigen Publikationen heißt, sei Tibet von den Chinesen mit „beispiellosem Terror" überzogen worden.[412] Vorderstes Angriffsziel dieses Terrors seien von Anbeginn der Lamaismus und seine Einrichtungen gewesen, die als kulturelles und politisches Rückgrat Tibets die Identität des Landes und seiner Menschen ausgemacht hätten. Letztlich sei es um nichts weniger gegangen – und dies sei bis heute Absicht der chinesischen Besatzungspolitik –, als „alles Tibetische auszulöschen".[413]

Wie der frühere Asien-Direktor der CDU-nahen *Konrad-Adenauer-Stiftung*, Wolfgang von Erffa, auflistet, seien, bis auf wenige Ausnahmen, *sämtliche* Klöster in Tibet der chinesischen Zerstörungswut zum Opfer gefallen: „Vor 1959 lebten 114.000 Mönche und Nonnen in 2.700 Klöstern und Tempeln. (...) Nach den Unruhen der Kulturrevolution zwischen 1966 und 1976 waren nur acht Klöster mit 970 Mönchen und Nonnen übrig."[414] Wie er auf diese Zahlen kommt, gibt von Erffa nicht an. Es fällt ihm in seinem Eifer auch nicht auf, daß er sich in seinen Angaben selbst eklatant widerspricht. Führt er an einer Stelle 2.700 zerstörte Klöster an, ist an anderer Stelle (innerhalb ein und derselben Publikation) plötzlich die Rede von „etwa 6.000 Klöstern, die von den Chinesen zerstört wurden".[415] Letztlich versteigt er sich dazu, die selbst von ihm nicht bestreitbaren Wiederaufbau- und Wiederherstellungsmaßnahmen an den Kloster- und Tempelanlagen, wie sie seit Mitte der 1970er Jahre vorgenommen werden (ungeachtet des Umstandes, daß diese, wie in anderen Propagandaschriften ausdrücklich kritisiert wird, von den Tibetern selbst finanziert und ausgeführt werden müßten) als deren besonders perfide Schändung darzustellen: „Der Potala-Palast und der Jokhang-Tempel [zentrales Heiligtum in Lhasa, d. A.] werden von den Chinesen 'restauriert'. Dies bedeutet, daß zumindest zwanzig Prozent der wohlerhaltenen Bausubstanz [Potala und Jokhang waren während der „Kulturrevolution" gänzlich unbeschadet geblieben, d. A.] vandalisch zerstört werden, daß die meisten der wunderschönen Fresken von Buddhas und Bodhisattvas vernichtet werden." Die Chinesen mit ihrer materialistischen Ideologie, so von Erffa, würden die Kultstätten in ihre Einzelteile zerlegen, um „herauszufinden, was sich hinter den – jetzt zerstörten – Mauern verbirgt, zu ergründen, woraus sich die Heiligkeit und die spirituelle Kraft zusammensetzt, die ihre Resonanz im starken Glauben der Tibeter findet. Die Zerstörung des Potala-Palastes und des Jokhang sind in gewisser Weise ein Sezieren der baulichen Zeugnisse tibetischer Spiritualität."[416] (Daß *gerade* Potala und Jokhang als Teile des Weltkulturerbes unter Supervision der UNESCO restauriert werden, unterschlägt von Erffa wohlweislich; seine Behauptung, unter dem Deckmantel des Erhaltes würden diese Bauwerke „vandalisch zerstört" oder „seziert", nachzulesen in einer 1996 neuaufgelegten Schrift, sind schlicht propagandistischer Blödsinn.)

Laut Dalai Lama-Biographin Mary Craig, die es wie immer ganz genau weiß, seien von den insgesamt 6.291 Klöstern des alten Tibet nur 37 intakt geblieben; 6.254 seien zerstört worden.[417] Der langjährige Vertraute und Photopropagandist des Dalai Lama, Jay Ullal, spricht gar von 7.000 zerstörten Klöstern[418]; hingegen berichtet der vom Dalai Lama als Tibetkenner hochgelobte Hans Först: „Von den einst 2.500 bis 3.000 Klöstern blieben nur etwa 20 erhalten."[419]

Verläßliche Zahlen über die von den Chinesen zerstörten Klöster sind ebenso schwer zu bekommen, wie Antworten auf die Frage nach dem jeweiligen Ausmaß der Zerstörung sowie die Frage, was denn in vorstehendem Zusammenhang überhaupt unter dem Begriff „Kloster" zu verstehen sei. Sofern es sich nicht um vorsätzliche Falschinformationen handelt, dürfte die vielkolportierte Zahl von mehr als 6.000 zerstörten Klosteranlagen auch nicht-monastische Einrichtungen und Bauwerke einbeziehen (was die Barbarei der Chinesen nicht relativiert, was indes Licht auf die Glaubwürdigkeit der kursierenden Daten wirft). Am wenigsten verläßlich sind die Angaben der internationalen Tibet-Unterstützerszene, die die tatsächlich und unbestreitbar von der chinesischen Besatzungsmacht begangenen Greueltaten durch maßlose Übertreibung einer seriösen Beurteilung – historisch wie ethisch – entziehen. Es geht in den einschlägigen Publikationen (Craig, v. Erffa, Ludwig etc.) nicht um Wahrheitstreue sondern um Propaganda: je monströser die Chinesen und damit bedauernswerter die Tibeter dargestellt werden, desto gerechtfertigter und unabdingbarer erscheint das vermeintlich rein humanitäre Engagement der protibetischen Initiativgruppen (und desto höher fällt das Spendenaufkommen aus [⇨ *Exkurs 15]*); selbst eklatante Ungereimtheiten und Widersprüche spielen dabei keine Rolle (⇨ *Exkurs 12*).

Klemens Ludwig, Vorsitzender der *Tibet-Initiative Deutschland,* gibt die Zahl der zerstörten Klöster mit 6.000 an. Seiner Darstellung zufolge (ohne Quellenangabe natürlich) habe es in Tibet vor dem Einmarsch der Chinesen 500.000 Mönche und Nonnen gegeben; nur 970 davon – hier deckt sich seine Angabe mit der von Erffas (wer da von wem abgeschrieben hat, läßt sich freilich nicht sagen) – hätten überlebt. Inzwischen (1998) seien 250 Klöster wiederaufgebaut worden, die Zahl der Mönche, die diese betrieben, liege bei 3.000.[420] In krassem Widerspruch hierzu stehen die Daten des *Tibetan Centre for Human Rights and Democracy,* einer in Dharamsala ansässigen exiltibetischen Menschenrechtsorganisation, deren aktuellem Jahresreport zufolge es Ende 1997 innerhalb Tibets rund 46.000 ordinierte Mönche und Nonnen in 1.787 Klöstern und Tempeln gegeben habe.[421] CDU-Mann Erffa hält solche Zahlen für „weitaus übertrieben", in der Tat gebe es „nicht mehr als ein paar hundert Klöster und ein paar tausend Mönche und Nonnen".[422] Woher er diese Kenntnis bezieht, teilt er nicht mit.

Der Dalai Lama selbst behauptete im Januar 1997, die chinesischen Behörden hätten die „Einrichtung oder Wiederherstellung von Klöstern und Stiften" neuerdings komplett verboten,[423] eine Behauptung, die sich bei näherer Hinsicht als reine Lügenpropaganda erweist: im selben Jahr konnten von einem unabhängigen Team des Österreichischen Fernsehens (ORF) umfängliche Restaurationsarbeiten an tibetischen Klosteranlagen dokumentiert werden.[424] Im übrigen nimmt der Erhalt beziehungsweise die Wiederherstellung religiöser Bauwerke allein schon aus volkswirtschaftlichen Gesichtspunkten höchsten Stellenwert ein: als touristische Anziehungspunkte ersten Ranges sind sie unverzichtbare Devisenquellen.

Aus welchem Grunde auch immer Beijing zerstörte Klosteranlagen mit großem Aufwand wiederaufbauen beziehungsweise restaurieren läßt, kann dahingestellt bleiben: die Behauptungen der internationalen Tibet-Unterstützerszene, es seien bislang nur vier bis fünf Prozent der ursprünglich bestehenden 6.000 Klöster wiederhergestellt worden, sind jedenfalls falsch (und werden vorsätzlich falsch kolportiert). Laut Report des *Tibetan Centre for Human Rights and Democracy* in Dharamsala waren Ende 1997 dreißig Prozent aller Klöster in Tibet restauriert und wieder in Betrieb genommen (ausgehend von einer ursprünglichen Zahl von 6.000; bei ursprünglich 2.500 bis 3.000 Klöstern wären es sogar zwei Drittel). Auch die im Westen kursierenden Angaben oder Vorstellungen über die Anzahl ordinierter Mönche und Nonnen in Tibet sind durchwegs falsch: keineswegs, wie allenthalben behauptet wird, macht der aktuelle

Personalbestand nur einen Bruchteil seiner ursprünglichen Stärke aus – je nach Schätzung zwischen 0,5 und 2,5 Prozent –, vielmehr hatte sich das Mönchs- und Nonnenwesen innerhalb Tibets Ende 1997 auf knapp vierzig Prozent seines ursprünglichen Bestandes erholt (ausgehend von rund 120.000 vor 1959); Tendenz steigend.

Unabhängig davon, ob massenhafter Zustrom in monastische Einrichtungen wünschenswert ist oder nicht: von Behinderung oder gar Verbot tibetischer Klosterkultur kann, zumindest seit Mitte der 1990er, keine Rede mehr sein. Die einzige Einschränkung besteht darin, daß keine Kinder mehr aufgenommen werden dürfen: NovizInnen müssen zumindest achtzehn Jahre alt sein und müssen sich aus freien Stücken für den Eintritt in ein Kloster entscheiden. Der Dalai Lama sieht indes gerade in dieser Einschränkung eine existentielle Bedrohung des tibetisch-buddhistischen Klosterwesens: die erforderliche zwanzig- bis fünfundzwanzigjährige „Grundausbildung" eines Novizen könne nicht mehr gewährleistet werden, wenn dieser erst im Erwachsenenalter eintreten dürfe. (In den Klöstern der exiltibetischen Gemeinden werden nach wie vor drei- bis vierjährige Kinder rekrutiert [⇨ Exkurs 4].)

Im übrigen hält der Dalai Lama die postmaoistische Kulturpolitik Beijings für eine ganz besonders hinterhältige Taktik zur Ausrottung tibetischer Werte: „Seit Mitte der achtziger Jahre gilt die tibetische Kultur ganz offiziell als alt, ehrwürdig und erhaltenswert. Die Chinesen haben ein paar tibetische Transparente in den Straßen angebracht und sogar die in Tibet lebenden Chinesen angewiesen, tibetisch zu lernen. Aber der Hauptakzent liegt natürlich nach wie vor auf dem Studium der chinesischen Sprache, und in der Abschlußprüfung zählt vor allem die Kenntnis des Chinesischen. (...) Es ist also eine ganz reale Tatsache, daß – entgegen aller Propaganda – der entschlossene Versuch gemacht wird, die tibetische Kultur zu vernichten."[425]

Die von exiltibetischer Seite erhobene Klage, tibetische Kinder dürften unter der chinesischen Verwaltung nicht tibetisch lernen – die Schwester des Dalai Lama, Jetsün Pema, behauptet dies ständig, u.a. in einer Anfang 1997 über tm3 ausgestrahlten Sendung –, ist defintiv falsch. Desgleichen die Behauptung, Schulbücher würden nur in chinesischer Sprache gedruckt.[426] Eine „Studie" der exiltibetischen Regierung zur Vorlage bei der Menschenrechtskommission der UNO behauptete Anfang der 1990er, die chinesischen Angaben über den Bau von 6.000 Schulen in Tibet, in denen mehr als 200.000 Kinder unterrichtet würden, seien „aufgeblasen", tatsächlich gebe es sehr viel weniger Schulen, in denen überwiegend Chinesen als Lehrer angestellt seien.[427] Belege hierfür werden ebensowenig angeführt wie für die Behauptung, es gebe „in vielen Teilen Tibets keinerlei Unterricht in tibetischer Sprache, in Zentraltibet [gemeint ist die Autonome Region Tibet/ART, d. A. (⇨ *Exkurs 6*)] hingegen lediglich drei Schuljahre lang und dies auch nur als Vehikel für kommunistische Ideologie".[428]

Tatsache ist, daß Tibetisch bereits in den 1950er Jahren als Bestandteil des Hauptlehrplanes in den (von den Chinesen eingerichteten) Grundschulen festgeschrieben wurde. An den Mittelschulen werden seit jeher die Fächer Mathematik, Physik und Chemie in tibetischer Sprache unterrichtet; seit Ende der 1970er Jahre wurde die Lehrtätigkeit in tibetischer Sprache an den Grund-, Mittel-, Berufs- und Hochschulen des Landes sogar noch verstärkt.[429] Der Grundschulunterricht, wie Recherchen des erwähnten ORF-Teams von 1997 belegen, wird in den ersten beiden Klassen grundsätzlich in tibetischer Sprache gehalten, sieben Wochenstunden entfallen allein auf das Fach Tibetisch; ab der dritten Klasse erhalten die Kinder zusätzlich sechs Wochenstunden Unterricht in Chinesisch. Ab der Mittelschule kommt Englischunterricht hinzu.[430] Der Vorwurf einer nach wie vor relativ hohen Quote an Analphabetismus unter der tibetischen Bevölkerung (die Rede ist von 70% zu Beginn der 1990er) trifft weniger das von den Chinesen etablierte Schulsystem, als daß er auf den Umstand zurückweist, daß bis in die 1950er Jahre hinein Bildung ausschließlich dem Adel und dem hohen Klerus vorbehalten war, das heißt unter der Herrschaft der Gelbmützen weniger als zwei Prozent der Bevölkerung lesen und schreiben konnten; öffentliche Schulen gab es überhaupt keine.

Auch die sonstigen von exiltibetischer Seite erhobenen und von der internationalen Tibet-Unterstützerszene kolportierten Vorwürfe halten einer genaueren Prüfung durchwegs nicht stand. Sie sind, sofern sie nicht völlig aus der Luft gegriffen sind, in der Regel heillos übertrieben und/ oder beziehen sich auf längst nicht mehr aktuelles Geschehen. Wenn etwa Samdhong Rinpoche, führender Vertreter der tibetischen Exilregierung, Mitte der 1990er vorträgt, China mache sich nach wie vor der fortgesetzten Verletzung elementarster Menschenrechte in Tibet schuldig, das „tägliche Leben der Tibeter im eigenen Land" sei bestimmt durch „Folter, psychischen Terror, Diskriminierung und eine totale Mißachtung der Menschenwürde",[431] so ist dies reine Propaganda zur Sammlung von Sympathiepunkten beziehungsweise Spendengeldern; es spiegeln solche Anwürfe nicht die aktuelle Realität Tibets wider.

Eines der wesentlichen, auch vom Dalai Lama selbst immer wieder vorgebrachten Argumente gegen die chinesische Präsenz in Tibet ist das eines „kulturellen Völkermordes"[432]: durch eine Politik systematischer Sinisierung Tibets beabsichtige Beijing, das tibetische Volk „als eigenständige Rasse" zu vernichten.[433] Massenhafter Zuzug von (Han-)Chinesen habe die Tibeter längst zu einer Minderheit im eigenen Lande gemacht: „Wir schätzen, daß gegenwärtig [1997, d. A.] bereits rund siebeneinhalb Millionen Chinesen im gesamten Tibet wohnen gegenüber rund sechs Millionen Tibetern."[434]

Wie in *Exkurs 6* ausführlich dargestellt bezieht sich die Argumentation des Dalai Lama stets auf das „ethnographische" Tibet, das heißt auf den gesamten großtibetischen Siedlungsraum. Er unterschlägt, daß das zwischen 1913 und 1951, dem Zeitraum tibetischer „de-facto-Unabhängigkeit", von Lhasa kontrollierte „politische" Tibet im wesentlichen der nur etwa halb so großen heutigen Autonomen Region Tibet entspricht. Die darüber hinausreichenden östlichen Territorien (mithin Amdo und Kham) unterstehen bereits seit 1720 (!) mandschurischer (ab 1912 nationalchinesischer) Kontrolle, sie waren nicht Teil des „politischen" Tibet, für das 1913 die „Unabhängigkeit" erklärt wurde.

Es kann also in der Frage einer „Überflutung" Tibets durch (Han-)Chinesen nur um die Autonome Region Tibet gehen. In den anderen Regionen (Kham = Sichuan/Yunnan, Amdo = Qinghai) leben sozusagen „seit jeher" Han-Chinesen, zusammen mit zahlreichen anderen ethnischen Gruppen, zu denen eben auch Tibeter zählen.[435] Genaue Aussagen über den Umfang der Zuwanderung von Han-Chinesen in die ART lassen sich anhand der offiziellen Migrationsdaten nicht gewinnen, da diese nicht nach ethnischen Gruppen differenziert sind. Laut Ostasienkundler Thomas Hoppe, der die bislang umfänglichste (Meta-)Studie zur Bevölkerungsentwicklung in der ART vorgelegt hat, müsse man „von einem ständigen Kommen und Gehen, d.h. von einer nur kurz- bis mittelfristigen Ansiedlung bei vielen han-chinesischen (...) Migranten ausgehen".[436] Eine Einschätzung des gegenwärtigen Bevölkerungsstandes der ART läßt sich indes ebenso treffen wie eine Einschätzung der Relation der beiden größten ethnischen Gruppen innerhalb der ART, Han und Tibeter, zueinander. Anfang der 1990er lag die Gesamtbevölkerung in der ART bei etwas über 2,45 Millionen Menschen; der Anteil der Tibeter betrug mit knapp 2,1 Millionen Menschen 85%, der der Han-Chinesen mit knapp 350.000 Menschen (einschließlich rund 250.000 Angehörige militärischer Formationen, bewaffneter Volkspolizei etc.) 14%. Das verbleibende eine Prozent fällt auf Angehörige sonstiger ethnischer Gruppen. (Sollten, wie die exiltibetische Regierung angibt, innerhalb der ART 2,8 Millionen Tibeter leben, so läge der Anteil der han-chinesischen Bevölkerung noch niedriger, nämlich bei knapp 11%). Von den insgesamt 4,6 Millionen ethnischen Tibetern auf chinesischem Territorium leben rund 46% in der ART, 23% in Sichuan, 20% in Qinghai, die restlichen 11% in sonstigen Provinzen.[437]

Um es zu wiederholen: der han-chinesische Bevölkerungsanteil in der Autonomen Region Tibet liegt einschließlich militärischen Personals bei maximal 14%; rechnet man die rund 100.000 zivilen chinesischen Siedler alleine, liegt er bei unter 5%. Seit Beginn der 1990er ist die zivile Migrationsbilanz (aller ethnischen Gruppen) in die ART sogar negativ, was sich wie folgt erklärt: In den 1950er und frühen 1960er Jahren gab es eine verstärkte Zuwanderung von administrativem Personal und wirtschaftlich-technischen Kadern. Ab Mitte der 1960er bis Ende der 1970er erfolgte eine weitere Zuwanderung von administrativem Personal, von Lehrern, Ärzten etc., die den Aufbau der Infrastruktur unterstützten; hinzu kam ein verstärkter Nachzug von Familienangehörigen. In den 1980er Jahren kehrten mit der Übernahme zahlreicher administrativer, technischer und wissenschaftlicher Aufgaben durch Tibeter im Zuge der Reformpolitik früher zugewanderte Personen an ihren ursprünglichen Herkunftsort zurück. (Mitte der 1990er wurden leitende administrative Aufgaben innerhalb der ART zu 68% von Tibetern wahrgenommen.) Selbst der Verwaltungsbezirk Lhasa weist, trotz augenscheinlicher Zuwanderung ins eigentliche Stadtgebiet, seit Anfang der 1990er Abwanderungsüberschüsse auf.[438] Die Behauptung der tibetischen Exilregierung, es habe sich seit Ende der 1980er „eine Million Chinesen, nicht einbezogen militärisches Personal", in der ART ansässig gemacht, davon „einige hunderttausend Händler und Siedler allein in Lhasa",[439] ist barer Unsinn.

Von einer „Überflutung" der Autonomen Region Tibet durch Han-Chinesen kann bei einem Bevölkerungsanteil von höchstens 14% nicht gesprochen werden; ganz zu schweigen von „kulturellem Genozid" durch systematische Sinisierung. Klemens Ludwig, Vorsitzender der *Tibet-Initiative Deutschland*, wertet Hoppes Studie, die das zentrale Argument der Szene einer schleichenden „Ausrottung tibetischer Kultur und Rasse" durch planmäßige Überfremdung Tibets mit Han-Chinesen widerlegt, als „Machwerk", das zum „perfidesten und ärgerlichsten gehört", was er, Ludwig, je gelesen habe. Er erregt sich über die „zahlreichen Tabellen, die einen Anschein von Wissenschaftlichkeit erwecken sollen", über

„Halbwahrheiten, Manipulationen und bewußte Mißverständnisse", die alle aufzuführen den Rahmen seiner Möglichkeiten sprengen würde. Das Hamburger Institut für Asienkunde, das die Studie herausgegeben hat, forderte er auf, diese sofort einzustampfen, denn: „so etwas [gemeint ist Hoppes Untersuchung d. A.] kann nur aus der ganz rechten Ecke kommen".[440]

In einem anderen Punkt seiner Untersuchung gibt Hoppe der ständig vorgetragenenen Propaganda der Pro-Tibet-Szene, zumindest teilweise, sogar recht. Es geht um die Frage der staatlicherseits in Gang gesetzten Maßnahmen zur Geburtenkontrolle. Diese Maßnahmen, die Tibeter und Tibeterinnen durch sogenannte Überzeugungsarbeit, durch Androhen wirtschaftlicher und/oder sonstiger Nachteile oder durch direkte Eingriffe in das persönliche Entscheidungsrecht dazu veranlassen, Kinder nicht mehr in selbstverantwortetem Umfange zu zeugen, zu gebären und großzuziehen, können, wie Hoppe anmerkt, „in letzter Konsequenz als gewaltsame qualifiziert werden".[441]

Die staatliche Geburtenplanungspolitik in den Minderheitengebieten der Volksrepublik China, mithin in Tibet, wurde Mitte der 1970er Jahre eingeleitet. Han-chinesische Kader, Personen also, die mit administrativen Führungsaufgaben betraut waren sowie sonstige staatliche Angestellte durften, ebenso wie mit Chinesen verheiratete Tibeter, ab diesem Zeitpunkt nur noch zwei Kinder bekommen. Im März 1983 trat eine Verordnung in Kraft, die eine verbindliche Geburtenplanung auch für die tibetische Bevölkerung vorsah. Für tibetische Kader wurde „propagiert", nur ein Kind zu bekommen, während ein zweites Kind „erlaubt" war, allerdings nur in einem zeitlichen Abstand von drei Jahren nach der ersten Geburt. Für in den Städten lebende TibeterInnen, die nicht im staatlichen und/oder administrativen Bereich tätig waren, wurde die Zwei-Kinder-Regel eingeführt. In den agrikulturellen Anbau- und Weidegebieten wurde „propagiert", bis zu zwei Kinder zu bekommen, während ein drittes Kind allenfalls über eine eigens einzuholende Geburtsgenehmigung „gestattet" war. Die Geburt eines vierten Kindes war zu „kontrollieren", das heißt, die „unplanmäßige" Schwangerschaft war mit Zwangsmaßnahmen verbunden. Für die Bewohner von Grenzgebieten oder nur sehr dünn besiedelten Gebieten gab es keine Beschränkung der Geburtenzahl.

Die derzeit gültigen Bestimmungen von 1992 schreiben die bis dahin gültigen fort. Im Staatssektor tätige TibeterInnen, die Geburtskontrollmaßnahmen vornehmen lassen, erhalten besondere Vergünstigungen: Sterilisationen werden mit 30 Tagen bezahltem Urlaub und zusätzlicher

Abgabe von Naturalien vergütet. Abtreibungswillige Frauen erhalten 20 Tage bezahlten Urlaub (in der mittleren Periode der Schwangerschaft 50 Tage). Eltern, die sich zur Ein-Kind-Familie verpflichten, werden verstärkt gefördert; auch das Kind erhält besondere Förderung. Bei einer Überschreitung der Geburtenziffern müssen Tibeter beim ersten überplanmäßigen Kind 500 Yuan (durchschnittliches Monatseinkommen eines kleinen Angestellten) bezahlen, hat nur einer der beiden Partner eine feste Anstellung 300 Yuan. Beide Partner werden zwei Jahre lang nicht befördert, sie erhalten keine Prämien. Zudem wird einem der beiden Partner „geraten", sich sterilisieren zu lassen. Bei Überschreitung der Norm um zwei Kinder werden beide Partner um eine Lohnstufe herabgesetzt, sie werden sechs Jahre nicht befördert und erhalten in dieser Zeit keine Prämien. Einer der beiden Partner wird zur Sterilisation gezwungen. Die genannten Regelungen gelten nicht für Bauern, Händler und Selbständige mit unregelmäßigem Einkommen; diese müssen bei einem überplanmäßigen Kind keine Strafe bezahlen, umso mehr wird hier zu Sterilisation „geraten". (In Tibet siedelnde Han-Chinesen müssen bei Überschreitung der Planziffern um ein Kind eine Strafe von 3.000 Yuan bezahlen, einem der beiden Partner wird zu Sterilisation „geraten". Bei Überschreiten der Norm um zwei Kinder erfolgt Zwangssterilisation eines der beiden Partner.[442]) Die Behauptung des Dalai Lama in einem Interview von Sommer 1996, es habe „heute die Politik der Ein-Kind-Familie auch für Tibet Gültigkeit",[443] ist definitiv falsch. Im übrigen zeigt sich gerade an der Frage der Bevölkerungskontrolle seine Bigotterie: Während er bei jeder passenden Gelegenheit die Geburtenplanungspolitik Beijings angreift, setzt er sich andernorts und in Bezugnahme auf andere Drittweltländer vollmundig für eine „Verlangsamung des Bevölkerungswachstums" ein.[444]

In der exiltibetischen Propaganda ist vielfach von flächendeckenden Zwangssterilisationen tibetischer Frauen, von Zwangsabtreibungen und Tötung Neugeborener die Rede, nach Angaben aus Dharamsala seien derlei Maßnahmen „chinesische Standardpraxis".[445] Mobile Abtreibungs- und Sterilisationsteams durchzögen die Weiten des tibetischen Hochlandes, um Beijings menschenverachtende „Bevölkerungspolitik mit dem Messer" umzusetzen; deren Ziel sei letztlich die „Ausrottung des tibetischen Volkes".[446] (Dasselbe Ziel verfolge auch die Gleichgültigkeit Beijings gegenüber der Ausbreitung von Syphilis und Tuberkulose unter der tibetischen Bevölkerung. Letztlich diene sogar die Aufforderung an chinesische Kader, Tibeterinnen zu heiraten [und im Lande zu bleiben], zu nichts anderem, als zur „Verwässerung" und damit langfristigen Auslöschung der tibetischen Kultur und Rasse.[447])

Die *Tibet-Initiative Deutschland* (wie sämtliche anderen Tibet-Hilfsorganisationen auch) behauptet: „Frauen wurden und werden zwangssterilisiert. Zwangsabtreibungen noch im 9. Monat sind keine Ausnahme."[448] CDU-Asienexperte Wolfgang von Erffa berichtet in seiner 1996 (in überarbeiteter Form) erschienenen Anklageschrift *Uncompromising Tibet* gar von „Sterilisation sämtlicher gebärfähiger Tibeterinnen, derer man habhaft werden kann".[449] Er führt „Meldungen" an („there are reports...") von „systematischem Mord an Kindern, dem Töten neugeborener Kinder unmittelbar nach der Geburt". Ein tibetischer Arzt namens Pema habe selbst gesehen, wie 400 tibetische Babies durch Alkoholinjektionen in die Fontanellen getötet worden seien. Oftmals würden die Neugeborenen auch erstickt oder in kochendes Wasser geworfen.[450] Franz Alt zitiert einen (näher nicht ausgewiesenen) „Augenzeugen", der massenhaft vorgenommene Zwangsabtreibungen in einer mobilen Ärztestation beobachtet haben will: „Die Ärzte arbeiteten schneller und schneller, weil jeder täglich 20 bis 30 Frauen operieren mußte. Die Behörden schleppten mit der Zeit täglich 100, 200, ja sogar 300 Frauen auf einmal herbei." Zwei „betroffene Frauen" ergänzen: „Manche Zwangsabtreibung erfolgte so spät, daß die Babies schon viele Haare hatten. Manchmal sahen und hörten die Frauen ihre Babies noch, bevor die Ärzte sie wegwarfen und töteten, während sie schon sterilisiert wurden. Sie wehrten sich heftig, doch sie waren völlig machtlos." Desweiteren führt Alt zwei Mönche an, die beobachtet hätten, wie in der Nähe ihres Klosters sämtliche schwangeren Frauen des Dorfes einer Abtreibung unterzogen und anschließend sterilisiert worden seien; auch alle anderen Frauen des Dorfes seien zwangssterilisiert worden.[451] In einer Propagandaschrift aus Dharamsala wird sogar behauptet, das Zufügen von Qualen im Zuge der Sterilisationsmaßnahmen bereite den Ärzten „offensichtlich großes Vergnügen".[452] Nachprüfbare Belege für die vorgetragenen Ungeheuerlichkeiten gibt es, wie üblich, nicht.

Die TID gibt den Bericht einer 1993 aus Tibet (d.h. aus Amdo) „geflüchteten" und 1994 in Dharamsala interviewten Frau wieder: „Als ich dann mit meinem dritten Kind schwanger war, kamen chinesische Beamte oft zu mir nach Hause, um mich zu einer Abtreibung zu überreden. Sie sagten mir, daß es nicht erlaubt sei, ein drittes Kind zu haben und daß ich ins Krankenhaus gehen solle, wenn ich etwa im fünften Monat schwanger wäre, um eine Abtreibungsspritze zu bekommen." Aus Angst, man könne sie zur Abtreibung zwingen, sei sie bis zur Geburt des Kindes zu ihrer Mutter in ein anderes Dorf gezogen. Währenddessen hätten die chinesischen Beamten mehrfach ihren Ehemann aufgesucht und nach ihrem Verbleib gefragt. Da er ihnen keine Auskunft gegeben habe, hätten sie ihn getreten und mit Stöcken geschlagen. Zur Geburt des Kindes sei sie wieder nach Hause zurückgekehrt. Etwa einen Monat nach der Entbindung seien die Beamten wiedergekommen: „Sie befahlen mir, mit ins Krankenhaus zu kommen. (...) Ich erhielt eine Spritze ins Rückenmark. Sie sollte mich eigentlich betäuben. Aber ich konnte genau spüren, was die Ärzte machten [offenbar eine Sterilisation, d. A.]. Der Eingriff war sehr schmerzhaft. Es gab vier Betten im Operationsraum. Ich sah mit eigenen Augen, wie sie schwangeren Frauen mit sehr langen Nadeln Injektionen gaben. Sie injizierten in den Kopf des Kindes eine Art Gift. Später hatten diese Frauen dann eine Fehlgeburt im Krankenhaus. Ich sah viele Föten in den Toiletten. Ich sah, wie sie von Hunden gefressen wurden. Die Eltern durften den Fötus nicht behalten, es sei denn, sie bezahlten die Rechnung für den Eingriff. Diese Rechnungen waren so hoch, daß niemand sie bezahlen konnte."[453]

Unabhängig von der Zuverlässigkeit dieser Angaben (es liegen keinerlei Orts- oder Zeitangaben vor) *könnten* diese, wie auch Hoppe anmerkt, durchaus realistisch sein: „China ist kein Rechtsstaat, es gibt in Fragen wie den hier behandelten keinen beschreitbaren 'Rechtsweg', lokale Behörden handeln in eigener Willkür, gestützt auf die von oben kommenden Weisungen." Es sei sehr gut möglich, daß die 1983 erlassenen Bestimmungen „von einzelnen Kadern gewaltsam und rücksichtslos durchgesetzt wurden. (...) Auch die Feststellung, daß Frauen, die 'außerplanmäßig' schwanger geworden sind, sich einer Abtreibung unterziehen oder sich z.T. unter Zwang sterilisieren lassen müssen/mußten (...) sind nicht aus der Luft gegriffen."[454]

Gleichwohl sind die Anklagen der exiltibetischen Gemeinde und ihrer internationalen Unterstützerszene (z.B. *Asia Watch, amnesty international*) über systematisch vorgenommene Zwangsabtreibungen, künstlich verursachte Totgeburten und Zwangssterilisationen, wie auch die renommierten amerikanischen Feldforscher Cynthia Beall und Melvin Goldstein betonen, heillos übertrieben.[455] Sie dienen, wie all die sonstigen Vorwürfe angeblich systematischer Menschenrechtsverletzungen in Tibet in erster Linie Propagandazwecken (⇨ *Exkurs 12*). Ohne irgendwelche Grundlage sind insbesondere die von Pro-Tibet-Gruppen allenthalben angestellten Vergleiche chinesischer Bevölkerungspolitik mit Nazi-Verbrechen: „Man ist unweigerlich an die Nazi-Sterilisationen und Experimente erinnert, die während des Zweiten Weltkrieges an unterworfenen Völkern durchgeführt wurden und gewiß weisen die rassistischen Aspekte der chinesischen Politik, zusammen mit der 'Herrenrassen'-Mentalität der Chinesen, viele ins Auge springende Parallelen auf zwischen dem von China besetzten Tibet und den von den Nazis besetzten Ländern Polen und Rußland."[456] Auch der Dalai Lama selbst gebraucht in Zusammenhang mit der Bevölkerungspolitik Beijings immer wieder den Holocaust-Begriff der „Endlösung"[457].

Auf einer erneuten Reise nach Japan erhielt der Dalai Lama erstmalig die Ehre eines persönlichen Empfanges durch Ministerpräsident Suzuki Zenko.

Anläßlich einer weiteren USA- und Kanada-Reise im Herbst des Jahres – mit stopover bei Papst Johannes Paul II. in Rom – wurde er in Los Angeles überraschend von einer Gruppe Hopi-Indianern aufgesucht. Wie er berichtet, hätten ihm diese „Menschen von äußerster Höflichkeit" kundgetan, laut einer alten, von Generation zu Generation überlieferten Prophezeiung ihres Volkes solle eines Tages „aus dem Osten" jemand zu ihnen kommen, „dessen Name mit einer weiten Salzwasserfläche verbunden" sei. Da der mongolisch-tibetische Begriff „Dalai Lama" in freier Übersetzung soviel wie „Ozean der Weisheit" bedeute, könne nur er gemeint sein. Vom weiteren Verlauf der Begegnung wird nichts mitgeteilt.

Abb. 17: Begegnung zweier Heiligkeiten

1981

Anfang 1981 verstarb die Mutter des Dalai Lama – die als Emanation der Göttin Tara verehrt worden war – im einundachtzigsten Lebensjahr. Die Nachricht ihres Todes erreichte ihn in BodhGaya, wo er gerade einer religiösen Massenzeremonie beiwohnte. Er habe sofort begonnen, für eine gute Wiedergeburt seiner Mutter zu beten (selbst „göttliche Wesen" können schlechtes Karma anhäufen!).

Im August des Jahres reiste er erneut in die USA, diesmal zu einem Auftritt an der Elite-Universität Harvard. Im Zuge eines einwöchigen Seminars führte er den Nachwuchs des besserverdienenden Amerika in die Grundzüge des tibetischen Buddhismus ein. Neben allerlei Erkenntnis zu Karma, Buddha-Natur und den „siebenunddreißig der Erleuchtung förderlichen Eigenschaften" ging es dabei, wie gewohnt, auch und insbesondere um das „Wesens der Leere". Auf die – dialektisch geschulte? – Frage aus dem Auditorium, ob denn Leerheit nicht zugleich auch Vollheit bedeute, antwortete der „Ozean der Weisheit" in üblich profunder Manier: „Es scheint so. Gewöhnlich sage ich, daß Leerheit der Zahl Null gleicht. Die Null selbst ist Nichts, aber ohne Null kann man überhaupt nichts zählen; daher ist die Null etwas, aber sie ist null."[438]

Nach seinem Harvard-Auftritt nahm der Dalai Lama als Ehrengast an der sogenannten „Ost-West-Konferenz" des *Naropa-Institutes* in Boulder/ Colorado teil; erneut referierte er über die Leerheit der Leerheit. Das *Naropa-Institut* war Anfang der 1970er von dem tibetischen (Kagyüpa-) Lama Chögyam Trungpa Rinpoche (1940-1987), einem Mitexilanten „Seiner Heiligkeit", als Mischung aus tantrischem Kloster und Privatuniversität gegründet worden.

Schon die erste Klostergründung des Rinpoche, das Mitte der 1960er in Schottland ins Leben gerufene *Samye Ling-Institut*, war berühmt gewesen für die dort veranstalteten „spirituellen Parties", die im Wesentlichen aus exzessivem Sex- und Drogenkonsum bestanden hatten. 1970 wanderte Trungpa in die USA aus, wo er in Kontakt mit der amerikanischen Beatnik- und Hippie-Szene kam, sein delirantes Konglomerat aus LSD- und Alkoholhalluzinationen, anarchisch angehauchter Gesellschaftskritik und buddhistischem Spiritualitätsgefasel – zu seinen engsten Freunden zählte der Schriftsteller Allan Ginsberg – zog zehntausende junger Menschen in seinen Bann. Insbesondere sein sogenanntes „Shambhala-Training" hatte es der amerikanischen *Young Generation* angetan, ein über mehrere Stufen führender (von Trungpa frei erfundener) Hokus-

pokus, der die Teilnehmer zu „spirituellen Kriegern" zu transformieren
versprach, zu Mitstreitern in einem „Heer zornvoller Götter", die die Welt
(der Andersgläubigen) zu zerstören trachteten, um auf ihren Trümmern
eine globale Buddhokratie (das „Reich von Shambhala") zu errichten; mit
ihm, Chögyam Trungpa, als Führer.

Auch in den USA führte Trungpa seine Sex- und Drogeneskapaden
ungehindert und in aller Öffentlichkeit fort. Obwohl er 1970 geheiratet
hatte (ein 14jähriges britisches Mädchen), rekrutierte er sich aus dem
Kreis seinen Schülerinnen zahllose Sexgefährtinnen. Seine offenbar
krankhafte Sexsucht ebenso wie seine unkontrollierten Wutausbrüche
wurden von ihm und seinen Anhängern verklärt als Ausdruck höherer
tantrischer Weisheit. Ab Anfang der 1980er umgab Trungpa sich mit
einer paramilitärisch ausgerüsteten Schutzstaffel, er selbst trat gelegentlich in martialisch aufgemachter Phantasieuniform als „Shambhala-Gene-
ral" auf; zunehmend traten die faschistoiden Züge seines Wahngebäudes
offen zutage. 1987 verstarb er im Alter von siebenundvierzig Jahren[459].
(Die Nachfolge Trungpas wurde von dem Amerikaner Thomas Rich angetreten, der als „Vajra Regent Ösel Tendzin" die Gepflogenheiten seines
Vorgängers fortsetzte. Unter dem neuen „Vajra Regenten" [frei übersetzt:
Phallus-Verweser] erlebte die Organisation 1988 einen Einbruch, den sie
bis heute nicht überwunden hat: Rich, der seit 1985 wußte, daß er HIV
positiv war, hatte er mit zahllosen Schülerinnen ungeschützten Geschlechtsverkehr gehabt und eine Vielzahl davon mit dem AIDS-Virus
infiziert. Er starb 1991. Seine Nachfolge übernahm Trungpas Sohn
Sawang Ösel Rangdroel. Der Dalai Lama, persönlicher Freund Chögyam
Trungpa Rinpoches, äußerte sich zu dessen Sex- und Alkoholexzessen
mit keinem Wort. Auch in Zusammenhang mit dem Skandal um Thomas
Rich, alias Ösel Tendzin, konnte er sich zu keiner öffentlichen Stellung-
nahme durchringen.)

1982

Im April 1982 flog eine dreiköpfige Verhandlungskommission der exiltibetischen Regierung nach Beijing, um mit der chinesischen Führungsspitze Gespräche über die Zukunft Tibets zu führen.

In einer eigenen Verlautbarung Beijings hieß es, die Zentralregierung
würde „den Dalai Lama und seine Gefolgsleute aufrichtig willkommen
heißen, wenn sie in ihre Heimat zurückkehren. Dies gründet sich auf der
Hoffnung, daß sie zur Wahrung der Einheit Chinas, zur Stärkung der

Solidarität zwischen China und Tibet sowie all der anderen Nationen und zur Verwirklichung des Modernisierungsprogramms beitragen werden." Gleichwohl überdies dem Dalai Lama für den Fall seiner Rückkehr nach Lhasa ausdrücklich zugesichert wurde, er werde „denselben politischen Status und dieselben Lebensbedingungen erhalten, die er vor 1959 hatte",[460] ließ dieser die Verhandlungen platzen. Sein Mißtrauen der chinesischen Regierung gegenüber war nahezu krankhaft: „Sie halten einem braunen Zucker vor die Augen, aber in den Mund stecken sie einem Siegellack."[461]

Weder die seit Anfang der 1980er relativ freizügigen Reisebestimmungen für Tibeter noch die weitgehende Öffnung Tibets für ausländische Touristen vermochten seine Position in Bewegung zu bringen. Wie auch er zugestehen muß, stieg die Zahl der ausländischen Tibet-Besucher zwischen 1981 und 1986 von eintausendfünfhundert auf rund dreißigtausend im Jahr. „Von denen jedoch", so sein Einspruch, „die uns daraufhin im Exil kontaktierten, hörten wir, wie wenig hinter der chinesischen Fassade der Freizügigkeit steckt. Die Tibeter genossen noch immer keine Redefreiheit. Und obwohl sie privat ihre Opposition gegen die chinesische Okkupation des Landes klar zum Ausdruck brachten, trauten sie sich nicht, dies auch öffentlich zu tun. Außerdem war ihr Zugang zu Information ebenso scharfen Kontrollen unterworfen wie die Ausübung der Religion. Auch bedurfte es wenig, um zu sehen, daß Tibet ein Polizeistaat war, in dem die Bevölkerung durch Gewaltandrohung zur Unterwürfigkeit gezwungen" werde.[462] „Dank der sorgfältig trainierten Fremdenführer", wie der Dalai Lama beklagt, die „nur die Klöster und Gebäude zeigen, die entweder bereits restauriert sind oder gerade restauriert werden", erhalte die Mehrzahl der Besucher allerdings ein völlig falsches Bild von Tibet. Er räumt zwar ein, daß „gerade in und um Lhasa in den letzten zehn Jahren viel für die Wiederinstandsetzung getan wurde",[463] hält die diesbezüglichen Bemühungen Beijings aber für reines Blendwerk zur Ankurbelung des Tourismus. Auch das offiziell vorgetragene Eingeständnis der Chinesen, es sei während der Kulturrevolution zu Exzessen gekommen, die man aufrichtig bedauere und die wiedergutzumachen man alles nur Denkbare unternehmen wolle, wird vom Dalai Lama als Augenwischerei zurückgewiesen.

Wie in den Jahren zuvor gab „Seine Heiligkeit" sich auch in den 1980ern extensiver Reisetätigkeit hin. Im Sommer 1982 unternahm er eine ausgedehnte Pilgerfahrt quer durch Malaysia und Indonesien, mithin zum Heiligtum von Borobudur auf Java; anschließend reiste er nach

Australien, gefolgt von einem mehrwöchigen *trip* in die Sowjetunion, die Mongolei und nach Ungarn. Zwischen September und November 1982 bereiste er erneut Europa, er besuchte Spanien, Frankreich (wo er den Grundstein für ein tibetisches Zentrum legte und darüberhinaus dem Pariser Brillenmuseum von LaMuette eine seiner Sehhilfen schenkte), Italien und die Bundesrepublik.

Neben seinen Begegnungen mit buddhistischen Glaubensbrüdern suchte und sucht der Dalai Lama gerne auch Kontakt zu Vertretern anderer Religionsgemeinschaften. Auf seiner Frankreichreise besuchte er etwa die Benediktinerabtei Bec-Hellouin und ließ sich in die dortigen Meditationsgepflogenheiten einführen. Bei seinem anschließenden Italienbesuch hatte eine längere Unterredung mit Johannes Paul II., den er für ein „bedeutendes religiöses Oberhaupt" hält: wer wie dieser imstande sei, „jemanden, der einen Mordversuch auf ihn verübte, einen Bruder zu nennen, muß spirituell hoch entwickelt sein"[464] (in den Folgejahren trafen sich die beiden Religionsführer regelmäßig zu zwanglosem Gedankenaustausch). Auf verschiedenen England-Reisen baute er enge Kontakte zu Robert Runcie auf, dem anglikanischen Erzbischof von Canterbury. Am tiefsten beeindruckt zeigte sich der tibetische Gottkönig jedoch von einer Begegnung mit Mutter Teresa, Ordensoberin der *Missionaries of Charity* (Missionarinnen der Nächstenliebe): Sofort sei ihm ihre „demutsvolle Haltung" aufgefallen, woraus er zwingend schloß, bei der ultrakatholischen Betschwester aus Kalkutta müsse es sich um eine Art weiblichen Buddha handeln.[465] Kritik an der reaktionären Praxis Mutter Teresas, ihre in den Slums der Welt aufgesammelten Waisenkinder lieber als Waisenkinder aufwachsen zu lassen, als sie an nicht-katholische Adoptiveltern zu vermitteln, war von ihm natürlich nicht zu erwarten.

Die Kontakte des Dalai Lama zu Politikern hielten sich in Grenzen, offiziell wurde er fast nirgendwo empfangen (was sich erst 1989 änderte). Von besonderer Bedeutung, wie er schreibt, sei insofern seine Beziehung zu dem früheren britischen Premierminister Edward Heath gewesen, mit dem er ausführliche Gespräche geführt habe.

1983

Im Herbst 1983, so der Dalai Lama vom Hörensagen, sei China und zugleich Tibet von einer „neuen Welle der Repression und Gewalt" heimgesucht worden. Es sei ihm von Massenfestnahmen und Hinrichtungen in Lhasa, Shigatse und anderen Städten Tibets berichtet worden. In den tibetischen Exilgemeinden habe man, von ihm in Kenntnis gesetzt, befürchtet, „dieser neue Terror signalisiere die Wiederkehr der alten grausamen Methoden aus der Mao-Zeit" und „äußerst vehement" reagiert[466]: Allenthalben wurden antichinesische Massenkundgebungen organisiert, er selbst sagte seinen mit Beijing für das kommende Jahr vereinbarten Besuch Tibets vorsorglich ab.

1984

Bis Frühjahr 1984, so der Dalai Lama, sei ihm klargeworden, daß „Chinas Tibet-Politik tatsächlich einen tiefgreifenden Wandel erfahren hatte"[467]: Über die grausame Unterdrückung und Knechtung des tibetischen Volkes hinaus habe Beijing damit begonnen, „die einheimische tibetische Bevölkerung zu einer unbedeutenden und entrechteten Minderheit in ihrem eigenen Land zu machen".[468] Mittels großangelegter Kampagnen habe man zur Einwanderung nach Tibet aufgerufen: zigtausende chinesische Fach- und Hilfsarbeiter seien bereits angeworben worden mit der Zusage enormen finanziellen Vorteils; die Tibeter in Tibet liefen Gefahr, zur bloßen „Touristenattraktion" zu verkommen. Laut (Wahn-)Vorstellung des Dalai Lama bedeute die „Umsiedelung von Chinesen nach Tibet (...) die größte Bedrohung für das Weiterbestehen der Tibeter als eigenständige Rasse". Beijing verfolge „bewußt eine Sinisierungspolitik in Tibet", eine, wie er in ausdrücklicher Bezugnahme auf den Nazi-Holocaust abszediert: „Endlösung durch die Hintertür".[469] Es gehe Beijing um nichts weniger als die „Ausrottung des tibetischen Volkes"[470] (⇨ *Exkurs 10*).

Auf Einladung der japanischen Fundamentalisten-Sekte *Agonshu* veranstaltete „Seine Heiligkeit" in deren Tokioter Hauptquartier eine buddhistische Weihezeremonie. *Agonshu*, eine Ende der 1960er Jahre gegründete und in Japan höchst erfolgreiche Organisation okkult-buddhistisch angehauchter Endzeit-Fanatiker, war auch Anlaufstelle des späteren Terroristen und Massenmörders ⇨ Shoko Asahara, der den Dalai Lama anläßlich seines Auftrittes in Tokio (vermutlich) das erste Mal sah.

Im Sommer 1984 reiste der Dalai Lama zum dritten Mal innerhalb kurzer Zeit in die USA, anschließend besuchte er verschiedene Dependancen in Europa. Im Spätherbst, auf dem Rückweg von London nach Delhi, erreichte ihn die Nachricht der Ermordung Indira Gandhis, einer „wahren Freundin der tibetischen Flüchtlinge". Er sei zutiefst schockiert gewesen, zumal er in seiner ständig wahnhaften Ausschau nach irgendwelchen Omina dem Umstand, für eben jenen Tag ein gemeinsames Mit-

↑ Lobrede, – gedicht

tagessen mit ihr vereinbart zu haben, irgendeine finstere Bedeutung beimaß.

Ende 1984 erschien unter dem Titel *Great Ocean* eine Biographie des Dalai Lama, zusammengestellt von dem britischen Journalisten Roger Hicks und dem exiltibetischen Buddhismuslehrer Ngapa Chögyam. Übergeordnetes Anliegen ihrer Arbeit, so die beiden im Vorwort, sei es gewesen, „die Liebe widerzuspiegeln, die wir für Seine Heiligkeit empfinden"; auf Objektivität habe man insofern keinen Wert gelegt.[471] Auch wenn das Resultat streckenweise in lachhafteste Panegyrik ausartete („sein Lächeln ist wie die aufgehende Sonne"), von Widersprüchen zu der ansonsten weitgehend abgeschriebenen Autobiographie des „Ozeans der Weisheit" (*My Land and My People*) ganz zu schweigen, war es diesem nicht zu peinlich, das in England erscheinende Huldigungskompilat mit hochoffiziellem Segen zu versehen. (1990, nachdem er den Nobelpreis erhalten hatte, erteilte der Dalai Lama sein ausdrückliches Einverständnis, die Hicks/Chögyam-Biographie – inhaltlich völlig unverändert – für den amerikanischen Markt neu aufzulegen; lediglich ein aktualisiertes Vorwort über den von China nach wie vor betriebenen „Völkermord" in Tibet wurde hinzugefügt.)

1985

Bei seinen Auslandsreisen, wie der Dalai Lama nicht ohne Stolz anmerkt, äußerten jeweils viele Menschen den Wunsch, etwas für Tibet zu unternehmen. Eine eminent bedeutsame Aktion sei im Juli 1985 von einundneunzig Mitgliedern des amerikanischen Kongresses initiiert worden, die sich in einem gemeinsamen Schreiben an den seinerzeitigen Präsidenten des Volkskongresses in Beijing, Li Xiannian, wandten und zu direkten Verhandlungen zwischen der chinesischen Regierung und der tibetischen Exilregierung aufforderten. Zum ersten Mal sei damit Tibet offiziell politisch unterstützt worden, ein „ermutigendes Zeichen dafür, daß die Gerechtigkeit unserer Sache endlich international anerkannt wurde".[472] Daß er selbst solch geforderte Direktverhandlungen mit den Chinesen im April 1982 hatte platzen lassen, bleibt unerwähnt.

Im Herbst 1985 starb Lobsang Samten, einer der älteren Brüder des Dalai Lama. Wie dieser pathetisch ausführt, habe Tibet damit „einen seiner größten Fürsprecher" verloren: „Er war erst vierundfünfzig Jahre alt gewesen. Ich war darüber sehr betrübt, aber es überraschte mich nicht. Was er als Mitglied der ersten Delegation [von 1979, d. A.] in Tibet erlebt

hatte, war Lobsang Samten sehr nahegegangen. Er konnte Chinas gleichgültige Haltung angesichts all des offensichtlichen Leids und Unglücks in
Tibet einfach nicht begreifen. Und während er früher stets zu Späßen
aufgelegt war, litt er nach jener Reise oft an schweren Depressionen. Es
ist keine Übertreibung, wenn ich sage, daß er an gebrochenem Herzen
starb."[473]

1986

Im Mai 1986 weihte der Dalai Lama in Frankreich das tibetische Zentrum
ein, dessen Grundsteinlegung er vier Jahre zuvor vorgenommen hatte.
Das als „Festung der Meditation" (Samten Dzong) bezeichnete Zentrum
in den Alpen der Haute Provence wird von der sogenannten *Alexandra
David-Néel-Stiftung* betrieben (benannt nach jener orthodox-katholischen
Theosophin, die im Jahre 1924 als erste westliche Frau überhaupt eine
Audienz bei einem Dalai Lama erhalten hatte). Im Zuge seines Frank-
reichtrips traf er auch mit Staatspräsident Jacques Chirac zusammen.
Anschließend reiste er nach Wien, wo er eine Unterredung mit dem öster-
reichischen Bundespräsidenten Rudolf Kirchschläger führte.

Kurz nach Rückkehr des Dalai Lama nach Dharamsala ereignete sich
ein schweres Erdbeben, bei dem seine Residenz erheblich beschädigt
wurde. Mit Hilfe von Spendengeldern und Zuwendungen aus aller Welt
konnte unverzüglich mit dem Bau eines neuen, erdbebensicheren Wohn-
sitzes begonnen werden.

Auf Einladung des Papstes nahm „Seine Heiligkeit" im Herbst des
Jahres in Assisi am „Gebetstag für den Weltfrieden" teil. Laut Biographin
Levenson habe er „gemeinsam mit den Vertretern anderer Großreligio-
nen" kundgetan, „daß das Leben in Fülle und Harmonie auf Erden schön
sein kann, so es der Mensch versteht, sich entsprechend zu verhalten".[474]

1987

Im Frühjahr 1987 besuchte „Seine Heiligkeit" erneut die Sowjetunion, wo
er – Stichwort: Glasnost – „mit großer Freude feststellen [konnte], daß
sich das gesellschaftliche Klima dort ganz erheblich verbessert hatte. (...)
Da die Sowjetbürger nun ihre wahren Gefühle zum Ausdruck bringen
konnten, waren sie zweifellos weit glücklicher".[475] Weitere Erkenntnisse
gibt es, wie gewohnt, nicht.

Nach seiner Rückkehr erhielt er die Nachricht, daß ihm in „Anerkennung seiner Friedensbemühungen" erneut der in Asien höchst prestigeträchtige Magsaysay-Award 1987 – eine Art östlicher Nobelpreis – zugesprochen werden sollte (er hatte den Preis 1959, seinerzeit in Manila, schon einmal erhalten). Zur Preisverleihung, die im Herbst des Jahres in Bangkok stattfinden sollte, wurde ihm allerdings – vermutlich auf Druck Chinas – von den thailändischen Behörden kein Einreisevisum erteilt. Es spielte dies freilich keine besondere Rolle: seiner Popularität in Süd- und Südostasien und seinem Ansehen als „spiritueller Führer" hatte allein schon die erneute Nominierung enormen Schub verliehen.

Abb. 18: Der Friedensapostel (Photomontage aus dem offiziellen Devotialiensortiment)

Auf der Ersten Internationalen Konferenz Buddhistischer Nonnen, die im Frühsommer 1987 im nordindischen BodhGaya stattfand, trat der Dalai Lama (und nicht etwa eine Nonne) als Eröffnungsredner auf. Er faselte von der prinzipiellen Gleichheit zwischen Mann und Frau, die auch und gerade im Buddhismus verwirklicht werde und von der großen Achtung, die in dessen tibetischer Variante der Frau zukomme. Zur Forderung von Kongreßteilnehmerinnen, auch Nonnen, denen innerhalb der einzelnen buddhistischen Schulen traditionell nur untergeordnete Funktionen und Rollen zugesprochen werden, zu „Linienhalterinnen" (Gurus, Bhikshunis,

Lamas etc.) zu weihen, meinte er lapidar: „In erster Linie hängt die religiöse Praxis von der eigenen Initiative ab. Es ist eine persönliche Angelegenheit. Ob nun die volle Ordination offiziell anerkannt wird oder nicht, so ist doch auf alle Fälle eine Art von gesellschaftlicher Anerkennung in der Gemeinschaft vorhanden, was äußerst wichtig ist."[476] Er selbst sei an die Grundsätze seines Ordens gebunden, die ihm untersagten, Frauen die Initiation als Lamas zu erteilen. Diese „Grundsätze", die er auf der Konferenz allerdings nicht näher erläuterte, schreiben die *prinzipielle* und *systematische* Benachteiligung von Frauen innerhalb des monastischen Systems fest: „In der Vinaya", wie der Dalai Lama ausführt, „den Regeln und Verordnungen für das klösterliche Leben, heißt es, daß ein vollordinierter Mönch einen höheren Rang als eine vollordinierte Nonne einnimmt."[477] Mit dieser Aussage, nachzulesen in seinem 1992 veröffentlichten Titel *Im Einklang mit der Welt*, bestätigt er sie die diskriminierende Klosterpraxis, verwischt zugleich aber das viel entscheidendere Diktum, daß eine volle Ordination, wie Mönche sie erhalten, für Nonnen gar nicht möglich ist. Auch die diskriminierende Praxis, Mönchen 253 Verhaltensregeln aufzuerlegen, Nonnen hingegen eineinhalbmal soviel, nämlich 364, wird unter den Teppich gefegt. Allerdings gibt er an derselben Stelle zu, daß gemäß buddhistischer Doktrin Frauen nicht zur Buddhaschaft aufsteigen können: „Im Sutrayana und in den Lehren der unteren Tantraklassen heißt es, daß man in dem Augenblick, in dem man die volle Erleuchtung der Buddhaschaft erlangt, ein Mann sein muß."[478] Grundlage für diese Position ist mithin ein Lehrtext aus dem 4. Jahrhundert u.Z., demzufolge „alle Frauen von Natur aus voller Fehler und von geringer Intelligenz" seien, was den Zugang zu höheren Stufen der Vollendung kategorisch ausschließe. Von einer Frau angesammelter spiritueller Verdienst könne bestenfalls dazu führen, daß sie im nächsten Leben als Mann wiedergeboren werde, als welcher ihr dann der Weg zum „höchsten Thron der Erleuchtung" offenstehe. Umgekehrt könne „schlechtes Karma" eines Mannes auch dazu führen, daß er im Folgeleben in der minderwertigen Form einer Frau reinkarniere[479] (⇨ *Exkurs 2*) Herablassend kündigte der Dalai Lama auf der Nonnenkonferenz an, er werde sich für ein Treffen der verschiedenen Schulen des Buddhismus und eine Diskussion der „Frauenfrage" einsetzen. (Erwartungsgemäß passierte in der Sache weiter gar nichts: die Konferenz liegt inzwischen weit über zehn Jahre zurück, eine schulenübergreifende Diskussion zum Thema hat bis heute nicht stattgefunden. Auch die Frage, weswegen die Gelbmützen noch nicht einmal innerhalb der eigenen Fraktion eine

„frauenfreundlichere" Regelung zu treffen bereit sind und, unabhängig von anderen buddhistischen Schulen oder Verbänden, den Status zumindest *ihrer* Nonnen dem der Mönche angleichen – der Dalai Lama könnte derlei jederzeit per Edikt verfügen –, wurde bis heute nicht debattiert).

Im Sommer des Jahres erhielt „Seine Heiligkeit" erstmalig Besuch von dem japanischen Sektenguru Shoko Asahara, der mit dessen tatkräftiger Hilfe seinen Mitte der 1980er erst ins Leben gerufenen Kult-Zirkel *Aum Shinrikyo* zu größerem Einfluß zu führen suchte. Mit Erfolg: Wesentlich unterstützt durch die tibetische Exilregierung sowie den Dalai Lama höchstpersönlich entwickelte sich *Aum Shinrikyo* in den folgenden Jahren zur mit Abstand gefährlichsten und verbrecherischsten Psychosekte der Welt. Die Geschichte der Aum-Sekte und vor allem die Mitverantwortung des Dalai Lama an deren ungeheuerlichem Aufstieg erfordern eine detaillierte Darstellung; in den offiziellen Biographien „Seiner Heiligkeit" wird dieses Kapitel durchgängig unterschlagen.

Exkurs 11

Roter Teppich für Terroristen
Shoko Asahara

Am Abend des 27. Juni 1994 fielen in der japanischen Stadt Matsumoto, eine gute Autostunde südlich von Nagano, die Vögel vom Himmel, Hunde und Katzen verendeten auf der Straße. Menschen wanden sich in Krämpfen auf dem Boden, sieben davon starben, mehr als zweihundert erlitten bleibende körperliche Schäden. Als Ursache stellten Wissenschaftler eine freigesetzte Wolke des Nervengiftes Sarin fest, eines Kampfstoffes, der von den Nazis für den Einsatz im Zweiten Weltkrieg entwickelt worden war. Monatelang tappten die Ermittlungsbehörden im Dunklen, auf die Idee, bei der merkwürdigen Sekte *Aum Shinrikyo* nachzuforschen, die nahe der Stadt eine Dependance errichtet hatte, kam niemand. Auch nicht, als zwei Wochen nach dem Horror von Matsumoto eine Giftwolke über Kamikuishiki am Fuße des Fuijyama zog, ins Freie gelangt ganz offenbar aus einem Komplex ehemaliger Fabrikgebäude am Rande des Ortes, der seit 1988 der Sekte als Hauptquartier diente. Auch in Kamikuishiki litten die Menschen unter Schwindelanfällen, Krämpfen und Atemnot. Polizei und Feuerwehr suchten tags darauf das Gelände *außerhalb* des streng bewachten Sektengrundstückes ab; gleichwohl selbst dort jede Menge leerer Chemiefässer und aufgerissene Chemikalienbeutel zu finden waren, wurde darauf verzichtet, *Aum Shinrikyo* selbst zu kontrollieren.

Man scheute die direkte Konfrontation mit der Sekte, die in Kamikuishiki mehr als eineinhalbtausend Mitglieder angesiedelt hatte. *Aum Shinrikyo* war als äußerst gewalttätig bekannt, wer nicht unmittelbar physisch eingeschüchtert werden konnte, wurde mit einer Flut an Prozessen überzogen. Im Rückblick allerdings, wie die Journalisten David Kaplan und Andrew Marshall in ihren minutiösen Recherchen über *Aum Shinrikyo* es formulierten, erscheint es unfaßbar, daß die Behörden nicht gegen die Sekte vorgingen: „Die Liste ihrer Verbrechen wurde jeden Monat länger und erschreckender: betrügerische Geschäfte, Grundstücksschwindel, medizinische Fehlbehandlungen, Erpressung, Drogenmißbrauch, Verstoß gegen das Waffen- und Sprengstoffgesetz, Herstellung biochemischer Waffen, Kidnapping und Massenmord."[480] Insbesondere hinsichtlich der Produktion von Giftgas durch die Sekte gab es genügend Anhaltspunkte, die ein behördliches Einschreiten zwingend erforderlich gemacht hätten. Nicht nur gab es seit Jahren Beschwerden der Bewohner Kamikuishikis über übelriechende und giftige Emissionen aus der Sektenzentrale – rund um die *Aum*-Kolonie waren sämtliche Bäume und Pflanzen abgestorben –, immer wieder wurde auch von Gasmaskeneinsätzen innerhalb deren drei Meter hohen Absperrungen berichtet. In den Emissionen hatte man sogar Spuren Sarin-verdächtiger Phosphor- und Chlorgasverbindungen gefunden. Doch nichts geschah. Selbst nachdem eine Woche später in Kamikuishiki erneut eine größere Menge Giftgas freigesetzt worden war, wurde nichts unternommen. Die Erklärung für die Untätigkeit der übergeordneten Behörden ist ebenso simpel wie erschreckend: Es handelte sich bei *Aum Shinrikyo* um eine staatlich registrierte und steuerlich begünstigte Religionsgemeinschaft, der niemand kriminelle Taten solch monströsen Ausmaßes zutraute. Nicht zuletzt hatte *Aum* diese staatliche Anerkennung durch ein offizielles Empfehlungsschreiben des „Rates für religiöse und kulturelle Angelegenheiten seiner Heiligkeit des Dalai Lama" vom 25. Mai 1989 erhalten, in dem dessen Generalsekretär Kalman Yeshi ausführte, „angesichts seiner schätzenswerten Ziele und Aktivitäten" sei es nachgerade unabdingbar, daß „Aum Shinrikyo ihr wohlverdienter steuerbefreiter Status und die gebührende Anerkennung durch die Regierung gewährt wird".[481] Hinzu kam, daß der japanische Verfassungsschutz, der sich seit jeher fast ausschließlich mit der politischen Linken im Lande befaßt, „versäumt" hatte, seine Erkenntnisse über *Aum* an die entsprechenden Behörden weiterzugeben. So wurde auch dem Umstand nicht nachgegangen, daß über die Jahre Dutzende von Menschen, darunter der bekannte *Aum*-Kritiker Tsutsumi Sakamoto, im Umkreis der Sekte spurlos „verschwunden" waren.

Anfang 1995 konnte die Sekte die Aufdeckung ihrer verbrecherischen Machenschaften gerade noch einmal verhindern. Am Neujahrstag erschien auf der Titelseite von Japans größter Tageszeitung *Yomiuri Shimbun* ein Artikel, in dem *Aum* erstmals direkt mit den Giftgas-Vorfällen in Verbindung gebracht wurde. In Windeseile wurde daraufhin die Todesfabrik bei Kamikuishiki zu einem Tempel umgebaut: die chemische Laborausstattung wurde zerstört oder demontiert und in andere Sektenstützpunkte verbracht, die gelagerten Grundstoffe zur Herstellung von Sarin, darunter zehn Tonnen Methylphosphorsäuredimethyl, wurden in einen Brunnen entsorgt, sämtliche Räume wurden gereinigt und desinfiziert. Alles, was auf chemische Produktion hätte hindeuten können, wurde entfernt, dafür errichtete man im Hauptgebäude eine gigantische Buddhastatue, die man nun der Öffentlichkeit präsentierte. Vor ausgewählten Journalisten teilte ein Sektenanwalt mit, man habe bereits Strafanzeige gegen die „Verleumder" erstattet. *Aum* stelle keineswegs, wie in den Medien behauptet werde, Nervengas her, vielmehr seien die Mitglieder *Aums* selbst hilflose Opfer von Giftgasangriffen: „Staatliche Behörden" Japans und der USA hätten wiederholt die Gebäude der Religionsgemeinschaft von Hubschraubern und Militärjets aus mit Sarin und Senfgas eingesprüht. *Aum* habe diese Angriffe nur überlebt, so der Text eines eigens produzierten Videos, „weil es eine mystische Religion ist, die bis jenseits der Grenzen von Leben und Tod reicht. Aum ist ein gewaltiges Hindernis für das Böse, das diese Welt regiert."[482] In dem Video verwahrte man sich insbesondere auch gegen den geäußerten Verdacht, *Aum* habe die Stadt Matsumoto mit Giftgas angegriffen, um drei Richter zu töten oder zumindest einzuschüchtern, die eine Immobilienstreitigkeit der Sekte zu entscheiden hatten. Trotz aller Durchsichtigkeit des *Aum*-Manövers: wieder faßten die Ermittlungsbehörden nicht nach. Halbherzig beraumte man für den 21. März eine Durchsuchung der Sekten-Einrichtungen an.

Am Tag zuvor, am Montag den 20. März 1995, kurz nach acht Uhr morgens, verwandelte sich die Tokioter U-Bahn in eine Todesfalle. In fünf U-Bahnzügen entwich aus Plastikbeuteln mörderisches Giftgas. Als die Züge stoppten, bot sich ein apokalyptisches Bild: In heilloser Panik stürzten die Menschen aus den Waggons, erbrachen sich, spuckten Blut; mit glasigen Augen stolperten sie wie Zombies auf die Ausgänge zu, viele sackten lautlos in sich zusammen, andere wälzten sich von Krämpfen geschüttelt auf dem Boden, aus ihren Mündern quoll blutiger Schaum. Oben auf der Straße war die Hölle los. Tausende drängten völlig orientierungslos aus den U-Bahnschächten ins Freie, Bürgersteige und Fahrbahnen waren voller Verletzter, die einfach dort lagen, wo sie zusammengebrochen waren: „Es war ein gespenstisches Chaos. Fast kein menschlicher Laut war zu hören, da das Nervengas die Lungen der Verseuchten angegriffen hatte und ihre Stimmen versagten."[483] Bald darauf hörte man die Sirenen der Rettungswagen, Hubschrauber dröhnten. Auf den U-Bahnhöfen im gesamten Stadtzentrum spielten sich Szenen ab wie auf einem Kriegsschauplatz, weit über fünftausend teils schwerst Verletzte waren zu versorgen. Sie wurden relativ rasch auf über dreißig Krankenhäuser im ganzen Stadtgebiet verteilt, da man aber die genaue Ursache der Vergiftung noch nicht kannte – zunächst war man von einer Gasexplosion mit Kohlenmonoxydaustritt ausgegangen –, konnte man nicht viel tun. Der Zustand vieler PatientInnen verschlechterte sich rapide, es gab bereits mehrere Tote. Erst zweieinhalb Stunden später stellte ein Militärarzt versuchsweise eine erste Diagnose: Sarin. Sofort begannen Ärzte überall in der Stadt das Gegenmittel PAM zu verabreichen. Mehrere Patienten lagen in tiefem Koma, die Zahl der Toten war auf zwölf gestiegen. Eine Frau wurde mit qualvollen Schmerzen ins Krankenhaus gebracht: das Nervengas hatte ihre Kontaktlinsen an ihre Augäpfel angeschweißt. Beide Augen mußten operativ entfernt werden.

Endlich traten die Behörden in Aktion. Innerhalb einer Woche wurden fünfundzwanzig *Aum*-Zentren in ganz Japan durchsucht. Man fand bizarre Laboratorien, in denen Hunderte riesiger Kübel mit scharfriechenden Chemikalien lagerten, darunter sämtliche Stoffe, die zur Herstellung von Sarin erforderlich waren. Man entdeckte biologische Waffen, Sprengstoff und automatische Gewehre. Täglich wurde die Liste der Funde länger und immer noch horrender. *Aum Shinrikyo*, so erfuhr die geschockte Öffentlichkeit, verfügte über ein Arsenal an Gift- und Kampfstoffen, das ausreichte, um mehrere Millionen Menschen auf einen Schlag zu töten.

Die Führungsriege der Sekte war abgetaucht. Über Presseaussendungen ließ man mitteilen, die gefundenen Chemikalien hätten ausschließlich häuslichen, künstlerischen oder medizinischen Zwecken gedient. Im übrigen verlautbarte man: „Wir sind Buddhisten! Wir töten keine lebenden Wesen, nicht einmal Insekten."[484] Auch wenn die Polizeiführung das ganze Ausmaß des *Aum*-Terrorismus zunächst nicht erkannte, machte sich der konzentrierte Fahndungseinsatz doch bald bezahlt: Zahlreiche Sektenmitglieder konnten festgenommen werden, und obwohl die Sekte in aller Eile wichtige Beweismittel hatte verschwinden lassen, wurde doch jede Menge gerichtsverwertbares Material gefunden. Allerdings dauerte es noch weitere acht Wochen, bis am 16. Mai 1995 mehrere Hundertschaften der Polizei in die Zentrale der Sekte in Kamikuishiki vordrangen. Dort spürte man in einem Versteck auch Shoko Asahara auf, den Begründer und Guru der Sekte. Asahara wurde verhaftet, knapp ein Jahr später wurde der Prozeß gegen ihn eröffnet (für den eine Dauer von rund zehn Jahren angenommen wird). Die Anklageschrift warf ihm vor, er habe „das Töten von Menschen gerechtfertigt, wenn es in Übereinstimmung mit seinen Glaubenssätzen stand, und seit 1990 auch den wahllosen Massenmord gebilligt".[485] Daß der Guru selbst die Giftgasattentate und weitere Morde angeordnet hatte, entnahm die Staatsanwaltschaft den Aussagen geständiger Aum-Mitglieder.

Erst im Nachhinein stellte man sich weltweit die entsetzte Frage, wie es möglich war, daß ein zunächst völlig unbedeutendes Grüppchen buddhistischer Glaubensfanatiker sich innerhalb weniger Jahre zu einer der bestorganisierten und kriminellsten Sekten der Welt entwickeln konnte; und dies, ohne daß Polizei oder Medien sich im geringsten dafür zu interessieren schienen. Insbesondere stellte man erstmalig auch die Frage nach der Idee und Absicht dieser Sekte, von der, gleichwohl sie über ein Heer von mehr als fünfundvierzigtausend Mitgliedern verfügte, praktisch nichts bekannt war.

Die Geschichte von *Aum Shinrikyo* ist die Geschichte des Shoko Asahara. Der richtige Name des späteren Guru war eigentlich Chizuo Matsumoto. Geboren 1955 als vierter Sohn einer armen Strohmattenflechter-Familie auf Kyushu, besuchte er zusammen mit einem seiner Brüder ein staatliches Internat für blinde Kinder und Jugendliche. Im Gegensatz zu seinem vollblinden Bruder war Chizuo allerdings nur auf dem linken Auge blind, auf dem rechten konnte er, wenn auch etwas verzerrt, sehen. Seine teilweise Sehkraft verschaffte ihm gegenüber seinen Schulkameraden einen eminenten Vorteil: er konnte diese nach Belieben schikanieren und tyrannisieren. Durch regelmäßiges Kampfsporttraining – er brachte es bis zum schwarzen Gürtel in JiuJitsu – steigerte sich seine Neigung zu aggressiver Gewalt ins Uferlose. Seine Mitschüler beschrieben das Zusammensein mit ihm als die reinste Hölle. Als er von der Schule abging, träumte er davon, der Regierungspartei Japans beizutreten und eines Tages Premierminister zu werden. Sein Plan, an der Tokio-Universität zu studieren – mit Geld, das er im Blindeninternat unterschlagen hatte –, schlug fehl: er fiel durch das Zulassungsexamen. Nach Hause zurückgekehrt wurde er kurze Zeit darauf festgenommen, da er – wie so häufig zuvor – eine Schlägerei vom Zaune gebrochen hatte.

Nach seiner Haftentlassung ging er erneut nach Tokio, wo er 1978 eine Studentin aus wohlhabendem Hause heiratete. Mit Geld aus der Familie seiner Frau eröffnete er bald darauf eine Klinik für traditionelle Medizin, an der er – ohne irgendwelche heilkundliche Ausbildung – Patienten mit zweifelhaften Akupunktur- und Kräuterkuren behandelte. Eine der Tinkturen, die er als sogenannte „Allmächtige Medizin" für teueres Geld verkaufte, bestand aus nichts anderem als Mandarinenschalen in Alkohollösung. Einen über betrügerische Krankenkassenabrechnungen erschwindelten Betrag in Höhe von umgerechnet rund 60.000 Mark mußte er zurückzahlen. 1981 gründete er die „Himmlische Segnungsgesellschaft" und stellte in großem Umfang „Medizin" her, die er auf Tingeltouren durch die besseren Hotels in Tokio an vornehmlich ältere Mitbürger verkaufte. In weißem Mantel und mit Stethoskop machte er seiner gutgläubigen Kundschaft vor, er könne jedwede Krankheit, insbesondere Rheuma, heilen. 1982 wurde er wegen Betruges verhaftet und zu einer Geldstrafe verurteilt. Zu diesem Zeitpunkt hatte er mit seinen Wundermitteln umgerechnet rund eine halbe Million Mark eingenommen.

Neben dem Verkauf seiner Schwindelmedizin praktizierte Chizuo die Künste des Handlesens, der Geomantie und der Hellseherei. 1984 gründete er in Tokio eine Yoga-Schule und gleichzeitig einen AUM Ltd. genannten Versandhandel für wundertätige Tinkturen, Amulette und sonstiges religiöses Zubehör. Bereits Anfang der 1980er hatte er Texte einer 1969 gegründeten Fundamentalisten-Sekte namens *Agonshu* gelesen, die ihren Anhängern mittels allerlei buddhistischer Rituale den Erwerb übernatürlicher psychischer Kräfte versprach. Die in Japan äußerst erfolgreiche Organisation – sie betrieb sogar einen eigenen Satellitenfernsehsender – brachte Chizuo auf die Idee, sich selbst zum Guru zu deklarieren und eine eigene Sekte ins Leben zu rufen: Er benannte sein Unternehmen in *Aum-Gemeinschaft der Magier vom Berge* um. Mitte 1986 reiste er für einige Wochen nach Nordindien, um sich in den zahllosen Religionszentren und Ashrams des Himalaya umzusehen und von den jeweiligen Gurus dazuzulernen. Wie er später verkündete, sei seine Pilgerreise das Ende einer langen spirituellen Suche gewesen: „Ich probiere alle religiösen Rituale aus, Taoismus, Yoga, Buddhismus, und fügte deren Essenz in meine Übungen ein. Schließlich erreichte ich mein Ziel in der heiligen Atmosphäre des Himalaya-Gebirges. Ich hätte glücklicher nicht sein können."[486] Er habe, so behauptete er nach seiner Rückkehr nach Tokio, die „endgültige Erleuchtung" gefunden. Hinfort sei er in der Lage, Kontakt zu Toten aufzunehmen, durch Betonwände zu gehen, stundenlang unter Wasser zu meditieren und frei in der Luft zu schweben. Ende 1986 veröffentlichte das japanische UFO- und Esoterik-Magazin *Twilight Zone* Photos, die Asahara im Zustand der „Levitation" zeigten. Seit Jahrhunderten hatten buddhistische Mystiker behauptet, die Schwerkraft aufheben und in der Luft schweben zu können: Chizuo Matsumoto lieferte den Beweis. Wie der Photograph des Magazins später aussagte, war Asaharas „Schweben" allerdings nichts anderes als eine relativ einfache Yoga-Übung: Die Beine gekreuzt, spannte er seine Muskeln an und stieß sich für kurze Zeit vom Boden ab. Im richtigen Sekundenbruchteil photographiert, erweckte sein Froschgehopse den Eindruck der Levitation. Der *Twilight-Zone*-Bericht erwies sich als vorzügliche Werbung für Chizuo, die Zahl der Mitglieder seiner *Aum-Gemeinschaft der Magier vom Berge* stieg. Seiner wachsenden Bedeutung gemäß legte Chizuo seinen zu gewöhnlich klingenden Namen ab und nannte sich fortan „Shoko Asahara". Er ließ sich einen starken Bart wachsen und kleidete sich in die elfenbeinfarbigen Gewänder eines Heiligen.

Mit seinem Fähnchen an Anhängern war Shoko Asahara allerdings nur eine unter zahllosen Klein-Sekten im Japan der 1980er Jahre. Seit die Amerikaner nach der Niederlage Japans im Zweiten Weltkrieg den Shinto-Glauben als Staatsreligion aufgelöst und damit Religionsfreiheit geschaffen hatten, entstand im Lande der aufgehenden Sonne eine unüberschaubare Fülle an Glaubensrichtungen und Kultgemeinschaften, die seit Mitte der 1970er zu einer Art spiritueller Hochkonjunktur – das fernöstliche Pendant der abendländischen New-Age-Bewegung – führten. Tausende einschlägiger Gruppierungen samt ihren jeweiligen Meistern und Gurus priesen ihre Heilsdienste an und buhlten um gutgläubige und vor allem zahlungskräftige Anhänger.

Asahara hatte die Idee, seinen eigenen und den Stellenwert seiner *Aum-Gemeinschaft* durch einen Besuch beim Dalai Lama aufzuwerten, der auch in Japan enormes Ansehen genoß und den er ein paar Jahre zuvor bei dessen Auftritt im Hauptquartier der *Agonshu*-Sekte erstmalig gesehen haben dürfte. Im Sommer 1987 reiste er nach Dharamsala/ McLeodGanj in Nordindien, wo er, im Gegensatz zu den sonstigen TouristInnen und BittstellerInnen, die den Dalai Lama an seinem Regierungssitz aufsuchen und von diesem in der Regel mit ein paar Unverbindlichkeiten und vor allem gruppenweise abgefertigt werden, sofort zu einer Privataudienz empfangen wurde. Ganz offenbar übte Asahara bereits bei dieser ersten Zusammenkunft enorme Wirkkraft auf den Dalai Lama aus. Er wurde mit Weihwasser besprenkelt, gesegnet und mit einer weitreichenden spirituellen Aufgabe betraut. Der Dalai Lama, so zumindest beschreibt Asahara die Begegnung, eröffnete ihm folgendes: „Lieber Freund, sieh dir den Buddhismus im heutigen Japan an. Er ist zu Zeremonien degeneriert und hat die eigentliche Wahrheit der Lehre verloren. Wenn das so weitergeht, wird der Buddhismus in Japan verschwinden. Irgendetwas muß jetzt getan werden, und du solltest den wirklichen Buddhismus dort verbreiten. Du kannst das gut. Wenn du dies tust, wäre ich sehr erfreut und es würde mir in meiner Mission helfen."[487]

Die Gründe, weswegen der Dalai Lama sich ausgerechnet auf den mehrfach vorbestraften Betrüger und Gewalttäter Asahara kaprizierte, werden weiter unten näher erörtert. Politische oder pekuniäre Erwägungen seitens des tibetischen Gottkönigs dürften – zunächst jedenfalls – keine Rolle gespielt haben: zum Zeitpunkt des ersten Treffens war Ashara

noch eine relativ unbedeutende Figur mit kaum nennenswerter Anhängerschaft, einer unter tausenden selbsternannter Klein-Gurus, wie sie in
Japan seit Ende der 1970er ihr Unwesen trieben.

Abb. 19: Hand in Hand mit dem späteren Massenmörder

Kurz nach seiner Rückkehr nach Japan veröffentlichte Asahara den Wortlaut seiner Unterredung mit dem Dalai Lama in einer eigenen Schrift *Supreme Initiation*. Der Dalai Lama trat dieser Inanspruchnahme nicht ent-

gegen, offensichtlich hatte er auch keine Einwände, daß Asahara mit seinen „besten Verbindungen zum spirituellen Oberhaupt der Tibeter" großangelegte Werbung betrieb. Ganz im Gegenteil, er empfing ihn in den Folgejahren noch mehrmals in Privataudienz, erteilte ihm verschiedene Initiationen in buddhistische Geheimlehren und stattete ihn letztlich im Mai 1989 mit zwei hochoffizellen Empfehlungsschreiben aus, die ihn als „kompetenten religiösen Lehrer" und seine Sekte als ehrenwerte „religiöse Organisation" auswiesen.[488]

Asahara unternahm noch ein paar weitere „spirituelle Reisen" mit dem Ziel, seine Glaubwürdigkeit als religiöse Führergestalt zu untermauern. Nach einer Ägypten-Visite behauptete er etwa, in einer früheren Inkarnation als Baumeisters Imhotep die Pyramiden entworfen zu haben. Zurück in Japan brachte er Ende 1987 ein Buch heraus mit dem Titel *Secrets of Developing Your Supernatural Powers*. In einer Werbeanzeige für dieses Buch hieß es: „Der Ehrwürdige Meister weiht Sie in die Geheimnisse seiner wunderbaren mystischen Kräfte ein. Blicken Sie in die Zukunft, lesen Sie die Gedanken anderer Leute, lassen Sie Ihre Wünsche wahr werden, Röntgenblick, Schwebezustände und Reisen in die vierte Dimension, hören Sie die Stimme Gottes und mehr. Dieses Buch wird Ihr Leben verändern."[189] Als Beweis prangte eines seiner Levitations-Photos aus dem *Twilight-Zone*-Bericht auf dem Umschlag. Gleichzeitig verkündete er, daß die *Aum-Gemeinschaft der Magier vom Berge* (Aum Shinzen No Kai) ab sofort *Aum Höchste Wahrheit* (Aum Shinrikyo) heiße. Die Silbe „Aum" (sprich: Om), auf die Asahara so großen Wert legte, ist ein hinduistisches beziehungsweise buddhistisches Meditations-Mantra, das, endlos wiederholt, die „letztgültige Wahrheit des Universums" zu enthüllen verspricht.

Asahara baute einen surrealen Persönlichkeitskult um sich auf und entwarf zu dessen Förderung ein wüstes Konglomerat wahllos zusammengefügter ritueller und dogmatischer Versatzstücke aus sämtlichen spirituellen und okkulten Traditionen: Im Grunde, so Kaplan und Marshall, war „Aum Höchste Wahrheit eine populäre New-Age-Mischung aus östlicher Religion und Mystik. Ihre Rituale und Anschauungen entsprachen stark dem tibetischen Buddhismus, ihr physischer Rigorismus dem Yoga. Asahara bediente sich auch der Lehren der Zen-Meister, der Hindu-Heiligen und religiöser Asketen aus allen Jahrhunderten. Aber bedeutsamer als alle anderen Ideen blieb für ihn die des drohenden Weltuntergangs."[490]

Die Vorstellung vom Ende der Welt faszinierte Asahara ungemein. Schon die Sekte *Agonshu* hatte vor einer bevorstehenden Apokalypse gewarnt, die nur durch massenhaften Eintritt in die Kultgemeinschaft abgewendet werden könne. Asahara spann seine Untergangstheologie wesentlich um die Hindu-Gottheit Shiva herum, zuständig für die Zerstörung der Welt. Seinen Shiva-Wahn ergänzte er durch die jüdisch-christliche Vorstellung des Armageddon, des letzten Gefechts zwischen Gut und Böse und dem Ende der Welt, die er bei einer flüchtigen Lektüre des Buches der Offenbarung gefunden hatte. Eine ähnliche Vorstellung fand er auch im Buddhismus: die Zeit des Chaos, „mappo" genannt, wenn die Welt die Lehren des Buddha vergißt und in Anarchie und Gewalt versinkt. Die biblische Vorstellung gefiel Asahara besser und so war in seinen Vorträgen immer häufiger vom Herannahen des Armageddon die Rede. Daneben bezog er sich gerne auch auf die düsteren Prophezeiungen des französischen Astrologen Nostradamus aus dem 16. Jahrhundert. Nostradamus' Werke waren in den siebziger Jahren ins Japanische übersetzt worden und rangierten seither auf sämtlichen Bestsellerlisten. Auch die Science-Fiction-Visionen von Isaac Asimov oder William Gibson spukten in Asaharas Kopf herum.

In seinen Predigten und Büchern wie *Day of Annihilation* verkündete er die kommenden Schrecken: Nachdem Japan bereits 1996 im Meer versunken sein werde, beginne 1999 das Ende der Welt. Anfang des neuen Jahrtausends würden Rußland, China, die USA und Europa zusammenbrechen, im Jahre 2003 werde Armageddon mit einem Atomkrieg die gesamte Zivilisation auslöschen. Aus den Überresten der postapokalyptischen Welt werde allerdings eine neue Rasse von „Übermenschen" entstehen – die Gefolgsleute von *Aum Shinrikyo*. Ein neues, tausendjähriges Reich werde anbrechen, mit ihm, Shoko Asahara, als Regenten und Meister.

Asaharas abstruse Endzeit-Visionen, aufbereitet in einer Mischung aus Science-Fiction und Cyborg-Cartoon, fiel gerade bei den jungen JapanerInnen der High-Tech-Generation auf fruchtbaren Boden; bei jenen *social retards*, deren gesamte Kindheit und Jugend sich um Computerspiele und Fantasy-Comics gedreht hatte. Über Anzeigen in Szenemagazinen und breitangelegte Werbekampagnen gelang es ihm, zahllose junge Menschen in seine Seminare und Meditationskurse zu locken. Ende 1987 verfügte Aum Shinrikyo bereits über mehr als eineinhalbtausend Mitglieder und Zweigstellen in verschiedenen größeren Städten Japans. Selbst in New York hatte man bereits eine Dependance gegründet – AUM USA –, mit

Büro in Manhattan. 1991 kam als „europäisches Hauptquartier" ein Büro in Bonn hinzu.

Obwohl die Preise für die Kurse ständig hochgeschraubt und die Teilnehmer permanent zu Spenden gedrängt wurden, reichten die Einkünfte nicht aus, die ungezügelten Expansionsbestrebungen Asaharas zu befriedigen. Der Guru verfügte, daß jeder Neuling für seinen „Shambalisierungs-Plan" eine Extraspende in Höhe von zumindest 700 US-Dollar zu entrichten habe. Shambala, so erklärte er, sei eine paradiesische Welt, in der er in einer früheren Existenz gelebt habe. Ziel des Planes sei zunächst die Errichtung von *Aum*-Zentren in jeder Stadt Japans und anschließend auf der ganzen Welt. Größere Geldspenden wurden mit besonderen Geschenken belohnt, etwa einer Kassette mit Geheim-Mantras oder einem gemeinsamen Photo mit dem Guru. Wie zu Beginn seiner Betrügerkarriere verhökerte Asahara seiner gläubigen Anhängerschaft zu Irrwitz-Preisen irgendwelche Wundermittel. So verkaufte er etwa Schnipsel seines Bartes als Heilsbringer, den Zentimeter zu exakt 375 US-Dollar. Auch sein schmutziges Badewasser, „Zauberteich" genannt, konnte käuflich erworben werden – für 800 US-Dollar pro Liter. Daneben bot er zwanzig freierfundene „Initiationen" an, so etwa die „Heilige-Haare-Initiation", bei der, in grotesker Anlehnung an die traditionelle japanische Teezeremonie, eine seiner Haarsträhnen in kochendem Wasser aufgebrüht und die Brühe dann getrunken wurde. Die ultimative Glaubenserfahrung sollte die „Blut-Initiation" vermitteln: Die Einnahme eines Gläschens Guru-Blutes, vermischt mit einer gerinnungshemmenden Substanz, versprach dem Adepten ungeahnte Energieschübe und augenblickliche Superintelligenz. Kosten pro Blutampulle: 7.000 US-Dollar. Die Kosten für Sperma-Ampullen lagen noch darüber. Bevorzugt wurde auch mit Elektroschocks experimentiert: Asahara hatte den Prototyp einer Elektrodenkappe entwickeln lassen, ein helmförmiges, verdrahtetes Gerät, über das Stromstöße direkt ins Gehirn des jeweiligen Initianden verabfolgt werden konnten. Mittels gezielter und regelmäßiger Stromstöße, so Asahara, sei es den Adepten möglich, ihre Gehirnströme mit den seinen zu synchronisieren und damit übernatürliche Kräfte zu erlangen. Die Stromkappen, betrieben über 6-Volt-Batterien, wurden später serienmäßig produziert und gehörten zur Grundausrüstung jedes *Aum*-Mitglieds. Sie konnten zu einem Preis von 7.000 US-Dollar pro Monat gemietet oder für 70.000 US-Dollar käuflich erworben werden. Die „PSI-Kappen" genannten Geräte (für **P**erfect **S**alvation **I**nitiation) wurden zum Verkaufsschlager der Sekte, weitere Geräte, beispielsweise ein „Astral-Telereporter" zur Übertragung der „Mantra-Schwingungen" des Meisters, folgten.

Anfang 1988 verlegte Asahara seine Aktivitäten in sein neues Hauptquartier am Fuße des Fujiyama, eine Autostunde südwestlich von Tokio. Rund um ein paar leerstehende Fabrikgebäude am Rande des Ortes Kamikuishiki hatten seine Gefolgsleute in monatelanger fieberhafter Arbeit rund um die Uhr ein Sektenzentrum aus dem Boden gestampft. Den Ort hatte Asahara mit Bedacht ausgewählt: für einen Weltuntergangspropheten seines Schlages ließ sich kaum eine bessere Kulisse vorstellen als der Heilige Berg Fuji, dem im Bewußtsein der Japaner unübertreffbare mystische Symbolkraft zukommt. Massenweise pilgerten die Gläubigen in Asaharas neues Zentrum und bezahlten über 2.000 US-Dollar für einwöchige Seminare, bei denen sie auf dem Boden schlafen mußten und nur einmal pro Tag etwas gekochtes Gemüse erhielten. Zwischen den Seminarteilnehmern in Kamikuishiki lebten die Mitglieder der Sekte als „Mönche" und „Nonnen". Als solche hatten sie jedweden privaten Besitz an *Aum Shinrikyo* abgetreten: Ersparnisse, Wertpapiere, Grund- oder Immobilienbesitz, Schmuck, Kleidung, sogar Telephonkarten. Sie hatten folgenden Eid geschworen: „Ich vertraue mein spirituelles und physisches Selbst sowie allen Nachlaß Aum Höchste Wahrheit an und werde alle Verbindungen zur Außenwelt abbrechen."[491] War jemand als Mitglied von *Aum* aufgenommen, mußte jeder Yen, den er ausgeben wollte, vom Schatzmeister der Sekte genehmigt werden.

Um seine AnhängerInnen an sich zu binden, bediente Asahara sich einer Vielzahl an Methoden der Bewußtseinskontrolle, wie sie in sämtlichen Sekten überall auf der Welt praktiziert werden. Sie durften höchstens drei Stunden pro Tag schlafen und bekamen nur wenig zu essen. Ihr Identitätsgefühl wurde unterlaufen durch die Zuweisung eines neuen Namens sowie strikte Verunmöglichung jedes Kontaktes zu Angehörigen. Tag und Nacht prasselten Asaharas Lehren und Mantrengesänge per Video und/oder Tonband auf seine Gefolgschaft hernieder. Unermüdlich und bis zur totalen Erschöpfung wurde gearbeitet. Selbst der kleinste Ungehorsam wurde vom Meister persönlich oder von seinen Meisterschülern mit Stockschlägen geahndet. Die Strafaktionen wurden als „Entsorgung des Karmas" bezeichnet, als Abwerfen spirituellen Ballasts, der dem Gläubigen in diesem oder dem nächsten Leben nur hinderlich sei. Asahara bekannte sich ganz offen dazu, daß er seine Schüler häufig züchtige, da er sie „von ihrem schlechten Karma befreien" müsse.[492] „Üble Missetäter", AnhängerInnen beispielsweise, die beim Onanieren ertappt worden waren, wurden auf Anweisung des Gurus tagelang in winzige Zellen gesperrt. Diese enthielten lediglich einen Toilettenkübel und ein Videogerät, das vierundzwanzig Stunden am Tag in ohrenbetäubender Lautstärke Asahara-Lehren abspielte. Einmal am Tag erhielten die DelinquentInnen eine karge Mahlzeit. Regelmäßig gab Asahara an alle Zweigstellen Rundschreiben heraus, die das Strafmaß für verschiedene Vergehen festsetzten. Eine Woche Zellenarrest erwartete etwa auch den, der während eines Kurses sprach oder einnickte. Darüberhinaus gehörten stundenlange „Meditationen" und psychophysische „Reinigungsübungen" zum Pflichtprogramm, bei denen die Anhänger angetrieben wurden, bis zum Blackout zu hyperventilieren; sie mußten immense Mengen Wasser trinken und dies dann wieder erbrechen; über extrem heiße Bäder und Megadosen irgendwelcher „Vitamincocktails" – später auch über Verabfolgung selbsthergestellter Drogen wie LSD – wurden fieberhafte Wahnzustände erzeugt, die der Meister zu „mystischen Erfahrungen" umdeutete. Gelang einem Jünger die Flucht, schwärmten spezielle Rollkommandos aus und schafften ihn mit Gewalt zurück; er wurde stundenlang verhört und brutal gefoltert. Eine bis heute nicht bekannte Anzahl abtrünniger *Aum*-Mitglieder wurde von der Sekte ermordet; ihre Leichen wurden im Wald verscharrt oder in einem Hochleistungs-Mikrowellenofen verbrannt. Bei der Stürmung der Sektenzentrale in Kamikuishiki im Mai 1995 fand die Polizei ein Verlies mit etwa fünfzig Anhängern, die dort im Dämmerzustand vor sich hinvegetierten: Opfer von Strafaktionen oder Gehirnwäscheexperimenten; viele waren ohne Bewußtsein oder zu schwach, um zu stehen.

Sex untereinander war den *Aum*-Anhängern streng untersagt. Der Guru selbst behielt es sich vor, attraktive weibliche Neuzugänge mittels seiner wundertätigen Körpersäfte zu „initiieren"; daneben hielt er sich einen Harem Dutzender von Gespielinnen. Zwei Gläubige, die beim Sex erwischt worden waren, ließ Asahara an den Füßen aufhängen.

Mehrfach reiste Asahara 1988 nach Dharamsala zu seinem spirituellen Freund Tenzin Gyatso, wo er stets in allen Ehren willkommen geheißen wurde. Nach eigenen Angaben – denen der Dalai Lama nie widersprach – erhielt er dabei neben verschiedenen Weihen durch den Gottkönig selbst auch eine besondere Weihe durch den hohen Würdenträger ⇨ Kalu Rinpoche.[493] Im Frühjahr 1989 landete Asahara den für die weitere Entwicklung von *Aum Shinrikyo* entscheidenden Coup. Erneut machte er dem Dalai Lama seine Aufwartung und wurde, wie gewohnt, in Privataudienz empfangen. Bei seiner Rückkehr nach Japan hatte er zwei Papiere unschätzbaren Wertes im Gepäck: Freund Tenzin hatte ihn und seine Sekte mit hochoffiziellen Empfehlungsschreiben ausgestattet.

Das erste Schreiben, ausgestellt am 25. Mai 1989 vom „Rat für religiöse und kulturelle Angelegenheiten Seiner Heiligkeit des Dalai Lama" – einer Art Kultusministerium der tibetischen Exilregierung –, ist ausdrücklich an die japanischen Behörden gerichtet und trägt (aus dem Englischen übersetzt) folgenden Wortlaut:

COUNCIL FOR RELIGIOUS AND CULTURAL AFFAIRS OF H.H. THE DALAI LAMA

25. Mai 1989

An denjenigen, den es angeht:

AUM Shinri-kyo ist eine östliche religiöse Organisation in Japan, die unter der geistigen Führerschaft von Meister Shoko Asahara steht und arbeitet und aus über sechstausend Mitgliedern und zwölf Zweigorganisationen innerhalb und außerhalb Japans besteht. Meister Asahara ist ein kompetenter religiöser Lehrer und Yoga-Lehrer und ein erfahrener Meditationsausübender.

AUM strebt nach unserem besten Wissen an, die öffentliche Wohlfahrt zu fördern durch verschiedene religiöse Aktivitäten; z.B. durch Unterricht über die buddhistischen Lehren und über Yoga, durch die Organisierung von Seminaren und durch das Angebot von Anleitung in fortgeschrittener Meditation sowie ethischen Übungen. Vor allem beabsichtigt AUM, die wertvollen lebendigen Traditionen des Mahayana Buddhismus zu erwerben, um die wahre Lehre des Dharma in Japan wiederherzustellen und weiterzugeben.

Als grundlegende buddhistische Praxis hat AUM großzügige Spenden für unsere buddhistischen Gemeinschaften im Exil gemacht. Wir sind sehr dankbar für die freundliche Unterstützung für unsere Kultur und unsere bedürftigen Gemeinschaften. Angesichts seiner schätzenswerten Ziele und Aktivitäten ist es unbedingt zu empfehlen, daß AUM Shinri-kyo ihr wohlverdienter steuerbefreiter Status und die gebührende Anerkennung durch die japanische Regierung gewährt wird.

Alle nötige Unterstützung und Zusammenarbeit der beteiligten Behörden in dieser Angelegenheit wird von uns hoch geschätzt werden.

(Siegel)

(gez.) Kalman Yeshi, Generalsekretär[494]

ༀ་ཀྱི་རྒྱལ་ཆེན་འཕྲིན་ཤགཅལ།

COUNCIL FOR RELIGIOUS AND CULTURAL AFFAIRS
OF H H THE DALAI LAMA

GANGCHEN KYISHONG
BHARAMSALA-176215
DIST. KANGRA
HIMACHAL PRADESH.

May 25. 1989

TO WHOM IT MAY CONCERN

AUM Shinrikyo is an oriental religious organization in Japan, functioning under the spiritual leadership of Master Shoko Asahara, and consisting of over 6000 members and twelve branches in and outside Japan. Master Asahara is a competent religious and Yoga teacher and an experienced meditator.

AUM, according to our best knowledge, endeavours to promote public welfare through various religious and social activities, such as, holding classes on Buddhist teachings and Yoga, organizing seminars, and providing guidance in intensive [...], particularly, also to [...] traditions of the Mahayana [...] doctrine of Dharma in [...]

[...]ce, AUM has been making [...]munities in exile. We are [...]o our culture and needy

[...]nd activities, it stands [...]kyo be granted its well-[...]cognition by the Japanese

[...]ution from the concerned [...]ly appreciated.

Kalsang Yeshi
General Secretary

関係者各位殿

オウム真理教は麻原彰晃尊師の主宰する日本の宗教団体で、その各員は6000人を越え、国の内外含めて12の支部を持っております。麻原尊師は有能な宗教家、およびヨーガの指導者で、熱達した瞑想経験の持ち主です。

オウムは様々な宗教的、および社会的活動を通じて、人々の福祉に貢献しております。具体的な活動の例としては、仏教、およびヨーガのクラス、セミナー、そして集中した瞑想修行と倫理実践のための手引きなどが挙げられます。特に、貴重な大乗仏教の伝統を修得し、伝え、日本に真の法を再び確立させようとするその目的は、大いに評価されるべきものです。

オウムは仏教の根底をなす修行の一つとして、亡命中の仏教徒に対して多額の布施を続けて下さっています。この私達の文化、そして困窮した難民達への援助に対して、私達は非常に感謝しております。

この賞賛に値する目的・活動に対して、宗教法人の認可、また日本国政府による正当な承認がなされることを、私は心から推戴いたします。

この件に関する関係各位各位の方々のご協力を願ってやみません。

1989年5月25日

カルサン・イェシ書記長
ダライ・ラマ宗教局

Tags darauf, am 26.5.1989, erhielt Asahara aus der Hand des Dalai Lama ein weiteres, von diesem persönlich ausgestelltes Empfehlungsschreiben:

THE DALAI LAMA

An denjenigen, den es angeht:

AUM strebt nach meiner Kenntnis an, das öffentliche Bewußtsein durch religiöse und soziale Aktivitäten zu fördern. Neben dem Angebot intensiver Meditations-anleitung praktizieren die AUM-Mitglieder auch die Traditionen des Mahayana-Buddhismus.

AUM hat auch großzügige Spenden bereitgestellt für unsere buddhistische Exil-Gemeinschaft, insbesondere für Mönchs-Studenten, die kürzlich aus Tibet hier eingetroffen sind. Die Spenden waren sehr nützlich und werden von uns sehr geschätzt.

(Unterschrift)

26. Mai 1989[495]

War der Dalai Lama blind bei seinen Begegnungen mit Asahara? Was bewog ihn, eine persönliche Empfehlung sowie eine Art spritueller Bürg-schaft auszustellen für einen *offensichtlich* psychopathologischen Krimi-nellen? Für einen Menschen, über die später die *New York Times* schrieb: „Er hat Ähnlichkeit mit dem brutalsten Visionär unseres Jahrhunderts [gemeint ist Adolf Hitler, d. A.], ein wenig beeindruckender, schlecht gebildeter Mann, der eine Lumpensammlung von zweitklassigen Ideen predigte."[496] Auch wenn Asahara bei jedem seiner Besuche immer noch großzügigere „Spenden" hinterließ: Der tiefere Grund des merkwürdigen Freundschaftsverhältnisses kann nur in der – zumindest seitens des Dalai Lama völlig unbewußten – Übertragungsdynamik zwischen den beiden Männern gelegen haben.

In Asahara, so ließe sich in analytisch-psychologischen Begriffen ar-gumentieren, begegnete dem Dalai Lama die Schattenseite seiner selbst, das leibhaftige Abbild all dessen, was er seit frühester Kindheit aus sei-nem eigenen Bewußtsein zu verdrängen und abzuspalten genötigt war. Der dänische Religionswissenschaftler Johannes Aagaard bezeichnete Shoko Asahara als eine „Art buddhistischen Satan"[497] und kommt damit – wenngleich ungewollt – der Sache ziemlich nahe. Die ungezügelte Machtbesessenheit, die Asahara wie eine finstere Aura umgab, stieß den

THE DALAI LAMA

THEKCHEN CHOELING
McLEOD GANJ 176219
KANGRA DISTRICT
HIMACHAL PRADESH

TO WHOM IT MAY CONCERN

Aum, according to my knowledge,
endeavours to promote public awareness through
religious and social activities. Apart from
providing intensive meditation guidance its
members also practice Mahayana Buddhist
traditions.

Aum has also been providing generous
offerings for our Buddhist community in exile,
particularly for monk students who have recently
arrived from Tibet. These have been very useful
and much appreciated.

May 26, 1989

Dalai Lama ebensowenig ab wie das rücksichtslose und keinem Streit aus
dem Wege gehende Auftreten des Japaners; auch nicht dessen lange Latte
an Gewalt- und Betrugsdelikten, von denen man in Dharamsala durchaus
Kenntnis hatte. Ganz im Gegenteil, gerade das anmaßende Macho-

Gehabe Asaharas, seine virulente Aggressivität und stete Gereiztheit schien den ätherisch durchgeistigten Gottkönig ungemein zu faszinieren: Ganz offenbar verkörperte der Japaner für ihn all das, was in patriarchalen Kulturen – wie der tibetischen – das rechte „Mannsein" ausmacht und wovon er selbst und seine Koterie an Mönchskuttenträgern nur noch unterdrückte Ahnungen und Sehnsüchte in sich verspüren. Wie auch immer: Der Dalai Lama sprach seinem neugewonnenen Freund ausdrücklich die Qualität eines „Boddhi-chitta" zu, eines „Buddha-Bewußtseins"[498]. Wie Asahara seinerseits den Dalai Lama einschätzte, läßt sich erahnen: wahrscheinlich sah er in ihm nicht viel mehr als einen „nützlichen Trottel".

Zurück in Japan begann für Asahara erst seine eigentliche Mission. Mithin aufgrund der Empfehlungsschreiben des Dalai Lama – gezielte Einschüchterung der zuständigen Beamten beschleunigte das Verfahren – wurde *Aum Shinrikyo* im August 1989 offiziell als Religionsgemeinschaft anerkannt. Als solche schaltete die Sekte eine Anzeigenserie in Magazinen und Zeitschriften, in der die Menschen aufgefordert wurden, ihre Familien zu verlassen und sich der „am raschesten anwachsenden religiösen Glaubensgemeinschaft in der Geschichte Japans" anzuschließen.[499] Ende des Jahres beherrschte Asahara bereits ein Imperium von mehr als viertausend Gefolgsleuten und einem Vermögen in Zigmillionenhöhe. Er begann, überall im Land Grundstücke aufzukaufen und erklärte in einem Fernsehinterview: „Ich beabsichtige, ein spiritueller Diktator zu werden, ein Weltbeherrscher."[500] Kritische Stimmen von außen wußte Asahara durch blanken Terror zum Schweigen zu bringen: Ende 1989 etwa wurde der Tokioter Anwalt und Sektenspezialist Tsutsumi Sakamoto, der eine Bürgerinitiative gegen *Aum* vertrat, zusammen mit seiner Frau und seinem 14 Monate alten Sohn von einem Rollkommando ermordet.

Durch die offizielle Anerkennung vor jeder Kontrolle geschützt, war *Aum* nicht mehr aufzuhalten. Der Zustrom neuer Mitglieder nahm immer gigantischere Ausmaße an: Tausende, fast ausnahmslos junge Menschen zwischen Anfang und Mitte Zwanzig brachen ihre Ausbildungen ab, kündigten ihre teils hochdotierten Karriereposten und Jobs, verließen ihre Familien und Freunde, um sich Asahara anzuschließen. Viele Neuzugänge der Sekte waren StudentInnen der Naturwissenschaften und Technik und zählten zu den *otaku*, den Computerfreaks Japans, die ihre gesamte Freizeit damit verbringen, sich in Computernetzwerke einzuloggen und wahllos irgendwelche Daten anzusammeln. Asahara konnte sich perfekt einklinken in einer lebensunerfahrenen Generation, die innerhalb des japanischen Schulsystems nicht anderes gelernt hatte, als reibungslos zu funktionieren. Wie die Autoren Kaplan und Marshall es formulieren: „Talentierte junge Menschen werden in dieser Ausbildungsmaschinerie zerrieben. Was in dieser Welt zählt, sind Anpassung, Gehorsam und reines Auswendiglernen. Japanische Schüler sollen nicht analysieren oder hinterfragen, sie sollen nur Fakten anhäufen und diese in endlosen Prüfungen wie Computer voller Gigabytes an Daten wieder abspulen. In Japan kann man das Gymnasium absolvieren, ohne jemals Ethik-, Philosophie- oder Religionsunterricht besucht zu haben."[501] Asahara bot beides, den gewohnten Drill und zugleich das Versprechen, das paralysierende Sinnvakuum zu füllen. Keineswegs strömten der Sekte irgendwelche Gestrandete zu, vielmehr waren es in erster Linie Angehörige der akademischen Intelligenz, Chemiker, Biologen, Ärzte, Computerspezialisten mit teils brillanten Karriereaussichten, die sich zu seinen Füßen einfanden: Die High-Tech-Generation des postindustriellen Japan war fasziniert von Asaharas geschickt inszenierten Prophezeiungen der herandämmernden Apokalypse und der elitären Zusage des eigenen Überlebens in einer neuen, besseren, lebenswerteren Welt. Und sie war fasziniert von seinem absolut irrationalen esoterischen Firlefanz.

Anfang 1990 bewarben sich Asahara und fünfundzwanzig seiner Jünger bei den Wahlen zum japanischen Unterhaus. Trotz großangelegter Werbekampagnen – Asahara hatte 7 Millionen US-Dollar für seinen Wahlkampf investiert – und der Prophezeiung eines überwältigenden Erfolges fielen sämtliche *Aum*-Kandidaten durch. Nach der Wahlniederlage kreisten Asaharas Predigten mehr und mehr um den bevorstehenden Weltuntergang. Hatte er dessen Termin zunächst für 2003 vorhergesagt, so verlegte er diesen immer weiter nach vorne. Letztlich prophezeite er den Beginn von Armageddon für das Jahr 1996: Japan werde durch einen atomaren Angriff der USA und der UNO vollständig vernichtet, ein folgender Weltkrieg bedeute das Ende jeder Zivilisation. Die Amerikaner hätten bereits damit begonnen, die *Aum*-Gemeinschaft anzugreifen, da deren spirituelle Kraft eine Gefahr für sie bedeute. Jeden Tag, so Asahara, kreisten Flugzeuge über der Kommune am Fuji und besprühten diese mit biochemischen Kampfstoffen. Dies erkläre auch den schlechten Gesundheitszustand vieler seiner Anhänger. Für die „Mönche" und „Nonnen" in Kamikuishiki, die den ganzen Tag hart arbeiteten, wenig schliefen und katastrophal mangelernährt waren, hatte es wohl tatsächlich den Anschein, als würde die Zivilisation bald aufhören zu existieren.

„Wir brauchen viele Waffen, um Armageddon abwehren zu können", erklärte Asahara seinen Anhängern. „Aum muß sich zu einer Militärmacht umwandeln."[502] Die Aufrüstung war ein Leichtes. *Aum Shinrikyo* war innerhalb kürzester Zeit zu einer der reichsten Sekten der Welt aufgestiegen, Anfang 1993 verfügte der Guru über ein Vermögen von rund 140 Millionen US-Dollar. Unter dem Schutz von Gesetzen, die anerkannten religiösen Gemeinschaften quasi Steuerbefreiung gewähren, errichtete Asahara daraus ein gigantisches Wirtschaftsimperium. Dutzende profitabler Firmen wurden gegründet beziehungsweise aufgekauft, darunter Export- und Import-Gesellschaften, Restaurants, eine Computerdiscountkette, ein Krankenhaus, eine Fabrik für Präzisionsmaschinen; daneben betrieb er Fitneßzentren, Schönheitssalons, einen Partner- sowie einen Wahrsageservice und zahllose weitere Geschäfte. In Japan und Übersee erwarb er an die dreihundert Immobilien. 1995, nur sechs Jahre nach jener einträglichen Empfehlung durch den Dalai Lama, belief sich das Vermögen der Sekte auf rund eine Milliarde US-Dollar.

Mit diesem Geld organisierte Asahara die vorhergesagte Apokalypse. Kein Horrorfilm kann übertreffen, was im Reich von *Aum Shinrikyo* Wirklichkeit wurde. Schon seit Mitte 1990 wurde in geheimen Labors an der Herstellung biologischer Kampfstoffe gearbeitet. In erster Linie züchtete man Kulturen mit Botulismus-Erregern, deren Typ A, ein vielfaches toxischer als Strychnin, als tödlichste aller biologischen Substanzen gilt. Daneben experimentierte man mit dem hochinfektiösen Milzbrand-Erreger und versuchte sich an dem tödlichen Ebola-Virus aus Zaire. Man stellte gewaltige Mengen an LSD und Amphetaminen her, produzierte Sprengstoffe wie TNT und baute eine computergesteuerte Fabrik zur Massenproduktion automatischer AK-47-Gewehre, der Standardwaffe der russischen Armee. Die Blaupausen für die Gewehre lieferten Verbindungen, die Asahara in Moskau geknüpft hatte. Auf seiner ersten Reise nach Rußland im Frühjahr 1992 spendete er *Radio Moskau* einen Betrag von 700.000 US-Dollar: fortan wurde zweimal täglich eine halbe Stunde *Aums* „Absolute Wahrheit des Heiligen Himmels" ausgestrahlt. Daneben sponserte er zahlreiche Forschungsinstitute, die nach dem Zusammenbruch der Sowjetunion unter mangelnder finanzieller Ausstattung zu leiden hatten, mit enormen Geldbeträgen. Auch mit Spitzenpolitikern rund um Vizepräsident Alexander Ruzkoj traf er zusammen, wobei wiederum großzügige Spendengelder flossen. Bald standen Asahara in Rußland Türen und Tore offen, *Aum Shinrikyo* konnte Filialen im ganzen Land etablieren. 1993 verfügte die russische Gliederung der Sekte bereits über zehntausend Mitglieder, 1995 waren es dreißigtausend. In Rußland fanden sich aus dem Nachlaß der Sowjetunion zahllose unterbezahlte oder arbeitslose Spezialisten für Massenvernichtungsmittel, Physiker, Chemiker, Biologen, Atomwissenschaftler, die Asahara für sich einzuspannen wußte. Kurz nach seinem ersten Rußland-Besuch begann man in den Labors der Sekte mit Nervengift-Versuchen. *Aum Shinrikyo* bediente sich auch auf dem Waffen-Schwarzmarkt Rußlands: um 700.000 US-Dollar kaufte man einen Kampfhubschrauber, der, in Einzelteile zerlegt, über die Slowakei, Österreich und die Niederlande nach Japan verschifft wurde. Desweiteren zeigte man sich sehr interessiert an Gewehren mit Laserlinsen, Minen und Handgranten; auch an T-72-Panzern und einem MiG-29-Jagdbomber. Wie sich später herausstellte, stand auch ein 15-Millionen-Dollar-Angebot für Nuklearsprengstoff im Raume.

In der japanischen Sektenzentrale beschäftigten sich hochqualifizierte Wissenschaftler mit der Herstellung einer Strahlenwaffe. 1993 kaufte *Aum* eigens eine 200.000-Hektar-Farm in Australien, um dort nach Uran zu schürfen. Das Vorhaben scheiterte zwar, auf der abgelegenen Ranch konnte man dafür ungestört die neue Sarin-Produktion testen: Eine Herde Schafe verendete unter heftigen Krämpfen. Wenige Monate später erfolgte im japanischen Matsumoto der erste „Test" an Menschen.

Im Sommer 1994 verfügte der Hitler-Bewunderer Asahara über ein Arsenal an Waffen und Kampfstoffen, um ganze Landstriche zu entvölkern. Er begann, mit Hilfe einer Litanei antisemitischer Texte aus dem Dritten Reich, gegen die Juden zu hetzen – zu denen er auch Kaiser Akihito, Bill Clinton und Madonna zählte –, die sich verschworen hätten, Japan zu vernichten. Um dies zu verhindern, so kündete er seinen Anhängern, sei es nötig, sofort die Macht zu übernehmen. Der Plan zum Staatsstreich trug den Namen „Tag X". Ein Spezialistenteam von *Aum*-Kämpfern sollte in die Hauptstadt Tokio einmarschieren, deren Bevölkerung man zuvor durch einen verheerenden Luftangriff mit Sarin ausgelöscht hätte. Die Asahara-Truppe sollte die Errichtung einer Theokratie verkünden und Asahara zum neuen Führer der Nation ausrufen. Für den Einsatz trainierte eine paramilitärische Abteilung der Sekte im Gebirge den Nahkampf.

Das entscheidende Signal Armageddons kam unvorhergesehen. Am 17. Januar 1995 erschütterte ein mächtiges Erdbeben die Stadt Kobe in Zentraljapan, bei dem fünfeinhalbtausend Menschen starben. Asahara erklärte das Beben zu einem Angriff der USA mit einer „seismischen Waffe" und tat kund: „Es bleibt uns keine andere Wahl als der Kampf."[503] Nachdem die Polizei für den 21. März 1995 eine landesweite Razzia in allen Einrichtungen der Sekte angekündigt hatte, beschloß Asahara den

Angriff. Als Ziel wurde der große U-Bahnhof Kasumigaseki im Zentrum Tokios anvisiert. Über dem Bahnhof befinden sich wichtige Regierungs- und Verwaltungsgebäude, vor allem auch die Präsidien von Stadt- und Staatspolizei: Kasumigaseki gilt als das „Herz des japanischen Staates". Am 20. März, kurz nach acht Uhr morgens, brach hier das Inferno los.

Im April 1996 wurde *Aum Shinrikyo* offiziell verboten, bis zum Sommer 1997 konnten mehr als hundert der 138 verhafteten Führungskader der Sekte zu teils hohen Gefängnis- oder Geldstrafen verurteilt werden. In den Hauptverfahren um die Giftgasanschläge und die Morde an den Abtrünnigen und Kritikern waren die Urteile Mitte 1999 noch nicht gesprochen; nur in einem Fall war gegen ein führendes *Aum*-Mitglied die Todesstrafe verhängt worden.

Die Reaktion des Dalai Lama und seines Hofstaates auf die Terroranschläge Asharas ist bezeichnend: Plötzlich wurde behauptet, Asahara sei „niemand Besonderes" gewesen, „Seine Heiligkeit" verlautbarte, für ihn sei der Japaner einfach einer unter Hunderten von Verehrern gewesen, die er jedes Jahr empfange. Keineswegs habe er ihm irgendeinen besonderen Auftrag erteilt.[504] In Kreisen der Tibet-Unterstützerszene wird sogar behauptet, das Photo, auf dem der Dalai Lama händchenhaltend mit Asahara in die Kamera grinst, sei eine Fälschung. Niemals habe „Seine Heiligkeit" den japanischen Terroristen empfangen und wenn, dann nicht in der dargestellten Weise.[505] Auf eine Randnotiz von Autor Goldner in einem *Spiegel*-Beitrag zur tatkräftigen Hilfe, die Asahara von „Seiner Heiligkeit" erhalten hatte,[506] reagierte dessen Europarepräsentantin, Chungdak Koren, mit Vehemenz: sie zieh Goldner „bewußter Irreführung", sei doch der Dalai Lama nachgerade schockiert gewesen, als er „von den unmenschlichen Taten erfuhr, die von Asahara und seinen Anhängern begangen wurden".[507]

Sehr viel interessanter als das platte Nicht-zur-Kenntnis-nehmen-Wollen der Mitverantwortung des Dalai Lama an der Entwicklung von *Aum Shinrikyo* zur mit Abstand gefährlichsten und mörderischsten Sekte der Welt ist die Apologie des Religionswissenschaftlers Johannes Aagaard, Leiter eines Zentrums für interreligiösen Dialog: „Daß der Dalai Lama einen Fehler gemacht hat und irregeführt wurde, ist nicht besonders interessant, weil wir als Menschen alle dazu neigen, auf Lügen und Schwindel hereinzufallen. Und der Dalai Lama ist natürlich in dieser Beziehung keine Ausnahme von der Regel. Viel interessanter ist, daß dieser Fehler im Buddhismus 'als solchem' mehr oder weniger in der Natur der Dinge zu liegen scheint. Und zwar deshalb, weil der Buddhismus keine Kriterien hat für 'wahre Lehre'. Während im Christentum religiöse Äußerungen und Verhaltensweisen gerade an der 'Lehre' gemessen werden und solche 'lehrmäßige' Kritik zum Kern der Sache gehört, spielt solch eine Beschäftigung im Buddhismus nun mal einfach keine Rolle. Denn wenn alle Statements relativ sind und keine letzte Wirklichkeit besitzen, gibt es keine wirkliche Not dazu, sich allzuviel über den Unterschied zwischen wahren relativen Aussagen und unwahren relativen Aussagen aufzuregen. Letztlich hätten solche Unterscheidungen keine Bedeutung im Buddhismus. Shoko Asahara mit seiner 'höchsten Wahrheit' ist aber weder ein Ausdruck von genuinem Buddhismus noch von einer bloßen Abweichung. Er stellt in Wirklichkeit eher eine Art von buddhistischem Satanismus dar – wenn der Vergleich einmal gestattet ist. Er hat ja das Dharma (wörtlich: 'das, woran man sich zu halten hat', also die buddhistische Lehre bzw. Religion) in jeder nur denkbaren Weise verdreht: zum glatten Gegenteil des Buddha-Dharma. Eigentlich müßte er daher durch alle buddhistischen Führer, die ihre Dharma-Lehre verantwortlich vertreten, aus der buddhistischen Gemeinschaft ausgeschlossen werden. Aber solch eine Disziplin wird im Buddhismus nun einmal nicht praktiziert und auch nicht akzeptiert."[508]

Unabhängig vom Zynismus solchen Verteidigungsversuches, mit dem sich letztlich alles und jedes – selbst Terror und Massenmord – rechtfertigen läßt: Der Dalai Lama selbst hat die Bemühungen Aagaards längst Lügen gestraft: mit seinem Bann gegen die Anhänger der buddhistischen Schutzgottheit ⇨ Dorje Shugden und der Verurteilung und dem Verbot aller Shugden-Praktiken als „Götzenverehrung" hat er einen tiefen Keil in seine eigene Anhängerschaft getrieben. Ungeachtet der Frage, worum es bei der Shugden-Debatte theologisch und/oder politisch geht: Ganz offenbar sind der Dalai Lama und der von ihm vertretene „wahre" Buddhismus sehr wohl in der Lage, gegen „falschen" Buddhismus Position zu beziehen. Sogar unter Inkaufnahme von Mord und Totschlag: drei Mönche aus dem innersten Zirkel um den Dalai Lama, darunter der Direktor der *Buddhist School of Dialectics* (!), wurden in der Nacht zum 4. Februar 1997 von Shugden-Fanatikern auf bestialische Weise umgebracht.[509]

Zu einer klaren Verurteilung Shoko Asaharas und seiner Mörderbande konnte der Dalai Lama sich bis heute nicht durchringen. Noch Wochen *nach* den Tokioter Terroranschlägen ergriff er ausdrücklich Partei für seinen spirituellen Freund, den er zuvor als „kompetenten religiösen Lehrer" hochgelobt hatte.[510] Auch auf der ⇨ Berliner Friedensuniversität im Spätsommer 1995, der er als Schirmherr vorstand, ließ er verlauten, er sehe in Asahara nach wie vor einen „Freund, wenngleich nicht unbedingt einen vollkommenen (not necessarily a perfect one)".[511] Die Frage von Autor Goldner nach den Opfern seines Terroristenfreundes quittierte er mit jenem dämlichen Grinsen, das seine AnhängerInnen und VerehrerInnen so zauberhaft an ihm finden. Was genau er mit der „Nicht-Vollkommenheit" seines Freundes meinte, blieb offen.

Im Spätsommer 1987 erschien die von Hofbiographin Claude Levenson verfaßte Lebensgeschichte des Dalai Lama, die für diesen, diesmal
vor allem im Westen, einen ungeahnten Popularitätsschub bedeutete.
Levenson, eine Schweizer Journalistin, hatte den „Meister des Weißen
Lotus" – so auch der Untertitel ihres im Original auf französisch erschienenen Buches (*Le Dalaï-Lama: Le Seigneur du Lotus Blanc*) – über die
Jahre hinweg immer wieder einmal interviewt und dadurch eine besonders enge Beziehung zu diesem aufgebaut. In unverhohlen erotischen

Abb. 20: Schwindelerregendes Lächeln?

Begriffen – der ganze Schwulst wurde von „Seiner Heiligkeit" ausdrücklich autorisiert und sogar mit einem Vorwort versehen – läßt sie sich über
das „alle Wünsche erfüllende Juwel" (!) aus: „Der federnde Gang, die
athletische Gestalt im granatfarbenen Gewand, die rechte Schulter stets
entblößt, der muskuläre Arm und die kräftige Hand verstärken den Eindruck von Harmonie: die geistliche Kraft, im Blick konzentriert, drückt
sich auch in der körperlichen Geschmeidigkeit und einer geradezu sinnlich wahrnehmbaren Erdhaftigkeit aus. (...) Dieser Mann hat, man erahnt
es, etwas von einer Raubkatze auf dem Sprung, einem von Freiheit und
Einsamkeit durchdrungenen Schneeleoparden, den kein Käfig zurückzu-
halten vermöchte."[512] Besonders enchantiert ist sie offenbar von dem
Dauergegrinse des tibetischen Gottkönigs: „Das Lachen des Meisters und
das Lächeln des Weisen – ein sanftes Lachen und ein Lächeln der Quelle

der Kraft. Versprechendes und besänftigendes, aber auch heiteres Lächeln, Spiegel eines ganz besonderen Sinns für Humor, wunderlich geschliffen wie ein von den Jahren oder den Jahrhunderten geglätteter Kiesel, unstet und abenteuerlich von vielen Leben umgetrieben. Ein überschäumendes und schwindelerregendes Lächeln. Ein Lachen wie eine scharfe Klinge: es durchschneidet das Band. Des Unwissens wie der Heuchelei. Ein Lachen, ernst und schön zugleich – Widerhall einer Fülle."[513] Und natürlich ist sie aufs Höchste angetan von den philosophischen Ergüssen des „Ozeans der Weisheit", die sie seitenweise zitiert. Vorneweg, wie immer, Erläuterungen zum Wesen der Leere: „Gerade wie der Lotus aus dem Schlamm emporwächst, ohne daß seine Schönheit von dem Schmutz getrübt würde, so kann uns Weisheit in einen widerspruchsfreien Seinszustand versetzen, während wir in tiefe Widersprüche verstrickt blieben, wenn wir diese Weisheit nicht hätten. Es gibt Weisheit, welche die Vergänglichkeit aller Dinge erkennt, Weisheit, die erkennt, daß Personen leer sind in bezug auf Selbstgenügen oder substanzielle Existenz, Weisheit, die Leere in bezug auf Dualität erkennt, d.h. Leere in bezug auf den ontischen Unterschied zwischen Subjekt und Objekt, und Weisheit, die Leere in bezug auf inhärente Existenz erfährt. Obwohl es also verschiedene Arten von Weisheit gibt, ist unter diesen die Weisheit, die Leere erfährt, die wesentliche."[514] Verzückt huldigt Levenson den Worten des Meisters: „Von ferne, weit weg, von der transluziden Quelle der Zeit aus erhellt er einen Weg, der am bebenden Grat zum Raum seine Spuren schreibt. Bis zur nächsten Reife der Zeiten."[515] (Wie die ultrakatholische *Patmos*-Verlagsgruppe, in der Levensons hochnotpeinliches Huldigungsgefasele an den Dalai Lama erschien, darauf verfiel, diesen in einem anderen Buch [Röttgen/Röttgen] als korrupten und größenwahnsinnigen Diktator darstellen zu lassen,[516] bleibt ein Rätsel.)

Im Herbst 1987 reiste der Dalai Lama erneut in die USA. Schon Anfang des Jahres war er eingeladen worden, vor dem Ausschuß für Menschenrechte des amerikanischen Kongresses in Washington eine Rede über die Lage in Tibet zu halten. Bereits im Vorfeld seines Besuches habe der Kongreß die Menschenrechtsverletzungen in Tibet angeprangert und den Umstand kritisiert, daß das Schreiben an Li Xiannian vom Juli 1985 von diesem nie beantwortet worden sei: „Es gab bisher keine Anzeichen dafür, daß den vernünftigen und berechtigten Forderungen des Dalai Lama von der Volksrepublik China in irgendeiner Weise Rechnung getragen worden ist."[517]

In seiner Ansprache auf dem *Capitol Hill* legte er einen eigens vorbereiteten „Fünf-Punkte-Friedensplan" für die Zukunft Tibets vor: Dieser sah (1) eine Umwandlung des gesamten Gebiets von Tibet in eine „Friedenszone" vor; desweiteren (2) eine sofortige Beendigung der „Politik der Umsiedlung von chinesischen Volkszugehörigen" sowie (3) die „Respektierung der fundamentalen Menschenrechte und der demokratischen Freiheiten des tibetischen Volkes". Ein weiterer Punkt (4) bezog sich auf den Schutz der Natur und Umwelt und der letzte (5) auf die Forderung nach sofortigem Beginn ernsthafter Verhandlungen über den künftigen Status Tibets.

Das ungeniert eingestandene Vorhaben, „die Gelegenheit zu nutzen und einen Plan für die Lösung der tibetischen Frage vorzulegen, mit dem sich die Verfechter der Gerechtigkeit auf der ganzen Welt identifizieren konnten",[518] zeitigte den gewünschten Erfolg: Plötzlich stand der Dalai Lama als „Friedensfürst" schlechthin da, als heroischer Vorkämpfer für Menschenrechte und demokratische Prinzipien, für Freiheit und Selbstbestimmung, für Natur- und Umweltschutz. Kein Klischee, das er ausließ. Die nachgereichte Aufgliederung seines „Friedensplans" machte ihn vollends zur Ikone westlicher Hypokrisie: Entmilitarisierung der gesamten tibetischen Hochebene, das Verbot der Herstellung, Erprobung und Lagerung atomarer und anderer Waffen, das Verbot der Bereitstellung und Nutzung von Atomkraft. Lautesten Applaus für diese Forderungen erhielt er aus den USA. Auch hinsichtlich des Umweltschutzes diente er sich den westlichen Industrienationen als projektives Über-Ich an mit seiner Idee, die tibetische Hochebene in den „größten Naturschutzpark der Erde" umzuwandeln. Den Forderungen des Dalai Lama läßt sich leicht Beifall klatschen: es kostet nichts, verändert nichts und vermittelt doch das gute Gefühl, auf der politisch und moralisch korrekten Seite zu stehen.

Weiteren Beifalls gewiß konnte und kann sich der Dalai Lama immer dann sein, wenn er unter dem Vorzeichen von „Verständigung und Ausgleich mit China" antichinesische Propagandaschwadronen abläßt: „Um die Beziehungen zwischen der tibetischen Bevölkerung und den Chinesen zu verbessern, ist es zunächst einmal notwendig, eine Vertrauensbasis zu schaffen. Nach dem Holocaust (!) der letzten drei Jahrzehnte, in dem fast einviertel Millionen Tibeter durch Hinrichtung, Folter, Verhungern oder Selbstmord ihr Leben verloren haben, während Zehntausende in Gefangenenlagern dahinvegetieren, könnte nur ein Abzug der chinesischen Truppen einen Prozeß der Wiedergutmachung einleiten. Die zahlreich vertretene Besatzungsmacht in Tibet erinnert die Tibeter täglich an die Unterdrückung und das unsägliche Leid, das ihnen zugefügt wurde."[519] Im Grunde sei es erforderlich, daß *sämtliche* chinesischen Siedler das Land auf der Stelle verließen.

Desweiteren gelte es, die Einhaltung der Menschenrechte in Tibet zu gewährleisten: „Das tibetische Volk muß wieder [sic!] die Freiheit erhalten, sich kulturell, intellektuell, wirtschaftlich und religiös nach Belieben zu entwickeln und von grundlegenden demokratischen Rechten Gebrauch zu machen. Die Menschenrechtsverletzungen in Tibet gehören zu den schlimmsten auf der ganzen Welt. (...) Obwohl die chinesische Regierung den Tibetern erlaubt hat, einige Klöster wiederaufzubauen und auch darin zu beten, verbietet sie nach wie vor das Studium und die Beschäftigung mit der Religion." Tausende von Tibetern seien „für ihren Glauben an die Freiheit in Gefängnisse und Arbeitslager" gesperrt.[520]

Beifall erhielt und erhält er mit Sicherheit immer da, wo er sich über die „sture, gleichgültige und grausame" Führungsspitze der KP Chinas ausläßt, über „diese altersschwachen, dummen Greise, die sich so verbissen an ihren Ideen festklammern".[521] In einem eigenen Gebet (!), das er gerne öffentlich vorträgt, heißt es, „das fromme Volk des Schneelandes wird gnadenlos unterdrückt von unmenschlichen, kriegerischen Herren, die alles Wertvolle zerstören (...) vom Dämon negativer Emotionen entmenscht, handeln sie voller Brutalität und zerstören sich, indem sie andere zerstören".[522] Im übrigen, wie er in seiner Ansprache auf dem *Capitol Hill* betonte, liege ihm natürlich daran, sich den Verhandlungen mit den Chinesen „im Geiste der Versöhnung und der Aufrichtigkeit zu nähern". Beijing verurteilte den Auftritt des Dalai Lama in Washington aufs Schärfste.

Die weltweit über Nachrichtenagenturen verbreitete Rede „Seiner Heiligkeit" ging wie ein Lauffeuer auch durch Tibet. Kurze Zeit später seien in Lhasa Tausende auf die Straße gegangen, um für die Durchsetzung seines „Fünf-Punkte-Friedensplanes" zu demonstrieren. „Wie vorauszusehen", so der Dalai Lama, „reagierten die chinesischen Behörden mit Gewalt und Grausamkeit. Bewaffnete Polizisten griffen ein, um die Demonstrationen aufzulösen, schossen ziellos in die Menge und töteten dabei mindestens neunzehn Menschen. Die Zahl der Verletzten lag weit höher."[523]

Wie genau es zu der Eskalation von Gewalt gekommen war, ist bis heute strittig. Aus Sicht des Dalai Lama – nach eigenen Angaben bezog er seine Kenntnis in erster Linie aus dem gemeinsamen Bericht einer Touristengruppe – waren ausschließlich die chinesischen Behörden dafür verantwortlich zu machen, die die spontan zustandegekommenen und zunächst völlig harmlosen Gefühlsäußerungen der tibetischen Bevölkerung auf brutalste Weise niedergeschlagen hätten. Immerhin gibt „Seine Heiligkeit" zu, es habe alles damit begonnen, daß eine Gruppe von Mönchen auf dem Platz vor dem Jokhang-Tempel in der Altstadt von Lhasa antichinesische Parolen skandiert habe: „Sofort schlossen sich ihnen Hunderte, dann Tausende von Menschen aus der tibetischen Bevölkerung an und bildeten einen Chor, der diese Rufe nach Freiheit wiederholte." Plötzlich sei eine Abteilung der Sicherheitskräfte erschienen: „Ohne Warnung nahmen sie rund sechzig Mönche und Laien fest und schafften sie auf die Polizeistation gegenüber vom Haupteingang des Jokhangs. Dort wurden sie brutal zusammengeschlagen. Vor der Polizeistation verhandelte die Menge mit Vertretern der Sicherheitskräfte über die Freilassung dieser festgenommenen Demonstranten, als plötzlich einige Dutzend Beamte mit Videokameras auftauchten, um die Menschenmenge zu filmen. Da sie Angst hatten, nachträglich identifiziert zu werden, bewarfen einige Demonstranten diese Beamten mit Steinen. Daraufhin eröffneten die Sicherheitskräfte das Feuer. Einige Tibeter gerieten in Panik, stürzten ein paar Polizeifahrzeuge um und setzten sie in Brand. Die meisten aber zeigten große Zurückhaltung."[524]

Ein paar Tage darauf, am 1. Oktober 1987, habe sich die Szene vor dem Jokhang in der gleichen Weise wiederholt. Nur sei diesmal „bedauerlicherweise die Polizeistation in Brand gesetzt" worden. Wieder hätten die Chinesen ziellos in die Menge gefeuert: „Als sich die Menschenmenge schließlich auflöste, lag mindestens ein Dutzend Tibeter, darunter auch Kinder, tot auf den Straßen. An jenem Abend und auch an den darauffolgenden Abenden wurden Hunderte von Menschen aus ihren Häusern gezerrt. Insgesamt landeten mehr als zweitausend Tibeter im Gefängnis. Die meisten wurden dort gefoltert und geschlagen, ein Bericht sprach sogar von Hinrichtungen."[525] Die Chinesen, so der Dalai Lama, hätten in der Folgezeit ihre militärische Präsenz im Stadtgebiet Lhasas erheblich verstärkt.

Der Dalai Lama unterschlägt in seiner Darstellung der Ereignisse, daß die Demonstrationen in Lhasa keineswegs spontan entstanden, sondern von Mönchen des Gelbmützenklosters Sera nahe der Hauptstadt generalstabsmäßig vorbereitet und entsprechend geschürt worden waren. In einem Appell an die Vereinten Nationen vom 5. Oktober 1987 bekannten diese sich ausdrücklich dazu und forderten internationale Unterstützung für ihre „gerechte Sache".[526] Der Dalai Lama, der (wahrheitswidrig) von

unmittelbar und spontan ausbrechendem „Volkszorn" spricht, bringt der
mit den Demonstrationen einhergehenden Gewalt durchaus Sympathie
entgegen: „Aufgrund der verzweifelten Lage der Tibeter im Innern des
Landes ist das [die aufflammende Gewalt, d. A.] leider notwendig, müssen sie doch selbst ihre Gefühle, ihre Unzufriedenheit ausdrücken – sonst
findet ihre Lage in der Welt weder Beachtung noch Verständnis. Sie sind
der chinesischen Herrschaft überdrüssig, und sie haben es deutlich kundgetan. (...) Ich bewundere all jene, die bei ihrem Straßenprotest ihr Leben
aufs Spiel gesetzt haben."[527] Für die von „Seiner Heiligkeit" immer wieder vorgetragene propagandawirksame Behauptung, die tibetischen
Demonstranten hätten erbeutete Waffen der chinesischen Polizei trotz
ihres Zorns sofort vernichtet, anstatt sie selber einzusetzen, gibt es keinerlei Beleg. Die Demonstrationen in Lhasa waren ebensowenig wie die sich
anschließenden Demonstrationen in anderen Städten gewaltfreie Unmuts-
äußerungen der tibetischen Bevölkerung, auch wenn dies in der Tibet-
Unterstützerszene fortgesetzt behauptet wird.[528] Vielmehr wurde Gewalt –
durch die Koterie der Gelbmützenmönche – vorsätzlich und geplant eingesetzt. Selbst Heinrich Harrer ist da um einiges ehrlicher als etwa Mary
Craig, die den Mythos des allzeit friedfertigen Tibet hochhält; er beschreibt die Mönche als „berüchtigte Räufer (...) ihre Angriffslust ist
bekannt, und man hütet sich, sie zu reizen". Und: „Die Gestalten in den
roten Kutten sind nicht immer sanfte und gelehrte Brüder. Die meisten
sind grobe, gefühllose Gesellen. (...) Die ärgsten unter ihnen finden sich
in der zwar nicht erlaubten, aber geduldeten Organisation der Dob-Dobs,
der Mönchssoldaten, zusammen. (...) Im Gürtel haben sie einen riesigen
Schlüssel stecken, der je nach Bedarf als Schlagring oder Wurfwaffe
dient. Nicht selten tragen sie auch ein scharfes Schustermesser in der
Tasche versteckt."[529] Auch ⇨ Ernst Schäfer, in den 1930ern Teilnehmer
mehrerer Tibet-Expeditionen, ist wenig begeistert von den Mönchssoldaten (denen er selbst einmal zum Opfer gefallen war): „In dichte Staub-
wolken gehüllt rollen die Priesterhorden vorüber und werfen uns haß-
erfüllte Blicke zu. Übler aussehende Menschen kann man sich in der Tat
kaum vorstellen als diese Massen fanatischer, hochmütiger, undiszipli-
nierter Priester", deren Tun in nichts anderem bestehe als in roher Gewalt.
Ausgerüstet seien sie vielfach mit meterlangen Vierkanthölzern oder mit
Eisenstangen, mit denen sie gnadenlos um sich schlügen.[530]
    Die Frage, inwieweit der Dalai Lama in die antichinesischen Demon-
strationen und Ausschreitungen verwickelt war – nach Agenturmeldungen
aus Beijing habe er diese aktiv gesteuert –, ist bis heute ungeklärt. Alle-

mal kamen ihm die Brutalität des chinesischen Militärs in deren Niederschlagung und die anschließende Einschüchterungspolitik Beijings propagandistisch sehr gelegen, hatten doch der erfolgreiche wirtschaftliche Aufbau des Landes (unterstützt durch Steuererlaß auf fünfzehn Jahre), die Liberalisierung in religiösen und kulturellen Belangen sowie die Bereitstellung großer Summen für den Wiederaufbau und den Erhalt der in der Kulturrevolution zerstörten Klöster der Opposition, sowohl innerhalb Tibets als auch im Exil, zunehmend den Boden entzogen. Vor dem Hintergrund der um die Welt gehenden Bilder knüppelnden chinesischen Militärs wußte die Exil-Regierung des Dalai Lama mit Erfolg den Eindruck zu erwecken, es habe sich das gesamte tibetische Volk in einem spontanen Aufschrei der Verzweiflung gegen seine Unterdrücker erhoben. Daß die antichinesischen Demonstrationen in Lhasa und anderen Städten keineswegs auf breite Zustimmung der tibetischen Bevölkerung traten, vielmehr von größten Teilen abgelehnt wurden, die den seit 1979 sich vollziehenden Normalisierungsprozeß im Verhältnis zu China gefährdet sahen, wurde prinzipiell unterschlagen. Die vom Dalai Lama stets vorgetragene Behauptung, „ungefähr 90 Prozent der Tibeter innerhalb Tibets schauen auf Dharamsala, ihre Hoffnungen richten sich hierher", sind insofern absurd.[531]

1988

Wie der Dalai Lama berichtet, habe in den Tagen der Vorbereitung für eine bedeutende religiöse Zeremonie, die Anfang März 1988 im Jokhang stattfinden sollte, das chinesische Militär Manöverübungen auf dem Platz direkt vor dem Tempel veranstaltet. Die mehrtägigen Feierlichkeiten hätten insofern in einer äußerst gespannten Atmosphäre begonnen; dennoch sei zunächst alles friedlich verlaufen. Am letzten Tag aber „forderten einige Mönche lautstark die Freilassung eines Tülku [reinkarnierter Meister, d. A.] namens Dawa Tsering, der wie viele andere Demonstranten auch bereits seit Oktober ohne Anklage gefangengehalten wurde. Dann begann die Menschenmenge (...) die chinesische Präsenz zu verurteilen und Steine auf die Polizisten zu werfen. (...) Die Sicherheitskräfte reagierten zunächst, indem sie mit Schlagstöcken und elektrisch geladenen Viehstöcken auf die Menge einprügelten." Dann habe das Militär das Feuer eröffnet: „Diesmal wurde aber nicht blindlings in die Menge geschossen, sondern die Soldaten nahmen ganz gezielt einige Demonstranten ins Visier und erschossen sie. Dem folgte eine Verfolgungsschlacht, der Hunderte von Tibetern zum Opfer fielen. Gegen Mittag fielen die Polizisten auch in den Jokhang ein, wo sie mindestens zwölf Mönche umbrachten. Einer wurde brutal zusammengeschlagen, bevor man ihm die Augen ausstach und ihn vom Dach des Tempels aus hinunterstürzte. Die heiligste Stätte des Landes wurde zu einem Schlachthaus."

Erst *daraufhin* – der Dalai Lama unterstreicht die Chronologie der Ereignisse – sei „das ganze tibetische Viertel der Stadt in Aufruhr [geraten], und in der Nacht wurden rund zwanzig Läden von Chinesen niedergebrannt. (...) Gleichzeitig überfielen die Sicherheitsbeamten die Tibeter mehrfach und schleppten Hunderte von Männern, Frauen und Kindern fort. (...) Die chinesischen Behörden verhängten ein zweiwöchiges Ausgangsverbot, in dessen Verlauf mindestens zweitausendfünfhundert Menschen verhaftet wurden."[532]

Bezugnehmend in erster Linie auf Presseerklärungen der exiltibetischen Regierung berichteten die westlichen Medien höchst tendenziös über die Vorkommnisse in Lhasa, der Dalai Lama als Bannerträger des „heroischen Kampfes gegen die chinesische Gewaltherrschaft" gewann weiterhin an Popularität. Im April 1988 reiste er nach England, wo er bei verschiedenen Auftritten enormes Presseecho erzielte. Bei einer sogenannten *Global Conference of Spiritual and Parliamentary Leaders on Human Survival* in Oxford nahm er, zusammen mit Mutter Teresa, als Ehrengast teil.

Sein Redebeitrag reichte über die üblichen Platitüden und ein paar antichinesische Ausfälle nicht hinaus, hingegen gelang es Mutter Teresa, mit einer „spontan von Gott inspirierten" Aktion einiges Aufsehen zu erregen: während einer Debatte zum Thema „Überbevölkerung" kniete sie hinter dem Rednerpult nieder, um rosenkranzfingernd gegen Empfängnisverhütung und Abtreibung anzubeten.[533]

Ein offizielles Gesprächsangebot aus Beijing, das ihn während seines Aufenthaltes in London erreichte, geruhte „Seine Heiligkeit" schlichtweg zu ignorieren: „Ein geschickter Propagandacoup [der Chinesen, d. A.]", wie er seine Biographin Levenson später schreiben ließ, „der aber nicht zu Illusionen zu verleiten vermochte".[534] Nach seiner Rückkehr nach Dharamsala unternahm er eine Pilgerreise nach Nepal. Neben dem Besuch verschiedener exiltibetischer Kommunen führte ihn die Reise auch nach Lumbini, den (angeblichen) Geburtsort Gautama Buddhas im Südwesten des Landes.

Mitte Juni wurde ihm von der Universität Tübingen für seine Verdienste um den interreligiösen Dialog und seinen „Einsatz für Gewaltlosigkeit und Völkerverständigung" (!) der mit 50.000 Mark dotierte Dr.-Leopold-Lucas-Preis zuerkannt.

Schon seit geraumer Zeit war er eingeladen worden, vor dem Europaparlament in Straßburg zu sprechen. Der für Ende Juni vorgesehene Auftritt kam indes nicht zustande, aufgrund befürchteter Komplikationen mit China hatte man ihn kurzfristig wieder ausgeladen. Seine geplante Rede gab er dennoch zum besten: in einem eilends organisierten Pressegespräch machte er erneut Werbung für seinen „Fünf-Punkte-Friedensplan". Ausdrücklich betonte er – ganz in der Rolle des Friedensstifters (und unter Verschweigen des wenige Wochen zuvor an ihn ergangenen Gesprächsangebotes) –, jederzeit zu Verhandlungen mit den Chinesen, auch über ein Abrücken von Unabhängigkeitsforderungen zugunsten einer Autonomieregelung, bereit zu sein. (Die später – vor allem in Zusammenhang mit der Verleihung des Friedensnobelpreises – vielkolportierte Behauptung, er habe Beijing sogar angeboten, „auf seinen Alleinvertretungsanspruch zu verzichten, wenn die Menschenrechte in seiner Heimat gewahrt würden",[535] ist frei erfunden). Es ging diese Presseerklärung als „Straßburger Initiative" in die Annalen ein.

Bezeichnend, wie er ein kurze Zeit später vorgelegtes weiteres Angebot Beijings ins Leere laufen ließ: „In einer verheißungsvollen Wende äußerten die Chinesen im Herbst 1988 dann jedoch den Wunsch, mit dem Dalai Lama über die Zukunft Tibets zu diskutieren. (...) Die Wahl des Verhandlungsortes wurde mir überlassen. Ich berief sofort ein Verhandlungsgremium ein und machte den Vorschlag, beide Seiten sollten sich im Januar 1989 in Genf treffen. (...) Nachdem sich die Chinesen prinzipiell zu den Gesprächen bereit erklärt hatten, fingen sie jedoch an, Bedingungen und Einwände vorzubringen. Zunächst ließen sie uns wissen, daß ihnen Beijing als Verhandlungsort lieber sei; dann machten sie zur Bedingung, daß kein Ausländer Mitglied des Verhandlungsgremiums sein dürfe; als nächstes sagten sie, sie könnten kein Mitglied der tibetischen Exilregierung als Gesprächspartner akzeptieren, da sie diese nicht anerkannten; dann hieß es, sie würden mit niemandem verhandeln, der sich jemals für die Unabhängigkeit Tibets ausgesprochen habe; und zuletzt meinten sie, sie würden nur mit mir reden. Das war sehr enttäuschend. Nachdem die Chinesen ihre Bereitschaft zu Gesprächen geäußert hatten, machten sie es praktisch unmöglich, daß je damit begonnen werden konnte. (...) Schließlich wurde Genf als Tagungsort akzeptiert, aber der Januar 1989 ging vorüber, ohne daß etwas aus dem Plan wurde."[536]

1989

Ende Januar 1989 erhielt der Dalai Lama die Nachricht vom Tode des Panchen Lama, der zweithöchsten Figur innerhalb der Gelbmützen-Hierarchie. Neben seiner Funktion als Abt des Klosters Tashilhünpo im zentraltibetischen Shigatse war der Panchen Lama seit 1978 Mitglied des Nationalen Volkskongresses der Volksrepublik China gewesen. In dieser Eigenschaft, wie der Dalai Lama schreibt, habe er sich stets um eine Politik des Ausgleichs zwischen China und Tibet bemüht, weswegen er „von einigen Tibetern als fragwürdige Persönlichkeit angesehen [wurde]. Und in der Tat habe ich den Verdacht, daß er Anfang der fünfziger Jahre, als er noch jung war [er war Jahrgang 1938, d. A.], glaubte, er könne, wenn er sich auf die Seite der Chinesen schlage, hieraus einen Vorteil ziehen. Ich glaube aber, daß sein Patriotismus echt war. (...) Kurz vor seinem Tod hielt er eine höchst kritische Rede, die auch von der Xinhua [chinesische Nachrichtenagentur, d. A.] übertragen wurde und in der er die 'vielen Fehler' anprangerte, die die Chinesen in Tibet begangen hatten. Das war eine mutige Tat."537 Zwei Tage später habe er „angeblich" einen tödlichen Herzinfarkt erlitten; in Wahrheit, so wird suggeriert, habe man ihn umgebracht.

Der Grund dafür, daß der Dalai Lama in seinem vorgeblich steten Bemühen um Kontakt zur chinesischen Führung über die Jahre so gut wie keinen Kontakt zum Panchen Lama gepflogen hatte, der mehr als Polit-Funktionär in Beijing zugange war, denn als Abt in seinem Kloster, dürfte in erster Linie darin liegen, daß das Verhältnis zwischen den beiden führenden Figuren Tibets samt ihren jeweiligen Klüngeln seit jeher von Dissonanz und Animositäten bestimmt ist.

Die Institution des Panchen Lama wurde Mitte des 17. Jahrhunderts vom Fünften Dalai Lama eingesetzt. Dieser hatte seinen spirituellen Tutor, den seinerzeitigen Abt des Klosters Tashilhünpo, mit dem (vererbbaren) Ehrentitel „Kostbarer Weisheitslehrer" (tibetisch: Panchen Lama) versehen und mit der (ebenfalls vererbbaren) Aufgabe betraut, die jeweiligen Reinkarnationen des Dalai Lama zu bestätigen. Er erklärte den Panchen Lama zur Inkarnation der Mythenfigur Amithaba, des „Buddhas des unermeßlichen Lichtes" (tibetisch: Ö-pa-me). In der Ikonographie erscheint dieser als oberster Kopf des elf- oder auch sechzehnköpfigen Avalokiteshvara, des „Buddhas des Mitgefühls" (tibetisch: Chenrezig), als dessen Inkarnation die Dalai Lamas sich selbst vorkommen. Die Auffindungsmodalitäten wiedergeborener Panchen Lamas, die ihrerseits vom jeweiligen Dalai Lama (bzw. seinem Regenten) bestätigt werden müssen, entsprechen den bei Groß-Lamas üblichen: kleine Jungs werden im Alter von zwei bis drei Jahren ihren Eltern weggenommen und in rigidem Klosterdrill auf ihre spätere Rolle hinkonditioniert (⇨ *Exkurs 2*).

Schon kurze Zeit nach dem Tod des Fünften Dalai Lama (1682) begannen teils heftige Auseinandersetzungen zwischen Shigatse (Panchen Lama) und Lhasa (Dalai Lama), die sich über sämtliche Folgegenerationen hinwegzogen. Man kämpfte, mit wechselndem Kriegsglück, um Machtanteile, um Territorialansprüche, um Steuerzahlungen. Anfang der zwanziger Jahre dieses Jahrhunderts eskalierte der Dauerkonflikt: beide Parteien rüsteten militärisch gegeneinander auf, der Panchen Lama (Chokyi Nyima) bat gar die Chinesen um Hilfe. Bevor diese sich entschieden hatten, entsandte der Dalai Lama – es handelte sich um Thubten Gyatso, den Vorgänger des jetzigen 14. Dalai Lama – ein Truppenkontingent nach Shigatse. In aussichtsloser Lage setzte sich Chokyi Nyima 1923 nach Nanjing, die seinerzeitige Hauptstadt Chinas, ab. In der Folge sprach Thubten Gyatso dem geflohenen Abt von Tashilhünpo den Status der Buddhaschaft und sämtliche Funktionen innerhalb der Gelbmützen-Hierarchie ab.[538] Im Juni 1931 proklamierte die nationalchinesische Regierung den Panchen Lama zum weltlichen Oberhaupt Tibets (schon 1904 und 1910 hatte der chinesische Kaiserhof dies versucht); er erhielt den zusätzlichen Titel „Großer Meister von unendlicher Weisheit, Verteidiger der Nation und Verbreiter des Glaubens" und eine großzügige finanzielle Ausstattung.[539] 1932 soll er mit einem Heer von 10.000 chinesischen Soldaten eine Invasion Tibets geplant haben, zu der es allerdings nicht kam. Erst lange nach dem Tod des 13. Dalai Lama im Jahre 1933 kehrte Chokyi Nyima erstmalig nach Tibet zurück, wo er bald darauf starb.

Bei der Suche nach seinem Nachfolger präsentierten 1941 sowohl die Chinesen als auch die tibetische Regierung je einen Kandidaten, jede Partei weigerte sich, den der anderen anzuerkennen. Letztlich wurde der Kandidat der Chinesen, der dreijährige Gonpo Tseten, zur Reinkarnation Chokyi Nyimas und damit zum Zehnten Panchen Lama ausgerufen; die offizielle Anerkennung Chokyi Gyentsens, so der Mönchsname des neuen „Weisheitslehrers von Tashilhünpo", durch den Dalai Lama erfolgte allerdings, nach endlosem Hin und Her, erst zehn Jahre später. 1954 trafen die beiden, 16-jährig der eine, 19-jährig der andere, erstmalig aufeinander.[540] (Mit Verabschiedung des ⇨ „Siebzehn-Punkte-Abkommens" vom 23.5.1951 war der Panchen Lama auch seitens der tibetischen Regierung offiziell in seine Herrschaftsposition wiedereingesetzt worden, die er, in Gestalt seines Vorgängers, 1923 verloren hatte.)

Abb. 21: Chokyi Gyentsen, der 10. Panchen Lama

Chokyi Gyentsen, der seinen Hauptwohnsitz in Beijing hatte, wurde 1956 von den Chinesen zum „Vorsitzenden des Vorbereitungskomitees der Autonomen Region Tibet" ernannt, 1959, nach der Flucht des Dalai Lama zum nominellen Staatsoberhaupt Tibets. Aufgrund mehrerer – inhaltlich harmloser – Solidaritätsadressen für den exilierten Dalai Lama wurde er Ende der 1960er in Beijing vorübergehend unter Arrest gestellt; Berichte, er sei aufgrund protibetischer Haltung inhaftiert und gefoltert worden, zählen ebenso zur (exil-)tibetischen Legendenbildung wie die patriotischen oder China-kritischen Äußerungen, die ihm nach seinem Tod zugeschrieben wurden. 1978 wurde er Deputierter des Nationalen Volkskongresses der Volksrepublik China, 1980 gar dessen stellvertretender Vorsitzender. Im selben Jahr wurde er auch zum Ehrenpräsidenten der Buddhistischen Vereinigung Chinas ernannt. Zeit seines Lebens verfolgte der Zehnte Panchen Lama in erster Linie seine ganz persönlichen Interessen, in zweiter Linie die Beijings. 1987 gründete er in Tibet ein Kartell marktorientierter Firmen und Geschäftsunternehmen, in dem sich die gesamte neokapitalistische Wirtschaftselite des Landes – größtenteils Vertreter der alten Adelsfamilien – versammelte; der Politik des Dalai Lama stand und steht das sogenannte *Kangchen*-Kartell ablehnend bis feindlich gegenüber. Nach seinem Tod wurde Chokyi Gyentsen von der Exilregierung des Dalai Lama eiligst zum tibetischen Volkshelden erklärt, der im Grunde immer auf der richtigen Seite gestanden habe. Ob ihm trotzdem oder ebendeshalb in Tibet bis heute höchste Verehrung zuteil wird, läßt sich nicht entscheiden.

Von der Vereinigung der Buddhisten Chinas erhielt der Dalai Lama eine Einladung, am Begräbnis des Panchen Lama in Beijing teilzunehmen. „Eigentlich", wie er später schreibt, „wäre ich gerne hingeflogen, ich zögerte aber, da es dabei unweigerlich auch zu Geprächen über Tibet (!) gekommen wäre. Hätten die Gespräche wie geplant in Genf stattgefunden, wäre dies vielleicht angebracht gewesen. Unter diesen Umständen hielt ich es jedoch für unpassend hinzufahren und sagte ab." Die anschließenden Ereignisse sind für ihn die „vorhersehbaren Resultate" der „Hinhaltetaktik" (!) Chinas: „Am 5. März 1989 kam es in Lhasa wieder zu Demonstrationen, die drei Tage dauerten. (...) Im Gegensatz zu früher hielten sich die Sicherheitskräfte am ersten Tag im Hintergrund, beobachteten und filmten das Geschehen lediglich; Ausschnitte wurden dann am Abend im Fernsehen gezeigt. An den beiden darauffolgenden Tagen aber reagierten sie mit Schlagstockeinsätzen und wahllosen Erschießungen. Zeugenaussagen zufolge schossen sie mit Maschinengewehren in tibetische Häuser, wodurch ganze Familien ums Leben kamen. Leider griffen die Tibeter daraufhin nicht nur die Polizei- und Sicherheitskräfte an, sondern in einigen Fällen auch unschuldige chinesische Zivilisten. Das stimmte mich sehr traurig."[541] Ob es ihn auch traurig stimmte, daß er selbst die Möglichkeit, mit Beijing ins Gespräch zu kommen, auf unverantwortbare Weise ausgeschlagen und damit den gewalttätigen Ausschreitungen Vorschub geleistet hatte, ist nicht bekannt. Zu späterer Gelegenheit jedenfalls behauptete er, er habe „keinen Stein ungewendet gelassen" in seinen Versuchen, mit den Chinesen eine Einigung zu erzielen[542]; die Rede ist gar von einer Bittschrift an Deng Xiaoping, die er selbst und sämtliche Mitglieder seiner Exil-Regierung mit ihrem Blute unterschrieben hätten.

Am 8. März 1989 verhängte China das Kriegsrecht über Lhasa. Es hatte, so der Dalai Lama, den „Anschein, daß die Chinesen Lhasa nun in einen Schlachthof verwandeln wollten".[543] Anstatt jetzt endlich Kontakt mit Beijing aufzunehmen, reiste „Seine Heiligkeit" wieder einmal ins westliche Ausland – u.a. nach Deutschland und Frankreich, in die USA, nach Costa Rica und Mexiko –, um dort für die „gerechte Sache" Tibets zu werben (in San Jose/Costa Rica nahm er als Hauptredner an der vom 25.-30 Juni 1989 stattfindenden Internationalen Friedenskonferenz teil). Mit Erfolg: Im Herbst des Jahres wurde ihm der Friedensnobelpreis verliehen. „Die weltweite Anerkennung", wie er schreibt, die ebendadurch „der Bedeutung von Mitgefühl, Versöhnung und Liebe gezollt wurde", habe ihn mit großer Genugtuung erfüllt.[544] Worin gerade *sein* Friedensbeitrag bestanden haben soll, blieb bis heute ungeklärt, auch und gerade wenn das Nobelkomitee verlautbarte, er habe sich „beim Kampf zur Befreiung Tibets konsequent der Anwendung von Gewalt widersetzt" (von den CIA-unterstützten Guerillakämpfern der ⇨ *Chusi Gangdruk* hatte man in Oslo offenbar noch nie etwas gehört).

Eine wesentliche Rolle in der propagandistischen Vorarbeit für die Preisverleihung an den Dalai Lama hatte die seinerzeitige Bundestagsabgeordnete der Grünen, Petra Kelly, gespielt. Zusammen mit ihrem Lebensgefährten, dem Bundeswehrgeneral a.D. Gerd Bastian, hatte sie unermüdlich und mit streckenweise ans Pathologische grenzendem Fanatismus Öffentlichkeit für die „Sache Tibets" herzustellen versucht. Im April 1989 lud sie Politiker aus dem In- und Ausland zu einer überparteilichen Tibet-Anhörung nach Bonn, bei der tibetische Exilpolitiker, Vertreter von *amnesty international* und *Asia Watch* sowie eine ganze Reihe durchaus renommierter Wissenschaftler und sonstiger Fachreferenten über die aktuelle Lage auf dem „Dach der Welt" informieren sollten. Diese sei, wie es in einem von über vierhundert Prominenten aus aller Welt unterzeichneten Aufruf Kellys hieß, „im 40. Jahr der völkerrechtswidrigen Besetzung durch China unverändert bedrückend". Es gehe darum, die „Öffentlichkeit mit den schrecklichen Tatsachen der Unterdrückung" zu konfrontieren: Aus einer „Region des Friedens und der Gewaltfreiheit" (!) sei ein „riesiges Militärlager mit rund 300.000 chinesischen Soldaten, Atomwaffen und Militärflugplätzen" geworden.[545] (Schon im Oktober 1987 war es Kelly und Bastian gelungen, den Bundestag zu einer gemeinsamen Resolution aller Fraktionen gegen die Menschenrechtsverletzungen in Tibet und für die Unterstützung der Bemühungen des Dalai Lama zu bewegen.)

Die zweitägige Anhörung im Bundestag wurde, wie geplant, zum antichinesischen Tribunal: Zahlreiche Zeugen marschierten auf und berichteten von unsagbaren Greueltaten der militärischen Machthaber in Tibet: von systematischer Folter politischer Häftlinge, von flächendeckenden Zwangssterilisationen tibetischer Frauen, von Zwangsabtreibungen und Tötungen Neugeborener. Der amerikanische Arzt und Pro-Tibet-Aktivist Blake Kerr trug vor, Mönche hätten ihm erzählt, seit mehreren Jahren schon zögen chinesische Abtreibungs- und Sterilisationsteams durch die Weiten des tibetischen Hochlandes; wo immer sie ihre Zelte aufschlügen, stapelten sich dahinter die abgetriebenen Föten. Sein Fazit (das sich mit dem des Dalai Lama deckt): „Die Tibeter sollen ausgerottet werden."[546] Nach Belegen für die teils abenteuerlichen Behauptungen wurde nicht gefragt, jeder Zweifel an deren Wahrheitsgehalt wäre einer sakrilegischen Parteinahme für das chinesische Militärregime gleichgekommen. Insofern ging der Hinweis Erwin Wickerts, von 1970 bis 1980 Botschafter Bonns in Beijing, in Mißfallensgeschrei unter, Menschenrechtsverletzungen in Tibet seien bedauerliches Beiwerk der Kulturrevolution gewesen, gehörten heute aber der Vergangenheit an. Wickert bezeichnete die Organisatoren der Anhörung samt ihren aufgebotenen Kronzeugen als „Mitglieder der gutgeölten Propagandamaschine des Dalai Lama".[547]

Der Vorsitzende des militanten *Tibetan Youth Congress* (TYC), Tashi Mamghal, trug vor, durch die massive Ansiedelung von Chinesen in Tibet bestehe die Gefahr, daß sein Volk bald nur noch eine Minderheit im eigenen Land sein werde. Er rief seine Landsleute dazu auf (in einer Anhörung vor dem Deutschen Bundestag!), nach dem Vorbild der spanischen ETA oder der Tamilen in Sri Lanka „endlich die Waffen gegen China zu erheben". Wie dies aussehen könnte, erörterte eine Vertreterin der Untergrundorganisation *Chinesische Häuser anzünden: Sabotage*. Durch die Aktivitäten dieser Organisation hätten chinesische Siedler inzwischen panische Angst, nach Tibet zu kommen.[548]

Petra Kelly zählte zu den Pro-Tibet-AktivistInnen, die sich trotz (vorgegebener) pazifistischer Grundhaltung am wenigsten von derlei Gewaltaufrufen distanzierten. Sie hatte auch keine Scheu, sich die innerhalb der Szene geläufige Ineinssetzung der chinesischen Militärdiktatur in Tibet mit dem Holocaustterror des Dritten Reiches zueigen zu machen, die jeden Gewalteinsatz seitens der Tibeter als „Notwehr" rechtfertigt (auch der Dalai Lama selbst bedient sich ständig entsprechender Begriffe). Alle Augenblicke reiste sie (meist auf Kosten ihrer zunehmend genervten Partei) nach Dharamsala, um Pläne und Strategien für eine internationale Pro-Tibet-Solidaritätsbewegung zu entwickeln. In manisch-missionaristischem Eifer jettete sie kreuz und quer über den Globus, von einer Tibet-

Veranstaltung zur anderen, von einer Kundgebung zur nächsten. Als (zumindest im Ausland) höchst populäre Bannerträgerin der grün-alternativen Bewegung trug sie entscheidend zum steil ansteigenden Bekanntheitsgrad des Dalai Lama in aller Welt bei. Es ist wesentlich der unermüdlichen und rastlosen *Public-Relations*-Arbeit Kellys zuzuschreiben (vor allem auch ihrer erfolgreich organisierten Anhörung vor dem Deutschen Bundestag), daß der tibetische „Gottkönig" in engere Betracht für die Verleihung des Nobelpreises 1989 kam. Letztlich ausschlaggebend für seine Wahl waren freilich, trotz aller Kelly-Propaganda, weniger seine friedensstiftenden Verdienste (welche auch?), als vielmehr die Absicht des norwegischen Nobelkomitees, mit der Zuerkennung des Preises gerade an ihn der Unterdrückungspolitik Beijings, wie sie nicht zuletzt in dem Massaker auf dem Platz des Himmlischen Friedens (Tiananmen) im Juni des Jahres zum Ausdruck gekommen war, eine demonstrative Absage zu erteilen. Der Dalai Lama als Inbegriff (um nicht zu sagen: Inkarnation) antichinesischer Widerwart bot sich hierzu aufs Vorzüglichste an: Mit der Verleihung des Nobelpreises an ihn war der moralischen Pflicht, sich gegen die Barbarei der chinesischen Betonköpfe um Li Peng auszusprechen, umfänglich Genüge getan; die wirtschaftlichen Beziehungen zu Beijing konnten in der Folge umso ungehinderter weiter gepflogen werden.

Das persönliche Verhältnis Petra Kellys zum Oberhaupt der Gelbmützen war geprägt von nachgerade religiöser Inbrunst und Hingabe, selbst letzte Reste kritischer Distanz dem führenden Vertreter einer feudalen und theokratischen Gesellschaftsordnung gegenüber waren ihr schon nach kurzer Zeit abhandengekommen: „Meiner Meinung nach ist der Dalai Lama einer der sehr wenigen männlichen Führer, die sanft und auch feministisch denken. (...) So denken nur sehr wenige auf der Welt."[549] Was dieser von Petra Kelly hielt, läßt sich erahnen: vermutlich sah er in ihr nicht viel mehr als eine nützliche, wenngleich oftmals reichlich nervige Propagandistin seiner Sache. (Petra Kelly und Gert Bastian kamen im Oktober 1992 auf bis heute nicht restlos geklärte Art ums Leben. Bastian hatte erst seine Lebensgefährtin Kelly, dann sich selbst erschossen.)

Wenige Tage bevor ihm der Nobelpreis verliehen wurde, nahm der Dalai Lama als Ehrengast an einem „Kontemplativen Kongreß: Harmonia Mundi" im kalifornischen Newport Beach teil, bei dem Vertreter verschiedener Religionen fünf Tage lang gemeinsam für den Weltfrieden beteten. Unmittelbar anschließend beehrte er, ebenfalls in Newport Beach, ein „interdisziplinäres Wissenschaftskolloquium" mit seiner Teilnahme, bei dem, laut Ausschreibung, „wichtige Fragen zur Zukunft der Menschheit" erörtert werden sollten. Tatsächlich verlief die dreitägige Konferenz, veranstaltet von der amerikanischen *East West Foundation*, genauso wie jede andere Reverenzenshow zu Ehren „Seiner Heiligkeit": von einem versammelten Grüppchen transpersonal angehauchter Elite-Psychologen – darunter die Jungianerin Jean Shionoda Bolen, der Psychoanalytiker und Buddhist Jack Engler oder der Jenseitsforscher Stephen Levine – wurde er in gewohnt subalterner (und streckenweise live-satirischer) Manier zu Themen befragt wie: „Euere Heiligkeit, welchen Rat würdet Ihr uns auf der Grundlage Euerer Kenntnisse über unsere Gesellschaft geben: an uns selbst zu arbeiten oder anderen zu helfen?" (Harvard-Psychologe Daniel Brown). Antwort: „Um anderen Leuten zu helfen, braucht man Entschlossenheit und eine positive Motivation. Von Zeit zu Zeit muß man sich regenerieren. Ich würde sagen, daß Sie sich zu fünfzig Prozent regenerieren und zu fünfzig Prozent anderen Menschen helfen sollten."[550] Moderator Dan Goleman, Mitglied des *Tibet House* in New York und US-Sprachrohr des Dalai Lama, hatte gleich zu Beginn der Veranstaltung das Feld abgesteckt, als er „den Holocaust im Zweiten Weltkrieg, die Ermordung einer Million Menschen in Kambodscha durch die Roten Khmer sowie die vielen Millionen Opfer von Stalin und Mao, zu denen auch eine Million Tibeter gehört", unterschiedslos ineinssetzte.[551] Die Fragen an „Seine Heiligkeit" waren, ebenso wie die Antworten darauf, entsprechend. In einem eigenen Referat ließ der „Große Allwissende" sich zum „Sinn des Lebens" aus: „Ich glaube, daß Zufriedenheit, Freude und Glück die höchsten Ziele im Leben sind. Und die Quelle für das Glücklichsein sind ein gutes Herz, Mitgefühl und Liebe. Mit einer solchen Einstellung können wir unseren inneren Frieden bewahren, auch wenn wir von Feindseligkeit umgeben sind. Fehlt uns hingegen das Mitgefühl und sind wir voller Wut und Haß, dann werden wir keinen Frieden finden, ganz gleich, wie die Situation um uns herum beschaffen ist."[552] Weshalb das Ganze unter dem Signet eines „Wissenschaftskolloquiums" lief, blieb im Dunkeln.

Auf dem Wege zur Nobelpreis-Verleihung machte der Dalai Lama in Berlin Station. Just an dem Tag, wie er ausdrücklich betont, an dem Egon Krenz gestürzt wurde, habe er eine Aussichtsplattform an der Mauer bestiegen: „Als ich dort oben stand, dicht vor einem noch bemannten Wachturm, reichte mir eine alte Frau wortlos eine rote Kerze. Bewegt zündete ich sie an und hielt sie empor. Einen Augenblick lang drohte die kleine flackernde Flamme zu erlöschen, wurde dann aber wieder größer. Und während sich die Menschen um mich herumscharten und meine Hände berührten, betete ich, daß das Licht des Mitgefühls und des Bewußtseins die Welt erfüllen und die Finsternis der Angst und Unterdrückung vertreiben möge."[553] (Unter den Anhängern „Seiner Heiligkeit" kursiert seit dem Fall der Mauer das Gerücht, diese sei durch eben diese Zeremonie zum Einsturz gebracht worden.) Zu gemeinsamem Gebete traf er anschließend die demokratisch bewegten DDR-"Oppositionellen" Ulrike Poppe, Bärbel Bohley und Marianne Birtler.

Es folgten Treffen u.a. mit Bundestagspräsidentin Rita Süßmuth und Bundesarbeitsminister Norbert Blüm. In einem eigenen Kommuniqué wies die Bundesregierung darauf hin, daß man den Dalai Lama ausdrücklich nicht als Chef einer tibetischen Exil-Regierung anerkenne, sondern lediglich als „Führer der Lama-Sekte"; besagte Begegnungen mit Vertretern des Kabinetts beziehungsweise des Bundestages hätten insofern rein privaten Charakter gehabt.[554] Ganz Berlin – mit Ausnahme des Regierenden Bürgermeisters Walter Momper (SPD), der sich demonstrativ nicht darum scherte – war im Dalai Lama-Fieber. Eine großaufgemachte Tibet-Show im *Haus der Kulturen*, moderiert von Franz Alt, war seit Wochen ausverkauft. In gewohnter Manier räsonierte „Seine Heiligkeit" über Fragen, die den Großteil der Zuhörerschaft ebensowenig interessiert wie angegangen haben dürften: diesmal hinsichtlich des Unterschiedes zwischen Mitleid und Erbarmen. Die erwarteten antichinesischen Ausfälle steuerte Alt bei, der sich geifernd über die „regierenden Mörder in China" ausließ.[555] Vor seinem Weiterflug machte der Dalai Lama der Redaktion von *Bild* seine Aufwartung, die ihm seit jeher publizistisch zur Seite gestanden war. Auch der Redaktion der ⇨ *Tageszeitung* (taz) stattete er einen Anstandsbesuch ab.

Bevor er sich nun nach Oslo zur Entgegennahme des Nobelpreises begab, hakte der Dalai Lama noch schnell einen Termin in Paris ab, wo er den *Prix de la Mémoire* verliehen bekam, eine symbolische Anerkennung bedrohter Kulturen; zuvor hatten Vertreter des jüdischen Glaubens sowie des armenischen Volkes diesen Preis zugesprochen bekommen. Die Zuerkennung des (zumindest in konservativen Kreisen) durchaus prestigeträchtigen Preises ging indes vor dem Hintergrund des unmittelbar darauffolgenden Medienspektakels um die Verleihung des Nobelpreises völlig unter.

Die Rede, die „Seine Heiligkeit" anläßlich der Preisverleihung in Oslo hielt, bewegte sich auf dem für ihn üblichen Niveau: „Wenn wir uns klarmachen, daß wir im Grunde alle gleich sind, Menschen, die nach

Glückseligkeit streben und Leid zu vermeiden suchen, dann hilft uns das, ein Gefühl der Brüderlichkeit zu entwickeln, ein warmes Gefühl der Liebe und des Mitleids für andere." Eingebunden in derlei Kalenderweisheit ließ er ein paar antichinesische Tiraden vom Stapel und wiederholte im übrigen seinen „Fünf-Punkte-Friedensplan"; ansonsten eine Platitüde nach der anderen: „Ein künftiges freies Tibet wird notleidenden Menschen in der ganzen Welt helfen, die Umwelt zu schützen und den Frieden zu fördern. Die Fähigkeit von uns Tibetern, spirituelle Qualitäten mit einer realistisch-praktischen Einstellung zu verbinden, gibt uns die Möglichkeit, einen besonderen Beitrag zu leisten, so bescheiden er auch sein mag. Darauf hoffe ich, darum bete ich."[556] Ganz so, als habe es sich bei dem nichtssagenden Geschwätz „Seiner Heiligkeit" um eine Offenbarung höherer Ordnung gehandelt, wurde die Nobelpreisrede x-fach publiziert, kaum eine Neuerscheinung zum Thema „Tibet", in der sie nicht mitabgedruckt worden wäre (selbst in dem fast zehn Jahre später herausgebrachten „Free-Tibet"-Kompilat von Franz Alt und Klemens Ludwig füllt sie verbatim die Seiten).

1990

Mit großem Pathos beschreibt der Dalai Lama seine Anfang des Jahres durch die Tschechoslowakei unternommene Reise, auf der ihn „eine von ihren Gefühlen überwältigte Menschenmenge" empfangen habe. Auf jeder seiner Stationen verschärfte der frischgekürte Friedensnobelpreisträger die Kluft zu Beijing und verunmöglichte damit das Zustandekommen von Verhandlungen. Zusammen mit Staatspräsident Václav Havel gab er einen gemeinsamen „Friedensappell" heraus.

Im März des Jahres fand in Dharamsala eine „Internationale Konferenz zur Unterstützung Tibets" statt, an der Tibetfreunde aus 28 Ländern teilnahmen. Die Haltung des Dalai Lama ließ keinerlei Gesprächsbereitschaft mit Beijing erkennen.

Die Chinesen hielten das Kriegsrecht bis Mai 1990 aufrecht. Aber auch anschließend, so der Dalai Lama, sei „die brutale Unterdrückung in ganz Tibet" fortgesetzt worden: „Unbegründete Verhaftungen, Mißhandlungen und Folter, Gefängnisstrafen und sogar Hinrichtungen ohne Gerichtsverfahren stehen bei den chinesischen Behörden an der Tagesordnung."[557] Umfänglich und bis ins Detail läßt er sich über die (angeblichen) Folterpraktiken der Chinesen aus. Ein nach einer Demonstration verhafteter Tibeter beispielsweise sei tagelang nackt und gefesselt in einer eiskal-

ten Zelle gefangengehalten worden; man habe ihm keinerlei Essen gegeben und ihn mehrfach brutal zusammengeschlagen. „Am fünften Tag
seiner Haft", so der Dalai Lama, „weckte man ihn bei Tagesanbruch und
brachte ihn in ein Vernehmungsgebäude außerhalb des Gefängnisgelän-
des. Dort wurde er von zwei Beamten zu Boden gepreßt, während ein
dritter, der auf seinem Kopf gekniet hatte, diesen nun in beide Hände
nahm und ihn mindestens zehn Minuten lang mit der linken Schläfe nach
unten auf den Boden schlug." Einer Nonne habe man einen elektrischen
Schlagstock „gewaltsam in den Anus und in die Vagina" eingeführt.[558]
Derartige Horrorberichte verfehlen ihre Wirkung nicht. Eine der Wirkungen besteht darin, daß im Entsetzen über derlei bestialische Praktiken die
Frage nach der Glaubwürdigkeit der Schilderungen zum Tabu wird.

Verdrehung von Fakten III
Chinesische Folter-KZs?

Zentraler Bestandteil exiltibetischer Selbstdarstellung ist der stete und bei jeder Gelegenheit wiederholte Hinweis auf die in chinesischen Folter-KZs (angeblich) verübten Greueltaten an tibetischen Polit-Gefangenen. Tausende und abertausende TibeterInnen, so auch der Dalai Lama, würden als „prisoners of conscience" (aus Gewissensgründen Inhaftierte) willkürlich verhängte hohe Haftstrafen verbüßen, im Verlaufe derer man sie systematischer Folter unterziehe. Folter, so etwa ein Bericht der *Tibetan Young Buddhist Association*, sei Ausdruck aktueller chinesischer Politik. Auch in den Jahren seit 1987 (um die es hier in erster Linie geht), in denen selbst die Verlautbarungsorgane exiltibetischer Gruppierungen eine „Liberalisierung" der Verhältnisse in Tibet zugestehen, habe Beijing nicht Abstand genommen von der Praxis, in den Gefängnissen zu foltern. Wie der Dalai Lama 1996 betonte, sei „zu gewissen Zeiten die Folter sehr weit verbreitet, zu anderen weniger. Es gibt auch Unterschiede zwischen einzelnen Gegenden. Zur Zeit aber werden in Lhasa wieder zunehmend politische Gefangene gefoltert."[559]

Grundlage aller aktuellen Argumentation ist eine Art Schwarzbuch, das vom „Informations- und Außenministerium" (*Department of Information & International Relations*) der exiltibetischen Regierung im Jahre 1993 herausgegeben wurde. Unter dem Titel *Tibet: Proving Truth From Facts* (Die Wahrheit anhand von Fakten beweisen) geht es um die „Klärung von Geschichte und gegenwärtiger kolonialer Situation im chinesisch okkupierten Tibet". Laut Klappentext des 1996 in dritter aktualisierter Auflage erschienenen Kompilats handelt es sich um das „tiefschürfendste, gewichtigste und aktuellste offizielle Dokument, das derzeit zu diesem Thema vorliegt".[560] Die Autoren des Schwarzbuches konzidieren wohl einen grundsätzlichen Wandel der chinesischen Politik seit dem Tode Mao Tsedongs im September 1976 – die Rede ist von ökonomischen Freiheiten und einem „gewissen Grad an Erleichterungen für Polit-Gefangene"[561] –, unterstreichen aber zugleich, dieser Wandel habe keinerlei politische Freiheit für Tibet mit sich gebracht. Wahllose Verhaftung politisch mißliebiger Personen sei nach wie vor an der Tagesordnung: allein in den Jahren 1982/83 seien in der Hauptstadt Lhasa 750 Personen festgenommen worden. Im Gefolge pro-tibetischer Demonstrationen in

Lhasa im September und Oktober 1987 sowie im März 1988 habe man zumindest zweieinhalbtausend Demonstranten inhaftiert, zahllose weitere während einer Demonstration im Dezember 1988. Hunderte seien durch das „gnadenlos repressive Vorgehen" der chinesischen Polizei schwer verletzt, viele getötet worden. Während weiterer Demonstrationen vom 5. bis 7. März 1989 seien in Lhasa „etwa vierhundert Tibeter massakriert, mehrere tausend verletzt und dreitausend ins Gefängnis geworfen" worden.[562] Das von den Chinesen am 7. März 1989 verhängte Kriegsrecht sei zwar am 1. Mai 1990 offiziell aufgehoben worden, bestehe aber de facto weiterhin. Es sei ebendies durch eine australische Menschenrechtskommission ausdrücklich bestätigt worden, die Tibet im Juli 1991 bereist habe; desgleichen habe der Jahresbericht 1991 von *amnesty international* bestätigt, daß Polizei und Sicherheitskräfte nach wie vor über Sondervollmachten für willkürliche Festnahmen sowie Inhaftierungen ohne Gerichtsverhandlung verfügten. So sei am 10. April 1991, dem 40. Jahrestag der Annektierung Tibets, über Lhasa eine totale Ausgangssperre verhängt worden, mehr als 150 Menschen seien festgenommen worden. In einer Verschärfung der Lage hätten die chinesischen Behörden ab Februar 1992 tibetische Häuser in Lhasa systematisch durchsuchen und jedermann im Besitze subversiver Gegenstände – insbesondere Photos, Bücher oder Tonbandaufzeichnungen des Dalai Lama – in Haft nehmen lassen; über zweihundert Personen seien hierbei festgenommen worden. Im Grunde seien die Vorwände für Arretierung und Inhaftierung völlig beliebig, sie ließen sich aus prinzipiell jeder Art von Verhalten herleiten: „Tibeter sind schon verhaftet worden wegen Sprechens mit Ausländern, wegen Singens patriotischer Lieder, wegen des Anbringens von Plakaten, wegen Besitzes eines Buches mit der Autobiographie des Dalai Lama oder einer Video- beziehungsweise Audio-Kassette, wegen der Zusammenstellung der Vorfälle während der Niederschlagung von Demonstrationen, wegen 'Unruhestiftung' oder der Verabredung unter Freunden, am chinesischen Nationalfeiertag traditionelle tibetische Kleidung zu tragen. In vielen Fällen sind Tibeter auch schon ohne irgendeinen ersichtlichen Grund verhaftet worden."[563]

Das Schwarzbuch der Dalai Lama-Regierung zitiert *amnesty international*-Berichte von 1992 und 1993, in denen die (angeblichen) Menschenrechtsverletzungen in Tibet – insbesondere unfaire Gerichtsprozesse für politisch Mißliebige, Mißhandlung und Folter von Gefangenen sowie die Anwendung der Todesstrafe einschließlich willkürlicher Hinrichtungen – angeprangert werden und setzt (in Ausgabe 1996) die Angriffe gegen China fort: „Menschenrechtsverletzungen sind in Tibet allgegenwärtig. Verfügbares Beweismaterial deutet darauf hin, daß China, ohne sanktioniert zu werden, gegen sämtliche Normen zivilisierten Verhaltens verstößt, wie sie durch internationales Recht festgelegt sind, das zu achten China sich durch entsprechende Ratifizierung in vielen Fällen verpflichtet hat; etwa die UN-Konvention gegen Folter und andere grausame, inhumane oder entwürdigende Behandlung oder Bestrafung *(Convention Against Torture)* sowie internationale rechtliche Vereinbarungen wie etwa die UN-Menschenrechtserklärung *(Universal Declaration of Human Rights).*"[564]

Auch der Jahresreport 1997 des *Tibetan Centre for Human Rights and Democracy*, einer in Dharamsala ansässigen exiltibetischen Menschenrechtsorganisation, spricht von den „extensiven Brutalitäten, die von der Volksrepublik China am tibetischen Volk fortgesetzt verübt werden". Seit Anfang 1996 habe sich die Situation erneut verschärft, im Zuge einer sogenannten „Strike-Hard"-(Schlage-hart-zu)-Kampagne der Chinesen hätten willkürliche Arretierungen und Verschleppungen zugenommen, allein im Jahre 1997 seien wieder dutzende Fälle schwerster Folter bekanntgeworden: Die Opfer seien „mit Gewehrkolben und Stöcken geschlagen, am ganzen Körper getreten und geprügelt, mit elektrischen Viehtreibestöcken mißhandelt" worden; es seien ihnen „Eisenpflöcke in den Mund gerammt worden", sie seien „in dunklen, winzigen Gefängniszellen bei eisigen Temperaturen eingepfercht" und „zu Blutspenden gezwungen" worden; eine Nonne, die man bei rituellen Niederwerfungen ertappt habe, habe man gezwungen, solche Niederwerfungen in Eiswasser durchzuführen. Auch von einer Reihe an Todesfällen aufgrund fortgesetzter Folter ist die Rede.[565] Die *Tibet-Initiative Deutschland* (TID) behauptet, allein das Aufstellen von Dalai Lama-Photos in Klöstern oder Hausaltären werde seit 1996 mit „Folter bis Erschießung" geahndet.[566]

Die hier zu klärende Frage ist, ob Tibeterinnen und Tibeter tatsächlich zu Tausenden verschleppt, inhaftiert und während der Haft systematisch gefoltert werden. Verschiedene westliche Kommissionen, die die chinesischen Gefängnisse in Tibet in Augenschein nahmen, berichteten von in der Tat grauenerregenden und jeder Menschenwürde hohnsprechenden Verhältnissen. Vor dem Hintergrund dieser Berichte erweckt nun die Propaganda der exiltibetischen Regierung sowie deren internationaler Unterstützerszene den Eindruck, die Zustände in den Gefängnissen und Umerziehungslagern in Tibet seien Ausdruck spezifisch *chinesischer* Barbarei. Es wird verschwiegen, daß drakonische Disziplinarmaßnahmen,

Willkür des Wachpersonals sowie sadistische Gewalt den Alltag *sämtlicher* Knäste in *sämtlichen* Ländern (nicht nur) der Dritten Welt beherrschen; die hygienischen Bedingungen an diesen Orten des Grauens sind *durchwegs* indiskutabel. Chinesische Gefängnisse in Tibet unterscheiden sich insofern in nichts von den Dreckslöchern, wie sie beispielsweise in der Türkei, im Sudan oder auf Sri Lanka anzutreffen sind; sie unterscheiden sich im übrigen auch in nichts von jenen Dreckslöchern, in denen das tibetische Gelbmützen-Regime bis in die 1950er Jahre hinein politische Gegner zu internieren pflegte.

Selbstredend darf *kein einziger Fall* behördlicher Willkür, kein einziger Fall ungerechtfertigter Inhaftierung und kein einziger Fall von Schikane, Demütigung, Mißhandlung oder sonstiger Gewalt bagatellisiert, relativiert oder unter den Teppich gekehrt werden; Jeder dieser Fälle erfordert rückhaltlose Aufklärung. Der vorsätzlich erweckte Eindruck allerdings, Tibeter in großer Anzahl würden willkürlich verhaftet und in chinesischen KZs und/oder Umerziehungslagern systematischer Folter unterzogen, ist definitiv *falsch*. Es gibt *keinerlei* Hinweis darauf, daß in chinesischen Gefängnissen in Tibet – so inhuman die Verhältnisse dort auch sind – gefoltert wird; am wenigsten darauf, daß Folter systematisch eingesetzt werde als Instrument eines geplanten Genozids.

Den Beleg für die Unrichtigkeit der Behauptungen, Tibeter würden massenhaft in chinesische Folter-KZs verschleppt, liefert die exiltibetische Regierung selbst. Ebenso wie die ständig vorgetragene Zahl von „über 1,2 Millionen Tibetern, die als direktes Resultat der chinesischen Invasion und Besatzung Tibets zu Tode gekommen" seien,[567] sind auch die Angaben über Verschleppungen, Inhaftierungen – und vor allem über Folter – ohne jeden tragfähigen Beleg. Wie die Exilregierung des Dalai Lama auflistet, seien zwischen 1949 und 1979 exakt 173.221 Tibeter und Tibeterinnen in chinesischen Gefängnissen zu Tode gefoltert worden, 156.758 seien hingerichtet worden; 432.705 seien im Freiheitskampfe gefallen, 342.705 verhungert, 9.002 hätten Selbstmord verübt; auf andere Weise gewaltsam zu Tode gekommen seien weitere 92.731 Tibeter. In der Summe: 1.207.387.[568] Wie die Exilregierung auf diese Zahlen kommt – in einem mittelalterlich strukturierten Land, in dem es eine erste einigermaßen verläßliche Volkszählung erst im Jahre 1978 gegeben hat und davor jede Angabe über die Gesamtpopulation auf höchst ungefähren Schätzungen basierte – bleibt unergründlich. Die angegebenen Zahlen sind durch *nichts* belegt, sie erscheinen nicht zuletzt *gerade* ihrer aufgesetzten „Exaktheit" wegen äußerst zweifelhaft. (Selbst der Dalai Lama gibt an anderer Stelle zu, daß niemand mit Sicherheit sagen könne, wieviele Menschen beispielsweise beim Angriff der Chinesen auf Lhasa vom März 1959 ums Leben gekommen seien.[569] Das Schwarzbuch *Tibet: The Facts* der *Tibetan Young Buddhist Association* in Dharamsala [von 1990] gibt sogar zu, es sei durch die „Abwesenheit verläßlicher Bevölkerungsstatistiken [...] die Frage nach der Höhe der gegenwärtigen tibetischen Bevölkerung sowie die Zahl der Getöteten der Jahre 1949-1979 verworren [...] es dürfte sehr wahrscheinlich sein, daß es vor 1949 etwa 4 bis 6 Millionen Tibeter gab."[570])

Die angeblichen „Beweisdokumente", auf die die Exilregierung sich immer wieder beruft,[571] sind bei Lichte besehen nichts als rein anekdotische, das heißt: auf ihren Tatsachengehalt hin gänzlich unüberprüfbare Einzelberichte, die vielfach auch noch auf Hörensagen beruhen. Wie es in einem offiziellen Statement der Exilregierung zur Frage der Menschenrechte in Tibet heißt, seien beispielsweise (zwischen 1949 und 1979) „in der Wildnis der nordtibetischen Ebenen bei Jhang Tsalakha mehr als 10.000 Häftlinge in fünf Gefängnissen untergebracht gewesen und gezwungen worden, Borax abzubauen und wegzutransportieren. Laut Aussage einiger Überlebender dieser Camps sind jeden Tag zehn bis dreißig Häftlinge an Hunger, Schlägen oder Überarbeitung gestorben; in einem Jahr starben über 8.000" [sic!]. Beim Bau des Wasserkraftwerkes von Lhasa Ngachen sei „beobachtet worden, daß täglich die Leichen von zumindest drei oder vier Häftlingen in den Fluß geworfen oder verbrannt wurden". Die einzig namentlich genannte Zeugin, eine ehemalige Insassin des Arbeitslagers Dartsed in Osttibet, gibt an, zwischen 1960 und 1962 seien „in der Bleimine des Lagers 12.019 tibetische Zwangsarbeiter zu Tode gekommen".[572] Belege für diese Angaben gibt es nicht. Auf Nachfrage wurde Autor Goldner von einem hochrangigen Mönch des Tashi Choeling Klosters in Dharamsala beschieden, die Zahlen der Exilregierung seien „absolut korrekt": ein Tibeter brauche keinen mathematischen Zensus, um zu wissen, wieviele Landsleute unter der Gewaltherrschaft der Chinesen umgekommen seien, er wisse es einfach („he just *knows*")[573].

Ungeachtet des Umstandes, daß es *keinerlei* Beleg für die Behauptung der exiltibetischen Regierung über mehr als 1,2 Millionen Opfer der chinesischen Besatzung (allein bis 1979) gibt, wird eben diese Zahl allenthalben kolportiert. Durch die ständige Wiederholung in *sämtlichen* protibetischen Publikationen ist sie mittlerweile fast zur „historisch verbürgten Tatsache" geworden: Wann und wo immer von Tibet die Rede ist, ist die Rede von 1,2 Millionen Opfern chinesischen Terrors.[574] Dies führt soweit, daß in einschlägigen Propagandaartikeln die (angeblichen) 1,2 Millionen Opfer, gleichgültig ob Opfer von Guerillakampf, Zwangsarbeit, Hinrichtung, Hungersnot oder sonstiger Ursache, zusammengefaßt werden unter dem Schlagwort: „Jeder fünfte Tibeter wurde ermordet"[575]; auch laut *Tibet Initiative Deutschland* (TID) seien 1,2 Millionen Tibeter „von den Chinesen ermordet" worden.[576] In *Rangzen*, dem Organ des *Tibetan Youth Congress* in Dharamsala, wird gar behauptet, das chinesische Regime habe „über 1,2 Millionen tibetische Häftlinge (!) umgebracht".[577]

Desgleichen ist allenthalben von Folter die Rede, der tibetische Gefangene regelmäßig unterzogen würden: seit dem Einmarsch der Chinesen seien mehr als 170.000 Tibeterinnen und Tibeter zu Tode gefoltert worden, weitere 150.000 habe man hingerichtet. Auch heute noch, wie die Exilregierung des Dalai Lama 1996 (und erneut 1997[578]) verlautbarte, sei in den Gefängnissen Tibets „Folter die einzig bekannte Methode, Häftlinge zu befragen. Chinas Unterzeichnung der Konvention gegen Folter am 12. Dezember 1986 und deren angebliches Inkrafttreten Ende 1988 haben die Realität nicht geändert." Die eingesetzten Foltermethoden – angeblich existieren exakt 33 davon – umfaßten nicht nur wahllose Schläge und Prügel, teils mit Gewehrkolben oder mit Eisenstangen, vielmehr auch „Verstümmelung, das Hetzen von Wachhunden auf die Gefangenen, den Einsatz elektrischer Viehtreibestöcke (besonders bei weiblichen Gefangenen in extrem perverser und entwürdigender Weise), Verbrennungen mit Zigaretten, Elektroschocks usw."[579]. Der bereits erwähnte Bericht der *Tibetan Young Buddhist Association* geht noch weiter ins Detail: Die Rede ist vom „Untertauchen des Häftlings in Eiswasser für lange Zeit" oder von „stundenlangem Aufhängen an den auf den Rücken gebundenen Armen"; bei letzterer Methode, bekannt angeblich als „flying aeroplane", ließe man die Gefangenen gelegentlich auch tagelang hängen. Der Bericht, verfaßt ursprünglich zur Vorlage bei den Vereinten Nationen, zieht ausdrückliche Parallelen zum Hitler-Faschismus: „Hunde werden mit zunehmender Häufigkeit auf Nonnen gehetzt (...), was an das Vorgehen der SS erinnert, die in den Konzentrationslagern halbverhungerte Bluthunde auf Frauen und Kinder losließ, die diese in Stücke rissen. (...) Es gibt zudem Gerüchte, allerdings noch nicht bestätigt, daß einigen Nonnen die Brüste abgehackt wurden. Dies wäre keineswegs überraschend, da bekannt ist, daß solches während der (chinesischen) 'Kulturrevolution' durchaus vorkam."[580] (Die britische *Free Tibet Campaign*

berichtet im Oktober 1996 von einer Nonne, der man eine ihrer Brust-
warzen mit einer Schere abgeschnitten habe.[581]) Gleichwohl China die
UN-Konvention gegen Folter 1986 unterzeichnet habe und Paragraph 163
des chinesischen Strafrechts Folter in Gefängnissen verbiete, sei es
„völlig klar, daß Folter in Tibet auf sehr hoher (Regierungs-)Ebene gutgeheißen" werde.[582] Auch das offizielle Verlautbarungsorgan „Seiner
Heiligkeit", das international verbreitete *Tibetan Bulletin*, ergeht sich (u.a.
in Ausgabe 5/1997) in Details über „Chinas ungeheuerlichen Gulag in
Tibet". Neben den bereits genannten Foltermethoden, denen politische
Gefangene regelmäßig ausgesetzt seien, werde ihnen durchgängig Nahrung, Wasser und Atemluft entzogen; wenn überhaupt, verabfolge man
ihnen verfaulte und/oder verseuchte Nahrungsmittel[583]: Tibet sei nichts
anderes mehr, als ein von der Volksrepublik China betriebenes „Labor zur
Erprobung von Foltermethoden".[584] Über das *Tibetan Bulletin* wird gar
ein eigenes Propaganda-Video des *Department of Information & International Relations* vertrieben, das unter dem Titel *Tibet: The China's Gulag*
(1996) einen „schockierenden Einblick in das chinesische Gefängnis-
system in Tibet" vorgibt: nach Darstellung dieses „regierungsamtlichen"
Videos umfassen die Gefängnisse und Arbeitslager allein in Zentral-Tibet
eine Fläche von mehr als 5.000 Quadratkilometern (!).[585] Ein Heer politischer Gefangener, so der Jahresbericht 1997 des *Tibetan Centre for Human Rights and Democracy*, sei gegenwärtig in diesen Folter-KZs interniert.

Auch der publizistische Rechtsausleger Franz Alt kommt nach einer
Tibetrundreise Mitte der 1990er zu der Erkenntnis: „Gegenüber der
kommunistischen Ideologie und dem Machterhalt der Kommunistischen
Partei Chinas gelten Menschenrechte bis heute nichts: Politische Gefangene werden gefoltert, politische Gegner brutal verfolgt."[586] Auch Alt
scheut sich nicht, Vergleiche zu den Nazis zu ziehen, Mao und Hitler
(desgleichen Stalin) stehen für ihn auf derselben Stufe.[587] Er berichtet von
einer Nonne, die „wegen ihrer Forderung 'Freiheit für Tibet' im Gefängnis saß und permanent vergewaltigt wurde". Diese Nonne habe ihm, Alt,
weinend und schluchzend ihr Leid geklagt: „Man brachte mich mit Handschellen zur Polizeiwache. Dort warf man mich auf den Boden, trat mir
ins Gesicht und schlug mich mit einem elektrischen Vielstachel-Stock
und trat mich in die Brust. Wir mußten uns ausziehen. Und drei oder vier
Leute prügelten uns mit den elektrischen Stachelstöcken. Sieben oder acht
Männer schlugen uns – immer wieder. Wir standen nackt da und man
sagte uns, wenn wir gegen den Kommunismus agieren, dann werden wir

hingerichtet."[588] Seitenweise wartet Alt mit derlei Horrorgeschichten auf. Zwei Männer aus der Provinz Amdo hätten ihm vom Vorgehen der Chinesen berichtet: „Sie schnitten den Gefangenen die Kehle durch oder die Hoden ab. Solche Kastrationen führten zu einem schlimmen Tod. (...) Es war die Hölle auf Erden. Ich wachte am Morgen auf und stellte fest, daß in der Nacht 12 Menschen gestorben waren. Die Chinesen gruben riesige Gräben: zwei große Gräben, die mit Körpern angefüllt wurden, bis sie überquollen."[589] Über mehrere Seiten hinweg zitiert Alt einen Bericht, den der tibetische Mönch Palden Gyatso 1995 der UN-Menschenrechtskommission vorgelegt hat. Eigenen Angaben zufolge hatte Gyatso fast 33 Jahre seines Lebens in chinesischen Gefängnissen und Arbeitslagern zugebracht: „Im Gefängnis waren wir grausamen Behandlungen verschiedenster Art ausgesetzt. Im Winter wurden wir draußen aufgehängt und mit kaltem Wasser überschüttet. An heißen Sommertagen trat an die Stelle von kaltem Wasser ein Feuer, das unter den hängenden Gefangenen angezündet wurde. Zu anderen, in dieser Position vorgenommenen Formen der Mißhandlung gehörten Schläge mit Ledergürteln sowie mit elektrischen Viehtreibstöcken oder mit Eisenstangen. Außerdem wurden wir an den Füßen mit Eisenschellen gefesselt, die Hände und Daumen wurden mit sich automatisch zusammenziehenden Handschellen und Daumenspangen gefesselt. Die scharfen Ränder der Handschellen führten dazu, daß mehrere Häftlinge ihre Hände durch den scharfen Einschnitt verloren. (...) Gefängniswärter [haben] wiederholt als politische Gefangene festgehaltene Nonnen vergewaltigt und sie dann mit einem elektrischen Viehtreibstock sexuell mißbraucht." Auch ihm selbst sei ein „elektrischer Viehtreibstock in verschiedene Teile meines Körpers [gestoßen worden]. Nach etwa einer halben Stunde stieß er [der Verwaltungchef des Gefängnisses, d. A.] den Viehtreibstock mit voller Wucht in meinen Mund. Ich verlor das Bewußtsein. Als ich wieder zu mir kam, lag ich in einer Lache aus Blut und Exkrementen und litt unter unerträglichen Schmerzen. Ich konnte jedoch nichts tun. Ärztliche Hilfe erhielt ich nicht. Außerdem hatte ich meine Zähne zum größten Teil verloren."[590] „Viele Leserinnen und Leser", so Alt in pastoralem Gestus, „werden solche Schilderungen von Gefangenen und Gequälten innerlich kaum aushalten."[591] Als „Anwalt Tibets", für den er sich hält, wolle er indes mit eben solchen Berichten das „Weltgewissen füttern [?] und aufrütteln. Nur die Wahrheit über die wirklichen Zustände in Tibet kann den Weg zur Freiheit ebnen."[592] Die Frage, wieviel die von ihm kolportierten Berichte tatsächlich mit der Wahrheit zu tun haben, stellt Alt nicht. Seine Darstellungen, veröffentlicht Mitte 1998, erwecken jedenfalls den Eindruck, als handle es sich um *aktuelles* und *allgegenwärtiges* Geschehen.

Der bei Alt breit zitierte Mönch Palden Gyatso (*1933), der seit seiner Haftentlassung 1992 mehrfach den Westen bereiste, um in der Tibet-Unterstützerszene von seiner Lebens- und Leidensgeschichte zu berichten, brachte diese auf persönliche Anregung des Dalai Lama hin 1997 in Buchform auf den Markt.[593] Das Buch – Gyatsos Erinnerungen wurden von dem exiltibetischen Politologen Tsering Shakya entsprechend aufbereitet – berichtet von der Inhaftierung des Mönchs 1960 und den in der Summe fast 33 Jahren, die er in chinesischen Haft- und Umerziehungsanstalten zugebracht habe. Ursprünglich war er seiner Teilnahme an den blutigen Ausschreitungen im März 1959 in Lhasa wegen von einem Militärgericht zu einer Strafe von sieben Jahren Gefängnis verurteilt worden, die eines Fluchtversuches 1962 wegen auf 15 Jahre erhöht wurde. Während der Haft, so Gyatso, habe er das Handwerk des Teppichknüpfens erlernt. Nach Verbüßen der Strafe sei er zu weiteren acht Jahren „Umerziehung durch Arbeit" verurteilt worden, die er als Teppichknüpfer in einem relativ offen geführten Arbeitslager zugebracht habe. Kurz nach seiner Entlassung 1983 habe man ihn wegen antikommunistischer Agitation erneut verhaftet – er hatte in Lhasa Plakate geklebt – und Anfang 1984 zu weiteren acht Jahren verurteilt.

Anders als in den öffentlichen Vorträgen Gyatsos – er tritt unter anderem auf Veranstaltungen von *amnesty international* oder der *Gesellschaft für bedrohte Völker e.V.* auf – ist in seinem Buch von systematischer Folter in den chinesischen Gefängnissen an *keiner Stelle* die Rede. Abgesehen von den inhumanen Haftverhältnissen an sich, den Entbehrungen, Erniedrigungen, der Willkür und Brutalität des Wachpersonals sowie den harten Arbeitsbedingungen, steht von darüberhinausreichenden Gewaltexzessen oder Folter nichts zu lesen. Die von Alt zitierte Mißhandlung, bei der Gyatso seine Zähne verloren habe, wird von diesem ausdrücklich als Willkürmaßnahme eines für seinen Jähzorn berüchtigten Aufsehers beschrieben, die das Mißfallen anderer Aufseher erregt habe. Auch an anderer Stelle berichtet er, gewalttätige Übergriffe von Wachsoldaten seien von deren Vorgesetzten keineswegs gebilligt worden. So grausam die Lebensgeschichte des Palden Gyatso auch ist – immer vorausgesetzt, sie ist zutreffend beschrieben: einen Beleg für Folter, gar systematisch vorgenommene Folter an Tibetern in chinesischen Gefängnissen stellt sie, entgegen aller Behauptungen in der Szene, nicht ansatzweise dar. Verschiedene Ungereimtheiten (trotz professioneller Überarbeitung) lassen ohnehin Zweifel an Gyatsos Bericht aufkommen: so beschreibt er etwa den Häftling Gyalpo, mit dem zusammen er 1962 seinen Fluchtversuch unternommen habe. Gyalpo soll zu dieser Zeit bereits 20 Jahre chinesischer Strafhaft „auf dem Buckel" gehabt haben[594] – eine Unmöglichkeit, da die Chinesen erst Ende 1950 in Tibet einmarschiert sind. Interessant im übrigen die Einschätzung des Dalai Lama im Vorwort zu Gyatsos Buch: „Während seiner zweiunddreißigjährigen Gefangenschaft erduldete Palden Gyatso Folter, Hunger und endlose Versuche der 'Umerziehung'. Dennoch beugte er sich nicht. Sein Mut zum Widerstand und seine Fähigkeit, den Folterknechten zu verzeihen, gehen nicht nur auf die angeborene Biegsamkeit des tibetischen Charakters zurück. Ich glaube, Palden Gyatsos Haltung ist auch in der buddhistischen Lehre von Liebe, Güte und Toleranz verwurzelt."[595] Gyatso selbst stellt seinem Buch eine Art Gedicht voran, das diese Lehre eindrucksvoll illustriert: „Die roten Horden der chinesischen Barbaren, das fleischgewordene Böse / Überschwemmten und verschlangen das Schneeland, traten das Gesetz der Völker mit Füßen. / Ungehindert, ungerügt, vergriffen sie sich an uns – unserem Körper, unserer Seele, unserem Geist. / Sind die Qualen der achtzehnten Hölle vergleichbar mit dem Leiden, das wir erduldet, mit den Verlusten, die wir erlitten, mit den Schreien, die wir ausstießen?"[596] Auch wenn Gyatsos Zorn sehr verständlich ist, mit der gepriesenen buddhistischen „Fähigkeit, den Folterknechten zu verzeihen", hat sein Text wenig zu tun.

Der Erfolg Palden Gyatsos rief umgehend weitere (angebliche) Opfer chinesischer Folter auf den Plan, die ihre Lebensgeschichte publizistisch zu vermarkten suchten; genauer gesagt: er rief jede Menge westlicher *copycats* auf den Plan, die schnellstmöglich weitere Opfer ausfindig zu machen bemüht waren, um sich mit deren *stories* an den Gyatso-Bestseller anzuhängen. Der Dalai Lama, immer bestrebt, die Chinesen als ein Volk brutaler Folterknechte darzustellen, erteilte jedem dieser Unterfangen seinen ausdrücklichen Segen. Ende 1998 erschien, publizistisch aufbereitet von der amerikanischen Sensationsreporterin Joy Blakeslee, die Lebensgeschichte der Tibeterin Ama Adhe (*1932), deren gesamte Familie von den Chinesen ausgerottet worden sei und die selbst siebenundzwanzig Jahre ihres Lebens in deren Kerkern und Arbeitslagern zugebracht habe. Detailliert wird beschrieben, wie sie mit Gewehrkolben geschlagen, mit Schürhaken mißhandelt und auf jede sonstig erdenkliche Art gefoltert worden sei: „Sie banden mir die Hände auf den Rücken und zogen sie mit einem Seil nach oben und ließen mich so von der Decke

hängen." Auch Exekutionen tibetischer Mitgefangener habe sie bei-
wohnen müssen: „Teile seines Gehirns und sein Blut spritzten auf meine
Kleider."[597] Ama Adhe wurde eigener Aussage zufolge 1985 aus der Haft
entlassen, verließ Tibet und lebt seither in Dharamsala. Dennoch erweckt
ihr Buch, zumindest unterschwellig, den Eindruck — ganz unabhängig
vom Wahrheitsgehalt der Darstellungen —, als spiegle es die *aktuellen* Zustände in chinesischen Gefängnissen wider. (Wie Palden Gyatso tourt
auch Ama Adhe mit ihrem Buch durch die Lande: Ende Oktober 1998
beispielsweise trat sie bei der Mammutveranstaltung des *Tibetischen Zentrums Hamburg* in der Lüneburger Heide auf; im Rahmenprogramm der
einwöchigen Unterweisungen „Seiner Heiligkeit" zum Buddha-Dharma
berichtete sie von „allgegenwärtiger Folter in Tibet".)

Letztlich weiß auch der frühere Asien-Direktor der CDU-nahen *Konrad-Adenauer-Stiftung*, Wolfgang von Erffa, von „tausenden tibetischer
Polit-Häftlinge" zu berichten, die gegenwärtig „ohne Gerichtsverfahren
oder in der Folge unfairer Gerichtsverhandlungen" inhaftiert seien. In
seiner (1996 neuaufgelegten) Propagandaschrift *Uncompromising Tibet*
ist die Rede davon, die Gefangenen würden „häufig geschlagen und gefoltert", unter anderem verabfolge man ihnen „Elektroschocks auf die
Fußsohlen, in den Mund oder auf die Genitalien". Detailliert beschreibt
Erffa die fortgesetzte Vergewaltigung junger Frauen durch chinesische
Militärs und wirft die Frage auf, was diese zu solcher „Bestialiät im Umgang mit den Tibetern" antreibe. Antwort: Der Kommunismus. Vor dessen Machtergreifung habe es derlei in China nicht gegeben.[598]

Laut Infoblatt der VR China-Koordinationsgruppe von *amnesty international* seien 1996 die Namen von mehr als siebenhundert inhaftierten
oder verschleppten Tibetern bekannt gewesen; im Jahr darauf seien weitere 96 festgenommen worden.[599] Im abschließenden Bericht *amnesty
internationals* für 1997 heißt es dann in eher abstrakten Begriffen, es habe
die „Repression gegenüber tibetischen Nationalisten und Religionsgemeinschaften" unvermindert angehalten; desweiteren (allerdings ohne
Tibet ausdrücklich zu benennen), es seien „aus den Haftzentren und Arbeitslagern Chinas (...) erneut Meldungen über weitverbreitete Folterungen und Mißhandlungen" eingegangen.[600]

Zusammengefaßt finden sich die einschlägigen Behauptungen der
Szene in einem Kompilat des Schweizer Juristen Hans Mäder, der die
Ineinssetzung des Nazi-Holocaust mit der Tibet-Politik Chinas auf die
Spitze treibt. Sein 1997 in hoher Auflage im Selbstverlag herausgebrach-
tes Büchlein *Tibet: Land mit Vergangenheit und Zukunft* verzichtet aus-

drücklich auf Quellenangaben – mit der interessanten Begründung, diese detailliert anzuführen, hätte „den Umfang des Buches verdoppelt" –, dennoch wird es in Tibet-Unterstützerkreisen bevorzugt als Beleg für die Atrozitäten Beijings angeführt[601]; im Mitteilungsblatt der *Tibet-Initiative Deutschland* wird es als „eines der fundiertesten Bücher über Tibet" schlechthin angepriesen.[602]

Eine Überprüfung der verschiedenen und voneinander teils erheblich abweichenden Verlautbarungen exiltibetischer Gruppierungen und ihrer Unterstützer über politische Häftlinge in Tibet erschien dem Autor der vorliegenden Studie zunächst ganz unmöglich. Im Zuge seiner Recherchen in Dharamsala im Frühsommer 1998 stieß er indes auf eine detallierte Liste *sämtlicher* politischer Gefangener, die zwischen 1987 und 1997 in chinesische Untersuchungs- beziehungsweise Strafhaft genommen worden waren.[603] Akribisch genau aufgelistet finden sich hier die Namen der Häftlinge, ihr Geschlecht und Alter, ihr jeweiliger Herkunftsort, ihre eventuelle Zugehörigkeit zu einem Kloster sowie (in knapp 50% der Fälle) die Länge der zu verbüßenden beziehungsweise verbüßten Haft. Diese Liste dürfte die zuverlässigste Quelle für die *tatsächliche* Anzahl politischer Gefangener in Tibet sein. Sie basiert auf Daten der „Abteilung für Menschenrechtsfragen des Informations- und Außenministeriums" *(Human Rights Desk of Department of Information & International Relations)* sowie des „Sicherheitsministeriums" *(Department of Security)* der exiltibetischen Regierung in Dharamsala; darüberhinaus auf Informationen aus der internationalen Tibet-Unterstützerszene und insbesondere auf den Daten einer Organisation ehemaliger politischer Gefangener in Tibet. Diese Organisation, die sogenannte *Gu-Chu-Sum Ex-Political Prisoners' Association*, wurde Ende 1991 in Dharamsala gegründet; sie ist nach den Monaten benannt, in denen in den Jahren 1987 und 1988 die bereits angeführten antichinesischen Demonstrationen in Lhasa stattfanden: *Gu* (tibetisch: 9 für die Demonstration am 27. September 1987), *Chu* (tibetisch: 10 für die Demonstration am 1. Oktober 1987) und *Sum* (tibetisch: 3 für die Demonstration am 5. März 1988). Laut *Gu-Chu-Sum* seien diese „Demonstrationen von chinesischen Militareinheiten gnadenlos zerschlagen worden. Demonstranten wurden verhaftet, grausam gefoltert und zu Zwangsarbeit abkommandiert. Einige wurden verstümmelt, manche sogar getötet."[604] *Gu-Chu-Sum* wurde als offizielle Hilfsorganisation für entlassene oder geflohene Polit-Häftlinge ins Leben gerufen. Im Kern besteht die Organisation aus rund dreihundert Angehörigen der Gelbmützen-Sekte; etwas mehr als die Hälfte der *Gu-Chu-Sum*-Mitglieder lebt im Exil in Dharamsala, die restlichen Mitglieder leben in Tibet. Hauptquartier ist das Tashi Choeling Kloster in unmittelbarer Nähe des Exil-Regierungssitzes des Dalai Lama.

Die Hauptaktivität von *Gu-Chu-Sum* besteht, neben dem Sammeln von Spendengeldern, in der Herausgabe eines Propagandablattes namens *Ponya* (die Ausgabe zum 10. Jahrestag der Demonstration vom 27. September 1987 liegt unter dem Titel *Tibetan Envoy* [Tibetischer Bote] auch auf englisch vor), das sich in erster Linie der Darstellung des politischen und kulturellen Terrors widmet, den die Chinesen (angeblich) in Tibet ausüben. Zur Illustration sind Photos zerstörter Buddhastatuen zu sehen, daneben Bilder schwerbewaffneter chinesischer Militäreinheiten. Keines der Bilder läßt eine zeitliche Zuordnung zu: es wird bewußt der Eindruck erweckt, als handle es sich um Abbildungen *aktuellen* Geschehens. Auch im Text wird dieser Eindruck erweckt: „Unglücklicherweise hat sich das kommunistische China entschlossen, die Repression in Tibet selbst in der dem Kalten Krieg folgenden Ära von Demokratie, Freiheit und Menschenrechten zu verschärfen. (...) Mitglieder politischer Arbeitsgruppen der Chinesen führen in Klöstern und Konventen Untersuchungen durch. Sie stören die monastischen Regularien und unterwerfen die Mönche und Nonnen langwieriger politischer Erziehung, im Zuge derer diese gezwungen werden, die kommunistische Version des 'Vorgehens gegen Spalter', von 'Geschichte', 'Gesetzeskunde' etc. zu lernen. Mönche und Nonnen unter 16 Jahren werden der Klöster und Konvente verwiesen. Steuereinkommen der Klöster werden konfisziert. Im Bemühen, den Geisteszustand der Tibeter zu pervertieren, haben die Chinesen eine große Anzahl an Bars, Spielhallen und Bordellen in Tibet eröffnet. Chinesische Informanten lauern überall und selbst die geringste politische Mißfallensäußerung führt zu Verhaftung. Tibetische Beamte werden ihrer Ämter enthoben und Gewerbescheine tibetischer Händler werden eingezogen. (...) Die Lage der politischen Gefangenen ist noch schlimmer. Im Drapchi-Gefängnis, auch bekannt als Nr. 1-Gefängnis der 'Autonomen Region Tibet' [in dem auch der o.a. Mönch Palden Gyatso einsaß, d. A.], müssen die Häftlinge jeden Tag hart arbeiten. Als sogenannte Leibesübung müssen sie jeden Morgen laufen und dabei politische Slogans singen wie: 'Anstrengungen müssen unternommen werden, Fehler zuzugeben und Reformen durchzuführen.' (...) Obwohl Häftlinge Besucher empfangen dürfen, sind im Falle politischer Häftlinge nur drei Besucher mit speziellen Photo-ID-Karten erlaubt. Unabhängig davon, wieviele Verwandte und Freunde der Gefangene haben mag, erhalten nur die drei zugelassenen

Besucher Zutritt auf das Gefängnisgelände. Die Gefängnisse in Tibet werden erweitert, ihre Zahl wird erhöht."[605]

Gleichwohl die beschriebenen Verhältnisse – ob nun zutreffend dargestellt oder nicht – mit dem Begriff „Folter" reichlich wenig zu tun haben, ist der Text illustriert mit dem (gezeichneten) Bild einer grauenerregenden Folterszene: In einem Kerker sind zwei Tibeter zu sehen, einer davon mit Eisenschellen an die Wand gekettet, der andere, an Händen und Füßen gefesselt, kopfüber von der Decke hängend; davor ein uniformierter Chinese mit elektrischem Schlagstock. Ein Photo des Trisam-Gefäng-

Abb. 22: Folter in chinesischen KZs?

nisses in Lhasa ist illustriert mit dem (gezeichneten) Bild einer halbnack-
ten, gefesselten Frau, die von einem Chinesen in Uniform mit einem
Stock geschlagen wird.

Trotz dieser propagandawirksamen Illustrationen: für die vielkol-
portierten Behauptungen über Folter − oftmals gar über *systematische*
Folter − an politischen Gefangenen in Tibet gibt es bis heute *keinerlei*
Beleg (am wenigsten kann das o.a. Propaganda-Video *Tibet: The China's
Gulag* hierzu dienen). Offenbar hat auch die internationale Unterstützerszene solche Belege bislang nicht eingefordert: man plappert ungeprüft
die Greuelgeschichten der exiltibetischen Regierungspropaganda nach.
Letztlich ist gerade das *Gu-Chu-Sum*-Kampfblatt *Tibetan Envoy* unge-
wollter Beleg dafür, daß es Nachweise für die behauptete Folter an politischen Gefangenen in Tibet nicht gibt. Es wäre ein leichtes, neben den
Zeichnungen irgendwelcher Folterszenen und den Abbildungen geköpfter
Buddhastatuen auch ein paar Photos von Folteropfern zu zeigen − das
vielfach angeführte Ausdrücken brennender Zigaretten im Gesicht hinter-
läßt lebenslang sichtbare Male −, was man sicher auch sofort täte, wenn es
denn solche Folteropfer gäbe. Immerhin umfaßt allein *Gu-Chu-Sum* mehr
als dreihundert ehemalige politische Gefangene, von denen der ein oder
andere irgendwelche überprüfbaren Foltermale aufweisen müßte, sollte
Folter tatsächlich übliches oder gar planmäßiges Vorgehen der Chinesen
darstellen. Und wenn, was durchaus stimmen mag, die öffentliche Zurschaustellung von Foltermalen gegen die Würde der Opfer verstieße, wie
von *Gu-Chu-Sum* argumentiert wird,[606] so wäre es ein leichtes, einen unabhängigen Arzt mit der Erstellung eines Gutachtens zu beauftragen, bei
dem diese gewahrt bliebe. Solches Gutachten indes liegt bislang in
keinem einzigen Fall vor, obgleich laut *Gu-Chu-Sum* sämtliche Haftent-
lassenen dringlichst medizinischer Hilfe bedürften − und über *Gu-Chu-
Sum* auch erhielten −, um die Folgen der Haft und insbesondere der Folter, der sie durchwegs ausgesetzt gewesen seien, zu behandeln. Auf ein-
dringliche Nachfrage wurde Autor Goldner ein „Gutachten" des *Medical
& Astrological Institute of His Holiness The Dalai Lama* übergegeben,
das die Auswirkung dreijähriger Folterhaft an dem Mönch Bagdro belegen soll. (Bagdro war im Zuge der Demonstrationen in Lhasa im März
1988 verhaftet worden und nach seiner Haftentlassung im April 1991
nach Dharamsala gekommen.) Im übrigen teilte man in schroffem Tone
mit, daß schon allein die Frage nach einem Beleg für Folter in chinesischen Gefängnissen als Akt grober Mißachtung des tibetischen Freiheits-
kampfes zu werten sei; jedes weitere Gespräch lehne man daher ab.[607]

Bagdro ist kein Unbekannter. Seine *story* wurde in zahlreichen Presseartikeln ausgewalzt, auf Einladung des *Tibet Information Network* reiste er Anfang der 1990er quer durch Europa – u.a. wurde er auch von Danielle Mitterand empfangen –, um von dem Grauen zu berichten, dem er während der Folterhaft ausgesetzt gewesen sei: man habe ihn in den Magen getreten und mit Schlagstöcken geprügelt, man habe seinen Kopf gegen die Wand geschlagen, ihm einen elektrischen Viehtreiber in den Mund gesteckt und in seinem Gesicht Zigaretten ausgedrückt; auch habe man ihn stundenlang an den Handgelenken aufgehängt und nahezu verhungern lassen. Der Umstand, daß er wegen schwerer Körperverletzung und Totschlages rechtskräftig verurteilt worden war – er hatte zusammen mit fünf anderen Ganden-Mönchen einen chinesischen Polizisten erschlagen –, blieb bei seinen Showauftritten in der Regel unerwähnt.

Das vorgelegte „Beweispapier" angeblicher Folter, erstellt ein knappes halbes Jahr nach der Haftentlassung Bagdros, spricht dem Begriff „Gutachten" Hohn. Ohne spezifischen Befund gibt es lediglich dessen Behauptungen wider:

Tibetan Medical & Astro. Institute, Dharamsala/India

23.10.91

Bagdro ist ein 23 Jahre alter Mönch aus dem Ganden Kloster in Tibet. Vom 3.-5. März 1988 nahm er an der Demonstration gegen die chinesische Besatzung Tibets teil. Er wurde der Tötung eines chinesischen Soldaten und der Verletzung eines anderen beschuldigt, woraufhin er in Ketten gelegt und fast einen Monat lang an den Füßen aufgehängt wurde. Er wurde gefoltert durch Tritte gegen die linke und rechte Brust, gegen den Magen, die Leber und den unteren Rücken. Ein elektrischer Viehtreiber wurde gegen seinen Körper eingesetzt. Zigarettenstummel wurden gegen sein Gesicht gedrückt. (...) Ganze drei Jahre war er inhaftiert. Schließlich, am 18. April 1991 wurde er entlassen, woraufhin er nach Indien floh. Am 26. September 1991 kam er zu mir in medizinische Behandlung. Ich fand heraus, daß seine Leber, seine Lungen, seine rechte Niere und besonders sein Herz und seine Schädelnerven in kritischem Zustand sind. Er unterzieht sich einer Behandlung an diesem Institut.

(gez.) Dr. Lobsang Wangyal

Leibarzt Seiner Heiligkeit des Dalai Lama (Institutsstempel)[608]

Auch der vielzitierten Aussage des amerikanischen Arztes Christopher Beyer, der während seines Urlaubes in Nordindien im Jahre 1988 einige Exiltibeter behandelt hatte, kommt wenig Belegkraft zu. Aus der Behandlung von gerade einmal drei (!) Patienten, die sich als Folteropfer ausgaben – eine Patientin hatte geschwollene Fußgelenke, die zweite eine Herzrhythmusstörung und ein Patient hatte einen glutealen Abszeß sowie Hautabschürfungen an den Armen –, schloß Tibet-Freund Beyer: „Ich glaube, meine klinische Beurteilung ist zutreffend, wenn ich bestätige, daß diese Personen Opfer systematischer körperlicher Folter waren. Solche Folter während der Befragung ist ganz klar Teil der chinesischen Behandlung ethnischer Tibeter."[609]

Als „offensichtlichen Beweis" der systematischen Folter an tibetischen Polit-Gefangenen durch die chinesischen Besatzer vervielfältigt *Gu-Chu-Sum* massenhaft ein Photo verschiedener „Foltergegenstände", die diese angeblich einsetzen: zu sehen sind zwei Paar Hand-/Daumenschellen, drei Dolche, zwei elektrische (?) Schlagstöcke (Viehtreiber), zwei undefinierbare Gegenstände sowie ein Taschenfeuerzeug. Dieses Photo, gedruckt auf großformatige Plakate, klebt an jedem Eck in und um Dharamsala und sorgt für entsprechende Stimmung bei den Besuchern und Touristen; auch in den Publikationen der internationalen Tibet-Unterstützerszene findet sich immer wieder diese Abbildung der chinesischen „torture weapons". Um es zu wiederholen: dieses Photo ist der bislang einzig öffentlich vorgelegte „Beweis" chinesischer Folter in Tibet.

Auch hinsichtlich der Zahlen tibetischer Polit-Häftlinge in chinesischen Gefängnissen straft *Gu-Chu-Sum* sich selbst – und damit die gesamte exiltibetische Propaganda – Lügen. In der Ende 1997 erschienenen englischsprachigen Ausgabe von *Tibetan Envoy*, ausdrücklich rekommandiert vom Generalsekretär des *Department of Information & International Relations* der tibetischen Exilregierung, Tenpa Tsering, ist die Rede davon, daß „gegenwärtig [also Ende 1997, d. A.] mehr als eintausend politische Gefangene *(prisoners of conscience)* in Tibet unter Folter, Kälte und Hunger zu leiden haben".[610] Auch wenn diese Zahl schon erheblich *unter* den ständig vorgetragenen Behauptungen der exiltibetischen Regierung und ihrer internationalen Unterstützerszene liegt, es seien „mehrere tausend" Tibeter in chinesischen Gefängnissen und Umerziehungslagern interniert,[611] führt *Gu-Chu-Sum* in derselben Ausgabe des *Tibetan Envoy* sich selbst ad absurdum: In detaillierter Auflistung finden sich hier die Namen *sämtlicher* politischer Gefangener in Tibet zwischen 1987 und 1997. Die auf 25 engbedruckten Seiten vorgelegte Auflistung,

gedacht offenbar als visuell greifbares Dokument chinesischer Gewaltherrschaft, wirkt in der Tat – zumindest auf den ersten Blick – beeindruk-
kend, zumal im Vorwort wieder einmal und ausdrücklich auf die (oben
näher erläuterte) Horrorzahl von „1,2 Millionen tapferen Männern und
Frauen Tibets" Bezug genommen wird, „die in direkter Folge der Aggression des kommunistischen China seit 1949 starben".[612] Bei *genauem*
Hinsehen stellt sich allerdings ein ganz anderes Bild dar, als von der Propaganda beabsichtigt: Laut Erhebungen der *Gu-Chu-Sum Ex-Political
Prisoners' Association*, unterstützt durch Datenmaterial der exiltibetischen Regierung sowie der internationalen Tibet-Szene, wurden beziehungsweise waren im Zeitraum zwischen 1987 und 1997 exakt 1.720
Personen als politische Gefangene *(prisoners of conscience)* in Haft genommen. In knapp der Hälfte der Fälle (46,7%) liegen genaue Angaben
über die Höhe des Urteils beziehungsweise die Dauer der Haft vor: 13,0%
davon waren bis zu sechs Monaten interniert; 51,9% verbüßten Haftstrafen zwischen sechs Monaten und fünf Jahren, 29,0% zwischen fünf und
zehn Jahren und 5,8% von mehr als zehn Jahren; 0,4% waren zu lebenslanger Haft verurteilt. Für jene Fälle, in denen keine Angaben über die
Haftdauer vorliegen, besteht aller Grund zur Annahme, daß es sich um
vorübergehende Inhaftierungen mit einer Dauer von jeweils weniger als
30 Tagen handelt (Haftzeiten ab einem Monat werden jedenfalls detailliert angegeben).

Auffällig ist, daß es sich bei drei von vier Häftlingen (73,8%) um ordinierte Mönche oder Nonnen handelt: im Wesentlichen war/ist also der
(Gelbmützen-)Klerus von den Verhaftungen betroffen – was den Grund
dafür abgeben mag, daß der Dalai Lama und seine Verlautbarungsorgane
es mit der Wahrheit nicht sehr genau nehmen und die tatsächlichen Verhältnisse maßlos übertreiben. Keineswegs kann von einem geplanten
Genozid in chinesischen KZs die Rede sein – wie dargestellt wird von der
tibetischen Exilregierung in diesem Zusammenhang immer wieder der
Vergleich zum Nazi-Holocaust herangezogen –, vielmehr befand und
befindet sich (zumindest im Zeitraum zwischen 1987 und 1997) eine an
der Gesamtbevölkerung Tibets gemessen relativ unbedeutende Anzahl an
TibeterInnen in chinesischer Polit-Haft: Ende 1997 waren es weniger als
330 Personen (einschließlich jener Langzeit-Häftlinge mit Strafen von
mehr als 10 Jahren, die schon vor 1987 inhaftiert worden waren[613]). Über
die jeweiligen Urteils*begründungen* sagt die *Gu-Chu-Sum*-Auflistung
nichts aus.

Diese Angaben, um auch das zu wiederholen, beziehen sich keineswegs auf „obskure chinesische Quellen" – wie der stellvertretende Vorsitzende des *Tibetan Youth Congress*, Karma Yeshi, behauptete, als er von Autor Goldner mit den Zahlen konfrontiert wurde[614] –, vielmehr entstammen sie dem von der tibetischen Exil-Regierung ausdrücklich rekommandierten offiziellen Bulletin der *Gu-Chu-Sum Ex-Political Prisoners' Association* in Dharamsala. Wie dargestellt, verkehrt der beabsichtigte Propagandaeffekt dieses Bulletins sich in sein Gegenteil, wenn man sich die Mühe macht, die vorgelegten Zahlen und Daten *genau* zu lesen; ganz offenbar hat die internationale Unterstützerszene Tibets sich solcher Mühe bislang nicht unterzogen.

Mit der „buddhistischen Gewaltlosigkeit" ist es im übrigen keineswegs so weit her, wie der Dalai Lama und seine Anhänger die Welt gerne glauben machen möchten. Die zu langjähriger oder gar lebenslanger Haft Verurteilten – überwiegend Angehörige der Gelbmützen – verbüßen ihre Strafe nicht des Tragens eines Dalai-Lama-Bildchens oder sonstiger Nichtigkeiten wegen, sondern in der Regel wegen Mordes beziehungsweise Totschlages an chinesischen Zivilisten oder Polizeikräften. Der innerhalb der Tibet-Unterstützerszene als Kronzeuge für chinesische Willkür in der Rechtsprechung sowie Mißhandlung und Folter in den Gefängnissen angeführte Palden Gyatso beschreibt den Hintergrund seiner Verhaftung und Verurteilung im Jahre 1960 folgendermaßen: „Wir [die Mönche des Klosters Drepung, d. A.] eilten zum Norbulinka [Sommerpalast des Dalai Lama, d. A.], wo sich in der Tat eine riesige Menschenmenge vor den Toren versammelt hatte. Heute weiß ich, daß dies der Beginn der tibetischen Revolte [von März 1959, d. A.] war. Die Menge war außer Rand und Band. Ein Jeep bahnte sich seinen Weg durch die Protestierenden zum Palast. Darin saß ein tibetischer Kabinettsminister namens Sampho mit seiner Leibwache. Da warf jemand einen Stein; er landete auf dem Segeltuchdach des Jeeps. Ein weiterer Stein traf Sampho am Kopf, so daß er ins Krankenhaus gebracht werden mußte. Als nächstes richtete sich der Zorn der Menge gegen einen tibetischen Beamten namens Chamdo Khenchung. Er wurde gestoßen und mit Fäusten bearbeitet. (...) Die Menschenmassen schrien: 'Chinesen raus aus Tibet! Chinesen raus aus Tibet!' Der Mob, der sich vor dem Norbulingka gebildet hatte, marschierte nun in Richtung Innenstadt [von Lhasa, d. A.] und schleifte den Leichnam Chamdo Khenchungs mit sich. (...) In der Stadt herrschte Chaos, und man plünderte die Läden. (...) In Drepung drängten sich neu eingetroffene Mönche; sie trugen Laienkleidung und waren nur an ihren rasierten Köpfen erkennbar. Einige hatten Schwerter umgebunden"; andere, so Gyatso, hatten Gewehre. Er selbst habe in Lhasa antichinesische Plakate geklebt.[615] Ganz unabhängig davon, daß der bewaffnete Kampf – auch und gerade des Gelbmützen-Klerus (der am meisten zu verlieren hat) – gegen die chinesischen Machthaber durchaus verständlich sein mag: einen Beleg für die vielkolportierte These, Tibet sei „seit 1000 Jahren der gewaltfreien buddhistischen Religion verpflichtet"[616], stellen martialisch gerüstete und aggressionsschürende Mönche bei bestem Willen nicht dar.

Selbst das o.a. „Schwarzbuch" der *Tibetan Young Buddhist Association* muß einräumen, daß beispielsweise vier 1989 zu langjährigen beziehungsweise lebenslänglichen Haftstrafen verurteilte Tibeter einen chinesischen Polizisten mit Messern angegriffen und ihn vorsätzlich vom Dach eines Hauses gestoßen hatten.[617] Der Häftlingsliste der *Gu-Chu-Sum Ex-Political Prisoners' Association* ist zu entnehmen, daß es sich bei einem der vier rechtskräftig verurteilten Totschläger um einen Mönch des Klosters Nechung handelt.[618]

Nach der Verleihung des Nobelpreises war der Dalai Lama weltweit einer der gefragtesten Vortragsredner. Auf zahllosen Tourneen bereiste er in den Folgejahren sämtliche Kontinente, auch in Deutschland war er erneut mehrfach zugange. Allenthalben weihte er irgendwelche Klöster oder Dependancen ein – weltweit gibt es inzwischen mehr als fünfhundert tibetisch-buddhistische Zentren –, zudem hielt er dutzende meist mehrtägiger Lehrveranstaltungen ab. Die Vorträge „Seiner Heiligkeit" wurden und werden nahezu ausnahmslos kurze Zeit später in Buchform vorgelegt; insofern finden sich dutzende von Titeln des Dalai Lama auf dem Buchmarkt, die freilich zu größten Teilen nichts anderes darstellen, als geringfügig edierte Transkripte seiner öffentlichen Verlautbarungen. Diese wiederum drehen sich um stets und immer wieder dieselben Fragen und Themen, so daß es völlig ausreicht, *eines* der Bücher zu lesen: man kennt sie dann alle (dasselbe gilt auch für die zahllos publizierten „Dialoge", zu denen mehr oder minder prominente Religionswissenschaftler und Philosophen – Michael von Brück, Eugen Drewermann, Carl-Friedrich von Weizsäcker etc. – beim „Ozean der Weisheit" Schlange stehen; von dem Gesalbadere auf der Ebene Franz Alts, Peter Michels oder Luise Rinsers ganz zu schweigen).

Im übrigen versäumte und versäumt „Seine Heiligkeit" bei keiner Veranstaltung, auf die (angeblichen) Menschenrechtsverletzungen in Tibet hinzuweisen; je nach Publikum versteigt er sich dabei auch zu drohender Gebärde: „Falls sich nichts bewegt, falls Machtmißbrauch und Folter, aber auch Verhaftungen und Hinrichtungen in Tibet weitergehen, dann allerdings bin ich der Überzeugung, daß es mein Recht, unser Recht ist, andere Töne anzuschlagen."[619] Auf Anregung des Dalai Lama war das Jahr 1990 von der einschlägigen Unterstützerszene zum „Internationalen tibetischen Jahr" ausgerufen worden, dessen Mittelpunkt eine Photoausstellung in New York darstellte; gezeigt wurde vor allem die „Unterdrückung und Vernichtung des tibetischen Volkes".

Vor dem Hintergrund des buddhistischen Glaubens an karmische Zusammenhänge (⇨ *Exkurs 2*) erscheint der Kampf des Dalai Lama gegen die chinesische Besatzung Tibets reichlich absurd. Innerhalb der „Logik" dieses Glaubens sei die Ursache von Leiden allemal in „schlechtem Karma" früherer Leben zu suchen – hier in einer Art „Kollektivkarma" des tibetischen Volkes –, das abzubauen stillschweigende Duldung erfordere. Der Dalai Lama bestätigt diese „Logik" ausdrücklich: „Die gegenwärtige Generation der Tibeter, die unter den gleichen Bedingungen leidet, hat sich in der Vergangenheit mit der gleichen Art von negativem Karma aufgeladen oder negative Handlungen begangen. Diese haben sie aber nicht unbedingt als Tibeter und auch nicht alle am gleichen Ort begangen, sondern an verschiedenen Orten und je nach dem auch in verschiedenen Galaxien. Und irgendwann wurden diese Individuen, die ein ähnliches Karma hatten, am gleichen Ort und in der gleichen Zeit geboren und leiden unter den gleichen Erfahrungen. Sie erfahren also ihr Karma kollektiv."[620] In den Augen des Dalai Lama ist Tibet also eine Art karmischen Straflagers für Menschen jedweder Herkunft (offenbar auch für Außerirdische), die sich in früheren Leben irgendwelcher Vergehen schuldig gemacht haben.

Den Widerspruch zwischen der (angeblich) karmischen Bedingtheit der Leiden des tibetischen Volkes, die nicht duldsam zu ertragen erneutes „schlechtes Karma" anhäufe, und seinem Aufruf, „all unser Leiden und jegliches Joch abzuschütteln",[621] weiß er offenkundig selbst nicht zu lösen: Karma sei eben „ein großes Geheimnis, und es ist außerordentlich schwierig, dazu etwas zu sagen"; nur wer eine „hohe spirituelle Erfahrung" aufweise, könne das womöglich begreifen.[622]

Anfang Oktober 1990 wurde der Dalai Lama von Bundespräsident Richard von Weizsäcker (CDU) empfangen; gleichwohl die Begegnung im Berliner Bundespräsidialamt stattfand, wurde es als reines „Privat-Treffen" deklariert. Nach einem Besuch der Frankfurter Buchmesse flog der Dalai Lama nach Paris, wo er als Stargast bei einer *fund raising*-Veranstaltung der rechtskonservativen Stiftung *France libertés* Danielle Mitterands auftrat.

Ende Dezember reiste er nach Varanasi (Benares) im indischen Bundesstaat Uttar Pradesh, wo er unter dem sinnfälligen Titel „Das gute Herz und die globale Verantwortung" einen Vortrag auf der Jahrestagung der dortigen *Theosophischen Gesellschaft* hielt. Wie üblich findet sein Auftritt bei den Theosophen keine Erwähnung in den offiziellen Biographien.

Esoterischer Firlefanz
Tibet und New Age

Seit Anfang der 1990er Jahre hat die Esoterikszene Tibet und den Dalai Lama für sich entdeckt. Was immer auch nur entfernt mit Tibet zu tun hat, erweckt begeistertes Interesse. Sämtliche Gazetten der Szene, *Esotera* und *Connection* vornedran, bringen am laufenden Band irgendwelche Beiträge über tibetische Meditation, tibetische Mystik, tibetische Heilkunde etc., in jedem zweiten Heft stehen Neuigkeiten über Hof und Hofstaat „Seiner Heiligkeit" zu lesen.

Das Interesse an Buddhismus ist allerdings kein neues Phänomen. In Deutschland war die Lehre des Buddha schon in den frühen 80er Jahren des 19. Jahrhunderts — Vorreiter war bezeichnenderweise der krankhaft misanthrope Philosoph Arthur Schopenhauer gewesen — Gegenstand akademischer Auseinandersetzung geworden. (Zuvor hatten humanistische Denker wie Rousseau und Herder den Buddhismus, soweit er ihnen aus frühen Reiseaufzeichnungen bekannt war, als rückständigen Wahn kritisiert, der lediglich den Interessen feudaler Herrschaftsstrukturen diene.) 1903 gründete der Leipziger Privatgelehrte Karl Seidenstücker die erste buddhistische Organisation, den sogenannten *Buddhistischen Missionsverein* in Deutschland, der, zusammen mit einer ganzen Reihe nachfolgender Gruppen und Zirkel, die bürgerlichen Schichten des Kaiserreiches für die kulturpessimistische Doktrin des Pali-Kanon zu gewinnen suchte.

In den 1920er Jahren wurden mehrere buddhistische Glaubensgemeinschaften ins Leben gerufen, in denen nun nicht mehr der philosophische Diskurs im Vordergrund stand, sondern dessen „praktische Umsetzung": die Übung einer asketischen, quasi-monastischen Lebenszucht. Der Mediziner Paul Dahlke erbaute 1926 das heute noch bestehende Buddhistische Haus in Berlin, das zum Zentrum der buddhistischen Bewegung in Deutschland wurde. Während der NS-Zeit wurden Buddhisten ausdrücklich nicht verfolgt.

Nach dem Zweiten Weltkrieg richtete sich das Augenmerk vor allem auf Zen-Buddhismus, Daisetz Suzukis Abhandlungen oder Eugen Herrigels *Zen in der Kunst des Bogenschießens* wurden zu ungeahnten Bestsellern; entscheidenden Anteil an der Verbreitung des Zen (der in der japanischen Gesellschaft seit je als Instrument autoritärer Zurichtung diente[623]) in Deutschland hatte auch der ehemalige SA-Mann und NS-Kulturattaché in Japan, Karlfried Graf Dürckheim, der im Schwarzwald ein eigenes Übungszentrum errichtete. Daneben etablierten sich in den 1950er Jahren weitere Strömungen des (japanischen) Buddhismus in Deutschland, beispielsweise die shin-buddhistische Gruppierung Jôdo Shin-Shû oder wenig später der rechtslastige Massenverblödungskult Sôka Gakkai.

Auch der tibetische Buddhismus fand in den 1950ern erstmalig einen organisatorischen Rahmen: 1952 wurde in Berlin ein Ableger des *Arya Maitreya Mandala*-Ordens (AMM) gegründet, eine Vereinigung, die auf den selbsternannten deutschen Lama Anagarika Govinda (bürgerlich: Ernst-Lothar Hoffmann, der sich u.a. auch als Reinkarnation des Dichters Novalis vorkam), zurückgeht.

Das Interesse gerade an tibetischem Buddhismus reicht indes sehr viel weiter zurück. Erste Beschreibungen, die über die Notizen früher Missionare und Forscher hinausgingen (⇨ *Exkurs 1*), waren von der französischen Theosophin Alexandra David-Néel vorgelegt worden, die 1927 ein Buch über ihre abenteuerliche Reise nach Lhasa veröffentlichte.[624] Zeitgleich waren auch erste Übersetzungen tibetischer Schriften in westliche Sprachen erschienen, die in Europa und in den USA größtes Interesse entfachten. Wesentlichen Anteil an der Ausbreitung tibetisch-buddhistischen Gedankenguts hatte das ebenfalls 1927 von dem britischen Theosophen Walter Y. Evans-Wentz vorgestellte *Tibetanische Totenbuch* (tibetisch: *Bardo Thödol*), eine angeblich bis ins achte Jahrhundert u.Z. zurückdatierende Ansammlung von Maßgaben zum Aufenthalt der Seele (bzw. des „immerwährenden Lebenswindes") im Bereich zwischen Tod und Wiedergeburt.[625] Der schweizer Freud-Renegat Carl-Gustav Jung, der sich für jederart Obskurantismus begeisterte, schrieb einen eigenen Kommentar zu dem Totenbuch, in dem er dieses mit der westlichen Psychoanalyse (bzw. seinem Verständnis davon) verglich. Er habe, wie er lobend ausführt, dem *Bardo Thödol* „nicht nur viele anregende Ideen und Entdeckungen, sondern viele fundamentale Einsichten" zu verdanken, insbesondere sein Überschreiten der „sklavischen Wertschätzung ‚rationaler' Erklärungen",[626] wie sie dem westlichen Denken zueigen sei. Jungs Affinität zu okkult verkleisterten autoritären (Wahn-)Ideen – bekanntlich war Hitler für ihn „ein Medizinmann, eine Art spirituelles Gefäß, ein Halbgott"[627] – spiegelt sich in seiner Auffassung von Psychotherapie wider, die, so auch sein Biograph Jeffrey Masson, „deutlich faschistische Züge" aufweist.[628]

Das *Bardo Thödol*, x-fach neu aufgelegt und kommentiert,[629] genießt auch in der heutigen Esoterikszene höchste Wertschätzung (schon in den 1960er Jahren hatte es zur kanonisierten Literatur der amerikanischen LSD-Szene gehört). Padmasambhava (in Tibet als Guru Rinpoche bekannt), Begründer der Nyingmapa-Linie des tibetischen Buddhismus, soll es, zusammen mit der medizinischen Lehre der „Vier Tantras" sowie verschiedenen anderen Texten und Ritualgegenständen, gegen Ende seines Lebens (um das Jahr 780) irgendwo versteckt oder vergraben haben, auf daß es spätere Generationen fänden. Wie vorhergesagt sei das Buch dann ein paar hundert Jahre später von einer seiner Reinkarnationen, einem gewissen Rigzin Karma Lingpa, „wiederentdeckt" worden. Tatsächlich existieren keinerlei schriftliche Aufzeichnungen: das *Bardo Thödol* wurde bis ins 20. Jahrhundert hinein mündlich überliefert und erst 1927 von dem besagten Theosophen und Tibetforscher Walter Y. Evans-Wentz niedergeschrieben. Laut Vorwort zu seiner ersten Ausgabe habe er es in der vorliegenden Form von einem tibetischen Lama diktiert bekommen.

Das *Bardo Thödol* beschreibt den Weg, den jeder Verstorbene durch eine Art Zwischenreich (tibetisch: *Bardo*) hin zu seiner Wiedergeburt zurückzulegen habe. Dieser Weg dauere in der Regel sieben, längstens aber neunundvierzig Tage; erst wenn das „Bardo-Wesen" des Verstorbenen, seine von Inkarnation zu Inkarnation sich fortsetzende „Bewußtseinssubstanz", den Körper endgültig verlassen habe – es sei dies unter anderem daran zu erkennen, daß aus Nase und Geschlechtsorgan des Leichnams Eiter oder Blut fließe –, dürfe dieser zerlegt, begraben oder verbrannt werden. Anderenfalls drohe dem Verstorbenen eine niedrigere Wiedergeburt, als er sich durch das Karma seines zurückliegenden Lebens eigentlich verdient habe. Während der Zeit des Aufenthaltes im Bardo könne ihm allerdings auch Hilfe zuteil werden: mittels ritueller Vorlesung aus dem Totenbuch durch einen Lama könne er sicher durch die Fährnisse des Zwischenreiches geleitet werden und möglicherweise sogar zur Erleuchtung gelangen; als Erleuchteter müsse er dann nicht mehr in die Welt der Leiden wiedergeboren werden. Die endlosen Litaneien, die dem Toten ins Ohr gesprochen werden müssen, hören sich wie folgt an: „O Sohn edler Familie, höre! Es ist dein eigenes Karma, das dich elend macht, du kannst also niemand anderen dafür verantwortlich machen. Es ist dein eigenes Karma, deshalb flehe die Drei Juwelen inbrünstig an, sie werden dich beschützen. Flehst du nicht derart (...) wird das schlechte Gewissen in dir all deine schlechten Taten sammeln und mit schwarzen

Kieseln aufzählen. Zu dieser Zeit wirst du voller Furcht und Schrecken sein, du wirst zittern und lügen und du wirst sagen, 'Ich habe nicht gesündigt'. Darauf wird der Herr des Todes sagen, 'Ich werde in den Spiegel des Karma sehen.' (...) Dann wird der Herr des Todes dich an einem um deinen Hals geschlungenen Seil fortzerren, dir den Kopf abschneiden,

Abb. 23: Bardo-Monster: „Helfer des Herrn des Todes"

dein Herz herausreißen, deine Eingeweide herausziehen, dein Gehirn schlürfen, dein Blut trinken, dein Fleisch essen und an deinen Knochen nagen. Aber du kannst nicht sterben, und so wirst du dich, selbst wenn dein Körper in Stücke zerschnitten wird, wieder erholen. Wieder und wieder zerschnitten zu werden, verursacht furchtbare Schmerzen. (...) Da du ein Gedankenkörper bist, kannst du nicht sterben, selbst wenn du gehenkt und zerschnitten wirst."[630]

In der Regel, so das Totenbuch, finde sich das Bardo-Wesen in einer Wiedergeburtssituation wieder, die dem angesammelten positiven oder negativen Karma des letzten Lebens entspreche. Stehe eine Reinkarnation als Mensch bevor, werde es von einem geeigneten Elternpaar in gravisphärischer Unentrinnbarkeit angezogen: Das Bardo-Wesen des Verstorbenen, sprich: sein fortbestehendes Bewußtsein, passe den Zeitpunkt ab, zu dem das Paar sich in sexueller Vereinigung befinde, um durch den Mund des Mannes in dessen Körper, das heißt: in seinen Penis, einzufahren; mit der Ejakulation dringe es zielstrebig zur Gebärmutter der Frau vor, wo es die eben befruchtete Eizelle besetze: eine weitere Runde im ewigen Kreislauf des Lebens (sanskrit: *Samsara*) nehme damit ihren Lauf. Ziehe karmische Schuld aus dem vorherigen Leben eine Wiedergeburt in Tierform nach sich, dringe das Bardo-Wesen, je nach Verdikt, in den Uterus einer Kuh, eines Schweins oder einer Hündin ein (selbstredend seien auch Reinkarnationen als Ameise oder Regenwurm möglich). Die „subtile Bewußtseinssubstanz" des Verstorbenen dränge allemal und unwiderstehlich an den karmisch bestimmten Ort der Wiedergeburt, selbst wenn diese in einer der sechzehn Höllen stattfinden und namenlose Qualen bedeuten solle.[631] Ein Bodhisattva – ein Mensch, der zur höchsten Vollendung gefunden habe und sich eigentlich ins Nichts (sanskrit: *Nirvana*) auflösen dürfte – könne, sofern er „zum Wohle der Menschheit" noch eine Runde zu drehen bereit sei, Ort, Zeit und Form seiner Wiedergeburt nach Belieben selbst bestimmen; er inkarniere, wie der Dalai Lama erläutert, stets da, wo die Menschen seiner spirituellen Hilfe am dringendsten bedürften (⇨ *Exkurs 2*). Für ihn selbst stehe bereits fest, daß er seine Wiederkunft keinesfalls in Tibet, sondern in der „freien Welt" vornehmen werde.[632]

Nährboden für das große Interesse an tibetischem Okkultismus waren seit jeher auch die Schriften der Theosophin Helena P. Blavatsky (1831-1891) gewesen, die dieses bis heute ganz wesentlich mitbestimmen. Ihre ab 1874 veröffentlichten Hirngespinste, vor allem ihr Hauptwerk *Die Geheimlehre*, das auf uralten tibetischen Texten beruhen soll, zählen nach wie vor zur Grundausstattung jedes an Mysterienunsinn und Esoterik Interessierten. Eine 1994 erschienene Neuauflage ihres Buches *Die Stimme der Stille*, in dem es um irgendwelche Kryptogrammtafeln geht, die sie in tibetischen Klöstern gesehen und auswendig gelernt haben wollte (wobei bis heute völlig ungeklärt ist, ob sie tatsächlich jemals in Tibet war), wurde vom gegenwärtigen Dalai Lama ausdrücklich begrüßt; er schrieb sogar ein eigenes Vorwort dazu.[633]

Großen Einfluß auf das westliche Interesse an der lamaistischen Kultur Tibets übten auch – vermutlich mehr als alle (religions-)wissenschaftlichen Arbeiten (Waddel, Grünwedel, Bell etc.) oder frühen Reiseberichte (Hedin, Heber, David-Néel etc.) zusammen – phantastische Romane wie etwa James Hiltons *Der verlorene Horizont* (1933) oder später Robert Fords *Captured in Tibet* (1957) aus, die freilich ganz wesentlich von diesen „inspiriert" waren.[634] Von größter Bedeutung waren insofern auch die in den späten 1950er Jahren erschienenen Erzählungen T. Lobsang Rampas, die ein Bild Tibets der Zeit des 13. Dalai Lama zeichneten.[635] (Es tat den Bestsellern Rampas keinerlei Abbruch, als ein Privatdetektiv herausfand, daß der Autor weder tibetischer Lama war, wie er behauptete, noch je seinen Fuß auf tibetischen Boden gesetzt hatte. Hinter dem Namen „Dr. Tuesday Lobsang Rampa" verbarg sich der britische Gelegenheitsschriftsteller Cyril Hoskin, der vor seinem Megaerfolg als „tibetischer Arzt und Lama" als arbeitsloser Baustellenklempner sein Leben gefristet hatte. Ganz im Gegenteil: Nach seiner Entlarvung im Jahre 1958 ließ Hoskin über seinen Verlag mitteilen, er habe die Inhalte seiner Bücher über mediale Botschaften empfangen: ein tibetischer Lama habe sie ihm von jenseitiger Plane her diktiert. Mittels dieses Tricks, der Hoskin samt seinen Auslassungen jeder vernünftigen Kritik entzog, wurde der Absatz der Bücher ins Astronomische gesteigert: allein *Das Dritte Auge* von 1956 avancierte weltweit zum Zigmillionen-Bestseller, das Geschwafel von Auraheilungen, Astralreisen, prähistorischen Besuchen von Außerirdischen und dergleichen findet in x-ter Auflage heute noch begeisterte Leser.[636] Woraus Hoskin, der England nie verlassen hatte, die Vorlagen für seine Geschichten aus dem alten Tibet bezog, ist nicht restlos geklärt; vermutlich war er mit den Forschungsarbeiten Charles Bells aus den 1920er Jahren vertraut, die, populärwissenschaftlich aufbereitet, jedermann zugänglich waren [in *Das Dritte Auge* begegnen Lobsang Rampa und Charles Bell einander sogar in Lhasa]. Der gigantische Erfolg, den Hoskin mit seinen Rampa-*stories* einfuhr – er schrieb sieben Bestsellertitel und etablierte einen florierenden Versandhandel mit esoterischem Zubehör –, ließ ihn komplett überschnappen: letztlich verlor er jede Identität als Cyril Hoskin und hielt sich in der Tat für den tibetischen Lama, den er sich als jener ausgedacht hatte. Seine Fans hielten derlei Wahngeschehen für den Beleg tatsächlicher Inbesitznahme seines Bewußtseins durch eine höhere Macht: eben den Geist Lobsang Rampas.[637]) Wesentlich geprägt wurde das westliche Tibetbild natürlich auch durch die Bestseller Heinrich Harrers und, ab Anfang der 1960er, durch Veröffentlichungen des Dalai Lama selbst.

Ab Mitte der 1970er Jahre begannen zahlreiche Lamas, auf großangelegten Tourneen quer durch Europa und die USA aktiv für den tibetischen Buddhismus zu werben; allenthalben schossen Schulungs- und Meditationshäuser aus dem Boden. Finanziert wurde diese Missionierung des Westens in erster Linie über die internationalen Spendengelder, die nach Dharamsala flossen. Auch der Ausstoß an Büchern über Tibet und den tibetischen Buddhismus hat sich seit Anfang der 1980er explosionsartig vervielfacht, gegenwärtig finden sich an die 350 Titel auf dem deutschsprachigen Markt (mehr als dreißig davon aus der Feder des Dalai Lama selbst, ganz zu schweigen von den penetranten Vor-, Begleit- oder Grußworten, mit denen er in jedem zweiten Buch daherkommt).

Zu Beginn der 1990er gab es in der Bundesrepublik an die achtzig tibetisch-buddhistische Zentren, 1998 waren es bereits 141[638]. Die Zahl der Mitglieder war und ist allerdings keineswegs so hoch, wie Medienberichte suggerieren: laut Schätzung der Universität Hannover lag die Anzahl deutscher BuddhistInnen (sämtlicher Schulen und Richtungen) 1998 bei rund 40.000 Menschen (zuzüglich etwa 120.000 BuddhistInnen asiatischer Herkunft), organisiert in etwas mehr als 400 Zentren und Ortsgruppen.[639] Die in den Medien ständig kolportierte Zahl von 300.000 bis 500.000 bundesdeutschen AnhängerInnen des tibetischen Buddhismus beziehungsweise des Buddhismus überhaupt[640] bezeichnet nicht die organisierten BuddhistInnen, sondern die weitaus größere Gruppe an Menschen, die dem Buddhismus mit Sympathie und mehr oder minder engagiert beziehungsweise sachkundig (Meditation, Lektüre einschlägiger Publikationen, Besuch von Schulungen etc.), aber *unorganisiert*, gegenüberstehen. Den einzelnen Dachverbänden ist es trotz großen Aufwandes bislang nicht gelungen, dieses Riesenheer an Sympathisanten organisatorisch an sich zu binden.

Den größten Boom erlebt der tibetische Buddhismus seit Beginn der 1990er Jahre innerhalb der Esoterik- und Psychoszene; zahllosen New-Age-Bewegten gilt er (bzw. das, was man davon weiß oder dafür hält) als übergeordnete „spirituelle Leitlinie". Ernsthafte Auseinandersetzung (womit auch immer) gibt es in dieser Szene freilich nicht, die oberflächliche Kenntnis von ein paar Begriffen und ein „Gefühl" für die Sache reichen völlig aus, sich „zugehörig" vorzukommen; vielfach versteht man sich dann schon als „engagierter Buddhist", wenn man einen *Free-Tibet*-Aufkleber auf dem Kofferraumdeckel spazierenfährt. Vorangetrieben wird der gewinnträchtige Boom durch eine Unzahl einschlägiger Publikationen: eingepaßt in das übliche Sortiment an Astrologie-, Bachblüten- und Wunderheil-Literatur findet sich jede Menge „tibetisch" aufgemachten Unsinns auf dem Buch- und Zeitschriftenmarkt. Im Neusser Esoterik-Verlag *Silberschnur* beispielsweise erschien Anfang der 1990er ein Buch mit Ratschlägen, Mahnungen und Warnungen, die der tibetische Lama Lalasal *aus dem Jenseits* an die Menschheit richtet. Lalasal, der „in seiner letzten Inkarnation vor einigen hundert Jahren als Mönch in einem tibetanischen Kloster lebte", bedient sich hierzu des szenebekannten „Trancemediums" Cyril Wild. Neben allerlei Tips zur Bewältigung des Alltags erteilt er insbesondere Anweisungen zu höherem Wohlbefinden: „Auf Erden lohnt es sich, zu leiden, denn die Leiden machen erst ein Glücksgefühl möglich. (...) Und in Deinem gegenwärtigen Leben benötigst du eben gerade diese Erfahrung, die zur weiteren Ausmalung des Bildes deiner Seelenreife von Notwendigkeit ist."[641]

Anmerkung am Rande: Auch die esoterische „Sterbeforscherin" Elisabeth Kübler-Ross, glühende Verehrerin des Dalai Lama (umgekehrt hält auch dieser große Stücke auf Kübler-Ross), publiziert bevorzugt bei *Silberschnur*. Dieser Verlag gehört anteilig dem Berliner „Reinkarnationstherapeuten" Tom Hockemeyer (*1939), der auch Lalasals Botschaften – der Mönch aus dem Jenseits spricht, wie sein Medium Wild, nur englisch – übersetzt hat. Hockemeyer, szenebekannt unter seinem „spirituellen Namen" Trutz Hardo, wurde im April 1998 wegen Volksverhetzung und Verunglimpfung des Andenkens Verstorbener zu einer Geldstrafe von 200 Tagessätzen verurteilt. Er hatte bei *Silberschnur* einen „Roman" veröffentlicht, der sich unter dem Titel „Jedem das Seine" mit Wiedergeburt und den „Gesetzen des Karma" beschäftigt. Die mit Absicht als Titel gewählte Inschrift am Lagertor des KZ Buchenwald deutet auf den Inhalt des aufwendig hergestellten Machwerkes hin: Der millionenfache Mord an den Juden wird verklärt als „karmischer Ausgleich" für irgendwelche Verfehlungen, deren diese sich in früheren Leben schuldig gemacht hätten. Der Holocaust, so Hockemeyer, sei das „Bestmögliche" gewesen, was den Juden habe zustoßen können, er habe ihr „seelischspirituelles Wachstum" vorangetrieben. Der Staatsanwalt hatte ein Jahr Freiheitsstrafe gefordert, das Buch ist inzwischen aus dem Verkehr gezogen.[642]

Allein der Umstand, daß eine Praktik mit dem Etikett „tibetisch" oder „buddhistisch" versehen ist, scheint diese mit sakrosankter Wertigkeit zu versehen. Jeglicher Kritik enthoben findet selbst das unsinnigste Verfahren gläubige – und zahlungsbereite! – Anhänger (insofern geben auch Psychosekten wie Scientology sich gerne als „buddhistisch inspiriert" aus). Zu den im deutschsprachigen Raum weitestverbreiteten (pseudo-) therapeutischen Verfahren zählen die sogenannten „Fünf Tibeter", eine Abfolge simpler Körperübungen, die, hergeleitet angeblich aus alten tibetischen Mönchsritualen, „anhaltende Jugend, Gesundheit und Vitalität" versprechen. Das Übungshandbuch, eine kleine Broschüre aus dem oberbayerischen *Integral*-Verlag, gilt als Verkaufshit schlechthin des esoterischen Buchhandels: es ging allein in der BRD in kürzester Zeit mehr als eine Million mal über den Ladentisch und stand 300 Wochen (!) auf der *Spiegel*-Bestsellerliste.

Laut verlagsgestreuter Legende seien die fünf Übungen erstmalig im Jahre 1939 aufgetaucht, als Bestandteile eines Tibet-Romans (*The Eye of Revelation*) von Peter Kelder. Dieser Roman habe nahtlos an dem Bestseller von James Hilton *Der verlorene Horizont* (1933) angesetzt, der die Abenteuer eines gewissen Colonel Bradford auf der Suche nach dem sagenhaften Shangri-La beschreibt. In Kelders Roman sei Bradford von tibetischen Lamas in den fünf Übungen unterwiesen worden. Der Roman sei im Laufe der Jahre verlorengegangen, auch von Kelder wisse man nichts genaueres; vielleicht handle es sich um einen mehrere hundert Jahre alten Mönch aus irgendeinem Himalayakloster, der die Übungen unter Pseudonym niedergeschrieben habe. 1985 jedenfalls brachte ein amerikanischer Verlag unter dem Titel *The Ancient Secret of the „Fountain of Youth"* eine „modernisierte und erweiterte Ausgabe" des Kelder-Romans heraus, dessen deutsche Version seit Jahren auf den Bestsellerlisten steht.

Die „Fünf Tibeter" können innerhalb weniger Minuten erlernt und genau so schnell absolviert werden. Laut Lehrbuch dienen sie einer „Reinigung und Revitalisierung auf allen Ebenen", vor allem der „Harmonisierung von Chakra- und Meridianenergien". Zudem erhöhe sich die „Fließgeschwindigkeit der Gehirn- und Rückenmarkflüssigkeit", was zur Behebung einer Vielzahl von Störungen beitrage. Wesentliches Ergebnis kontinuierlichen Übens aber sei die Wiederkehr der Jugend.[643]

Zur Verdeutlichung, mit welch hanebüchenem Unfug große Kasse gemacht werden kann, sofern er im Gewande des „Tibetischen" daherkommt, hier die Beschreibung der Übungsfolge zum Mitmachen: 1. Übung: Aufrecht stehen und Arme ausbreiten. Um die eigene Achse nach rechts drehen, bis leichter Schwindel auftritt. 2. Übung: Flach auf den Boden legen, Gesicht nach oben, Handflächen neben dem Gesäß. Beine in senkrechte Stellung bringen, der Rücken bleibt dabei am Boden. Knie anwinkeln. Zurück zur Ausgangsposition. 3. Übung: Mit aufrechtem Körper auf dem Boden knien, Zehen aufstellen. Hände neben dem Gesäß. Kopf und Wirbelsäule nach hinten beugen. Zurück zur Ausgangsposition. 4. Übung: Auf den Boden setzen, Beine ausgestreckt, Handflächen neben dem Gesäß. Kopf nach hinten sinken lassen, gleichzeitig Körper heben (Brücke), so daß Arme gestreckt und Knie abgewinkelt bleiben. Rumpf und Oberschenkel bilden eine Gerade parallel zum Boden. Anspannen aller Muskeln. Zurück zur Ausgangsposition. 5. Auf den Bauch legen, Arme durchgedrückt, so daß der Oberkörper angehoben ist. Kopf zurückneigen. Dann Körper an der Hüfte abbiegen und Gesäß anheben (umgekehrtes „V"). Kinn gegen die Brust drücken. Zurück zur Ausgangsposition.

Diese Übungsfolge solle täglich ausgeführt werden, zunächst in dreimaliger Wiederholung jeder Übung, sukzessive gesteigert hin zu 21maliger Wiederholung. Durch die Tibeter-Übungen, wie die amerikanische New-Age-Prophetin Chris Griscom weiß, „beschleunigt sich unser Aura-Feld, so daß sich unser Bewußtsein automatisch zu höheren Oktaven der Erkenntnis bewegt".[644] Eben dies bewirke den Verjüngungseffekt. Mit einer weiteren Erklärung zu diesem Effekt kann der Herausgeber der amerikanischen Tibeter-Ausgabe, Harry R. Lynn, aufwarten: Durch die Übungen werde das „Todeshormon" blockiert, das die Hypophyse ab der Pubertät produziere.[645] Kirlian-Photos (ein völlig unsinniges Verfahren vermeintlicher „Aura-Abbildung") könnten dies bestätigen. Die „Fünf Tibeter" seien insofern eine ideale Ergänzung zur Geistheilmethode des Reiki.

Dutzende von Seminarveranstaltern bieten Kurse zum Erlernen der „Fünf Tibeter" an. Auch das frühere Schlager- und heutige Esoteriksternchen Penny McLean (bürgerlich: Gertrud Wirschinger) führt solche Kurse durch. Der Mega-Erfolg des Handbuches hat inzwischen vier Nachfolgebücher gezeitigt, dazu „Tibeter"-Übungen auf Tonbandkassetten und CD, auf Video und in Blindenschrift. Selbst ein eigenes „Fünf-Tibeter-Aromaöl" wird verkauft; neuerdings gibt es die „Kraft der Fünf Tibeter" sogar in Pillenform: entwickelt angeblich von einem „Dalai Lama-Leib-arzt Yuin Shindoui" bietet die Münchner Pharmafirma *Abecas* Wunder-kapseln an, die nicht nur „Glücksgefühle steigern" sondern als „Jung-brunnen jede Zelle vitalisieren".[646]

Weit verbreitet finden sich auch die Übungen des „Kum Nye", der ti-betischen Variante des gleichermaßen populären chinesischen Qi-Gong; kaum eine Volkshochschule, die nicht entsprechende Kurse im Angebot führte. Gelehrt wird Kum Nye in erster Linie von Schülern des in den USA lebenden Lamas Tarthang Tulku, der die simplen Körper- und Atemübungen erfunden beziehungsweise zusammengestellt hat. Tarthang Tulku, Oberhaupt der sogenannten Nyingma-Gemeinschaft, schreibt seinen Übungen eine nachgerade wundersame Stärkung der körperlichen und geistigen Gesundheit zu.[647] Unnötig zu erwähnen, daß es hierfür keinerlei ernstzunehmenden Beleg gibt.

Nicht unerwähnt bleiben darf an dieser Stelle das sogenannte *Buch der Heilung*, ein vorgeblich „komplettes Kompendium der traditionellen tibetischen Heilkunde"[648]: Als Autor dieses 1996 erschienenen Werkes firmiert ein gewisser Ti-Tonisa Lama, laut Klappentext ein vor 2.800 Jahren (!) in einem tibetischen Kloster tätig gewesener Arzt, der, wieder-geboren im 20. Jahrhundert, in Trance seine früheren medizinischen Kenntnisse zu Papier gebracht habe. Das „Heilwissen des alten Tibet", so Ti-Tonisa, beruhe auf einer Tradition von zumindest „achttausend bis zehntausend Jahren". Überlebende des untergegangenen Kontinents At-lantis, die es seinerzeit, göttlich gefügt, ins tibetische Hochland verschla-gen habe, hätten mit ihrer hochentwickelten Medizin die Grundlagen dafür geschaffen[649] (⇨ *Exkurs 5*). Neben der Astrologie preist Ti-Tonisa vor allem das Handlesen als vorzügliches Diagnoseinstrument an: Eine nach unten abknickende „Kopflinie" etwa (gemeint ist die mittlere der quer über die Handfläche verlaufenden Beugungsfurchen) deute auf „sexuelle Abartigkeit und/oder Homosexualität" hin, verlaufe sie nach oben, auf „Wahnsinn, Materialismus und/oder die Neigung, Mordtaten zu verüben".[650] Auch der gleichermaßen unsinnigen Irisdiagnostik kommt hoher Stellenwert zu: aus der Farbe und Beschaffenheit der Regenbogen-haut des Auges ließe sich nicht nur „Hysterie, Epilepsie, Idiotie und Be-sessenheit" erkennen, sondern auch „übermäßige Masturbation".[651] Alle-mal liege die Ursache von Krankheit in „Sünden und Unzulänglichkeiten der Seele".[652] Eine Enzephalitis (Gehirnentzündung) etwa sei das Resultat von zuviel Sex in früheren Leben. Die therapeutischen Maßnahmen Ti-Tonisas erschöpfen sich in ein paar yogischen Atemübungen, dazu

„magnetisierende" Handauflegung durch den Lama sowie eine simple Form von Hypnose.

Auch wenn – und gerade weil! – das *Buch der Heilung* Ti-Tonisas außerhalb jedes vernünftigen Diskurses liegt, gilt es in einschlägigen Heilpraktiker- und Alternativheilerkreisen als höchst ernstzunehmende Quelle. Nichts ist diesen Kreisen zu abseitig, als daß es nicht ebendeshalb begeisterte Aufnahme fände; vor allem, wenn es irgendwie nach „Tibetischem" aussieht. Als letztes Beispiel hierfür sei das sogenannte „Tibetan Pulsing" erwähnt, eine angeblich „uralte Heil- und Therapiemethode aus den Klöstern Tibets", die einem Anhänger der Osho-Rajneesh-Sekte, einem gewissen Shantam Dheeraj (bürgerlicher Name unbekannt), Mitte der 1980er in einer Vision zuteil geworden sei. „Tibetan Pulsing", das inzwischen zu den etablierten Verfahren der Esoterikszene zählt, gibt vor, mittels Irisdiagnose feststellen zu können, in welchen Körperteilen oder Organen sich im Laufe des Lebens die „Nervenleitungen verstopft" hätten. Durch Ausüben unterschiedlich starken Druckes auf die betroffenen Stellen ließen sich diese Leitungen „reinigen", so daß wieder „positive Energie durch das Körpersystem" strömen beziehungsweise „pulsen" könne. Eine energieverstopfte Leber etwa verursache nicht nur Rückenschmerzen, sondern sei auch Ursache von Schuldgefühlen und Schwermut.[653] Dheerajs höheren Eingebungen sind auch Erkenntnisse der folgenden Art zu verdanken: „Der psychologische Hintergrund für Aids ist ein tiefsitzender Haß gegen Frauen. Homosexuelle, die keinen Haß gegen Frauen haben, bekommen kein Aids. Homosexualität ist nicht die Grundlage für Aids, sondern der Frauenhaß. Das Gegenstück zu Aids ist Candida [eine Pilzinfektion der Schleimhaut, d. A.]. Candida resultiert aus einem Haß gegenüber Männern. Um von Candida geheilt zu werden, mußt Du Deinen Haß auf Männer loslassen."[654]

Selbstredend kann man den Vertretern des (tibetischen) Buddhismus nicht anlasten, daß sich findige Geschäftemacher mit irgendwelchem Esoterik-Schmarren an sie anhängen. Allenfalls ließe sich kritisieren, daß sie ihrerseits ungenierten Nutzen ziehen aus der zusätzlichen Popularität, die ihnen durch derlei Trittbrettfahrerei zuteil wird: man profitiert, und das nicht schlecht, wechselseitig voneinander. Im übrigen ist die Grenze zwischen den beiden Lagern natürlich fließend: die „authentische", hochehrengeachtete Heilkunde des alten Tibet unterscheidet sich von dem pseudotibetischen Blödsinn, der da unter ihrem Signet betrieben wird, nur sehr unwesentlich (⇨ *Exkurs 14*).

Neben all dem *offensichtlichen* Unfug spielt tibetischer Buddhismus auch und gerade im wissenschaftlich drapierten Diskurs des sogenannten „Neuen Denkens" eine wesentliche Rolle: New Age-Bannerträger wie Ken Wilber, Joseph Campbell oder Fritjof Capra beziehen sich ausdrücklich auf dessen Begrifflichkeit, ebenso Jack Kornfield, Charles Tart oder der als Ram Dass bekannte frühere Harvard-Dozent Richard Alpert, die wortreich von den „transpersonalen" Erfahrungswelten berichten – von der „Überschreitung sämtlicher Kategorien von Raum und Zeit" hin zur „Einswerdung mit dem absoluten Bewußtsein" –, die sich mit Hilfe buddhistischer Meditation erschlössen. Zu den Superstars der Szene zählt auch der Mitte der 1960er aus der CSSR in die USA emigrierte Psychiater Stanislav Grof (*1931), der in seinen Arbeiten gleichfalls und immer wieder auf buddhistische Begriffe abstellt: Karma und Wiedergeburt zählen ebenso zu seinen zentralen Themen wie die verschiedenen „Formen der Leere"; die Existenz früherer Leben ist für ihn eine „unbestreitbare Tatsache".

Grof sieht entscheidende Parallelen in den meditationsinduzierten Erfahrungen tibetischer Mönche und seinen eigenen Erkenntnissen, die er über umfängliche Versuchsreihen mit Megadosen psychoaktiver Substanzen, vor allem LSD und MDA, gewonnen haben will. Nachdem seine Drogenexperimente (die er nicht nur an sich selbst, sondern in erster Linie an Studentinnen und Studenten durchführte) von den amerikanischen Behörden untersagt worden waren, von, wie er jammert, „engstirnigen Vertretern eines überkommenen materialistischen Weltbildes", entwickelte er, unter Rückgriff auf (prä-)buddhistische Trancetechniken, eine eigene Methodik, die angestrebten „transpersonalen" oder „holotropen", sprich: „auf das Ganze sich hinbewegenden" Bewußtseinszustände auch ohne LSD herbeizuführen.[655] Zentrale Technik Grofs ist eine extrem beschleunigte Hechelatmung, bezeichnenderweise „LSD-Breathing" genannt, über die in der Tat massive Bewußtseinsveränderungen hervorgerufen werden können (⇨ *Exkurs 7*). Man könne, so Grof voller Emphase, auf diesem Wege „seelisch-geistige Tode und Wiedergeburten oder Empfindungen der Einheit mit anderen Menschen, mit der Natur, mit dem Universum erleben"; man könne „archetypischen Wesen" begegnen – Göttern, Dämonen, geistigen Helfern –, „mit körperlosen Seelen kommunizieren" oder „Erinnerungen an frühere Inkarnationen" wachrufen. Letztlich erkenne man, daß „wir alle mit dem gesamten Feld der Raumzeit und mit der kosmischen Schöpfungsenergie wesensidentisch sind".[656] Diese Erkenntnis relativiere alle Kriterien für Gut und Böse: „In allen

Situationen, in denen das Element des Bösen etwa als Haß, Grausamkeit, Gewalt, Elend und Leiden vorkommt, ist das schöpferische Pinzip mit sich selbst beschäftigt. Der Angreifer ist identisch mit dem Angegriffenen, der Diktator mit dem Unterdrückten, der Vergewaltiger mit dem Vergewaltigten und der Mörder mit dem Opfer."[657]

Ungeachtet des abgrundtiefen Zynismus solcher „Erkenntnis": die „holotrope" Erfahrung des „Einsseins mit dem Absoluten", laut Grof identisch mit der Erfahrung der „Leere" des tibetischen Buddhismus, entstammt keineswegs, wie er meint oder vorgibt, den „numinosen Dimensionen des Seins". Klinisch besehen (was Grof als Arzt wissen müßte) ist sie nichts anderes als das Resultat eines künstlich herbeigeführten Präkollaps, ausgelöst durch eine hyperventilationsinduzierte Verringerung der Gehirndurchblutung[658]: Durch den massiven Eingriff ins Atemgeschehen kommt es zu einem Abfall der CO_2-Spannung im Blut; einhergehend damit zu neuromuskulärer Hypersensibilität mit anormalen oder auch hysteroiden Körperempfindungen, einer Aktivierung des Sympathikus mit Pulsanstieg und Veränderungen in der regionalen Durchblutung. Vor allem die Blutzufuhr zum Gehirn wird beeinträchtigt, was von leichten Schwindelgefühlen bis hin zu erheblichen Bewußtseinseintrübungen führen kann; vielfach treten Wahnbilder auf, die – ergebnisleitende Intention des gesamten Geschehens – von vermeintlich „holotropen" Inhalten geprägt sind: „Ich wurde von einem kosmischen Blitzstrahl von ungeheurer Kraft getroffen (...) meine einzige Realität [war] eine Masse wirbelnder Energie von gewaltigen Ausmaßen, die alles Sein in einer gänzlich abstrakten Form zu enthalten schien. Sie hatte die Helligkeit von Myriaden Sonnen, und doch lag sie nicht auf demselben Kontinuum wie sonst ein Licht, das ich aus dem alltäglichen Leben kannte. Sie schien reines Bewußtsein, reine Intelligenz und reine schöpferische Energie zu sein und alle Polaritäten zu transzendieren. Sie war unendlich und endlich, göttlich und dämonisch, schrecklich und ekstatisch, schöpferisch und zerstörerisch."[659] Gelegentlich führt das Ganze zu einem völligen „Blackout".

Derlei über Manipulation der Atmung (oder auch anderweitig) herbeigerufener „Meditationstrip" stellt nicht nur für körperlich labile Menschen ein unwägbares Risiko dar; Menschen mit psychischer Anfälligkeit können durch derlei Praktiken in psychotische oder suizidale Krisen geraten (und dies noch Wochen und Monate später). Ein praktizierender Buddhist berichtete in einer TV-Talkshow von seinen Meditationserfahrungen: „Im Buddhismus gibt es Mittel, das ist der Hammer. Echt. Wir haben Mittel, da schießt Du Dir ein Loch in die Schädeldecke, Du hast richtig ein Loch in der Schädeldecke, und Du gehst in Bereiche, wo Du nach dem Tod hingehen kannst."[660]

Die psychiatrische Komponente solcher Praxis illustriert auch die vielzitierte Begegnung des amerikanischen Psychologen und Meditationslehrers Jack Kornfield mit dem tibetischen Lama Kalu Rinpoche. Auf die Frage Kornfields, was denn die Essenz der buddhistischen Lehren sei, antwortete dieser: „In Wirklichkeit gibt es Sie gar nicht!"[661] Für Begriffsstutzige hierzu eine Erläuterung des Dalai Lama: „Daß Erscheinungen unter letztgültiger Analyse nicht gefunden werden können, zeigt an, daß sie nicht wirklich oder inhärent existieren. Sind Erscheinungen leer in bezug auf die konkrete Existenzweise, in der sie erscheinen, ist klar, daß alle Erscheinungen im Kontext und Wesen der Leere in bezug auf inhärente Existenz existieren. (...) Daß etwas nicht in letztgültiger Analyse gefunden werden kann, heißt also, daß es nicht nicht existiert, sondern daß es nicht wirklich existiert."[662]

Abschließend zwei Beispiele, welch verblüffende und zugleich äußerst praktische Fähigkeiten sich angeblich durch buddhistische Meditation herausbilden lassen. Wie der Dalai Lama ausführt, könne der Meditierende dadurch, daß er sich „auf seine Cakras (Energiezentren) und Nadis (Energiebahnen) konzentriert, die weniger subtilen Bewußtseinsebenen steuern und vorübergehend ausschalten, wodurch gewisse andere, subtilere Bewußtseinsebenen erfahren werden können. (...) Werden die weniger subtilen Bewußtseinsebenen ausgeschaltet, kann man interessante physiologische Veränderungen beobachten." So sei etwa festgestellt worden, „daß sich die Körpertemperatur (im Rektum und auf der Haut gemessen) um bis zu zehn Grad Celsius [!] erhöht. Dadurch war es möglich, daß die Mönche selbst bei Temperaturen von unter null Grad Betttücher trocknen ließen, die zuvor in kaltes Wasser getaucht und dann um die Mönche gewickelt worden waren." Bei nackt im Schnee sitzenden Mönche habe man beobachtet, „daß sie eine ganze Nacht ruhig dasitzen konnten, ohne daß ihre Körpertemperatur absank". Der Dalai Lama hält derlei Allotria für einen „klaren Hinweis, daß es in der tibetischen Kultur Dinge gibt, von denen die moderne Wissenschaft lernen kann".[663] Im übrigen könne buddhistische Meditation auch die Fähigkeit verleihen, sich „frei durch die Luft zu bewegen. Normalerweise wird diese als leer und kein Hindernis bietend betrachtet. Obwohl sie nicht aus groben stofflichen Bestandteilen besteht, kann der Meditierende, der sich auf ihre winzigen Elementarteilchen und deren Räumlichkeit und subtile Dichte konzentriert, zum Schluß in der Lage sein, auf ihnen zu gehen."[664] Die Bitte von Autor Goldner um eine Vorführung seiner Flugkünste hat der Dalai Lama bislang nicht erfüllt.

Abb. 24: Magic Carpet Ride (Photomontage aus dem Devotionaliensortiment in Dharamsala)

1991

In wichtigtuerischer Manier setzte der Dalai Lama seine internationalen Akquisitionsreisen fort. Ende März machte er in Dublin der irischen Präsidentin Mary Robinson seine Aufwartung, anschließend reiste er in die USA, wo er, neben der Einweihung irgendwelcher Tempel oder Klöster, einen offiziellen Besuch bei Präsident George Bush abstattete. Im Juni des Jahres wurde ihm ob seines „herausragenden Beitrages zur Ethik und Umwelt" der erstmals verliehene Umweltpreis des *United Nations Earth Programe* zuerkannt. Worin dieser herausragende Beitrag bestanden haben soll, ließ sich allerdings nicht erkennen (⇨ *Exkurs 18*).

Im August 1991 leitete „Seine Heiligkeit" eine einwöchige Großveranstaltung in Südwestfrankreich. Übergeordnetes Thema war ein 10-teiliger Lehrtext des buddhistischen Meisters Shantideva, den dieser in der ersten Hälfte des 8. Jahrhunderts (nach anderen Quellen auch Ende des 9. Jahrhunderts) verfaßt hatte. Die Exegese zu Shantidevas „Eintritt in den Weg zum Erwachen" wurde unter dem (gänzlich unpassenden, wohl aber verkaufsträchtigen) Titel *Der Friede beginnt in dir: Zur Überwindung der geistig-moralischen Krise in der heutigen Weltgemeinschaft* auch in Buchform publiziert.[665] Nach umfänglichen Ehrerbietungs- und Lobpreisungsritualen („Voller Ehrfurcht verneige ich mich vor dir..."), gefolgt von einer Art kollektiven Sündenbekenntnisses („Verblendung, Begierde und Haß haben mich verleitet, Fehler zu begehen...") sowie dem Einfließenlassen des „Erleuchtungsgeistes" in die Zuhörer beziehungsweise Leser („...möge ich für alle Wesen zum Retter aus ihrem Leiden werden") geht es in den verbleibenden Abschnitten um die „Übung der sechs Vollkommenheiten: Bewußtheit, Wachsamkeit, Geduld, Beharrlichkeit, Meditation und Höchste Weisheit". Was „Seine Heiligkeit" da im Einzelnen zum besten gibt, sei beispielhaft anhand seiner Erläuterungen zur „Höchsten Weisheit" beleuchtet: „Wenn von Intelligenz die Rede ist, muß unterschieden werden zwischen dem gewöhnlichen, also begrifflich denkenden dualitätsgebundenen Intellekt und jener Form von Geist oder Intelligenz, die der Einsicht in die absolute Wahrheit fähig ist. Erst wenn das dualistische Subjekt-Objekt-Denken sich aufgelöst hat, wird die absolute Wahrheit unmittelbar erkannt. Folglich kann diese niemals vom begrifflichen Denken erfaßt werden — sie liegt außerhalb der Reichweite des Intellekts. Aus diesem Grund wird der Intellekt als getrübt oder sogar als trügerisch bezeichnet."[666] Weshalb er sich denn überhaupt und dann auch noch in stundenlangem Diskurs über das Wesen der „Höchsten Weisheit" ergeht, wenn dieses doch diskursiv weder vermittelt noch erkannt werden könne, bleibt sein Geheimnis. Nach endlosem Hin- und Hergeschwafel über „falsche Sichtweisen" und „Irrtümer" des von „Unwissenheit getrübten Intellekts" kommt er jedenfalls auch hier zum bevorzugten Sujet seiner philosophischen Darlegungen, auf das diese in der Regel hinauslaufen: Pleonastische Variationen zur Natur der Leere: „Die Erkenntnis, daß weder im Individuum noch in allen anderen Phänomenen eine inhärente Existenz auffindbar ist, führt zur Erfahrung ihrer absoluten Natur und zu einer direkten Verwirklichung, die – aus sich selbst – die absolute Wahrheit beweist, und aus der heraus die Existenz der absoluten Natur aller Phänomene bejaht werden kann. An diesem Punkt trifft sich der Weg der Erfahrung mit dem Standpunkt des Absoluten. Von diesem her wird jedoch die Existenz einer absoluten Natur aller Phänomene verneint: Es gibt nichts zu erkennen, und auch die Erkenntnis existiert nicht in sich selbst. So kann beispielsweise die absolute Natur einer Vase – ihre Leerheit – nicht vom Objekt Vase getrennt werden. Wenn man aber diese Leere analysiert, wird man nur auf die Leere der Leere stoßen. Die Leere selbst, wenn sie eine Realität für denjenigen ist, der sie erfährt, hat vom absoluten Standpunkt her keine Existenz."[667] Zum Abschluß der Veranstaltung liefert er erneut Ehrerbietungsschwulst an die Adresse Shantidevas, dessen Text allerdings, wie üblich bei Vorträgen und Lehrveranstaltungen „Seiner Heiligkeit", in deren Verlauf lediglich als Stichwort-Pool für seine eigene Schwadronaden herhalten mußte.

Nach der Veranstaltung in Frankreich unternahm der Dalai Lama eine Rundreise quer durch halb Europa. Wo immer er auch auftrat – in Österreich, Litauen, Bulgarien, England, Dänemark oder Norwegen –, wurde er mit Begeisterung empfangen; allenthalben drängten sich die Staatspräsidenten, Premier- und/oder Außenminister, den Friedensnobelpreisträger hochoffiziell und mit rotem Teppich willkommen zu heißen (allerdings nicht als „Staatsoberhaupt", wie es in den Medien vielfach hieß, sondern als Religionsführer und Nobellaureat). Zum Abschluß seines Europatrips besuchte er Hamburg, anschließend düste er erneut in die USA, wo er u.a. die Studenten der Eliteuniversität Yale mit seinem Besuch beglückte.

1992

In seiner Rede zum 33. Jahrestag des „tibetischen Volksaufstandes von 1959" kündigte der Dalai Lama am 10.3.1992 seine „Straßburger Initiative" von Juni 1988 – und damit seine ständig vorgetragene Verhandlungsbereitschaft mit Beijing – offiziell auf.

Wie in den Jahren zuvor unternahm er auch 1992 ausgedehnte Reisen rund um den Globus. Im April besuchte er Australien und Neuseeland, im Juni folgte ein großangelegter Südamerika-Trip, der ihn quer durch Brasilien, Argentinien, Chile und Venezuela führte. In Chile traf er, zum wiederholten Male, auf den Führer der dortigen „Nationalsozialistischen Partei", einen gewissen Miguel Serrano (*1913).[668] Serrano, ehedem Botschafter Chiles in Österreich, gilt als Vordenker des sogenannten „Esoterischen Hitlerismus"; in seinen Publikationen halluziniert er, der „Führer" sei nach wie vor am Leben und plane von einer unterirdischen Basis in der Antarktis aus mittels einer gigantischen Flotte an UFOs die Weltherrschaft zu erringen.[669] Näheres über die Kontakte „Seiner Heiligkeit" zu Serrano ist nicht bekannt, das Sekretariat des Dalai Lama streitet kategorisch ab, daß es solche überhaupt gebe.

Desweiteren bereiste der Dalai Lama erneut die USA, wo er unter anderem im *Madison Square Garden* von New York auftrat: In einer mehrtägigen Massenveranstaltung – einem erneut vorgeführten Kalachakra-Tantra-Ritual – initiierte er zehntausende von Menschen. Mit den eingenommenen Eintritts- und Spendengeldern konnten zahlreiche weitere Dependancen in den USA gegründet werden.

Das Kalachakra-Tantra, ein mit Riesenaufwand inszeniertes Mysterienspektakel, zählt zu den wichtigsten und komplexesten Ritualen des tibetischen Buddhismus. Unter der Ägide des 14. Dalai Lama wurde es bislang mehr als zwei dutzend Mal in aller Welt inszeniert, insgesamt nahm weit über eine halbe Million Menschen daran teil.

1954 hatte der damals 19jährige Dalai Lama sein erstes Kalachakra-Ritual geleitet; erst im Jahr davor war er von seinem Tutor Ling Rinpoche in dessen höhere Stufen eingeführt worden. Es folgten zwei weitere Aufführungen in den Jahren 1956 und 1957, dann war Pause bis zum Jahre 1970, in dem das Großritual erstmalig außerhalb Tibets – am Sitz der Exilregierung in Dharamsala – veranstaltet wurde. Assistiert wird dem Dalai Lama jeweils von einer guteingespielten Gelbmützen-Truppe seines Hausklosters Namgyäl.

Das ursprünglich aus dem 11. Jahrhundert u.Z. stammende Ritual umfaßt fünfzehn Stufen der Einweihung, deren untere sieben öffentlich und für die breite Masse inszeniert werden, deren höhere acht Stufen indes nur einer kleinen Gruppe besonders Auserwählter zugänglich sind. Die unteren Stufen dienen in erster Linie der „Reinigung" des Initianden: in einem bunten Allerlei aus Astrologie, Mythologie und Eschatologie werden relativ harmlose Anrufungen und Visualisierungsübungen angestellt, die dem einzelnen Teilnehmer die Gelegenheit gäben, wie der amerikanische Tantra-Experte Glenn Mullin (in der Übersetzung der ⇨ Röttgens) daherfaselt, „sich in den hellen Strahlen der geistigen Kommunion mit dem initiierenden Lama zu sonnen – in diesem Fall Seiner Heiligkeit dem Dalai Lama –, um voller Hoffnung ein Fünkchen spiritueller Energie aus diesem Anlaß in sich aufzunehmen".[670] Im übrigen, so der Dalai Lama, würden die Teilnehmer allemal von „karmischen Befleckungen" gesäubert und „neuer Samen für gutes Karma" beginne zu wachsen.

Abb. 25: „Seine Heiligkeit" als Meister des Kalachakra

Höheres Ziel des Kalachakra-Ritus ist die mystische Vereinigung der „polaren Urenergien des Seins" – des Männlichen und des Weiblichen – in einer Person, was, so die Vorstellung des tantrischen Buddhismus, diese in ein unsterbliches Überwesen mit unumschränkter Schöpfer- und zugleich Vernichtungsmacht, den sogenannten *Adibuddha*, transformiere. Voraussetzung hierzu – es geht selbstredend immer nur um die *männliche* Apotheose – ist die Aneignung spezifisch *weiblicher* Energie durch den jeweiligen Praktiker, die er mittels ritueller Sexualkontakte zu eigens hierfür rekrutierten Mädchen und Frauen vornimmt (⇨ *Exkurs 8*). Auf den unteren – öffentlichen – Stufen der Einweihung ist die sexuelle Begegnung mit Frauen rein imaginärer Natur. Auf der siebten Stufe werden dem Initianden *vajra* (sanskrit: Diamantszepter) und *gantha* (sanskrit: Glocke) überreicht, die tantrischen Symbole von Phallus und Vulva, die dieser rituell überkreuzt und damit die Vereinigung des Männlichen und des Weiblichen in sich beschwört und besiegelt; er gilt hinfort als „Herr der siebten Ebene" und hat das Recht, andere von der Lehre Buddhas in Kenntnis zu setzen.

Die Praktiken der folgenden Stufen werden nach außen hin komplett unter Verschluß gehalten, nur die wenigsten AnhängerInnen des Dalai Lama beziehungsweise des tibetischen Buddhismus haben Ahnung von ihrer Existenz. Ab der achten Stufe der Initiation, die unter strengster Geheimhaltung und nur im Kreise besonders Auserwählter vorgenommen wird, werden zunächst Kostproben der „Fünf Fleischarten" verzehrt (Stierfleisch, Hundefleisch, Elephantenfleisch, Pferdefleisch und Menschenfleisch) und dazu die „Fünf Nektare" (Kot, Gehirn, Sperma, Blut und Urin) eingenommen. Es dient dies der Vorbereitung auf die neunte Stufe, ab welcher es der Mitwirkung einer *realen* Frau bedarf; diese muß vom Initianden in eigener Regie besorgt und entsprechend präpariert werden. Ohne größeren Umstand und ohne die ihm zugeführte Frau näher zu kennen – bevorzugt werden junge Mädchen (ab acht Jahren) herangezogen –, übt der Lama mit dieser Geschlechtsverkehr aus. Nach der Ejakulation schabt er sein mit den Sekreten oder dem Blut des Mädchens vermischtes Sperma mit dem Finger oder mit einem eigens hierzu vorgesehenen kleinen Löffel aus dessen Vagina heraus und beschmiert damit die Zunge des Initianden. Ab der nächsten Stufe ist dieser selbst an der Reihe: er dringt in das Mädchen ein, darf aber auf keinen Fall ejakulieren; dieses Privileg ist ausschließlich dem Lama selbst vorbehalten. Auf Stufe elf werden bestimmte Beschwörungsformeln rezitiert, die dem Geschehen ihre spezifische Wertigkeit verleihen.[671] Die höchsten vier Stufen der

Kalachakra-Einweihung wiederholen die Stufen acht bis elf, nur daß diesmal anstatt eines Mädchens pro Initiand zehn davon gebraucht werden. Mit Erreichen der fünfzehnten Stufe wird der Schüler selbst zum „Tantra-Meister" und darf nun seinerseits „Einweihungen" vornehmen; endlich darf er auch nach Belieben ejakulieren.

Nicht entferntest indes gehe es der ganzen Inszenierung um die Befriedigung sexueller Gier oder profanen Machtgelüsts; vielmehr, so die Vorstellung des Tantra, überschreite derlei Ritual die polaren Dimensionen der Existenz und eröffne den Zugang zu einer anderen, höheren Ebene des Seins: Das Kalachakra-Tantra, zentrale Kulthandlung des Dalai Lama (die nur er selbst auszuüben befugt ist), befördere den jeweiligen Praktiker (also ihn) stufenweise zum „Meister des Universums" und „Herrn aller Zeiten"; und dies keineswegs auf (nur) metaphysischer Ebene, sondern, wie die Tantra-Bescheidwisser Herbert und Mariana Röttgen meinen, durchaus real: ultimative Absicht des Dalai Lama sei die Errichtung eines totalitär-buddhokratischen Weltreiches, eines *Shambhala*, beherrscht von ihm selbst als allwissendem und allmächtigem *Adibuddha*: „Da er [gemeint ist der Dalai Lama, d. A.] aber unseren Planeten noch nicht wirklich regiert, müssen seine Rituale und seine machtpolitischen Beschlüsse, müssen seine Handlungen und seine Statements als taktische und strategische Momente angesehen werden, um das globale Endziel (die Weltenherrschaft) eines Tages zu erreichen. [*Fußnote*: Aus diesem Grunde müssen wir realpolitische Äußerungen des Dalai Lama, die den Ideen des Zeittantras [gemeint ist das Kalachakra-Tantra, d. A.] widersprechen (wie zum Beispiel seine Bekenntnisse zur westlichen Demokratie), als bloße Taktik oder als Trick ansehen, um die Umwelt über die wahren Absichten (die Errichtung einer weltweiten Buddhokratie) zu täuschen]. Dieses ehrgeizige Unternehmen wird durch den Tod des Gottkönigs keineswegs unterbrochen, da er – neu inkarniert – auf den Taten seiner Vorgänger (die er selber war) aufbauen und sein Werk fortsetzen kann".[672] „Keiner", wie die Röttgens weiter ausführen, „den er mit seinem herzlichen Buddhalächeln anblickt, käme auf die Idee, hier einen orientalischen Despoten vor sich zu haben, in dessen Absicht es liegt, die Welt unter sein Gesetz zu zwingen. Aber darin (...) besteht in der Tat das konsequent verfolgte Ziel Seiner Heiligkeit. Er ist ein trojanisches Pferd, das [im Auftrag der Götter und Dämonen des tibetisch-buddhistischen Pantheons, d. A.] die Kultur des Westens zu Fall bringen soll."[673]

Ob dem tatsächlich so ist, kann dahingestellt bleiben (auch wenn die Röttgens noch so angestrengt versuchen, den theologischen Beweis dafür anzutreten): ein Blick auf das Ritual des Kalachakra-Tantra *an sich* reicht aus, um ein eindeutiges Urteil zu fällen über den Irrwitz, der da – gleichgültig, unter welchem Fähnchen und mit welcher Intention – betrieben wird. Die Frage nach dem (metaphysischen) Überbau der Horrorinszenierungen, nach der „religiösen" oder auch sonstigen Bedeutung, die die Lamas *selbst* ihren „Kulthandlungen" zumessen, ist hierbei von nachrangigem Interesse (ganz abgesehen davon, daß das buddhistische Wahngefüge aus Blut, Scheiße und Sperma sich, wenn überhaupt, vermutlich ohnehin nur in psychopathologischen Kategorien begreifen ließe). Der deutsche Buddhismusforscher Albert Grünwedel (1856-1935), der das Kalachakra-Tantra in den 1920er Jahren übersetzt hatte, warnte vor dem abstrusen und grausamen Kult, der sich da anschicke, in die Kultur des Westens einzudringen[674]; er selbst war in den letzten Jahren seines Lebens seiner langjährigen Beschäftigung mit dem Wahnsystem des Kalachakra – dem „schwarzen, tiefverruchten Buch", wie er es nannte – zum Opfer gefallen: er sah sich nur noch von Teufeln und gehörnten Dämonen umgeben und starb in geistiger Umnachtung. Bis heute wird in buddhistischen Kreisen die „Besessenheit" Grünwedels als schlagkräftiger Beleg für die Allgewalt des Kalachakra-Tantra angeführt: wer sich unbefugt oder gar kritisch damit befasse, werde gnadenlos bestraft.[675]

Anfang Juni nahm der Dalai Lama als Ehrengast an dem (pseudo-) alternativen Umweltgipfel *Forum Global* in Rio de Janeiro teil. Als „Gegengipfel" zur offiziellen UNO-Umweltkonferenz sollte das *Forum Global* ökologisch engagierten Nicht-Regierungsorganisationen (NGOs) und Initiativgruppen eine Diskussionsplattform bieten. Zusammen mit dem Dalai Lama sollten die in esoterischen Jenseitswahn abgedriftete amerikanische Ex-Schauspielerin Shirley MacLaine sowie der brasilianische Vorzeige-Indianer Paulhino Paiakan auftreten. Wenige Tage vor der Veranstaltung allerdings wurde Paiakan – Preisträger des UNO-Umweltpreises „Global 500" und besonderer Protegé von Prinz Charles – von der Polizei verhaftet: er hatte ein 18-jähriges Mädchen brutal vergewaltigt und dabei halbtot geschlagen; darüberhinaus hatte er der jungen Frau mit den Zähnen Fleischfetzen aus dem Körper gerissen, der Polizeibericht sprach von „Rückfall (?) in den Kannibalismus".[676] Der Dalai Lama fand kein Wort der Kritik an Paiakan oder des Bedauerns für dessen Opfer (vielleicht kamen ihm die Praktiken Paiakans aus seinen Kalachakra-Ritualen bekannt vor?). Stattdessen faselte er von der „wundervollen Wohnstätte", die der „blaue Planet" darstelle: „Sein Leben ist unser Leben; seine Zukunft unsere Zukunft. In der Tat, die Erde handelt wie eine Mutter für alle. Wir Kinder sind von ihr abhängig."[677] Mit Erfolg konnte er sich – wieder einmal – als Vorkämpfer für globale ökologische Veranwortung präsentieren. Kurz vor dem Auftritt in Rio hatte er unter großem Medienrummel auch dem *Greenpeace*-Flaggschiff *Rainbow Warrior* einen Besuch abgestattet. Daß er noch nicht einmal die Abfallentsorgung in der kleinen und überschaubaren Kommune in Dharamsala im Griff hat, blieb wie üblich unerwähnt (⇨ *Exkurs 18*).

Keineswegs, wie man von einem „Vorkämpfer für globale ökologische Verantwortung" vielleicht erwarten könnte, absolviert der Dalai Lama seine Auslandstrips in sinnvoll organisierter Abfolge, vielmehr fliegt er kreuz und quer durch die Weltgeschichte, um nur ja bei jeder Veranstaltung dabei zu sein. Vielfach fliegt er zwischen seinen einzelnen Auslandsbesuchen nach Dharamsala zurück – die 900 Kilometer von und nach Delhi in der Regel mit dem Helikopter –, der Begriff „umweltbewußtes Reisen" scheint ihm und seiner Entourage gänzlich unbekannt zu sein.

Ab Mitte Juli reiste „Seine Heiligkeit" erneut quer durch Europa. Wie gewohnt nutzte er jede sich bietende Gelegenheit – ob nun die eines Auftrittes vor dem ungarischen Parlament oder eines TV-Interviews, das der britische Sänger Bob Geldof mit ihm führte – für heftige Propagandaattacken gegen Beijing.

Auch die Eröffnung des neu eingerichteten Heinrich-Harrer-Museums im österreichischen Hüttenberg wußte der Dalai Lama entsprechend zu nutzen. Das eigens für Harrer von seiner Geburtsgemeinde zur Verfügung gestellte Haus ist eigentlich der Rede weiter nicht wert: Den Hauptbestandteil der von moderner Museumspädagogik völlig unangetasteten Exponate-in-Glaskästen-Darstellung bilden verschiedene Gebrauchs- und Kultgegenstände aus Tibet, die Harrer seinerzeit von dort mitgebracht hatte. Der ethnologische Wert des Museums – auch und gerade der Abteilungen, die Harrers „Expeditionen" nach Neuguinea, Ostafrika oder Brasilien dokumentieren – ist sehr beschränkt; es ist unverkennbar, daß es hier in erster Linie um die provinzielle Selbstbeweihräucherung eines alten Mannes geht, dem gar nicht an völkerkundlicher, geschweige denn: historischer oder politischer Aufklärung gelegen ist. Bezeichnenderweise findet sich in dem Museum, in dem alles mögliche an Urkunden, Dokumenten und Bildern aus Harrers Lebenslauf zu besichtigen ist, auch keinerlei Hinweis auf dessen SA- und spätere SS-Mitgliedschaft. Der Dalai Lama weihte das Museum mit großem Presserummel und unter reger Anteilnahme verschiedener Tibet-Unterstützergruppen ein. Ein paar Tage danach nahm er als Ehrengast an der Eröffnung der Salzburger Festspiele teil.

Ende August trat der Dalai Lama, zusammen mit seinem spirituellen Freund Michail Gorbatschow, in Moskau als Hauptredner einer internationalen Konferenz *The Charisma of Power and Holy War* (Die Gnadengabe der Macht und des Heiligen Krieges) auf. Im Tandem gaben die beiden ein paar abgedroschene Platitüden über den „Weltfrieden" von sich und präsentierten sich ansonsten so, als sei dieser nur und ausschließlich durch sie zu bewerkstelligen.

Abb. 26: Zwei alte Freunde: Heinrich Harrer und Dalai Lama

Im September fungierte „Seine Heiligkeit" als Schirmherr eines Internationalen Buddhistenkongresses in Berlin. Kurze Zeit darauf erhielt er die Nachricht vom Tode ⇨ Petra Kellys (die von ihrem Lebensgefährten Gerd Bastian erschossen worden war, bevor dieser sich selbst erschoß). Wie auch in späteren Verlautbarungen äußerte er kein Wort des Bedauerns, vielmehr hob er in klischeehafter Manier Kellys Verdienste um Tibet hervor: „Als Petra Kelly noch lebte, war ihre Entschlossenheit und ihr Einsatz für den Umweltschutz, für den Frieden und für eine Welt ohne kriegerische Auseinandersetzung beispiellos. Sie hat sich bei jeder Gelegenheit mit edelster Motivation und mit äußerster Kraft für die Sache Tibets eingesetzt. Dafür sind wir ihr zu außerordentlichem Dank verpflichtet. Als Buddhist gehe ich von den Annahme aus, daß der Zyklus von irdischem Leben ununterbrochen weitergeht, und als Buddhist bete ich dafür, daß Petra Kelly in ihrem zukünftigen Leben die Ergebnisse ihrer Bemühungen zum Wohle anderer erfahren möge."[678] Über Gerd Bastian, den er auch gekannt hatte, verlor er kein Wort.

Ende November 1992 befindet das (nicht-staatliche) Ständige Gericht der Völker in Straßburg, Nachfolgeorganisation des Russell-Tribunals, auf Antrag der exiltibetischen Regierung des Dalai Lama die Volksrepublik China schwerwiegender Völker- und Menschenrechtsverletzungen für schuldig. Es fordert die Vereinten Nationen auf, dafür zu sorgen, daß das tibetische Volk frei über seine Regierung entscheiden könne. Kurze Zeit darauf verabschiedet das Europäische Parlament, ebenfalls in Straßburg, eine „Entschließung zur Lage in Tibet": Beijing wird aufgefordert, alle politischen Gefangenen freizulassen und dem Internationalen Rote Kreuz einen Besuch von Haftanstalten in Tibet zu erlauben. Die Beschlüsse, beide von hohem moralischem (aber keinerlei politischem) Gewicht, werden vom Dalai Lama in der Folge bei jeder sich bietenden Gelegenheit zitiert. Irgendwelche Initiativen zur Kontaktnahme mit Beijing unternimmt er nicht.

Magie und Wunderheilung
Tibetische Medizin

Neben all den „tibetisch" angehauchten (Pseudo-)Psychotherapien und Selbsterfahrungspraktiken, die sich im Zuge der New-Age-Esoterik verbreitet haben (⇨ *Exkurs 13*), hat sich im Westen auch ein eigener Zweig „Tibetischer Medizin" etabliert. Mit der „Heilkunst vom Dach der Welt"[679] wurde das Sortiment alternativtherapeutischer Ansätze um ein weiteres Behandlungssystem (bzw. das, was man daraus entnehmen konnte) aufgestockt.

Mitte der 1970er waren die ersten Abhandlungen über die tibetische Heilkunde in englischer und deutscher Sprache erschienen. Die rein akademischen Arbeiten von Dawa Norbu, Theodor Burang oder Elisabeth Finckh stießen außerhalb ethnologischer Seminare allerdings auf wenig Resonanz; desgleichen die zehn Jahre später veröffentlichten Studien von Yeshi Donden oder Terry Clifford. Erst zu Beginn der 1990er, bedingt durch das massenhaft aufkommende Tibet-Interesse, das die Verleihung des Nobelpreises an den Dalai Lama nach sich zog, begann man in der westlichen Alternativheilerszene, sich auch für das „Heilwissen aus dem Land des Schnees"[680] zu begeistern. Umgehend wurden in den USA und in mehreren europäischen Ländern eigene Anlaufstellen und Institute gegründet, „Tibetische Medizin" erlebte innerhalb kürzester Zeit einen rasanten Aufstieg.

Wesentlichen Anteil an dieser Entwicklung hatte eine Handvoll tibetischer „Mönchsärzte" – vornedran die beiden Leibärzte des Dalai Lama, Lobsang Wangyal und Tenzin Choedrak –, die von einer Dependance zur nächsten reisten und ambulante Sprechstunden abhielten (die Stunde ab 180 Mark). Darüberhinaus veranstalteten sie Vorträge, Workshops, gar eigene Ausbildungs- und Trainingskurse. In der Regel ging und geht es bei diesen Veranstaltungen ausschließlich darum, in möglichst großem Maßstab Geld abzuzocken: ein Dr. Pema Dorjee vom *Tibetan Medical and Astrological Institute* in Dharamsala beispielsweise bot über die in München ansässige *DANA-Gesellschaft zur Erhaltung tibetischer Kultur und Medizin e.V.* eine komplette Fortbildung *in zwei Wochenenden* (!) an: Anamnese, Diagnose (selbst die angeblich nur in jahrelanger Praxis zu erlernende Pulsdiagnose) und Therapie chronischer Krankheitsbilder und

Gemütsstörungen; dazu eine Einführung in die besondere Ethik buddhistischen Heilens. Kosten der zwei Wochenenden: 900 Mark.[681] Zahllose Heil- und sonstige Gesundheitspraktiker erweiterten nach dem Besuch solcher Wochenendkurse ihre Angebotspalette um „Tibetische Medizin".

Jede Menge „Fachliteratur" wurde auf den Markt geworfen (von der Unzahl an Artikeln in Zeitschriften und Magazinen gar nicht zu sprechen). Wie üblich in den Niederungen der Ideenklauer und Zweitverwerter irgendwelcher Trends verfügen die jeweiligen AutorInnen nicht notwendigerweise über tiefergehende fachliche Kenntnis – boulevardjournalistische Fähigkeiten reichen völlig aus –, vielfach schreiben sie einfach zusammen, was ihnen an sekundärer oder tertiärer Literatur so in die Finger kommt. Die einzelnen Publikationen kommen denn auch entsprechend trivial daher, ganz abgesehen davon, daß sie streckenweise wortwörtlich voneinander abgekupfert sind (als gemeinsame Quelle scheint Terry Cliffords *Tibetan Buddhist Medicine and Psychiatry* von 1984 zu dienen); sie unterscheiden sich inhaltlich, in ihrer Aufmachung und vor allem in ihrer gänzlich unreflektierten und unkritischen Herangehensweise in praktisch nichts voneinander. Offenbar geht es den Verlagen und AutorInnen ausschließlich darum, sich mit einer „eigenen" Publikation an einen aktuellen Trend anzuhängen; ob da in einem Buch Neues oder Weiterführendes gesagt wird oder nicht, ist dabei völlig unerheblich. Einzig originell ist das 1996 erschienene „Buch der Heilung", das ein angeblich vor 2.800 Jahren (!) in einem tibetischen Kloster tätig gewesener Lama-Arzt namens Ti-Tonisa, wiedergeboren im 20. Jahrhundert, in Trance niedergeschrieben habe; inhaltlich erfährt man freilich auch hier nichts Neues.[682]

Die Tibetische Medizin stellt ein hermetisch in sich geschlossenes System dar. Laut Legende verfügt sie über eine ungebrochene Tradition von zumindest zweieinhalbtausend Jahren, die auf den „historischen" Buddha selbst zurückreiche. Tatsächlich ist sie keineswegs so „altehrwürdig" wie sie vorgibt, sie ist noch nicht einmal besonders originell. Ihre Ursprünge datieren längstens ins 11. Jahrhundert zurück, in dem ein Wunderheiler namens Yuthog die schamanischen Riten des bis dahin in Tibet vorherrschenden Geister- und Dämonenglaubens des Bön mit Bruchstücken indischer beziehungsweise chinesischer Heilkunst, wie sie durch Übersetzungen einschlägiger Texte schon seit dem 8. Jahrhundert in Umlauf waren (zumindest in der herrschenden Adelsschicht), zu einer Art medizinischem Kompendium zusammenführte, das als die „Vier Tantras" (tibetisch: *Gyüschi*[683]) bekannt wurde. Laut späterer „Geschichtsschreibung" stellt das *Gyüschi* die Übersetzung eines uralten, letztlich auf Buddha zurückgehenden (aber inzwischen verlorengegangenen) Sanskrittextes dar, der von Padmasambhava, dem Begründer der buddhistischen Nyingmapa-Sekte, von Indien nach Tibet gebracht und um das Jahr 780 im dortigen Samye-Kloster versteckt worden sei. Yuthog habe den Text später lediglich „wiedergefunden". Eine parallele Legende berichtet von einem zweiten Yuthog, der, ebenfalls Wunderheiler, Zeitgenosse Padmasambhavas gewesen sein soll und die „Vier Tantras", bevor sie von diesem versteckt worden seien, mit einem umfänglichen Kommentar versehen habe. Dieser Kommentar sei auf unerklärliche Weise verschwunden und Mitte des 16. Jahrhunderts – also siebenhundert Jahre später – plötzlich wieder aufgetaucht.

Unter der Ägide des Fünften Dalai Lama (1617-1682) und seines nachfolgenden Regenten Sangye Gyatso (1653-1705) wurden die „Vier Tantras" des späteren Yuthog sowie der dazugehörige Kommentar des früheren Yuthog als Grundlage eines neu erstellten Lehrgebäudes ausgegeben, das die ganz unterschiedlichen Ideen und Praktiken, die sich über die Jahrhunderte entwickelt hatten, nach Gutdünken ordnete und zusammenfaßte. All die Mythen, Legenden und zurechtgebogenen historischen Tatsachen, mit denen die Entstehungsgeschichte dieses künstlich geschaffenen medizinischen Kanons umrankt wurde, verfolgten ausschließlich den Zweck, diesen irgendwie mit Buddha in Verbindung zu setzen und damit in den Rang unanfechtbarer und ewig gültiger Wahrheit zu erheben. Mittels einer eigens verfaßten „Biographie" des früheren Yuthog (der von 745 bis 870 [!] gelebt haben soll) wurde etwa die Legende in Umlauf gesetzt, seiner Mutter sei die Vision zuteil geworden, sie werde die inkarnierte „Sprache Buddhas" gebären; diese werde die Heilkunde Buddhas in ganz Tibet verbreiten. Schon im Alter von zehn Jahren sei Yuthog als höchster medizinischer Lehrmeister aufgetreten.

Im Auftrage des Fünften Dalai Lama legte Sangye Gyatso den neuentwickelten Kanon in Schriftform nieder und ließ ihn mittels einer Serie von neunundsiebzig Schaubildern illustrieren. Die Begründung der neuen Lehre in den kommentierten „Vier Tantras", die diese über Padmasambhavas Sanskrittexte als direkt von Buddha hergeleitet vorzugeben und dergestalt jeder möglichen Kritik zu entziehen erlaubte, bewirkte, daß die tibetische Heilkunde seit den Tagen ihrer Kanonisierung *keinerlei* Weiterentwicklung mehr erfahren hat; selbst ins Auge springende Widersprüche und Ungereimtheiten blieben völlig unangetastet stehen. Bis heute verbringen die angehenden (Mönchs-)Ärzte die ersten Jahre ihrer Ausbildung ausschließlich damit, die Lehrtexte aus dem 17. Jahrhundert – es handelt sich um 156 Kapitel mit 5.900 Versen – auswendig zu lernen. Jedes Hinterfragen, jede Überarbeitung oder Erweiterung dieser Texte und der dazugehörigen Bilder würde als unverzeihliches Sakrileg gewertet, ganz abgesehen davon, daß der klösterliche Drill spätestens zum Abschluß der Ausbildung den letzten Funken eigenständigen Denkvermögens ausgelöscht hat. Die vielgerühmte „Disputation" tibetischer Mönche ist alles andere als eine diskursive Auseinandersetzung um strittige Fragen; sie besteht schlicht darin, einander in streng ritualisiertem Wettstreit *mittels auswendiggelernten Zitatenmaterials* zu übertrumpfen. Kritisches Denken, Fragen und Argumentieren wird gerade dadurch kategorisch unterbunden. Allein die Menge stur zu paukender Lehrtexte und zu memorierender Schaubilder – hinzu kommt eine Unzahl astrologischer und (pseudo-)lunarischer Kompendien – bedeutet einen Studienaufwand von zehn bis fünfzehn Jahren.

Wie die Heilkunst des Ayurveda beruht auch die tibetische Medizin, bekannt als *Sowa Rigpa*[684], auf der Vorstellung, der menschliche Organismus spiegle das Ordnungssystem des gesamten Kosmos wider und sei wie dieser zusammengesetzt aus den fünf Elementen Feuer, Wasser, Luft, Erde und Raum. Hergeleitet aus diesen Elementen bestimmten drei energetische Regelsysteme („Körpersäfte") jedwedes organismische Geschehen: *Lung* (Wind: Luft/Raum) steuere Atmung, Bewegung und Nerventätigkeit, *Tripa* (Galle: Feuer/Wasser) Verdauung und Stoffwechsel, *Bäkän* (Schleim: Wasser/Erde) das Lymph- und Immunsystem.[685] Das Verhältnis der drei Regelsysteme und ihrer jeweils fünf Untersysteme zueinander bestimme die Konstitution und die individuellen Eigenschaften des Menschen. Schon die kleinste Abweichung im harmonischen Zusammenspiel von *Lung*, *Tripa* und *Bäkän* führe zu organismischen Störungen und Erkrankungen. Ursache solcher Abweichung sei allemal eines der drei „Geistesgifte": Eine *Lung*-Abweichung entstehe aus Gier (symbolisiert durch einen roten Hahn), eine *Tripa*-Abweichung aus Haß, Aggression oder Neid (symbolisiert durch eine grüne Schlange) und eine *Bäkän*-Abweichung aus Verblendung und Unwissenheit (symbolisiert durch ein schwarzes Schwein). Mittels Pulsdiagnose könnten die ursprüngliche „Drei-Säfte-Konstitution" sowie eventuelle Abweichungen davon festgestellt werden, was Hinweise auf eine vorliegende oder sich anbahnende Erkrankung gebe (latent ist der Mensch nach tibetisch-buddhistischer Auffassung ohnehin ständig krank: durch seine Unwissenheit trage er die „Wurzeln von Krankheit und selbstverursachtem Leid" stetig mit sich herum). Menschen mit zuviel *Lung* etwa seien „dünn und von bläulicher Hautfarbe. (...) Sie werden nicht sehr alt. Ihr Charakter gleicht dem des Geiers, des Raben und des Fuchses."[686]

Gleichwohl es in der tibetischen Heilkunde (angeblich) achtundreißig verschiedene Diagnoseverfahren gibt, werden in der Regel nur zwei davon eingesetzt. Das zentrale Verfahren ist besagte Pulsdiagnose: mittels kurzen Abtastens der Arterie am Handgelenk des Patienten sei der Arzt in der Lage, Abweichungen im harmonischen Verhältnis der drei Körpersäfte zueinander und daraus resultierende Störungen und Erkrankungen zu erkennen. Was genau da „ertastet" wird, bleibt ein Geheimnis. In der einschlägigen Literatur ist stets nur von einer „Meisterleistung an Feingefühl" die Rede, die „sehr viel Erfahrung und Intuition" (!) erfordere. Vollmundig und ohne irgendeinen Beleg anzuführen wird behauptet, die tibetische Pulsdiagnose sei „ein erstaunlich präzises Verfahren, dessen Ergebnisse leicht dem Check-up eines westlichen Mediziners standhalten können. (...) Sogenannte 'Blutunreinheiten', wie zu hoher Blutdruck oder Zuckerkrankheit, zu diagnostizieren, gehört zur Routine; auch Organschwächen und die Art der Krankheiten festzustellen, ist für die meisten Ärzte kein Problem. Selbst Krebs ist mit der Pulsdiagnose oft schon im Anfangsstadium erkennbar."[687]

Zur „Diagnose" legt der Arzt drei Finger auf die Arterie am Handgelenk des Patienten: „Der Zeigefinger ertastet Lungen und Dickdarm, Herz und Dünndarm sowie den Oberkörper und das Element Feuer. Der Mittelfinger beurteilt Leber und Gallenblase, Milz und Magen, sowie den Mittelkörper und das Element Erde. Der Ringfinger fühlt linke und rechte Niere, Blase, das Reservoir für den Samen bzw. die weiblichen Organe sowie den Unterkörper und das Element Wasser."[688] Dreiundvierzig verschiedene Pulsarten seien zu ertasten, die Hinweis gäben auf insgesamt 84.000 verschiedene Krankheiten. Selbstredend sei auch die Lebenserwartung beziehungsweise der Todeszeitpunkt des Patienten exakt ablesbar. Selbst karmische Belastung und/oder Besessenheit von bösen Dämonen sei mittels Pulsdiagnose im Handumdrehen zu erkennen. In verklärendem Tonfall beschreibt eine westliche „Sachbuch"-Autorin eine Pulsuntersuchung bei Tenzin Choedrak, dem „Leibarzt" des Dalai Lama: „Während die Finger seiner Hände an anderer Stelle drücken und loslassen, offenbaren sich dem Meister die feinsten Schwingungen meiner Organe und meines Seelenlebens (...) die Magie seiner Hände und seiner Stimme durchdringen mein Innerstes. Ich fühle mich vollkommen durchschaut."[689]

Abb. 27: Vollkommen durchschaut? - Leibarzt Tenzin Choedrak

Tatsächlich „offenbart" sich dem tibetischen Arzt überhaupt nichts, die Pulsdiagnose ist reiner Humbug. Dies bestätigt sich nicht zuletzt an der bei männlichen beziehungsweise weiblichen Patienten unterschiedlich vorzunehmenden Diagnose: Durch die „seitenverkehrte Anlage der inneren Organe" (sic!) müsse die Beschaffenheit von Herz, Leber, Milz etc. beim Mann am linken, bei der Frau hingegen am rechten Handgelenk abgelesen werden. Bei Kindern werden nicht Arterien am Handgelenk, sondern Venen am Ohr abgelesen. Der Umstand, daß tibetische Ärzte den Puls auch ferndiagnostisch, das heißt: *in Abwesenheit des Patienten*, untersuchen können, weist das Verfahren endgültig als unsinnigen Hokuspokus aus. Behauptungen, mittels Untersuchung des Pulses der

Eltern könne das Geschlecht (und das Karma!) eines noch nicht
geborenen Kindes bestimmt werden – sogar schon vor dessen Zeugung –,
bedürfen ohnehin keines Kommentares; ebensowenig die Behauptung des
Dalai Lama, es könne „jemand, der darin sehr geschickt ist, den Atem
genau prüfen, und dadurch in der Lage (sein), die Anzeichen eines Todes
festzustellen, der noch mehrere Jahre entfernt sein kann, selbst dann,
wenn die Person augenscheinlich bei bester Gesundheit ist".[690]

Genauso unsinnig wie die Diagnose des Pulses ist die des Urins, die
zur weiteren Abklärung eines bereits erhobenen Befundes gelegentlich
herangezogen wird. Der Urin des Patienten wird dabei in ein eigenes
Gefäß abgefüllt und mit einem Holzstab oder einem Bambusquirl aufge-
schäumt. Aus der Art und Größe der Schaumblasen ließen sich nun diffe-
renziertere Schlüsse auf den Zustand der drei Regelsysteme sowie daraus
sich herleitende organische Mißbefindlichkeiten und sonstige Störungen
ziehen. Auch Farbe und Geruch des Urins seien sehr aufschlußreich. Wie
der frühere Leibarzt des Dalai Lama, Yeshi Donden, erläutert, habe der
„Urin eines gesunden Menschen als Farbe im großen und ganzen das
helle und fröhliche Gelb der Butter vom 'Dri' (weibliches Gegenstück
zum Yak). Der Geruch gleicht dem der Sahne, die sich auf der Oberfläche
der Milch sammelt."[691]

Die tibetische Heilkunde beschreibt (angeblich) 84.000 verschiedene
Krankheiten. Diese sind zusammengefaßt in vierhundertvier Kategorien,
von denen dreihundertunddrei die prinzipiell heilbaren Erkrankungen
beinhalten. Zwei Drittel davon ließen sich allein durch richtiges Denken
und Verhalten beziehungsweise durch ärztliche Behandlung oder die
Verabfolgung richtiger Arznei beheben. Das restliche Drittel sei durch
böse Geister und Dämonen hervorgerufen – insgesamt gebe es exakt 1080
davon –, hier sei die Durchführung exorzistischer Reinigungsrituale vonnöten. Die verbleibenden einhunderteine Kategorien seien karmisch bedingt und damit – zumindest in diesem Leben – unheilbar; die „Behandlung" dieser Krankheiten, beispielsweise Krebs oder Epilepsie, besteht
darin, mittels religiöser Übung das Anhäufen weiterer „negativen
Karmas" zu verhindern, was eine Fortsetzung der Erkrankung in folgenden Inkarnationen nach sich zöge.

Zu den Behandlungsmethoden der tibetischen Medizin zählt neben
allgemeinen und diätetischen Verhaltensmaßgaben vor allem die Verab-
reichung von Arzneimitteln; hinzu kommt der gelegentliche Einsatz von
Abführmitteln, Brechmitteln, Inhalationen oder Klistieren. Über die „internen" Behandlungen hinaus kennt die tibetische Heilkunde eine ganze

Reihe „externer" Maßnahmen, von Schröpfkuren und Aderlaß hin zu Akupunktur, Moxibustion und Kauterisation. Eingebunden sind sämtliche Behandlungsformen in ein magisch-mystisches Brimborium von Handauflegungen, Gebeten, Visualisierungsübungen sowie dem Rezitieren wundertätiger Heilmantras; gelegentlich, so heißt es in einschlägigen Lehrbüchern, verwandle der Arzt sich selbst in den „Medizinbuddha".[692] Interessanterweise wird in der Behandlung psychiatrischer Erkrankungen vielfach sexuelle Aktivität verordnet. Wie es in einem Standardwerk über tibetisch-buddhistische Medizin (ausdrücklich empfohlen vom Dalai Lama) heißt: „Eines der Symptome psychiatrischer Wind-Erkrankung besteht darin, daß die kranke Person oftmals nackt sein und ihre Kleider ausziehen will. (...) Dies ist alles verursacht durch Gier und deren Beziehung zu Wind. Sexuelle Aktivitäten mögen einer Person helfen, indem die Gier befriedigt wird; sie werden deshalb zusammen mit Medizin verschrieben." Und weiter: Jedermann sollte „in sehr süßen Worten der Zuneigung und Anteilnahme mit der kranken Person reden – einbezogen und vor allem der Arzt".[693] (⇨ *Exkurs 8*)

Die teils äußerst brachialen „externen" Verfahren bedürfen näherer Erläuterung: Die tibetische Variante der Akupunktur beruht auf ganz anderen Vorstellungen als ihr chinesisches Vorbild. Es wird in der Regel nur eine einzige Nadel gesetzt, meist irgendwo im Nacken. Die Nadel – ein angeblich aus purem Gold bestehendes Instrument in der Stärke eines Schaschlikspießes – wird dem Patienten bis zu einem Zentimeter tief eingestochen. Wie der Alternativmediziner Egbert Asshauer in seinem Werk über *Tibets sanfte Medizin* ausführt, sei eine „bevorzugte Stelle die kleine Fontanelle am Hinterkopf, in welche die Nadel regelrecht eingerammt wird. Dort wird sie dann einige Minuten belassen".[694] Mit dieser äußerst schmerzhaften Prozedur werden nicht nur epileptische oder apoplektische Anfälle behandelt, sondern neurologische (bzw. psychische) Auffälligkeiten jeder Art – Probleme also, die nach tibetischer Vorstellung durch Besessenheit oder sonstige dämonische Einflüsse verursacht seien. Ein Wirksamkeits-, geschweige denn: Risikonachweis fehlt völlig.[695] (Ohnehin scheint es sich bei derlei „Akupunktur" eher um Exorzismus zu handeln als um Therapie. Asshauer: „Der Patient sitzt dabei oder steht gar und zuckt gewöhnlich nicht einmal zusammen. Nur die Schweißperlen, die ihm von der Stirn rinnen, verraten, daß es sehr weh tun muß. Asiaten sind eben sehr viel leidensfähiger als wir im Westen."[696])

Auch die sogenannte Moxibustion dient in erster Linie der Behandlung von „Geisteskrankheiten". Es werden hierbei aus getrocknetem Beifußkraut kleine Kegel geformt und an bestimmten Stellen des Körpers, bevorzugt auf dem Brustbein oder auf dem (rasierten) Hinterkopf, aufgesetzt. Die Krautkegel werden nun entzündet und komplett abgebrannt. Die Patienten müssen gelegentlich von mehreren Helfern festgehalten werden. Das verbrannte Hautgewebe wird abgeschabt, die zurückbleibenden Narben werden später mit Stolz hergezeigt. Gelegentlich werden Akupunktur und Moxibustion auch gemeinsam eingesetzt: das Moxakraut wird dabei kegelförmig um die Nadel herumgewickelt und, nachdem diese eingestochen ist, angezündet. Die Hautverbrennungen fallen bei dieser Methode etwas glimpflicher aus. Bei der Behandlungstechnik der Kauterisation, angewandt bei „schweren Formen dämonischer Besessenheit", beispielsweise Depression, werden glühende Brenneisen eingesetzt. Dünne Metallstäbe mit einer vergoldeten oder verkupferten Brennfläche von bis zu einem Zentimeter Durchmesser an der Spitze werden über einem Feuer erhitzt und an bestimmten Stellen des Körpers, vor allem entlang der Wirbelsäule, aufgesetzt. Auch hier wird das verbrannte Gewebe anschließend mit einem Messer ausgeschabt.[697]

Die „externen" Verfahren des *Sowa Rigpa* werden nur an Tagen eingesetzt, die mittels astrologischer Berechnungen als hierfür „günstig" ermittelt wurden. Der enormen Schmerzen (und körperlichen Schädigungen) wegen, mit denen sie einhergehen, werden sie (in der Regel) nicht an Patienten aus dem Westen angewandt. Ohne Einschränkung werden hingegen Medikamente verabfolgt – auch und gerade an westliche Kundschaft –, deren Herstellung ebenfalls strengen astrologischen Vorgaben unterliegt. An die zweitausend Arzneimittel sollen sich im tibetischen Apothekenfundus befinden (im Exil werden allerdings nur 200 davon hergestellt), zusammengesetzt nach traditionellen Rezepturen aus jeweils bis zu hundert verschiedenen Inhaltsstoffen. Hierzu zählen pflanzliche und tierische Bestandteile jedweder Sorte (z.B. getrocknetes Schafshirn, aber auch Rhinozeroshorn oder gemahlene Tigerzähne), daneben Metalle, Minerale, Erden, Salze: kaum ein Stoff, der sich nicht in einer der Pillen wiederfände; und kaum eine Erkrankung, die sich, laut tibetischer Heilmittelkunde, damit nicht erfolgreich behandeln ließe. Selbst Krebs und AIDS seien (neuerdings) in den Griff zu bekommen.[698]

Von besonderem Interesse sind die sogenannten „Juwelenpillen", die unter anderem aus Gold- und Silberpartikeln sowie pulverisierten Edelsteinen hergestellt werden. Diese Pillen, deren Erwerb für einfache TibeterInnen völlig unerschwinglich ist (ein Stück kostet bis zu fünf US-Dollar), gelten als Wunderheilmittel, mit denen jeweils ein breitgefächertes Spektrum an Krankheiten behandelt werden könne. Die sogenannte „Wertvolle wunscherfüllende Juwelenpille" (tibetisch: *Rinchen Ratna Samphel*) beispielsweise, zusammengesetzt aus (angeblich) über achtzig Bestandteilen wie Gold, Silber, Kupfer, Eisen, Schwefel, Quecksilber, Korallen, Perlen, Türkis und Lapislazuli, wirke unter anderem „gegen die Auswirkungen jeder Art von Vergiftung, verursacht durch Nahrungsmittel, Pflanzen, Insekten, Tiere oder Chemikalien. (...) Sie ist nützlich in der Behandlung halbseitiger oder ganzer Lähmung, steifer oder bewegungseingeschränkter Gliedmaßen sowie unbeweglicher oder ausgerenkter Gelenke. Alle Arten von Nervenkrankheiten mit Symptomen wie Zittern und körperlicher Empfindungslosigkeit, ständigem Harndrang, Problemen, die Augenlider zu öffnen und zu schließen sowie neuralgische Schmerzen (sind damit behandelbar). Die Pille kann auch bei sensorischen Störungen wie etwa Taubheit, Verlust des Geruchssinnes, körperlichen Trugwahrnehmungen und unkontrolliertem Speichelfluß eingesetzt werden. Sie eignet sich zur Kontrolle hohen Blutdrucks, bei Herzkrankheiten, Blutgerinnseln, inneren Geschwulsten und Krebs im Anfangsstadium."[699] Die „Große Eisenpille" (tibetisch: *Chakril Chenmo*) hingegen, bestehend mithin aus dem Drüsensekret eines Moschushirschen, der Gallenflüssigkeit eines Elephanten, aus Safran, Sandelholz, Eisenspänen und Asphaltteer, sei angezeigt bei „allen Arten von Augenproblemen"; darüberhinaus bei „Ansammlung unreinen Blutes in Leber und Milz, sowie bei Magengeschwüren".[700]

Gerade das extrem breite Band der jeweiligen Indikation, verbunden mit sehr schlecht definierten Krankheitsbildern, läßt die Wirkkraft der „Juwelenpillen" (desgleichen aller sonstigen Pillen und Pülverchen der tibetischen Medizin) äußerst zweifelhaft erscheinen. Da helfen die streng festgelegten Einnahmerituale auch nichts, ganz im Gegenteil: „Am Vorabend wird die Pille in ihrem (Einwickel-)Papier zerdrückt und das Pulver in eine Porzellantasse gegeben, heißes Wasser hinzugefügt und, mit einem Tuch zugedeckt, über Nacht stehengelassen. (...) Der beste Einnahmezeitpunkt ist fünf Uhr morgens. Pulver und Wasser werden mit dem Ringfinger im Uhrzeigersinn umgerührt." Nach der Einnahme sei ein bestimmtes Mantra zu rezitieren: „tadyatha aum bhaishjya bhaishjya..."[701]. Für eine Zeitspanne von zumindest zwei Tagen nach der Einnahme habe man sich jedes Fleischgenusses zu enthalten; auch Geschlechtsverkehr ist strikt untersagt.

Bis heute ist *kein einziges* tibetisches Arzneimittel auf seine Wirkungen hin wissenschaftlich untersucht worden (die wenigen bislang vorliegenden *case studies* werden den Anforderungen moderner pharmakologischer Forschung nicht ansatzweise gerecht). Interessanten Aufschluß gibt insofern ein Blick auf die wissenschaftlich relativ gut untersuchten Heilmittelbestände der traditionellen *chinesischen* beziehungsweise *indisch-ayurvedischen* Medizin, aus denen die tibetische Apotheke sich zu großen Teilen herleitet. Viele der untersuchten chinesischen Arzneidrogen, so der Sino-Mediziner Paul Unschuld, besässen in der Tat pharmakologisch aktive Wirkstoffe. Die Frage, ob deren heute nachweisbare Wirkungen mit den historisch postulierten Effekten übereinstimmten, sei freilich bislang nur selten zufriedenstellend beantwortet worden. Besonders problematisch sei die Bewertung traditioneller Rezepturen: „Die moderne Pharmakologie besitzt alle Möglichkeiten, einzelne Substanzen auf Inhaltsstoffe und Wirkverhalten zu untersuchen, die Analyse der synergistischen Effekte in einer Zusammenstellung mehrerer Substanzen bereitet jedoch Schwierigkeiten". Trotz umfangreicher *Screening*-Programme, wie sie seit Jahrzehnten von westlichen Pharmakonzernen durchgeführt würden, habe bislang kaum eine Handvoll chinesischer Arzneidrogen den Weg in die moderne Medizin finden können.[702] Hingegen fanden US-Experten in chinesischen „Kräuterkügelchen", die bei Fieber, Rheuma, Schlaganfall und Trübung der Augen helfen sollen, große Mengen hochgiftiger Arsen- und Quecksilberverbindungen. In angeblich naturheilkundlichen und vermeintlich harmlosen China-Arzneien wurden neben Schwermetallen in gefährlich hohen Anteilen mithin auch männliche Hormone gefunden.[703] Nicht anders verhält es sich mit ayurvedischen Medikamenten. Kein einziges der (in Deutschland nicht zugelassenen, von Alternativheilern aber dennoch eingesetzten) ayurvedischen Arzneimittel verfügt über einen seriösen Wirksamkeitsnachweis (am wenigsten die Ayur-Ved-Präparate, die von der Maharishi-Sekte, mithin zur Behandlung von Krebs und AIDS, angeboten werden).[704] Vor allem die traditionelle Vermengung ayurvedischer Präparate mit Mineralien und Metallen, besonders dem hochtoxischen Quecksilber, ist nach heutigem Erkenntnisstand nicht mehr vertretbar.[705] Behauptungen, das Quecksilber werde in „alchimistischen Reinigungsprozessen geläutert" und damit „entgiftet", sind gefährlicher Blödsinn.

Auch die tibetischen Arzneimittel setzen sich aus teils höchst obskuren Bestandteilen, beispielsweise reinem Schwefel, Quecksilber, Blei oder *Ngulchu Tsothel* (was immer das sein mag) zusammen. Aussagen über die synergistische Wirkung der einzelnen Komposita, die aus bis zu hundert Inhaltsstoffen bestehen, kann niemand treffen, am wenigsten die Lama-Ärzte, die niemals Untersuchungen dazu angestellt haben – es sind überhaupt nie Untersuchungen dazu angestellt worden –, sondern sich auf die Autorität Buddhas beziehungsweise ihrer auswendiggelernten Lehrtexte berufen. Trotz aller vollmundigen Behauptungen: man weiß über die Wirkung und Nebenwirkung der einzelnen Präparate *gar nichts*. Auch der „Erste Internationale Kongreß für Tibetische Medizin", der Ende 1998 mit großem Ballyhoo in Washington D.C. veranstaltet wurde – „Seine Heiligkeit" höchstpersönlich hielt vor 1.600 TeilnehmerInnen den Eröffnungsvortrag –, brachte keinerlei weitere Erkenntnis.

An dieser Stelle sei nocheinmal betont, daß zu den Inhaltsstoffen tibetischer Arzneimittel neben dem Kot von Wildtieren vielfach auch deren Organe oder sonstige Körperteile zählen. Beispielsweise gilt das Horn der Chiru-Antilopen als Heilmittel für urologische Probleme (auch als Aphrodisiakum), weswegen diese einst in großen Beständen vorkommenden Tiere schon zu Zeiten des chinesischen Einmarsches fast völlig ausgerottet waren.[706] Die ständig vorgetragene Behauptung des Dalai Lama, im „alten Tibet" hätten Mensch und Tier in friedlicher Harmonie miteinander gelebt, ist insofern wenig glaubhaft.

Auch die Behauptung, die einzelnen Medikamente setzten ihre Heilkräfte entsprechend der Position des Mondes frei – außer im Notfalle seien sie nur an lunarisch glücksverheißenden Tagen einzunehmen –, trägt nicht eben zu einem seriösen Erscheinungsbild der tibetischen Heilkunde bei. Den letzten Anschein von Seriosität verspielt Dalai Lama-Leibarzt Tenzin Choedrak, wenn er behauptet, Erfolg oder Mißerfolg einer Behandlung werde weniger durch diese selbst bestimmt, als vielmehr durch die „karmische Beziehung" zwischen Arzt und Patient: „Wenn diese Beziehung gut ist, wird die vom Arzt verschriebene Medizin effektiv sein. Wenn zwischen Arzt und Patient kein karmisches Verhältnis besteht, dann ist die Medizin manchmal trotz der guten Motivation des Arztes nicht sehr effektiv."[707] An anderer Stelle wird dahergefaselt, es reiche vielfach völlig aus, dem Lama-Arzt nur gegenüberzusitzen; allein schon die „Reinheit seiner Aura und seine Ausstrahlung" bewirkten Gesundung.[708]

Die importierten Heilverfahren, ob nun chinesischer, ayurvedischer oder sonstiger Herkunft sind in der Regel unzureichend oder überhaupt nicht überprüft und daher zur Behandlung gleich welcher Erkrankung grundsätzlich nicht zu empfehlen. Keineswegs, wie Kritikern immer wieder vorgeworfen wird, bedingt sich solch prinzipielle Ablehnung in wissenschaftlicher oder gar eurozentristischer Überheblichkeit schamanistischen oder sonstig traditionellen Heilverfahren gegenüber. Vielmehr erscheint deren Praxis – auch und gerade von hierzulande auftretenden „Heilern" aus dem jeweiligen Kulturkreis – als völlig unverantwortlich, solange keine zuverlässigen Daten über die Wirkungen und eventuelle Nebenwirkungen vorliegen. Irgendwelche unüberprüfbaren Anekdoten über angebliche Heilerfolge oder der Verweis auf lange Tradition reichen nicht aus. Die im Bereiche der wissenschaftlichen Medizin und Psychotherapie ganz selbstverständliche Forderung nach klinischer Überprüfung der eingesetzten Methoden muß auch für den Bereich traditioneller Heilverfahren, gleich welchen Ursprungs, gelten. Medikamenten und Präparaten, für die keine arzneimittelrechtliche Zulassung vorliegt, muß *grundsätzlich* mißtraut werden: Tibetische Heilmittel, um die es hier geht, haben bislang *in keinem Fall* einen ernstzunehmenden Wirksamkeitsnachweis erbracht und sind hinsichtlich möglicher Nebenwirkungen und Risiken völlig unüberprüft. All die Behauptungen, es sei beispielsweise bei „Arteriosklerose die Wirksamkeit tibetischer Rezepte wissenschaftlich erwiesen, bei Hepatitis tausendfach bestätigt",[709] sind ebenso reine Propaganda, wie die Berichte über angeblich „große Erfolge" bei Gallen- und Nierensteinen, Leberleiden, Allergien, einigen Formen von Krebs und Tumoren und insbesondere bei chronischen Krankheiten.[710] Die vielkolportierte *homestory*, der Dalai Lama habe mit kostenloser Vergabe von „Juwelenpillen" die Strahlenschädigung von Tschernobyl-Opfern gelindert oder geheilt – Leibarzt Tenzin Choedrak hatte die in buntes Seidenpapier eingewickelten Wundermittel höchstpersönlich und unter großem Presserummel in die Ukraine gebracht – ist durch nichts belegt. Die Behauptung, durch die „Juwelenpillen" werde der Körper von Radioaktivität gereinigt, unterstreicht die szenetypische Mischung von Schwachsinn und Zynismus.

Entgegen allen Werbeverlautbarungen ist auch das vielgepriesene Präparat *Padma 28* keineswegs unumstritten. Die nach „alter tibetischer Rezeptur" in der Schweiz hergestellten Pillen – sie bestehen wesentlich aus Baldrian, Vogelknöterich und Gips (Kalziumsulfat) – werden mit angeblich durchschlagendem Erfolg zur Behandlung von Arteriosklerose (vor allem bei „Raucherbein") eingesetzt; auch von Wirksamkeit bei Erkrankungen der Herzkranzgefäße, bei chronischer Hepatitis B sowie bei wiederkehrenden Atemwegserkrankungen ist die Rede; selbst die Metastasierung von Krebszellen soll durch *Padma 28* verhindert werden können.[711]

Die auf (angeblich) abenteuerlichem Wege in die Schweiz gelangte Rezeptur – von Dalai Lama-Leibarzt Yeshi Donden offiziell als „tibetisches Heilmittel" anerkannt – wird dort von einer eigenen *Padma AG* vermarktet; in der Schweiz ist *Padma 28* (der Sanskritbegriff bedeutet Lotusblüte [auch: Vagina], die Ziffer ist schlicht eine Dispensatoriumsnummer) frei verkäuflich, in Österreich gilt das Präparat als Nahrungsergänzungsmittel; in der BRD ist es nicht zugelassen. Der Hamburger Alternativmediziner und Dalai Lama-Freund Egbert Asshauer gibt ganz offen zu, er verabfolge „Patienten mit einer HIV-Infektion, die noch symptomlos oder aber im sogenannten Prä-Aids-Stadium sind (das heißt, bevor die Krankheit voll ausgebrochen ist), *Padma 28*. Es besteht der Eindruck [!], daß dadurch das Immunsystem so gestärkt wird, daß sich das volle Krankheitsbild erst Jahre später entwickelt."[712] Ein paar Zeilen später behauptet er, „immunologische Untersuchungen mit modernster Technik haben den Nachweis einer entsprechenden Wirksamkeit der Kräuterpillen bei AIDS-Kranken erbracht".[713] Welche Untersuchungen das denn gewesen sein sollen, teilt Asshauer natürlich nicht mit.

Im Jahre 1997 kam unter dem Titel *Das Wissen vom Heilen* ein Dokumentarstreifen des Filmemachers Franz Reichle in die Kinos, in dem zwei Leibärzte des Dalai Lama samt diesem selbst ihre Ansichten über Krankheit und Gesundheit ausbreiteten. Dieser Film verlieh der in Alternativheilerkreisen ohnehin schon hochgeschätzten Tibetischen Heilkunde weiteren enormen Auftrieb. Die Anzahl an Heilpraktikern, die plötzlich „Tibetische Medizin" im Behandlungsangebot führten, nahm schlagartig zu. Wie üblich in diesen Kreisen wurde und wird die Frage nach klinischer Qualifikation nicht gestellt (ganz unabhängig vom Wert des jeweiligen Verfahrens), als entscheidend gilt die innere „Berufung". Viele der einschlägigen Praktiker halten denn die Teilnahme an einem *DANA*-Wochenendkursus oder dergleichen auch für völlig hinreichend; ein Urlaubsabstecher nach Dharamsala ersetzt ohnehin jedes Diplom. Glücklicherweise werden die Methoden der Moxibustion und der Kauterisation hierzulande nicht eingesetzt, die Behandlung beschränkt sich in der Regel auf das Verordnen tibetischer Arzneimittel, diese werden unmittelbar aus dem *Tibetan Medical & Astrological Institute* in Dharamsala (bzw. einer privaten „Stiftung für tibetische Medizin" in Amsterdam) bezogen und – unter Mißachtung sämtlicher arzneimittelrechtlicher Vorschriften – an hiesige PatientInnen weiterverkauft.

Das *Tibetan Medical & Astrological Institute* (tibetisch: *Men-Tsee-Khang*) in Dharamsala zählt zu den wesentlichen exiltibetischen Ein-

kommensquellen. Das 1961 mit finanzieller Unterstützung der katholischen Spendensammelorganisation *Misereor* (Aachen) gegründete Institut samt dazugehörigem College wurde bis 1984 von Lobsang Samten,
dem älteren Bruder des Dalai Lama, geleitet. Seither trifft Tenzin Choedrak, erster Leibarzt des Dalai Lama, die Entscheidungen. Das Institut
dient nicht nur der medizinischen Versorgung der eigenen Kommune, es
werden auch indische PatientInnen der näheren und weiteren Umgebung
behandelt. Bevorzugt aber kümmert man sich um zahlungskräftige West-
TouristInnen, die eigens irgendeiner Malaise wegen (manchmal durchaus
auch mit ernsthaften Erkrankungen) angereist kommen, oder sich „pro-
phylaktisch" den Puls fühlen oder den Urin begutachten lassen (⇨ *Exkurs
18*). Für dreißig US-Dollar (das Vierteljahreseinkommen des indischen
handyman, der den Boden des Institutes putzt) kann man sich hier auch
ein „Lebenshoroskop" mit sämtlichen zu erwartenden Krankheiten und
Problemen errechnen lassen, deren Kenntnis natürlich den Bezug einer
entsprechenden Menge an Medikamenten erfordert: kaum ein West-
Besucher verläßt Dharamsala, ohne sich nicht tütenweise mit „tibetischer
Medizin" und sonstigen Produkten des *Men-Tsee-Khang* (Bücher, Poster,
Kosmetika etc.) eingedeckt zu haben. Das große Geschäft des Institutes
aber sind Ferndiagnosen und Fernbehandlungen: Es reicht, eine Auflistung der jeweiligen Symptome nach Dharamsala zu faxen, kurze Zeit
darauf erhält man – gegen Vorauskasse – eine entsprechende Lieferung an
Medikamenten per Post zugestellt. Auch Heilpraktiker und Ärzte können
per Fax oder E-Mail Arzneimittel bestellen.

Der lukrative Vertrieb tibetischer Heilmittel hat eine ganze Reihe an
Trittbrettfahrern auf den Plan gerufen, die „nachgemachte" und damit
„unwirksame" *Men-Tsee-Khang*-Medikamente verhökern. Das *Medical &
Astrological Institute* in Dharamsala warnt entschieden vor solch „unver-
antwortlichen Geschäftemachern". Wirksam seien nur die mit dem Logo
des Institutes „Seiner Heiligkeit des Dalai Lama" versehenen Präparate.[714]

Als unübertreffliches Heil- und Schutzmittel galt und gilt der Tibetischen Medizin alles, was irgendwie mit einem Lama oder Rinpoche in
Kontakt stand (⇨ *Exkurs 2*); vor allem den Körpersekreten dieser Männer
wurde und wird besondere Wirkkraft zugeschrieben. Wie Heinrich Harrer
berichtet, „bestreichen die Lamas ihre Patienten mit ihrem heiligen Speichel; oder es werden Tsampa [tibetisch: Gerstenmehl, d. A.] und Butter
mit dem Urin der heiligen Männer zu einem Brei verrührt und den Kranken eingegeben. Harmloser sind die aus Holz geschnitzten Gebetsstempel,
die in Weihwasser getaucht und auf die schmerzende Stelle gedrückt

werden. Besonders beliebt als Amulette gegen Krankheit und Gefahr sind kleine Götterfiguren, die die Lamas aus Lehm pressen. Aber nichts steht als Heilmittel höher im Wert als ein Gegenstand aus dem Besitz des Dalai Lama."[715] Als Heilmittel am begehrtesten, wie Harrer berichtet, sei der „Urin des Lebenden Buddha".[716] Während des Aufenthaltes „Seiner Heiligkeit" in Beijing Anfang der 1950er Jahre, so ein chinesischer Zeitzeugenbericht, seien dessen Ausscheidungen täglich in einem goldenen Topf gesammelt und per Kurier nach Lhasa geschickt worden; dort habe man sie zu Medikamenten verarbeitet.[717]

Von heutigen Lama-Ärzten, vor allem solchen, die den Westen bereisen, wird vehement bestritten, daß es solche Praxis gebe oder jemals gegeben habe. Derlei Berichte seien nichts als „übelwollende Propaganda der Chinesen".[718] Allerdings kann man nicht nur im *Tibetan Revolution Museum* in Lhasa (das in der Tat von den Chinesen eingerichtet wurde) sondern auch in Heinrich Harrers Privatmuseum im österreichischen Hüttenberg (das jeder Tibet-kritischen Haltung unverdächtig ist) Arzneimittel besichtigen, die aus den Exkrementen hochrangiger Lamas hergestellt sind. Über die in bunte Seide eingewickelten Scheiße-Pillen, *Ril Bu* genannt, berichtet Harrer, ihre Wirkung gehe „über die rein pharmakologische weit hinaus". Wohin, weiß er allerdings nicht zu sagen.

Die von den Mönchsärzten in Dharamsala ständig wiederholte Behauptung – mithin in Reichles Film[719] –, die Chinesen hätten die Medizin des alten Tibet nahezu vollständig ausgelöscht, stellt eine der zahllosen exiltibetischen Propagandalügen dar, mit der internationale Spendengelder zu deren „Erhalt" und „Wiederaufbau" gesammelt werden können. Das Gegenteil trifft zu: Die Volksrepublik China hat seit jeher den medizinischen Traditionalisten (sowohl im eigenen Land als auch in Tibet) und den an wissenschaftlicher (westlicher) Medizin orientierten Modernisten eine weitgehende Gleichberechtigung in der Handhabung diagnostischer und therapeutischer Techniken und Arzneimittel zuerkannt.[720] In der Regel bieten chinesische Krankenhäuser eine „Drei-Wege-Medizin" traditioneller, moderner sowie „integrierter" Verfahren an. In Lhasa wird die medizinische Versorgung von vier chinesischen Krankenhäusern sowie dem *Tibetan Traditional Hospital*, gelegen in unmittelbarer Nähe des Jokhang Tempels, gewährleistet. Das *Tibetan Hospital* verfügt über sechs stationäre Abteilungen (einschließlich EKG- und Röntgeneinrichtungen sowie Labor) und betreut täglich bis zu zwölfhundert ambulante Fälle. Angeschlossen ist ein Medical College – seit 1989 im Status einer Universität –, an dem Ärzte und Ärztinnen in traditioneller tibetischer Heilkunde (allerdings unter Weglassung des buddhistischen Ritualwesens, dafür mit Anteilen westlicher Medizin) ausgebildet werden. Die überlieferten Lehrtexte und Schaubilder, die angeblich während der Kulturrevolution planmäßig und restlos vernichtet wurden (die Medizinschule der Gelbmützen in Lhasa war 1959 von den Chinesen zerstört worden), sind, entgegen aller Propaganda, komplett erhalten. Dem College angegliedert ist ein Astrologisches Institut, das nicht nur günstige Behandlungstage und medizinische Prognosen errechnet, sondern auch meteorologische Vorhersagen. Die Behauptung, es gebe „in Tibet praktisch keine tibetische Medizin mehr", es sei alles von den Chinesen „ausgerottet" worden,[721] ist definitiv falsch.

Im übrigen ist seit der chinesischen Okkupation Tibets medizinische Versorgung (sowohl nach tibetischer und chinesischer Tradition, seit Ende der 1970er Jahre auch nach westlichem Standard) erstmals der breiten Masse der Bevölkerung zugänglich. Bis zum Einmarsch 1950 war Medizin (unabhängig von ihrer Tauglichkeit) ausschließlich der Mönchskaste und dem Adel vorbehalten.

1993

Im Zuge seiner Teilnahme an der Einweihung des Holocaust-Denkmals in Washington D.C. Ende April 1993 wurde der Dalai Lama offiziell von US-Vizepräsident Al Gore empfangen; auch mit Präsident Clinton traf er kurz zusammen.

Anschließend reiste „Seine Heiligkeit" nach England weiter. Seine in London gehaltenen Vorträge, nachzulesen in einem Büchlein mit dem Titel *The Power of Compassion* (auf deutsch: „Mit dem Herzen denken"), sind wie üblich ebenso endlose wie nichtssagende Auslassungen über alles und jedes; laut Klappentext freilich sind es tiefschürfende Gedanken zu „Politik, Gesellschaft, Ökologie, Persönlichkeits- und Bewußtseinsentwicklung (...), die dem eigenen Leben Sinn und Bedeutung verleihen".

Welcherart Sinn der (beispielhaft herausgegriffene) Exkurs des Dalai Lama über die „Leerheit der Leerheit" dem Leben des Zuhörers oder Lesers zu verleihen vermag, sei dahingestellt: „Wir nehmen einfach blindlings an, ein unabhängiges Ich oder Selbst zu haben, doch wenn wir genau hinschauen, finden wir, abgesehen vom Interface verschiedener Faktoren, die unser Sein ausmachen, und den Momenten, aus denen unser Kontinuum gebildet ist, nichts, was eine absolute, unabhängige Entität wäre. (...) Wenn wir nun, hinausgehend über die Vorstellung, daß die Dinge lediglich Begriffsbestimmungen sind, die Frage stellen, wessen Vorstellung diese Begriffsbezeichnungen hervorbringt – die Vorstellungen eines einzelnen Wesens oder kollektive, vergangene oder zukünftige usw. –, so werden wir auch hier keine unabhängige existierende Entität auffinden können. Auch die Leerheit als letzte Natur der Wirklichkeit ist nichts Absolutes, eigenständig Existierendes. Sie ist nicht als von der Grundlage der Phänomene unabhängig denkbar, weil nur das Erforschen der Natur der Phänomene zur Erkenntnis führt, daß sie leer, ohne inhärente Existenz sind. Machen wir dann die Leerheit selbst zum Gegenstand unserer Untersuchung und fragen nach ihrer Existenz und ihrer Seinsweise, so stellt sie sich ebenfalls als ohne inhärente Existenz heraus. Aus diesem Grund spricht Buddha von der Leerheit der Leerheit."[722]

Im Juni des Jahres war der Dalai Lama vielumjubelter Stargast des 25. Deutschen Evangelischen Kirchentages in München. Im Gegensatz zu seiner sonstigen Arroganz anderen Religionsgemeinschaften gegenüber, gab er sich in München betont konziliant; in seinem Podiumsgespräch mit Carl-Friedrich von Weizsäcker zum Thema „Gerechtigkeit, Frieden und Bewahrung der Schöpfung" plädierte er für allumfassende Harmonie zwischen den einzelnen Glaubenssystemen. Auch bei seinem kurze Zeit später stattfindenden Auftritt als Hauptredner vor dem „Parlament der Weltreligionen" in Chicago betonte er die prinzipielle Gleichwertigkeit aller Religionsgemeinschaften. Die vor seinen Glaubensbrüdern vertretene Auffassung, die einzig wahre und unfehlbare Lehre sei seine eigene, hält er bei seinen Vorträgen im Westen wohlweislich zurück (⇨ *Exkurs 9*).

Unmittelbar nach dem Münchner Kirchentag sollte der Dalai Lama an der UN-Menschenrechtskonferenz in Wien teilnehmen. Sein geplanter Vortrag vor den Delegierten aus über 180 Ländern fand indes nicht statt: auf Druck Chinas nahmen die österreichischen Gastgeber seinen Auftritt kurzfristig aus dem Programm. Da er allerdings schon nach Wien angereist war, suchte man fieberhaft nach einem Kompromiß, der sowohl Beijing zufriedenstellte als auch das Gesicht der UNO und der österreichischen Regierung zu wahren half. Letztlich ließ man ihn seine Rede in einem eilig aufgestellten Zelt am Rande des Kongreßgeländes halten. Die erwarteten Attacken gegen Beijing blieben relativ moderat, dafür zog die internationale Tibet-Unterstützerszene umso kräftiger vom Leder; vorneweg wie üblich Franz Alt, der die chinesischen Machthaber erneut als Folterer, Massenmörder und Kulturbarbaren anprangerte.[723]

Zwischen Politik und Speichelschlürfen
Die Tibet-Unterstützerszene

• Anthroposophische Gesellschaft

Zu großen Teilen könnte das abstruse Geschwafel des Dalai Lama, vor allem über Karma und Wiedergeburt, auch den Hirnwindungen des Okkultfunktionärs Rudolf Steiner (1861-1925) entstammen, der sich in ganz ähnlicher Manier ausgelassen hatte. Steiner, der (aus heutiger psychiatrischer Sicht) schon in frühen Lebensjahren auffällige schizoide Symptome gezeigt hatte,[724] war 1902 der von Helena Blavatsky gegründeten ⇨ *Theosophischen Gesellschaft* beigetreten und fungierte lange Jahre als deren Generalsekretär in Deutschland. Im Jahre 1913 trennte er sich von den Theosophen, da er den hysterischen Starkult um den als Wiederkunft Christi ausgerufenen indischen Knaben Jiddu Krishnamurti (einen späteren Gesprächspartner des Dalai Lama) nicht mitzutragen bereit war. Noch im selben Jahr gründete er die *Anthroposophische Gesellschaft*, deren okkultistische und von wirren Rassismen durchzogene Doktrin sich von der Lehre der Theosophen allerdings nur sehr unwesentlich unterschied.[725]

Steiners Lehre erfreut sich bis heute weitreichender Wertschätzung, die von ihm begründete *Anthroposophische Gesellschaft* übt über ein weltweites Netz von rund 600 Waldorfschulen und -kindergärten enormen gesellschaftlichen Einfluß aus. Im November 1996 verabschiedete die Bielefelder *Initiative zur Anthroposophie-Kritik* (IzAK) eine Resolution, die darauf hinwies, daß die Anthroposophie „mit einer demokratischen Verfassung, dem Grundgesetz der Bundesrepublik Deutschland, der UN-Konvention über die Rechte des Kindes von 1989 und der Allgemeinen Erklärung der Menschenrechte vom 10.12.1948 nicht vereinbar" sei. Insbesondere wird kritisiert, daß eine autoritäre Sekte, die an Reinkarnation, Karma und sonstigen Aberwitz glaube, durch höchste Regierungsstellen anerkannt und aus Steuermitteln gefördert werde.[726]

Anthroposophen zählen mithin zu den getreuesten Verehrern des Dalai Lama, der deren Dogmatismus, Autoritätsfixation und vor allem: Affinität zu irrationalen Hirngespinsten aufs Vorzüglichste bedient. Daß da auch erhebliche Geldmittel fließen, nimmt nicht wunder. Wie die *IzAK* unter Berufung auf den Bankspiegel der *Anthroposophischen Gesellschaft* mitteilt, habe diese beispielsweise zusammen mit dem Tibetischen Zentrum Hamburg (das unter der ausdrücklichen Schirmherrschaft des Dalai Lama steht) 1996 ein eigenes Bildungs- und Klausurzentrum in der Lüneburger Heide erworben: hierfür wurden Gelder in Höhe von immerhin 615.000 Mark aufgebracht.[727] Im Spätherbst 1998 reiste der Dalai Lama eigens an, um das Meditationshaus „Semkye Ling" (tibetisch: Der Ort, an dem das Mitgefühl entfaltet wird) einzuweihen.

Steiner selbst hatte sich zu Lebzeiten vehement gegen die Lehre der Lamas, vor allem in Hinblick auf Karma und Reinkarnation, gewandt. Daß man dem tibetischen Volk eingeredet habe, die Seele eines verstorbenen Dalai Lama reinkarniere nach dessen Tod in einem bestimmten Kinde, bezeichnete er als „ganz außerordentlichen Unfug" zum Zwecke der Herrschaftssicherung; es sei dies alles nicht nachprüfbarer Hokuspokus.[728] Die (zunächst durchaus vernünftig erscheinende) Kritik Steiners wendet sich allerdings nicht gegen die Irrationalität der Lama-Lehre an sich, vielmehr begründet sie sich in deren weitgehender Identität mit seiner eigenen: Steiners (pseudo-)kritische Äußerungen sind augenfällig nichts anderes als der Versuch einer Abgrenzung gegen unliebsame Konkurrenz, wie sie der Anthroposophie in den 1920er Jahren durch das aufkeimende Interesse des Westens an Buddhismus erwachsen war; und zudem der Versuch, die anthroposophischen Karma- und Wiedergeburtsvorstellungen durch Abwertung ihrer tibetisch-buddhistischen Blaupausen ins Licht besonderer Originalität zu stellen. Heutzutage spielt solche Konkurrenz keine Rolle mehr.

Erwähnenswert sind im übrigen die auffälligen Parallelen zwischen den abstrusen Sexualpraktiken der tibetischen Lamas und einschlägigen Ideen und Gepflogenheiten im Umfelde Rudolf Steiners: Neben seiner Funktion als Generalsekretär der *Theosophischen Gesellschaft* war Steiner ab 1905 hochrangiges Mitglied des freimaurerischen *Memphis-Misraim-Ritus* gewesen, einer obskuren Logenvereinigung, die der Leitung des selbsternannten „Sexualmagiers" und Phallusanbeters Theodor Reuß (1855-1923) unterstand. 1906 wurde Steiner von Reuß zum stellvertretenden General-Großmeister des Ritus ernannt, seine spätere Ehefrau Marie von Sivers, die zusammen mit ihm beigetreten war, zur General-Großsekretärin. Im gleichen Jahr konstituierte Reuß (zunächst in England, dann auch in Deutschland) den sogenannten *Ordo Templi Orientis* (auch: Order of Oriental Templars/Orienttemplerorden/O.T.O.), in dem es in erster Linie um „sexualmagische" Praktiken und Inszenierungen ging.

Man befleißigte sich bestimmer aus dem Tantrismus (bzw. dem Hatha-Yoga) hergeleiteter Übungen zur „Transmutation der Reproduktions-energie", mittels derer der Adept zum mystischen „Seher" werden sollte. Wie der Okkultismuskenner (und Anthroposophenfürsprecher) Peter-Robert König schreibt, sei „Zentralgeheimnis von Reuß' O.T.O. Richard Wagners 'Parsifal' [gewesen]: Der Speer wird zum Phallus, während der Gral, natürlich die Vagina, die Gralsspeise enthält: Sperma und Vaginal-sekrete"[729] ($\Rightarrow$ *Exkurs 8*). Reuß war (als ausgebildeter Opernsänger) persönlich mit Wagner bekannt gewesen (nach eigener Aussage auch mit dessen Gönner Ludwig II. von Bayern), was ihn dazu bewog, das Wag-nersche Oeuvre einer umfänglichen sexualmagischen Deutung zu unter-ziehen: „Wagner ist nicht nur der größte Held, sondern auch der größte Bekenner und Prophet der Sexual-Religion der Zukunft, welche auf der obligatorischen rituellen Vollziehung des Sexual-Aktes basiert. Schon im Lohengrin begann er anzukündigen, was er im Tristan und dann ganz besonders im Ring der Nibelungen ausbaute und im Parsifal krönte: 'Die neue Heilsbotschaft der Sexual-Religion!'"[730] Per Edikt vom 17.6.1907 setzte Reuß als „Amtierenden General-Großmeister" seines neuen Ordens „S.E.Br.Dr.Rudolf Steiner, 33°.90°.96°." (so die Bezeichnung in der Ernennungsurkunde, einschließlich der verliehenen freimaurerischen Hochgrade) ein.[731] Ob Steiner nun tatsächlich aktives Mitglied des *Ordo Templi Orientis* war und/oder an irgendwelchen sexualmagischen Riten oder Praktiken teilnahm, ist nicht bekannt.[732] Von heutigen Anthroposo-phen wird jede Nähe Steiners zu Reuß und dem O.T.O. jedenfalls heftig bestritten, Stefan Leber, Vorstandsmitglied des Bundes Freier Waldorf-schulen, behauptet gar (in einem Interview Ende 1998): „Eines ist klar: Steiner war nie Mitglied im O.T.O., denn es gab ihn nicht, außer auf Briefköpfen" (laut Leber sei der O.T.O erst 1912 in Erscheinung getreten, Steiner habe also allein deshalb nicht ab 1906 oder 1907 Mitglied sein können; jede andere Auffassung sei eine „Fable convenue von phantasie-begabten Verunglimpfern"[733]). Nicht bestritten werden kann hingegen die Tatsache, daß Steiner sich im Dunstkreis einer ganzen Reihe von Okkult-zirkeln und Geheimlogen bewegte und sein Denken maßgeblich durch die Kontakte mit deren Repräsentanten beeinflußt war.

Der entscheidende Grund für die vehemente Abwehrreaktion der An-throposophen gegen jeden Hinweis, Steiner sei womöglich doch (aktives) Mitglied des O.T.O. gewesen, dürfte in der Tatsache liegen, daß dessen britischer Zweig ab 1912 unter der Leitung des Okkultfaschisten Aleister Crowley stand, mit dem Steiner bzw. die Anthroposophie unter keinen

Umständen in Verbindung gebracht werden soll (Steiner hatte offenbar auch de facto keinen Kontakt zu Crowley). Selbstverständlich soll auch verhindert werden, daß Steiners Name im Kontext späterer O.T.O.-Mit-läufer wie etwa L. Ron Hubbard, Gründer der *Scientology Church*,[734] oder des selbsternannten Satans und mehrfachen Mörders Charles Manson[735] auftaucht. Der O.T.O. unterhält bis heute, vor allem in den USA, weitver-zweigte Aktivitäten.

Ansonsten ist offenbar allein die Vorstellung eines sexuell aktiven Rudolf Steiner für Anthroposophen ebenso unerträglich wie die eines kopulierenden Dalai Lama für dessen Anhänger.

• Aquamarin-Verlag

Zum engeren Freundeskreis um den Dalai Lama zählt auch der mittel-ständische Verleger Peter Michel, der über seinen bei München ansässi-gen *Aquamarin*-Verlag ausgewählte Ergüsse seines tibetischen Spezls unters Volk bringt. Bevorzugt veröffentlicht Michel seine eigenen Ge-spräche mit dem Dalai Lama, in denen dieser sich zu so bedeutenden Fragen wie dem Unterschied zwischen Nicht-Selbst, Selbst-Losigkeit und Ungeboren-Sein ausläßt.

Michel, der bereits seit Ende der 1980er Dalai Lama-Texte publiziert (⇨ *Exkurs 9*), traf „Seine Heiligkeit" 1992 in Salzburg, als dieser zur Eröffnung der Festspiele in der Luxussuite eines Fünf-Sterne-Hotels lo-gierte. Aus dem Gespräch der beiden, einer pseudophilosophischen Dünn-brettbohrerei ohnegleichen, edierte Michel einen Beitrag für sein Büch-lein *Brücken von Herz zu Herz*, dessen Konzept, samt Dalai Lama, ihm angeblich im Traume erschienen war.[736]

In affektierter Manier läßt der tibetische Gottkönig, der zugleich als Inkarnation der Mythenfigur Chenrezig auftritt, des „Buddhas des Mitge-fühls", sich über sein Innenleben aus: „Zum einen bin ich sehr betroffen, wenn ich bedürftige, notleidende Menschen sehe oder auch arme, lei-dende Tiere, wie kleine Insekten und dergleichen. Dann entsteht ein tiefes Gefühl der Sorge und des Mitgefühls. Zum anderen kommt es häufig vor, daß ich gefühlsmäßig sehr bewegt bin, wenn ich meditiere, und zwar hauptsächlich während analytischer Meditation über Mitleid und derglei-chen, oder auch, wenn ich buddhistische Unterweisungen gebe, in denen ich über den Wert und die Notwendigkeit von Mitleid und ähnlichen

Eigenschaften spreche. Schon oft habe ich während öffentlicher Unterweisungen geweint."[737]

Neben „Seiner Heiligkeit" ließ eine ganze Reihe weiterer Prominenter – u.a. Eugen Drewermann, Pir Vilayat Khan oder auch Rita Süßmuth – sich zum Gespräche mit Michel herbei, der im Klappentext des Buches herumfaselt, es sei ihm gelungen, „die tiefe Menschlichkeit hinter dem Amt oder der Funktion offenbar werden zu lassen. In Dialogen von 'Herz zu Herz', in denen die Wirklichkeit der Liebe und ihre praktische Umsetzung im Alltag im Vordergrund steht, scheint das menschliche Ringen um den richtigen Weg auf, das gerade Persönlichkeiten in verantwortungsvollen Positionen zu bestehen haben."[738] Auch Dalai Lama-Freund Václav Havel steuerte einen Text zu Michels Lesebüchlein bei.

Aquamarin ist ein rein esoterischer Nischenverlag, dessen Programm neben dem einschlägigen Sortiment an Bach-Blüten-, Engel- und Wunderheil-Literatur vor allem die Herausgabe von Szene-Vordenkern wie Paul Brunton oder Bede Griffith umfaßt. Bereits Mitte der 1980er war der Verlag seiner „Aura des Rassismus" wegen heftig kritisiert worden: In einer österreichischen Studie über New-Age und Faschismus[739] wurde *Aquamarin* unter anderem vorgeworfen, die äußerst bedenklichen Schriften des Theosophen Charles Webster Leadbeater (1847-1934) neu aufgelegt zu haben. Dieser, ein anglikanischer Priester, hatte als Sekretär der theosophischen Tarnvereinigung *Liberal-Katholische Kirche* um die Jahrhundertwende diskriminierende esoterische Ideologie über Naturvölker verbreitet: Diese „primitiven Wilden" würden nur über „Gruppenseelen" verfügen, da sie „das Tierreich auf einer viel tieferen Stufe verlassen" hätten, als Menschen eines höheren Typus. Als Rassen, über die die höher entwickelten Seelen „hinweggeschritten" seien, sei das Aussterben der Naturvölker karmisch unvermeidbar.[740] Derlei rassistische Ideologeme lieferten eine willkommene Rechtfertigung für den in den Kolonialländern wütenden Imperialismus.

Auch andere *Aquamarin*-Publikationen erscheinen höchst zweifelhaft: In dem 1991 erschienenen Buch *Die entschleierte Aura* beispielsweise sind ausgesprochen rassistische Tendenzen festzustellen: zur Illustration etwa der „Aura eines unentwickelten Menschen" ist auf einer Farbtafel ein Indianer in Lendenschurz und Federschmuck abgebildet, im dazugehörigen Begleittext heißt es: „(...) die Verstandeskräfte sind kaum entwickkelt. Egoismus, geistige Stumpfheit und Angst sind nach der Leidenschaft die stärksten Merkmale dieses Menschen."[741] Der *Aquamarin*-Roman *Die Hüter des Karma* zeichnet ein äußerst rassistisches Bild einer Zigeunergemeinschaft: Ein (hochwertiger) Edelmann, der sich irgendwelcher Vergehen schuldig gemacht hat, wird zur Sühne im nächsten Leben als (minderwertiger) Zigeuner wiedergeboren; letztlich wird er von seinen Stammesgenossen aufgehängt. Die Darstellung der Zigeunerfrauen strotzt vor rassistischen Sexismen.[742]

Verlagsleiter Michel bestreitet den Vorwurf des Rassismus in seinem rund 150 Titel umfassenden Programm vehement. Allerdings finden sich auch und gerade in seinen eigenen Auslassungen äußerst dubiose Passagen. In seinem Standardwerk *Karma und Gnade* beispielsweise begründet er, weswegen Menschen, die sich einer „Rückführung in frühere Leben" unterzögen, vorzüglich über frühere Inkarnationen in Europa und nicht etwa in Afrika oder Asien berichteten: „Dieses Geschehen hängt vor allem damit zusammen, daß die fortgeschrittensten Seelen eine Rasse verlassen, wenn sie den Höhepunkt ihrer Bestimmung erreicht hat und ein allmählicher Niedergang beginnt. Sie inkarnieren sich in einem neuen Kulturkreis, der weiterführende Entwicklungsmöglichkeiten bietet."[743] Zum Thema „Krankheit und Leid" schreibt Michel: „Wer leidet, verdient sein Leiden. (...) Alle Dinge sind in ihrem Wesen gut, und das Leiden ist der Diener des Guten (...) grundsätzlich dürfte die Beschreibung Steiners [gemeint ist ⇨ Rudolf Steiner, d. A.] zutreffen, wonach ein Mensch, der in einem Leben schlechte Neigungen und Eigenschaften entwickelt hat, im nächsten Leben mit einem ungesunden physischen Körper geboren wird."[744] Er listet eine ganze Reihe an Krankheiten und deren „karmische Ursache" auf. Mongoloide seien in einem früheren Leben zu selbstsüchtig gewesen; Epileptiker hätten ihre Sexualität zu exzessiv gelebt, Infektionskrankheiten deuteten auf extreme Gier, Multiple Sklerose auf Haß und Eifersucht hin. Krebs, Diphterie, Verkrüppelung: alles bedingt durch die Gesetze des Karma,[745] das, wie Michel weiß, die „Offenbarung der göttlichen Gerechtigkeit" darstellt: „Niemandem würde auch nur ein Haar gekrümmt, wenn es gegen die Gerechtigkeit des Weltgeistes geschähe."[746] Mehrfach bezieht er sich in diesem Zusammenhang auf den amerikanischen Hellseher Edgar Cayce, der (allerdings an anderer Stelle) den Holocaust mit karmischen Verfehlungen der Juden erklärt und rechtfertigt.

Michel fand bezeichnenderweise auch nichts dabei, an der umstrittenen SAT1-Show *Phantastische Phänomene* des Rainer Holbe mitzuwirken. Holbe, Sprachrohr der bundesdeutschen Esoterikszene, war im Juli 1990 seiner antisemitischen Ausfälle wegen von RTL-Plus fristlos gekündigt worden. Unter dem Titel *Warum passiert mir das?* hatte er ein Buch veröffentlicht, das ihm angeblich von zwei Geistwesen aus dem

Jenseits diktiert worden war.[747] Diese Geister hatten via Holbe enthüllt, *Dalli-Dalli*-Showmaster Hans Rosenthal, der 1987 nach längerem Krebsleiden verstorben war, habe in seinen früheren Leben zahllose Verbrechen und Untaten begangen. Seine Leiden im jetzigen Leben seien nur die gerechte Strafe dafür gewesen. Im übrigen habe er für sein Volk gleich mit Buße getan: Die Juden hätten die ganze Menschheit so sehr geschädigt, daß sie zurecht zu leiden hätten.[748] Nach dem Rausschmiß bei RTL konnte Geister-Autor Holbe sehr bald bei SAT1 weitermachen und dort sich selbst und den sonstigen Größen der Esoterikszene – mithin Dalai-Lama Freund Michel – ein breites Forum der Selbstdarstellung bieten.

Rita Süßmuth übrigens, angesprochen auf ihr merkwürdiges Engagement für den *Aquamarin*-Verlag, ließ lapidar mitteilen, ihre „Teilnahme an dem Buchprojekt bedeutet nicht, daß sich die Bundestagspräsidentin mit allen Objekten des Verlages identifiziert".[749] Die anderen Gesprächsteilnehmer, einschließlich Dalai Lama, reagierten auf entsprechende Anfragen nicht.

1995 wurde Michel vom Dalai Lama nach Dharamsala eingeladen, wo man den Salzburger Dialog fortsetzte. Wortreich ließ der Gottkönig sich aus über die Suche nach dem „Licht des Geistes": „Wenn man nach dem Wesen der Buddha-Natur und damit nach dem Wesen des Geistes des Klaren Lichts sucht, so kann man dies ausschließlich im Bewußtseinskontinuum individueller Personen finden. Zum Beispiel sprechen wir vom Menschen. Menschen machen individuelle Erfahrungen, sie werden als individuelle Wesen geboren. Sie sind also einzelne menschliche Wesen, und doch können wir von der Menschheit insgesamt und dem Menschen allgemein sprechen. Das gleiche gilt für das Bewußtsein: Was wir als Klares Licht bezeichnen, ist stets etwas Individuelles, nicht eine Art universeller Seele oder ein universelles Klares Licht. Doch weil gleichzeitig die Zukunft eines jeden Individuums auf diesem Geist des Klaren Lichts beruht, sagen wir von diesem Gesichtspunkt her, daß das Klare Licht beinahe wie ein Schöpfer ist. Das bedeutet nicht, daß es irgendwo ein eigenes, isoliertes, universelles Klares Licht gäbe. (...) Gegenwärtig ist unser Klares Licht inaktiv. Doch das Klare Licht existiert; denn aufgrund des Klaren Lichts können all die gröberen Bewußtseinszustände wie die vielfältigen Gedanken entstehen."

Aus diesem propädeutischen Abrégé entspann sich folgend tiefschürfender Diskurs:

Michel: „Kann man sagen, daß der unklare Geist in den Klaren-Licht-Geist umgewandelt werden muß? Sie haben gesagt, die Verschmutzung des Wassers muß entfernt werden, damit das reine Wasser zum Vorschein kommt. Wie kann das geschehen?"

Dalai Lama: „Durch Reinigung des Geistes. Man muß die Unwissenheit beseitigen."

Michel: „Das leuchtet ein. Doch wie wird das Wasser zuerst unrein?"

Dalai Lama: „Es wird erklärt, daß auch die Verunreinigungen, die den Geist des Klaren Lichts beeinträchtigen, seit anfangloser Zeit bestehen. Es gibt Formen der Unwissenheit, die angeboren sind."[750]

Gegen einen Artikel Jutta Ditfurths in der Zeitschrift *Blätter des Informationszentrums 3. Welt* (Iz3W), in dem der Dalai Lama heftig kritisiert wurde,[751] lief Michel Sturm. Wütend teilte er der Redaktion mit, es sei „ja weithin bekannt, daß Frau Ditfurth von keinerlei Spiritualität gestreift wurde, doch der Artikel über den Dalai Lama stellt einen absoluten Tiefpunkt dar. Wenn man so überhaupt nichts von tibetischem Buddhismus versteht, sollte man doch um Buddhas Willen nicht mit pseudo-aufklärerischen Methoden eine religiöse Tradition beurteilen. (...) Wir haben inzwischen etliche Bücher des Dalai Lama veröffentlicht und mehrere persönliche Gespräche mit ihm geführt. Seine Lauterkeit und moralische Integrität steht für jeden außer Zweifel, der ihm einmal gegenüber gesessen hat!"[752] An anderer Stelle vergleicht Michel seinen spirituellen Freund gar mit einem „auf Hochtouren arbeitenden Kraftwerk", von dem eine „einzigartige Vitalität, Dynamik und Geistesklarheit" ausstrahle.[753]

Die „einzigartige Geistesklarheit" des Dalai Lama verdeutlicht sich in seinen von Michel verbreiteten „philosophischen" Auslassungen: „Betrachten wir den Begriff des Ich etwas näher: Nehmen Sie meine Person als Beispiel. Ich kann sagen, daß ich ein buddhistischer Mönch bin. Doch als ich fünf Jahre alt war, hätte ich das nicht von mir sagen können. Außerdem bin ich ein Tibeter. Dieses Ich existiert seit meiner Geburt; es war schon da, aber das Ich, welches Mönch ist, war noch nicht entwickelt. Im Alter von sieben Jahren nahm ich das Mönchsgelübde. Zu dem Zeitpunkt begann das Ich, das ein Mönch ist. Nun bin ich ein Flüchtling. Das Ich als Flüchtling existiert erst nach dem Beginn des Jahres 1959. Ich kann also festhalten: Das Ich, welches ein Mensch ist, ist sozusagen ein größeres Ich. Das Ich, welches schon zur Zeit meines vorherigen Lebens existierte, ist noch größer. Das Ich dieses Lebens ist kürzer. Innerhalb dieses Ich ist das Mönchs-Ich wiederum kürzer, und das Flüchtlings-Ich ist noch kürzer. Daran können Sie erkennen, daß auf einer Grundlage viele Attribute als Benennungen existieren, die von einer Entität, aber begrifflich verschieden sind."[754]

• Röttgen und Röttgen

Anfang 1999 legten die AutorInnen Victor und Victoria Trimondi (pseudonym für: Herbert und Mariana Röttgen) eine angeblich „fundierte, kompromißlose Kritik des XIV. Dalai Lama" vor. Den tibetischen Buddhismus, so eine Werbebroschüre ihres Verlages, entlarven sie als „einen im Kern atavistischen, fundamentalistischen, sexistischen und faschistischen Kulturentwurf".[755] Das Buch der Röttgens, gleichwohl 816 Seiten stark, löst dieses Versprechen allerdings nicht annähernd ein. Es stellt gerade *keinen* grundsätzlichen Diskurs über das Wesen und die politischen beziehungsweise sozialen Auswirkungen des tibetischen Buddhismus dar, vielmehr bewegen sich die AutorInnen in ihrer Argumentation innerhalb eines enggesteckten *theologischen* Bezugsrahmens, den sie an keiner Stelle verlassen. Nicht umsonst erschien das Werk im Düsseldorfer *Patmos*-Verlag, dessen Programm zu großen Teilen aus Theologica besteht: Die Auseinandersetzung mit der Röttgen-Arbeit bleibt, wie diese selbst, ein rein religionswissenschaftliches Glasperlenspiel.

Im übrigen ist auch die verlagsgestreute Behauptung, es habe, „mit Ausnahme seiner Erzfeinde, der chinesischen Kommunisten", bislang kaum jemand gewagt, sich kritisch mit der tibetischen „Lichtgestalt" zu befassen – die Arbeit der Röttgens stelle mithin die erste ernsthafte Auseinandersetzung mit dem „Schatten des Dalai Lama" (so der Titel des Buches) dar[756] –, unzutreffend. Am 20.11.1997 beispielsweise hatte das ARD-Magazin *Panorama* die Affäre um die drei Lamas aufgegriffen, die Anfang des Jahres in Dharamsala ermordet worden waren. In dem Beitrag waren durchaus auch kritische Töne gegen den Dalai Lama angeschlagen worden, der als Religionsspalter und Geschichtsklitterer dargestellt wurde (⇨ *Dorje Shugden*). Aber auch schon davor gab es Stimmen, die keineswegs in die allgemeinen Begeisterungsausbrüche für den tibetischen „Gottkönig" einfielen. Autor Colin Goldner etwa befaßt sich seit Mitte der 1980er immer wieder mit dem tibetischen Buddhismus und dem Dalai Lama, für seine Recherchen war er mehrfach und in der Summe über einehalb Jahre in Tibet, China, Nepal und Indien unterwegs. In seinen zahlreichen Artikeln und Veröffentlichungen zur Esoterik- und Okkultismuskritik ging es, zumindest am Rande, immer wieder auch um den Dalai Lama.

Auch Jutta Ditfurth, die ursprünglich als Co-Autorin der vorliegenden Studie vorgesehen war, setzt sich seit Jahren kritisch mit dem „Häuptling der Gelbmützen" (so der Titel des o.a. *Iz3W*-Artikels) auseinander. Zu

Zeiten, als Herbert Röttgen noch liebedienerisch dessen Deutschland- und Österreichttourneen organisierte – in den 1980er Jahren war er „Seiner Heiligkeit" in tiefer Verehrung zugetan gewesen –, hatte Ditfurth im Vorstand der *Grünen* alle Hände voll zu tun, den Tibet-Fanatismus ⇨ Petra Kellys einzudämmen. In ihrem Buch *Entspannt in die Barbarei* (1996) verwendet Ditfurth ein eigenes Kapitel darauf, die „trübe Melange aus esoterischer Idiotie, antisozialem Kunstinteresse, religiöser Schwärmerei sowie totaler Ignoranz gegenüber der sozialen Lage der tibetischen Menschen" anzuprangern, aus der sich die Sympathie des deutschen Bürgertums für das „Land des Schnees" samt seinem „Gottkönig" speise.[757]

Was im übrigen Herbert Röttgen (*1940), Aktivist der 68er Bewegung – er war (oder galt als) Vorreiter eines maoistischen Kleinkampfkaders namens *Die Arbeitersache* und begründete als solcher den Münchner *Trikont*-Verlag –, Ende der 1970er in die Gefielde der Esoterik abdriften ließ – neben jeder Menge Buddhismus- und Tibet-Geschwätze gibt es von ihm etwa auch Erkenntnisse zur Magie der Mondphasen –, läßt sich nur erahnen. Auch was zehn Jahre später den erneuten Bruch in seiner Biographie herbeiführte – plötzlich hält er den Dalai Lama, von dem er jahrelang hellauf begeistert war, für einen (macht-)geilen und korrupten Diktator –, läßt sich erahnen, ist aber ebenso unwichtig; wiederkehrendes politisches Bewußtsein war es jedenfalls nicht (am wenigsten im Interesse der Volksrepublik China, wie ihm – blöder geht's nimmer! – seitens der *Tibet-Initiative Deutschland*, mit der er jahrelang zusammengearbeitet hatte, unterstellt wird[758]). Zusammen mit seiner Frau Mariana (*1958), einer bis dato wenig aufgefallenen Künstlerin und Hobbypsychologin, und gesponsert durch den (inzwischen verstorbenen) Münchner Industriellen Hans Sauer (der im Ruche mangelnder Distanz zu Scientology stand[759]) legte Röttgen seine letztlich doch wieder religions- beziehungsweise buddhismus*apologetische* Arbeit in der erzkatholischen Düsseldorfer *Patmos*-Verlagsgruppe vor (in deren Programm sich auch die schmalztriefende Dalai Lama-Biographie Claude Levensons wiederfindet; daneben Franz Alt oder Carl-Gustav Jung)[760].

Der Ungereimtheiten um die Dalai Lama-"Kritiker" Röttgen und Röttgen sind jedenfalls viele. Höchst merkwürdig erscheint vor allem auch der Umstand, daß sie es einerseits für nötig erachten, unter Pseudonym zu publizieren, andererseits aber im Klappentext ihres Buches und in ihren Werbekampagnen ihre tatsächliche Identität bereitwillig offenbaren. Gleichermaßen merkwürdig (oder anmaßend, wie der Hamburger Tibetologe Jan Sobisch meint[761]) ist das Pseudonym selbst, das sie sich zugelegt haben: „Victor und Victoria Trimondi" paraphrasiert einen Attributsbegriff Buddhas, der diesen als „Sieger über die drei Welten" ausweist. Was die Röttgens in dieser Gleichsetzung ihrer selbst mit Buddha (bzw. dem Dalai Lama) beabsichtigt haben, ist indes weiter nicht wichtig; es läge die Beantwortung dieser Frage vermutlich ohnehin in andersweltigen Kategorien.

Trotz ihres Mangels an politisher Tiefenschärfe löste die Arbeit der Röttgens hektische Betriebsamkeit innerhalb der Szene aus: Boykottaufrufe, konzertierte Schmähbriefaktionen, Androhungen rechtlicher Schritte. In den einschlägigen Medien wurde das Buch erwartungsgemäß verrissen, *Esotera* beispielsweise sprach den Röttgens jedwede Sachkenntnis ab, es ist von „Vorurteilen", „Denkfehlern" und „perfiden Spekulationen" die Rede. Der Münchener Religionswissenschaftler und Dalai Lama-Getreue Michael von Brück bastelte gar in aller Eile ein „Gegenbuch" zusammen, in dem er den „phantastischen und bizarren Fehlwahrnehmungen Tibets und des Dalai Lama" eine „historisch analytische und ausgewogene [!] Darstellung" entgegenzusetzen vermeint.[762] (Interessant an den Rezensionen des Röttgen-Buches ist der häufig anzutreffende Seitenhieb auf die vorliegende Studie Goldners, die man Monate vor ihrem Erscheinen schon zu kennen und bewerten zu können vorgab. *Die Woche* beispielsweise wußte bereits ein Vierteljahr vorher zu vermelden – zu einem Zeitpunkt, als noch nicht einmal das Manuskript fertiggestellt war –, daß es sich dabei um „oberflächliche Dalai-Lama-Kritik" handle;[763] und in *Esotera* stand zu lesen: „Kurz nach dem der Röttgens erschien ein weiteres Anti-Dalai-Lama-Buch von der ehemaligen Grünen Jutta Ditfurth und dem Psychologen Colin Goldner. Sie gehören seit Jahren zur Speerspitze derer, die gegen den Dalai Lama agitieren, sind dabei jedoch kaum über den Wirkungsgrad des eingangs zitierten PDS-Mannes Ulrich Briefs [der den Dalai Lama schon Ende der 1980er als „theokratischen Despoten" kritisiert hatte, d.A.] hinausgekommen. Das gelingt ihnen auch in ihrem neuen Buch nicht, denn es ist nur eine Zusammenstellung von Altbekanntem."[764])

Die Rolle übrigens, die die Rottgens dem Dalai Lama innerhalb der vor dem Hintergrund des Jugoslawienkrieges sich abzeichnenden Neuauflage des „Kalten Krieges" zwischen den USA und China zuschreiben – sie sehen in ihm nicht nur einen übriggebliebenen Bauern im Propaganda-Schach der Großmächte, sondern halten ihn (paranoiderweise) für den Drahtzieher einer weltweiten buddhokratischen Verschwörung –, mißt ihm eindeutig zu viel an politischer Bedeutung zu.

• taz

Mit einer gemeinsamen Erklärung in der Berliner *Tageszeitung* (taz) vom 17.6.1996 suchten Colin Goldner und Jutta Ditfurth der fast schon hysterischen Begeisterung entgegenzutreten, die ein neuerlicher Besuch des Dalai Lama in Deutschland ausgelöst hatte. Anlaß der Visite „Seiner Heiligkeit" war ein Kongreß der F.D.P.-nahen *Friedrich-Naumann-Stiftung* in Bonn, an dem er als Ehrengast teilnahm. Schon im Vorfeld seines Besuches war der tibetische „Gottkönig" von den Medien mit größtem Interesse und Wohlwollen bedacht worden, sein Aufenthalt war getragen von einer Sympathiewelle ohnegleichen. Auch die *taz* – seit seinem Berlin-Besuch im Jahre 1989 offenbar jeder kritischen Distanz in Tibetfragen verlustig – erging sich in täglicher Hofberichterstattung. In der Ausgabe vom 15.6.1996 wurde ein Interview abgedruckt, das der publizistische Rechtsausleger Franz Alt mit dem „Papst des Ostens" (so der *taz*-Aufmacher) geführt hatte. Alt spricht diesen nicht nur mit dem absurden Titel „Heiligkeit" an, vielmehr stellt er ihn im Vorspann seines Beitrages als „geistliches und politisches Oberhaupt der Tibeter" vor.[765]

Nach langen Verhandlungen mit der *taz*-Chefredaktion wurde Goldner und Ditfurth ein Seite-10-Eckchen für einen 40-Zeilen-Kommentar zugestanden. Gleichwohl es sich um einen vergleichsweise unscheinbaren und ohne jede Polemik formulierten Beitrag handelte (ausgewiesen auch noch als „Gastkommentar", ganz so, als hätten Goldner und Ditfurth nie für die *taz* geschrieben), löste er einen Sturm wütenden Protestes unter den LeserInnen aus:

Tibet-Politik: Die Dalai-Lama-Verehrung in Deutschland
Ahnungslose Schwärmerei

Als Anführer der Gelugpa (=Gelbmützen), einer der vier Sekten des tibetischen Buddhismus, versteht sich der heute 61jährige Tenzin Gyatso als 14. Wiedergeburt seiner Amtsvorgänger. Diese übten, protegiert durch die Mongolen, seit Mitte des 13. Jahrhunderts die religiöse und politische Herrschaft in Tibet aus. 1728 kam Tibet in den Herrschaftsbereich der chinesischen Mandschus, die innenpolitische Macht aber blieb bei den Gelbmützen. Nach dem Einmarsch der Briten 1904 in Lhasa verstärkte China seine Präsenz in Tibet. 1914 wurde innere Autonomie für Tibet unter dem Protektorat Chinas beschlossen.

Der Dalai Lama ist keineswegs demokratisch legitimiert, sondern wurde aufgrund astrologischer und sonstiger Zufallsdeutungen von der Gelugpa für seine

Rolle ausgewählt. Als Inkarnation der Mythenfigur Chenrezig beansprucht er göttlichen Status.

Die Doktrin der Gelbmützen ist ein abstruses Konglomerat aus Geister- und Dämonenglauben, verbunden mit menschenunwürdigen Unterwerfungsritualen. Wie jede Religion basiert sie wesentlich auf raffiniert geschürter Angst vor dem Jenseits. Besonders widerwärtig, daß bis heute übliche Praxis ist, Kinder schon in frühestem Alter ihren Eltern wegzunehmen und sie zu willfährigen Handlangern eines spirituell verkleisterten Ausbeuterregimes zu machen.

In einem der ärmsten und rückständigsten Länder dieser Welt leistete sich der Dalai Lama eine feudale Palastanlage (Potala) mit mehr als 1.000 Prunkräumen. Mittels eines Netzes von über 2.500 Klosteranlagen wurden Land und Menschen gnadenlos ausgebeutet. Jeder Ansatz zu Selbstbestimmung wurde mit Gewalt verhindert. Folter und Verstummelung waren bis in dieses Jahrhundert hinein üblich.

Die Tibet-Schwärmerei des hiesigen Bürgertums ist reine Projektion, basierend auf grober Unkenntnis der historischen Zusammenhänge sowie Identifikation mit einem System sozialer Ungerechtigkeit. Zugleich ist das Hochloben des lamaistischen Feudalismus mit seiner religiös verbrämten Versklavung der Menschen Zynismus ohnegleichen: Diktatur der Lamas versus Diktatur der Chinesen – welche Alternative.

Jutta Ditfurth/Colin Goldner[766]

Gleichwohl (oder gerade weil) die *taz* bis dahin unzählige Pro-Tibet-Berichte und Dalai-Lama-Ergebenheitsadressen gedruckt hatte, brach eine Flut wutschäumender LeserInnenbriefe über die Redaktion herein: Idiotischer Tenor der meisten Zuschriften war die Gleichsetzung jeder Kritik am Dalai Lama mit einer Rechtfertigung der chinesischen Militärdiktatur: „Mit genau dieser Argumentation und nahezu dem gleichen Wortlaut rechtfertigte und rechtfertigt die KP Chinas ihre brutale Politik in Tibet. An Intoleranz und Religionsfeindlichkeit können sich Ditfurth/Goldner und die KP Chinas die Hand reichen" (Forster-Latsch). Und: „Genauso hat man auch den europäischen Kolonialismus in Afrika und sonstwo gerechtfertigt. In eine feine geistige Gesellschaft von Rassisten und Kolonialisten haben sich die AutorInnen des Kommentars da begeben" (Schulz). Allenthalben war von Wahrnehmungseinschränkung, politischer Verblendung, Geschichtsklitterung und dergleichen die Rede, von Religionsfeindlichkeit, Arroganz und schierem Haß. Ein Schreiber erregte sich über die Mißachtung der „tief in ihrer spirituellen Tradition verwurzelten tibetischen Volksseele" (Deilecke), ein anderer sah sich genötigt, die „irrigen Anschauungen" des Kommentars richtigzustellen: „1. Es handelt sich nicht um vier Sekten, sondern um vier Schulen des tibetischen Buddhismus. 2. Der Dalai Lama beansprucht keinen göttlichen Status (siehe Fernsehinterviews, Bücher etc.). 3. Geister- und Dämonenglauben gehören zur Ur-Religion (Bön) Tibets. Die Gelugpa-Schule ist ausschließlich philosophisch orientiert. 4. Erweckung von Mitgefühl (durch Erkennen und Transparentmachen unserer Neurosen) ist das 'Fahrzeug' der Buddhisten. Nicht raffiniert geschürte Angst vor dem Jenseits." (Joest) Interessant auch ein Leserbrief, der darauf hinwies, es gebe „nicht ein Kind, das unfreiwillig ins Kloster geht" (Bösel).[767] (Merkwürdig, daß bei den zahllosen Pro-Dalai Lama-Artikeln in der *taz* die tatsächlich dort aufzufindenden Fehler nie richtiggestellt wurden: In einem Portrait [!] des „Ozeans des Wissens" [so die Überschrift des Beitrages] beispielsweise war die Rede davon, dieser habe „als knapp Zehnjähriger [...] den Einmarsch der chinesischen Rotarmisten [erlebt], mit 17 mußte er [...] fliehen".[768] Tatsächlich war er beim Einmarsch der Chinesen fünfzehn Jahre alt gewesen, bei seiner Flucht vierundzwanzig. Auch wenn dies nur von nachrangiger Bedeutung ist, wirft es doch ein bezeichnendes Licht auf die journalistische Sorgfalt der *taz*, wenn es um Tibet und den Dalai Lama geht. Unwidersprochen heißt es in einem anderen Artikel, der Potala in Lhasa stelle ein „1300 Jahre altes Kulturdenkmal" dar; tatsächlich wurde der Grundstein für den Winterpalast der Dalai Lamas im Jahre 1643 gelegt.[769])

Im übrigen gibt es schlechterdings keine pro-tibetische Propagandaerfindung und Tatsachenverdrehung, die nicht von der *taz* bereitwillig kolportiert worden wäre: In unzähligen Artikeln ist die Rede von den angeblich über 6.000 zerstörten Klöstern,[770] von systematischer Folter an tausenden politischer Gefangener,[771] von der massiven Überfremdung Tibets durch Han-Chinesen, die schon im Jahre 1987 ein Verhältnis von 1:4 ausgemacht habe[772] etc. Über die Jahre war die *taz* in Hinblick auf ihre Tibet-Berichterstattung zu einem größtenteils völlig unkritischen Sprachrohr der Pro-Tibet-Szene verkommen; selbst unverhohlene Meinungsmache des Szene-Aktivisten Klemens Ludwig kam mehrfach und in redaktioneller Aufmachung ins Blatt.[773]

Die heftige Reaktion der LeserInnen auf den Ditfurth/Goldner-Beitrag, einschließlich der üblichen Androhung von Abo-Kündigungen, war insofern durchaus zu erwarten gewesen. Anstatt aber die Vielzahl erboster Leserzuschriften zum Anlaß zu nehmen, in einen weiterführenden politischen Diskurs einzusteigen, zog man in der Chefredaktion der *taz* den Schwanz ein: Man verweigerte Ditfurth und Goldner jede Möglichkeit, in irgendeiner Weise zu den gegen ihren Artikel (und gegen sie persönlich) erhobenen Vorwürfen Stellung zu nehmen; noch nicht einmal auf der Leserbriefseite wurde Platz für eine Antwort eingeräumt. Stattdessen „bestellte" man umgehend einen „Beitrag über die Rolle des Dalai Lama in der tibetischen Gesellschaft", wie besagter Klemens Ludwig, Vorsitzender der *Tibet-Initiative Deutschland*, mit Genugtuung vermeldete.[774] Daß er diesen Beitrag – der fast sechsmal so lang ist wie der Kommentar von Ditfurth und Goldner – höchstselbst geschrieben hatte, verschweigt Ludwig in aller Bescheidenheit. Auch die *taz* verschweigt etwas, nämlich die Funktion Ludwigs als TID-Vorsitzender: sie unterschlägt dessen ausgewiesene Parteilichkeit und tut so, als sei der (Wiedergutmachungs-) Artikel, wie in der Autorenzeile angegeben, von einem unabhängigen „freien Journalisten und Tibetexperten" verfaßt worden. „Linke Kritik an religiösem Feudalismus", wie Jutta Ditfurth hierzu anmerkt, „wird zensiert, eine früher linke Tageszeitung bestellt sich Beiträge bei den AnhängerInnen des Feudalsystems selbst. – Warum nicht gleich Beiträge übers Auto aus der PR-Abteilung von Mercedes, über Pharmazeutika direkt bei Hoechst?"[775].

Es paßt ins Bild, daß die *taz* seit jeher auch mit regelmäßigen Werbe-Sonderseiten für die Anthroposophen aufwartet. Jede Kritik an solcher Usance – seit geraumer Zeit gibt es sogar Werbeannoncen der Atomindustrie oder der Bundeswehr in der *taz* – wird kategorisch unterdrückt. Wie Chefredakteurin Claudia Brunst (in einem Interview von Anfang 1999) meinte, träfen Attribute wie links, alternativ oder radikal heute nicht mehr den Charakter des Blattes.[776] Wenn sie denn, so ließe sich ergänzen, dies jemals getan haben.

• Tibet-Initiativgruppen

Eine Unzahl an Initiativgruppen, Vereinen und Gesellschaften gibt vor, sich in der ein oder anderen Form für die Belange Tibets einzusetzen; alleine im deutschsprachigen Raum sind dutzende von Gruppen und Grüppchen zugange, deren Wesentliches, neben der Herausgabe irgendwelcher Propagandablätter, im Sammeln von Spendengeldern zu liegen scheint. Über die Höhe dieser Gelder und die Frage, wohin sie fließen, gibt es in der Regel keine oder nur höchst unbefriedigende Auskunft. Mal wird behauptet, es müsse irgendein Krankenhaus in Tibet unterstützt werden, mal ein exiltibetisches Kloster in Indien; mal geht's um Schulkinder, mal um Waisenkinder, mal um blinde Kinder; mal um das tibeti-

sche Kunsthandwerk, mal um Musik, mal um Tanz. Immer muß irgendetwas dringlichst erhalten oder gefördert oder dem barbarischen Zugriff
der Chinesen entzogen werden. Eine effektive Kontrolle der Spendengelder ist nicht möglich. Zu den Tibet-Initiativgruppen in Deutschland zählen (ohne Anspruch auf Vollständigkeit und ohne Bewertung ihrer jeweiligen Seriosität): *Aryatara Institut e.V., Chakpori e.V., Chindak-Gesell-
schaft zur Unterstützung der tibetischen Kunst e.V., Choedzong-Zentrum
e.V., Dagyab e.V., DANA-Gesellschaft zur Erhaltung tibetischer Kultur
und Medizin e.V., Kamalashila-Institut für tibetische Studien e.V., Norbu
Ling Institut für tibetische Kultur und Religion e.V., Projekt Kunsthandwerk in Lhasa e.V., Rigpa e.V., Shalu-Gesellschaft Deutschland e,V.,
Tadra-Projekt e.V., Tashi Delek e.V., Tibetischer Förderkreis e.V., Tibetisches Zentrum e.V., Verein der Tibeter in Deutschland e.V.*; daneben
gibt es Kontaktadressen der *Amithaba-Stiftung*, der *Mahabuddha Vihara
Foundation*, des *Narling Centre* undsoweiterundsofort. Hinzu kommt ein
eigener *Tibet-Information Service*, der im weltweiten Verbund mit anderen Infobörsen, beispielsweise der britischen *Free Tibet Campaign*, die
Medien mit einschlägigen Nachrichten und Propagandameldungen versorgt; nicht zu vergessen sind Menschenrechtsorganisationen wie *amnesty
international, terre des hommes* oder die *Gesellschaft für bedrohte Völker
e.V.*, die jeweils eigene China-/Tibet-Abteilungen unterhalten.[777]

Die bedeutendste und mitgliederstärkste deutsche Pro-Tibet-Gruppie-
rung ist die 1989 gegründete *Tibet Initiative Deutschland e.V.* (TID), die
bundesweit über dreißig Regionalgruppen und insgesamt rund 1.000
Mitglieder (Stand 12/98) verfügt. Die (angegebenen) Spenden- und sonstigen Einnahmen der *TID* beliefen sich im Jahre 1997 auf immerhin rund
300.000 Mark (es ist von der *TID*, samt ihrem Vorsitzenden Klemens
Ludwig, im vorliegenden Band an mehreren Stellen die Rede; die folgenden Ausführungen greifen insofern nur beispielhaft *einen* Aspekt der *TID*-
Aktivitäten heraus, die sich ansonsten von Vorträgen, Info-Ständen, Dia-
Abenden und dergleichen hin zu Politaktionen wie dem Hissen einer
Tibetfahne auf irgendeinem Rathaus bewegen): Vor dem Hintergrund der
⇨ „Dorje-Shugden-Affäre", die sich spätestens seit der Ermordung dreier
Lamas in Dharamsala zu einem schismatischen Streit innerhalb der exiltibetischen Gemeinden ausgewachsen hatte – dem Dalai Lama wurde und
wird von Shugden-Anhängern Unterdrückung der Religionsfreiheit vorgeworfen –, fand Ende März 1999 an der Katholischen Akademie Hamburg eine von der *Tibet-Intiative Deutschland* zusammen mit der *Friedrich-Naumann-Stiftung* organisierte Tagung statt, auf der die Öffentlich-

keit über die Hintergründe des Konflikts aufgeklärt werden sollte. Zur Fragestellung „Neues Feindbild Dalai Lama?" referierten Michael von Brück (Religionswissenschaftler und langjähriger Freund des Dalai Lama), Helmut Gassner (ehemaliger Übersetzer des Dalai Lama), Wangpo Thetong (exiltibetischer Historiker) und Tsewang Norbu (*Verein der Tibeter in Deutschland e.V.*). Kritische Stimmen kamen nicht vor, auch wenn es in der Ausschreibung hieß: „Um sich selbst ein Bild über die Angriffe auf den Dalai Lama machen zu können, sind unabhängige Informationen notwendig. Diese zu geben, ist das Ziel unserer gemeinsamen Veranstaltung, auf der unabhängige Wissenschaftler, Anhänger und Kritiker des Dalai Lama zu Wort kommen werden." In scharfen Worten wies der *TID*-Vorsitzende Klemens Ludwig jede Kritik an der Person und an den Entscheidungen „Seiner Heiligkeit" zurück. Wie schon zuvor in den Mitteilungsblättern der einzelnen Initiativgruppen wurden die Ende 1997 in dem NDR-Magazin *Panorama* (und parallel dazu in der Sendung *Zehn vor Zehn* des Schweizer Fernsehens) in Zusammenhang mit dem Shugden-Streit gegen den Dalai Lama erhobenen Vorwürfe als böswillige Polemik abgetan; desgleichen die kritische Darstellung der mittelalterlich-feudalen Zustände des „alten Tibet" mit Leibeigenschaft, gnadenloser Ausbeutung, unmenschlichem Strafsystem etc. (In der Zeitschrift *Tibet-Forum* des *Vereins der Tibeter in Deutschland e.V.* hatte es hierzu geheißen: „Das *Panorama*-Stück war dergestalt unsachlich und unredlich, daß man sich fragt, wie es in dieser Form die Abnahme passieren konnte. Das betrifft nicht nur die Themenstellung und das Benennen kritischer Punkte sondern die Einäugigkeit der Information und last but not least die Borniertheit des Kommentars. (...) Das typische *Panorama*-Publikum, das sich von der Masse der Fernseh-Konsumenten durch intellektuelle Aufgeschlossenheit und politisches Interesse unterscheidet, ist desinformiert worden."[778]) Auch ein kritischer Beitrag der *Süddeutschen Zeitung* und vor allem ein Kommentar von Tagesthemen-Moderator Ulrich Wickert waren Gegenstand heftiger Angriffe.

In seiner Abmoderation eines ARD-Tagesthemen-Beitrages über „Tibetfilme in Hollywood" vom 12.10.1997 hatte Wickert folgendes angemerkt: „Heute wird zu Recht beklagt, daß die tibetische Kultur von den Chinesen unterdrückt wird. Darüber sollte man aber nicht vergessen, daß die tibetische Kultur aus einer Religion hervorgeht, die noch sehr viel brutaler war und die Menschen in Tibet wie in der schlimmsten Diktatur unterdrückte. Deshalb verbietet sich jede unkritische Gefühlsduselei für den Dalai Lama und die tibetischen Mönche. – Das Wetter...". Die Reaktion von Tibet-Aktivisten und Dalai-Lama-Verehrern auf diesen durchaus treffenden Kommentar übertraf sämtliche düsteren Ahnungen: Mit Wutgeheul ohnegleichen fiel man über Wickert her, er selbst wie auch die ARD wurden mit einer Unzahl teils unflätigster Beschwerdebriefe überzogen. Vor allem Otto Graf Lambsdorff, Ehrenvorsitzender der F.D.P. und zugleich Vorstandsvorsitzender der *Friedrich-Naumann-Stiftung*, tat sich wortgewaltig hervor, er sprach von „Schwachsinn" und „völliger Unkenntnis der tibetanisch-chinesischen Geschichte", Wickert habe in seiner Moderation „ungeprüft PDS-Meinungen übernommen".[779] Der öffentliche Druck auf Wickert wurde so groß – Lambsdorffs Schmähverdikt einer „schwachsinnigen Moderation" war über mehrere Bonner Presseagenturen verbreitet und folglich in nahezu sämtlichen Medien nachgedruckt worden –, daß er sich über eine Art „offenen Brief" entschuldigen mußte: „Seitdem ich im Jahr 1979 Tibet besucht habe, fasziniert mich dieses Land, dessen Bewohner und Kultur. Es ist – und das war in meiner Abmoderation zu diesem Beitrag über die Tibet-Filme aus Hollywood zu hören – eines der schönsten Länder der Welt. Allerdings habe ich auch durch mein Interesse für Tibet gelernt, daß das tibetanische Volk durch die Vertreter der herrschenden Gelbmützensekte subtil aber brutal unterdrückt wurde. Wer aus der 'Leibeigenschaft' fliehen wollte, dem drohte der Verlust eines Gliedes oder er konnte lebendig eingemauert werden. Wenn man sich heute für Tibet einsetzt, dann sollte es nicht nur um eine Befreiung von der chinesischen Unterdrückung gehen. Die hatte ich in meiner Abmoderation verurteilt. Demokraten sollten sich dann auch für die demokratische Selbstbestimmung der Tibetaner einsetzen. Und gerade darauf weise ich mit meiner Warnung vor einer 'unkritischen Gefühlsduselei' hin. Darum geht es, und keineswegs darum, den Buddhismus verächtlich zu machen. Das lag mir fern. Der Dalai Lama hat den Friedensnobelpreis erhalten. Aber er bleibt ein religiöses Oberhaupt und ist kein weltliches. Seine Vorstellungen sind zwar moderner als die seiner Vorgänger, aber er bleibt 'Seine Heiligkeit'. Und wer einmal in Tibet war und dort die für unsereins unvorstellbar starke Wirkung des Glaubens erlebt hat, dem dürfen Zweifel kommen, ob die Vertreter der Gelbmützensekte sich eine Trennung von Staat und Kirche vorstellen können oder gar einer 'Aufklärung' im europäischen Sinne je zustimmen würden. Erstaunt bin ich übrigens darüber, welcher Haß aus manchen Briefen spricht, die mich zu diesem Thema erreicht haben. Als ich von 'Gefühlsduselei' sprach, habe ich offenbar einen Nerv getroffen."[780] Wickert blieb trotz (oder gerade wegen?) dieses Schreibens (neben den *Panorama-*

Autoren John Goetz und Jochen Graebert) Reizfigur der Szene; Klemens Ludwig, Vorsitzender der *TID*, warf ihm vor, er stehe ganz in der Tradition seines Vaters, den man – Erwin Wickert war lange Jahre deutscher Botschafter in Beijing gewesen – seit je der Komplizenschaft mit dem chinesischen Militärregime zieh. Besonders übel nahm und nimmt man Wickert sen. kritische Äußerungen wie diese: „Von Menschenrechten haben die tibetischen Mönche keine Ahnung. Die haben sie, als sie noch herrschten, auch niemals praktiziert. Das Volk, soweit es nicht dem Adel und der Geistlichkeit angehörte, lebte damals in Leibeigenschaft. Die Tibeter lebten bis vor kurzem noch im Mittelalter."[781]

Auf besagter *TID-/Naumann*-Konferenz über das „Neue Feindbild Dalai Lama" wurde selbstredend auch das Buch von ⇨ Röttgen und Röttgen (Trimondi/Trimondi) debattiert. Da sich offenbar noch niemand durch die mehr als 800 Seiten hindurchgeackert hatte – das Buch war kurze Zeit zuvor erst erschienen –, beschränkte man sich auf Diffamierung der AutorInnen. Vor allem Herbert Röttgen, der in den 1980ern aktives Mitglied der Tibet-Solidaritätsbewegung, Pro-Tibet-Publizist und gar Tourneeorganisator des Dalai Lama gewesen war, bekam sein Fett ab. In den nachfolgenden Rezensionen des Buches wurde denn auch durchgängig (ob zu Recht oder nicht sei offengelassen) auf das „Renegatentum" Herbert Röttgens abgestellt. Selbst die *Süddeutsche Zeitung* mäkelte, über den Lamaismus brauche man Information und nicht „diese Abrechnung zweier Enttäuschter". „Warum", so fragt Rezensent Matthias Drobinsky, „macht sich ein seriöser Verlag so etwas zu eigen? Gab es keinen Lektor, der klarmachen konnte, daß dies ein erster, zorniger Entwurf ist, aus dem vielleicht einmal ein Buch entstehen könnte?"[782]. Bei aller Kritik an dem Röttgen-Buch: *diese* Bewertung Drobinskys deutet darauf hin, daß er sich den Tort nicht angetan hat, die Schwarte tatsächlich zu lesen. Bezeichnend ist im übrigen auch die Reaktion des oben angeführten Dalai Lama-Intimus Peter Michel, der als Leiter des esoterischen *Aquamarin*-Verlages in einem zweiseitigen Rundbrief an Buchhandlungen (indirekt) zum Boykott des Röttgen-Buches aufrief: „Es wäre wünschenswert, wenn sich die am Buddhismus interessierten Leser des Buches enthalten würden": das „Machwerk" sei ein „historischer Tibet-Porno".[783]

Die vorliegende Arbeit, obgleich zum Zeitpunkt der „Feindbild"-Tagung noch nicht einmal in Druck gegeben, wurde auf dieser (hellseherisch?) als „nicht sonderlich ernstzunehmend" abqualifiziert. In der Annahme, sie werde wie geplant und angekündigt in gemeinsamer

Autorenschaft von Colin Goldner und Jutta Ditfurth als Frühjahrstitel
(April 1999) im Hamburger Konkret-Literatur-Verlag erscheinen, wußte
Ludwig schon in der Februar-Ausgabe seines Mitteilungsblattes *TID-
Aktuell* zu vermelden, Goldner und Ditfurth hätten einfach zusammenge-
schrieben, was sie „seit Jahren gleichsam gebetsmühlenartig wiederholen
und was – im Gegensatz zur Rezitation von Mantren – durch ständige
Wiederholung nicht besser wird. (...) Da das Buch auch noch im ultra-
linken Konkret-Verlag erscheint, der (...) über eine fundierte Tradition bei
der Rechtfertigung von Kriegsverbrechen und Völkermord verfügt, dürfte
eine Verbreitung über die Szene, die Ditfurth und Goldner ohnehin huldigt, hinaus kaum zu erwarten sein."[784] Der *Konkret Literatur*-Verlag,
obgleich mit dem Dalai Lama-Buch inzwischen nicht mehr befaßt, behielt
sich rechtliche Schritte gegen Ludwig und die *TID* vor.

Für die große Party zum zehnjährigen Bestehen der *TID* am 19. Juni
1999 in Bonn sagten sich neben „Seiner Heiligkeit" höchstpersönlich
auch tibetgeneigte Künstler wie Howard Carpendale und die Bläck Fööss
zu einem „Solidaritätskonzert" an. Höhepunkt der Show – Moderation
Bettina Böttinger vom *Westdeutschen Rundfunk* – war die Uraufführung
einer eigens komponierten Schnulzhymne von Mike Herting: „Light a
Candle for Tibet". Nach dem Konzert entzündete man auf dem Rhein
„schwimmende Lichter für die Opfer der chinesischen Besetzung
Tibets".[785] Im Vorfeld der Party war ein Kongreß „Perspektiven für Tibet"
anberaumt, zu dem man neben dem Dalai Lama auch Luis Durnwalder,
Landeshauptmann aus Südtirol (!), Kazimira Prunskiene, ehemalige Präsidentin von Litauen, Erkin Alptekin, Vertreter der „Ostturkestanischen
Union in Europa" sowie Tseten Norbu, Vorsitzender des militanten *Tibetan Youth Congress*, eingeladen hatte. Die Leitung dieses Kongresses –
nicht viel mehr als eine Handvoll Kurzreferate – oblag dem szenebekannten Tibet-Anwalt Michael van Walt[786] (Gesamtunkostenbeitrag: 70
DM). Kurz vor der Bonner Veranstaltung trat der Dalai Lama – eingefä-
delt von der *TID* – als Stargast in der ARD-Sendung *Boulevard Bio* auf.
Talkmaster Biolek, wie üblich aufs Peinlichste darauf bedacht, jeden
Konflikt zu vermeiden, hakte eine vorbereitete Liste an Belanglosigkeiten
ab; kritische Fragen kamen nicht einmal ansatzweise vor, und dies,
obwohl er eigens mit Auszügen der vorliegenden Studie versorgt worden
war. Ganz ohne Wirkung schienen diese Informationen indes nicht geblieben zu sein: Bioleks Gesprächsführung wirkte ungewöhnlich ver-
krampft, was die üblichen Witzbold-Einlagen des Dalai Lama umso
deplazierter erscheinen ließ. Nach dem Talkshowauftritt traf dieser mit

führenden Politikern zusammen, u.a. mit Joschka Fischer und Otto Schily sowie den Ministerpräsidenten von Baden-Württemberg und Hessen.

Zu den seriöseren Einrichtungen der Tibet-Hilfe zählt die 1987 gegründete (den Grünen nahestehende) *Heinrich-Böll-Stiftung* in Köln, die ausgewählte Projekte exiltibetischer Gemeinden in Indien in längerfristig angelegter Kooperation unterstützt. Die Stiftung müht sich redlich um einen modernen entwicklungspolitischen Ansatz („Hilfe zur Selbsthilfe"), begrüßenswert ist auch der in Zusammenarbeit mit *amnesty international* und der *Gesellschaft für bedrohte Völker e.V.* initiierte „Sino-Tibetische Dialog", der ChinesInnen und TibeterInnen in Europa zusammenführt. Die ⇨ Großveranstaltung mit dem Dalai Lama im Mai 1995 zeigte jedoch die parteiliche Schräglage (und/oder mangelnde Sachkenntnis) der *Heinrich-Böll-Stiftung*; Vorstandsmitglied Regine Walch ließ jedenfalls keine der Propagandabehauptungen und Faktenverdrehungen aus, die seit jeher das von Tibet-Initiativgruppen gezeichnete Bild Tibets ausmachen. Prinzipiell indes bleibt die Arbeit der *Heinrich-Böll-Stiftung* förderswert (auch wenn diese ihren „Petra-Kelly-Preis für Menschenrechte, Ökologie und gewaltfreie Politik" 1999 – im Jahr des von den Grünen mitgetragenen Krieges in Jugoslawien – ausgerechnet der *Unrepresented Nations and Peoples Organisation* UNPO verlieh, einer Art UNO-Parallelorganisation für Bioregionalisten und Ethnokrieger jeder Couleur, die – vornedran militante Exil-Tibeter – Waffengewalt ausdrücklich auf ihre Fahnen geschrieben haben).[787]

Erwähnenswert in Zusammenhang mit der finanziellen Unterstützung verschiedener Pro-Tibet-Aktionen ist die Münchner Schweisfurth-Stiftung, die neben einer Veilzahl durchaus sinnvoller (Ökologie-)Projekte auch reichlich Abwegiges (z.B. Imre Kerners Erforschung des Gefühlslebens von Pflanzen) mit Fördermitteln ausstattet. Zusammen mit dem Spendensammelverein *DANA e.V.* der Tibet-Aktivistin Inka Jochum sponserte Schweisfurth u.a. eine Folge äußerst fragwürdiger „Fortbildungsseminare" in ⇨ „Tibetischer Medizin" (veranstaltet im Holiday Inn München) mit eigens aus Dharamsala eingeflogenen Vertretern des *Tibetan Medical and Astrological Institute.*

Im Herbst ging es wieder einmal nach Frankreich. Die Vorträge und Belehrungen des „Ozeans der Weisheit" erschienen wie üblich kurze Zeit später in Buchform, auf französisch unter dem Titel *Au-delà des dogmes*, auf deutsch unter dem etwas ausladenderen Titel *In die Herzen ein Feuer: Aufbruch zu einem tieferen Verständnis von Geist, Mensch und Natur*, der wie gewohnt mit dem Inhalt des Buches nicht das geringste zu tun hat. Wie schon auf seiner vorhergehenden England-Tournee ließ er sich erneut zu sämtlichen nur denkbaren Fragen aus, in erster Linie allerdings referierte er auch in Frankreich über sein Standardthema der „Leere".

Die Veranstaltungen des Dalai Lama laufen nach immer demselben Muster ab: Erst läßt er sich zu ein paar mehr oder minder philosophisch angehauchten Erörterungen herbei – meist geht es um irgendein buddhistisches Spezialthema, bevorzugt eben das der „Leere" –, dann beantwortet er Fragen aus dem Auditorium. Diese weisen in der Regel keinerlei Bezug zu dem vorhergegangenen Vortrag auf, vielmehr werden sie von den Fragestellern meist vorformuliert von zu Hause mitgebracht. Diskussion ist ohnehin nicht vorgesehen. Von daher ergibt sich die groteske Situation, daß der Dalai Lama innerhalb ein und derselben Veranstaltung und nahtlos aneinandergefügt Kommentare zu den unterschiedlichsten Themen abläßt, von Fragen der Wirtschaftsethik über ökologisches Bewußtsein, Christentum und Reinkarnation hin zum richtigen Gebrauch von Präservativen. Obwohl er vielfach von der Materie nicht die geringste Ahnung hat, salbadert er fleißig drauflos: So beantwortet er etwa die Frage nach den äußeren Anzeichen eines eingetretenen Todes mit der hanebüchenen Behauptung, der zuverlässigste Indikator hierfür sei der Stillstand des Atems.[788] Selbstredend bekommt er auch aus dem Publikum immer wieder Steilvorlagen für seine Lieblingsthemen, so etwa die Frage nach dem „Unterschied zwischen dem Realisieren der Leerheit und der Erkenntnis der Natur des Geistes". Auf die Antwort sei an dieser Stelle verzichtet (⇨ *Exkurs 9*).

Auch auf seiner Frankreichtour trug der Dalai Lama eine blasierte *laissez faire*-Attitüde anderen Glaubensvorstellungen gegenüber zur Schau: „Als Praktizierende der vier großen Schulen [des tibetischen Buddhismus, d. A.] vermeiden wir die Anhäufung von aus Sektierertum und Kritik entstehendem negativem Karma. Darüberhinaus geben wir anderen ein gutes Beispiel für Harmonie."[789] Voll des Lobes ließ er sich insofern über den Marienwallfahrtsort Lourdes aus (von dem er hinsichtlich des Abzockens von Gläubigen für seine eigene Wallfahrtsstätte in ⇨ Bodh-Gaya gewiß noch lernen konnte).

Mitte Oktober fand in New Delhi eine von der Kölner ⇨ *Heinrich-Böll-Stiftung* gesponserte Konferenz zum Thema „Ökologische Verantwortung: Dialog mit dem Buddhismus" statt, zu der neben rund 300 TeilnehmerInnen aus zwanzig Ländern als Hauptredner auch „Seine Heiligkeit" angereist kam. Die vollmundige Behauptung der Veranstalter, der Buddhismus biete „wichtige Ansatzpunkte zur Diskussion ökologischer Fragen", konnte an keiner Stelle bewahrheitet werden, am wenigsten durch den Beitrag des Dalai Lama, der es in über 30 Jahren weitgehender Selbstverwaltung der exiltibetischen Kommune von McLeodGanj/Dharamsala und riesigen Summen an Spendengeldern nicht geschafft hat, die Frage der Müllentsorgung zu lösen: über Jahrzehnte hinweg wurde der ganze Dreck einfach in einen nahegelegenen See gekippt, der inzwischen biologisch tot ist (⇨ *Exkurs 18*).

Ende Oktober des Jahres beehrte „Seine Heiligkeit" sich zu einem erneuten Deutschlandbesuch: auf einer Fundraising-Veranstaltung der für 1995 geplanten ⇨ "Friedensuniversität" hielt er im Berliner Schauspielhaus eine seiner Banal-Reden zum Thema „Frieden durch Völkerverständigung". Anschließend reiste er erneut nach London, wo er im Wachsfigurenkabinett *Madame Tussaud's* eine lebensgroße Wachsstatue seiner selbst enthüllte. In der Beschreibung der Figur, zu deren originalgetreuer Ausstaffierung er eigens ein Set ausrangierter Mönchsklamotten gespendet hatte, steht zu lesen, sie stelle den „spirituellen Führer und zugleich das Staatsoberhaupt Tibets" dar.

1994

Ende Februar 1994 war der Dalai Lama eingeladen, als Ehrengast an der 1200-Jahr-Feier der Stadt Frankfurt am Main teilzunehmen; auf Druck des Auswärtigen Amtes – Kotau vor Beijing – wurde er kurzfristig wieder ausgeladen. Auch auf einer Internationalen Konferenz zur Lage in Tibet, die Mitte März in New Delhi stattfand, war er unerwünscht: gleichwohl er gerne teilgenommen hätte, wurde ihm dies von den indischen Behörden untersagt (als Asylant darf er sich innerhalb Indiens politisch nicht betätigen). Desungeachtet erklärte er von Dharamsala aus seine Verhandlungsbemühungen mit Beijing für gescheitert; jede Schuld oder Verantwortung daran wies er zugleich von sich. Die Konferenz verlief völlig ergebnislos.

Große Ehre wiederfuhr dem „Ozean der Weisheit" anläßlich eines Besuches in Israel im März des Jahres: die Hebrew University in Jerusalem verlieh ihm die Ehrendoktorwürde. Von Israel aus flog er in die USA

weiter, wo er neben dem Besuch einiger exiltibetischer Klöster und Nie-
derlassungen auch zu einem privaten Meinungsaustausch bei Präsident
Bill Clinton vorsprach. Eine Einladung der F.D.P.-nahen *Friedrich-
Naumann-Stiftung* nach Bonn rundete die Frühjahrstournee ab. (Außenminister Klaus Kinkel hielt sich dem Treffen seiner Parteifreunde –
Solms, Gerhard, Westerwelle, Genscher – mit dem tibetischen „Gottkönig" demonstrativ fern.)

Bei seiner Rückkehr nach Dharamsala Anfang Mai des Jahres erlebte
der Dalai Lama erstmals seit seiner Anwesenheit in Indien massiv gegen
ihn gerichteten Volkszorn. Noch vor seiner Rückkunft hatte es vor Ort
gewalttätige Zusammenstöße zwischen Indern und Tibetern gegeben.
Auslöser war der Tod eines Gaddi (Angehöriger einer lokalen indischen
Volksgruppe) gewesen, der im Streit mit einem Tibeter von diesem erstochen worden war. Angehörige und Freunde des Toten hatten daraufhin
tibetische Geschäfte und Wohnhäuser verwüstet und waren mit Geschrei
„Tod dem Dalai Lama" vor dessen Residenz gezogen. Bombendrohungen
wurden laut. Zur Besänftigung verkündete „Seine Heiligkeit", er beabsichtige, seine Exilregierung von Dharamsala nach Delhi oder nach Südindien zu verlegen.[790] Ernsthaft wurde dies natürlich zu keinem Zeitpunkt
erwogen.

Unter dem Eindruck der blutigen Krawalle direkt vor seiner Haustür
führte der Dalai Lama kurze Zeit später ein Gespräch mit Vertretern der
⇨ *Theosophischen Gesellschaft*, die er eigens in seine Residenz eingeladen hatte. Neben allerlei Auslassungen über „Nirvana" und die „Ultimative Natur der Dinge" erörterte er mit den Theosophen die ethischen Kriterien für eine Art präventiver Todesstrafe: „Theoretisch gesprochen,
wenn jemand sich auf das Verüben von bestimmten Verbrechen festgelegt
hat, durch deren Ausführung negatives Karma geschaffen würde, und
wenn es keine andere Wahl gibt, diese Person an den Verbrechen und
dem entsprechenden, für ihn jetzt und in allen zukünftigen Leben sehr
negativen Karma zu hindern, dann würde eine reine Motivation des Mitgefühls das Töten dieser Person theoretisch rechtfertigen. Es wäre ein
Töten aus Erbarmen."[791] Im selben Atemzug stellte er das Töten von
Behinderten – immer unter dem Blickwinkel des „Erbarmens" – als
durchaus diskussionswürdig hin: „Was ist denn Ethik, zumindest vom
buddhistischen Standpunkt aus betrachtet? Jede Tat, die gute Resultate
hat, die Glück hervorbringt, ist ethisch vertretbar."[792]

Im Juni urlaubte der Dalai Lama in Italien. Selbstverständlich wurde
dabei auch der Papst besucht. Ein vereinbartes Treffen mit Ministerpräsi-

dent Silvio Berlusconi kam indes nicht zustande, dieser mußte seinen tibetischen Gast auf Druck Beijings hin kurzfristig wieder ausladen.

Im September 1994 war „Seine Heiligkeit" Hauptreferent des alljährlich an der Londoner Middlesex-University stattfindenden John-Main-Seminars, einer christlich-akademischen Tafelrunde, die seit 1984 im Gedenken an den irischen Benediktinermönch und Missionar Dom John Main (1926-1982) veranstaltet wird. Der Dalai Lama hatte Main, für seine Anhänger der „bedeutendste spirituelle Lehrer der Kirche in der heutigen Zeit",[793] 1980 kennengelernt und war von ihm höchst angetan gewesen. Von daher hatte er, als erster nicht-christlicher Referent, der Einladung nach London gerne Folge geleistet. Auf dem dreitägigen Seminar zum Thema „Das Herz aller Religionen ist eins" erörterte er die „Lehre Jesu aus buddhistischer Sicht" (d.h. er gab freihändig zum besten, was ihm zu einer Handvoll ausgewählter Bibelstellen gerade so einfiel). Seine Darlegungen – ganz offenbar hatte er nicht die geringste Ahnung, wovon die Rede war – erschöpften sich denn auch in einer Ansammlung kaum zu unterbietender Banalitäten und wirrer Gedankensprünge: „In der Textstelle des Evangeliums [gemeint ist: Johannes, 12, 44-50, d. A.] sagt Jesus: 'Ich bin nicht gekommen zu richten. (...) Das Wort das ich gesprochen habe, wird ihn richten.' Ich meine, dies spiegelt genau die buddhistische Vorstellung von Karma wider. (...) Wenn Sie in negativer, schädlicher Weise handeln, dann müssen Sie auch den Konsequenzen eines solchen Handelns ins Auge schauen."[794] Gleichwohl riß der „Ozean der Weisheit" die Teilnehmer des John-Main-Seminars zu *standing ovations* hin.

Im Spätherbst des Jahres fand in Dharamsala/McLeodGanj die fünfte Konferenz des sogenannten *Mind and Life*-Projekts statt, eines Anfang der 1980er auf Anregung des Dalai Lama konzipierten und 1987 erstmalig umgesetzten Roundtable-Gespräches westlicher Wissenschaftler mit „Seiner Heiligkeit". Unter Federführung des Bewußtseinsforschers (und praktizierenden Buddhisten) Francisco Varela waren bereits in den Jahren 1987, 1989 (in Newport/USA), 1990 und 1992 ausgewählte amerikanische Biologen, Neuro- und Kognitionswissenschaftler – allesamt mit Affinität zu buddhistischem Selbstverständnis – in Dharamsala zusammengekommen, um jeweils fünf Tage lang die Ergebnisse ihrer Forschungen mit dem Dalai Lama zu erörtern und in buddhistischen Kontext stellen zu lassen. Die Gespräche wurden unter Ausschluß der Öffentlichkeit geführt, die später publizierten Tagungsbände sind eine merkwürdige Mischung aus durchaus ernstzunehmenden Beiträgen führender Vertreter ihrer jeweiligen Disziplin – beispielsweise des Informatikers Newcomb Greenleaf, des Neurowissenschaftlers Clifford Saron oder des Neurologen Jon Kabat-Zinn – und dazu abgelassenen Kommentaren des Dalai Lama, der von den einzelnen Fachgebieten nicht die blasseste Ahnung hat, aber so tut, als seien die jeweiligen Erkenntnisse wissenschaftlicher Forschung in der buddhistischen Lehre seit jeher und immer schon vorhanden gewesen. Die Beiträge des „Ozeans der Weisheit" sind streckenweise derart abstrus und widersinnig, daß es nur der buddhistischen Schlagseite der eingeladenen Wissenschaftler zuzuschreiben ist, daß diese nicht auf der Stelle ihre Teilnahme an den jeweiligen Veranstaltungen aufkündigten. Vielleicht lag es auch an der respektheischenden Atmosphäre in den Privaträumen „Seiner Heiligkeit" und der daraus folgenden Eigendynamik der Gespräche: jedenfalls blieb selbst der größte Blödsinn völlig unwidersprochen stehen, wenn und weil er vom Dalai Lama vorgebracht worden war.

Beispielsweise faselte er in einer zunächst durchaus seriösen Erörterung verschiedener Stadien des Sterbeprozesses plötzlich und ohne irgendwelche Begriffsklärung von einem „Energiezentrum in der Herzgegend, von dem man sagt, daß sich darin das sehr subtile weiße Element und das sehr subtile rote Element, oder die Tropfen (sanskrit: *Bindu*), wie man auch sagt, treffen. Im Sterbeprozeß sinkt das weiße Element vom Kopf aus durch den Zentralkanal nach unten bis auf die Höhe des Herzens. Von unterhalb des Herzens erscheint ein sehr subtiles rotes Element. Während das sehr subtile weiße Element zum Herzen nach unten sinkt, macht man die Erfahrung eines blassen Lichtes. Daraufhin steigt das rote Element zum Herzen auf, und man hat die Erfahrung eines rötlichen Glanzes. Sobald die beiden wie zwei Kugeln vollständig zusammengekommen sind, folgt eine Phase der Ohnmacht, als ob man das Bewußtsein insgesamt verlöre. Nach der Periode des Blackout folgt der Zustand des Klaren Lichts. Das Klare Licht des Todes ist etwas, das jeder ohne Ausnahme erfährt."[795] Tags darauf führte er aus, es werde das „Klare Licht des Todes, das sich zum Todeszeitpunkt manifestiert, auch Natürliche Ursprüngliche Bewußtheit (tibetisch: *Rig Pa*) genannt. Es ist dennoch möglich, daß sich Ursprüngliche Bewußtheit auch während eines groben Bewußtseins manifestiert, nur wird ihm dann ein anderer Name gegeben. Wie ich gestern sagte, wird es Ausstrahlende Ursprüngliche Bewußtheit genannt, oder auch Ursprüngliche Bewußtheit, die den Grund erscheinen läßt. Sie manifestiert sich zusammen mit dem groben Bewußtsein. Von daher stimmt es nicht, daß die Ursprüngliche Bewußtheit gänzlich untätig ist, solange das grobe Bewußtsein aktiv ist. Die Tatsache, daß man Ausstrahlende Ursprüngliche Bewußtheit erfahren kann, während es immer noch grobes Bewußtsein gibt, legt nahe, daß erstere wesentlich durchdringender ist, als lediglich eine Ursache des groben Bewußtseins zu sein."[796] Im übrigen lasse sich das Bewußtsein auch willentlich „ausschleudern": es habe „einige tibetische Meditierende gegeben, die diese Praxis ausführten, als sie in chinesische Gefängnisse gebracht wurden".[797] Auch Übertragung des Bewußtseins „in einen anderen intakten Körper" sei möglich: „Der andere Körper ist natürlich kein lebender Körper, und man verdrängt dabei auch nicht das Bewußtsein eines anderen oder tötet jemanden. Vielmehr bringt man sein Bewußtsein in einen gerade gestorbenen Körper hinein. Dies wäre die Entsprechung zur Körper- oder Gehirntransplantation: Der zweite Körper wird zur ersten Person."[798] (Im Herbst 1997 wurde in Dharamsala eine sechste *Mind and Life*-Konferenz veranstaltet, in der es in erster Linie um Physik und Kosmologie ging.)

1995

Auch das Jahr 1995 führte den Dalai Lama, wie gewohnt, mehrfach rund um den Globus. Ende März trat er eine von langer Hand geplante Japanreise an, die ihn, rein zufällig, wenige Tage nach dem Terroranschlag Shoko Asaharas in der Tokioter U-Bahn (⇨ *Exkurs 11*), in unmittelbarer Nähe des Mordgeschehens sein ließ. Er wurde zwar von Journalisten nach seinen freundschaftlichen Kontakten zu Asahara befragt, mit denen dieser stets geprahlt hatte, da die tatsächlich sehr viel tiefergehenden Verbindungen der beiden Gurus allerdings noch nicht ans Tageslicht gekommen waren, gelang es ihm, sich mit ein paar Platitüden aus der Affäre zu ziehen. Entgegen vielkolportierter Berichte hat der Dalai Lama sich weder bei seinem Tokiobesuch noch zu irgendeinem späteren Zeitpunkt von seinem „spirituellen Freund" Asahara distanziert.

Anfang Mai reiste „Seine Heiligkeit" erneut nach Deutschland, wo er eine Rede vor dem hessischen Landtag halten durfte. Im Anschluß traf er mit führenden Bonner Politikern zusammen, mithin mit Bundestagsvizepräsidentin Antje Vollmer und CDU-Fraktionschef Wolfgang Schäuble. Erstmalig wurde er auch von Bundesaußenminister Klaus Kinkel empfangen, was die Tibet-Unterstützerszene als großen Erfolg ihrer hartnäckigen Bemühungen wertete (nicht zuletzt hatte man ein paar Monate zuvor dem Auswärtigen Amt eine Liste mit 12.000 Unterschriften vorgelegt, in der solches Treffen gefordert worden war). Antje Vollmer, ganz esoterisch angehauchte Theologin, berichtete in ihrer Begrüßungsrede von einer Tibet-Reise, die sie irgendwann einmal unternommen habe: „Und ich kann bezeugen, Tibet ist ein Land mit einer ganz besonderen Aura. Diese Aura stammt nicht nur aus den lokalen Bedingungen eines Himalaja-Staates mit seiner besonderen Nähe zum Himmel und diesem besonderen Licht über den Bergen." Nie zuvor habe sie in einem Land „so eine tiefe spirituelle Frömmigkeit erlebt. Wer wissen will, was Religion auch sein kann – was unser alter Kontinent Europa schon gar nicht mehr weiß –, der kann es heute vielleicht nur noch in Tibet so erfahren."[799] Als Willkommensgeschenk überreichte sie dem Dalai Lama, der, wie sie voller Rührung anmerkte, von gläubigen Tibetern mit dem Namen „Wunscherfüllendes Juwel" bedacht werde, einen Bergkristall. Erwartungsgemäß ergriff der solchermaßen Geehrte sofort die Gelegenheit, den tieferen Symbolgehalt des Geschenks zu erörtern: „Dieser Stein symbolisiert die spontane Natur unseres Geistes, welcher frei ist von jedweden Verunreinigungen. Wenn von außen auf den Kristall Lichtstrahlen treffen, dann entstehen verschiedene Farben. Was bedeutet das? Das bedeutet, daß unser klarer makelloser Geist ungeheure Energie freisetzen kann, wenn gewisse äußere Faktoren mit ihm zusammentreffen. Ich bin Buddhist, ich wende die Lehre des Buddhismus an. Alles, was ich in meinem Leben unternehme (...) versuche ich auf der Grundlage dessen auszuführen, was dieser Kristall symbolisiert."[800] (Anläßlich zweier weiterer Tibet-Reisen [1997 im Rahmen eines MdB-Betriebsausfluges u.a. mit Irmgard Schwätzer (F.D.P.) und Christian Schwarz-Schilling (CDU), 1998 dann in eigener Regie] erkundete Antje Vollmer erneut Land und Leute. Nach ihrer Rückkehr schlug sie als denkbares Verhandlungsziel zwischen Dharamsala und Beijing eine Art Konkordat [nach vatikanischem Vorbild] zwischen dem Dalai Lama und der Kommunistischen Partei Chinas vor, das auf einer deutlichen Trennung von Kirche und Staat basieren sollte. Der – durchaus vernünftige – Vorschlag Vollmers wurde von der Exilregierung des Dalai Lama heftig gerüffelt.)

Nach einem Abstecher nach Dortmund erfolgte am 6. Mai 1995 ein großer Auftritt des Dalai Lama im Kölner Schauspielhaus: Auf Einladung der *Heinrich-Böll-Stiftung* ließ „Seine Heiligkeit" sich zum Thema „Die Universalität der Menschenrechte" aus. Schon die Einführungsrede von Vorstandsmitglied Regine Walch ließ nichts Gutes erahnen: unter Bezugnahme auf Alexander Solschenizyn („Der Holocaust, der über Tibet kam, entlarvte das kommunistische China als grausamen und unmenschlichen Henker – brutaler und unmenschlicher als jedes andere kommunistische

Regime der Welt") listete sie die üblichen antichinesischen Propaganda-behauptungen auf: „In den ersten 20 Jahren der Fremdherrschaft kamen 1,2 Millionen Menschen durch Hunger, Haft, Folter und Mord um. Die Religion und kulturelle Identität Tibets wurde gewaltsam unterdrückt. Mehr als 6.000 Klöster, Tempel und historisch wertvolle Gebäude wurden zerstört. Heute noch führt China Krieg gegen das tibetische Volk [!] mit Mitteln der offenen brutalen Gewalt"; gefolgt von einer insipiden Ehr-erbietungsadresse: „Eure Heiligkeit, Sie sind mit Ihrem politischen und spirituellen Werk für viele von uns ein einzigartiges Vorbild. Mit Ihrer Entschlossenheit, Ihrer spirituellen Kraft, Ihrer Herzlichkeit und Ihrem Humor leben Sie vor, was Ihre Überzeugung und Botschaft ist, daß näm-lich die Quelle von Glück und Frieden in uns selbst liegt, daß ohne inne-ren Frieden der äußere Friede nicht tragfähig ist, daß demokratische Frei-heiten und Menschenrechte nicht aus Gewehrläufen kommen, sondern nur mit Mitteln der Gewaltlosigkeit durchzusetzen sind."[801] Die Rede des Dalai Lama bot die gewohnte Aneinanderreihung von Platitüden und Allgemeinplätzen (er erzählte fast wörtlich dasselbe wie zwei Jahre zuvor am Rande der UN-Menschenrechtskonferenz in Wien): „Wenn von Rech-ten des Menschen gesprochen wird, dann darf es keine Unterscheidung geben aufgrund von Rasse, Hautfarbe, Geschlecht oder Besitzverhältnis-sen. In dieser Hinsicht sind wir alle gleich."[802] Daß gerade er sozusagen die Inkarnation solcher Unterscheidung ist, fällt offenbar weder dem „Gottkönig" noch seiner Anhängerschaft auf. Ein paar eingestreute Popu-lismen – für ein humaneres Strafrecht, für die Gleichstellung von Frauen (!), für die Rechte von Tieren samt einem Hoch auf vegetarische Ernäh-rung (der er selbst keineswegs zugeneigt ist) – rissen das Heinrich-Böll-Publikum zu Begeisterungsstürmen hin.

Mitte Juni 1995 erfolgte ein weiterer Deutschland-Besuch. Nach einer Visite des vietnamesisch-buddhistischen Klosters Vien-Giac in Hannover nahm der Dalai Lama an einem Tibet-Hearing vor dem Auswärtigen Ausschuß des Deutschen Bundestages teil. Im Verein mit Vertretern ver-schiedener Tibet-Unterstützergruppen und *amnesty international* wurden die einschlägig bekannten Vorwürfe und Beschuldigungen gegen die chinesischen Militärbesatzer vorgebracht. Karl-Walter Lewalter vom Auswärtigen Amt bezeichnete die Menschenrechtssituation in Tibet als „kritisch", betonte indes, der Bundesregierung lägen keine Anhaltspunkte vor dafür, daß es, wie behauptet, eine systematische Benachteiligung von Tibeterinnen und Tibetern in den Bereichen Erziehung, Bildung und Ge-sundheit gebe. Lewalter mußte sich lautstarke Proteste gefallen lassen,

auch und gerade von ParlamentarierInnen, deren Sachkenntnis offenkundig nicht über das hinausreichte, was sie eben in dem Hearing erfahren
hatten. Auch der Umstand, daß der völkerrechtliche Status Tibets nach
Anhörung der Sachverständigen strittig blieb, wurde mit Unmutsäußerun-
gen bedacht.[803]

Abb. 28: Hearing vor dem Deutschen Bundestag

Anläßlich seines Besuches der tibetischen Exilgemeinden in der Schweiz
nahm der Dalai Lama am 24. Juni 1995 an einer „Musikalischen Meditation" im Zürcher Großmünster teil. Vor dem Hintergrund des Oratoriums
„Der Messias" von Georg Friedrich Händel ließ „Seine Heiligkeit" sich
über Gemeinsamkeiten und Unterschiede zwischen Jesus und Buddha
aus. Gesprächspartner war Erwin Koller, Kulturchef des Schweizer
Fernsehens *DRS*, der anschließend bramarbasierte, welch „unvergeßliches
Ereignis" es für alle Beteiligten gewesen sei, „das Zusammenspiel einer

großen christlichen Musik mit den Reflexionen eines großen buddhistischen Meisters mitzuverfolgen".[804] Auf die Koller-Frage, ob es „in der Art, wie Christen und Buddhisten über Gott denken, etwas Gemeinsames" gebe, antwortete der „Ozean der Weisheit" in gewohnt tiefschürfender Manier: „Obschon es im allgemeinen grundlegende Unterschiede gibt, wird in beiden Traditionen die Wichtigkeit von Glaube und Hingabe betont. Zwar wird im Buddhismus mehr Gewicht auf die eigene Entwicklung, auf das eigene Streben und auf die eigene intellektuelle Analyse oder analytische Meditation gelegt. Aber man kann sagen, daß beide Traditionen die Wichtigkeit des Glaubens betonen." Im übrigen sei es „ein Glück, daß wir Menschen eine Vielfalt von Religionen haben. Ich denke, daß dies sehr wichtig und nützlich ist, weil es unter den Menschen so viele verschiedene geistige Veranlagungen gibt. Eine Vielfalt von Religionen kann dieser Vielfalt von Personen dienen. Jede der verschiedenen Religionen hat ihre eigenen Ausdrucksformen und ihre Besonderheiten. Darum betone ich immer, daß wir die Vielfalt der Religionen brauchen. Es ist viel besser so."[805] Angesichts solcher Äußerungen erscheint die Weigerung des Bischofs von St. Gallen, die „Musikalische Meditation" samt Dalai Lama in seiner Stiftskirche stattfinden zu lassen, doppelt lachhaft: Hochwürden hatten eine „Missionierung Europas" durch den Buddhismus befürchtet.

Am 6. Juli 1995 wurde mit großem Trara der sechzigste Geburtstag „Seiner Heiligkeit" gefeiert; in sämtlichen tibetischen Exilgemeinden wurden Gebetszeremonien abgehalten, im Tsuglagkhang-Tempel in Dharamsala inszenierte man gar eine eigene „Geburtstags-Lang-Lebens-Liturgie" für den „Gottkönig".

Die Geburtstagsfeierlichkeiten waren allerdings von der Affäre um den sogenannten „doppelten Panchen Lama" überschattet. Unmittelbar nach dem Tode des Zehnten Panchen Lama Anfang 1989 hatte Beijing die Suche nach dessen Reinkarnation zur chinesischen Hoheitssache erklärt, jedes Bemühen seitens des Dalai Lama, sich an dessen Auffindung zu beteiligen, als „Einmischung in innere Angelegenheiten" abgelehnt (⇨ *Exkurs 2*). Im Juli 1993 hatte der Abt des Klosters Tashilhünpo, Chatral Rinpoche, zugleich Leiter des Suchkomitees, „Seine Heiligkeit" in einem Schreiben um geistlichen Beistand gebeten: sämtliche Omen hätten darauf hingewiesen, daß die Wiedergeburt bereits erfolgt sei, und dies innerhalb Tibets. Der Dalai Lama ließ bei den chinesischen Behörden ein Visum für Chatral Rinpoche beantragen, um mit diesem die Angelegenheit persönlich besprechen zu können; der Antrag blieb angeblich unbearbeitet. Jedenfalls wurden in den folgenden zwei Jahren rund dreißig in Frage kommende Knaben einer eingehenden Prüfung unterzogen, deren Ergebnisse man umgehend nach Dharamsala meldete. Nach Befragung des ⇨ Staatsorakels und unter Bezugnahme auf verschiedene Visionen und Prophezeiungen hochstehender Lamas erklärte „Seine Heiligkeit" letztlich im Mai 1995 den sechsjährigen Gendun Chökyi Nyima zur einzig wahren Reinkarnation des Panchen Lama und damit zu dessen rechtmäßigem Nachfolger. Er hatte den Jungen nie gesehen.

Beijing reagierte empört. Wenige Tage nach der Proklamation des neuen Panchen Lama wurde Chatral Rinpoche seiner Position als Abt von Tashilhünpo sowie sämtlicher politischer Ämter enthoben; nach Angaben aus Dharamsala soll er überdies zu einer sechsjährigen Haftstrafe verurteilt worden sein. Zugleich bemächtigte man sich des sechsjährigen Gendun Chökyi Nyima und brachte ihn zusammen mit seinen Eltern nach Beijing. Über den Verbleib des Jungen und seiner Familie gibt es keine weiteren Anhaltspunkte; die von Dharamsala behauptete Ermordung des Sechsjährigen erwies sich indes als haltlos. Ein halbes Jahr später präsentierten die chinesischen Behörden im Jokhang-Tempel von Lhasa drei andere Sechsjährige, von denen einer per rituellem Losverfahren zur diesmal „tatsächlichen" Reinkarnation des Panchen Lama bestimmt wurde. Nach seiner offiziellen Inthronisierung im Kloster Tashilhünpo wurde auch dieser Junge nach Beijing verbracht.

Im übrigen verkündete Beijing, der vom Dalai Lama proklamierte 11. Panchen Lama könne gar nicht der richtige sein. Der 10. Panchen Lama war am 28.1.1989 verstorben, seine Wiedergeburt könnte also (gemäß Binnenlogik der Gelbmützen, die für den Übergang des Bewußtseins eines Menschen auf eine eben befruchtete Eizelle im Schoße einer neuen Mutter dessen tatsächlich eingetretenen physischen Tod voraussetzen [⇨ *Bardo-Thödol*]) frühestens an diesem Tag konzipiert worden sein und folglich (unter Auslassung des bis zu 49 Tagen dauernden Bardo-Zwischenzustandes, den „lebende Buddhas", wie der Panchen Lama einer ist, nicht notwendigerweise zu durchlaufen haben) frühestens neun Monate darauf, also Ende Oktober 1989, zur Welt gekommen sein. Der Kandidat des Dalai Lama, Gendun Chökyi Nyima, war indes schon im März 1989 (nach anderen Quellen im April 1989), jedenfalls „viel zu früh", geboren worden. Der offizielle Gegenkandidat Beijings war am 13.2.1990 zur Welt gekommen, er erfüllte also die Wiedergeburtsregeln der Gelugpa.[806] Der Dalai Lama äußerte sich zu keinem Zeitpunkt über diesen Widerspruch innerhalb seines eigenen Bezugssystems: für ihn war und blieb Gendun Chökyi Nyima die wahre und einzige Inkarnation des Panchen Lama.

Das merkwürdige Vorgehen Beijings, sich der ansonsten als Ausdruck finstersten Aberglaubens verachteten Reinkarnationsvorstellung des tibe-

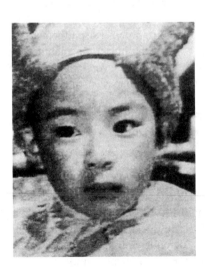
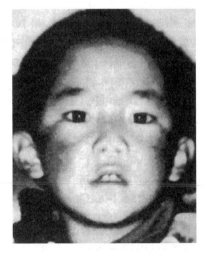

Abb. 29a-c: Gipfel des Absurden: Der verstorbene Panchen Lama und seine zwei Wiedergeburten

tischen Buddhismus anzuschließen und mit großem Zeremoniell und Trara einen eigenen Panchen Lama zu präsentieren – selbst Staatspräsident Jiang Zemin mischte sich in das Auswahlverfahren ein –, läßt sich so ohne Weiteres nicht begreifen. Es mag, wie in exiltibetischen Kreisen spekuliert wird, begründet sein in der Tradition, daß Dala Lama und Panchen Lama ihre jeweiligen Inkarnationen gegenseitig anerkennen müssen: ein von den Chinesen erzogener „Marionetten-Panchen Lama" könnte, auch wenn er vom jetzigen Dalai Lama nicht anerkannt sei, nach dessen Ableben dessen Reinkarnation in deren Sinn auswählen und damit den endgültigen Zugriff Beijings auf Tibet ermöglichen.[807] Gegen diese These spricht der Umstand, daß Beijing problemlos auch den ursprünglich ausgewählten Panchen Lama eigener Erziehung hätte unterwerfen können. Sehr viel wahrscheinlicher erscheint, daß es sich bei der Präsentation eines Gegen-Panchen Lama einzig um eine (wenn auch reichlich abstruse) Retaliationsmaßnahme Beijings für die eigenmächtig vorgenommene Ernennung des Panchen Lama durch den Dalai Lama handelte: offenbar wollte man mit Nachdruck dokumentieren, daß letzterer in Tibets nichts mehr zu melden hat. Für diese Erklärung spricht auch die unverhältnismäßig strenge Bestrafung Chatral Rinpoches, den man bei seiner vorherigen Suche nach der Wiedergeburt des Panchen Lama völlig frei hatte gewähren lassen. Letztlich wollte man vielleicht auch eine Art Präjudiz schaffen für die irgendwann anstehende Einsetzung eines 15. Dalai Lama.

Das westliche Ausland nahm regen Anteil an dem Kaspertheater um den „doppelten Panchen Lama". Das US-Außenministerium mahnte bei den Chinesen „Respekt für die religiösen Glaubensvorstellungen und Praktiken der tibetischen Buddhisten" an, das Europaparlament setzte sich in einer Entschließung vom 13.7.1995 ausdrücklich für den Kandidaten des Dalai Lama ein. Selbst der seinerzeitige Bundesaußenminister Klaus Kinkel (F.D.P.) sah sich bemüßigt, den Dalai Lama ausdrücklich seiner Unterstützung zu versichern.

Ein ähnlich groteskes Theater wie um den Panchen Lama hatte es kurz zuvor auch um die Auffindung der 17. Wiedergeburt des Ende der 1980er verstorbenen Karmapa gegeben, des Oberhauptes der Kagyüpa-Rotmützen-Sekte (die seit ihrem Verbot Ende des 18. Jahrhunderts durch die Gelugpa längst wieder zu Macht und Einfluß gekommen war [⇨ Exkurs 3]). Auch hier gab es zwei Kandidaten, deren jeweilige Befürworter – es ging bei der Suche nach dem neuen Karmapa um einen rein innerklerikalen Machtkampf – einander in offener Fehde gegenüberstanden. Die eine

Fraktion setzte sich für einen Jungen in Tibet ein, die andere für einen gleichaltrigen Knaben in Indien. Ein hochrangiger Abt, dessen Stimme von entscheidendem Gewicht gewesen wäre, kam kurz vor dem Wahlgang bei einem mysteriösen Autounfall ums Leben. In der Folge beschuldigten sich die konkurrierenden Parteien gegenseitig, den Tod des

Abb. 30: Der 17. Karmapa

Abtes durch magische Manipulationen herbeigeführt zu haben; in Indien kam es zu fanatisch ausgetragenen blutigen Auseinandersetzungen der beiden Gruppen. Es wurde sogar aufeinander geschossen, so daß die indische Polizei mit großer Härte eingreifen mußte.

Der Dalai Lama unterstützte den tibetischen Kandidaten. Der Grund dafür lag in der Überlegung, daß ein Karmapa auf chinesischem Hoheitsgebiet ihm oder seinem Nachfolger keinerlei Konkurrenz bedeuten würde. (Der 16. Karmapa, der zusammen mit ihm ins Exil gegangen war, hatte mit seinen Rotmützen seit Ende der 1960er Jahre im Westen, vor allem in England und in den USA, einen ungleich höheren Zulauf zu verzeichnen gehabt, als die orthodoxen Gelbmützen; es hatte sich dies erst Mitte der 1980er, in Zusammenhang mit den Sex-, Drogen- und Gewaltskandalen um den Rotmützen-Tülku ⇨ Chögyam Trungpa, geändert). Der Streit um den 17. Karmapa (die Auffindung und Inthronisierung des tibetischen Kandidaten wurde von Filmemacher Clemens Kuby in seinem Dokumentarfilm *Living Buddha* [1995] festgehalten) schwelt weiter: die Befürworter des indischen Knaben lehnen den vom Dalai Lama offiziell autorisierten tibetischen Jungen als dessen „Marionette" ab. Im übrigen wird dem Dalai Lama der Vorwurf gemacht, er habe den ihm konkurrenten 16. Karmapa mittels magischer Praktiken ermordet.[808]

Ozean der Weisheit
Berliner Friedensuniversität

Als absolutes Top-Ereignis war sie angekündigt worden: die Gründung der „Internationalen Friedensuniversität" in Berlin und Potsdam. Unter der Schirmherrschaft „Seiner Heiligkeit" des Dalai Lama sollte im Sommer 1995 als Auftakt ein vierwöchiger Vorlesungs- und Veranstaltungsbetrieb stattfinden. Mehr als zweihundert ReferentInnen, darunter allein zwei Dutzend Nobelpreisträger, waren aufgeboten, um in nicht weniger als vierhundertvierundsechzig Workshops, Seminaren und Vorträgen eine „Plattform für die Suche nach neuen Ansätzen zur Lösung globaler Probleme zu bieten".[809]

Bereits im Dezember 1991 war in Potsdam ein eingetragener Verein ins Leben gerufen worden, mit dem Ziel der Gründung einer privaten „Friedensuniversität", die „in Ergänzung zu den vertikal organisierten Schulen und Universitäten, die in Abteilungen, Fachbereiche und Fakultäten unterteilt sind, (...) die Vernetzung der Disziplinen und der Kulturen, der Geistes- und Naturwissenschaften, die Vernetzung von Theorie und Praxis, von Wissen und Weisheit, von geistigen und materiellen Werten und die Vernetzung von Kommunikation der Altersgruppen und Generationen" fördern sollte; und die „nicht nur den Frieden zwischen den Völkern (...), sondern auch den inneren Frieden, den sozialen Frieden, den Frieden in der Gemeinschaft im Sinne einer friedlichen Austragung von Konflikten und den Frieden mit der Natur" voranbringen sollte.[810] Auf Vermittlung von Petra Kelly, die dem Beirat der großsprecherischen *Fördergemeinschaft zur Gründung einer Friedensuniversität (FGF) e.V.* angehörte, wurde deren Initiator und Erster Vorsitzender Uwe Morawetz zu einer Privataudienz nach Dharamsala eingeladen: Der Dalai Lama, stets interessiert an Plattformen der Selbstdarstellung, übernahm sofort die Schirmherrschaft für Morawetzens Idee. Dergestalt aufgewertet organisierte dieser am 3. Oktober 1992, dem Tag der Deutschen Einheit, ein Gespräch mit Kindern aus den alten und neuen Bundesländern über ihre persönlichen und familiären Erfahrungen im vereinten Deutschland. Das Gespräch im historischen Schloßtheater von Potsdam-Sanssouci moderierte Horst-Eberhard Richter. Anschließend diskutierten Marlis Dürkop, Valentin Falin, Gerd Gebhard, David Steindl-Rast und Helm Stierlin unter der Gesprächsleitung von Lea Rosh zum Thema „Welche Einheit

brauchen wir – in Deutschland, in der Welt, in uns?" Ein eigenes Bene-
fizkonzert unter der Leitung von Yehudi Menuhin und Mittel aus der
⇨ *Heinrich-Böll-Stiftung* bildeten das Fundament für weitere Aktivitäten,
unter Beteiligung namhafter DiskutantInnen – darunter Marion Gräfin
Dönhoff, Hartmut Elsenhans, Iring Fetcher, Jost Krippendorf, Dorothee
Sölle oder Klaus Traube – wurde eine Reihe von fünf „Friedensgesprä-
chen" initiiert, die jeweils im Potsdamer Schloß Cäcilienhof stattfanden.
Am 4. Juli 1993 diskutierten auf Einladung der FGF Henry Kissinger,
Valentin Falin und Egon Bahr zum Thema „Wandel durch Annäherung".
Sämtliche Teilnehmer an den stets ausverkauften Gesprächen verzichteten
zugunsten der geplanten „Friedensuniversität" auf Honorar.[811]

Der steigende Bekanntheitsgrad der FGF erhielt weiteren enormen
Auftrieb durch die Teilnahme des Dalai Lama an einer Veranstaltung im
Berliner Schauspielhaus am 23. Oktober 1993. Zum Thema „Frieden
durch Völkerverständigung" steuerte der „Ozean der Weisheit" folgende
Erkenntnis bei: „Frieden ist die Grundlage für jeden Wohlstand und jedes
Glück in einem Land. Deshalb ist Frieden unbedingt notwendig, denn
ohne ihn kann sich kein Glück und kein Wohlstand entfalten. Die Frage
ist, was ist Frieden? (...) Meines Erachtens haben die Atomwaffen in
gewisser Weise dazu beigetragen, einen echten Frieden herbeizuführen.
Denn es mußte den Staaten zunehmend klar werden, daß ein Krieg nicht
mehr, wie in vergangenen Zeiten, auf einem begrenzten Gebiet ausgetra-
gen werden kann. Keine Partei würde heute noch versuchen, aus einem
Atomkrieg Vorteile zu ziehen oder einen Sieg davonzutragen. Aufgrund
dieser Einsichten hat man sich weltweit wirklich Gedanken darum gemacht, Wege zur Konfliktlösung zu suchen. Ich denke, daß die heutigen
globalen Entwicklungen auch Ausdruck dieses Suchens sind."[812]

Neben einer Reihe weiterer *Fundraising*-Aktionen wurde die offizielle Gründung der „Friedensuniversität" für September 1995 angesetzt.
Am 1.9.1995 wurde der vorläufige Betrieb aufgenommen – Teilnahme-
gebühr für vier Wochen: 1.475 Mark –, allerdings nicht, wie ursprünglich
beabsichtigt, in den Räumen des Potsdamer Schlosses Cäcilienhof, sondern in einem eilig angemieteten Zirkuszelt in Berlin. Wie zu erfahren
war, hatte man in Potsdam von den Veranstaltern Abstand genommen, als
zunehmend ruchbar wurde, daß es sich bei diesen um nichts als eine
„esoterisch-kommerzielle Organisation aus der Westberliner New-Age-
Alternativszene" handelte.[813] Zunehmend war die „Friedensuniversität"
ins Zwielicht geraten: *Gerade* die große Anzahl an Prominenten, die von
den Veranstaltern immer wieder als Beleg für die Seriosität der Mammut-

show angeführt wurde, ließ Zweifel aufkommen. Was sollte Mediziner vom Range eines Joseph Murray oder eines Carleton Gajdusek bewegen, in einer Fakultät mit Homöopathen, Bach-Blütentherapeuten und Geistheilern aufzutreten? Wie sollten Yehudi Menuhin oder Vladimir Ashkenazy dazu kommen, gemeinsame Sache zu machen mit dem „Universitätsgründer" Uwe Morawetz, der bislang lediglich in der Berliner Esoterikszene, mithin als Vertreter für astrologische Computer-Software, in Erscheinung getreten war? George Tabori, Wolf Kahlen, Jochen Gerz? Was sollten sich Lothar Bisky und Gregor Gysi dabei gedacht haben, in einem „Universitäts"-Beirat mitzuwirken, in dem auch rechtslastige Obskuranten wie Rainer Langhans oder Leonard Orr saßen?

Die Liste der im „Vorlesungsverzeichnis" angeführten Prominenten aus allen Sparten der Gesellschaft war schier endlos: Monika Griefahn, Lotti Huber, Rudolf zur Lippe, Peter Maffay, Milva, Christian Schwarz-Schilling, Britta Steilmann, Tilman Zülch. Als „Kuratoriumsmitglieder": Luise Rinser, Michael von Brück oder Gabriele Krone-Schmalz. Dazwischen immer wieder bekannte Namen aus der Esoterik- und New-Age-Szene wie Mechthild Scheffer, Andreas Krüger oder Tom Johanson. Neben Marilyn Ferguson oder Ron Kurtz tauchten im „Beirat" führende Vertreter aus dem Osho-Rajneesh-Umfeld auf: Michael Barnett (Swami Somendra), Paul Lowe (Swami Teertha) oder „Tantra-Therapeutin" Margo Naslednikov (Ma Anand Margo); dazu Rudolf Bahro, Gerda Boyesen, Jirina Prekop oder Anna Halprin. Einer der Hauptsponsoren: der Axel-Springer-Verlag.

Der Verdacht der Berliner Senats-Sektenbeauftragten Ina Kunst, der Vorstandsvorsitzende Uwe Morawetz stehe „in bedenklicher Nähe zu esoterischen Gruppen",[814] erschien leicht untertrieben: Esoterik-Gurus und Plastik-Schamanen jeder nur denkbaren Richtung waren als Dozenten vorgesehen: Pir Vilayat Khan, Yogi Bhajan, Brant Secunda; David Steindl-Rast, Sri Chinmoy sowie der rechtslastige Euro-Lama Ole Nydahl; nicht zu vergessen: Franz Alt, Kurt Tepperwein und Esoterik-Maskottchen Penny McLean, alias Gertrud Wirschinger. Einer der wichtigsten Promoter der „Friedensuniversität" war deren stellvertretender Vorsitzender, der Alternativheiler und Reinkarnationstherapeut Rüdiger Dahlke.

Ganz offenbar war es allein die Schirmherrschaft des Dalai Lama, die teils hochreputierliche Persönlichkeiten aus fünfundvierzig Ländern bewog, bei diesem Megaaufgebot des Abstrusen mitzuwirken. Vermutlich hatten weder Norman Borlaug noch Oscar Arias Sanchez noch sonst einer

der aufgebotenen Nobelpreisträger, Wissenschaftler, Politiker oder seriösen Künstler je einen genaueren Blick auf die Macher der geplanten Veranstaltung geworfen. Es reichte, daß der Dalai Lama der Sache seinen
Segen erteilt hatte, da fiel es weiter nicht auf, daß, wie der *Tagesspiegel*
berichtete, die „Friedensuniversität" aus dem Berlin-Schöneberger Zentrum der Osho-Rajneesh-Sekte heraus organisiert worden war;[815] auch
nicht, daß im Beirat neben führenden Vertretern der Rajneesh-Bewegung
UFO- und Kornkreisforscher Johannes von Buttlar auftauchte; oder
George Trevelyan, geistiger Vater der theosophisch-okkulten Findhorn-
Gemeinschaft, einer ultrarechten New-Age-Kommune in Schottland, der
in seinem „Unternehmen Erlösung" den nuklaren Holocaust herbei-
sehnt.[816] Selbst Desmond Tutu, Adolfo Perez Esquivel oder die *Internationalen Ärzte für die Verhütung des Atomkrieges* (IPPNW) ließen sich
gutgläubig einspannen. Ministerpäsident Kurt Biedenkopf steuerte ein
offizielles Grußwort bei.

Kurz vor Beginn der „Vorlesungsveranstaltungen" verdichteten sich
die kritischen Pressestimmen. Der *Stern* brachte einen vernichtenden
Beitrag, in dem die Verbindungen zweier Top-Referenten der „Friedens-
Universität" zur faschistoiden Mun-Sekte aufgedeckt wurden[817]: Der
Metropolit von Delhi, Paulos Mar Gregorios, alias Paul Vergehse (gest.
1996), war Mitherausgeber beziehungsweise Mitglied des Editorial
Boards der Mun-Zeitschrift *Dialogue & Alliance* und war als Patron sowohl des Mun-*Council of the World's Religions* (CWR) als auch der
Mun-*Assembly of the World's Religions* (AWR) tätig gewesen. Der amerikanische Religionswissenschaftler Huston Smith diente der Mun-Bewe-
gung in vielfältiger Funktion, so etwa als Chairman des Beirates der Ju-
gendorganisation *Youth Seminar on World's Religions* (YSWR), aber
auch als Berater und Chairman der Mun-„God-Konferenz" oder als
„Advisor" der AWR und anderer Mun-Organisationen. Seine Behauptung, er habe „lediglich einmal an einer von Mun mitveranstalteten Podi-
umsdiskussion teilgenommen", ist nachweislich falsch.[818] Wie der Sek-
tenbeauftragte der evangelischen Kirche in Berlin, Thomas Gandow,
herausfand, war auch der Münchner Religionswissenschaftler und Dalai-
Lama-Intimus Michael von Brück als Plenumsleiter bei Muns *Assembly
of the World's Religions* (AWR) und Muns *Council for the World's Religions* (CWR) zugange gewesen.[819] Auch die freundschaftlichen Verbindungen des Dalai Lama zu dem japanischen Terroristen ⇨ Shoko Asahara wurden erstmalig einer breiteren Öffentlichkeit bekannt.[820]

Zusammentreffen

Autor Colin Goldner brachte zudem eine merkwürdige Koinzidenz ans Licht: Im Juni 1993 hatte auf dem Kärntner Agathenhof, einer Art esoterischer Gesundheitsfarm, ein Memorial für den verstorbenen Plastik-Medizinmann Sun Bear stattgefunden, das unter der Bezeichnung „Visionen des Friedens" gleichzeitig der Unterstützung der geplanten „Universität" diente.[821] Dieser Agathenhof, laut „Uni-Gründer" Morawetz ein ganz „besonderer Kraftort", galt seinerzeit, wie die Wiener New-Age-Kritikerin Maria Wölflingseder es formulierte, als „Hochburg der lokalen rechtsextremen und FPÖ-Szene". Auch das österreichische *Antifa-Info* berichtete über die „braunen Schatten des Agathenhofes". Wilhelm Lasek vom staatlich geförderten *Dokumentationsarchiv des Österreichischen Widerstandes* (DÖW) bestätigte überdies, der Agathenhof sei die Kontaktadresse eines bekannten Kärnter Neonazi-Aktivisten namens Andreas Thierry gewesen.[822] Eine ganze Reihe an Figuren aus der ultrarechten Ecke hielten und halten Seminare auf dem Agathenhof ab: Beispielsweise die einschlägig bekannte „Ariosophin" Sigrun Freifrau von Schlichting, langjährige Leiterin der neuheidnischen *Armanenschaft*; oder Schädelformforscher Engelbert Helbing; auch ⇨ Rainer Holbe, der 1990 seiner antisemitischen Ausfälle wegen von RTL-Plus fristlos gekündigt worden war, oder ⇨ Trutz Hardo, alias Tom Hockemeyer, der 1998 wegen Volksverhetzung verurteilt wurde. Daneben alles, was Rang und Namen hat unter den Astrologen, Geistheilern und Reinkarnationstherapeuten: Viele „Visionäre" des Agathenhofes fanden sich in Beirat oder Kuratorium der „Friedensuniversität" wieder: Arnold Keyserling, David Steindl-Rast, Peter Schellenbaum oder die selbsternannte „Hexe" Zsuzsanna Budapest.

Die ersten „Dozenten" der Friedensuniversität gingen offen auf Abstand. Von einigen war zu hören, daß sie nie ihr Einverständnis erklärt hätten, auf das Panel der Referenten gesetzt zu werden.[823] Von „schlichtem Schwindel" sprach etwa der Journalist Günther Jauch, der, ohne jemals gefragt worden zu sein, als Moderator irgendwelcher Veranstaltungen angegeben war.[824] Auch *amnesty international*, das *Internationale Rote Kreuz*, *UNICEF* und viele weitere Organisationen hatten offenbar keine Ahnung davon, in den Broschüren der „Friedensuniversität" als Unterstützergremien aufgelistet zu sein. Zahlreiche Sponsoren zogen sich zurück. Noch vor Beginn des „Vorlesungsbetriebes" begann das ganze aufgeblasene Konstrukt aus dem Ruder zu laufen.

Die großangekündigte feierliche Eröffnungsveranstaltung – eine Eintrittskarte kostete nicht weniger als 168 Mark – geriet zur schieren Peinlichkeit. Alles drehte sich um den Dalai Lama, der seit Wochen von jeder Litfaßsäule grinste und der tags zuvor hochoffiziell vom Regierenden Bürgermeister Berlins, Eberhard Diepgen (CDU), begrüßt worden war. Frenetischer Applaus beim Einzug „Seiner Heiligkeit" ins Zirkuszelt, dutzende Exil-Tibeter warfen sich auf den Boden, Frauen streckten ihm ihre neugeborenen Babies entgegen. Der „Ozean der Weisheit" gab ein paar abgedroschene Platitüden von sich, grinste dämlich in die Runde und verschwand. Gleichermaßen platt die nachfolgenden Statements des früheren US-Verteidigungsministers Robert McNamara, der vom (Vietnam-) Kriegstreiber zum Friedensapostel mutiert daherkam. Johan Galtung zog über die Presse her, die das „hochehrenwerte Projekt" seines „lieben Freundes Morawetz" mit Unflat beworfen habe. Ervin Lazlo geiferte von „Hexenjagd" und „Vendetta", von „Diffamierung" eines „wahrhaft herausragenden internationalen Forums" durch „sensationslüsterne Pressevertreter". Patti Smith trug eine selbstgedichtete Ballade vor von „leopards and lambs lying together". In einer der ersten Abendveranstal-

Abb. 31: Friedensuniversität: Uwe Morawetz, Dalai Lama, Luise Rinser, Robert McNamara, Betty Williams

tungen zum Thema „Musik und Frieden" dilettierte Pete Wyoming Bender derart unerträglich am Klavier, daß Vladimir Ashkenazy, der mit auf dem Podium saß, wort- und grußlos das Zirkuszelt verließ.

Das Medienecho war entsprechend. Ein Referent nach dem anderen sagte ab, die Stimmung kippte endgültig. Offenbar war man draufgekommen, daß es für das eigene Image doch denkbar ungünstig sei, in einer Fakultät mit Wunderheilern und rechten Esoterikspinnern zu sitzen. Dalai Lama hin oder her. Noch vor der Eröffnung sagte Ignaz Bubis ab, es folgten Denan Remirkan, Lotti Huber, Dieter Kronzucker, Nobelpreisträger Carleton Gajdusek und viele andere. Auch Klaus Bednarz, Antje Vollmer, Fritz Raddatz und Gregor Gysi, die zuvor gerne zugesagt hatten, gingen auf ausdrückliche Distanz. Der Berliner Ärztekammerpräsident Ellis Huber, bis 1994 Vorstandsmitglied im Gründungsrat der „Friedensuniversität", hatte schon Anfang des Jahres von „unseriöser kulturpolitischer Hochstapelei" und „reiner Schaumschlägerei" gesprochen[825]; die Rede war auch von undurchsichtigen Finanzmachenschaften des Vorstandsvorsitzenden Morawetz. Rita Süßmuth, eigentlich überzeugte Verfechterin der „Friedensuniversität", ließ als Grund ihrer Absage mitteilen, sie könne sich des „Eindrucks einer gewissen Zufälligkeit und Beliebigkeit der einzelnen Veranstaltungen nicht erwehren".[826] Auch müßten öffentliche Vorbehalte, insbesondere das Fehlen eines wissenschaftlichen Anspruchs und die „Nähe zu Esoterik" ernster genommen werden. Mit derselben Skepsis kommentierte auch der Berliner Wissenschaftssenat das Treiben der „Friedensuniversität": „Wir können eine Wissenschaftlichkeit aufgrund der uns vorliegenden Erkenntnisse nicht feststellen", meinte Monika Grütters. Wenn sich die „Friedensuniversität" im übrigen tatsächlich unter diesem Namen konstituieren sollte, würde erst einmal eine Geldstrafe fällig. Der Universitätsbegriff sei in Berlin geschützt und von der Genehmigung des Senats abhängig.

Auch Jutta Ditfurth, die man heftigst als Referentin umworben hatte, sagte ab. Ihr ursprüngliches Vorhaben, an der „Friedensuniversität" teilzunehmen, um diese sozusagen „von innen her" auszuhebeln, erübrigte sich. In einer eigenen Presseerklärung wies sie darauf hin, die „Friedensuniversität" sei nichts als „der x-te Versuch der internationalen Esoterik- und New-Age-Szene [gewesen], finanziert aus dubiosen Quellen, ihre Einflußnetze enger zu spannen, zahlende Jünger zu finden und – vor allem – ihren Einfluß in Politik, Wirtschaft und den Medien aggressiv auszudehnen". Mit dem Faschismus-Bewunderer und SS-Todeskult-Verehrer Rainer Langhans, der ihr als Gesprächspartner einfach zugeteilt

worden war, hätte sie sich ohnehin nicht an einen Tisch gesetzt. Die übrig
gebliebenen Veranstaltungen mit ein paar Grenzgängern des Wissen-
schaftsbetriebes und einer Handvoll drittklassiger Kulturschaffender zogen sich ohne jeden Esprit dahin, in manchen „Vorlesungen" saßen
gerade mal fünf Zuhörer. Die Medien berichteten, wenn überhaupt, in
kritischer Distanz; da half es auch nicht, daß einem Journalisten der *Berliner Zeitung* offen Prügel angedroht wurden für den Fall, daß er weiter
kritisch Bericht erstatte.[827]

Die offizielle „Gründungsveranstaltung" der „Friedensuniversität" am
Ende der vierwöchigen „Vorlesungszeit" fiel ins Wasser. Kleinlaut mußte
Ex-Horoskopevertreter Morawetz einräumen, daß der Wissenschaftssenat
die Gründung verboten hatte. Ersatzweise nannte man die letztlich doch
noch formal als Körperschaft institutionalisierte Einrichtung „Friedens-
kolleg". Nachdem absehbar war, daß bei den deutschen Behörden nichts
mehr zu holen war, verlagerte man den Schwerpunkt der Aktivitäten
zunächst in die Schweiz, ab 1998 dann nach Österreich. Mittels nach wie
vor eifrig gesammelter Spendengelder plant man von dort aus, die in
Berlin gescheiterte „Friedensuniversität" doch noch ins Leben zu rufen.
Nach wie vor phantasiert Morawetz vom Umbau eines ehemaligen US-
Kriegsschiffes zu einer schwimmenden Universität, im früheren Benedik-
tinerkloster Abbaye de Lagrasse in Südfrankreich will er einen „Europa-
Campus" einrichten. Wenige Jahre nach dem Megaflop im Zirkuszelt ist
es ihm gelungen, eine neue Riege wiederum durchaus namhafter Künstler, Wissenschaftler und Politiker auf die Beine zu stellen. Offizielles
Gründungsdatum der „Stiftung Internationale Friedensuniversität": 3. Juli
1999. In den Kreis Morawetzens hinzugekommen sind (für die mit der
Gründung gekoppelten sogenannten „Wiener Friedensgespräche vom 2.-
4. Juli) unter anderem Michel Friedman, Roger Willemsen, Joan Arma-
trading, Chingis Aitmatov, Konstantin Wecker, Erika Pluhar, Henry
Maske (!); nicht zu vergessen: TV-Pastor Jürgen Fliege. Daneben finden
sich altbekannte Namen wie Michael von Brück, Christian Schwarz-
Schilling, Peter Maffay, Franz Alt und viele andere, die schon in Berlin
zugange waren. Zahllose öffentliche Einrichtungen unterstützen das Projekt, von der Österreichischen Bischofskonferenz und dem Österreichischen Gewerkschaftsbund über mehrere Institute der Universitäten Wien
und Graz hin zum Österreichischen Rundfunk (ORF), dem Magistrat der
Stadt Wien und den österreichischen Bundesministerien für auswärtige
Angelegenheiten, für Unterricht und Kultus, für Umwelt, Jugend und
Familie sowie der Justiz. Bundespräsident Thomas Klestil und Bundes-

kanzler Victor Klima versahen das Programm mit artigen Grußadressen. Als Ehrenmitglieder der Stiftung firmieren neben anderen Franz Beckenbauer, Gyula Horn, Friedensreich Hundertwasser und Edzard Reuter: Die runderneuerte Prominentenliste – Figuren aus dem Eso-Bereich kommen (zumindest in den Werbeverlautbarungen) nur noch sehr am Rande vor – reicht fast an die von 1995 heran. (Es steht zu vermuten, daß die nach Wien versammelte Prominenz ebenso wie die zahlreichen Sponsoren – darunter die Österreichische Nationalbank – den Berliner Flop zu großen Teilen gar nicht recht mitbekommen hatten.) Als Vorstandsmitglieder fungieren nach wie vor Ervin Laszlo, Helm Stierlin und Rüdiger Dahlke. Ob Nelson Mandela, Elie Wiesel oder Rigoberta Menchú-Tum wissen, wem genau sie da in gutem Glauben ihre Unterstützung geben, steht dahin. Schirmherr, wie gehabt, ist „Seine Heiligkeit", der 14. Dalai Lama.[828]

Zu den eifrigsten Werbetrommlern für die „Friedensuniversität" zählte seit jeher die Schriftstellerin Luise Rinser (*1911). Als Kuratoriumsmitglied hatte sie engen Kontakt zum Dalai Lama geknüpft, unter dessen Schirmherrschaft und geistiger Führung die Hirngespinste Morawetzens überhaupt erst Form angenommen hatten. Erstmalig traf Rinser im Oktober 1993 mit „Seiner Heiligkeit" zusammen, und, wie schon mehrfach in ihrer Vita – bekanntlich hatte sie zeit ihres Lebens ein ausgeprägtes Faible für männliche *Grand Manier* –, überkamen sie auch angesichts des tibetischen Gottkönigs Schaudergefühle numinosen Hingezogenseins. Bei ihrer ersten Begegnung, wie sie selbst schreibt, habe sie vor Aufregung kaum ein Wort herausgebracht: „Alles was mir einfiel war der simple Satz: 'Bei Ihrem Anblick, Holiness, schweigen alle meine Fragen.'" Bei der nächsten Begegnung, einige Wochen später: „Wieder entfielen mir alle meine Fragen. (...) Ich saß merkwürdig unbeteiligt dabei und schaute den Dalai Lama an, der plötzlich nach meiner Hand griff und sie festhielt, während einer halben Stunde. So saßen wir beide schweigend und sahen uns an. Ich wünschte, diese halbe Stunde wäre nie zu Ende gegangen." Besonders angetan hatte ihr es die markante Männlichkeit des Gottkönigs: „Der Dalai Lama ist kein sanfter Mensch. Es ist eine geballte, gesammelte, höchst disziplinierte männliche Kraft. Er sagt von sich selbst, er sei ein zorniger Mann und durchaus nicht von Natur aus Pazifist. Er ist auch körperlich nicht asketisch-mager, er ist ein muskulöser gesunder Mann, dessen Sanftmut das Ergebnis einer langen spirituellen Erziehung und Selbstkontrolle ist."[829] Über ein späteres Treffen schreibt sie: „Wieder geht es mir so wie bei den früheren Begegnungen: ich möchte schweigen und die ungemein starke Strahlung dieses Mannes aufnehmen. Wir schauen uns an. Wir sind uns so vertraut, daß ich an einem der nächsten Tage, als die Rede auf 'Reinkarnation' kam, ihn zu fragen wagte, ob wir uns in einer früheren Inkarnation schon kannten. Er spricht nicht gern über solche Fragen, denn sie sind spekulativer Art. (...) Dennoch antwortete er auf meine Frage: 'Personen, die sich in diesem Leben so nahe kommen, waren auch früher beisammen'. Das muß mir genügen, und es genügt mir, besonders da er dabei meine Hand festhält."[830]

Rinsers Geschmachte ist nicht deshalb peinlich, weil sie immerhin schon 82 Jahre alt war, als sie dem Dalai Lama begegnete, sondern per se. Zusammen mit Morawetz flog sie 1994 eigens nach Dharamsala, wo sie mehrere Privatgespräche mit „Seiner Heiligkeit" führen durfte. Was man sich zu erzählen hatte, veröffentlichte sie später in einem Buch: *Mitgefühl als Weg zum Frieden*, einer Ansammlung von Banalitäten und Nebensächlichkeiten, wie sie halt zustandekommen bei belanglosem Geplauder unter Gleichgesonnenen. Neues erfährt die Leserschaft nicht, am wenigsten zum von Rinser breit erörterten Thema „Sexualität". Der Gottkönig gab sich betont liberal, selbst gegen Onanie habe er nichts einzuwenden: „Es ist eine natürliche Regung. Wir akzeptieren das bei jungen Mönchen. Nur lehnen wir die Selbstbefriedigung ab, wenn sie mit anderen Mitteln erfolgt außer mit der eigenen Hand."[831] Rinser: „Ich bewundere bei diesem Gespräch die Nüchternheit, Sachlichkeit und Welt- und Menschenkenntnis des Dalai Lama, und wie kein Wort der Verdammung über seine Lippen kommt. Obgleich sich für seine Person das Problem der Sexualität nicht stellt, ist er voller Barmherzigkeit gegenüber jenen, die daran leiden" [sic!].[832]

Interessant an Rinsers Buch sind vor allem die Fehler, die ihr in ihrer völlig distanzlosen Beweihräucherung des Dalai Lama fortwährend unterlaufen: „In Tibet waren seit der Einführung des Buddhismus weltlich-politische und religiöse oberste Führung in Händen eines jeweils einzigen Mannes, des Dalai Lama, und Tibet war ein Gottes-Staat."[833] Tatsächlich wurde der Buddhismus in Tibet im 7. Jahrhundert u.Z. eingeführt, Mitte des 13. Jahrhunderts wurde er, in Gestalt des Lamaismus, zur Staatsreligion erklärt; Dalai Lamas gibt es erst seit 1578. An anderer Stelle kolportiert sie treuherzig die Legende, der scheidende 13. Dalai Lama habe auf dem Sterbebette vorhergesagt, der Name seines Nachfolgers werde mit einem „T" beginnen; und siehe da: der Knabe, den man als 14. Dalai Lama erkannte, hieß Tenzin Gyatso.[834] Ganz offensichtlich war Rinser in ihrer Begeisterung entgangen, daß Tenzin Gyatso der Mönchsname des 14. Dalai Lama ist, den er erst mit seiner Ordination zugewiesen bekam;

ursprünglich hieß er Lhamo Dhöndup. Letztlich gibt sie auch noch das Geburtsjahr ihres spirituellen Freundes fälschlich mit 1939 an und macht ihn damit vier Jahre jünger als er ist.[835] Bezeichnend, daß selbst im Lektorat des *Kösel*-Verlages niemand diese eklatanten Fehler bemerkte: Fast scheint es, als gehörten Halbwahrheiten und Falschinformationen zum unverzichtbaren Wesen der Tibet- und Dalai Lama-Literatur.

Im Herbst 1995 flog „Seine Heiligkeit" zu Gesprächen mit Vertretern des US-Senats nach Washington; im Zuge seines Aufenthaltes an der Ostküste besuchte er auch die tibetische Exilgemeinde in Boston.

Auf einer ausgedehnten Reise durch die Mongolei führte er wieder einmal eine ⇨ Kalachakra-Initiation durch; eine weitere fand im indischen Mundgod statt.

1996

Mitte Juni 1996 war der Dalai Lama Stargast einer Konferenz der internationalen Tibet-Unterstützerszene *(Tibet Support Groups)* in Bonn. Die Konferenz, organisiert von der F.D.P.-nahen *Friedrich Naumann-Stiftung* und unterstützt zunächst mit Mitteln des Bundes (die Rede war von knapp 300.000 Mark), hatte zu einigen diplomatischen Verquerungen mit China geführt; letztlich wurde auf Druck Beijings die offizielle Unterstützung der Konferenz zurückgezogen. Der Dalai Lama präsentierte sich, wie gewohnt, als Opfer chinesischer Unterdrückung; dennoch, so der Tenor seines Auftrittes, sei er jederzeit zu Verhandlungen mit Beijing bereit. Selbst das ursprüngliche Ziel völliger Unabhängigkeit Tibets sei er bereit aufzugeben: er könne sich durchaus einen (außen-)politischen Verbund mit der Volksrepublik China vorstellen, sofern dieser eine echte Selbstbestimmung des tibetischen Volkes gewährleiste. Neben „Seiner Heiligkeit" traten als Hauptredner im Bonner Wasserwerk (ehedem Plenarsaal des Bundestages) der vormalige Bundeswirtschaftsminister Ott Graf Lambsdorff sowie die frühere Staatsministerin im Auswärtigen Amt, Irmgard Schwätzer, auf. Als Reaktion auf die Tibet-Konferenz verfügt die VR China eine Schließung des Friedrich-Naumann-Büros in Beijing.

Vor dem Hintergrund der *Naumann*-Konferenz sowie der ein Jahr zuvor veranstalteten ⇨ Tibet-Anhörung im Auswärtigen Ausschuß des Deutschen Bundestages unterstützten sämtliche Bonner Parteien einen interfraktionellen Antrag, die chinesischen Menschenrechtsverletzungen in Tibet zu verurteilen. Die VR China legte energischen Widerspruch ein: In einer dem Bundestag vorgelegten Erklärung hieß es, der Antrag strotze von Behauptungen, die jeder Grundlage entbehrten und die Lage in Tibet entstellten; der Dalai Lama sei der „größte Feudalherr und Leibeigenschaftshalter in Tibet" gewesen, gerade er habe „keine Qualifikation, über Menschenrechte zu reden".[836] Desungeachtet wurde am 20.6.1996 eine entsprechende Resolution nahezu einstimmig angenommen (lediglich ein paar PDS-Abgeordnete wußten sich zu verwahren).

Die Resolution des Bundestages liest sich wie ein Propagandapapier der Tibet-Unterstützerszene: „Beginnend mit den unmenschlichen Militäraktionen seit dem Einmarsch Chinas im Jahr 1950, dauert die gewaltsame Unterdrückung Tibets und seines Strebens nach politischer, ethnischer, kultureller und religiöser Selbstbestimmung bis heute an. Die fortgesetzte Repressionspolitik Chinas in Tibet hat schwere Menschenrechtsverletzungen, Umweltzerstörungen sowie massive wirtschaftliche, soziale, rechtliche und politische Benachteiligungen der tibetischen Bevölkerung und letztlich die Sinisierung Tibets zur Folge. Dazu zählt insbeondere die Vorenthaltung gleicher Bildungschancen für die Tibeter. Der Deutsche Bundestag (...) I. verurteilt die Politik der chinesischen Behörden, die im Ergebnis gerade auch in bezug auf Tibet zur Zerstörung der Identität führt, insbesondere mittels Ansiedlung und Zuwanderung von Chinesen in großer Zahl, Zwangssterilisierungen von Frauen und Zwangsabtreibungen, politischer, religiöser und kultureller Verfolgung und der Unterstellung des Landes unter eine chinesische Administration; II. fordert die Bundesregierung auf, sich verstärkt dafür einzusetzen, daß – die Regierung der Volksrepublik China die weltweit anerkannten Menschenrechte achtet und die Menschenrechtsverletzungen gegen Tibeter beendet; – die chinesische Regierung jede Politik einstellt, welche die Zerstörung der tibetischen Kultur zur Folge haben kann; – die Regierung der Volksrepublik China positiv auf die Bemühungen des Dalai Lama und der tibetischen Exilregierung um einen konstruktiven Dialog reagiert und über mehr Rechte für das tibetische Volk verhandelt."[837] Kritische Distanz zu den vorgebrachten Anschuldigungen, wie sie in der Anhörung vom 19. Juni 1995 durchaus noch zu spüren war, hatte sich, bedingt mithin durch die propagandistischen Aktivitäten der Pro-Tibet-Szene, inzwischen restlos aufgelöst. Beijing reagierte auf die Resolution mit einer umgehenden Stornierung des für Juli geplanten China-Besuches von Außenminister Klaus Kinkel.

Nach dem Deutschlandbesuch und der Teilnahme an einer buddhistischen Konferenz in London stand ein weiterer USA-*trip* auf dem Programm. Zunächst bereiste der Dalai Lama einige Staaten des Mittleren Westens – in Bloomington/Indiana beispielsweise legte er den Grundstein für einen „Internationalen Buddhistischen Tempel" –, anschließend flog er nach Los Angeles, um vor großem Auditorium religiöse Unterweisungen abzuhalten. Im *Simon Wiesenthal Center* von L.A. wurde ihm der Friedenspreis des *Museum of Tolerance* verliehen.

Mitte Juli des Jahres nahm er als Ehrengast an einer buddhistisch-christlichen Konferenz teil, die, organisiert von einer Sektion der katholischen Kirche Nord- und Mittealamerikas *(Monastic Interreligious Dialogue)* in der Benediktinerabtei Gethsemane im US-Bundesstaat Kentucky stattfand. Fünfundzwanzig führende Vertreter verschiedener buddhistischer Schulen trafen auf ebensoviele Pendants christlicher Ausrichtung, um sich religionsübergreifend zu Fragen der „Höchsten Wirklichkeit und Spiritualität" auszulassen. Neben allerlei praktischen Ratschlägen („Um eine starke Achtsamkeit zu entwickeln, ist es wichtig, in allen Aspekten seines Verhaltens achtsam zu handeln"[838]) unterwies der Dalai Lama seine „christlichen Brüder und Schwestern" (es waren auch ein paar katholische Nonnen und Äbtissinnen zugegen) in der buddhistischen „Lehre der vier Leeren": „Diese Leeren beziehen sich nicht auf die Leerheit von inhärenter Existenz. Die vier Leeren werden so genannt, weil sie leer oder bar sind jener subtilen Energie, die den gröberen Ebenen des Bewußtseins als Grundlage dienen. (...) Bei den vier Leeren sind die letzteren feiner als die vorausgehenden; die feinste wird deshalb die 'ganz leere' genannt. Warum wird sie als die 'ganz leere' bezeichnet? Weil die vorausgegangenen Ebenen des feinen Bewußtseins aufgehört haben. Die früheren Ebenen hießen 'die lebhafte weiße Erscheinung', 'die lebhafte rote oder orange Zunahme der Erscheinung', und die 'lebhafte schwarze Fast-Erlangung'. Die ganz leere Ebene wird der 'Geist des klaren Lichtes' genannt und ist der Urgrund allen mentalen Lebens."[839] Nachfragen anderer Teilnehmer, was dieser Nonsens denn bedeuten solle, gab es, wie üblich, nicht.

Auf einem anschließenden Südafrika-*trip* traf der Dalai Lama u.a. mit Nelson Mandela zusammen. Zu mehr als einem Austausch nichtssagender Floskeln kam es nicht.

Nicht zu vergessen sind die ⇨ Kalachakra-Masseninitiationen, die „Seine Heiligkeit" auch im Jahre 1996 wieder veranstaltete; eine davon fand im australischen Sydney statt, die andere im indischen Tabo.

Everybodies Darling
Medienstar „Kundun"

Zwischen drei- und fünfhunderttausend begeisterte Anhänger soll der Buddhismus seit Anfang der 1990er allein in der Bundesrepublik gefunden haben, die Zahl der Dalai Lama-Fans geht in die Millionen.[840] Wesentlicher Grund hierfür ist die Dauerpräsenz des tibetischen Gottkönigs in der Yellow Press, über die das Interesse an „östlicher Spiritualität" bedient und ständig erweitert wird. Das *Journal für die Frau* beispielsweise geht in einem umfänglichen Report der Frage nach, was denn „eigentlich so faszinierend [ist] an dieser Religion" und kommt zu der profunden Erkenntnis, es sei die „Suche nach sich selbst, nach Sinn und Seelenheil", die „Sekretärinnen und Arzthelferinnen" [sic!] en masse in die buddhistischen Zentren deutscher Großstädte treibe.[841] Noch näher an der Wahrheit dürfte die zum eigentlichen Metier des Magazins überleitende Erkenntnis liegen: „Und sie haben prominente Vorbilder. (...) Richard Gere, geradezu die Inkarnation des männlichen Sex-Appeals, war einer der ersten, der sich zu der südostasiatischen Religion bekannte. 1984 kriegte er eine Midlife-Krise ('Ich wußte damals weder ein noch aus, das ganze Leben schien mir grausam und sinnlos.') erst in Griff, nachdem er Buddha kennenlernte. (...) 1995 verkaufte er seine Villen in Malibu und Beverly Hills, um sich für eine Weile in eine Hütte im Himalaya zurückzuziehen. 'Früher ging es mir oft schlecht', sagt der 48jährige, der jetzt täglich meditiert. 'Ich hatte viele Fragen und wußte nicht, warum ich lebe. Der Buddhismus hat mir geholfen, meine Antworten zu finden' [zuvor hatte er diese schon bei dem rechtslastigen Maharishi Mahesh Yogi gesucht, d. A.]. Und auch Harrison Ford, Uma Thurman, Sharon Stone, Sting, Tina Turner und David Bowie verehren Buddha und üben sich in den sanften buddhistischen Ritualen." Gerade in der Rock- und Popszene ist es offenbar *en vogue*, sich als Dalai Lama-Fan zu outen: Patti Smith, Radiohead, Sonic Youth, Blur, Rage Against the Machine, Adam Yauch samt seinen *Beastie Boys* und viele andere mehr zählen zur begeisterten Anhängerschaft des tibetischen Gottkönigs, vorneweg die rocktümelnden Hubert von Goisern und Peter Maffay (letzterem schrieb der Dalai Lama gar ein Grußwort für seine neue CD „Begegnungen"). Interessant auch die Transmutation von Leinwand-Rambo Steven Seagal, der sich seit einem „Erleuchtungserlebnis" Mitte der 1990er als Reinkarnation des verstorbenen Lama Chokden Dorjee vorkommt: 1997 wurde er offiziell als solche anerkannt.

Die Stars im Scheinwerferlicht, so das *Journal für die Frau* wissend, „führen vor, was viele in unserer westlichen Kultur empfinden: Weder Ruhm noch Besitz sind eine Garantie für dauerhafte Zufriedenheit. Was uns fehlt, sind innere Ruhe, Frieden und das Gefühl, mit sich selbst und der Welt in Einklang zu sein." Und eben dies biete der Buddhismus im Übermaß: „Alles ist heiter, gelassen, friedlich, sanft, harmonisch, alles lächelt und will nur das Beste. (...) Wenn chinesische Soldaten brutal über Tibet herfallen, bleiben die Bewohner freundlich und gelassen. Feindschaft nicht mit Feindschaft vergelten heißt eines ihrer Gebote." Dalai Lama-Freund Richard Gere: „Das Größte am Buddhismus ist, daß er dir zeigt, wie du dich öffnest und die Dinge klarer siehst." Brad Pitt, so eine vielkolportierte Story der Yellow Press, sei während der Verfilmung von Annauds *Sieben Jahre in Tibet* (1997), der Geschichte um die Beziehung zwischen dem österreichischen Alpinisten Heinrich Harrer und dem Dalai Lama – Pitt stellt im Film den jungen Harrer dar – „zum Manne gereift"; so sehr habe ihn der Einblick in die Welt des Buddhismus berührt. (Regisseur Annaud, der erst nach Abschluß der Dreharbeiten von Harrers brauner Vergangenheit erfahren hatte,[842] sah sich genötigt, diese nachträglich in seinen Film einzuarbeiten. Harrer, überzeugter Nazi von Anfang an [SA-Mann in Österreich seit 1933 (!) und späterer SS-Oberscharführer], wird dargestellt als einfacher Mitläufer des Regimes, der sich – genialer Einfall Annauds! – unter dem Einfluß der tibetischen Kultur und insbesondere des Dalai Lama zum entschiedenen „Vorkämpfer für Menschenrechte" emporläutert. Im Film darf er angesichts der Brutalität chinesischen Militärs sagen: „Grausig – ich darf gar nicht daran denken, daß ich selbst einmal so intolerant [!] war."[843] In Harrers Schriften findet sich von derlei Läuterung nichts.)

Die Auflistung romantisierender Klischees und mystizistisch angehauchter Platitüden ist bezeichnend für die Rezeption buddhistischer Vorstellungen in weiten Kreisen ihrer Anhängerschaft. Ungeachtet der Frage, was denn bei ernsthafter Auseinandersetzung mit dem Buddhismus vielleicht herauskommen *könnte*, strotzen die Auslassungen konvertierter Promis nur so vor bescheuerter Ahnungslosigkeit. Die esoterische Knallcharge Cleo Kretschmer etwa, die sich in TV-Talkshows über ihre neugewonnenen buddhistischen Erkenntnisse verbreitet, weiß vornehmlich zu vermelden, daß es da um Mitgefühl und Liebe gehe, irgendwie, und der Dalai Lama schon ein toller Typ sei. Im übrigen bedeute der buddhisti-

sche Weg ein diszipliniertes „Studium der Natur des Geistes", eine Anstrengung, der sie, Kretschmer, sich bereits seit neun Jahre unterziehe. Interessant ihr Auftritt bei *Vera am Mittag* (SAT1), bei dem sie wortreich
ausführte, selbst Jesus Christus sei bei tibetischen Meistern in die Lehre
gegangen: „Wenn man die Bibel mal gelesen hat, irgendwie, wird man
feststellen, sogar Jesus war mal ein paar Jahre weg." In eben diesen Jahren sei er nach Tibet gereist und dort in die „kosmischen Gesetze" sowie
„diese ganzen Sachen, die er dann später weitergegeben hat", eingewiesen
worden. Die Leiterin des „Buddhistischen Hauses" Berlin mochte dies
nicht bestätigen (vielleicht war ihr bekannt, daß der Buddhismus erst im
7. Jahrhundert *unserer Zeit,* also *nach Christus* nach Tibet gekommen
war), die Werbeelogen für ihr Kursangebot waren freilich nicht weniger
disparat: „Der Buddhismus ist frei, zwingt niemanden, es gibt keine Institution, keine in diesem Sinne Kirche"; zugleich beschrieb sie ihr Haus
(ungewollt selbstentlarvend) als Zentrale der *German Dhammadutta
Society,* einer buddhistischen Splittersekte, die in Berlin eifrige „Seel-
sorgearbeit" betreibt. Moderatorin Int-Veen – ausnahmsweise ging es in
ihrer Talkrunde nicht um Beziehungs- und/oder Sex-Trash – entsprach
wie üblich ganz dem Niveau ihrer Gäste. Eine bekennende Buddhistin,
eigener Aussage nach seit frühester Kindheit mit dem Buddhismus vertraut – laut Int-Veen die „älteste Religion Asiens" (sic!) –, erläuterte dessen Wesen und Besonderheit folgendermaßen: „Es ist der Weg der Mitte,
was genannt wird, daß man aus diesem Mitgefühl, Miterleben, aus dieser
Quelle von diesem, also der Liebe, kann man eben sagen, dem Herzen
her, mit dem Alltag umgeht." Und auf die Frage, was das denn heiße: „Du
beobachtest einfach deinen Atem, Einatmen, Ausatmen, und mit den
Schritten zusammen, oder du bewegst deine Hände, und du atmest ein
und aus, und du kommst einfach immer mehr in die Gelassenheit und
Ruhe dadurch." Über den Dalai Lama, den sie zu ihrem persönlichen
Bekannten- und Freundeskreis zählt, wußte die als „Expertin" geladene
Dame zu berichten: „Er ist das politische Oberhaupt von einem Volk, das
ja, wie wir wissen, vertrieben wurde [sic!] und genauso auch der religiöse
Mittelpunkt." Als solcher, so Cleo Kretschmer ergänzend, werde er allerdings „nicht angebetet, irgendwie, sondern er wird verehrt, und das ist
was ganz anderes".[844] Auf ähnlichem Niveau liegen die Kenntnisse und
Bekenntnisse buddhismusbegeisterter TV-Mimen wie Marie-Luise Mar-
jan (*Lindenstraße*), Anja Kruse (*Forsthaus Falkenau*) oder Sigmar Sol-
bach (*Dr. Frank – der Arzt dem die Frauen vertrauen*).

Auch Martin Scorsese, Regisseur des im Frühjahr 1998 vorgestellten Streifens *Kundun*, der das Leben des Dalai Lama bis 1959 nachzeichnet, ergeht sich in nichtssagendem Wortgeklingel und schierem Nonsens: „Für mich ist der Buddhismus der Tibeter eine wunderbare Lebenseinstellung vom Frieden des Geistes und der Völker, von Liebe und Mitgefühl. Dogmen, Gier und Gewalt haben ausgedient. (...) Wir können nur überleben, wenn wir aufhören, einander zu bekriegen, wenn wir toleranter werden und alles Leben achten." Drehbuch und Dreh, so Scorsese, hätten ihn von innen heraus geläutert, mit seinen bisherigen Brutalstreifen *Taxi Driver*, *Raging Bull* oder *Casino* habe er nichts mehr zu schaffen: „Die heutige Welt ist so konfus und gefährlich. Wenn du zu lange zögerst, bist du tot – genau wie in meinen alten Filmen. Ich befasse mich lieber mit der Vergangenheit, mit neuen Blickwinkeln." (?)[845] Sein aktueller Film über den Dalai Lama jedenfalls, nach von diesem höchstpersönlich autorisierten Drehvorlagen von Melissa Mathison, Ehefrau von Tibet-Fan Harrison Ford (*Indiana Jones*), reiht wie gehabt ein Klischee ans nächste und entspricht insofern ganz der Sichtweise, die Kundun (tibetisch: Gegenwart Buddhas) – so wird der Dalai Lama von seinen Untergebenen angesprochen – auf seine Biographie kultiviert.

In einer Szene des Films wird der 19jährige Dalai Lama von Mao Tsedong über das Wesen der Religion belehrt: „Sie müssen folgendes lernen: Religion ist Gift. Gift. Wie ein Gift schwächt sie die (menschliche) Rasse. Wie eine Droge verlangsamt sie die Menschen und die Gesellschaft. Das 'Opium des Volkes'. Tibet wurde durch die Religion vergiftet." Der junge Dalai Lama erwidert nichts, er schlägt nur betreten die Augen nieder. Zu dieser Szene befragt erklärte „Seine Heiligkeit" Anfang 1998 (im Gespräch mit einem schweizer Fernsehteam), sie habe sich 1954 genau so abgespielt (was weiter nicht verwundert, da er das Film-Drehbuch Mathisons eigenhändig überarbeitet hat). Im übrigen habe sich ihm in zahlreichen Gesprächen mit Mao die Möglichkeit eröffnet, das „Denken des Marxismus kennenzulernen. Ich konnte mich mit der marxistischen Ideologie vertraut machen, mit der Grundidee des Kommunismus und der klassenlosen Gesellschaft." Allen Ernstes verficht er die Behauptung, „daß es eine gemeinsame Grundlage gibt, die der Sozialismus mit dem Buddhismus teilt, (...nämlich) die Sorge um die Arbeiterklasse und deren Rechte. Die Arbeiterklasse, inklusive die Bauern (...) wurden früher zu sehr ausgebeutet. Von diesem Gesichtspunkt her betrachte ich ein gewisses Opfer der wenigen reichen Menschen für gerechtfertigt." Vor dem Hintergrund dieser tiefschürfenden Erkenntnis hält er sich, wiederum allen Ernstes, „zur Hälfte für einen Buddhisten, zur anderen Hälfte für einen Marxisten". Selbst Maos Religionskritik kann er etwas abgewinnen. Es sei durchaus wahr, daß religiöse Institutionen „in zahlreichen Ländern wirklich viele traurige Dinge zu verantworten haben. Es gab und es gibt Ausbeutung im Namen der Religion." Ob er damit auch die jahrhundertelange Knechtung und Ausbeutung der Menschen Tibets im Namen des Gelbmützen-Lamaismus meinte, blieb freilich offen. Selbstredend fragte SF-Hofberichterstatter Erwin Koller nicht weiter nach.[846]

Die Auslassungen des „Ozeans der Weisheit" entsprechen durchaus denen seiner Anhänger. Sie könnten verbatim Platz finden in Medien wie dem *Journal für die Frau* (dito: *Bunte, Bravo-Girl* etc.), das Scorseses Zelluloid-Platitüden zum „bildgewaltigen Meisterwerk" hochlobt und Richard Gere sagen läßt: „Ein grandioser, erschütternder Film. Ich habe zwei Stunden lang geweint" (vermutlich fand Gere auch *E.T.* herzzerreißend, die Hollywood-Schmonzette um einen verwaisten Außerirdischen, deren Drehbuch ebenfalls *Kundun*-Autorin Mathison lieferte). Selbst die *Süddeutsche Zeitung* faselt daher, Scorsese habe seinen Bildern „die Freiheit gelassen, auf ein anderes Universum zu verweisen, dessen Tiefe man nicht einmal erahnt".[847] Interessant in diesem Zusammenhang zu wissen, daß als Produzent von *Kundun* der amerikanische Walt Disney-Konzern verantwortlich zeichnet.

Die Münchner *Abendzeitung* hält Scorseses Streifen für „hypnotisch und luzid, scheinbar opulent, aber tatsächlich sehr intim", und auch *Bild* schwelgt in höherer Dialektik: „Ein Ausnahmefilm: sinnlich und zugleich spirituell, authentisch und zugleich dokumentarisch." Zum Inhalt weiß *Bild*: „Erzählt wird das Leben des 14. Dalai Lamas (Jahrgang 1935). Schön chronologisch: Man fand ihn in einer Bauernhütte, als er 2 war. Aufgewachsen ist der Stellvertreter Buddhas [sic!] in Tibets Hauptstadt Lhasa, hier wurde er auch von Mönchen auf sein Amt als politisches UND geistiges Oberhaupt des Landes vorbereitet. Nach Chinas Tibet-Invasion von 1949 ist er um eine friedliche Lösung bemüht, trifft 1954 sogar den Vorsitzenden Mao in Peking. Aber nachdem 1959 die Rotchinesen seine Heimat besetzen, flieht er nach Indien. Seitdem lebt er im Exil und kämpft für die Unabhängigkeit Tibets."[848] In promptu gibt *Bild* die Geschichtskenntnis der Mehrheit der Dalai Lama-Fans wieder und bestätigt, was diese in den Schmalspur-Epen Annauds und Scorseses gelernt haben. Wirkliche Auseinandersetzung findet nicht statt. Man versorgt sich mit gerade soviel an oberflächlicher Kenntnis – ein wenig *Kun-*

dun reicht da völlig –, daß eine Projektionsfläche für die eigenen untergründigen Bedürfnisse und Sehnsüchte entsteht. Auf Tibet projiziert kann man sich diese als echtes Interesse an dessen Schicksal vorgaukeln, um – und nur darum geht es – ohne Tritt und größeren Aufwand zum „mitfühlenden Gutmenschen" zu mutieren; zumindest in den eigenen Augen, was Identitäts- und Selbstwertgefühl enorm anhebt.

Hierzu paßt auch, was der ausgewiesene Dalai Lama-Freund Otto Graf Lambsdorff anläßlich der Deutschland-Premiere von *Kundun* zu vermelden wußte: „Die seltene Kombination eines wunderschönen Films mit einer historisch zutreffenden Dokumentation." Als Schirmherr einer Benefiz-Gala im Münchner Fünf-Sterne-Hotel *Bayerischer Hof*, die, veranstaltet von der Verleihfirma *Kinowelt* und der *Tibet-Initiative München*, nach der Premiere stattfand, führte er einen eigenen Video-Gruß „Seiner Heiligkeit" aus Dharamsala vor. Vorgeblich fand die Freß- und Sauf-Gala auch noch zugunsten einer *Emergency Assistance To Destitute Tibetan Children* (Nothilfe für notleidende tibetische Kinder) statt, die geladenen Ehrengäste und Promis – darunter Percy Hoven, Veronica Ferres, Joseph Vilsmaier, Klaus Doldinger, Willy Bogner sowie die an jedem Buffet vertretene Nina Ruge – drückten je 100 Mark „Spende" dafür ab.[849] Besagte „Nothilfe" ist selbst dem *Department of Information & International Relations* in Dharamsala gänzlich unbekannt. (Das Ganze wirkte wie das surreale Gegenstück einer Inszenierung Ariane Mnouchkins und ihres *Théâtre du Soleil* zum Thema „Tibet" von 1998 [Et soudain, des nuits d'eveil], die dem Zuschauer das „billige Spektakel" zurückwirft, das überall dort aufgeführt wird, wo man „in edel geknitterten Maßanzügen oder Nerz irgendein Fähnlein der Unterdrückten hochhält".[850])

Detail am Rande: der angeblich so sehr auf Authentizität bedachte Regisseur Scorsese unterlegt seinen Film – laut *Die Welt* ein „Crashkurs in Buddhismus und tibetanischer Geschichte"[851] – noch nicht einmal mit original tibetischen Klängen (die er wohl dem westlichen Geschmack nicht vermittelbar hält), sondern mit (kino-)publikumsbewährten Konstrukten von Phil Glass, einer der prominentesten Figuren der zeitgenössischen amerikanischen (Minimal-)Musik.

Zur Unterfütterung der Projektionsfläche „Tibet" bedarf es noch nicht einmal solcher Historienschinken wie *Sieben Jahre in Tibet* oder *Kundun*, die bemüht im Gewande des Authentischen daherkommen; es reicht ein buntes Potpourri wie *Little Buddha*, ein von Bertolucci 1994 in die Kinos gebrachtes Rührstück um einen amerikanischen Jungen, der von irgendwelchen Exil-Lamas als Reinkarnation ihres verstorbenen Lehrmeisters entdeckt wird. Eingewoben in die *story* ist die Legende um Prinz Siddharta Gautama (gespielt von Teenie-Schwarm Keanu Reeves), der seinem Leben als Königssohn den Rücken kehrt, zur Erleuchtung gelangt und fürderhin lehrt, wie diese zu erlangen sei. Einzig amüsant an dem ansonsten unsäglichen Streifen ist die ungewollte Satire auf den traditionellen Megakitsch indischer Filmproduktionen: Klein-Siddharta, der spätere Buddha, wird nicht auf üblichem Wege gezeugt, vielmehr wird seine Mutter im Traume vom Rüssel eines weißen Elephanten berührt. Als er zur Welt kommt, kann er sofort laufen und überall wo er hintritt, wachsen knallig pinkfarbene Lotosblüten aus seinen Fußabdrücken. Auch ansonsten löst Bertolucci sich an keiner Stelle von der Position des Märchenonkels, seine Bilder bieten einen Einblick in die Welt des Buddhismus auf Kindergarten-Niveau. Offenbar nicht zuletzt deshalb löste *Little Buddha* einen ungeheueren Run auf die buddhistischen Zentren im Westen aus. Clemens Kubys 1995 vorgestellter Dokumentarfilm *Living Buddha* über die Inthronisierung des Karmapa, eines hohen tibetischen Würdenträgers der Karma-Kagyüpa-Sekte (⇨ *Exkurs 3*), dürfte, wenngleich der Streifen ebenfalls von keinerlei kritischem Gedanken angeflogen ist – er wurde mithin mit Unterstützung des Dalai Lama gedreht –, hierfür nur eine nachrangige Rolle gespielt haben; desgleichen Kubys *Widerstand des Geistes* von 1989 oder der 1991 von einem britisch-tibetischen Team gedrehte Film *Die Reinkarnation des Khensur Rinpoche*. Auch für die lyrisch angehauchten Tibet-Streifen von Franz-Christoph Gierke konnten sich nur Szene-Insider begeistern. Kulturanthropologisch interessante Beiträge wie Ulrike Kochs *Die Salzmänner von Tibet* (1997), die nicht dazu angetan sind, den romantisch-verklärenden Blick auf Tibet als „paradiesischen Gottesstaat" zu kultivieren – es geht in Kochs Film um die harte Realität einer Salzkarawane –, führen ohnehin ein Schattendasein in den Programm-Kinos.

Der Dalai Lama selbst weiß wohl um die Wirkmacht des Mediums Film. Auch wenn er den Umstand, mit *Kundun* sozusagen zum Hollywood-Star avanciert zu sein, für sich persönlich als völlig unwichtig beschreibt – wie üblich kokettiert er damit, er sei nur ein „einfacher buddhistischer Mönch", dem Äußerlichkeiten überhaupt nichts bedeuten[852] –, war ihm doch sehr daran gelegen, das Drehbuch in allen Details zu überarbeiten. Ob es ihm hierbei um größtmögliche Authentizität ging oder einfach darum, sich selbst gut und die Chinesen schlecht aussehen zu lassen, steht dahin.

1997

Am 4. Februar 1997 erschütterte ein Ritualmord den Exil-Regierungssitz des Dalai Lama: Drei Mönche aus dem innersten Zirkel um „Seine Heiligkeit", darunter der 70jährige Abt Geshe Losang Gyatso, waren in der Nacht auf grausige Weise abgeschlachtet worden; man hatte sie mit zahllosen Messerstichen niederstreckt und ihnen wie Tieren beim Metzger die Haut abgezogen. Weitere hochrangige Mönche, auch der Dalai Lama selbst, erhielten entsprechende Drohungen. Die Attentäter, so die für Buddhismus- und Dalai Lama-Fans in aller Welt schockierende Erkenntnis, kamen aus den Reihen der Exil-Tibeter selbst: aus den Reihen der Anhänger eines tibetischen Schutzpatrons, den der Dalai Lama ein gutes halbes Jahr zuvor mit Bann belegt hatte.

Der neuerdings gebannte Schutzgott, eine Art Dämon namens Dorje Shugden (tibetisch: Donnerkeil-/Phallusbrüller), wird ikonographisch dargestellt als säbelschwingender Krieger, der mit wildverzerrter Fratze auf einem Schneelöwen durch einen See kochenden Blutes reitet; er gilt als unerbittlicher Kämpfer gegen die „Verfälscher des Dharma" (sanskrit: buddhistische Lehre). Einer der zahllosen Legenden zufolge sei er der Geist eines gewissen Tülku Drakpa Gyaltsen, der als Rivale des Fünften Dalai Lama 1657 von diesem ermordet und anschließend zum jenseitigen Beschützer dessen „wahrer Lehre" erklärt worden war.[853] Die Verehrung Dorje Shugdens – analog zum ⇨ Staatsorakel meldet sich auch der „Phallusbrüller" über eigene „Medien" zu Wort – steht seither für orthodoxen Gelbmützen-Fundamentalismus; auch der gegenwärtige 14. Dalai Lama wurde von seinem Tutor Trijang Rinpoche zu einem gläubigen Shugden-Anhänger erzogen.

In seinem politischen Anspruch, sämtliche Traditionen und Schulen des tibetischen Buddhismus zu vetreten – letzlich geht es natürlich um die Alleinvertretung *sämtlicher Tibeter* –, war „Seine Heiligkeit" allerdings schon Mitte der 1970er Jahre von der Verehrung Dorje Shugdens abgerückt. Im Sommer 1996 hatte er, auf Anraten des Staatsorakels, in einer offiziellen Verlautbarung sämtlichen Mitarbeitern der exiltibetischen Regierung und Verwaltung sowie sämtlichen von ihm initiierten Mönchen und Laien jedweden Shugden-Kult als „Sektierertum" und „Götzenverehrung" kategorisch untersagt.[854] Eine Reihe von Äbten und Mönchen hatte sich dieser Anordnung widersetzt. Man warf dem Dalai Lama Verrat und Verletzung der Religionsfreiheit vor, selbst vor Vergleichen mit der chinesischen Unterdrückungs-

herrschaft in der besetzten Heimat scheute man nicht zurück. Der Konflikt war weiter eskaliert, als die Exilregierung „Seiner Heiligkeit" Häuser
und Klöster der Exilgemeinden durchsuchen und sämtliche Bildnisse
Shugdens hatte zerstören lassen; Shugden-Gläubige waren von Rollkommandos verprügelt, unbotmäßige Mönche ihres jeweiligen Konvents
verwiesen worden.

Selbstverständlich ging und geht es bei dem „Glaubenskrieg" weniger
um religiöse Fragen als vielmehr um handfeste Machtinteressen – und um
Geld: In England hatte der hochrangige Gelbmützen-Lama Geshe Kelsang Gyatso die sogenannte „New Kadampa Tradition" gegründet, die
quer durch Europa orthodoxen Shugden-Buddhismus vermarktet. In
zahllosen Dharma-Zentren – allein in England gibt es inzwischen über
150 davon – betreibt er blühenden Ablaßhandel: Spenden für „New Kadampa", so das Versprechen Kelsangs, führten unmittelbar ins Nirvana.
Auch in Indien hatten sich die Shugden-Anhänger – rund zwanzig Prozent der ExiltibeterInnen verehren die blutrünstig-dämonische Gottheit –
organisiert: 1996 war in Delhi eine *Dorje Shugden Devotees Religious
and Charitable Society* gegründet worden, in deren Kreisen auch die
Drahtzieher der Mordanschläge in Dharamsala vermutet werden. Trotz
zahlreicher Verhaftungen und wochenlanger Verhöre ist bis heute indes
nichts geklärt (auch wenn die *Tibet Initiative Deutschland* Anfang 1997
vermeldete, die Morde seien von der indischen Polizei aufgeklärt worden:
verantwortlich seien sechs junge Shugden-Anhänger, die sich „unter dem
Schutz der chinesischen Behörden" inzwischen nach Tibet abgesetzt
hätten; es sei insofern „aktenkundig, daß China und die Shugden-Bewe-
gung Hand in Hand arbeiten"[855]).

Der Dalai Lama äußerte sich nicht öffentlich zu den Morden an seinen
Mitarbeitern. Hingegen meldeten sich jede Menge (westlicher) Tibetolo-
gen zu Wort, allen voran der Münchner Religionswissenschaftler und
Dalai Lama-Freund Michael von Brück, der den „Streit um Shugden"
einer akademischen Analyse unterzog. Brück kommt zu dem Ergebnis,
der Dalai Lama schränke keineswegs die Religionsfreiheit seiner Untertanen ein (sei also nicht entfernt für die fanatischen Reaktionen der
Shugden-Anhäger verantwortlich zu machen): „Die Argumente des Dalai
Lama zielen darauf (...) die öffentliche Religionsausübung an den Maß-
stäben des buddhistischen Kanons und der mit Vernunftsargumenten
interpretierten Geschichte zu messen. Aber selbst wenn die Religionsfreiheit eingeschränkt würde, ist doch offensichtlich, daß Religionsfreiheit
durch die kanonische Selbstinterpretation einer Religion oder den herme-

neutischen Prozeß, der durch die intersubjektive Debatte über das, was authentisch im Licht des Ursprungs ist und was nicht, eingeschränkt ist. Deshalb ist die gegenwärtige Kontroverse und der Ruf des Dalai Lama, sich auf die wesentlichen Aspekte der buddhistischen Praxis zu besinnen, ein signifikantes Ereignis, Kanonizität hinsichtlich von nicht-textuellen Aspekten des tibetischen Buddhismus herzustellen und somit einen beliebigen Synkretismus von kreativer Integration zu unterscheiden, die sich gegenüber dem Kanon der Tradition verantwortet."[856]

Auf anderer Ebene, wenngleich inhaltlich nicht weniger abstrus, bewegt sich die Einschätzung der Dalai Lama-"Kritiker" Victor und Victoria Trimondi (das Pseudonym steht für die Münchner AutorInnen ⇨ Herbert und Mariana Röttgen): Die ehemaligen Dalai Lama-Adepten halten den blutigen Konflikt innerhalb der (exil-)tibetischen Gemeinde für einen „Krieg zweier Orakelgötter" – Dorje Shugden einerseits und der ursprünglich mongolische Kriegsgott Pehar andererseits –, „welche die Macht auf Tibets Politik anstreben". An keinem anderen Beispiel sei so deutlich geworden, daß „hinter dem tibetischen Staat, hinter der Realpolitik des *Kunduns* [gemeint ist der Dalai Lama, d. A.] und hinter den Machtgruppen der exiltibetischen Gesellschaft 'Götter' wirksam sind". Der Dalai Lama erkunde den Willen dieser Götter über exzessiven Gebrauch von Orakelmedien, insbesondere seines ⇨ Staatsorakels, über das sich – fatalerweise – eben jener Pehar zu Wort melde: Als „Tatsache" sei anzunehmen, daß „Pehar (...) kein Interesse an den Tibetern und ihrer Nation haben kann, die er einstmals verbissen als Hor Mongole bekämpfte und die ihn dann versklavten".[857] Der Dalai Lama, so die Folgerung, sitze mit seinem Vertrauen in das (Pehar-)Staatsorakel einem feindlichen Agenten aus dem Jenseits auf: nicht umsonst werde Dorje Shugden, der „Verteidiger der wahren Lehre", mit solcher Vehemenz von Pehar bekämpft.

Unbeirrt von dem dreifachen Mord in seinem engsten Umfeld und ungeachtet seines beschädigten Ansehens – auf einer Protestdemonstration Shugden-gläubiger TibeterInnen in London wurde er als „Diktator" angeprangert, der „sein Volk mehr unterdrückt, als die Chinesen es tun"[858] – ging der Dalai Lama weiter auf Konfrontation: Auf einem Seminar Ende April 1997 im französischen Savoyen schloß er die Shugden-Anhänger demonstrativ vom rituellen Teil der Veranstaltung aus. Die Verehrung Shugdens, so seine Begründung, sei eine „Gefahr für sein Leben und für Tibet" geworden[859] (was die indische Presseagentur *AP* mit gebührendem Hohn kommentierte: „Ein 350 Jahre altes Gespenst erschreckt den Dalai

Lama"[860]). In einer Resolution der (Exil-)"Tibetischen Generalversammlung" *(Tibetan Cholsum Convention)*, einer Art Dachverband Dalai Lama-höriger Interessengruppen, wurde die Konfrontation einige Zeit darauf noch verschärft: sämtliche Shugden-Literatur sei zu verbrennen, jedweder Kontakt zu Shugden-Anhängern zu meiden; diese sollten künftig keine Reisedokumente der Exilregierung mehr erhalten und von sämtlichen Sozialleistungen ausgeschlossen werden; ihren Kinder solle der Zugang zu Schulen verwehrt werden.[861] Der Dalai Lama selbst bezeichnete den Shugden-Kult als „Eiterbeule", die dringlichst entfernt werden müsse; Morddrohungen gegen Shugden-Anhänger wurden publik. Es steht derlei offene Gewalt durchaus in Einklang mit der Lehre des tibetischen Buddhismus: im ⇨ Kalachakra Tantra etwa, dem bevorzugten Ritualtext des Dalai Lama, wird ausdrücklich zum Mord an den Feinden der Dharma aufgefordert. Auch der „Große Fünfte", Lobsang Gyatso (1617-1682), ließ heterodoxe Gruppierungen, beispielsweise den im 14. Jahrhundert gegründeten Orden der Jonangpa, gnadenlos verfolgen.[862]

Bis heute hat „Seine Heiligkeit" nichts unternommen, die tiefe Spaltung innerhalb der (exil-)tibetischen Gemeinde zu überwinden – ganz im Gegenteil. Stur beharrt er auf der Richtigkeit seiner (politischen) Entscheidung für den einen und gegen den anderen abergläubischen Blödsinn und schreibt im übrigen die Schuld an dem Konflikt den „systematischen Unterwanderungsplänen des kommunistischen China" zu[863]: Shugden-Anhänger, so seine verworrene These, würden von Beijing finanziert, um ihn in Diskredit zu bringen.

Im März 1997 bereiste der Dalai Lama Taiwan, wo die tibetische Variante des Buddhismus seit Anfang der 1980er Jahre weite Verbreitung findet. In den Medien huldigte man ihm als „bedeutendstem Friedensvisionär" unserer Zeit, sein Zusammentreffen mit Präsident Lee Teng-hui wurde als „Begegnung der Philosophenkönige" gepriesen.[864] Als bewußt inszenierter Affront gegen China wurde allerorts die „Nationalflagge" Tibets gehißt.

Wie mehrfach zuvor nahm der Dalai Lama auch 1997 an der alljährlich stattfindenden „Konferenz zur Einheit der Menschen" in Delhi teil. Veranstaltet wird diese Massenkonferenz mit jeweils über 1.000 Delegierten von der sogenannten *Kirpal Ruhani-Gesellschaft*, einer in den 1950er Jahren von Guru Sant Kirpal Singh (1898-1974) begründeten Sektenorganisation, die mit einem abstrusen, an Hinduismus und Sikhismus angelehnten Welterrettungsanspruch daherkommt. Anfang der 1990er Jahre geriet *Kirpal Ruhani* – die Mitgliederzahl soll weltweit bei über

500.000 liegen – in die Schlagzeilen, als gegen Kirpal Singh-Nachfolger
Sant Thakar Singh staatsanwaltliche Ermittlungen eingeleitet wurden:
neben Betrug in großem Stile und Veruntreuung von Geldern wurden ihm
Mißhandlung, Vergewaltigung und Folter von Sektenangehörigen zur
Last gelegt; in die Bundesrepublik, in der *Kirpal Ruhani* bis dahin rund
sechzig Dependancen unterhalten hatte, darf der Guru nicht mehr einreisen.[865] Inzwischen wird *Kirpal Ruhani* – die Sekte nennt sich nach internen Fraktionierungen und Fusionen heute *Science of Spirituality* – von
Kirpal Singh-Enkel Sant Rajinder Singh geleitet, der zugleich als Präsident des *World Council of Religions* firmiert; Rajinder Singh gilt als enger Freund und Vertrauter „Seiner Heiligkeit".

Am 25. November 1997 erhielt der Dalai Lama in New Delhi den
„Paulos Gregorios-Preis für glaubensübergreifenden Dialog und Zusam-
menarbeit" der sogenannten *Catholicos of the East.*[866] Deren Metropolit
Paulos Mar Gregorios, alias Paul Vergehse, ist Mitherausgeber bezie-
hungsweise Mitglied des Editorial Boards der Mun-Zeitschrift *Dialo-
gue&Alliance* und war als Patron sowohl des Mun-*Council of the World's
Religions* (CWR) als auch der Mun-*Assembly of the World's Religions*
(AWR) tätig. Die enge Verbindung Gregorios' mit der faschistoiden
Mun-Sekte hatte die ⇨ Berliner Friedensuniversität 1995, an der er als
Top-Referent teilnehmen sollte – der Dalai Lama fungierte hierbei als
Schirmherr –, in ernste Bedrängnis gebracht.

1998

Nicht erst seit der ⇨ Dorje-Shugden-Affäre wächst innerhalb der exiltibetischen Kommunen Unzufriedenheit mit der Politik des Dalai Lama.
Geplant ist – mit oder ohne Konsent des Kundun – in Tibet eine Kampagne zivilen Ungehorsams auf die Beine zu stellen: Samdhong Rinpoche,
Vorsitzender der exiltibetischen Volksdeputiertenversammlung, hatte
schon vor geraumer Zeit angekündigt, er wolle zusammen mit einer spe-
ziell auszubildenden Gruppe an Mitstreitern Boykottaktionen, Hungerstreiks, auch Sabotageakte und Sachzerstörungsanschläge, organisieren.
Unter ausdrücklicher Bezugnahme auf die (wenig bekannte) Rechtfertigung Mahatma Gandhis von Gewalt als legitimer Form des Widerstandes
werden, vor allem in Kreisen des *Tibetan Youth Congress* (TYC), Slogans
wie „Power before Prayer" ausgegeben. Gandhi, so ein Kommentar des
TYC-Organs *Rangzen*, habe geäußert: „Ich glaube, wenn es eine Wahl
gäbe zwischen Feigheit und Gewalt, riete ich zu Gewalt." Und auch der

13. Dalai Lama habe Gewalt gerechtfertigt: „Verwendet friedvolle Mittel, wo sie angebracht sind; wo sie nicht angebracht sind, zögert nicht, gewalttätige Mittel einzusetzen."[867] Seit Jahren schon wird innerhalb des TYC, einer weltweit operierenden NGO von Exiltibetern, die Möglichkeit eines bewaffneten Kampfes nach afghanischem oder palästinensischem Muster diskutiert. Ganz offen hatte der frühere TYC-Vorsitzende Tashi Mamghal schon in der Anhörung vor dem Deutschen Bundestag vom April 1989 räsoniert (ohne daß ihm jemand widersprochen hätte): „Wenn wir jemanden finden, der uns Stingerraketen gibt, schlagen wir los."[868] In der Tat war es in den zurückliegenden Jahren bereits zu entsprechenden Aktionen in Tibet gekommen: am 25. Dezember 1996 etwa detonierte vor einem Regierungsgebäude in Lhasa eine Bombe, wobei fünf Menschen zum Teil schwer verletzt wurden; darüberhinaus entstand erheblicher Sachschaden. Die exiltibetische Regierung betonte, sie habe nichts mit dem Anschlag zu tun gehabt; im übrigen sei nicht auszuschließen, daß Beijing diesen nur vorgetäuscht habe, um noch härter gegen die Tibeter vorgehen zu können.[869]

Am 10. März 1998, dem 39. Jahrestag des antichinesischen Aufruhrs von 1959 (im Zuge dessen sich der Dalai Lama ins Exil absetzte), begannen unter der Regie des TYC sechs Exil-Tibeter (fünf Männer und eine Frau) in einem Park in New Delhi einen „Hungerstreik bis zum Tode". Ihre Forderungen – die sechs verstanden sich als symbolhafte Repräsentanten ihrer sechs Millionen Landsleute – bestanden u.a. in einem erneuten Aufgreifen der Tibetfrage durch die UNO sowie der Einsetzung eines Sonderbotschafters zur Untersuchung der Menschenrechtslage in Tibet. Unterstützung erhielten die sechs Hungerstreikenden von Richard Gere, der eigens nach New Delhi gereist war (nicht von Los Angeles aus, wie in den Medien angedeutet wurde, sondern von Dharamsala, wo er sich zufällig gerade zu „spirituellen Unterweisungen" aufhielt), um seine Solidarität kundzutun. Am 2. April, dem 23. Tag des Hungerstreiks, kam auch der Dalai Lama zu Besuch. In einem zehnminütigen Gespräch mit den sechs Hungerstreikenden bekundete er ihnen seine Bewunderung und faselte etwas von einem Dilemma, in dem er sich befinde. Er sei gegen jede Form von Gewalt, auch in Form eines Hungerstreiks bis zum Tode. Allerdings könne er sie an ihrem Tun nicht hindern, da ihre Motive lauter seien. Vor der versammelten Presse erklärte er: „Ich kann ihnen [den Hungerstreikenden, d. A.] keine Alternative bieten. Meine Position ist schwierig, ich bin ratlos. Sie sind für mich wie ein Symbol: Tibet, das mit seinem kulturellen und spirituellen Erbe vor den Augen der zivilisierten

Welt zugrunde geht."[870] Im Gegensatz zu UNO-Generalsekretär Kofi Annan, der an die Streikenden appelliert hatte, ihre Aktion abzubrechen, nahm der Dalai Lama den Tod seiner Landsleute billigend in Kauf, überhöhte diesen gar zum Helden- und Märtyrertum: „Obwohl ich mit der Art ihres Vorgehens nicht einverstanden bin, so bewundere ich doch die Motivation und die Entschlossenheit dieser Tibeter. Sie sind bereit zu sterben, nicht aus egoistischen Motiven heraus, sondern für die Rechte der sechs Millionen Tibeter und das Überleben ihrer Kultur."[871]

Abb. 32: Pressekonferenz mit Richard Gere und TYC-Funktionär Karma Yeshi

Am 49. Tag des Hungerstreikes, als der Gesundheitszustand der nur mit Flüssigkeit versorgten sechs TibeterInnen einen kritischen Punkt erreicht hatte, wurden diese von der indischen Polizei zur Zwangsernährung in ein Krankenhaus gebracht. Im Zuge des Abtransportes kam es zu gewalttätigen Auseinandersetzungen zwischen der Polizei und militanten Anhängern des TYC, in deren Verlauf ein fanatisierter tibetischer Mönch (der für eine zweite Gruppe Hungerstreiker vorgesehen war) sich mit Benzin übergoß und in Brand steckte. Der Suizid des 60jährigen Thupten Ngodup wurde von der exiltibetischen Propaganda umgedeutet zum „Märtyrertod",[872] zu einem „symbolischen Akt für die wachsende Verzweiflung unter den Tibetern, die sehen, wie ihr Land immer stärker von

China verwüstet und die Menschenrechte des tibetischen Volkes in alarmierender und schändlicher Weise von den Machthabern mit Füßen getreten werden".[873] Eine vom TYC sofort aufgestellte Folgegruppe an Hungerstreikenden – auch hier griff der Dalai Lama nicht ein – wurde nach 18 Tagen von der indischen Polizei aufgelöst. Der Vorsitzende des TYC, Tseten Norbu, kündigte unter Hinweis auf die Intifada (!) weitere Gewaltaktionen an: „Das tibetische Volk wird bis zum letzten Blutstropfen kämpfen. Die Tibeter unserer Generation werden der Geschichte Tibets ein neues Kapitel hinzufügen – das Kapitel FREE TIBET."[874]

Abb. 33: Anhänger des militanten TYC

Mit dem Signet „Free Tibet" auf dem Cover brachte der deutsche Vorzeige-Esoteriker Franz Alt 1998 ein Buch auf den Markt, in dem er den Dalai Lama mit der Behauptung umschwänzelt, dieser sei wohl „der beliebteste Mensch der Welt".[875] Ob das so ist, kann dahinstehen – zu den bekanntesten Figuren der Gegenwart zählt er allemal (die Computerfirma Apple engagierte ihn deshalb, für einen zweistelligen US $-Millionenbetrag, gar als Werbeträger[876]). Laut einer Umfrage des Infratest-Instituts von Frühjahr 1998 rangiert der tibetische Gottkönig in Deutschland (zumindest für die Menschen in den alten Bundesländern, auf die sich die Umfrage beschränkte) unter den 20 Personen des Zeitgeschehens mit dem größten Vorbildcharakter. Bei den Männern nimmt er Platz 13 der Hitliste ein, unmittelbar hinter Franz Beckenbauer, Reinhold Messner und Boris Becker, gefolgt interessanterweise von Bill Gates sowie auf Platz 17 Helmut Kohl. Bei den Frauen steht „Seine Heiligkeit" mit Platz 12 sogar noch eine Stufe höher in Achtung als bei den Männern, hier folgt er unmittelbar hinter Konrad Adenauer und Willy Brandt. (Bei [west-] deutschen Männern und Frauen gleichermaßen auf Platz 1 steht im übrigen die bigotte Betschwester Mutter Teresa, die ihre Missionarstätigkeit just da ausübte, wo die Menschen sich am wenigsten dagegen zur Wehr setzen konnten; und auf Platz 2 [bei den Frauen] passenderweise die Ikone aller parasitären Existenz: Prinzessin Diana.[877]) Seine weltweite Popularität weiß der Dalai Lama allenthalben gewinnbringend auszunutzen; auch Kleinbeträge werden dabei nicht verschmäht: über die *Tibet Initiative Deutschland* (TID) beispielsweise werden Siebdruck-Porträts („für Spenden ab 500 Mark") oder Autogrammkarten („für Großspenden") „Seiner Heiligkeit" verscherbelt.[878]

Besagtes „Free-Tibet"-Buch, das Alt in Zusammenarbeit mit Klemens Ludwig, dem Vorsitzenden der *Tibet-Initiative Deutschland* herausgebracht hat,[879] ist ansonsten der Rede nicht wert: es stellt erwartungsgemäß nichts anderes dar, als just einen weiteren Aufguß all der Klischees, Ungereimtheiten, Halb- und Unwahrheiten, die Tibet-Initiativgruppen seit jeher vermelden. Alt zeichnet – in *Kundun*-Stil, d.h. aus den vom Dalai Lama selbst vorgegebenen Mythen – Kindheit und Jugend „Seiner Heiligkeit" nach, faselt von dessen „intelligenter Politik der Liebe" und läßt sich umfänglich (natürlich ohne jede Quellengabe) über das von den Chinesen „vergewaltigte Tibet" aus: ein komplett überflüssiges Buch, das offenbar keinem anderen Zweck dient, als daß Alt sich wieder einmal zum „Anwalt in höherer Sache" aufblasen kann. (Erwähnenswert an dieser Stelle ist eine ärgerlich unkritische *Projektmappe für die Sekundarstufe I* zu Tibet, die der auf Unterrichtsmaterialien spezialisierte Verlag an der Ruhr zusammen mit der TID herausgibt.[880])

Auch beim Auftritt des Dalai Lama anläßlich der „Internationalen Konferenz zu Tibet und Burma" in Osnabrück am 6. Juni 1998 scharwenzelte Alt ständig um seinen „spirituellen Freund" herum. Zusammen mit den Bundestagsabgeordneten Antje Vollmer (Bündnis 90/Die Grünen) und Volker Neumann (SPD) beschwor er die Gefahr, die „einer der ältesten Hochkulturen der Welt" drohe: es sei bereits „fünf Minuten vor zwölf", ein verstärktes Engagement des Westens, vor allem über Nicht-Regierungsorganisationen (NGOs), sei dringend vonnöten. Sechs solcher (Spendensammel-)Organisationen, das *Aktionszentrum Dritte Welt*, *amnesty international*, das *Burma-Büro*, die *Gesellschaft für bedrohte Völker*, *terres des hommes* und die *Tibet-Initiative Deutschland e.V.* hatten denn auch die Osnabrücker Veranstaltung – „50 Jahre nach der Allgemeinen Erklärung der Menschenrechte und im Gedenken an den vor 350 Jahren in Osnabrück und Münster geschlossenen 'Westfälischen Frieden'" auf die Beine gestellt. Als Stargast hatte man den Dalai Lama geladen, der, geschichtskundig wie er ist, den Westfälischen Frieden von 1648 als eine „für die damalige Zeit revolutionäre Form des Dialoges und Kompromisses" beschreibt; um messerscharf zu folgern: „Diese Art des Geistes der Versöhnung ist auch meine Politik."[881] Ob dem tatsächlich so ist, darf bezweifelt werden: die Breitseiten, die „Seine Heiligkeit" am laufenden Band gegen das Regime in Beijing feuert und feuern läßt – ganz unabhängig von der Frage, ob berechtigt oder nicht –, deuten auf alles andere hin als einen „Geist der Versöhnung". (Im übrigen scheint dem Dalai Lama niemand gesagt zu haben, daß der Westfälische Frieden den Beginn einer Epoche der Säkularisierung markierte).

Zur skandalösen Befürwortung der indischen Atomtests vom Mai des Jahres, zu der sich der tibetische „Friedensnobelpreisträger" herbeigelassen hatte – er hatte der von der ganzen Welt verurteilten nuklearen Machtdemonstration Delhis ausdrücklich seinen Segen erteilt[882] –, wurde er weder von Antje Vollmer noch von Franz Alt noch von sonst irgendjemandem befragt (geschweige denn kritisiert).

Leben auf Kosten anderer
Impressionen aus Dharamsala

Der Dalai Lama residiert heute – durchaus standesgemäß, wenngleich nicht mehr in Palastanlagen mit zusammen über eineinhalbtausend Prunkräumen, wie Potala und Norbulingka sie aufwiesen – in Dharamsala im nordindischen Bundesstaat Himachal Pradesh. Genau genommen lebt er in McLeodGanj, einem der Bezirkshauptstadt Dharamsala zugehörigen, allerdings eigenständigen Ort rund zehn Kilometer von dieser entfernt.

Anfang 1960 bekam er – nach einigem Hin und Her mit den indischen Behörden – zusammen mit einer ersten Gruppe an engen Mitarbeitern den seinerzeit verlassenen Ort McLeodGanj, eine Geisterstadt in den Ausläufern des Dhauladhar-Gebirges (rund 700 Kilometer nördlich von Delhi), angeboten.

Jawaharlal Nehru, ein überzeugter Theosoph und daher der tibetischen Okkult-Variante des Buddhismus sehr zugeneigt, hatte sich persönlich dafür eingesetzt, daß der Dalai Lama in Indien Asyl erhalte. Politische Überlegungen – die Aufnahme des tibetischen „Staatsoberhauptes" stellte einen erheblichen Affront gegen die Volksrepublik China dar – dürften, wenn überhaupt, für Nehru eine untergeordnete Rolle gespielt haben.

Auf einer Bergkuppe hoch über Dharamsala gelegen war McLeodGanj bis 1905 regionaler Regierungssitz der Briten gewesen. Um 1855 zunächst als simpler Garnisonsstandort eingerichtet – benannt nach einem gewissen David McLeod, seines Zeichens Militärgouverneur des Punjab – entwickelte sich der Ort rasch zur Verwaltungszentrale des Kangra-Gebietes und, Hand in Hand damit, zu einem in „besseren Kreisen" der britischen Kolonialgesellschaft sehr populären *hill resort*. In diesen „Kreisen" war es üblich, der sommerlichen Bruthitze der Hauptstadt Delhi in eigens etablierte „Kurorte" in die Berge zu entfliehen; McLeodGanj bot seiner Höhenlage (etwa 2000m) in den Ausläufern des Himalaya wegen insofern höchst passable Bedingungen. Um die Jahrhundertwende verfügte der Ort über die durchaus gehobene Infrastruktur einer britisch-kolonialen Sommerfrische.

Im April 1905 erschütterte ein schweres Erdbeben McLeodGanj, die Kirche und zahlreiche weitere Gebäude stürzten ein. In der Folge verlegten die Briten ihren Verwaltungssitz in die Bazaar-Stadt Dharamsala am

Fuße der Bergkuppe. McLeodGanj verwaiste. Nur im Winter dienten die zurückgelassenen, teils zerstörten Gebäude der Briten als Unterkunft für eine seminomadische Volksgruppe namens Gaddi, die schon in der Gegend gelebt hatte, lange bevor die Briten ihre Garnisonsstadt aus dem Boden gestampft hatten.

1960 wurden die Gaddi erneut vertrieben, der Dalai Lama und sein Gefolge vereinnahmten die Bergkuppe. In relativ kurzer Zeit wurden die maroden Gebäude instandgesetzt, der Dalai Lama bezog die ehemalige Residenz des britischen Standortkommandanten, Highcroft House, die man vorab schon für ihn renoviert hatte. Die tibetischen Exilanten errichteten zahllose Neubauten, Wohnhäuser, Gästehäuser und vor allem: ausgedehnte Kloster- und Tempelkomplexe. Der Wohnbereich des Dalai Lama wurde mehrfach erweitert, heute umfaßt er eine ganze Reihe an Gebäuden, einschließlich monastischer Bauten, innerhalb einer weitläufigen Parkanlage. Interessant der Umstand, daß das streng abgeschottete Privatareal des Dalai Lama von einer teils mehr als fünf Meter hohen Mauer mit meterhohem Stacheldrahtverhau obendrauf umgeben ist.

Auf halbem Wege zwischen McLeodGanj und Dharamsala findet sich das Hauptquartier der tibetischen „Exilregierung" *(Gangchen Kyishong)*, ein Komplex neuerrichteter Verwaltungs- und sogenannter Parlamentsgebäude. Auf dem Areal liegt auch die kommunale Bibliothek *(Library of Tibetan Arts & Archives)* mit einem umfänglichen Bestand originaler buddhistischer Manuskripte sowie jeder Menge Text- und Bildmaterial über den Himalayaraum. Hinzu kommt das nahegelegene Medizin- und Astrologie-Institut *(Tibetan Medical & Astrological Institute)*, eine Art Hochschule für tibetische Heilkunst. Das Hauptgebäude – um es noch einmal zu betonen: es geht an diesem „Institut" um *astrologisch* begründete, also gänzlich unbrauchbare (Para-)Medizin – wurde interessanterweise mit Spendengeldern der katholischen Hilfsorganisation *Misereor* (Aachen) finanziert. Für 30 US-Dollar kann man sich hier ein „Lebenshoroskop" mit sämtlichen zu erwartenden Krankheiten und Problemen erstellen lassen (⇨ *Exkurs 14*). Ein eigenes Hospital auf dem Gelände des *Gangchen Kyishong* bietet ambulante wie auch stationare Behandlung in westlicher Medizin an. Die exiltibetische Kommune in McLeodGanj gibt mehrere Zeitschiften heraus, nahe der Residenz „Seiner Heiligkeit" wird unter dem Signet „Radio Free Asia" sogar ein eigener Sender betrieben.

Nach Angaben des „Informationsministeriums" *(Department of Information & International Relations)* der exiltibetischen Regierung haben etwa 8.000 bis 10.000 Tibeter ihren ständigen Wohnsitz in McLeodGanj

(Stand: April 1998); überdies sei der Ort erste Anlaufstelle für die rund 2.000 bis 3.000 Exilanten, die alljährlich Tibet verließen.[883] Die Anfrage von Autor Goldner an das „Informationsministerium", ob man denn bei einer jährlichen Auswanderungs-/Exilierungsquote von – je nach Schätzung – 0,3 bis 0,5 Promille der Gesamtbevölkerung (nach exiltibetischen Angaben!) tatsächlich von „Massenflucht" sprechen könne oder davon, daß „ein ganzes Volk vertrieben" werde, wurde nicht beantwortet. Ganz abgesehen davon, daß wirklich verläßliche Angaben über die Zahl der Auswanderer nicht erhältlich sind, gibt es *überhaupt keine* Angaben über die Zahl an Rückkehrern. Daß tatsächlich zahlreiche Exilanten nach Tibet zurückgehen, wird von der Exil-Regierung des Dalai Lama sowie der internationalen Tibet-Unterstützerszene wohlweislich verschwiegen oder gar abgestritten. Zu den Rückkehrern zählt beispielsweise Jainzain Oupei, ehedem Verwaltungsbeamter des Dalai Lama, der zusammen mit diesem 1959 ins indische Exil gegangen war. 1986 kehrte Oupei, seinerzeit 62jährig, nach Lhasa zurück. Auf die Frage, was er denn von den Verlautbarungen des Dalai Lama und der Exil-Regierung in Dharamsala halte, meinte er (gut ein Jahrzehnt später): „Der Dalai Lama kennt das heutige Tibet nicht mehr. Es sind meist Gerüchte und Falschmeldungen, die er in Indien erhält. Er sollte sich sein eigenes Bild von der Autonomen Region Tibet machen und ins Land kommen, das wäre nicht schlecht."[884]

Die im Westen vielkolportierten Horrorstories von Tibetern, die sich unter unmenschlichen Strapazen auf monatelangen Fußmärschen nach Nepal oder Bhutan durchschlagen – oftmals ist die Rede von Barfußüberquerung irgendwelcher Himalayagipfel, bei denen sich die Flüchtlinge dann Zehen oder sonstige Gliedmaßen abfrieren –, sind, zumindest was die Verhältnisse heute anbelangt, definitiv falsch. Auch die Berichte, tibetische Flüchtlinge würden von nepalischer Polizei eingefangen, beraubt und letztlich „gegen Kopfgeld an die Chinesen ausgeliefert" – jeder vierte Flüchtling falle solcher Abschiebepraxis zum Opfer[885] –, sind durch nichts belegt. Jeder Tibeter und jede Tibeterin kann, wie auch das „Informationsministerium" in McLeodGanj einräumen mußte, jederzeit und ohne weiteres einen Reisepaß der chinesischen Behörden für eine Reise ins Ausland erhalten. Es ist ein Leichtes und für tibetische Einkommensverhältnisse durchaus erschwinglich, mit dem Bus etwa von Lhasa nach Kathmandu/Nepal und von dort aus weiter nach Dharamsala in Nordindien (oder sonstwohin) zu fahren. Wer, aus welchem Grunde immer, Tibet verlassen will, ist keineswegs auf heimliche Flucht angewiesen. Selbst einer der ranghöchsten Repräsentanten des Dalai Lama, Kelsang

Gyaltsen, gibt zu, daß Tibeter problemlos von Tibet aus- und nach Tibet einreisen könnten: „Seit 1979 können die Exil-Tibeter ihre Verwandten in Tibet besuchen und umgekehrt. Im Laufe der letzten Jahre waren viele Exil-Tibeter zu Besuch in Tibet und viele Tausend von Tibetern aus Tibet sind zu Pilgerreisen nach Indien gekommen."[886]

Neuankömmlinge werden in der Regel zu einer Audienz bei „Seiner Heiligkeit" empfangen, bei der sie die Gründe für ihre „Flucht" vortragen. Es sind eben diese Audienzgespräche, nach eigener Bekundung des Dalai Lama, dessen wesentliche Quelle zur Beurteilung der aktuellen Lage in Tibet. Der Umstand, daß viele Exilanten ihre „Zwangssituation" (Unterdrückung, Ausbeutung, Verbot der Religionsausübung, Inhaftierung, Folter etc.) sowie die „Strapazen ihrer Flucht" heillos übertreiben dürften, zum einen, um der antizipierten Erwartungshaltung des Dalai Lama und seiner Exil-Kommune zu entsprechen und zum anderen, um als besonders eklatante und herzzerreißende Beispiele chinesischen Terrors gegebenenfalls in den Genuß besonderer Zuwendung zu kommen, bleibt offenbar völlig außer Betracht.

Von den laut Auskunft des „Informationsministeriums" insgesamt rund 120.000 Exilanten (je nach Schätzung: zwei bis drei Prozent der tibetischen Bevölkerung) leben angeblich etwa 80.000 an verschiedenen Orten in Indien (einschließlich McLeodGanj), 20.000 in Nepal, 5.000 in den USA; die übrigen weltweit verteilt in kleineren Kommunen, beispielsweise in Bhutan oder in der Schweiz (anderen, mithin von der *Tibet Initiative Deutschland* [TID] kolportierten Angaben zufolge haben insgesamt nur etwa 80.000 Tibeter und Tibeterinnen das Land verlassen[887]). Lediglich 10 bis 12% der Exilanten seien Mönche oder Nonnen. In McLeodGanj jedenfalls ist der Anteil an Kuttenträgern beträchtlich höher. Zur Frage, wer in das Privileg gelange, seinen Wohnsitz ebenhier nehmen zu dürfen – nahe „Seiner Heiligkeit" – und wer nach welchem Modus wohin umverteilt wird, wollte man sich im „Informationsministerium" nicht äußern. Es steht anzunehmen, daß allein ökonomische Faktoren die entscheidende Rolle spielen: wer sich in McLeodGanj „einkaufen" kann, bleibt, wer das nicht kann, wird in eine der anderen Kommunen weiterverschubt.

McLeodGanj, gerne auch „Little Lhasa" genannt, ist eine wohlarrivierte Kommune. Im Vergleich zu den erbärmlichen Bretter- und Wellblechbehausungen der ortsansässigen indischen Bevölkerung sind die Wohn- und vor allem die Klosteranlagen der tibetischen „Asylanten" von nachgerade obszöner Feudalität. Während Spendengelder aus aller Welt in die tibetische Kommune fließen und Touristenströme ohne Ende deren Wohlstand mehren – einige der Hotels in McLeodGanj haben Übernachtungspreise in der Höhe eines indischen Halbjahreseinkommens –, bleibt für die lokale indische Kommune kaum etwas davon übrig. Diese ist durchwegs in untergeordneten Dienstleistungstätigkeiten für die Tibeter tätig, auch und vor allem die Reinigungs- und Instandhaltungsarbeiten in den Klöstern werden ausschließlich von Indern durchgeführt. Arbeitende Tibeter – ganz zu schweigen von den Nichtstuern in ihren roten Roben – sieht man praktisch nirgendwo. Auch auf den zahllosen Baustellen in und um McLeodGanj – an jedem Eck und Ende werden neue Gebäude errichtet – schuften ausschließlich Inder; die ausbezahlten Löhne sind indiskutabel. Daß es aufgrund der eklatanten ökonomischen Kluft immer wieder zu gewalttätigen Auseinandersetzungen zwischen Indern und Tibetern kommt, ist nicht weiter verwunderlich. Ein Handbüchlein für Neueinsteiger beschreibt den „Alltag in Dharamsala" in szeneüblicher Borniertheit: „Ein Vorfall aus jüngerer Zeit förderte schon länger schwelende Konflikte zutage. Als ein tibetischer Junge einen indischen Spielkameraden versehentlich tötete, kam es unter den Erwachsenen zu gewalttätigen Ausschreitungen. Ein Motiv für die Feindseligkeiten war der Neid der Inder auf den Wohlstand der Tibeter, den diese sich durch Fleiß und Geschäftssinn erarbeiten konnten."[888] Im Mai 1994 war es zu den bislang massivsten Zusammenstößen gekommen, nachdem ein Gaddi von einem Tibeter im Streit erstochen worden war. Angehörige und Freunde des Toten hatten daraufhin tibetische Läden und Wohnhäuser verwüstet.[889]

Angesichts des in Relation zur ortsansässigen indischen Kommune weit überdurchschnittlichen Lebensstandards der tibetischen Exilanten erscheinen die zahllosen westlichen „Hilfsorganisationen", die Spendengelder zu deren Unterstützung sammeln – beispielsweise der österreichische Kulturverein „Chenrezig-Haus", der in Zusammenarbeit mit dem Massenblatt *Kurier* regelmäßig „Hilfsgüter" nach Dharamsala karrt[890] –, mehr als grotesk. (Allein die weltweit etablierten „Dharma-Zentren" des [exil-]tibetischen Buddhismus verfügen über Vermögenswerte in US $-Milliardenhöhe.[891] Es sei in diesem Zusammenhang auch daran erinnert, daß der Dalai Lama Anfang 1998 den Grundstein zur Errichtung einer gigantischen Buddhastatue im nordindischen ⇨ BodhGaya legte, deren Kosten auf den nicht nur für indische Verhältnisse aberwitzigen Betrag von [vorläufig] 100 Millionen US-Dollar veranschlagt sind.[892])

Die männliche tibetische Jugend scheint es nicht nötig zu haben, irgendeiner geregelten Beschäftigung nachzugehen – die vielkolportierte

Behauptung über mangelnde Arbeitsmöglichkeiten in McLeodGanj beziehungsweise Dharamsala ist allein angesichts der florierenden Tourismusindustrie absurd –, vielmehr hängt man hordenweise in den örtlichen Video-Parlours herum oder brettert mit dem Moped die Straßen auf und ab. Vielfach sind auch Klagen westlicher Touristinnen über unerwünschte, teils handgreifliche „Anmache" seitens tibetischer Jugendlicher zu hören. Der Konsum harter Drogen – und damit verbunden: eine wachsende Gewaltbereitschaft – ist unter dem exiltibetischen Nachwuchs so weitverbreitet, daß das *Council for Home Affairs* des Dalai Lama sich 1997 (nachdem man das Problem jahrelang verleugnet hatte) gezwungen sah, ein eigenes Präventions- und Rehabilitationsprogramm zu etablieren. Selbstredend wird die Schuld an der Drogensucht der eigenen Jugend (wie auch die extrem hohe Quote an Alkoholismus innerhalb der ART) den Chinesen angelastet.[893] Weibliche tibetische Jugend kommt im öffentlichen Leben von McLeodGanj praktisch nicht vor; sie wird, wie üblich in patriarchalen Gesellschaften, unter familiärem Verschluß gehalten.

Während indische Taglöhner die Wohn- und Klosteranlagen der Tibeter peinlich sauberhalten, gleicht der Rest der Bergkuppe von McLeodGanj einer gigantischen Müllhalde. Der Abfall wird einfach aus dem unmittelbaren Blickfeld der tibetischen Kommune – und der Touristenströme! – geräumt. Das vielgepriesene ökologische Engagement des Dalai Lama – in seinem „Fünf-Punkte-Plan" für die Umgestaltung Tibets nach seiner Rückkehr steht Umweltschutz obenan („Umwandlung der tibetischen Hochebene in den größten Naturschutzpark der Erde"[894]) – erweist sich angesichts der völlig ungelösten Frage der Müllentsorgung in der relativ kleinen und leicht überschaubaren Kommune von McLeodGanj als ziemlich grotesk. Die gelegentlich veranstalteten „Cleaning Upper Dharamsala"-Kampagnen des *Tibetan Welfare Office* – initiiert in der Regel von jugendlichen Reisegruppen oder sonstigen *volunteers* aus dem westlichen Ausland, die während ihres Aufenthaltes in McLeodGanj ein paar Tage lang leere Plastikflaschen einsammeln –, lassen das Großgetöne des Dalai Lama um das per se ökologische Bewußtsein der buddhistischen Elite noch absurder erscheinen (zumal die eingesammelten Flaschen nach Abreise der Helfer einfach den nächsten Abhang hinuntergekippt werden). Angesprochen auf die Müllhalden hinter den Klöstern erklärte ein tibetischer Mönch, man lebe schließlich – und dies nicht freiwillig! – in Indien: „Hindus macht der Dreck nichts aus; sie sind es gewohnt, im Abfall zu leben."[895] Der unweit von McLeodGanj in den

Bergen gelegene *Dal-Lake*, der jahrzehntelang mit Müll vollgekippt wurde, ist inzwischen biologisch tot.

Selbst *Esotera*, Sprachrohr der bundesdeutschen New-Age-Szene, weiß zu berichten, daß „die Lebensverhältnisse in diesem Dörfchen an den Hängen der Himalaya-Vorberge doch recht problematisch sind – indisch eben [sic!]. Da wird der Müll halt oft am Ortsrand hingeworfen, und auch in der Gosse schwimmt er auf den Abwässern den Berg hinunter; die Trinkwasserqualität ist dementsprechend, und wenn in den Sommermonaten der Monsun kommt, rutschen immer wieder Straßen und Häuser den Hang hinab. Zwar gibt es neuerdings ein vom Förderkreis [gemeint ist eine private Spendensammelorganisation aus Freiburg, d. A.] initiiertes Umweltreferat, das zweimal im Jahr eine 'Putzete' durchführt, und öfters ist auf die Mauern 'Protect Your Environment' gepinselt, aber das bleibt vorläufig ein Tropfen auf den heißen Stein. Bis jetzt existieren auch weder von staatlicher indischer noch von sonstiger Seite Projekte, wenigstens einmal die Wasser- und Abfallsituation aus dem Mittelalter herauszubefördern."[896] Auf die Idee, den Dalai Lama und seine Exilregierung, die seit nahezu vier Jahrzehnten die Region um McLeodGanj weitgehend autonom verwalten, für die eklatanten Versäumnisse und Mißstände verantwortlich zu machen, kommt der *Esotera*-Autor natürlich nicht. Ihm hat es mehr der „herzliche, verschmitzte Humor der Mönche" angetan, „der soviel Lachen ermöglicht, und die Großzügigkeit und Freundlichkeit, die einen selbst positiv motivieren".[897] Ob auch die indischen *handymen* und ihre Familien über den verschmitzten Humor der Mönche und ihre Großzügigkeit lachen können, steht dahin; auch ob sie tatsächlich gerne im Abfall und Dreck der örtlichen Klöster und der Hotelanlagen leben. „Seine Heiligkeit" der Dalai Lama beantwortet die Frage nach dem Müll rund um seine Residenz in gewohnt dumm-zynischer Manier: „Es ist klar, daß wir in Samsara [Kreislauf der Existenz, d. A.] leben, und Samsara ist voller negativer Dinge. Das ist von vornherein klar. Wenn man erwartet, daß die Welt rein ist, etwas Schönes, dann ist man natürlich geschockt, wenn ein Problem auftaucht. Aber um Buddhaschaft zu erlangen, zählen wir Äonen, nicht nur Monate und Jahre."[898] Die Lobpreisungen von Hofbiographin Claude Levenson sind in diesem Zusammenhang ganz besonders grotesk: „Man muß den Dalai Lama nur in seinen Garten begleiten, um innezuwerden, daß sein Verhältnis zur Natur ebenso organisch und vital ist wie jenes zu seinesgleichen."[899]

Abb. 34: Schweinebauch gefällig?

Der Alltag des Dalai Lama ist angeblich strenger Struktur unterworfen. Das bereits erwähnte Handbüchlein für Szeneeinsteiger beschreibt seinen Tagesablauf folgendermaßen: „Ein Tag in Dharamsala beginnt für den Dalai Lama gegen 4.30 Uhr mit Andacht und Meditation. Etwa eineinhalb Stunden später wird das Frühstück eingenommen, bestehend aus Tee, Brot und Tsampa – das aus Gerstenmehl hergestellte Hauptnahrungsmittel

der Tibeter. Auch die übrigen Mahlzeiten sind bescheiden. Eine vegetarische Lebensweise ist Buddhisten allerdings nicht vorgeschrieben. Es ist
ihnen lediglich untersagt, selbst Tiere zu töten."[900] In der Tat finden sich
in McLeodGanj mehrere von Indern betriebene Metzgereien, deren
Hauptkundschaft aus tibetischen Mönchen und Nonnen besteht. Es mutet
den Beobachter reichlich seltsam an, wenn ausgerechnet Buddhisten,
denen ja besondere Achtung vor dem Leben zugesprochen wird, Plastiktüten voll blutigen Schlachtfleisches nach Hause tragen.

Laut Eigenauskunft verbringt „Seine Heiligkeit" täglich mindestens
fünfeinhalb Stunden mit religiösen Verrichtungen und Gebeten. „Den
Vormittag über informiert sich der Dalai Lama über das Weltgeschehen
und überwacht die verwaltungstechnischen Dinge der Gemeinschaft. (...)
Die zahlreichen privaten und öffentlichen Audienzen während des
Nachmittags verlaufen in einer freien, herzlichen Atmosphäre. Tenzin
Gyatso bemüht sich, für möglichst viele ein offenes Ohr zu haben. (...)
Um 22.00 Uhr geht sein Arbeitstag zu Ende."[901] Tatsache ist, daß der
Dalai Lama bei seinen zehn- bis zwölfmal pro Jahr veranstalteten öffentlichen Audienzen keineswegs ein „offenes Ohr" für jedermann darbietet;
es besteht keinerlei Gelegenheit, auch nur ein Wort mit ihm zu wechseln.
Vielmehr muß, wer Interesse hat, an solcher „Audienz" teilzunehmen,
sich Tage zuvor anmelden und mehrere Sicherheitschecks durchlaufen,
um dann in einem endlosen Defilee von mitunter mehreren tausend Verehrern an seinem Thron vorbeidrängen zu dürfen. Er selbst grinst mehr
oder minder huldvoll in die Menge, schüttelt da einmal eine Hand und
läßt dort einmal einen Satz fallen. Am Schluß erhält jeder Teilnehmer von
einem Assistenz-Lama ein Stück heiliger roter Schnur *(Jyendue)* überreicht, die, um das Handgelenk gebunden, vor Ungemach jeder Art zu
schützen verspricht. Zu Privataudienz werden an Nicht-Tibetern prinzipiell nur Personen zugelassen – vor allem VIPs jeder Sorte sowie ausgewiesen wohlgesonnene Medienvertreter –, an deren Publicitywirksamkeit
besonderes Interesse besteht; daneben natürlich Überbringer irgendwelcher Sach- oder Geldspenden. Autor Goldner erhielt (im Frühsommer
1998) keine persönliche Audienz; mehrere schriftliche Anfragen an das
Sekretariat „Seiner Heiligkeit", in denen um Auskunft beispielsweise über
dessen Beziehung zu dem japanischen Massenmörder ⇨ Shoko Asahara
gebeten wurde, blieben bis heute unbeantwortet.

Außerhalb seiner Mauern läßt der Dalai Lama sich in McLeodGanj
höchst selten blicken. Falls er diese verläßt, düst er schnellstmöglichen
Tempos in einer Wagenkolonne an Leibwächtern und Paladinen davon.

Nur zu besonderen Zeremonien tritt er öffentlich vor Ort auf: auf dem großen Versammlungsplatz zwischen seiner Residenz und dem sogenannten Dalai Lama's Temple *(Tsuglagkhang)*, einem reichverzierten und mit wertvollen Statuen ausgestatteten Gebäudekomplex, wird sein Thron aufgestellt, von dem aus er seine Belehrungen in die Welt entläßt. Dieser gut fünf Meter hohe Thron wird üblicherweise hinter Glas in einem eigenen Raum des Tempels aufbewahrt. Die Gläubigen vollziehen davor ihre rituellen Niederwerfungen, die an eben dieser Stelle besonders viel spirituelles Verdienst – zur Verbesserung der karmischen Ausgangsbedingungen für's nächste Leben – einbringen sollen.

McLeodGanj, dank der Gegenwart „Seiner Heiligkeit" ein besonders wirksamer „Ort der Kraft", ist Anziehungspunkt nicht nur der Anhängerschaft des tibetischen Buddhismus, vielmehr pilgern spirituell „Suchende" jedweder Coleur, vor allem einschlägig angehauchte West-Touristen, massenweise hierhin. Erwartungsgemäß haben sich deshalb verschiedenste sonstige Fraktionen der Okkult- und Esoterikszene mit eigenen Dependancen vor Ort etabliert, beispielsweise die Psychosekten um Bhagwan/Osho Rajneesh oder um Mataji Nirmala Devi. Auf großformatigen Plakaten wird für esoterischen Schwachsinn jeder Art geworben, von Handlesen und Hellsehen über Geistheilung hin zu – besonders passend – „spirituellem Kung-Fu". Selbstredend bedient auch die tibetische Kommune die „spirituellen" Wünsche der (meist zahlungs- bzw. spendenkräftigen) Besucher nach Vermögen: die meisten Klöster können relativ frei besichtigt (und photographiert oder videogefilmt) werden, vielfach ist es auch gestattet, den Gebetszusammenkünften oder sonstigen rituellen Veranstaltungen der Mönche oder Nonnen beizuwohnen. An der kommunalen Bibliothek *(Library of Tibetan Arts & Archives)* aber auch an anderen Einrichtungen vor Ort werden offizielle Einführungskurse in buddhistische Philosophie und Meditation angeboten. Auch an der Kunstakademie *(Tibetan Institute of Performing Arts)* können unterschiedliche Kurse belegt werden. Manch „spirituelle" Touris lassen sich im Zuge ihrer meditativen Innenschau gar die für buddhistisches Mönchs- beziehungsweise Nonnentum übliche Glatze rasieren und laufen in roten Kutten durch die Gegend; der dazugehörige Gesichtsausdruck blasierter Abgehobenheit, den die tibetische Mönchskoterie zur Schau trägt, ist schnell kopiert.

Ansonsten klappern die „spirituellen" ebenso wie die „normalen" Touristen das vorgegebene Besichtigungsprogramm ab, zu dem neben dem Besuch der verschiedenen Klöster und Tempel sowie des Regierungsareals samt Astro-Institut vor allem der Trip zu dem 1989 in die Gegend geklotzten Norbulingka-Kulturinstitut zählt. Rund fünzehn Kilometer von McLeodGanj entfernt befindet sich der nach der Sommerresidenz des Dalai Lama in Lhasa benannte Gebäudekomplex inmitten eines kunstvoll angelegten eigenen Gartenparks. Die nach traditionellen Vorgaben errichtete Palast- und Tempelanlage sowie die angeschlossenen Ausbildungseinrichtungen dienen der Förderung sowohl des kunsthandwerklichen als auch des monastischen Nachwuchses. Museale Einrichtungen führen dem Besucher die kulturelle Hochblüte des früheren Gelbmützenstaates vor Augen. Laut Auskunft vor Ort sei das Norbulingka-Institut mithin über die Nobelpreis-Gelder „Seiner Heiligkeit" finanziert

Abb. 35: Zeichnung eines Erstkläßlers

worden. Auch die Besichtigung des Anfang 1961 schon mit Hilfe der österreichischen SOS-Kinderdorf-Gesellschaft gegründeten *Tibetan Children Village*, einer Schul- und Internatseinrichtung für besonders begabte Kinder tibetischer Exilanten *(career resource center)* – angeblich werden auch Waisenkinder hier unterrichtet –, gehört zum touristischen Pflichtprogramm. Im *Tibetan Children Village* kann der Besucher Einblick nehmen in den Geschichtsunterricht, den die Kinder in der dortigen Schule erhalten: An den Wänden hängen dutzende von Zeichnungen, auf denen in erster Linie brutale Schläger und Folterer in chinesischen Uniformen zu sehen sind.

McLeodGanj ist optimal auf die Flut an Touristen eingestellt, die vor allem im Frühsommer und im Spätherbst aus dem Westen heranbrandet. Es finden sich zahllose Hotels jeder Kategorie am Ort, eine Vielzahl an Restaurants und Teehäusern erfüllt jeden kulinarischen Wunsch: von Birchermüsli bis Wienerschnitzel. Es gibt – alles andere als selbstverständlich in Himachal Pradesh – öffentlich verfügbare Telephon-, Fax- und Internet-Services. In drei Kinos (genauer gesagt: Videohallen) werden allmorgendlich antichinesische Propagandafilme vorgeführt, beispielsweise *Red Flag Over Tibet*, abends gibt es dann, gut besucht auch

Abb. 36: Phantom des Potala

von der tibetischen Jugend, Kung-Fu-Gemetzel made in Hongkong oder abgrundtief dummes Beziehungsgeschnulze made in Bombay zu sehen. Sex-und-Gewalt aus dem Westen findet bei den Kids besonderen Anklang (im übrigen hat auch „Seine Heiligkeit" eine besondere Vorliebe für Kriegs- und Action-Filme, die er sich zuhause auf dem Video-Recorder ansieht[902]). In einer stattlichen Anzahl an Buchläden ist alles und jedes an Dalai Lama-Texten erhältlich, desgleichen alles und jedes an (affirmativer) Literatur über ihn. In diesen Läden wird auch ein umfängliches

Sortiment an Devotionalien und sonstigem Tinnef feilgehalten: von Rosenkränzen und Gebetsmühlen hin zu Wandpostern, auf denen „Seine Heiligkeit" als Phantom vom Dach des Potala heruntergrinst. In den Restaurants und *tea stalls*, auch in den Bars ihrer Hotels, sitzen die Touristen zusammen und debattieren eifrig Fragen buddhistischer Philosophie. Vielfach werden auch astrologische Erkenntnisse ausgetauscht oder die „spirituelle Energie" Dharamsalas verglichen mit der sonstiger „Orte der Kraft", an denen man schon war: Rishikesh, Poona, Puttaparthi... Nicht wenige lassen sich allabendlich einfach nur voll laufen, mit Import-Bier vornehmlich, das pro Flasche mehr kostet, als der indische Kellner, der es serviert, im halben Monat verdient. Bettler, die vor den Türen auf ein paar Rupees warten, werden weggescheucht wie lästige Fliegen.

Im Bericht von *Esotera*-Autor Michael Schaefer über eine „esoterische Gruppenreise" nach McLeodGanj liest sich das alles ganz anders. Hier heißt es im gewohnt hybriden Sprachduktus der Szene, „das echte Eintauchen in fremde Kulturen [könne] die eigene Spiritualität nachhaltig fördern. (...) Und wenn ein notorischer Skeptiker mit Tränen in den Augen vor einer goldenen Statue des Mitgefühl-Bodhisattva Avalokiteshvara sitzt, wenn wieder ein anderer Teilnehmer sich in den speziellen Sangeskünsten der Mönche übt, wenn nahezu jeder sich eine Statue oder einen Thangka [gemaltes Meditationsbild, d. A.] einpacken läßt und mit Freuden die vom Dalai Lama gesegnete, rote Schutzschnur umbindet — dann hat die spirituelle Begegnung auf einer nichtverbalen Ebene bei den Teilnehmern offensichtlich Wirkung hinterlassen."[903] Welche Wirkung das denn sein soll, bleibt in *Esotera* ebenso unerschlossen wie die Frage, welche Wirkung bei den Menschen, vor allem den Indern, in McLeod-Ganj hinterlassen wurde.

Stern-Reporter Holger Witzel, im Sommer 1998 zu Besuch in Dharamsala, bemühte sich als einer der ersten Journalisten überhaupt um ein klein wenig Distanz: er spricht den touristischen Rummel an, die esoterischen Trittbrettfahrer, den Drogenhandel; auch die Ritualmorde an den drei Mönchen. „Dharamsala", so sein Fazit, „hat seine Unschuld verloren".[904] Als ob es die je gehabt hätte.

Ende Oktober 1998 fand in der Lüneburger Heide eine siebentägige Großveranstaltung mit „Seiner Heiligkeit" statt. Organisiert wurde das Massenspektakel – die angegebenen Teilnehmerzahlen schwankten zwischen 9.000 und 12.000 – vom Tibetischen Zentrum Hamburg, das unweit des Veranstaltungsortes ein Meditationshaus betreibt.

Auf dem ehemaligen Nato-Übungsgelände Reinsehlen, ein paar Kilometer außerhalb des Heidekaffs Schneverdingen, hatte man eine riesige Zeltstadt errichtet, in der der „Ozean der Weisheit" Unterweisung erteilen sollte über den „Stufenweg zur Erleuchtung". Ein Heer von über 600 MitarbeiterInnen hatte in monatelanger unentgeltlicher Vorbereitung das „Jahrhundertereignis" auf die Beine gestellt. Der Umsatz allein an Kartenverkäufen (à 450 Mark) lag zwischen drei und fünf Millionen Mark, angesichts der relativ geringen Aufwendungen ein Riesengeschäft für die Veranstalter (außer den Kosten für die Aufstellung der Zelte und den Reisekosten für den Dalai Lama war nichts zu finanzieren gewesen); dennoch erweckte man vom ersten Tag an den Anschein eines drohenden Schuldenberges und rief die Teilnehmer in penetranter Manier dazu auf – vornedran der Dalai Lama selbst –, diesen über Spenden ausgleichen zu helfen (zudem bedeute jede Spende karmischen Verdienst).

Die Veranstaltung zog enormes Medieninteresse auf sich, Boulevardblätter und Yellow Press überschlugen sich fast vor Begeisterung; allein bei der Pressekonferenz am Eröffnungstag waren über 250 Reporter und Photographen zugegen, zuzüglich zwei Dutzend Fernsehteams aus dem In- und Ausland. Am laufenden Meter wurde in den folgenden Tagen über „Buddhas Weg zum Glück" (so der Untertitel der Seminarwoche) berichtet. *Kein einziger* der unzähligen Beiträge bemühte sich um kritische (oder zumindest journalistische) Distanz, vielmehr gab man schlicht das wieder, was in den Presseverlautbarungen der Veranstalter vorgegeben worden war. Allenthalben wurde der Dalai Lama als „geistiges und weltliches Oberhaupt Tibets" dargestellt, als „Opfer chinesischen Terrors", als „gewaltfreier Kämpfer um die Rechte seines Volkes". Kein Klischee, das nicht breitest ausgewalzt worden wäre, vom „Charisma des Gottkönigs" und seinem „bezaubernden Lächeln" hin zur „Bescheidenheit des einfachen Mönches", der nichts weiter sein eigen nenne als acht Mönchskutten, drei Paar Sandalen und zwei Paar braune Stiefel. Lediglich die Sektenbeauftragten der beiden Großkirchen, von Amts wegen zu Argwohn verpflichtet, wenn Konkurrenz auf den Plan tritt, gaben sich miesepetrig: sie warnten vor dem zunehmenden Einfluß östlicher Religio-

nen. Desgleichen ablehnend zeigte sich eine Gruppe an Freikirchlern, die
Buddhismus an sich für Teufelswerk hält.

Am Eröffnungsabend brachte der *Norddeutsche Rundfunk* (NR3)
eigens eine „Reportage" zu den aktuellen Verhältnissen in Tibet, insbesondere zum Stand der Dinge um die beiden ⇨ Pánchen Lamas. Der
großangekündigte Beitrag, übernommen von *France Television*, erwies
sich indes als grotesk substanzloser Zusammenschnitt abgegriffenen Ar-
chivmaterials mit ein paar Camcorder-Aufnahmen irgendwelcher Zufalls-
szenen in und um Lhasa. Höhepunkt des „Reports" war das Verdikt von
„Filmemacherin" Marie Louville, die Chinesen hätten „zwei kleinen Jungen die Kindheit geraubt". Von dem Irrwitz an sich, kleine Kinder als
Novizen oder „Tülkus" in Klöster zu verschleppen und sie dort jahrzehn-
telanger Indoktrination auszusetzen, spricht sie nicht.[905]

Im Pressebüro der Lamrim-Veranstalter war man jedenfalls hochent-
zückt, daß ein öffentlich-rechtlicher Sender „so großartige Unterstützung"
geleistet hatte. Voller Begeisterung registrierte man auch den Umstand,
daß das Nachrichtenmagazin *Focus* in seiner aktuellen Ausgabe den Dalai
Lama mit einer siebenseitigen Titelgeschichte (plus sechsseitigem Vorspann über Buddhismus an sich) bedacht hatte: Die (journalistisch indis-
kutable) *home story* von Redakteur Peter Hinze entsprach ganz dem Bild,
das „Seine Heiligkeit" von sich kultiviert und das dessen Anhängerschaft
hochhält: das Bild eines spirituellen Meisters, der, über alle Weisheit und
Güte hinaus, ausgestattet ist mit der Gabe nie versiegenden Humors.
Ebendieser hatte es auch Redakteur Hinze angetan, sein Interview mit
dem Gottkönig, das sich in erster Linie um dessen Fernsehgewohnheiten
drehte, um seine sportlichen Ambitionen oder auch die Farbe seiner Un-
terwäsche (!), leistete diesem Vorschub zu immer neuen, schenkelschla-
genden Heiterkeitsausbrüchen. Exklusiv für die *Focus*-Leserschaft offen-
barte der Dalai Lama seine Leidenschaft für Honig und den Umstand, daß
er in der Vorratskammer seiner Residenz große Mengen davon gehortet
habe: „Ich verrate Ihnen ein Geheimnis: Ich esse so viel Honig, daß die
Gefahr besteht, daß der 14. Dalai Lama als Biene wiedergeboren wird...
(kann vor Lachen und Freudentränen nicht weiterreden) ...Reinkarnation
als Biene. Sehr komisch, aber möglich." Ein weiteres Beispiel seines
vielgerühmten Humors lieferte der Dalai Lama in Beantwortung der
Focus-Frage, ob er sich denn nicht eine etwas modischere Brille zulegen
wolle: „Ich will eine Brille, die bequem und sauber ist. Schauen Sie, da
gibt es aber oft ein Problem bei dieser Brille... *(nimmt sie ab, reicht sie
herüber)*...Sehen Sie, da an den Nasenbügeln sammelt sich immer so

etwas Grünes". *Focus*: „Das kommt vom Schwitzen". *Dalai Lama*: „Ja, und läßt sich schwer saubermachen."[906]

Abb. 37: Scherzkeks in der Lüneburger Heide

Auch in der Pressekonferenz zu Beginn der Großveranstaltung zeigte „Seine Heiligkeit" sich betont witzig: keine Journalistenfrage, die er nicht mit irgendeinem Kalauer zu beantworten wußte. Seine manieriertes Dauergegrinse verließ ihn nur kurzfristig, als er anläßlich des offiziellen Empfanges der Stadt Schneverdingen für den „Jahrhundertgast" (der der Region an die 50.000 zusätzliche Übernachtungen beschert hatte) auf zwei Vertreter der christlichen Amtskirchen traf. Mit säuerlicher Miene standen diese hinter ihm, als er von der Freitreppe des Rathauses aus eine kleine Ansprache hielt; ein anschließend angestimmtes buddhistisches Gebet ging dem katholischen Monsignore dann zu weit: mit entschlossener Miene griff er sich das Mikrophon und setzte dem Singsang des Dalai Lama ein lautstarkes und bodenständiges „Vaterunser" entgegen. In einem späteren Interview hielt es auch der örtliche Pfarrer für angezeigt, das Klassentreffen um „Seine Heiligkeit" tunlichst zu relativieren: zehntausend Gläubige, so der Heidehirte abschätzig, versamnle der Papst jeden Sonntag.

Die Veranstaltung in der Zeltstadt selbst umfaßte einen fünftägigen sowie einen anschließenden zweitägigen Block. Der erste Block bot eine kondensierte Version des sogenannten „Lamrim-Stufenweges zur Erleuchtung", eine aus dem 11. Jahrhundert u.Z. überlieferte Folge an Meditationsübungen, mittels derer „der Geist in all seiner Komplexität durch meditative Kontemplation geschult wird. Wenn man Lamrim praktiziert, begibt man sich auf eine erfrischende spirituelle Reise und lichtet die Nebelschleier, die die menschliche Persönlichkeit verhüllen. Der Ansatz ist einfach, rational und dennoch tiefgründig (...) er führt den Praktizierenden zur tiefgründigen Entdeckung der Wirklichkeit, der Leerheit, die allen Phänomenen zugrundeliegt. (...) Begleitet von dem allumfassenden Mitgefühl eines Bodhisattva, der zum Wohle aller Lebewesen wirkt, wird diese Entdeckung in einem Zustand jenseits von Dualität und Begrifflichkeit zur Vollendung gebracht. Das ist der Zustand der vollendeten Erleuchtung."[907]

Neben peniblen Vorgaben für korrekte Körperhaltung („die Augenlider sind niedergeschlagen, die Zungenspitze berührt den Gaumen"[908]) hält der Lamrim-Stufenweg eine Vielzahl an Visualisierungsübungen bereit, so etwa die Vorstellung, der Dalai Lama (wahlweise auch der persönliche geistige Lehrer) sitze als Buddha in Meditationshaltung und „mit Scheitelerhebung aus Licht, kristallklar und strahlend"[909] auf einem Thron aus Lotosblüten, umgeben von allerlei tantrischen Gottheiten, Bodhisattvas, Heiligen, Helden und Beschützern. Mit derlei „Visualisierung" vor Augen und mit gefalteten Händen sei so oft als möglich die sogenannte „Zufluchtsformel zu den Drei Juwelen" zu wiederholen: „Ich nehme Zuflucht zum Buddha. Ich nehme Zuflucht zum Dharma [buddhistische Lehre, d. A.]. Ich nehme Zuflucht zum Sangha [Gemeinschaft der Gläubigen, d. A.]." Zugleich sei zu visualisieren, „daß Nektar in fünf verschiedenen Farben von den Körpern dieser Gurus ausgeht; dieser Nektar strömt in eueren Körper ein und reinigt eueren Geist von allen negativen Handlungen."[910] Im nächsten Schritt sei nun zu imaginieren, daß der visualisierte Buddha sich „sehr über diese Geisteshaltung freut und ein Ebenbild von ihm ausgeht, das auf eueren Scheitel kommt, durch die Scheitelöffnung eintritt und mit euch verschmilzt. Euer Körper, eure Rede und euer Geist werden untrennbar eins mit denen des Buddha. Dann löst ihr euch in die Leerheit auf. Nun meditiert ihr über die Leerheit und verwandelt euch schließlich aus der Leerheit heraus in Buddha, der auf einem von Löwen getragenen Thron sitzt."[911] Derlei Anleitung zu kollektiver Halluzination machte den überwiegenden Teil der Lamrim-Unterweisungen aus. Auf das Risiko für psychisch labile Menschen, die durch solche Praktiken in psychotischen Wahn abgleiten können – und dies noch Wochen und Monate später –, wurde nicht hingewiesen.

Im zweiten Veranstaltungsblock, der sogenannten „Avalokiteshvara-Initiation", ging es mit sehr ähnlichen Übungen weiter; diesmal allerdings zur „Einswerdung mit dem Buddha des allumfassenden Mitgefühls", Avalokiteshvara (tibetisch: Chenrezig), als dessen Inkarnation der Dalai Lama selbst gilt. Nach endlosen Anrufungen vergangener Meister („Segnet uns, daß wir den erhabenen Geist entwickeln") sowie ebenso endlosen Selbstbezichtigungen („Ich war respektlos gegenüber Vater und Mutter/gegenüber dem Abt und dem Meister") wurde wortreich die „Reine Sittlichkeit" beschworen („Möge durch die fehlerfreie Sittlichkeit nach der Vorschrift des Buddha, durch den Besitz völlig reiner Sittlichkeit, durch die Sittlichkeit ohne Überheblichkeit die Vollkommenheit der Sittlichkeit vollendet werden"[912]). Anschließend wurden die InitiandInnen – viele davon komplett ahnungslos hinsichtlich buddhistischer Rituale – angewiesen, den eigenen Geist als „Mondscheibe" zu visualisieren und auf dieser einen „wie reines Gold strahlenden Lotus mit tausend Blättern" entstehen zu lassen: „Der Mond und der Lotus strahlen mannigfaltige Lichtstrahlen aus, von deren Spitzen unzählige Körper Ārya Mahâkarunâs [gemeint ist Avalokiteshvaras, d. A.] ausgehen und alle Bereiche des Raumes erfüllen. (...) Aus großen Wolken, die sie erschaffen haben, regnen Ströme von Nektar herab und stillen die Feuer des Leidens aller Lebewesen. (...) Nachdem sie alle von Glückseligkeit erfüllt sind, kommen die Lichtstrahlen zusammen mit den Körpern der Gottheit zurück und gehen in meinen eigenen Geist ein. (...) Daraus entstehe ich als die Gottheit Arya Avalokitešvara selbst, aufrecht stehend auf einem vielfarbigen Lotus und einem Mondkissen. Sein Körper ist weiß und jugendlich und erstrahlt von Licht. Von den drei unteren seiner elf Gesichter ist das mittlere weiß, das rechte grün und das linke rot. Darüber befindet sich in der Mitte ein grünes, rechts ein rotes und links ein weißes Gesicht. Darüber ist in der Mitte ein rotes, rechts ein weißes und links ein grünes Gesicht. (...) Darüber erscheint ein schwarzes furchterregendes Gesicht, mit zornvoll blinkenden Zähnen und in Falten gelegter Stirn. Es hat drei Augen und lange, hoch aufgestellte, rotgelbe Haare. Auf dessen Scheitelspitze trägt die Gottheit ein friedvolles, rotes ungeschmücktes Gesicht"[913]. (In einer Erklärung des Dalai Lama zu dieser Visualisierungsübung heißt es: „Die klare Erscheinung scheint zwar von ihrer eigenen Seite her und nicht als bloße Benennung durch den Geist zu existieren; sie ist jedoch leer von einer solchen Existenzweise. Genauso erscheint das Spiegelbild eines Gesichtes im Spiegel zwar als Gesicht, es ist jedoch leer davon, das Gesicht zu sein."[914])

Nach 108maliger Wiederholung eines „Herzensmantras" („Om dhara dhara, dhiri dhiri, dhuru, dhuru, ette vitte, cale cale...") sowie dreimaliger Wiederholung eines „Hundertsilbenmantras" („Om padma samaya, manu-pâlaya [...] kuru hum, ha ha ha...") folgte die „Auflösung der Visuali-sation": „Die Weisheitswesen der Selbsthervorbringung begeben sich wieder an ihren natürlichen Aufenthaltsort. Das Gelöbniswesen löst sich von oben nach unten in Licht auf und verschmilzt dann mit der Silbe *hrih* im Herzen. Und auch diese löst sich in die Leerheit auf, so daß sie nicht mehr sichtbar ist."[915] (Um es zu wiederholen: Für diesen Schwachsinn gaben an die zehntausend Menschen je 450 Mark aus.)

Der Dalai Lama gab seine Belehrungen auf tibetisch zum besten, an-schließend wurden seine Tiraden in zäher Übersetzung ins Deutsche (und von da simultan ins Englische und sechs weitere Sprachen) übertragen. Seine Redepausen überbrückte der „Ozean der Weisheit" mit autistisch anmutendem Hin- und Hergeschaukel auf seinem Thron und gelegentlich eingestreuten Hanswurstiaden: ab und an beugte er sich kichernd soweit zur Seite, daß es aussah, als fiele er jeden Augenblick von seinem Hoch-sitz herunter.

Die ZuhörerInnen aus über fünfzig Ländern verfolgten die Vorträge „Seiner Heiligkeit" mit Ehrfurcht, viele schliefen allerdings auch ein. Die Möglichkeit einer Nachfrage oder Diskussion war ohnehin nicht vorgese-hen. Täglich fünfeinhalb Stunden lang hielt der Dalai Lama seine Unter-weisungen ab, anschließend verschwand er, eskortiert von seiner Gefolg-schaft und einer Schwadron an Leibwächtern, in das nahegelegene Me-ditationshaus des Tibetischen Zentrums. (Die Einweihung dieses Hauses, das 1996 erworben worden war, war offizieller Anlaß des Besuches „Seiner Heiligkeit" in der Lüneburger Heide gewesen. Wie es dem an-geblich mittellosen Tibetischen Zentrum Hamburg gelungen war, das umfängliche Anwesen bei Schneverdingen zu kaufen – das Haus gehörte ursprünglich zum Worpsweder Künstlerkreis –, bleibt, trotz der finanziel-len Beteiligung der ⇨ Anthroposophen, ein Rätsel.)

Neben dem Vortragszelt waren ein Restaurantzelt, ein Kindergarten-zelt sowie ein Supermarktzelt aufgestellt worden: insgesamt hatte man für die Unterweisungen „Seiner Heiligkeit" an die 25.000 Quadratmeter überdacht. In einem eigenen „Bazarzelt" wurde der szeneübliche Tinnef feilgeboten – Dalai Lama-Bilder, Buddha-Statuen, Gebetsketten, Glücksschals etc. –, daneben die neuesten Buch-, Video- und CD-Publikationen: in den zwölf Monaten vor der Schneverdinger Mammutveranstaltung waren allein in deutschsprachigen Verlagen mehr als drei Dutzend Bücher über tibetischen Buddhismus neu erschienen beziehungsweise neu aufgelegt worden (gegenwärtig finden sich an die 350 deutschsprachige Publikationen auf dem Markt). Die Vorträge, die der Dalai Lama anläßlich seines Besuches der Tibetischen Zentrums Hamburg im Oktober 1991 gehalten hatte – siebeneinhalb Stunden *nonstop* – waren ebenso auf Video

Abb. 38: Devotionalienhandel

erhältlich wie Aufzeichnungen früherer Auftritte in der Schweiz oder in den USA. Darüberhinaus konnte man auch Tonband-Mitschnitte von Belehrungen „Seiner Heiligkeit" beziehungsweise seines Hamburger Statthalters Geshe Thubten Ngawang erwerben (Komplettkosten der über 400 MCs: fast 4.000 Mark). Eine Vielzahl an CDs mit „Tibetan Sacred Temple Music" rundete das Angebot ab. Die CD *Tibet Impressions* des holländischen Jazzers Chris Hinze, auf der das wirre Gelächter „Seiner Heiligkeit" zu hören ist, war allerdings nicht zu finden (merkwürdig erscheint in diesem Zusammenhang, daß bislang noch niemand auf die Idee gekommen ist, die unmotivierten Heiterkeitsausbrüche „Seiner Heilig-

keit" als Symptom psychisch auffälligen Geschehens zu werten; auch die
von ihm und seinen Anhängern kultivierten Vorstellungen von Geistern,
Dämonen und Höllenwesen oder der abstruse Glaube an ⇨ Karma und
Wiedergeburt wären unter klinischen Gesichtspunkten gewiß höchst aufschlußreich.)

Das Rahmenprogramm der Belehrungswoche umfaßte folkloristische
Musik- und Tanzdarbietungen, dazu Dokumentationsfilme sowie eine
Abendveranstaltung über die „Menschenrechtsverletzungen in Tibet".
Zum Abschluß des Lamrim wurde in einer eigenen Litanei die Segens-
kraft sämtlicher Götter, Helden und Heiligen auf den „Beschützer des
Schneelandes" herabbeschworen, auf daß das „Kronjuwel von Samsâra
und Nirvâna, Seine Heiligkeit der Dalai Lama, der Herr der Sieger, der
große Allwissende und der alles Erblickende" noch ein langes Leben
haben möge.[916] Unter kollektiver Ehrbezeugung der Anwesenden – viele
waren tränenüberströmt vor Rührung – entschwand „Seine Heiligkeit" in
einer gepanzerten Nobelkarosse.

Im November 1998 hielt der Dalai Lama den Eröffnungsvortrag des
„Ersten Internationalen Kongresses für Tibetische Medizin" in Washington D.C., in dem er salbungsvoll zu einem „Brückenschlag zwischen
Tradition und Moderne" aufrief. Wahrheitswidrig behauptete er, die tibetisch-buddhistische Heilkunst entspräche mit Leichtigkeit den wissenschaftlichen Anforderungen westlicher Medizin, überträfe diese sogar in
ihrem „ganzheitlichen" Herangehen. Daß sich aus dem Fundus der traditionellen tibetischen Medizin bislang *nichts* als brauchbar herausgestellt
hat – am wenigsten der astrologische Firlefanz, mit dem sie sich begründet –, unterschlug er wohlweislich (⇨ *Exkurs 14*).

1999

Seit Jahren schon verlautbart der Dalai Lama zu jedem sich bietenden
Anlaß, er wolle in einem künftigen „freien Tibet" keinerlei politische
Funktion mehr ausüben. Vielmehr beabsichtige er, sein Amt umgehend
einer Interimsregierung zu übergeben, „sobald wir die Gelegenheit haben,
in Freiheit in unser Land zurückzukehren. (...) Das heißt, ich würde alle
meine politischen Befugnisse dieser Regierung übergeben und nicht mehr
länger Oberhaupt der tibetischen Regierung sein. Das habe ich formell

Abb. 39: Wiederkehr im 25. Jahrhundert?

beschlossen und angekündigt."[917] Inwieweit diese Ankündigung ernstzu-
nehmen ist, kann ebenso dahingestellt bleiben wie die, er strebe eine demokratische Verfassung für ein „freies Tibet" an. Der Dalai Lama, wie

der abtrünnige Sozialwissenschaftler Dawa Norbu schreibt, sitze einem Mißverständnis hinsichtlich des Begriffes Demokratie auf: „Meist verwendet er diesen Begriff, wenn tatsächlich Populismus und Demagogie gemeint sind, wenn die demagogische Manipulation religiöser Symbole ausreicht, öffentliche Zustimmung zu erhalten."[918] Selbst nach mehr als dreißig Jahren im Exil habe er es über eine demokratisch aufgeputzte Fassade nicht hinausgebracht.

Zeit bleibt ihm genügend, noch dazuzulernen: Laut Auswertung seiner astrologischen Tabellen werde er ein Alter von einhundertzweiundvierzig Jahren erreichen, also im Jahre 2077 seine gegenwärtige Inkarnation verlassen. Seine eigenen Traumgesichte, wie er verlautbart, stünden hierzu allerdings in Widerspruch: diesen zufolge werde er bereits im Alter von einhundertdreizehn Jahren, also im Jahre 2048, von der weltlichen Bühne abtreten.[919]

Indes sei auch seine Wiedergeburt bereits beschlossene Sache. Er werde wiederkehren, spätestens in vierhundert Jahren: dann nämlich sei die „große Schlacht von Shambhala" angesagt, der totale Krieg der Welten – vielleicht sogar auf anderen Planeten und unter Beteiligung außerirdischer Mächte[920] –, und er, er werde dabeisein.

Anmerkungen

[1] Trimondi, Victor/Trimondi, Victoria (Pseudonym der AutorInnen Herbert und Mariana Röttgen): Der Schatten des Dalai Lama. Düsseldorf 1999, S. 15 (Röttgen/Röttgen heben ihr Pseudonym im Klappentext ihres Buches selbst auf)

[2] ebenda

[3] Dalai Lama: Buch der Freiheit. Bergisch-Gladbach. 1990, S. 13f. (wenn nicht anders vermerkt, ist immer der 14. Dalai Lama, Tenzin Gyatso, gemeint)

[4] vgl. ebenda, S. 18

[5] Der Begriff Shangri-La entstammt dem Roman Der verlorene Horizont von James Hilton (1933).

[6] zit. in: Craig, Mary: Kundun: Der Dalai Lama und seine Familie. Bergisch-Gladbach 1998, S. 115 (Craig zitiert hier einen ansonsten nicht näher ausgewiesenen „tibetischen Historiker W. D. Shakabpa".)

[7] Dalai Lama, Buch der Freiheit, S. 61

[8] ebenda, S. 68f.

[9] zit. in: Goetz, John/Graebert, Jochen: Panorama (Beitrag über Dalai Lama) Nr. 553, NDR vom 20.11.1997

[10] Harrer, Heinrich: Sieben Jahre in Tibet: Mein Leben am Hofe des Dalai Lama. Berlin 1997 (23. Auflage), S. 205

[11] in: Goetz/Graebert, Panorama Nr. 553 (20.11.1997)

[12] vgl. z.B. Tibetan Review 1/1992, S. 18

[13] Trimondi/Trimondi, Der Schatten des Dalai Lama, S. 481

[14] Die nachfolgenden Beispiele greifen lediglich einige Aspekte der Missions-/Forschungs-geschichte Tibets heraus; sie erheben keinerlei Anspruch auf Vollständigkeit.

[15] vgl. Kaschewsky, Rudolf: Das Tibetbild im Westen vor dem 20. Jahrhundert, in: Dodin, Thierry/Räther, Heinz: Mythos Tibet: Wahrnehmungen, Projektionen, Phantasien. Köln 1997, S. 16f.

[16] vgl. Bray, John: Die Tibetbilder der Missionare im 19. und frühen 20. Jahrhundert. in: Dodin, Thierry/Räther, Heinz: Mythos Tibet: Wahrnehmungen, Projektionen, Phantasien. Köln 1997, S. 31f.

[17] Rijnhart, Susie: With the Tibetans in Tent und Temple. Edinburgh 1902

[18] Desdogins, C.H.: Le Thibet d'après correspondence des missionaires. Paris 1885 (2. Auflage); zit. in: Bray, Die Tibetbilder der Missionare, S. 35

[19] Amundsen, Edward: In the Land of the Lamas: The Story of Trashi Lhamo, a Tibetan Lassie. London 1910; zit. in: Bray, Die Tibetbilder der Missionare, S. 35

[20] zit. in: ebenda, S. 38

[21] Ekvall, Robert: Gateway to Tibet: The Kansu-Tibetan Border. Harrisburg 1938; zit. in: Bray, Die Tibetbilder der Missionare, S. 36

[22] Learner, Frank Dogget: Rusty Hinges: A Story of Closed Doors Beginning to Open in North-East Tibet. London, 1934; zit. in: Bray, Die Tibetbilder der Missionare, S. 42f.

[23] Grenard, Fernand: Tibet: The Country and its Inhabitants. London 1904; zit. in: Kværne, Per: Die Tibetbilder der Tibetforscher, in: Dodin, Thierry/Räther, Heinz: Mythos Tibet: Wahrnehmungen, Projektionen, Phantasien. Köln 1997, S. 52

[24] Knight, William Henry: Diary of a Pedestrian in Cashmere and Thibet. London 1863; zit. in: Kværne, Per: Die Tibetbilder der Tibetforscher, in: Dodin, Thierry/Räther, Heinz: Mythos Tibet: Wahrnehmungen, Projektionen, Phantasien. Köln 1997, S. 53

[25] David-Néel, Alexandra: Voyage d'une Parisienne à Lhasa. Paris 1927

[26] Harrer, Sieben Jahre in Tibet, S. 104

[27] Titel eines Sammelbandes von Rudolf Skuhra über verschiedene Himalaya-Expeditionen zwischen 1921 und 1937. Berlin 1938

[28] vgl. Hansen, Peter: Der tibetische Horizont: Tibet im Kino des frühen 20. Jahrhunderts. in: Dodin, Thierry/Räther, Heinz: Mythos Tibet: Wahrnehmungen, Projektionen, Phantasien. Köln 1997, S. 78f.

[29] vgl. Bishop, Peter: Nicht nur Shangri-La: Tibetbilder in der westlichen Literatur. in: Dodin, Thierry/Räther, Heinz: Mythos Tibet: Wahrnehmungen, Projektionen, Phantasien. Köln 1997, S. 213f.

[30] zit. in: Heberer, Thomas: Das alte Tibet war eine Hölle auf Erden: Mythos Tibet in der chinesischen Kunst und Propaganda, in: Dodin, Thierry/Räther, Heinz: Mythos Tibet: Wahrnehmungen, Projektionen, Phantasien. Köln 1997, 138f. (Heberer bezieht sich auf eine nicht näher ausgewiesene chinesische Schrift von 1974.)

[31] ebenda

[32] Harrer, Sieben Jahre in Tibet, S. 245

[33] Grunfeld, Tom: The Making of Modern Tibet. London 1987, S. 24

[34] This was the Perilous Trek to Tragedy, in: Life vom 13.11.1950, S. 130f.

[35] Dalai Lama: Im Einklang mit der Welt: Der Friedensnobelpreisträger im Gespräch. Bergisch-Gladbach 1993, S. 157

[36] vgl. Majupuria, Indra: Tibetan Women. Lashkar/India, 1990, S. 118

[37] vgl. Campbell, June: Göttinnen, Dakinis und ganz normale Frauen: Weibliche Identität im tibetischen Tantra. Berlin 1997, S. 69

[38] ebenda, S. 9

[39] zit. in. Goetz/Graebert, Panorama Nr. 553 (20.11.1997)

[40] zit. in: Greve, Reinhard: Das Tibetbild der Nationalsozialisten, in. Dodin, Thierry/Räther, Heinz: Mythos Tibet: Wahrnehmungen, Projektionen, Phantasien. Köln 1997, S. 109 (Greve gibt die genauen Fundstellen seiner Zitate nicht an.)

[41] Schäfer, Ernst: Fest der Weissen Schleier: Eine Forschungsfahrt durch Tibet, nach Lhasa, der Heiligen Stadt des Gottkönigtums. Braunschweig 1950 (1), S. 20

[42] vgl. Greve, Das Tibetbild der Nationalsozialisten, S. 108f.

[43] ebenda, S. 108

[44] Schäfer, Ernst: Über den Himalaja ins Land der Götter: Auf Forschungsfahrt von Indien nach Tibet. Braunschweig 1950 (2), S. 144

[45] ebenda, S. 146f.

[46] Schäfer, Ernst: Unter Räubern in Tibet: Gefahren und Freuden eines Forscherlebens. Braunschweig 1952, S. 129

[47] ebenda, S. 130f.

[48] Schäfer, Fest der Weissen Schleier, S. 91

[49] ebenda, S. 104f. (Interessant in diesem Zusammenhang ist der Umstand, daß innerhalb der Tibet-Unterstützerszene gerne auf Photo-/Filmdokumente der Schäfer-Expedition von 1938/39 zurückgegriffen wird, um das „alte" Tibet zu dokumentieren: Erwartungsgemäß werden dabei ausschließlich Bilder monastischen Lebens und/oder irgendwelche Naturaufnahmen gezeigt, nie jedoch Bilder der miserablen Lebensverhältnisse der großen Mehrheit der Menschen. Vgl. Schramm, Werner: CD-ROM Multimediaprojekt für Tibet, Krefeld 1999.)

[50] Harrer, Heinrich: Das alte Lhasa: Bilder aus Tibet. Frankfurt 1996

[51] Schäfer, Über den Himalaya ins Land der Götter, S. 146

[52] Strittmatter, Kai: Lhasa 2000: Die Chinesen zerstören eine Stadt: Alles Tibetische soll vom Erdboden verschwinden, in: Süddeutsche Zeitung vom 11./12.3.1995

[53] ebenda

[54] zit. in: ebenda

[55] Alt, Franz: Tibet wird bald frei sein, in: Alt, Franz/Klemens, Ludwig/Weyer, Helfried:
      Tibet: Schönheit, Zerstörung, Zukunft. Frankfurt am Main 1998, S. 31

[56] zit. in: Strittmatter, Lhasa 2000

[57] Autor Goldner führte im März/April 1995, just zum Zeitpunkt der Gründung von Harrers
      Initiative, umfängliche Recherchen in Lhasa durch

[58] Goldstein, Melvyn: A History of Modern Tibet 1913-1951: The Demise of the Lamaist
      State. Berkeley 1989; Grunfeld, The Making of Modern Tibet

[59] Tibetan Review, 9/1991, zit. in: Trimondi/Trimondi, Der Schatten des Dalai Lama,
      S. 478 (Kursivsetzung: Goldner)

[60] Dalai Lama, Buch der Freiheit, S. 13f.

[61] ebenda, S. 23

[62] ebenda, S. 7

[63] ebenda, S. 19f.

[64] Tsöndrü, Jeshe: Der essentielle Nektar der Edlen Lehre: Stufenweg zur Erleuchtung.
      Hamburg 1990, S. 42

[65] Dalai Lama , Buch der Freiheit, S. 19f.

[66] vgl. Tsöndrü, Der essentielle Nektar der Edlen Lehre, S. 37f.

[67] ebenda

[68] ebenda

[69] ebenda, S. 22

[70] ebenda, S. 37

[71] Dalai Lama, Buch der Freiheit, S. 20

[72] Schweer, Thomas: Stichwort: Dalai Lama und der Lamaismus. München 1995, S. 23

[73] Dalai Lama, Buch der Freiheit, S. 20

[74] zit. in: Koller, Erwin (Hrsg.): Dalai Lama: Erwarten Sie keine Wunder von mir! Zürich
      1998, S. 17f.

[75] vgl. Hicks, Roger/Chogyam, Ngapa: Great Ocean: The Dalai Lama. London, 1990,
      S. 21f.

[76] Dalai Lama, Buch der Freiheit, S. 316

[77] ebenda, S. 318

[78] ebenda, S. 316

[79] Hoppe, Thomas: Tibet Heute: Aspekte einer komplexen Situation. Hamburg 1997,
      S. 122f.

[80] ebenda, S. 320

[81] vgl. Tibetisches Zentrum Hamburg (Hrsg.): Tibet und Buddhismus. Heft 43, 10-12/97,
      S. 42

[82] zit. in: Levenson, Claude: Dalai Lama: Die autorisierte Biographie des Nobelpreisträgers.
      Zürich 1990, S. 343

[83] Dalai Lama, Buch der Freiheit, S. 24

[84] Levenson, Dalai Lama, S. 77

[85] ebenda, S. 78

[86] vgl. Craig, Kundun, S. 97

[87] Dalai Lama, Buch der Freiheit, S. 31

[88] vgl. Dalai Lama: Gespräche in Bodhgaya. Grafing 1989, S. 55

[89] vgl. Manshardt, Jürgen (Bearb.): Buddhismus in Tibet. Hamburg, 1994, S. 13 (Mans-
      hardt, alias: Bhiksu Dschampa Dönsang, bezieht sich auf: Tibetan Department for
      Religion and Culture: Tibetan Buddhism — Past and Present. Dharamsala, o. J.)

[90] vgl. Oldenberg, Hermann: Buddha: Sein Leben, seine Lehre, seine Gemeinde. Stuttgart
      1920, S. 97f.

91 vgl. Tokarev, S. A.: Der Buddhismus. in: ders.: Die Religion in der Geschichte der Völker. Köln 1978, S. 594f.

92 Der Indologe Heinz Bechert (Universität Göttingen) datiert Buddhas Tod auf die Zeit zwischen 420 und 350 v.u.Z. in: Focus 44/1998, S. 258

93 Die angeführten Daten spielen für die hier geführte Diskussion keine Rolle, sie dienen nur der groben zeitlichen Orientierung des Lesers/der Leserin; vgl. Manshardt, Buddhismus in Tibet

94 vgl. Conze, Edward: Der Buddhismus: Wesen und Entwicklung. Stuttgart 1981

95 vgl. Kværne, Per: Der tibetische Buddhismus. in: Bechert, Heinz/Gombrich, Richard (Hrsg.): Der Buddhismus (Teil V). München 1989

96 Manshardt, Buddhismus in Tibet, S. 57

97 Ludwig, Klemens: Zweitausend Jahre tibetische Geschichte. in: Alt, Franz/Klemens, Ludwig/Weyer, Helfried: Tibet: Schönheit, Zerstörung, Zukunft. Frankfurt am Main 1998, S. 63

98 zit. in: Koller, Dalai Lama: Erwarten Sie keine Wunder von mir!, S. 55

99 Manshardt, Buddhismus in Tibet, S. 45

100 Golzio, Karl-Heinz/Bandini, Pietro: Die vierzehn Wiedergeburten des Dalai Lama. München 1997, S. 193

101 ebenda, S. 197

102 vgl. Shakabpa, Wangchuk Deden: Tibet: A political history. New Haven, 1967, zit. in: Golzio/Bandini, Die vierzehn Wiedergeburten des Dalai Lama, S. 235f.

103 Dalai Lama, Buch der Freiheit, S. 31f.

104 ebenda, S. 11f.

105 vgl. Craig, Kundun, S. 156 (Hofbiographin Craig, vermeintlich stets auf historische Akkuratesse bedacht, gibt den Zeitpunkt des Putsches fälschlicherweise mit „Beginn des Jahres 1945" an; tatsächlich fand er im Frühjahr 1947 statt. Ihre Bestseller Kundun und Tears of Blood: A Cry for Tibet [London 1992; deutsch: Tränen über Tibet. Bern 1995], die die westliche Legendenbildung um Tibet wesentlich mitgesteuert haben, sind gespickt mit fehlerhafter Recherche und Falschbehauptungen.)

106 vgl. Harrer, Sieben Jahre in Tibet, S. 297

107 Dalai Lama, Buch der Freiheit, S. 47

108 Thöndup, K.: The Regents Reting and Tagdra. Dharamsala, o.J., zit. in: Craig, Kundun, S. 158

109 Dalai Lama, Buch der Freiheit, S. 48

110 ebenda, S. 49

111 ebenda, S. 54f.

112 ebenda, S. 57

113 vgl. Chang, Garma: The Hundred Thousand Songs of Milarepa. Vol. 1. Boulder, S. 121f.

114 ebenda, S. 46

115 Tsöndrü, Der essentielle Nektar der Edlen Lehre, S. 44

116 zit. in: Faure, Bernard: Sexualité Bouddhique: entre désirs et réalités. Aix en Provence 1994, S. 29

117 zit. in: Hermann-Pfand, Adelheid: Dakinis: Zur Stellung und Symbolik des Weiblichen im Tantrischen Buddhismus. Bonn 1992, S. 51

118 zit. in: Bellinger, Gerhard: Im Himmel wie auf Erden: Sexualität in den Religionen der Welt. München 1993, S. 246

119 zit. in: Faure, Sexualité Bouddhique, S. 72

[120] zit. in: Paul, Diana: Die Frau im Buddhismus: Das Bild des Weiblichen in Geschichten und Legenden. Hamburg 1981, S. 28

[121] vgl. Nebesky-Wojkowitz, René, de: Oracles and Demons of Tibet. Kathmandu 1993

[122] Beru Kyhentze Rinpoche: Guru-devotion, in: Berzin, A. (Ed.): The Mahamudra. Dharamsala, 1978 zit. in: Campbell, Göttinnen, Dakinis und ganz normale Frauen, S. 37

[123] Powers, John: Religion und Kultur Tibets: Das geistige Erbe eines buddhistischen Landes. München 1998, S. 219

[124] Trungpa, Chögyam: Empowerment. o.O. 1976, zit. in: Campbell, Göttinnen, Dakinis und ganz normale Frauen, S. 262

[125] Tsöndrü, Der essentielle Nektar der Edlen Lehre, S. 25

[126] ebenda, S. 21

[127] ebenda, S. 26

[128] Dalai Lama, Gespräche in Bodhgaya, S. 55

[129] zit. in: Olvedi, Ulli: Buddhas Kinder: Kindheit und Jugend im tibetischen Exilkloster. München 1997, S. 54

[130] Hoppe, Tibet Heute, S. 139

[131] Olvedi, Buddhas Kinder, S. 72

[132] ebenda, S. 44

[133] ebenda, S. 69

[134] Dalai Lama, Buch der Freiheit, S. 59

[135] vgl. Müller, Thomas/Lehner, Gerald: Ein Held mit braunen Flecken: Heinrich Harrer, in: Stern, 23/1997, S. 24f.

[136] vgl. Harrer, Sieben Jahre in Tibet, (Klappentext)

[137] ebenda, S. 368

[138] Harrer, Sieben Jahre in Tibet, S. 131

[139] ebenda, S. 48 (selbst in der 29. Auflage des Buches von 1997 wurden diese Rassismen nicht eliminiert)

[140] ebenda, S. 103

[141] zit. in: Webster, Jonathan: Dalai Lama (Interview). in: Playboy (Germany), 3/1998, S. 40

[142] vgl. Tibet News: Chinas Editorial Plays Up Harrer's Nazi Connection, in: Rangzen. Spring 1998, S. 12

[143] vgl. Kater, Michael: Das 'Ahnenerbe' der SS 1935-1945: Ein Beitrag zur Kulturpolitik des Dritten Reiches. Stuttgart 1974

[144] Blavatsky, Helena: Scrapbook, XIX, o.J. zit. in: Asanga, Arya: H.P. Blavatskys Buddhismus. in: Troemel, Hank (Hrsg.): Theosophie und Buddhismus. Satteldorf 1994, S. 66

[145] Das in sieben Wälzern und über 900 Artikeln ausgebreitete Gesamtwerk Blavatskys ist hier selbstredend nur kurz angerissen. (Dennoch – oder gerade deshalb – steht massive Gegenwehr zu gewärtigen, wie etwa Frank Reitemeyer, Leiter des „Theosophischen Centralarchivs" in Berlin, sie geflissentlich vorträgt: Auf einen Beitrag von Autor Goldner über den um sich greifenden Irrationalismus [Der Spiegel, 53/1998, S. 108f.], in dem in ein paar Zeilen auch auf Blavatsky abgestellt wurde, reagierte Reitmeyer mit einem 139-seitigen [!] Gegendarstellungskonvolut, in dem er sämtliche Aussagen des Beitrages als „falsch" bzw. „frei erfunden" qualifizierte und Goldner überdies des Gebrauches von „Nazimethoden" zieh. Besonders erregte er sich auch über eine Passage,

in der die Hilfe des Dalai Lama für Giftgasmörder Shoko Asahara angesprochen wurde [Schreiben vom 22.4.1999]. Der Spiegel lehnte eine Gegendarstellung bzw. einen Widerruf ab. Schon in der Vergangenheit hatte Reitemeyer, seinerzeit im Namen der „Theosophischen Studiengruppe Berlin", versucht, gegen ihm mißliebige Veröffentlichungen vorzugehen: In einer Beschwerde an den Deutschen Presserat forderte er – allerdings ebenfalls erfolglos – eine Rüge der *Tageszeitung*, in der in einem Beitrag von Colin Goldner [„Die braune Aura der Rita S." vom 23.2.1995] ein paar kritische Anmerkungen zu den rassentheoretischen Auslassungen des Theosophen Charles Leadbeater zu lesen standen.)

[146] zit. in: Asanga, Arya: H.P. Blavatskys Buddhismus, in: Troemel, Hank (Hrsg.): Theosophie und Buddhismus. Satteldorf 1994, S. 77

[147] vgl. ebenda, S. 65

[148] Samdhong Rinpoche (Schreiben der Assembly of Tibetan Deputies vom 21.4.1994), faksimiliert/zit. in: Troemel, Hank (Hrsg.). Theosophie und Buddhismus. Satteldorf 1994, S. 6f.

[149] Blavatsky, Helena Petrovna: Die Geheimlehre. Band II, Den Haag, o.J., zit. in: Gugenberger, Eduard/Schweidlenka, Roman: Mutter Erde, Magie und Politik: Zwischen Faschismus und neuer Gesellschaft. Wien 1987 (2.Aufl.), S. 139

[150] ebenda

[151] vgl. Gugenberger, Eduard/Schweidlenka, Roman: Mutter Erde, Magie und Politik: Zwischen Faschismus und neuer Gesellschaft. Wien 1987 (2.Aufl.), S. 140

[152] vgl. Pennick, Nigel: Hitler's Secret Sciences: His quest for the hidden knowledge of the ancients. Suffolk, 1981, S. 126

[153] Blavatsky, Die Geheimlehre, S. 140

[154] vgl. Speit, A.: Esoterik und Neuheidentum. in: Mecklenburg, J. (Hrsg.) Handbuch deutscher Rechtsextremismus. Berlin 1996, S. 713f.

[155] vgl. Greve, Das Tibetbild der Nationalsozialisten, S. 104f.

[156] vgl. Dalai Lama, Buch der Freiheit, S. 72f.

[157] ebenda, S. 74f.

[158] vgl. ebenda, S. 75

[159] ebenda, S. 80

[160] ebenda, S. 85

[161] vgl. Avedon, John: In Exile from the Land of Snows. New York, 1984, S. 91

[162] Dalai Lama, Buch der Freiheit, S. 87

[163] ebenda, S. 88

[164] ebenda, S. 92f.

[165] ebenda, S. 93f.

[166] ebenda, S. 95

[167] ebenda, S. 99

[168] ebenda, S. 104f.

[169] ebenda, S. 108

[170] ebenda, S. 107

[171] ebenda, S. 114

[172] ebenda, S. 109

[173] ebenda, S. 115

[174] ebenda, S. 117

[175] ebenda, S. 118

[176] zit. in: ebenda (Klappentext)

[177] ebenda, S. 119

[178] ebenda, S. 121

[179] ebenda

[180] ebenda, S. 127

[181] ebenda, S. 135f.

[182] ebenda, S. 130

[183] ebenda, S. 130f.

[184] ebenda, S. 132

[185] ebenda, S. 134

[186] ebenda, S. 137

[187] ebenda, S. 141f.

[188] ebenda, S. 143f.

[189] ebenda, S. 145

[190] ebenda, S. 123

[191] ebenda, S. 145f.

[192] ebenda, S. 149f.

[193] vgl. Heberer, Das alte Tibet war eine Hölle auf Erden, S. 138f.

[194] Dalai Lama, Buch der Freiheit, S. 151

[195] ebenda, S. 152

[196] ebenda

[197] ebenda, S. 153

[198] ebenda, S. 153f.

[199] vgl. Grunfeld, The Making of Modern Tibet, S. 104f.

[200] zit. in: Snow, Edgar: Roter Stern über China: Mao Tse-tung und die chinesische Revolution. Frankfurt/Main 1974, zit. in: Haas, Stephan: Die Tibetfrage: Eine Analyse der Gründe und der Rechtmäßigkeit des chinesischen Einmarsches in Tibet 1950/51. Münster 1997, S. 45

[201] zit. nach: Bell, Charles: Portrait of a Dalai Lama: The Life and Times of the Great Thirteenth. London 1987. zit. in: Haas, Stephan: Die Tibetfrage: Eine Analyse der Gründe und der Rechtmäßigkeit des chinesischen Einmarsches in Tibet 1950/51. Münster 1997, S. 44 (übersetzt von Goldner)

[202] vgl. Office of Information and International Relations (Hrsg.): Political Treaties of Tibet (821-1951). Dharamsala o.J., S. 31f. (übersetzt von Goldner)

[203] vgl. Goldstein, A History of Modern Tibet 1913-1951, S. 813f.

[204] Dalai Lama, Buch der Freiheit, S. 95

[205] The Department of Information and International Relations/Central Tibetan Administration: Tibet: Proving Truth from Facts. Dharamsala 1993, S. 27 (übersetzt von Goldner)

[206] vgl. Cheng Ran: Warum ist Tibet ein untrennbarer Bestandteil Chinas? Beijing 1991, S. 2

[207] Verlag für fremdsprachige Literatur (Hrsg.): Tibet wandelt sich. Beijing 1981, zit. in: Haas, Stephan: Die Tibetfrage: Eine Analyse der Gründe und der Rechtmäßigkeit des chinesischen Einmarsches in Tibet 1950/51. Münster 1997, S. 55

[208] vgl. Jin Yun: Tibet: Geschichte und Legenden. in: Beijing Rundschau (Hrsg.): Tibet: gestern und Heute. Beijing 1984, S. 84f.

[209] vgl. Gyaltag, Gyaltsen: Tibet einst und heute. in: Tibeter-Gemeinschaft in der Schweiz (Hrsg.): Gedenkschrift zum Anlaß des 20. Jahrestages des tibetischen Nationalaufstandes vom 10. März 1959. Rikon 1979, S. 17

[210] ebenda, S. 20

[211] zit. in: Kelly, Petra/Bastian, Gert/Ludwig, Klemens (Hrsg.): Tibet: Ein vergewaltigtes Land. Berichte vom Dach der Welt. Hamburg 1988, S. 70

[212] International Commission of Jurists: Tibet and the Chinese People's Republic: A Report of the International Commission of Jurists by its Legal Inquiry Committee on Tibet. Genf 1960, S. 5

[213] vgl. Grunfeld, The Making of Modern Tibet, S. 227

[214] International Commission of Jurists: Tibet: Human Rights an the Rule of Law. Genf 1997

[215] International Commission of Jurists: The Question of Tibet and the Rule of Law. Genf 1959, S. 76 (übersetzt von Goldner)

[216] vgl. Jin Zhou: War Tibet ein letztes Paradies? Beijing 1991, S. 16f.

[217] Epstein, Israel: Tibet transformed. Beijing 1983, S. 477 (übersetzt von Goldner)

[218] vgl. Weggel, Oscar: Das für und wider der chinesischen Ansprüche auf Tibet, in: Das Neue China, 4/1981, S. 8f.

[219] Haas, Stephan: Die Tibetfrage: Eine Analyse der Gründe und der Rechtmäßigkeit des chinesischen Einmarsches in Tibet 1950/51. Münster 1997, S. 73

[220] ebenda

[221] vgl. ebenda, S. 66

[222] Office of Information and International Relations: Present Conditions in Tibet. Dharamsala 1990, S. 1 (übersetzt von Goldner)

[223] Heberer, Thomas: Nationalitätenpolitik und Entwicklungspolitik in den Gebieten nationaler Minderheiten in China. in: Bremer Beiträge zur Geographie und Raumplanung. Heft 9. Bremen 1984, zit. in: Haas, Die Tibetfrage, S. 83f.

[224] The Department of Information and International Relations/Central Tibetan Administration, Tibet: Proving Truth from Facts, S. 3

[225] Zur Frage, welche Gebiete genau von wem zu welcher Zeit unter dem Begriff „Tibet" verstanden werde, vgl. Hoppe, Tibet Heute, S. 16f.

[226] Hoppe, Tibet Heute, S. 32f.

[227] vgl. ebenda, S. 36

[228] Dalai Lama, Buch der Freiheit, S. 143

[229] ebenda, S. 157

[230] ebenda, S. 159

[231] ebenda

[232] ebenda, S. 162f.

[233] ebenda, S. 170

[234] ebenda, S. 173

[235] ebenda, S. 174

[236] ebenda, S. 179

[237] ebenda, S. 312

[238] vgl. French, Christopher et al.: Eine Untersuchung zum Barnum-Effekt, in: Skeptiker, 1/1993, S. 13f.

[239] Ngodup, Thupten: 'To become Nechung's Medium is not an ordinary duty', in: Tibetan Bulletin 7/1992, S. 25f.

[240] Dalai Lama, Buch der Freiheit, S. 314f.

[241] ebenda, S. 315

[242] vgl. Siegenthaler, Wolfgang: Klinische Pathophysiologie. Stuttgart 1973

[243] vgl. Adorno, Theodor W.: Studien zum autoritären Charakter. Frankfurt am Main 1973

[244] Levenson, Dalai Lama, S. 201

[245] Dalai Lama, Buch der Freiheit, S. 181

[246] ebenda, S. 182f.

[247] ebenda, S. 183

[248] ebenda, S. 184

[249] ebenda, S. 187

[250] Levenson, Dalai Lama, S. 208

[251] Dalai Lama, Buch der Freiheit, S. 281

[252] vgl. Balestracci, Andrew: 'Four Rivers, Six Ranges'. in: Himal, Vol. 4 No. 1, 1991, S. 14f.

[253] vgl. Hicks/Chogyam, Great Ocean: The Dalai Lama, S. 105

[254] vgl. Norbu, Jamyang.: The Tibetan Resistance Movement and the Role of the C.I.A., in: Barnett, Robert/Akiner, Shirin (Eds.): Resistance and Reform in Tibet. Delhi 1996

[255] Dalai Lama, Buch der Freiheit, S. 191f.

[256] ebenda, S. 194

[257] ebenda, S. 195

[258] vgl. Barber, Noel: From The Land of Lost Content: The Dalai Lama's Fight For Tibet. New Delhi 1997, S. 68f.

[259] Norbu, The Tibetan Resistance Movement and the Role of the C.I.A., S. 188

[260] Dalai Lama, Buch der Freiheit, S. 123

[261] ebenda, S. 204

[262] ebenda, S. 205

[263] ebenda, S. 208

[264] ebenda, S. 210

[265] ebenda, S. 215

[266] ebenda, S. 219

[267] zit. in: Barber, From The Land of Lost Content, S. 180

[268] Dalai Lama, Buch der Freiheit, S. 219

[269] ebenda, S. 252

[270] ebenda, S. 229

[271] ebenda, S. 233

[272] vgl. Hicks/Chogyam, Great Ocean: The Dalai Lama, S. 127

[273] Dalai Lama, Buch der Freiheit, S. 234

[274] ebenda, S. 245

[275] ebenda, S. 246

[276] ebenda

[277] ebenda, S. 249

[278] vgl. Hicks/Chogyam, Great Ocean: The Dalai Lama, S. 131

279 Dalai Lama, Buch der Freiheit, S. 252
280 Murphy, Dervla: Tibetan Foothold, 1966, zit. in: Craig, Kundun, S. 325
281 ebenda, S. 326
282 vgl. Norbu, The Tibetan Resistance Movement and the Role of the C.I.A.
283 Dalai Lama, Buch der Freiheit, S. 257
284 ebenda, S. 262
285 Dalai Lama, Im Einklang mit der Welt, S. 44
286 Dalai Lama, Buch der Freiheit, S. 266
287 ebenda, S. 268
288 Dalai Lama: In die Herzen ein Feuer: Aufbruch zu einem tieferen Verständnis von Geist, Mensch und Natur. München 1995, S. 22
289 ebenda, S. 56f.
290 vgl. Rinser, Luise: Mitgefühl als Weg zum Frieden: Meine Gespräche mit dem Dalai Lama. München 1995, S. 80
291 vgl. Webster, Dalai Lama (Interview im Playboy), S. 46
292 Dalai Lama, Buch der Freiheit, S. 300
293 Dalai Lama: Mit dem Herzen denken. München 1997, S. 155f.
294 zit. in: Farrer-Halls, Gill: Die Welt des Dalai Lama: Eine Innenansicht seines Lebens, seines Volkes und seiner Visionen. Neuhausen am Rheinfall 1998, S. 103
295 vgl. Webster, Dalai Lama (Interview im Playboy), S. 44
296 Levenson, Dalai Lama, S. 238
297 ebenda
298 Dalai Lama: Einführung in: Hopkins, Jeffrey (Ed.): Das Geheime Mantra des Tsong-ka-pa. Düsseldorf 1980, zit. in: Uhlig, Helmut: Das Leben als Kosmisches Fest: Magische Welt des Tantrismus. Bergisch-Gladbach 1998, S. 244
299 vgl. Golzio/Bandini, Die vierzehn Wiedergeburten des Dalai Lama, S. 126
300 Craig, Kundun, S. 427
301 Campbell, Göttinnen, Dakinis und ganz normale Frauen, S. 158
302 vgl. Snellgrove, David: The Hevajra Tantra: A Critical Study (Vol. 1). London 1959, S. 116f.
303 Schäfer, Fest der Weissen Schleier, S. 84
304 ebenda, S. 43
305 ebenda, S. 145
306 Snellgrove, The Hevajra Tantra, S. 159
307 ebenda, S. 172
308 zit. in: ebenda, S. 174
309 vgl. Shaw, Miranda: Passionate Enlightenment: Women in Tantric Buddhism. Princeton 1994, S. 7f.
310 Walker, Benjamin: Tantrismus: Die Lehren und Praktiken des linkshändigen Pfades. Basel 1987, S. 91
311 Campbell, Göttinnen, Dakinis und ganz normale Frauen
312 Olvedi, Ulli: Schatten der Meisterschaft. in: Esotera, 12/97, S. 44
313 ebenda, S. 45
314 ebenda
315 vgl. Fynn, Christopher: 23.12.95-<cfynn@sahaja.demon.co.uk>
316 Schaefer, Michael: Esoterisch reisen. Begegnung der Kulturen, in: Esotera, 7/95, S. 48

[317] Dalai Lama, In die Herzen ein Feuer, S. 157

[318] Dalai Lama, Im Einklang mit der Welt, S. 116

[319] Beru, Kyhentze: Guru-devotion. in: Berzin, Alexander (Ed.): The Mahamudra. Dharamsala 1978, zit. in: Campbell, Göttinnen, Dakinis und ganz normale Frauen, S. 38

[320] vgl. Tricycle, Vol. V, No. 4, 1996, S. 87

[321] vgl. Finnigan, Mary: 18.02.97-<mary@pema.demon.co.uk>

[322] vgl. Uhlig, Helmut: Das Leben als Kosmisches Fest: Magische Welt des Tantrismus. Bergisch-Gladbach 1998, S. 26

[323] Brück, Michael v./Brück, Regina v.: Die Welt des tibetischen Buddhismus: Eine Begegnung. München 1996, S. 74

[324] Powers, Religion und Kultur Tibets, S. 178f.

[325] Chöpel, Gedün: Tibetan Arts of Love. Ithaca 1992

[326] vgl. Farrow, G. W./Menon, I.: The Concealed Essence of the Hevajra-Tantra with the Commentary Yogaratnamala. Delhi 1992, zit. in: Trimondi/Trimondi, Der Schatten des Dalai Lama, S. 79

[327] vgl. Snellgrove, The Hevajra Tantra, S. 116

[328] vgl. Chöpel, Tibetan Arts of Love, S. 135

[329] ebenda, S. 177

[330] vgl. Grünwedel, Albert: Kalacakra-Tantra Raja: Der König der Magie und des Zeitrades. München o.J., zit. in: Trimondi/Trimondi, Der Schatten des Dalai Lama, S. 82

[331] vgl. Bhattacharyya, Narendra: History of the Tantric Religion. Manohar 1982

[332] Naropa: Iniziazione: Kalacakra. o.O., 1994. zit. in: Trimondi/Trimondi, Der Schatten des Dalai Lama, S. 81

[333] Powers, Religion und Kultur Tibets, S. 187

[334] ebenda, S. 369

[335] ebenda, S. 222

[336] Kalu Rinpoche: Den Pfad des Buddha gehen. München 1991, S. 160

[337] Brück/Brück, Die Welt des tibetischen Buddhismus, S. 78

[338] ebenda (Klappentext)

[339] ebenda, S. 75

[340] Dalai Lama: Advice from the Dalai Lama, in: Inquiring Mind. Vol. 10, Nr. 1/1993, zit. in: Powers, Religion und Kultur Tibets, S. 201

[341] zit. in: Varela, Francisco: Traum, Schlaf und Tod: Grenzbereiche des Bewußtseins. München 1998, S. 154

[342] vgl. Powers, Religion und Kultur Tibets, S. 188

[343] ebenda, S. 213

[344] Harrer, Sieben Jahre in Tibet, S. 279

[345] Hoppe, Tibet Heute, S. 151

[346] vgl. Mallmann, Marie-Thérèse, de: Introduction à l'Étude d'Avalokitecvara. Paris 1948, S. 101

[347] Ngawang, Thubten: Was bedeutet der Mantra Om Mani Padme Hum? in: Tibet und Buddhismus, Nr. 47, 10/1998, S. 5

[348] vgl. Shaw, Passionate Enlightenment: Women in Tantric Buddhism, S. 157

[349] zit. in: Trimondi/Trimondi, Der Schatten des Dalai Lama, S. 179

[350] zit. in: Eliade, Mircea: Kosmos und Geschichte: Der Mythos der ewigen Wiederkehr. Frankfurt am Main 1985. zit. in: Trimondi/Trimondi, Der Schatten des Dalai Lama, S. 179f.

[351] Schäfer, Fest der Weissen Schleier, S. 84

[352] zit. in: Varela, Traum, Schlaf und Tod, S. 153f.

[353] vgl. Schulemann, Günther: Geschichte der Dalai Lamas. Leipzig 1958, S. 284

[354] Snellgrove, David: Indo-Tibetan Buddhism: Indian Buddhist and their Tibetan Successors. Vol. 1. Boston, 1987, zit. in: Trimondi/Trimondi, Der Schatten des Dalai Lama, S. 173

[355] vgl. George, Christopher: The Candamaharosana Tantra. New Haven 1974, S. 73f.

[356] Walker, Tantrismus, S. 103

[357] vgl. Farrow/Menon, The Concealed Essence of the Hevajra-Tantra, S. 98

[358] vgl. Bhattacharyya, History of the Tantric Religion, S. 136

[359] vgl. Sierksma, Fokke: Tibet's Terrifying Deities: Sex and Aggression in Religious Acculturation. The Hague 1966, S. 189

[360] vgl. Epstein, Tibet transformed, S. 183

[361] Bell, Charles: Tibet: Past and Present. London 1927, S. 80

[362] Schäfer, Fest der Weissen Schleier, S. 86

[363] Ekvall, Robert: Religious Observances in Tibet: Patterns and Functions. Chicago 1964, S. 165f.

[364] Grunfeld, The Making of Modern Tibet, S. 29

[365] vgl. Tsöndrü, Der essentielle Nektar der Edlen Lehre, S. 37f.

[366] Freemantle, Francesca/Trungpa, Chögyam (Hrsg.): Das Totenbuch der Tibeter. München 1996 (18. Auflage), S. 98

[367] ebenda, S. 90f.

[368] vgl. Stevens, J.: Lust und Erleuchtung: Sexualität im Buddhismus. Bern 1993, S. 98

[369] Dalai Lama: Der Weg zur Freiheit. München 1998, S. 139

[370] Dalai Lama, Buch der Freiheit, S. 272

[371] vgl. Hicks/Chogyam, Great Ocean: The Dalai Lama, S. 155

[372] Dalai Lama, Buch der Freiheit, S. 275

[373] ebenda, S. 277

[374] vgl. Balestracci, 'Four Rivers, Six Ranges', S. 14f.

[375] vgl. Thapa, Manjushri: The Key to Mustang. in: Himal, Vol. 4, No. 1, 1991, S. 29f.

[376] Dalai Lama, Buch der Freiheit, S. 289

[377] ebenda, S. 289

[378] Levenson, Dalai Lama, S. 228

[379] Dalai Lama, Buch der Freiheit, S. 326

[380] ebenda, S. 331

[381] ebenda

[382] vgl. Wangyal, T.: Sino-Tibetan Negotiations since 1959, in: Barnett, Robert/Akiner, Shirin (Eds.): Resistance and Reform in Tibet. Delhi 1996, S. 198

[383] Dalai Lama, Buch der Freiheit, S. 333

[384] ebenda, S. 334

[385] ebenda, S. 336

[386] ebenda, S. 335

[387] ebenda, S. 291

[388] ebenda, S. 294f.

[389] José Cabezon in der Einleitung zu dem von ihm edierten Protokollband: Dalai Lama: Gespräche in Bodhgaya, Grafing 1989, S. 7

[390] Dalai Lama, Gespräche in Bodhgaya, S. 49f.

[391] ebenda (Klappentext)

[392] vgl. ebenda, S. 34

[393] ebenda, S. 33

[394] ebenda, S. 55f.

[395] ebenda, S. 34f.

[396] ebenda, S. 54f.

[397] ebenda, S. 55

[398] ebenda, S. 89f.

[399] ebenda, S. 21

[400] ebenda, S. 61

[401] vgl. Tibetan Bulletin: The world's biggest statue to rise up in BodhGaya. 1/98, S. 33

[402] Dalai Lama, Buch der Freiheit, S. 345

[403] ebenda, S. 346

[404] zit. in: Hicks/Chogyam, Great Ocean: The Dalai Lama, S. 176

[405] Dalai Lama, Buch der Freiheit, S. 347

[406] ebenda, S. 348

[407] vgl. ebenda, S. 349

[408] vgl. Farrer-Halls, Die Welt des Dalai Lama, S. 36

[409] ebenda, S. 345

[410] z.B. Topping, S: Tibet's struggle for higher living standards in: New York Times vom 28.10.1979

[411] Dalai Lama, Buch der Freiheit, 351f.

[412] Ludwig, Klemens: Zweitausend Jahre tibetische Geschichte. in: Alt, Franz/Klemens, Ludwig L./Weyer, Helfried: Tibet: Schönheit, Zerstörung, Zukunft. Frankfurt 1998, S. 75

[413] ebenda, S. 75f.

[414] Erffa, Wolfgang v.: Uncompromising Tibet: Tradition, Religion, Politics. New Delhi 1996 (Revised Edition) S. 54 (aus dem Englischen rückübersetzt von Goldner)

[415] ebenda, S. 29

[416] ebenda, S. 36

[417] vgl. Craig, Kundun, S. 389

[418] vgl. Ullal, Jay/Lehmann, Peter: Photoausstellung im Rathaus Schneverdingen vom 8.10.-6.11.1998

[419] Först, Hans: Tibet: Mythos und Wirklichkeit. Gnas (A) 1997, S. 167

[420] vgl. Ludwig, Klemens: Die prägende Kraft der Religion. in: Alt, Franz/Klemens, Ludwig/Weyer, Helfried: Tibet: Schönheit, Zerstörung, Zukunft. Frankfurt 1998, S. 97f.

[421] vgl. Tibetan Centre for Human Rights and Democracy (Hrsg.): China in Tibet: Striking Hard Against Human Rights (1997 Annual Report: Human Rights Violations in Tibet). Dharamsala 1997

[422] Erffa, Uncompromising Tibet, S. 54

[423] Vorwort des Dalai Lama vom 8.1.1997 zu: Craig, Kundun, S. 13

[424] vgl. Fitztum, Werner: Disco-Sound und Buddhaklänge: Tibet im Umbruch. ORF, 1997
[425] Dalai Lama, In die Herzen ein Feuer, S. 115
[426] vgl. Chungdak, Dawa Koren: 'Bewahren, was von tibetischen Kultur noch übrig ist' (Interview mit Birgit Stratmann), in: Tibet und Buddhismus. 10/1997, S. 31
[427] Tibetan Young Buddhist Association: Tibet: The Facts. A Report prepared by the Scientific Buddhist Association for the United Nations Commission on Human Rights. Dharamsala 1990 (Second Revised Edition), S. 40 (übersetzt von Goldner)
[428] ebenda, S. 41
[429] vgl. Tibetisch in tibetischen Gebieten immer noch die allgemein übliche Sprache, in: Tibet Forum 2/1997, S. 11 (der Beitrag bezieht sich auf einen Bericht des stellvertretenden Direktors der Bildungskommission der Autonomen Region Tibet, Changngupa Dorje Ngodrup, in: Xinhua [engl.] vom 20.8.1997)
[430] vgl. Fitztum, Disco-Sound und Buddhaklänge (ORF)
[431] Samdhong Rinpoche: Gerechtigkeit für Tibet, in: Troemel, Hans (Hrsg.): Theosophie und Buddhismus. Satteldorf 1994, S. 100
[432] z.B. Franz Alt im Gespräch mit dem Dalai Lama, in: Alt, Franz/Klemens, Ludwig/Weyer, Helfried: Tibet: Schönheit, Zerstörung, Zukunft. Frankfurt am Main 1998, S. 7
[433] vgl. ebenda, S. 393
[434] Dalai Lama, Buch der Freiheit, S. 369
[435] Die Gleichsetzung Kham = Sichuan/Yunnan und Amdo = Qinghai ist geographisch/politisch nicht ganz korrekt; für die vorstehende Diskussion ist indes eine nähere Differenzierung der jeweils exakten Grenzziehungen nicht erforderlich. Vgl. Hoppe, Tibet Heute, S. 16f.
[436] Hoppe, Tibet Heute, S. 61
[437] vgl. ebenda, S. 62f.
[438] ebenda, S. 53f.
[439] The Department of Information and International Relations/Central Tibetan Administration, Tibet: Proving Truth from Facts, S. 85 (wie üblich werden keine überprüfbaren Quellen genannt)
[440] Ludwig, Klemens: Skandal um Institut für Asienkunde, in: TID Aktuell, 7/1998, S. 2
[441] Hoppe, Tibet Heute, S. 69
[442] ebenda, S. 73f.
[443] Franz Alt im Gespräch mit dem Dalai Lama, S. 8
[444] Dalai Lama, Im Einklang mit der Welt, S. 25 (Protokoll der „Hamonia-Mundi"-Konferenz in Newport Beach/Kalifornien 10/1989)
[445] Tibetan Young Buddhist Association, Tibet: The Facts, S. 49
[446] Kremb, Jürgen: Bevölkerungspolitik mit dem Messer, in: Tageszeitung vom 28.4.1989, S. 11 (Kremb bezieht sich auf Aussagen des amerikanischen Pro-Tibet-Aktivisten Blake Kerr.)
[447] Tibetan Young Buddhist Association, Tibet: The Facts, S. 52
[448] vgl. AStA Technische Hochschule Darmstadt/Tibet Initiative Deutschland e.V.: Tibet: Zerstörung einer Hochkultur (Ausstellung vom 2.-24.11.1996). Prospektmaterial
[449] Erffa, Uncompromising Tibet, S. 57
[450] ebenda, S. 75f.
[451] Alt, Tibet wird bald frei sein, S. 33f. (Wie üblich fehlt jede Quellenangabe; im vorliegenden Fall hat Alt aus einem Report der Tibetan Young Buddhist Association [vgl.

Tibet: The Facts, S. 50] abgeschrieben, in dem die Angaben der beiden Mönche vorsichtig als „schockierende [unerwiesene] Behauptungen" [shocking allegations] qualifiziert werden; bei Alt [der auch noch falsch abschreibt/zitiert] wird aus unerwiesenen Behauptungen ein Tatsachenbericht)

[452] Tibetan Young Buddhist Association, Tibet: The Facts, S. 49

[453] Das Interview (erstmalig veröffentlicht in einer Publikation des International Committee of Lawyers for Tibet, San Francisco 1994/95) erschien auf deutsch in: Tibet Initiative Deutschland e.V. (Hrsg.): Drohung, Nötigung, Zwang, Gewalt, Folter: Menschenrechtsverletzungen der VR China an tibetischen Frauen. Essen 1995, zit. in: Hoppe, Tibet Heute, S. 82

[454] Hoppe, Tibet Heute, S. 81f.

[455] Beall, Cynthia/Goldstein, Melvin: China's Birth Control Policy in the Tibet Autonomous Region: Myths and realities, in: Asian Survey vom 31.3.1991, zit. in: Hoppe, Tibet Heute, S. 81

[456] Tibetan Young Buddhist Association, Tibet: The Facts, S. 51

[457] Dalai Lama, Buch der Freiheit, S. 368

[458] Dalai Lama: Einführung in den Buddhismus: Die Harvard-Vorlesungen. Freiburg, 1993 (2), S. 246

[459] vgl. Hayward, Jeremy: Heilige Welt: Die Shambhala-Krieger im Alltag. München 1997

[460] Dalai Lama, Buch der Freiheit, S. 355

[461] ebenda, S. 356

[462] ebenda, S. 359

[463] ebenda, S. 358

[464] ebenda, S. 296.

[465] vgl. ebenda

[466] ebenda, S. 360

[467] ebenda, S. 361

[468] ebenda, S. 368

[469] ebenda

[470] ebenda, S. 393

[471] Hicks/Chogyam, Great Ocean: The Dalai Lama (preface)

[472] Dalai Lama, Buch der Freiheit, S. 364

[473] ebenda, S. 362

[474] Levenson, Dalai Lama, S. 260

[475] Dalai Lama, Buch der Freiheit, S. 337

[476] zit. in: Lekshe Tsomo, Karma (Hrsg.): Töchter des Buddha: Leben und Alltag spiritueller Frauen im Buddhismus heute. München 1991, S. 246

[477] Dalai Lama, Im Einklang mit der Welt, S. 156

[478] ebenda

[479] vgl. Shaw, Passionate Enlightenment: Women in Tantric Buddhism, S. 27f.

[480] zit. in: Kaplan, David/Marshall, Andrew: AUM: Eine Sekte greift nach der Welt. Düsseldorf/München 1996, S. 207 (Die Ausführungen über Aum Shinrikyo basieren, wenn nicht anders angegeben, auf den Recherchen von Kaplan/Marshall, denen wesentlich die Ermittlungsberichte der japanischen Generalstaatsanwaltschaft, ein 1995 vom U.S. Senate Permanent Subcommittee on Investigation veröffentlichter Bericht mit dem Titel „Global Proliferation of Weapons of Mass Destruction: A Case Study on the

Aum Shinrikyo", zahllose Gesprächen mit Justizbeamten, Geheimdienstlern, Diplomaten in Japan, Australien, Deutschland, Rußland und den USA, Gespräche mit ehemaligen und gegenwärtigen Mitgliedern der Sekte sowie eine detaillierte Auswertung der
Materialien der Sekte selbst zugrundeliegen; desweiteren eine Auswertung der zahllosen Medienberichte und sonstigen Publikationen über Aum im Gefolge des Tokioter
U-Bahn-Anschlages.)

481 Empfehlungsschreiben des Dalai Lama vom 25.5.1989. Faksimile in: Berliner Dialog,
Nr. 2, Michaelis 1995, S. 42 (übersetzt von Gandow/Berliner Dialog)

482 zit. in: Kaplan/Marshall AUM: Eine Sekte greift nach der Welt, S. 291

483 ebenda, S. 329

484 zit. in: Thompson, R.: Das Ende der Zeiten: Apokalyptik und Jahrtausendwende.
Hildesheim 1997, S. 317

485 zit. in: Blume, Georg: Einäugig unter Blinden, in: Die Tageszeitung vom 26.4.1996,
S. 15

486 zit. in: Kaplan/Marshall, AUM: Eine Sekte greift nach der Welt, S. 19

487 Asahara, Shoko: Supreme Initiation. An Empirical Spiritual Science for the Supreme
Truth. Transl. by J. P. Nepal/Y. Aoki. New York 1988, p. 10 (orig.: Asahara: Initiation.
Tokyo, 1987), zit. in: Gandow, Thomas: Aum Shinri-Kyo: Fortschritts-Optimismus
wird zu Endzeit-Terrorismus, in: Berliner Dialog, Nr. 2, Michaelis 1995, S. 42
(übersetzt von Gandow)

488 Empfehlungsschreiben vom 25.5.1989. Faksimile in: Berliner Dialog, Nr. 2, Michaelis
1995, S. 42

489 zit. in: Kaplan/Marshall, AUM: Eine Sekte greift nach der Welt, S. 29

490 ebenda, S. 30

491 zit. in: ebenda, S. 37

492 ebenda, S. 38

493 vgl. Asahara, Shoko: Lecture 3. The True Religion. Practise of Altruism (Vortrag vom
19.2.1989), in: The Teachings of the Truth. Vol. 2. Transl. and edit. by AUM Transla-
tion Committee. Shizuoka, 1992, zit. in: Berliner Dialog, Nr. 2, Michaelis 1995, S. 42
(Die britische Tibetologin June Campbell, lange Jahre Insiderin der innersten Macht-
zirkel des exiltibetischen Buddhismus, bestätigt die Initiationen, die Asahara durch den
Dalai Lama und Kalu Rinpoche erhielt; sie bestätigt desweiteren, daß Asahara bei seinen Besuchen „Spendengelder" in Höhe mehrerer Millionen US-Dollar mitbrachte
[persönliches Gespräch mit Autor Goldner am 1.2.1998 in München].)

494 Empfehlungsschreiben vom 25.5.1989. Faksimile in: Berliner Dialog, Nr. 2, Michaelis
1995, S. 42

495 Empfehlungsschreiben des Dalai Lama vom 26.5.1989. Faksimile in: Berliner Dialog,
Nr. 2, Michaelis 1995, S. 42 (übersetzt von Gandow)

496 zit. in: Blume, Einäugig unter Blinden

497 Aagaard, Johannes: Falsches Dharma enthüllen – oder unter den Teppich kehren? in:
Berliner Dialog, Nr. 2, Michaelis 1995, S. 1 (Orig.: Buddhism in its Encounter with
Christianity in the Modern World. in: 1990 Anthology of Fo Kuang Shan International
Buddhist Conference. Übersetzt von Gandow)

498 Asahara, Supreme Initiation

499 zit. in: Kaplan/Marshall: AUM: Eine Sekte greift nach der Welt, S. 41

500 zit. in: ebenda

[501] zit. in: ebenda, S. 43

[502] zit. in: ebenda, S. 147

[503] zit. in: ebenda, S. 298

[504] vgl. ebenda, S. 28

[505] Ein TID-Mitglied wies entsprechende Ausführungen von Autor Goldner anläßlich einer Lesung am 18.2.1998 in München in hochaggressiver Manier zurück.

[506] Goldner, Colin: Der neue Irrationalismus, in: Der Spiegel, 53/1998, S. 108f.

[507] Koren, Chungdak: Unmenschliche Taten (Leserzuschrift), in: Der Spiegel, 4/1999, S. 14

[508] Aagaard, Falsches Dharma enthüllen – oder unter den Teppich kehren?, S. 1f. (Aagaard ist Initiator und Präsident des „Dialog Center International" in Aarhus/Dänemark.)

[509] vgl. Metz, Doris: Die Mordtat am kochenden Blutsee, in: Süddeutsche Zeitung vom 12./13.7.1997

[510] vgl. Neumann, Nicolaus: Falsche Freunde für den Frieden, in: Stern 36/1995, S. 126

[511] Antwort des Dalai Lama auf eine persönliche Anfrage von Autor Goldner bei einem Pressegespräch anläßlich der Eröffnung der Berliner „Friedensuniversität" am 1.9.1995

[512] Levenson, Dalai Lama, S. 15f.

[513] ebenda, S. 162

[514] ebenda, S. 213

[515] ebenda, S. 347

[516] vgl. Trimondi/Trimondi, Der Schatten des Dalai Lama

[517] zit. in: Dalai Lama, Buch der Freiheit, S. 364

[518] ebenda

[519] ebenda, S. 367

[520] ebenda, S. 370

[521] ebenda, S. 385

[522] Dalai Lama, In die Herzen ein Feuer, S. 149

[523] Dalai Lama, Buch der Freiheit, S. 373

[524] ebenda, S. 374

[525] ebenda

[526] vgl. Agenturmeldungen ap/afp vom 5.10.1987

[527] Levenson, Dalai Lama, S. 327

[528] Craig, Kundun, S. 420

[529] Harrer, Sieben Jahre in Tibet, S. 322

[530] Schäfer, Fest der Weissen Schleier, S. 143f.

[531] vgl. Dixit, Kanak Mani (Hrsg.): Tibetan Diaspora, in: Himal, Vol. 4 No. 1, 1991, S. 5f. (das angeführte Zitat stammt aus einem Interview mit dem Dalai Lama: 'Democracy, very nice word...', ebenda, S. 11).

[532] Dalai Lama, Buch der Freiheit, S. 377f.

[533] vgl. Paasch, Rolf: Ein Jahrmarkt spiritueller Eitelkeiten in London, in: Tageszeitung vom 16.4.1988, S. 7

[534] Levenson, Dalai Lama, S. 326

[535] vgl. Kremb, Jürgen: Friedensnobelpreis für den Dalai Lama, in: Tageszeitung vom 6.10.1989

[536] Dalai Lama, Buch der Freiheit, S. 380f.

[537] ebenda, S. 381

[538] vgl. Mehra, P.: The Tibetan Policy, 1904-1937: The Conflict between the 13th Dalai Lama and the 9th Panchen. Wiesbaden 1976

[539] Golzio/Bandini, Die vierzehn Wiedergeburten des Dalai Lama, S. 244

[540] vgl. Craig, Kundun, S. 223f. (Hofbiographin Craig stellt die Abläufe wie so häufig falsch oder in verzerrter Reihenfolge dar: laut ihren Angaben wurde Chokyi Gyentsen 1936 geboren, also *vor* dem Tod Chokyi Nyimas; 1949 sei er von Beijing zum „geistigen und weltlichen Führer Tibets" erklärt worden, was im Rahmen des 17-Punkte-Abkommens von 1951 von Lhasa habe anerkannt werden müssen. Diese Angaben sind Unsinn.)

[541] ebenda, S. 383

[542] Dalai Lama (anläßlich einer Rede im März 1994 zum 35. Jahrestag des „Volksaufstandes"), zit. in: Erffa, Uncompromising Tibet, S. 76

[543] Dalai Lama, Buch der Freiheit, S. 384

[544] ebenda, S. 386

[545] Tibet-Anhörung, in: Tageszeitung vom 18.4.1989, S. 2

[546] zit. in: Kremb, Bevölkerungspolitik mit dem Messer, S. 11

[547] zit. in: ebenda

[548] vgl. ebenda

[549] zit. in: Farrer-Halls, Die Welt des Dalai Lama, S. 86

[550] Dalai Lama, Im Einklang mit der Welt, S. 163

[551] ebenda, S. 19f.

[552] ebenda, S. 24

[553] Dalai Lama, Buch der Freiheit, S. 387

[554] afp-Meldung, Bonn, in: Tageszeitung vom 9.12.1989, S. 5

[555] zit. in: Kuhlbrodt, Detlef: Richtige Überlegungen. in: Tageszeitung vom 8.12.1989, S. 5

[556] zit. in: Alt, Franz/Klemens, Ludwig/Weyer, Helfried: Tibet: Schönheit, Zerstörung, Zukunft. Frankfurt am Main 1998, S. 155f.

[557] ebenda, S. 389f.

[558] ebenda, S. 390f.

[559] Gespräch des Dalai Lama mit dem Journalisten Franz Alt im Sommer 1996, in: Alt/Ludwig/Weyer, Tibet: Schönheit, Zerstörung, Zukunft, S. 8

[560] The Department of Information & International Relations, Central Tibetan Administration, Tibet: Proving Truth from Facts (übersetzt von Goldner)

[561] ebenda, S. 48

[562] ebenda, S. 48f.

[563] ebenda, S. 51f.

[564] ebenda

[565] Tibetan Centre for Human Rights and Democracy

[566] vgl. AStA Technische Hochschule Darmstadt/Tibet Initiative Deutschland e.V., Tibet: Zerstörung einer Hochkultur

[567] The Department of Information & International Relations, Tibet: Proving Truth from Facts, S. 46

[568] ebenda, S. 48

[569] Dalai Lama, Buch der Freiheit, S. 218

[570] Tibetan Young Buddhist Association, Tibet: The Facts, S. 26f. (übersetzt von Goldner)

[571] The Department of Information & International Relations, Tibet: Proving Truth from Facts, S. 46

[572] ebenda, S. 47f.

[573] Gespräch von Autor Goldner mit einem Gu-Chu-Sum-Vertreter, Dharamsala/India vom 6.4.1998 (Gesprächsprotokoll)

[574] vgl. z.B. Alt/Ludwig/Weyer, Tibet: Schönheit, Zerstörung, Zukunft, S. 7

[575] Andersson, Jan: Geist gegen Gewalt, in: Connection, 4/1990, S. 11

[576] vgl. AStA TH Darmstadt/TID e.V., Tibet: Zerstörung einer Hochkultur

[577] vgl. Rangzen: The Magazine of the Tibetan Youth Congress. Vol. 23, Nr. 4, Winter 1997, S. 3

[578] vgl. Tibetan Bulletin: The Official Journal of the Tibetan Administration of H.H. the Dalai Lama. 5/1997, S. 10

[579] The Department of Information & International Relations, Tibet: Proving Truth from Facts, S. 54

[580] Tibetan Young Buddhist Association, Tibet: The Facts, S. 111

[581] vgl. Free Tibet Campaign London: The Role of Women in the Protest Movement. in: Tibet: facts No.14 (last updated: October 1996)

[582] Tibetan Young Buddhist Association, Tibet: The Facts, S. 113f.

[583] vgl. Tibetan Bulletin: The Official Journal of the Tibetan Administration of H.H. the Dalai Lama. 5/1997, S. 10

[584] zit. in: Die Tageszeitung vom 17.6.1996, S. 5

[585] Chophell, Ngawang/Phuntsok, Tsewang: Tibet: The China's Gulag/China's Gulag in Tibet (D.I.I.R. Video Production/Department of Information and International Relations). Dharamsala 1996

[586] vgl. Alt, Tibet wird bald frei sein, S. 29

[587] ebenda

[588] ebenda, S. 31f.

[589] ebenda, S. 36

[590] ebenda, S. 37f.

[591] ebenda, S. 40

[592] ebenda, S. 54

[593] Gyatso, Palden: Ich, Palden Gyatso, Mönch aus Tibet. Bergisch Gladbach 1998 (Original: Fire under the Snow: Testimony of a Tibetan Prisoner. London 1997)

[594] ebenda, S. 134

[595] Dalai Lama: Vorwort zu Gyatso, Ich, Palden Gyatso, Mönch aus Tibet

[596] Gyatso, Ich, Palden Gyatso, Mönch aus Tibet, S. 11

[597] Adhe, Ama: Doch mein Herz lebt in Tibet. Freiburg 1998, 109f.

[598] Erffa, Uncompromising Tibet, S. 71f.

[599] vgl. amnesty international/Sektion der Bundesrepublik Deutschland (VR China-Koordinationsgruppe): Zusammenfassung der Anliegen amnesty internationals zur Menschenrechtslage in der Volksrepublik China und Hongkong. Bonn, 8/1998, S. 1

[600] vgl. amnesty international: Jahresbericht 1998. Frankfurt am Main 1998, S. 186f.

[601] Mäder, Hans: Tibet: Land mit Vergangenheit und Zukunft. Zürich 1997

[602] TID-Aktuell, 7/1998, S. 4

[603] vgl. Gu-Chu-Sum (The 9-10-3 Movement of Tibet) Ex-Political Prisoners' Association: Ponya/Tibetan Envoy. No 2. Dharamsala/India 1997

604   ebenda, S. 41 (übersetzt von Goldner)
605   ebenda
606   Gespräch von Autor Goldner mit einem Gu-Chu-Sum-Vertreter, Dharamsala/India vom
      6.4.1998
607   ebenda
608   Gutachten vom 23.10.1991 (übersetzt von Goldner)
609   zit. in: Tibetan Young Buddhist Association, Tibet: The Facts, S. 113
610   Gu-Chu-Sum, Ponya/Tibetan Envoy. No 2, S. 41
611   vgl. Tibetan Youth Congress (Hrsg..): Facts About Tibet. Dharamsala/India 1996, S. 11
612   Gu-Chu-Sum, Ponya/Tibetan Envoy. No 2, S. 14
613   vgl. Tibetan Centre for Human Rights and Democracy, China in Tibet (Der Jahres-
      bericht 1997 gibt die aktuelle Zahl an Langzeit-Häftlingen mit 85 an.)
614   Gespräch von Autor Goldner mit Karma Yeshi in New Delhi/India vom 22.4.1998
      (Gesprächsprotokoll)
615   Gyatso, Ich, Palden Gyatso, Mönch aus Tibet, S. 79f.
616   Anderson, Geist gegen Gewalt
617   vgl. Tibetan Young Buddhist Association, Tibet: The Facts, S. 90
618   vgl. Gu-Chu-Sum, Ponya/Tibet Envoy. No 2, S. 17
619   zit. in: Levenson, Dalai Lama, S. 338
620   zit. in: Koller, Dalai Lama: Erwarten Sie keine Wunder von mir!, S. 43
621   ebenda, S. 80
622   ebenda, S. 43
623   vgl. Victoria, Brian: Zen, Nationalismus und Krieg: Eine unheimliche Allianz. Berlin
      1999
624   vgl. David-Néel, A.: My Journey to Lhasa. London 1927 (reprinted 1983)
625   vgl. Evans-Wentz, Walter-Yeeling: The Tibetan Book of the Dead: The After-Death
      Experiences on the Bardo Plane. London 1927 (reprinted 1971)
626   Jung, Carl-Gustav: The Tibetan Book of the Dead. Psychological Commentary, in:
      Evans-Wentz, The Tibetan Book of the Dead, (Anm. XX) p. XXXVIf. (aus dem Ame-
      rikanischen rückübersetzt von Goldner)
627   Jung, Carl-Gustav: Diagnosing the Dictators, in: Hearst's International Cosmopolitan
      (Interview mit H. R. Knickerbocker) 1/1939, zit. in: Masson, Jeffrey: Die Abschaffung
      der Psychotherapie: Ein Plädoyer. München 1988, S. 136. (Im selben Interview führte
      Jung aus: „Es ist keine Frage, daß Hitler in die Kategorie wahrhaft mystischer Medi-
      zinmänner gehört. (...) Dieser ausgeprägte mystische Charakterzug Hitlers ist es, was
      ihn Dinge tun läßt, die uns unlogisch, unerklärlich, seltsam und unvernünftig erschei-
      nen. (...) Sie sehen also, Hitler ist ein Medizinmann, eine Art spirituelles Gefäß, ein
      Halbgott oder, besser gesagt, ein Mythos.")
628   Masson, Jeffrey: Jung und die Nazis, in: ders.: Die Abschaffung der Psychotherapie:
      Ein Plädoyer. München 1988, S. 126f.
629   Fremantle, Francesca/Trungpa, Chögyam: Das Totenbuch der Tibeter. München 1996
      (18. Auflage)
630   ebenda, S. 118f.
631   vgl. Powers, Religion und Kultur Tibets, S. 237
632   vgl. Tibetisches Zentrum Hamburg, Tibet und Buddhismus
633   Blavatsky, Helena: Die Stimme der Stille. Satteldorf 1994 (Neuauflage)

[634]   gemeint sind: Waddel, Austine: The Buddhism of Tibet or Lamaism. London 1895; Hedin, Sven: Transhimalaya: Entdeckungen und Abenteuer in Tibet. Leipzig 1909; Grünwedel, Albert: Der Weg nach Shambala. München 1915; Heber, Reeve/Heber, Katherine: In Himalayan Tibet. London 1926; Bell, Charles: Tibet: Past and Present. London 1927; David-Néel, Alexandra: My Journey to Lhasa. London 1927

[635]   vgl. Lopez, Donald: Der merkwürdige Fall des Engländers mit den drei Augen, in: Dodin, Thierry/Räther, Heinz (Hrsg.): Mythos Tibet: Wahrnehmungen, Projektionen, Phantasien. Köln 1997, S. 193f.

[636]   In Hoskins Verlag, Corgi Books London, wurden bezeichnenderweise auch die ufologischen Hirngespinste Erich von Dänikens herausgegeben.

[637]   vgl. z.B. Rennhofer, Carl: Kommentar zu Lobsang Rampa: 'Das Dritte Auge', in: Okkulte Stimme: Die andere Welt. 5/21958, S. 23f.

[638]   vgl. Der Spiegel 16/1998, S. 120

[639]   vgl. Baumann, Martin: Buddhismus in Deutschland: Geschichte und Gegenwart, in: Tibet und Buddhismus. Nr. 47, 10/1998, S. 22f.

[640]   z.B. Follath, Erich: Ozean der Weisheit, in: Der Spiegel, 16/1998, S. 108f.

[641]   Wild, Cyril: Ein tibetanischer Mönch spricht aus dem Jenseits. Neuwied 1991, S. 40

[642]   AG Neuss Az.: 2101 IS 1974/97

[643]   vgl. Gillessen, W.: Quintessenz, in: Gillessen, B./ders. (Hrsg.): Erfahrungen mit den Fünf 'Tibetern'. Wessobrunn 1996 (10. Auflage), S. 156

[644]   vgl. Griscom, Chris: Vorwort zu Kelder, Peter: Die Fünf 'Tibeter'. Wessobrunn 1996 (38. Auflage). Die (paraphrasierte) Übungsabfolge entstammt diesem Standardbuch

[645]   Lynn, Henry: Vorwort zu Kelder, Peter: Die Fünf 'Tibeter'. Wessobrunn 1996 (38. Auflage)

[646]   vgl. Werbeannonce der Firma Abecas, in: Bild am Sonntag vom 29.11.1998, S. 64

[647]   vgl. Tarthang, Tulku: Selbstheilung durch Entspannung. Bern 1992 (9. Auflage)

[648]   Ti-Tonisa Lama: Das Buch der Heilung: Die Medizin des alten Tibet. Seeon, 1996 (Klappentext)

[649]   ebenda, S. 12f.

[650]   vgl. ebenda, S. 101f.

[651]   ebenda, S. 187f.

[652]   ebenda, S. 110f.

[653]   vgl. Bassols, Layena (alias: Rheinfelder, Margarita): Tibetan Pulsing (Werbematerial) München 1997

[654]   zit. in: Görner, Isolde: Heilender Puls (Interview mit Shantam Dheeraj), in: Connection, 1/1992, S. 35

[655]   vgl. Grof, Stanislav: Kosmos und Psyche: An den Grenzen des menschlichen Bewußtseins. Frankfurt am Main 1997

[656]   ebenda, S. 27

[657]   ebenda, S. 173

[658]   vgl. Siegenthaler, Klinische Pathophysiologie

[659]   zit. in: Grof, Kosmos und Psyche, S. 54f.

[660]   vgl. Vera am Mittag (TV-Talkshow): Buddhismus – Der neue Seelentrend?! SAT1 vom 10.2.1998

[661]   zit. in: Grof, Kosmos und Psyche, S. 292

[662]   zit. in: Levenson, Dalai Lama, S. 220f.

663   Dalai Lama, Der Schatten des Dalai Lama, S. 310f.
664   Dalai Lama, Mit dem Herzen denken, S. 217
665   Dalai Lama: Der Friede beginnt in dir: Zur Überwindung der geistig-moralischen Krise
      in der heutigen Weltgemeinschaft. München 1998 (2. Sonderauflage)
666   ebenda, S. 176f.
667   ebenda, S. 180
668   Grunfeld, The Making of Modern Tibet, S. 302.
669   vgl. Serrano, Miguel: Das Goldene Band. Wetten 1987
670   Mullin, Glenn: The Practice of Kalachakra. Ithaca 1991, zit. in: Trimondi/Trimondi,
      Der Schatten des Dalai Lama, S. 159
671   vgl. Snellgrove, Indo-Tibetan Buddhism
672   Trimondi/Trimondi, Der Schatten des Dalai Lama, S. 319
673   ebenda
674   Grünwedel, Albert: Die Teufel des Avesta und ihre Beziehung zur Ikonographie des
      Buddhismus Zentralasiens. Berlin 1924
675   z.B. Roerich, Nicholas. Shambhala. Das geheime Weltenzentrum im Herzen Asiens.
      Freiburg 1988, S. 23
676   vgl. Prange, A.: Verbrechen schockt Gegengipfel in Rio, in: Tageszeitung vom 9.6.
      1992, S. 6
677   Trimondi/Trimondi, Der Schatten des Dalai Lama, S. 734
678   Dalai Lama: Die Universalität der Menschenrechte, in: Heinrich-Böll-Stiftung (Hrsg.):
      Der Besuch S.H. des Dalai Lama im Mai 1995 in Deutschland. Köln 1995, S. 13
679   Asshauer, Egbert: Heilkunst vom Dach der Welt: Tibets sanfte Medizin. Freiburg 1993
680   Samel, Gerti: Tibetische Medizin: Diagnosemethoden und Therapien auf einen Blick.
      München 1998 (Klappentext)
681   DANA e.V. (in Zusammenarbeit mit dem Aquilea Gesundheitszentrum und der
      Schweisfurth-Stiftung): Tibetische Medizin: Wochenendseminare mit Dr. Pema Dorjee
      (Veranstaltungunterlagen). München 1998
682   Ti-Tonisa Lama, Das Buch der Heilung
683   Korrekt: rGyud-bzhi
684   Korrekt: gSo ba Rig-Pa
685   Korrekt: rlung, mkhrispa und badkan
686   Asshauer, Heilkunst vom Dach der Welt, S. 77
687   Samel, Tibetische Medizin, S. 34
688   ebenda, S. 35
689   ebenda, S. 138
690   zit. in: Varela, Traum, Schlaf und Tod, S. 145
691   Donden, Yeshi: Tibetisches Heilwissen, zit. in: Samel, Tibetische Medizin, S. 37
692   Asshauer, Heilkunst vom Dach der Welt, S. 180
693   Clifford, Terry: Tibetan Buddhist Medicine and Psychiatry: The Diamond Healing.
      Delhi 1994, S. 141 (übersetzt von Goldner)
694   Asshauer, Heilkunst vom Dach der Welt, S. 174
695   Auch die chinesische Akupunkturlehre, die auf wie auch immer geartete Meridiane
      oder Energieflüsse abstellt, ist in sich äußerst widersprüchlich; die behauptete analgeti-
      sche und/oder therapeutische Wirksamkeit ist bis heute, trotz gegenteiliger Behauptun-

gen, alles andere als belegt. Vgl. Unschuld, Paul: Die chinesische Medizin im China der Neuzeit und Gegenwart, in: ders.: Chinesische Medizin. München 1997, S. 89f.

[696] Asshauer, Heilkunst vom Dach der Welt, S. 174

[697] vgl. Samel, Tibetische Medizin, S. 50f.

[698] vgl. Patchu, Yasmina: Die vier Tantras der Medizin. in: Esotera, 2/1995, S. 32f.

[699] Tibetan Medical & Astrological Institute of H. H. the Dalai Lama: Rinchen Ratna Samphel (consumer's instructions). Dharamsala, o.J. (übersetzt von Goldner)

[700] vgl. Tibetan Medical&Astrological Institute of H. H. the Dalai Lama: Chakril Chenmo (consumer's instructions). Dharamsala, o.J. (übersetzt von Goldner)

[701] Samel, Tibetische Medizin, S. 45

[702] Unschuld, Paul: Chinesische Medizin. München 1997, S. 87f.

[703] vgl. New England Journal of Medicine, 333, 803/1995, zit. in: Skeptiker, 1/1996, S. 27

[704] vgl. Ärztliche Praxis, Nr. 94, vom 24.11.1990, S. 27 (Der Beitrag kritisiert die „miesen Geschäfte mit HIV-Infizierten", die „selbsternannte Gesundheitsexperten der Maharishi-Sekte" betrieben.)

[705] vgl. Ostendorf, Gerd-Marko: Ayurveda: Altindische Medizin im New-Age-Zeitalter. in: Skeptiker, 2/1990, S. 8f.

[706] vgl. Imhasly, Bernard: Blut klebt am Kaschmirschal, in: Tageszeitung vom 19.2.1994 (Imhasly bezieht sich auf eine Untersuchung des US-Tierschutzexperten George Schaller/National Geographic Magazine)

[707] zit. in: Samel, Tibetische Medizin, S. 140

[708] vgl. Patchu, Die vier Tantras der Medizin, S. 35

[709] Samel, Tibetische Medizin, S. 12

[710] vgl. Devillard, Anne/Hell, Christina: Mit Weisheit und Mitgefühl, in: Esotera, 12/1998, S. 30

[711] vgl. Arndt, Ulrich: Das Rezept Nummer '28', in: Esotera, 11/1997, S. 58f.

[712] Asshauer, Heilkunst vom Dach der Welt, S. 223

[713] ebenda, S. 224

[714] Men-Tsee-Khang Newsletter. Vol. V., Nr. 3, 10-12/1997, S. 2

[715] Harrer, Sieben Jahre in Tibet, S. 255

[716] ebenda, S. 387

[717] Grunfeld, The Making of Modern Tibet, S. 22

[718] persönliches Gespräch von Autor Goldner mit einem tibetischen Arzt (Dorjee Rabten?) in München vom 7.5.1998 (Gesprächsnotiz)

[719] Reichle, Franz (Hrsg.): Das Wissen vom Heilen. Bern 1997

[720] vgl. Unschuld, Die chinesische Medizin im China der Neuzeit und Gegenwart, S. 94

[721] vgl. Olvedi, Ulli: Tibetische Medizin: Suche im Exil, in: Esotera, 4/1997, S. 91

[722] Dalai Lama, Mit dem Herzen denken, S. 106f.

[723] Alt, Franz: Der Dalai Lama und die Menschenrechtskonferenz: Einmischen bitte! in: Tageszeitung vom 16.6.1993, S. 10

[724] vgl. Lange-Eichbaum, W./Kurth, W.: Genie, Irrsinn und Ruhm: Genie-Mythos und Pathographie des Genies. München 1967

[725] vgl. Kern, Gerhard: Der (esoterische) Rassismus aus der besseren Gesellschaft: Die Hierarchie der 'Völker' bei Rudolf Steiner. in: Kern, Gerhard/Traynor, Lee (Hrsg.): Die esoterische Verführung: Angriffe auf Vernunft und Freiheit. Aschaffenburg 1995, S. 128f.

726 IzAK: Resolution an nationale und internationale Gremien, Parlamente und Institutionen. Bielefeld v. 30.11.1996

727 vgl. GLS Gemeinschaftsbank eG (Übersicht über Kreditvergabe). in: Bankspiegel, Heft 157, 1/1996

728 vgl. Steiner, Rudolf: Die Geschichte der Menschheit und die Weltanschauungen der Kulturvölker: Vorträge für die Arbeiter am Goetheanumumbau. März-Juni 1924, in: Gesamtausgabe 353, S. 264f.

729 König, Peter-R.: Rudolf Steiner: niemals Mitglied irgendeines O.T.O., in: Flensburger Hefte, Nr. 63, IV/1998, S. 106

730 Reuß, Theodor: Parsifal und das Enthüllte Grals-Geheimnis. Erschienen in der OTO-Insider-Zeitschrift AHA, 6/1992, zit. in: Grandt, Guido/Grandt, Michael: Erlöser: Phantasten, Verführer und Vollstrecker. Aschaffenburg 1998, S. 61

731 vgl. König, Rudolf Steiner: niemals Mitglied irgendeines O.T.O., S. 101 (Die von Reuß handschriftliche abgefaßte Ernennungsurkunde vom 17.6.1907 führt im eingedruckten Signet die Bezeichnung „Memphis and Mizraim Rite of Mansonry. Order of Oriental Templars and Esoteric Rosicrucians".)

732 vgl. Grandt, Guido/Grandt, Michael: Schwarzbuch Satanismus: Innenansicht eines religiösen Wahnsystems. Augsburg 1995, S. 189f. (Die Hinweise auf eine Verbindung zwischen Rudolf Steiner und dem sexualmagischen Ordo Templi Orientis – kaum ein anderer Aspekt ihrer Betrachtung des Steinerschen Okkultsystems, so die Autoren Grandt und Grandt, sei mit mehr empörtem Geschrei seitens der Anthroposophischen Gesellschaft geahndet worden, als eben dieser – wurden in einer 1998 erschienenen Studie nochehnmal breit aufgeführt: Grandt, Guido/Grandt, Michael: Waldorf Connection: Rudolf Steiner und die Anthroposophen. Aschaffenburg, 1998, S. 102f. Die Anthroposophen reagierten hierauf u.a. mit einer Sammlung die Grandts teils auf rein persönlicher Ebene diffamierender Tiraden und Aufsätze: Feldzug gegen Rudolf Steiner: Über O.T.O., Rassismusvorwürfe und Angriffe auf die Waldorfschulen. Flensburger Hefte, Nr. 63, IV/1998.)

733 zit. in: Neumann, Klaus-Dieter: 'Aufklärer', 'Enthüller', und der Umgang mit der Anthroposophie (Interview mit Stefan Leber). in: Flensburger Hefte, Nr. 63, IV/1998, S. 78

734 vgl. Schmidt, Joachim: Satanismus. Marburg 1992, S. 142

735 vgl. Greene, Carol: Der Fall Charles Manson: Mörder aus der Retorte. Wiesbaden-Nordenstadt, 1992, S. 176f. (In Greenes Studie werden Crowley und Steiner als Abkömmlinge der Theosophie in einem Atemzug genannt, S. 186)

736 vgl. Michel, Peter: Brücken von Herz zu Herz. Gespräche mit: Eugen Drevermann, S.H. dem XIV. Dalai Lama, Raimon Panikkar, Pir Vilayat Khan, Václav Havel, Bede Griffith, Teddy Kollek, Rita Süssmuth. Grafing 1994, S. 9

737 zit. in: ebenda, S. 90

738 ebenda (Klappentext)

739 vgl. Gugenberger, Eduard/Schweidlenka, Roman: Aquamarin und die Aura des Rassismus, in: dies.: Mutter Erde, Magie und Politik: Zwischen Faschismus und Neuer Gesellschaft. Wien, 1987 (2. Auflage), S. 153f.

740 vgl. ebenda, S. 154

741 Weigl, Gisela/Wenzel, Franz: Die entschleierte Aura. Grafing 1991 (2.Auflage), S. 103

742 vgl. Willigis: Die Hüter des Karma. Grafing 1994 (3. Auflage)

[743] Michel, Peter: Karma und Gnade. Grafing 1988, S. 71 (Michel bezieht sich hier auf Schriften Rudolf Steiners sowie der Theosophin Annie Besant.)

[744] ebenda, S. 118

[745] ebenda, S. 122 (Neben Rudolf Steiner nimmt Michel hier bezug u.a. auf Max Hoffmeister.)

[746] ebenda, S. 119

[747] Holbe, Rainer: Warum passiert mir das? München 1990

[748] vgl. Koch, Luitgard: Esoterisches Osterei auf Lanzarote: Geschaßter RTL-Starmoderator frönt auf der Kanareninsel weiter seinen braun angehauchten Neigungen, in: Die Tageszeitung vom 5.4.1990 (Holbe selbst sieht sich keineswegs als Antisemit.)

[749] Pressemitteilung des Deutschen Bundestages vom 23.2.1995

[750] Dalai Lama: Die Buddha-Natur: Tod und Unsterblichkeit im Buddhismus. Grafing 1996, S. 19f.

[751] vgl. Ditfurth, Jutta: Dalai Lama: Häuptling der Gelbmützen. in: Iz3W, Nr. 215, 8/1996

[752] vgl. Iz3W, Nr.126, 9/1996

[753] Michel, Brücken von Herz zu Herz, S. 88

[754] zit. in: ebenda, S. 99f.

[755] Patmos-Verlagshaus: Programm Frühjahr 1999, S. 2

[756] vgl. Trimondi/Trimondi, Der Schatten des Dalai Lama, S. 18

[757] Ditfurth, Jutta: Dalai Lama: Häuptling der Gelbmützen. Über die Mißachtung der 'spirituellen Verwurzelung der tibetischen Volksseele', in: dies.: Entspannt in die Barbarei: Esoterik, (Öko-)Faschismus und Biozentrismus. Hamburg 1996, S. 116f.

[758] vgl. Ludwig, Klemens: Anti-Dalai Lama Kampagne, in: TID Aktuell, Nr. 24, 2/1999, S. 3 (Noch bevor sein Buch auf dem Markt war, wurde Herbert Röttgen seitens der Tibet-Unterstützerszene heftig angegriffen. Vor allem seine maoistische Vergangenheit wurde hervorgekramt und hochgespielt: „Als in Tibet nahezu alle Tempel und Klöster zerstört wurden, suchte Röttgen das Heil der unterdrückten Völker dieser Erde in Peking." Während der aktiven Mitarbeit Röttgens in der Tibet-Szene hatte dies offenbar keine Rolle gespielt.)

[759] Wie die Tochter Sauers, Monika Sachtleben, seit dem Tod ihres Vaters im Jahre 1996 im Vorstand der Hans Sauer-Stiftung, mitteilte, habe dieser, wenn überhaupt, Scientology niemals bewußt unterstützt; allenfalls sei denkbar, daß er, unwissentlich, wer da, wie so viele andere Bittsteller, an ihn herangetreten sei, einer der zahllosen scientologischen Tarnorganisationen etwas gespendet habe (die Rede ist von 50.000 US $). Der Scientology Church sei er stets ablehnend gegenübergestanden (Gesprächsprotokoll vom 17.3.1999).

[760] Der Düsseldorfer Patmos-Verlagsgruppe zugehörig sind die Verlage Artemis&Winkler, Benziger und Walter

[761] zit. in: Spörrle, Mark/Engelhardt, Torsten: Angriff auf eine Legende, in: Die Woche vom 19.3.1999, S. 34f.

[762] Brück, Michael von: Religion und Politik im Tibetischen Buddhismus. München 1999

[763] Spörrle, Mark/Engelhardt, Torsten: Angriff auf eine Legende, in: Die Woche vom 19.3.1999, S. 34

[764] Ludwig, Klemens: Falsches Feindbild: Die Kampagne gegen den Dalai Lama, in: Esotera 6/1999, S. 79

765 Alt, Franz: 'Die Gewaltfreiheit ist stärker' (Interview mit dem Dalai Lama), in: Tageszeitung vom 15./16.6.1996, S. 9

766 Ditfurth, Jutta/Goldner, Colin: Ahnungslose Schwärmerei, in: Tageszeitung vom 17.6.1996, S. 10 (Die Zahl der Klöster wurde vom Setzer auf die porpagandaüblichen 6.000 erhöht.)

767 Leserbriefe an die Tageszeitung vom 24.6.1996, S. 17

768 Portrait: Dalai Lama, in: Tageszeitung vom 7.10.1987, S. 3

769 Unterm Strich, in: Tageszeitung vom 20.12.1994

770 Lenz, Simone: Verklärt und drastisch, in: Tageszeitung vom 22.3.1990

771 Dreger, Thomas: China wütet gegen das Bild des Dalai Lama, in: Tageszeitung vom 17.6.1996, S. 5

772 Krumb, Jürgen: Sturmschäden auf dem Dach der Welt, in: Tageszeitung vom 12.11.1987, S. 8

773 z.B. Ludwig, Klemens: Mittler zum Dach der Welt, in: Tageszeitung vom 30.1.1989, S. 7

774 Ludwig, Klemens: TID Aktuell (Editorial) Nr. 11, 7/1996, S. 1

775 Ditfurth, Häuptling der Gelbmützen, S. 119

776 zit. in: Herkel, Günter: Konflikte, Krisen, Kompromisse und Kampagnen: 20 Jahre taz, in: Menschen Machen Medien. 4/1999, S. 27

777 Mit der Auflistung eines Vereins ist noch keine Aussage über den Grad seiner Seriosität getroffen

778 Clemens, Helmut: Panorama und der Dalai Lama: Versuch eines Denkmalsturzes, in: Tibet-Forum, 3/1997, 3f.

779 AP-Meldung vom 14.10.1997

780 zit. in: Tibet-Forum 3/1997, S. 14

781 zit. in: Ludwig, Zweitausend Jahre tibetische Geschichte, S. 70

782 Drobinsky, Mathias: Renegatenliteratur, in: Süddeutsche Zeitung vom 19.4.1999

783 zit. in: Roth, Peter: Dalai Lama: Kratzer am Lack des mythischen 'Gottkönigs', in: Berner Zeitung vom 8.5.1999

784 Ludwig, Klemens: Anti-Dalai Lama-Kampagne, in: TID-Aktuell, 2/1999, S. 3

785 Ludwig, Klemens: Mitteilungen der Tibet Initiative Deutschland e.V./Editorial, in: TID-Aktuell, 2/1999, S. 1

786 Tibet: 40 Jahre Widerstand (Veranstaltungsbroschüre). Essen 5/1999

787 vgl. Elsässer, Jürgen: Lumpen-Intelligenzija, in: Konkret, 6/1999, S. 16f.

788 Dalai Lama, In die Herzen ein Feuer, S. 197

789 ebenda, S. 180

790 vgl. Imhasly, Bernard: Dharamsala: Die Bürde von 35 Jahren Exil, in: Tageszeitung vom 17.5.1994, S. 11

791 Adyar Spezial: Wahrheit hat viele Bedeutungen: Ein Gespräch mit S. H. dem Dalai Lama, in: Troemel, Hank (Hrsg.): Theosophie und Buddhismus. Satteldorf 1994, S. 35

792 ebenda, S. 36

793 zit. in: Dalai Lama: Das Herz aller Religionen ist eins: Die Lehre Jesu aus buddhistischer Sicht. Hamburg 1997, S. 23

794 ebenda, S. 222

795 zit. in: Varela, Traum, Schlaf und Tod, S. 146f.

796 ebenda, S. 152

797   ebenda, S. 155

798   ebenda, S. 156

799   Dalai Lama: Die Universalität der Menschenrechte, S. 33

800   ebenda, S. 37

801   ebenda S. 7f.

802   ebenda S. 17

803   epd/dpa: Dalai Lama sucht Hilfe in Bonn, in: Tageszeitung vom 20.6.1996, S. 4

804   Koller, Dalai Lama: Erwarten Sie keine Wunder von mir!, S. 11

805   zit. in: ebenda, S. 77f.

806   vgl. Hoppe, Tibet Heute, S. 130f.

807   vgl. Craig, Kundun, S. 438

808   vgl. Tibetan Review, 8/1997, S. 21

809   Programm der Friedensuniversität. Berlin, 1995.

810   ebenda

811   vgl. ebenda

812   Laszlo, Ervin/Schüre, Frank (Hrsg.): Frieden durch Dialog: Auf dem Weg zur Interna-
       tionalen Friedensuniversität. Berlin 1995, S. 164

813   Gandow, Thomas, Sektenbeauftragter der Evangelischen Kirche von Berlin-Branden-
       burg, gegenüber der Katholischen Nachrichtenagentur. Meldung vom 24.1.1995

814   dpa vom 25.1.1995

815   vgl. Wewetzer, H.: Seriöser Dialog oder esoterischer Jahrmarkt? in: Tagesspiegel vom
       25.8.1995 (In einem Bericht des Stern war zudem auf die Verfilzung zwischen der FGF
       und einer Vertriebsgesellschaft für astrologische Horoskope, Astro-Data GmbH, hin-
       gewiesen worden, die beide in Morawetz' Privatwohnung residierten [Neumann, Fal-
       sche Freunde für den Frieden, S. 128]. Die FGF e.V. stellte klar, ihre Berliner Ge-
       schäftsstelle befinde sich lediglich „in einem Bürokomplex, in dem zahlreiche Unter-
       nehmen, Firmen und Vereinigungen Büroräume innehaben" [Schreiben des Berliner
       Anwaltskonsortiums Seelig & Preu, Bohlig an den Fischer Taschenbuch-Verlag vom
       14.5.1999].

816   vgl. Lerch, Peter: Von Prominenten, Schamanen und dem Frieden: Friedensuniversität
       im Zwielicht, in: Tageszeitung vom 9.2.1995

817   Neumann, Falsche Freunde für den Frieden; vgl. auch ddp/ADN vom 26.7.1995

818   vgl. Gandow, Thomas: New Age, Buddhismus, Konferenzexperten, in: Berliner Dialog
       2/1995, S. 30 (Die FGF teilte mit, „weder Dr. Paulos Mar Gregorios, noch Prof. Dr.
       Houston Smith stehen in irgendeinem Arbeits- oder Mitgliedsverhältnis zur Mun-
       Sekte", vielmehr hätten sie sich „stets in dezidiert kritischer Art und Weise mit dieser
       auseinandersetzt" [Stellungnahme der FGF vom 7.8.1995].)

819   vgl. ebenda

820   vgl. Neumann, Falsche Freunde für den Frieden

821   Goldner, Colin: Ein besonderer Kraftort, in: Tageszeitung vom 28.7.1995

822   vgl. Pietreich, Melanie: Die braunen Schatten des Agathenhofes, in: Antifa-Info,
       3/1994, S. 17 (Die FGF verwahrte sich vehement dagegen, mit der österreichischen
       Rechtsradikalenszene in Verbidung gebracht zu werden: Das „Gesundheitszentrum
       Agathenhof" sei „lediglich als neutraler Tagungsort für die bezeichnete Veranstaltung
       und ein weiteres Festival genutzt" worden. Im übrigen habe der Agathenhof versichert,

„in keinerlei Verbindung zur FPÖ oder zu rechtsextremen Kreisen zu stehen". [Stellungnahme der FGF vom 7.8.1995])

823 vgl. Der Spiegel, 5/1995

824 Lerch, Von Prominenten, Schamanen und dem Frieden

825 vgl. ebenda

826 Berliner Morgenpost vom 18.9.1995

827 Persönliches Gespräch von Autor Goldner mit BZ-Redakteur Lutz Göllner vom 6.9.1995. Goldner selbst wurde seiner Beiträge in der taz wegen mit einer (ganz offenbar konzertierten) Flut an teils hochaggressiven Zuschriften überzogen

828 Schweizerische Fördergemeinschaft für die Internationale Friedensuniversität (Werbematerial) Zürich, o.J./FGF e.V. Berlin 1999

829 Rinser, Mitgefühl als Weg zum Frieden, S. 16f.

830 ebenda, S. 36

831 ebenda, S. 80

832 ebenda, S. 79

833 ebenda, S. 20

834 vgl. ebenda, S. 22

835 vgl. ebenda (Klappentext)

836 zit. in: dpa-Meldung vom 18.6.1996

837 Auszug aus der Resolution des Deutschen Bundestages vom 20.6.1996

838 Dalai Lama: Der Pfad des Mitgefühls. Grafing 1998, S. 85

839 ebenda, S. 116

840 Die Zahl organisierter BuddhistInnen sämtlicher Schulen und Richtungen lag 1998 in der BRD bei rund 40.000, zuzüglich etwa 120.000 BuddhistInnen asiatischer Herkunft. vgl. Baumann, Buddhismus in Deutschland; die Zahl von 300.000 bis 500.000 bezeichnet die Gruppe unorganisierter SympathisantInnen

841 Warum Buddhismus so boomt, in: Journal für die Frau, 5/1998, 76f.

842 vgl. Müller/Lehner, Ein Held mit braunen Flecken

843 zit. in: Stern 41/1997, S. 24

844 vgl. Vera am Mittag, Buddhismus – Der neue Seelentrend?! SAT1 vom 10.2.1998

845 zit. in: Dullinger, Angie: 'Gier und Gewalt haben ausgedient', in: Abendzeitung München vom 19.3.1998

846 vgl. Interview des Dalai Lama mit Erwin Koller über den Film *Kundun* vom 15.1.1998, in: Sternstunde Philosophie. Schweizer Fernsehen DRS vom 22.2.1998 (ZDF/3SAT vom 19.3.1998)

847 Süddeutsche Zeitung vom 13.3.1998

848 Horáková, D.: Abenteuer Buddhismus, in: Bild vom 19.3.1998

849 vgl. Abendzeitung München vom 13.3.1998

850 Müller-Scholl, Nicolaus: Im Exil der Rechtschaffenen, in: Tageszeitung vom 27.1.1998

851 Die Welt vom 13.3.1998

852 vgl. Interview mit dem Dalai Lama (DRS vom 22.2.1998)

853 vgl. Brück, Michael v.: Streit um Shugden: Analyse einer tibetischen Kontroverse. München, o.J. S. 2f.

854 vgl. Dalai Lama: Vollständige Sammlung von Äußerungen S.H. des Dalai Lama bezüglich des Vertrauens in Dharmapâla. Dharamsala 1996, zit. in: Brück, Streit um Shugden, S. 28

[855] Shugden-Morde aufgeklärt, in: TID-Aktuell, Nr. 19, 1/1998, S. 2

[856] Brück, Streit um Shugden, S. 31

[857] Trimondi/Trimondi, Der Schatten des Dalai Lama, S. 557

[858] vgl. Kagyü Life, 21/1996, S. 34

[859] zit. in: Metz, Die Mordtat am kochenden Blutsee

[860] vgl. Associated Press/India vom 21.8.1997

[861] vgl. Resolution der Tibetan General Convention. Dharamsala, 27.-31.8.1998

[862] vgl. Hoppe, Tibet Heute, S. 140

[863] vgl. ebenda

[864] zit. in: Tibetan Review, 5/1997, S. 15

[865] vgl. Armee Gottes, in: Der Spiegel, 25/1993, S. 198f.

[866] vgl. Rangzen, The Magazine of the Tibetan Youth Congress. Vol. 23, Nr. 4, Winter 1997, S. 3

[867] zit. in: Billington, John: Power before Prayer, in: Rangzen. Winter 1997, S. 10f.

[868] zit. in: Kremb, Bevölkerungspolitik mit dem Messer, S. 11

[869] vgl. Bombenattentat in Lhasa, in: Tibet und Buddhismus. Heft 41, 4-6/1997, S. 36

[870] zit. in: Clemens, Helmut: Hungern bis zum Tod! Verzweiflungsaktion des Tibetischen Jugendkongresses, in: Tibet-Forum, 1/1997, S. 6

[871] Statement des Dalai Lama vom 29.4.1998, zit. in: ebenda, S. 7

[872] Statement des Tibetan Youth Congress, zit. in: ebenda, S. 9

[873] Statement des exiltibetischen Parlaments (Kashag) vom 29.4.1998, zit. in: ebenda, S. 8

[874] Tibetan Youth Congress, zit. in: ebenda, S. 9

[875] Alt, Tibet wird bald frei sein, S. 15 (Alt zitiert hier eine nicht näher benannte Frau, die er dies habe sagen hören.)

[876] vgl. Der Spiegel, 16/1998

[877] vgl. Infratest Kommunikationsforschung: Die Vorbilder der Deutschen. Hamburg, 4/1998

[878] vgl. Rundschreiben der Tibet Initiative Deutschland (TID) 11/1997

[879] Alt/Ludwig/Weyer, Tibet: Schönheit, Zerstörung, Zukunft

[880] Behrendt, Regina: Tibet: Menschen und Menschenrechte. Mühlheim an der Ruhr 1997

[881] zit. in: Giesler, R.: 'Wer sich für die Menschenrechte einsetzt, der wird nicht arbeitslos!', in: terres des hommes (Hrsg.): Hintergrund, 8/1998, S. 3

[882] vgl. AP vom 13.5.1998

[883] Gespräch von Autor Goldner mit einem Vertreter des Department of Information & International Relations, Dharamsala/India vom 10.4.1998 (Gesprächsprotokoll)

[884] vgl. Fitztum, Disco-Sound und Buddhaklänge (ORF)

[885] vgl. Tüting, Ludmilla: Verprügelt, beraubt, deportiert – tibetische Flüchtlinge an Nepals Grenze, in: Tibet und Buddhismus. 10/1997, S. 25f.

[886] Kelsang Gyaltsen: 'Seine Heiligkeit ist nicht verantwortlich', in: Tageszeitung vom 7.10.1987, S. 3

[887] vgl. AStA TH Darmstadt/TID, Tibet: Zerstörung einer Hochkultur. (Als Quelle dient der TID laut persönlicher Auskunft an Autor Goldner vom 18.11.1996: The Department of Information & International Relations, Central Tibetan Administration, Tibet: Proving Truth from Facts.)

[888] Schweer, Stichwort: Dalai Lama und der Lamaismus, S. 66

[889] vgl. Imhasly, Die Bürde von 35 Jahren Exil

890   vgl. Kurier vom 14.2.1998, S. 14
891   vgl. Campbell, Göttinnen, Dakinis und ganz normale Frauen, S. 29
892   vgl. Tibetan Bulletin, 1/1998, S. 33
893   vgl. Tibetan Welfare Office: Council for Home Affairs of H. H. The Dalai Lama
      (Brochure) Dharamsala, 1997/98
894   Dalai Lama, Buch der Freiheit, S. 366.
895   Gespräch von Autor Goldner mit einem Mönch des Jangtse Khang-Klosters/McLeod-
      Ganj vom 5.4.1998 (Gesprächsprotokoll)
896   Schaefer, Michael: Esoterisch reisen. Begegnung der Kulturen, in: Esotera, 7/1995,
      S. 47
897   ebenda
898   ebenda, S. 48
899   Levenson, Dalai Lama, S. 261
900   Schweer, Stichwort: Dalai Lama und der Lamaismus, S. 67
901   ebenda
902   vgl. Hicks/Chogyam, Great Ocean: The Dalai Lama, S. 154
903   Schaefer, Esoterisch reisen
904   Witzel, H.: Basar der roten Kutten, in: Stern, Heft 45, vom 29.10.1998, S. 32f.
905   vgl. Louville, Marie: Die verschwundenen Kinder von Tibet. NR3 vom 25.10.1998
906   Hinze, Peter: Auch Götter fliegen Lufthansa, in: Focus, 44/1998, S. 262f.
907   Dalai Lama: Der Stufenweg zu Klarheit, Güte und Weisheit. München, 1998, S. 7f.
908   ebenda, S. 30
909   ebenda, S. 37
910   ebenda, S. 45
911   ebenda, S. 47
912   Dalai Lama: Das kurze Avalokitesvara-Sâdhana. Hamburg, 1998, S. 12
913   ebenda, S. 14
914   ebenda, S. 16
915   ebenda, S. 19
916   vgl. Ngawang, Thubten: Der melodische Gesang, der Unsterblichkeit verleiht: Ein
      Langlebensgebet für Seine Heiligkeit den Dalai Lama. Hamburg 1990
917   zit. in: Koller, Dalai Lama: Erwarten Sie keine Wunder von mir!, S. 21
918   Norbu, Dawa: The Limits of Tibetan Democracy, in: Himal, 3/1991, S. 13 (übersetzt
      von Goldner)
919   vgl. Craig, Kundun, S. 450
920   vgl. Levenson, Dalai Lama, S. 287

Register

Politisches Sachbuch

Michael Shermer/Benno Maidhof-Christig/Lee Traynor (Hrsg.)
Skeptisches Jahrbuch I. Rassismus, die Leugnung des Holocaust,
AIDS ohne HIV und andere fragwürdige Behauptungen
309 Seiten, kartoniert, ISBN 3-9804386-3-5, DM 39,80

Das internationale Jahrbuch bezieht in der Tradition der kritischen Aufklärung engagiert Stellung gegen irrationale und reaktionäre Ideen und Thesen. Der Schwerpunkt der ersten Ausgabe liegt auf der Auseinandersetzung mit rassistischen und revisionistischen Vorstellungen, die im wissenschaftlichen Gewande versuchen, gesellschaftsfähig zu werden. Mehrere Artikel liefern Argumente gegen Untersuchungen, die die mindere Intelligenz bestimmter "Rassen" beweisen sollen (*The Bell Curve*); ein anderer Beitrag entlarvt die Lügenhaftigkeit der neuesten Thesen der Holocaust-Leugner.

Michael Shermer/Benno Maidhof-Christig/Lee Traynor (Hrsg.)
Endzeittaumel. Propheten, Prognosen, Propaganda. Skeptisches
Jahrbuch II. 254 Seiten, kartoniert, ISBN 3-932710-11-8, DM 29,80

Eine Abrechnung mit ökologischen, religiösen und anderen Untergangsszenarien. Die Aufsätze setzen jenen, die hysterisch die Krise beschwören und dadurch - bewußt oder unbewußt - von der Lösung der tatsächlichen Probleme ablenken, eine sachliche Analyse entgegen.

Michael Shermer/Lee Traynor (Hrsg.)
Heilungsversprechen. Zwischen Versuch und Irrtum. Skeptisches
Jahrbuch III. 254 Seiten, kartoniert, ISBN 3-932710-18-5, DM 29,80

Bei allem Fortschritt - noch immer ist die Medizin Tummelplatz esoterischer Quacksalber und Brutstätte "wissenschaftlicher" Mythen. Die sogenannte Alternativ-Medizin profitiert dabei von den Ängsten und Hoffnungen der Patienten ebenso wie von der berechtigten Kritik an der "Drei-Minuten-Medizin". Der dritte Band der Reihe *Skeptisches Jahrbuch* untersucht einige der wichtigsten Phänomene auf dem "Heilungs-Markt". Die Leistungen bekannter Wunderheiler werden dabei ebenso unter die Lupe genommen wie alternative Heilmethoden.

Alibri Verlag

Postfach 167, 63703 Aschaffenburg, Fon/Fax 06021 - 15744

Politisches Sachbuch

Ali Dashti
23 Jahre. Die Karriere des Propheten Muhammad
Übersetzt und herausgegeben von Bahram Choubine und Judith West
381 Seiten, kartoniert, ISBN 3-9804386-5-1, DM 36.-

23 Jahre dauerte das Prophetentum von Muhammad, dem Begründer des Islam. Ali Dashti (1896-1981) zeichnet die Karriere des Religionsstifters aus einer kritischen Perspektive nach. Er entlarvt die Widersprüchlichkeiten und Ungereimtheiten der muslimischen "Offenbarung" und zeigt zugleich schonungslos das extremistische Potential des Islam auf, das sich heute politisch im "Fundamentalismus" niederschlägt.

Im Mittelpunkt von Dashtis Kritik steht die Verstrickung von Religion und politischer Macht, die sich bereits in den ersten Jahren erkennen läßt. Er analysiert die Entwicklung des Religionsgründers vom Propheten zum Staatsmann, der den Islam mit dem Schwert über die arabische Halbinsel verbreitet, und weist nach, daß sich die wachsende Macht in den späten Suren des Korans in einem aggressiveren Ton gegenüber Andersgläubigen niederschlägt.

In den 1970er Jahren war Ali Dashti einer der intellektuellen Gegenspieler des Ayatollah Khomeini und warnte früh vor dem aufkeimenden schiitischen Fundamentalismus. Nach dem Sieg der "Islamischen Revolution" im Iran wurde er sofort verhaftet; kurz nach seiner Entlassung in ein Krankenhaus erlag er 1981 seinen in der Haft erlittenen Verletzungen.

"Auch für Leser, die sich nicht intensiv mit dem Islam befaßt haben, ist das Werk eine gut verständliche und spannende Lektüre." (Ayala Goldmann, dpa)

Parvaneh Alizadeh
Schaut gut hin! Das ist echt. Erfahrungen einer politischen Gefangenen in Gefängnissen der Islamischen Republik Iran.
104 Seiten, kartoniert, ISBN 3-932710-06-1, DM 19,80
(Übernahme von Editions Khavaran, Vincennes)

In ihren Aufzeichnungen schildert Parvaneh Alizadeh ungeschminkt ihre Erlebnisse in zwei der bekanntesten iranischen Gefängnisse. Ihre sehr authentischen Schilderungen zeigen die ganze Menschenverachtung des islamischen Regimes im Iran und den dahinterstehenden religiösen Wahn.

Alibri Verlag
Postfach 167, 63703 Aschaffenburg, Fon/Fax 06021 - 15744

Politisches Sachbuch

Guido und Michael Grandt
Waldorf Connection. Rudolf Steiner und die Anthroposophen
2. Auflage, 365 Seiten, kartoniert, ISBN 3-932710-09-6, DM 36.-

Studentische Versammlung an der Universität Erlangen (Hrsg.)
Ungeahntes Erbe. Der Fall Schneider/Schwerte. Persilschein für eine
Lebenslüge. Eine Dokumentation. 246 Seiten, 10 Abbildungen, kartoniert,
ISBN 3-932710-12-6, DM 28.-

Matthias Rauch
Erziehung für Gott und Vaterland
Konservative Pädagogik und ihre Funktion in der aktuellen Wertedebatte.
174 Seiten, kartoniert, ISBN 3-932710-13-4, DM 26.-

Michael Schmidt-Salomon
Erkenntnis aus Engagement. Grundlegungen zu einer Theorie der
Neomoderne. 486 Seiten, kartoniert, ISBN 3-932710-60-6, DM 39.-

Bernd Harder
X-Akten - gelöst. Die Enträtselung der "unheimlichen Fälle"
191 Seiten, kartoniert, ISBN 3-932710-17-7, DM 28.-

Gerhard Kern/Lee Traynor (Hrsg.)
Die esoterische Verführung. Angriffe auf Vernunft und Freiheit
381 Seiten, kartoniert, ISBN 3-9804386-0-0, DM 36.-

Clara und Paul Reinsdorf (Hrsg.)
Drahtzieher Gottes. Die Kirchen auf dem Marsch ins 21. Jahrhundert
200 Seiten, kartoniert, ISBN 3-9804386-2-7, DM 27,80

Fritz Lamm
Christus als Standuhr. Ausgewählte religions- und gesellschaftskritische
Texte. Band 5 der Reihe *Klassiker der Religionskritik.* 155 Seiten, kartoniert,
ISBN 3-932710-55-X, DM 25.-

Petrus van der Let/Christian Schüller
Rasse Mensch. Jeder Mensch ein Mischling
176 Seiten, 10 Abbildungen, ISBN 3-932710-14-2, DM 28.-

Alibri Verlag

Postfach 167, 63703 Aschaffenburg, Fon/Fax 06021 - 15744

**Dichtung &
Wahrheit.
Wir haben die Bücher
zum Thema!**

assoziation Linker Verlage

ag spak * Alibri Verlag * Atlantik Verlag
KomistA * Neuer ISP Verlag * PALETTE verlag
Schmetterling Verlag * Unrast Verlag